V. 137.
1.

1572.

A AMSTERDAM chez DAVID PAUL MARRET.

L'ART

De bien tenir

LES LIVRES DE COMPTES

EN

PARTIES DOUBLES

A L'ITALIENNE,

AVEC

Une Table Alphabetique de l'Explication des Termes qui font le plus en ufage dans le Commerce, tant en Change qu'en Marchandifes, & Maritime, pour fervir à l'intelligence de l'application qui en peut être faite, tant fur le Journal que fur le Grand Livre.

Par SAMUEL RICARD.

Ouvrage très-utile & neceffaire tant pour les Banquiers que pour tous les Negocians qui negocient, foit pour leur propre compte, qu'en Compagnie ou pour compte d'autrui ; & pour toute la Jeuneffe qni veut fe pouffer dans le Commerce, & pour ceux qui ont à travailler à la verification & liquidation de toutes fortes de Comptes.

Corrigé & augmenté de quantité d'Articles curieux & des plus difficiles qui fe rencontrent dans le Commerce.

Par JEAN PIERRE RICARD.

A AMSTERDAM,

Chez DAVID PAUL MARRET dans le Beurs-ftraat, à la Renommée.

M. D. CC. XXIV.

PREFACE.

L'ART de tenir les Livres en Parties Doubles ou à l'Italienne, est devenu si commun ; sur tout dans cette Ville, où plusieurs Maîtres d'école, qui n'ont aucune teinture du Commerce, se mêlent de l'enseigner, que ce n'est qu'avec peine & qu'après de grandes sollicitations du Libraire, que j'ai bien voulu donner une nouvelle Edition de l'Ouvrage que feu mon Pere mit au jour sous ce titre en 1709. qui manque depuis fort long-tems, & qui m'a été demandé avec plus d'empressement que je n'aurois cru.

J'ai consideré que s'il semble inutile d'un côté de mettre au jour un Livre qui traite d'un Art que la plûpart des moindres Negocians se flattent de savoir à fond, il semble necessaire de l'autre qu'il s'imprime de tems en tems des Livres nouveaux qui en traitent ; tant pour remplacer ceux qui sont deja usez, que pour en pouvoir fournir aux jeunes gens qui veulent se pousser dans le Commerce, & c'est cette derniere raison qui m'a fait rendre aux sollicitations de mon Libraire.

Quoi que je mette cet Ouvrage au jour sous le nom de feu mon Pere, on n'y trouvera que l'Inventaire & quelque fort petit nombre d'Articles de son Ouvrage. Mais j'ai suivi par tout son plan & sa methode que je préfere à toute autre. J'ai nommé *Introduction dans l'Art de tenir les Livres*, ce qu'il avoit nommé *Preface*, le nom d'*Introduction* me paroissant plus propre pour exprimer ce que contient cette premiere Partie de l'Ouvrage, dans laquelle je me suis appliqué avec toute l'étendue que j'ai cru necessaire, à faire voir le veritable usage & l'utilité de tous les Livres dont on peut se servir.

Plusieurs personnes auroient fort souhaité que j'eusse fait préceder le Journal d'un Memorial dans les formes ; mais deux raisons principales que je leur ai alleguées, m'ont empêché de le faire. La premiere est, qu'un Memorial auroit trop grossi cette Edition, & la seconde est, ou qu'il auroit fallu donner un Memorial tenu simplement, comme une narration des affaires contenues dans le Journal, ou bien un Memorial tenu en maniere de Journal ; mais j'estime que comme il ne faut avoir que le sens commun pour coucher par écrit un Payement, une Recepte, ou une Negociation que l'on a faite, un modele d'un Memorial tenu simplement en forme de narration seroit superflu, & qu'il seroit de même fort inutile de donner un Memorial tenu en maniere de Journal, parce qu'alors le Memorial & le Journal, quoique differens de nom, ne seroient que deux fois le même Livre, & je croi avoir assez clairement expliqué dans le Chapitre second de l'*Introduction* la difference qu'il y a entre les Parties Simples & les Parties Doubles, pour faire comprendre aux moins intelligens la maniere dont on peut coucher les Articles tant de l'une que de l'autre de ces deux Methodes ; mais comme ce Chapitre est assez court, je me suis beaucoup plus étendu dans le Chapitre dix-septieme, où je traite du Memorial, j'ai tâché d'y comprendre absolument tout ce qui se doit Debiter ou Crediter, afin d'en donner une idée juste à ceux qui ont souhaité un Memorial.

Au reste, je puis assurer que cette Edition est beaucoup plus correcte par rapport aux sommes, que la precédente, & je voudrois bien pouvoir en dire autant par rapport aux dates du Journal & du Grand Livre, entre lesquelles j'ai trouvé plusieurs differences que les Imprimeurs n'ont pas corrigées, malgré les précautions que j'avois prises ; ce qui vient de ce que l'un imprimoit le Journal tandis que l'autre imprimoit le Grand Livre, & que je n'avois pas la Copie du Journal lorsque je corrigeois une feuille du Grand Livre. Quoi qu'il en soit, on trouvera toutes les fautes d'Impression dans l'Errata. Je souhaite que cet Ouvrage soit aussi bien reçu du Public que l'a été celui qui m'a servi de modele, & que la Jeunesse puisse y trouver dequoi s'instruire dans l'Art de tenir les Livres.

* 2

TABLE

TABLE DES CHAPITRES

Contenus dans

L'INTRODUCTION

& autres sujets de ce Livre.

Fautes à corriger.

DANS L'INTRODUCTION.

Page 3. ligne 8, *je suis necessai*, lisez *je suis necessairement obligé.*

DANS LE JOURNAL.

Fol. 3. la petite ligne & le chiffre 1. qui sont au dessous du 7. devant le nom de Christoffel Mothes doivent être au dessous du 7. qui est le plus bas de la page.

Fol. 13. à la Date de 19. *Novembre*, lisez 26. *Novembre.*

Fol. 31. Art. 113. le 3. qui indique le Compte de Debiteurs doit être le 7. & le 14. qui dans le même Article indique le Compte d'Agio, doit être 4.

Fol. 34. Art. 124. au lieu de *A Jacobus de Konink*, lisez *Jacobus de Konink.*

Fol. 46. Art. 161. le chifre qui indique le folio de la Cargaison pour Londres, doit être 15. au lieu de 5.

Fol. 50. Art. 174. la somme de *fl.* 3700. ne doit être que *fl.* 2700.

Fol. 58. Art. 198. & 199. ces deux Articles doivent être datez du 12. au lieu du 10. Avril.

Fol. 59. Art. 203. le 3. qui indique le Compte des Fraix doit être 9.

Fol. 61. Article 212. l'Article monte à *fl.* 9178:9: au lieu de *fl.* 9178::

DANS LE GRAND LIVRE.

Folio 3. au Credit de la Caisse au 4. Decembre au lieu de *Compte de Debiteurs*, lisez *Compte de Crediteurs.*

Fol. 12. au Credit du Compte de Commission, ligne 5. à la date où il n'y a rien, lisez 24. *Decembre.*

Fol. 9. au Credit du Compte de Fraix ligne 9. à la date où il n'y a rien, lisez 30. *Decembre.*

Fol. 14. au Credit du Compte de Hendrik Makreel ligne 2. au lieu de 4. lisez 24. *Decembre.*

Fol. 10. au Debit du Compte de Jacob Kalf au lieu du 30. *Octobre*, lisez 30. *Decembre.*

Fol. 3. au Credit de la Banque au dernier Article après le 2. de la date ajoutez *Fevrier.*

Fol. 20. au Credit du Compte d'Assurance à la premiere ligne la somme est *fl.* 320. au lieu de 420.

Fol. 12. au Credit du Compte de Commission au lieu de 7. *Mars*, lisez 17. *Mars.*

Fol. 3. au Debit de la Banque, au lieu du 5. *Avril*, lisez 12. *Avril.*

Fol. 13. au Credit de Jan Straalman la somme de la derniere ligne est 3840 : 19 : 8 au lieu de 3840 : 19 : & l'addition, qui n'est que 13223 : 14 doit être 13223 : 14 : 8

Fol. 21. au Debit du Navire la Marguerite au 12. Juillet au lieu de *fl.* 1418 lisez *fl.* 1408.

Grand Livre B. fol. 1. au Debit de la Balance ligne 7. au lieu de *fl.* 3 : 15 : lisez *fl.* 3 : 15 : 8

INTRODUCTION

Dans l'ART de bien tenir tous les LIVRES des NEGOCIANS.

✦◦✦◦✦◦✦◦✦◦✦◦✦◦✦◦✦◦✦◦✦◦✦◦✦◦✦

CHAPITRE PREMIER.

De la Neceſſité abſoluë où ſont tous les Marchands & Negocians qui veulent tenir un bon ordre dans leurs afaires, de les coucher dans des Livres

I le Commerce ne ſe faiſoit qu'en troc, comme il ſe faiſoit dans le premier âge du Monde, ou s'il ne ſe faiſoit qu'en argent comptant, & que chacun ne negociât que pour ſoi-même, les Marchands & Negocians pourroient ſe paſſer aiſément de tenir des Livres; Et quelques feuilles de papier ſufiroient pour les plus curieux, qui voulant ſavoir le nombre & la qualité des Marchandiſes qui auroient paſſé par leurs mains, coucheroient d'un côté celles qu'ils recevroient, & de l'autre celles qu'ils donneroient en échange, ou ce qu'elles leur coûteroient en argent, d'un côté, & le prix qu'ils en recevroient de l'autre. Mais comme le Commerce qui ſe fait aujourd'hui, du moins dans presque toute l'Europe & dans la plus grande partie des villes des autres parties du Monde, ne ſe fait plus ſur ce pié-là, & que ſoit par la neceſſité des Acheteurs ou des Vendeurs, ſoit par le peu de beſoin qu'ont les uns de certaines Marchandiſes que d'autres ont en abondance, ou pour pluſieurs autres raiſons qui ont introduit & établi la coûtume de vendre à Credit, & que d'un autre côté un grand nombre de Negocians ne ſe bornent pas au Commerce qu'ils peuvent faire chez eux & par eux-mêmes, mais qu'ils l'étendent dans tous les autres Pays étrangers où ils peuvent ſe faire des correspondances; ce qui les engage neceſſairement ou à faire des afaires pour leurs Correspondans, ou à leur commettre la direction des Achats & des Ventes, ou de certaines Negociations qu'ils trouvent à propos de faire dans ces mêmes pays, ſans être obligez de s'y transporter eux-mêmes, d'où il reſulte une variation continuelle, & un nombre presque infini de Negociations differentes qui engagent les uns & les autres dans un grand nombre d'afaires, qui peuvent ou faire leur fortune s'ils les ſavent bien diriger, & profiter des ocaſions qui ſe preſentent, ou cauſer leur entiere ruine & ſouvent celle de leurs Correspondans, s'ils font tout à l'aventure & ſans tenir un Compte exact de tout ce qu'ils font, tant pour leur propre Compte

Si le Commerce ne ſe faiſoit qu'en troc, ou en argent comptant on pourroit ſe paſſer aiſément de tenir des Livres.

Ce qui oblige les Negocians à tenir des livres.

A

par-

particulier, que pour le Compte d'autrui, il leur eſt de la derniere neceſſité de tenir des Livres de tout le Negoce qu'ils font, tant pour eux-mêmes que pour autrui.

En effet il eſt impoſſible de concevoir qu'un Negociant puiſſe faire long-tems un Commerce qui ne conſiſte qu'en Achats & Ventes à credit tant pour ſon compte que pour celui d'autrui, ſans en tenir un Compte exact & bien reglé dans des Livres, qui d'un côté puiſſent prouver ſon droit en juſtice ſi de mauvais Debiteurs ou de chicaneurs le lui veulent diſputer, & de l'autre le mettre toujours en état de rendre un Compte fidelle & juſte à ſes Correſpondans des affaires qu'il a faites pour eux. Cette verité ſe preſente à l'eſprit auſſi tôt qu'on y fait la moindre atention ; auſſi eſt-elle ſi generalement reçuë que je croirois faire perdre le tems au Lecteur, ſi je m'arrêtois à la prouver.

Cependant quoi que tous les Negocians conviennent de la neceſſité de tenir des Livres, il ſemble que tous ne ſont pas également convaincus de la neceſſité de les tenir dans cet ordre clair & net qu'exigent leur propre ſatisfaction, le repos & la ſûreté de leurs familles, & celui de leurs Correſpondans, ce qui paroîtra d'abord un paradoxe, car, dira-t-on, à quoi bon tenir des Livres ſi on ne les tient pas dans l'ordre qu'exigent les afaires? J'avoue qu'il vaudroit preſque autant ne tenir point du tout des Livres, que de les tenir en deſordre ; comme un aſſez bon nombre que j'ai vus & qui ont paſſé par mes mains ; d'ailleurs je ſuis très-perſuadé que je ne ſuis pas le ſeul, qui ait entendu dire à bien des gens que leurs affaires & leurs Livres étoient toûjours en très-bon ordre, & qu'après leur mort leurs heritiers n'auroient aucune peine à trouver tous les effets de leur ſucceſſion, & qui malgré cette aſſûrance ait vu les heritiers bien embarraſſez pour découvrir à qui ils devoient demander & à qui ils devoient payer ; ce qui prouve aſſez la verité que je viens d'avancer.

Cette contrarieté m'a fait faire de ſerieuſes reflexions tant ſur les diverſes cauſes qui pouvoient avoir donné lieu à des gens d'ailleurs integres & de bonne foi, de faire des erreurs conſiderables, que ſur diverſes pretentions bien ou mal fondées de divers Negocians qui ont eu des differens en reglant leurs comptes ; & il me ſemble que quoi que le nombre des erreurs que l'on peut faire dans les Livres ſoit preſque infini, on en peut reduire les cauſes ſous diverſes claſſes, dont les quatre ſuivantes ſont, à mon avis, les principales.

On peut mettre dans la premiere claſſe les erreurs qui ſe font par ignorance, tant par les Negocians eux-mêmes que par leurs Teneurs de Livres. Il y a un bon nombre des uns & des autres qui n'ayant qu'une legere teinture & une connoiſſance ſuperficielle de l'Art de tenir les Livres, ſe croyent aſſez habiles pour coucher indiferemment toute ſorte d'articles ou de parties ; ceux-là, ſans faire attention à certains articles qui ſe preſentent à coucher qui exigent toute l'habileté d'un ſavant Teneur de Livres par quelque circonſtance qui rend ces mêmes articles ſuſceptibles de pluſieurs interpretations fort diferentes, & qu'il faut par conſequent coucher avec toute la circonſpection & toutes les diſtinctions poſſibles, ceux-là, dis-je, couchent une infinité de ſemblables articles ſuivant la premiere penſée qui leur vient dans l'eſprit, ou ſuivant une certaine routine qu'ils ſe ſont forgez, qui ſouvent fait comprendre au Lecteur tout le contraire de ce qu'ils ont voulu écrire, & lorſqu'ils s'aperçoivent qu'ils ont fait quelque erreur, au lieu de la redreſſer d'une maniere claire & intelligible ils ne font que l'obſcurcir & l'embrouiller davantage, en ſorte que ne ſachant plus comment s'y prendre, & honteux ou trop glorieux pour demander l'avis d'un habile homme, ils laiſſent vieillir ces Parties ainſi mal couchées ſur leurs Livres, avec bon nombre d'autres bien ou mal expliquées, en ſorte que ſi le Negociant change de Teneur de Livres, ni lui-même, ni le nouveau Teneur de livres qu'il prend n'y comprenent plus rien.

On peut mettre dans la ſeconde claſſe, les erreurs qui proviennent de l'avarice de ceux qui pour épargner un honnête ſalaire à un habile Teneur de Livres, veulent les tenir eux-mêmes ou les faire tenir par des jeunes gens qui n'y entendent rien. J'avouë que lors qu'un Negociant ſait tenir les livres & qu'il eſt en état de les tenir lui-même, il fait fort bien de le faire, puis que ſans contredit il peut les tenir mieux que perſonne ; Mais il arrive fort ſouvent à ces gens-là,

que

que leurs affaires venant à augmenter, toutes leurs occupations augmentent à proportion, & bien-tôt il faut necessairement ou travailler jour & nuit, ou negliger,
ou remettre à un autre tems la reponse de quelques Lettres à quelques Correspondans, ou à coucher & à raporter les affaires sur les Livres: & comme on envi-
sage la Correspondance des Lettres la plus pressée & la plus necessaire on la neglige moins que les Livres, on fait tout ce que l'on peut pour l'entretenir, & on
se contente de coucher sur un brouillon fort imparfaitement les affaires que l'on
fait, dans l'esperance que quelque jour qu'on en aura le tems on debrouillera
tout ce que l'on a couché ainsi à la hâte, & qu'on le mettra dans l'ordre requis
sur le Memorial & sur le Journal; mais ce jour ne vient jamais, parce que les
affaires allant en augmentant demandent encore plus de tems. On se resout alors,
pour épargner, de faire tenir ses Livres par un garçon à qui on se contente de
donner quelques legeres instructions, & comme on n'a pas le tems ni la patien-
ce d'être toûjours auprès de lui pour lui faire raporter les choses dans l'ordre,
il se commet un nombre considerable d'erreurs très-dangereuses

Je mets dans la troisieme Classe les erreurs causées par une très-mauvaise poli-
tique qu'ont certains Negocians de ne vouloir pas que certaines affaires dans lesquelles ils prennent des engagemens assez considerables, paroissent sur leurs Livres, & qu'ils se contentent de coucher dans de petits Livres de poche ou des
feuilles volantes qu'ils tiennent cachées, & qui ne font d'aucune autorité. Je
n'ose pas dire quel nom je donnerois volontiers à des Negocians qui suivent cette mauvaise maxime, mais il est certain que c'est une des plus mauvaises dont
on puisse s'aviser, & qu'elle donne occasion à une infinité de procès non seulement pendant leur vie, mais aussi après leur mort. Troisieme
cause du des-
ordre des Li-
vres.

On peut mettre dans la quatriéme classe des causes du desordre dans les
Livres, la négligence avec laquelle beaucoup de Negocians travaillent à terminer les diferens qu'ils ont avec quelques Correspondans dans plusieurs occasions. On fait diverses erreurs dans le compte de quelque Correspondant, on
le Debite ou on le Credite mal-à propos d'une partie qu'il n'aprouve pas.
Il écrit qu'il y a erreur dans son compte, on lui répond qu'il se trompe, il
soutient le contraire & on se dispute ainsi long tems, sans rien décider, & la
chose reste là jusques à la faillite ou jusques à la mort de l'un ou de l'autre,
& c'est aux Curateurs ou aux heritiers à soutenir ou à entamer un procès pour
tirer raison d'une affaire qui auroit pu se terminer facilement pendant la vie ou
pendant la prosperité de la Partie. Quatrième
cause du des-
ordre des Li-
vres.

Ces quatre classes contiennent, à mon avis, toutes les principales causes du desordre des Livres des Negocians, d'où il procede un nombre infini de fâcheuses
affaires qui fort souvent font la seule cause des Faillites, des Banqueroutes, &
de la ruine entiere des familles, & ce qu'il y a de fatal, est que si des gens qui
tiennent leurs Livres ainsi en desordre viennent à manquer, ou à mourir sans
avoir eu le tems de les regler, ils font infailliblement l'unique cause de la Faillite
ou de la perte de tous les Correspondants qui par la trop grande confiance qu'ils
ont euë en eux, ont pris de trop grands engagemens avec des gens qui en étoient
indignes. Les Banqueroutes & les Faillites font presentement plus frequentes
qu'elles ne l'ont peut-être jamais été; il est facile de découvrir d'où viennent les
premeres, qui ne se font jamais sans avoir été préméditées & concertées par
les fripons qui les font; mais si l'on va jusques à la source des Faillites de ceux
qui manquent par necessité ou par quelque cas imprevu on trouvera certainement que la plus grande partie (pour ne pas dire toutes) ne viennent que de
ceux qui font des affaires & des entreprises considerables & qui les tiennent dans
un desordre continuel, car d'abord que ces sortes de gens reçoivent quelque
échec ou quelque perte considerable, & qu'ils ne trouvent plus le credit dont
ils ont besoin, la tête leur tourne, & leurs affaires étant dispersées & leurs Livres en desordre, ils font obligez pour le moins de demander du tems à leurs
Creanciers, pour regler leurs Livres & savoir l'état de leurs affaires, en faisant ou
laissant en attendant manquer une partie de leurs Creanciers, & Dieu sait encore
de quelle maniere plusieurs de ceux à qui cela arrive reglent leurs Livres en pareil cas. Les Failli-
tes font sou-
vent causées
par le desor-
dre des Li-
vres.

Combien d'exemples ne pourroit-on pas aporter de gens qui ont agi de
A 2
cette

cette maniere? Combien d'autres n'en pourroit-on pas citer, de ceux qui ont fuc-
combé par des pertes qu'ils auroient évitées fi leurs Livres avoient été raportez
regulierement & s'ils avoient pu voir clairement qui étoient ceux qui leur dévoient?
Combien, de gens enfin ne pourroit-on pas citer qui ayant tenu leurs Livres
pendant toute leur vie, où pendant tout le tems qu'ils ont fait des affaires dans
un defordre continuel, ont laiffé à leurs familles l'entiere impoffibilité de les
pouvoir debrouiller, & à leurs heritiers au lieu d'une bonne fucceffion, un
bon nombre de dettes conteftées, d'autres qui ont été payées & qui ne fubfis-
tent plus que fur les livres du Teftateur qui a oublié d'en crediter les Debiteurs lors qu'il en a été payé, & d'autres enfin qui ne fe trouvent perduës que
parce qu'on a negligé d'en demander le payement dans le tems où des Debiteurs
qui ont manqué étoient encore en état de payer.

Pour préve-
nir beaucoup
de malheurs
dans les affai-
res il faut te-
nir les Livres
en bon ordre.

Pour prévenir tous ces malheurs & quantité d'autres dont il feroit facile de
faire un affez long catalogue, les Negocians ne fauroient s'apliquer avec trop de
foin, à tenir ou à faire tenir leurs Livres dans le meilleur ordre poffible, &
chacun devroit avant de commencer aucun Negoce bien aprendre à tenir les Livres, afin de n'être pas obligé de s'en raporter à toutes fortes de Teneurs de Livres quand il fera obligé de les faire tenir par autrui. Chacun devroit fe faire
auffi une loi inviolable de ne fortir jamais le foir de fon Comptoir fans avoir
bien examiné fi toutes les affaires qu'il a faites pendant le jour, font bien &
duement couchées fur fes Livres, & fans les y avoir couchées dans toutes les
formes requifes fi elles ne le font pas, car fi on s'acoûtume à diferer d'écrire les
affaires que l'on a toutes fraiches dans la memoire, on s'en fait une habitude,
on oublie tantôt un article, tantôt un autre, & avec le tems on en oublie plufieurs à la fois; il furvient des affaires qui occupent ailleurs, on charge fa memoire des articles qu'on n'a pas le tems de coucher, & lors que l'on peut trouver
une heure pour le faire & que la memoire ne peut pas les fournir tous, il faut
avoir recours à des notes fort confufes qui demandent plus de tems que l'on
n'en a pour les mettre dans tout l'ordre neceffaire, & on fait diverfes erreurs qui
s'accumulant infenfiblement laiffent un bon nombre de comptes en defordre.

CHAPITRE SECOND.

Des diverfes manieres de tenir les Livres & en particulier des Livres à Parties Doubles ou à l'Italienne.

Ce que, c'eft
que tenir les
Livres.

Il n'y a que
deux Metho-
des de tenir
les Livres.

Ce que c'eft
que les Par-
ties fimples.

PAr *tenir les Livres* on entend parmi les Negocians, la Methode ou l'ordre
que chacun fuit en couchant par écrit dans des Livres deftinez chacun à fon
ufage particulier, generalement toutes les affaires que fait un Negociant, tant
pour fon compte particulier que pour le compte d'autrui. Il n'y a que deux
manieres generales de tenir les Livres, la premiere & la plus ancienne s'apelle
à Parties fimples, la feconde s'apelle *à Parties Doubles ou à l'Italienne*,

Les Parties fimples n'ont qu'un feul Debiteur ou un feul Crediteur pour objet,
& comme il ne peut y avoir de Debiteur, qu'il n'y ait un Crediteur équivalent,
ce qui Doit eft Debité en particulier dans un article fimple, & ce qui eft Crediteur, eft Credité auffi en particulier dans un article fimple, comme il fera facile de le comprendre par cet exemple, où je fupofe avoir acheté une Action
de la Compagnie des Indes que j'ai payée en Banque, ce que je dois coucher
en deux Articles ou en deux Parties fimples comme fuit:

PREMIER EXEMPLE.

Maniere de coucher l'achat d'une Action de la Compagnie des Indes à parties fimples.

ACTIONS DE LA COMPAGNIE DES INDES Chambre d'Amfterdam
DOIVENT ou DEBIT fl. 22500 pour une Action de ladite Compagnie de
L. 500 de Gros de Capital, achetée de la veuve Daniel Deutz qui me l'a
tranfportée ce jourdhui à 750 pour cent, pour laquelle je lui ai écrit en Banque.   f 22500

La

La raiſon pour laquelle on Debite une choſe que l'on a achetée eſt pour marquer qu'elle eſt à nous, & nous apartient en vertu de l'achat que nous en avons fait, & elle doit reſter Debitée pendant tout le tems que nous l'avons ou que nous en ſommes les maîtres, Mais il faut remarquer que je dois tenir un Compte exact avec la Banque, & qu'en payant l'Action ci-deſſus je dois Crediter la Banque de la ſomme de 22500 florins, ſans quoi il paroîtroit que j'aurois en Banque 22500 florins de plus que je n'y aurois effectivement ; de ſorte qu'avant ou après l'article ci deſſus, je ſuis neceſſai-de crediter la Banque comme ſuit.

Pourquoi en
Debite une
choſe ache-
tée.

Maniere de crediter la Banque dans une ſimple partie pour une ſomme ecrite à quelqu'un.

BANQUE. CREDIT *f* 22500. Ecrit ce jourdhui à la veuve Daniel Deutz pour une Action de la Compagnie des Indes, Chambre de cette Ville, achetée d'elle à 750 pour cent.   *fl.* 22500 : - : -

Il y a dans ces deux articles comme l'on voit, un Debiteur qui eſt l'Action, & un Crediteur qui eſt la Banque, ou un Achat & un Payement fait, qu'il faut neceſſairement coucher en deux articles lors qu'on tient les livres à Parties ſim-ples, ce qui cauſe infiniment plus d'Ecritures que les Parties doubles, qui lient & comprennent enſemble dans un ſeul article non ſeulement un ſeul Débiteur & un ſeul Crediteur, mais même pluſieurs Debiteurs & pluſieurs Crediteurs, comme on le verra dans la ſuite, & pour commencer par l'exemple des deux articles ſim-ples ci deſſus, voici comment ils ſe couchent en Parties Doubles, comme on le verra dans le Journal, article 28.

Les Parties
doubles uniſ-
ſent enſemble
pluſieurs Par-
ties ſimples.

Achat d'une Action de la Compagnie des Indes.

ACTIONS DE LA COMPAGNIE DES INDES Chambre d'Amſterdam, A BANQUE *f* 22500 Ecrit à la veuve Daniel Deutz, pour une Action de ladite Compagnie de L 500 de Gros de Capital achetée d'elle à 750 pour cent laquel-le elle m'a tranſportée ce jourdhui.   *fl.* 22500 : - : -

Voila les deux articles à Parties ſimples réunis & reduits dans un ſeul article à Parties Doubles, d'où on peut commencer à juger que cette derniere methode eſt infiniment meilleure que la premiere pour pluſieurs bonnes & ſolides raiſons que je remarquerai dans la ſuite de ce Chapitre après avoir donné un autre exemple qui fera encore mieux comprendre la brieveté & la juſteſſe des Parties Doubles.

SECOND EXEMPLE.

Je ſupoſe avoir acheté de pluſieurs perſonnes les diverſes Marchandiſes ſui-vantes tant en argent de Banque qu'en courant pour compte de Benjamin Du-rand auquel je les envoye,

2 Quartaux Girofle de la Compagnie des Indes peſant net 872 ℔ à 75 ſ. la ℔
pour leſquels j'ai payé en argent de Banque   *fl.* 3237 : 6 : -
l'agio de ladite ſomme à 5 pour cent eſt   161 : 17 : -
Diverſes Drogueries, de Carel Brayne pour leſquelles j'ai payé en Courant   *fl.* 1825 : 4 : -
2000 ℔ Fanons de Baleine, d'Abraham de Veer à *f* 108 les 100 ℔ à payer dans 6 ſemaines, en Courant   *fl.* 2160 : - : -
l'achat de ces Marchandiſes tant payées qu'à payer monte en Courant à   *fl.* 7384 : 7 : -
Je paye ou dois payer pour les Droits de ſortie, Courtage & autres frais   285 : 13 : -
   fl 7670 : - : -
à quoi je dois ajouter pour ma Commiſſion à 2 pour cent   153 : 8 : -
   fl 7823 : 8 : -

B

Pour

Pour coucher ce compte naturellement à Parties fimples il faut neceffairement en faire deux articles feparez dont voici le premier qui fe prefente.

Maniere de
Debiter quel-
qu'un pour
plufieurs ar-
ticles, à par-
ties fimples.

BENJAMIN DURAND fon Compte, DEBIT *fl* 7 823 : 8 Pour Achat, fraix &
Commiffion des Marchandifes fuivantes que j'ai achetées par fon ordre & que je lui
ai envoyées par le Navire *les 2 Sœurs* Me. Ary Dircks, fuivant le compte à lui
envoyé ce jourdhui. Savoir :

	fl.		
2 Quartaux Girofle pefant net 872 ℔ à 75 S. la ℔ argent de Banque.	fl. 3237	6	-
Agio à 5 pour cent.	161	17	-
Diverfes Drogueries montant fuivant le compte à	1825	4	-
2000 ℔ Fanons de Baleine à *f* 108 les 100 ℔	2160	-	-
	fl. 7384	7	-
Pour Courtage, autres fraix & Droits de fortie fuivant le compte.	fl. 285	13	-
	7670		-
Pour ma Commiffion à 2 pour cent.	153	8	-
	fl. 7823	8	-

Voila Benjamin Durand Debité pour cet envoi; mais, comme je l'ai déja dit
ci deffus, je dois Crediter la Banque pour la fomme qui eft fortie de mon compte, la Caiffe pour l'argent que j'en ai tiré, & Abraham de Veer à qui je dois
payer les fanons, & que d'ailleurs il eft neceffaire fi je veux favoir fi je gagne
ou fi je perds fur l'agio, & fur les fraix, & ce que je gagne en Commiffions,
je dois Crediter tous ces divers Comptes, il faut abfolument le faire comme fuit.

Maniere de
Crediter plu-
fieurs articles
à la fois à par-
ties fimples.

Les fuivans CREDIT ou DOIVENT AVOIR *f* 7823 : 8 Pour les Articles fuivants
dont j'ai Debité ci deffus Benjamin Durand pour l'envoi à lui fait des Marchandifes fuivantes. Savoir :

	fl.		
BANQUE *f* 3237 : 6 Ecrit à la Compagnie des Indes pour 2 Quartaux Girofle	fl. 3237	6	-
AGIO *f* 161 : 17 Pour celui de la dite fomme à 5 pour cent.	161	17	-
CAISSE *f* 1825 : 4 Payé à Carel Braine pour diverfes Drogueries.	fl. 1825	4	-
ABRAHAM DE VEER *f* 2160 Pour 2000 ℔ Fanons de Baleine acheté de lui à payer en 6 femaines à *f* 108 les 100 ℔	2160	-	-
COMPTE DE FRAIX *f* 285 : 13 pour les fraix payez ou à payer fur cet Envoi.	285	13	-
COMPTE DE COMMISSION *f* 153 : 8 pour celle de *f* 7670 a 2 pour 100.	153	8	-
	fl. 7823	8	-

On ne fauroit concevoir de methode plus courte pour coucher cet
article en Parties fimples qu'en en faifant deux articles feparez comme les deux
ci deffus, mais par les Parties doubles on les reduit dans un feul article
comme fuit.

Maniere de coucher en Parties Doubles un envoi fait à un Correspondant pour fon compte.

Maniere
de Debiter
une perfon-
ne pour plu-
fieurs articles
à Parties dou-
bles.

BENJAMIN DURAND fon Compte. Aux fuivans *f* 7823 : 8 Pour achat, Fraix &
Commiffion des Marchan difes ci-deffous fpecifiées, que par fon ordre & pour fon
compte j'ai achetées & chargées à fon adreffe fur le Navire *les deux Sœurs*, Me,
Ary Dircks, fuivant le compte à lui envoyé ce jourdhui. Savoir :

A BAN-

A Banque *fl* 3237 : 6 Ecrit à la Compagnie des Indes, Chambre de cette Ville, pour 2 Quartaux Girofle achetez d'Elle pesant net 872 ℔ à 75 f. la ℔ . . . . *fl.* 3237 : 6 : -

A Agio *f* 161 : 17 Pour celui de ladite somme à 5 pour cent. 161 : 17 : -

fl. 3399 : 3 : -

A Caisse *f* 1825 : 4 Payé à Carel Brayne pour diverses Drogueries suivant son compte. . . . 1825 : 4 : -

A Abraham de Veer *f* 2160 Pour 2000 ℔ Fanons de Baleine achetez de lui à *f* 108 les 100 ℔ . . 2160 : - : -

A Compte de Fraix *f* 285 : 13 Pour Courtage, Droits de sortie & menus fraix suivant le compte envoyé. 285 : 13 : -

fl. 7670 : - : -

A Compte de Commissoin *f* 153 : 8 Pour ma Commission à 2 pour cent de ladite somme de *f* 7670. . 153 : 8 : -

fl. 7823 : 8 : -

Il est facile de juger, en comparant cette Partie double avec les deux simples qui la precedent, que les parties Doubles sont de beaucoup preferables aux simples, puis qu'outre la brieveté & la clarté qu'elles donnent de l'affaire dont il s'agit, elles ont cela de bon que lors que l'on couche un compte dans lequel il y a un plus grand nombre de Debiteurs ou de Crediteurs, on ne sauroit en oublier un seul, sans s'en apercevoir sur le champ ; car quoi que j'aye couché les Crediteurs de cet envoi immediatement après en avoir Debité Benjamin Durand, ce n'est guere la maniere de ceux qui tiennent les Livres à parties simples d'atendre à Crediter les gens de qui ils ont acheté, jusques à ce qu'ils ayent fait l'envoi & qu'ils en envoyent le Compte ; mais si aujourd'hui ils achetent par, exemple, le Girofle, ils en Creditent la Banque ; si quatre jours après ils achetent les Drogueries ils en Creditent la Caisse ; & si encore quatre jours après ils achetent les fanons ils en Creditent Abraham de Veer ; de sorte que ces trois achats qui sont faits pour un seul & même Compte se trouvent dispersez sous trois dates diferentes, & si on n'observe pas avec toute l'atention possible de marquer à chaque achat, qu'il est fait pour un tel envoi, on aura bien de la peine à savoir ce que sont devenuës les Marchandises qu'on trouve sur le Memorial ou sur le Journal avoir été achetées, au lieu qu'il n'y a pas un seul article à Parties Doubles qui n'indique d'abord le veritable Debiteur & le veritable Crediteur, & ne donne raison de tout d'une maniere infiniment plus claire & plus évidente que les Parties simples.

D'ailleurs comme il n'est pas possible d'être jamais bien assuré qu'un Grand Livre soit juste si le Debit ne balance pas le Credit, c'est-à-dire si toutes les parties du Debit ajoutées ensemble, ne reviennent pas à la même somme que montent toutes les parties du Credit ajoutées ensemble ; & que ceux qui tiennent leurs Livres à Parties simples ne savent ou ne s'avisent guere de tenir de certains Comptes qu'il faut necessairement tenir pour servir de rencontre à certains articles, comme sont par exemple les Comptes de Capital, d'Agio, de Fraix, de Commission, de Gains & Pertes & plusieurs autres dont je parlerai au Chapitre XVII. il se trouve toujours une difference très-considerable entre le Debit & le Credit, & on ne peut avoir aucune preuve certaine ni convaincante que l'on n'ait pas oublié de porter quelque article du Journal dans le Grand Livre.

Au lieu que la Regle Generale & Fondamentale des Parties Doubles ne soufrant pas qu'il y ait un ou plusieurs Debiteurs sans un ou plusieurs Crediteurs équivalens, ni un ou plusieurs Crediteurs sans un ou plusieurs Debiteurs équivalens, il faut necessairement que toutes les sommes du Debit du Grand Livre ajoûtées ensembles, fassent & produisent la même somme que toutes celles du Credit ajoutées ensemble, ce qui suit naturellement de ce que fi je fais fortir 22500 florins de mon Compte de Banque pour payer une Action achetée, je Debite l'Action & je Credite la Banque de la même fomme & de ce que fi je Debite Benjamin Durand de *f* 7823 : 8 : pour divers articles, je Credite en même tems ces mêmes divers articles des diverfes fommes que j'ai payées ou que je dois payer pour eux, qui reviennent enfemble à la même fomme de *f* 7823 : 8.

Qui ne voit donc pas que par ce moyen, les 6 diverfes fommes dont je Credite la Banque, l'Agio, la Caiffe, Abraham de Veer, le Compte de fraix & le Compte de Commiffion étant raportées juftes chacune en fa place dans le Grand Livre, elles répondront étant ajoutées enfemble à la fomme de *f* 7823 : 8 : dont je Debite Benjamin Durand. Mais fi en voulant m'affurer fi toutes ces parties font bien raportées, je trouve qu'elles ne font pas la jufte fomme de *f* 7823 : 8 : il eft certain que j'ai fait erreur, & il eft très facile de la trouver en confrontant les fommes marquées fur le Journal, avec celles qui font rapportées dans le Grand Livre.

Quoi qu'on tienne certains Comptes à parties fimples on n'eft pas fi fûr de fon fait que par les Parties doubles.

Je fai bien qu'en tenant les Livres à parties fimples on peut tenir également des Comptes qui fervent de rencontre à divers articles, comme ceux que j'ai nommez ci-deffus de Capital, d'Agio de Fraix, de Commiffion, de Gains & Pertes & plufieurs autres: mais, outre qu'il eft presque impoffible que l'on n'oublie d'en Debiter ou d'en Crediter affez fouvent quelqu'un, il faut toûjours convenir que les Parties Doubles épargnent beaucoup d'écritures & font infiniment plus claires & plus diftinctes que les Parties fimples. Ainfi ce n'eft pas fans raifon que tous les Negocians qui font quelques affaires tant foit peu confiderables, préferent les Parties Doubles aux fimples.

Les Parties doubles enfeignent à tenir toute forte de Livres.

Au refte, quoi que la Science de tenir les Livres à Parties Doubles ou à l'Italienne, ne confifte proprement qu'à bien favoir former les Debiteurs & les Crediteurs tant fur le Memorial que fur le Journal & à raporter jufte les articles du Journal dans le Grand Livre, Elle ne laiffe pas d'être neceffaire & de donner de grandes lumieres pour tenir les divers autres Livres que la plûpart des Negocians font obligez d'avoir dans leur Comptoir pour tenir toutes leurs affaires dans un meilleur ordre, & pour épargner un grand nombre d'écritures, comme on pourra le voir dans les Chapitres fuivans.

CHAPITRE TROISIEME.

Des Divers Livres dont les Negocians fe peuvent fervir pour tenir leurs affaires en bon ordre & abreger leurs Ecritures.

Deux feuls Livres fufiroient aux Negocians s'ils vouloient abfolument fe paffer des autres, mais ils trouveroient des dificultez

DEux feuls Livres, favoir le Journal & le Grand Livre, pourroient fufire à toute forte de Negocians, s'ils vouloient abfolument fe paffer de tous autres, mais s'il eft poffible qu'un Negociant qui ne fait que peu d'affaires puiffe les coucher dans un bon ordre & fans brouiller fort fouvent quelques articles, il eft entierement impoffible qu'un autre qui fait des affaires confiderables tant pour lui-même que pour autrui, puiffe les tenir en bon ordre avec ces deux feuls Livres. C'eft pourquoi chaque Negociant tient, outre le Journal & le Grand Livre, des Livres particuliers deftinez pour coucher le detail de toutes les affaires, d'où on les tire enfuite pour les coucher dans un ordre clair, net, & abregé dans le Journal & dans le Grand Livre. Ainfi on peut divifer tous les Livres des Negocians fous deux claffes, dont la premiere contient les Livres aidans ou foulageans, & la feconde les Livres Principaux. Je mets les Livres aidans ou foulageans dans la premiere Claffe, parce qu'outre que mon deffein eft de traiter premierement de ceux-là, pour conduire les Lecteurs aux Livres Principaux, c'eft de ceux-là que fe forment ces derniers.

Les Livres aidans ou foulageans font

Livres aidans ou foulageans.

1 Le Livre de Caiffe
2 Le Livre de Banque, (dans les lieux où il y en a d'établies)
3 Le Livre de Copies des Lettres
4 Le Livre de Factures,

5 Le Livre

5 Le Livre de Copies des Comptes Courans.
6 Le Livre de Fraix.
7 Le Livre des Traites ou d'Acceptations.
8 Le Livre des Remifes.
9 Le Livre d'ordres.
10 Le Livre des ports des Lettres.

Les Livres Principaux font

Le Memorial
Le Journal
Le Grand Livre

Ce nombre de Livres fufit, à mon avis, pour un Negociant qui fait des affaires confiderables tant pour fon Compte propre, qu'en Commiffion ou pour Compte d'autrui : cependant ceux qui font un plus grand nombre d'affaires, & qui trouvent qu'ils ne peuvent pas bien ranger tout dans les Livres aidans ou foulageans que j'ai nommez ci deffus peuvent en tenir un plus grand nombre; en leur donnant toûjours des noms convenables aux affaires pour lefquelles ils font deftinez, comme les fuivans.

Le Livre de Magazin.
Le Livre de Reception & de vente des Marchandifes.
Le Livre des Cargaifons ou d'Envois des Marchandifes.
Le Livre de Copies de Lettres de Change.
Le Livre des Mois ou des Echeances des Lettres de Change.
Le Livre des Comptes des Navires.

Et tels autres Livres que l'on trouve à propos de tenir pour coucher dans un bon ordre le detail de certaines affaires particulieres, fuivant le Commerce dans lequel on fe trouve engagé. Un gros Fabriquant, par exemple, n'aura pas befoin de tenir partie des Livres aidans ci-deffus, mais il en tiendra d'autres qui auront du raport à fon Commerce & auxquels il donnera des noms convenables à leur ufage; Et comme lors que l'on fait bien tenir les Livres Principaux on n'eft point embaraffé à faire choix des Livres aidans dont on a befoin ni à leur donner les noms qu'il faut, je ne m'arrêterai pas à decrire tous ceux dont chacun pourroit fe fervir dans chaque Commerce particulier, & il fufira de faire voir à quoi fervent ceux que j'ai indiquez ci-deffus, pour donner une idée de tous les autres dont on pourroit avoir befoin, & c'eft ce que je vai faire dans les Chapitres fuivans.

CHAPITRE QUATRIEME.

Du Livre de Caiffe.

LE Livre de Caiffe n'eft deftiné qu'à coucher uniquement toutes les fommes d'argent que l'on a & que l'on reçoit d'un côté, & les fommes que l'on paye de l'autre. On le nomme *Livre de Caiffe*, du nom que les Negocians donnent au Coffre fort ou à telle autre chofe dans laquelle ils tiennent leur argent, qu'ils apellent *Caiffe*. Le Livre de Caiffe eft ordinairement un Livre long & étroit de la longueur des feuilles du papier dont il eft fait pliées en deux, chaque *folio* contient les deux pages qui fe prefentent à la vuë lors que le Livre eft entierement ouvert, toutes celles du côté gauche font deftinées pour le *Debit*, c'eft à dire pour coucher toutes les fommes que l'on a en commençant de negocier & toutes celles que l'on reçoit dans la fuite; & toutes les pages du côté droit font deftinées pour le *Credit*, c'eft-a-dire pour coucher tout l'argent que l'on paye. On laiffe à chaque page une marge d'environ un pouce de large bornée par une ligne d'encre rouge. Dans cette marge on marque les dates des jours qu'il entre quelques fommes en Caiffe, ou que l'on fait quelque payement. L'autre extremité de chaque page eft marquée de trois lignes auffi d'encre rouge qui compofent trois colomnes dont la premiere eft deftinée pour mettre les fommes des florins,

C   la

la feconde les fols & la troifieme les Penins, ou fi on veut les Livres, les fols & les deniers, ou telles autres monnoyes qui ont cours dans les lieux où l'on eft. L'espace qui refte blanc entre la ligne marginale & les trois colomnes, fert à mettre les noms de ceux desquels on a reçu quelque fomme, & de ceux auxquels on en a payé quelqu'une.

Ce qu'il faut obferver pour bien tenir le Livre de Caiffe. Toute la Science requife pour bien tenir le Livre de Caiffe, confifte dans la feule exactitude de coucher jour par jour au Debit l'argent que l'on reçoit auffi tôt qu'on l'a reçu, en marquant de qui, ou pour qui on l'a reçu, comme par exemple fi Jean me doit, & que Jean me paye, je mettrai *Reçu de Jean*, mais fi Jean m'a donné à recevoir de Pierre, je mettrai, *Reçu de Pierre pour Compte* ou *pour affignation de Jean*, & de même pour les fommes que l'on couche jour par jour en Credit, en marquant à qui ou pour Compte de qui on a payé, comme fi je devois à Jean & que je payaffe à lui-même je mettrois *Payé à Jean*, mais fi je payois à Pierre pour une affignation de Jean, je mettrois, *Payé à Pierre pour affignation de Jean*, & ainfi de fuite.

C'eft au Caiffier à tenir le Livre de Caiffe. C'eft à celui qui tient la Caiffe, c'eft-à-dire à celui qui tient la Clef de l'argent, à tenir le Livre de Caiffe, parce qu'étant responfable de l'argent qu'il reçoit & qu'il paye; c'eft à lui à en tenir le Compte en tel ordre, qu'il puiffe favoir tous les jours quelle fomme il a en Caiffe, & fe regler fur les payemens qu'il a à faire; il doit auffi, s'il ne veut pas courir risque de perdre, prendre garde de ne recevoir aucune mauvaife monnoye ni des Pieces fauffes, & de ne recevoir pas une moindre fomme au lieu d'une plus groffe, car tout cela eft à fes risques & il eft responfable de tous les abus qu'il fait au prejudice de fon Maître, fi c'eft un garçon à qui le Maître veut bien confier le maniement de fon argent.

Les menus fraix ne fe couchent pas en detail dans le Livre de Caiffe. Et comme il faudroit coucher au Credit du Livre de Caiffe un très-grand nombre de petits articles, fi on s'amufoit à vouloir y coucher, par exemple, l'argent que l'on debourfe pour les ports des Lettres & mille petites bagatelles qui fe payent journellement qui fe couchent dans le Livre des Fraix, on met ordinairement à part une fomme plus ou moins forte felon le train des affaires où l'on eft, qui fert à payer tout ces menus fraix que l'on couche dans le Livre des Fraix à mefure qu'ils fe payent, & lors que cet argent eft fini on additionne le Livre des Fraix pour voir s'ils reviennent à la fomme mife à part, & on les couche tous enfemble dans le Livre de Caiffe en mettant au Credit, *pour fraix depuis un tel jour jufques à un tel*, telle fomme &c.

Il faut fouvent folder le Livre de Caiffe pour favoir fi on n'a rien oublié. Il arrive affez fouvent que l'on oublie à coucher quelque article reçu, ou payé dans le Livre de Caiffe, c'eft pourquoi il eft très-important de la folder fort fouvent, c'eft-à-dire d'additionner tant le Debit que le Credit, & de voir fi la fomme qui refte en Caiffe revient à celle qui refte fuivant le Livre après avoir deduit le Credit du Debit, parce que s'il y a de la diference c'eft une marque que l'on a oublié quelque article, dont on peut fe reffouvenir plus facilement en faifant cette revifion tous les jours, ou du moins toutes les femaines, que fi l'on ne la fait que de tems en tems.

Modele du Livre de Caiffe.

Folio 1. ———— 1722 ———— ———— 1722 ———— Folio 1.

	CAISSE. DEBIT.			CREDIT.	
1 Oct.	Reçu de mon Pere pour commencer mon negoce.	fl. 20000 : - :	1 Oct.	Payé à Cornelis Hartwyck.	fl. 4336 : 4 :
8 dito.	de Jacob Boelens.	4446 : 11 :	11 dito.	à Jean van Tarelink.	2105 : 19 :
13	de Abraham Rog.	2198 : 2 : 8	.	à Daniel Horens.	2139 : 4 :
.	de Jan Verryn.	2258 : 11 :	20	aux Freres van der Sprang.	6307 : 10 :
28	de Jan Leenderts.	344 : 6 :	25	à Jacob Kalf.	319 : 18 :
		fl. 29247 : - : 8			15207 : 15 :
			28	il refte pour folde	14039 : 5 : 8
					fl. 29247 : - : 8

28 Oct.   Pour folde du Compte cy-deffus. fl. 14039 : 5 : 8

On

On couche ainſi jour par jour au Debit du Livre de Caiſſe tout ce que l'on reçoit, & au Credit tout ce que l'on paye, & lors que l'on raporte quelque article du Livre de Caiſſe ſur le Memorial ou ſur le Journal on marque d'un point la ſomme qui a été raportée comme j'ai fait aux deux premiers articles du Debit & du Credit ci-deſſus. Pointer les Articles du Livre de Caiſſe couchez dans le Memorial.

A Amſterdam il y a quantité de Negocians qui ne tiennent pas leur Caiſſe chez eux, mais ils ont des Caiſſiers hors de la maiſon qui pour un huitieme pour cent & quelquefois pour un ſeizieme pour cent, reçoivent leur argent & le payent à leur ordre. Dans ce cas-là on tient avec le Caiſſier un Livre comme le Livre de Caiſſe, mais au lieu de mettre au haut de chaque page le mot *Caiſſe*, on met le nom du Caiſſier & on le Debite pour toutes les aſſignations qu'on lui fournit, & on le Credite pour toutes celles qu'on fournit ſur lui. Du Livre des Caiſſiers.

CHAPITRE CINQUIEME.

Du Livre de Banque.

LE Livre de Banque, qui n'eſt neceſſaire que dans les lieux où il y en a d'établies & à ceux qui y ont Compte ouvert, eſt ordinairement de la même forme & grandeur que le Livre de Caiſſe & marqué ou reglé d'une ligne marginale & de trois pour mettre les ſommes. Chaque folio eſt compoſé des deux pages qui ſe preſentent à la vuë lors que le Livre eſt tout ouvert, la page gauche ſert pour coucher le DEBIT ou tout ce qui entre ſur notre Compte en Banque, & la droite eſt pour coucher le CREDIT ou tout ce que nous payons par Banque. Livre de Banque, ſa forme & ſon uſage.

Les payemens qui ſe font en Banque à Amſterdam ſe font, comme je l'ai dit amplement dans mon *Traité de la Banque du Negoce d'Amſterdam*, par des aſſignations que celui qui paye fait & porte à la Banque en faveur de celui à qui il paye, c'eſt la raiſon pour laquelle on dit *Ecrire en Banque* au lieu de dire *payer en Banque* lors qu'il s'agit de payer à quelqu'un en Banque; c'eſt auſſi la raiſon pour laquelle on trouvera ſouvent dans le Journal dans les articles où il s'agit de quelque payement fait ou reçu en Banque *Ecrit à un tel*, ou *Ecrit par un tel*, ce qui ſignifie la meme choſe que ſi je diſois *payé à un tel* ou reçu d'un tel en Banque. Suivant ce meme uſage on met au Debit du Livre de Banque toutes les ſommes qui entrent ſur notre Compte en Banque en marquant ſimplement la date du jour, & le nom de ceux qui nous ont écrit une ſomme en Banque, & au Credit la date du jour & le nom de ceux à qui nous écrivons ou payons quelque ſomme en Banque, comme dans le modele ſuivant. Ecrite en Banque ce que c'eſt.

Modele du Livre de Banque.

Folio 1	1722. BANQUE folio 1564 DEBIT				1722 CREDIT		Folio 1
1 Octo.	Ecrit par S. Rmon Pere	ſl 36000 : : -		1. Octo.	Pour l'ouverture de mon Compte	ſl 10 : - : -	
20	Par les Freres van der Sprange	6000 : : -		20	Ecrit à la Compagnie des Indes, Chambre d'ici	7426 : 8 : -	
22	P. Hendrik Schulerus	5853 : 17 : 8					
	P. Paul Marguerite	1800 : - : -		15	à la veuve Daniel Deutz	22500 : - : -	
25	P. André Pels & fils	1826 : 11 : -			à Theluſſon freres	1551 : 11 : -	
	P. Florentin Dureau	1565 : 12 : 8			à Jean Fizeaux	1031 : 5 : -	
		ſ 53046 : 1 : -				ſ 32519 : 4 : -	
					il me reſte en Banque pour ſolde à Compte nouveau	20526 : 17 : -	
						ſ 53046 : 1 : -	

Fol. 2	1722 BANQUE Compte nouveau à fol. 1585 DEBIT		1722 CREDIT	Fol. 2
25 Octobre.	Pour ſolde du precedent Compte trouvé d'acord ſ 20526 : 17 : -			
	Et ainſi de ſuite.			

Je poſe en fait dans le Modele ci-deſſus que mon Compte qui étoit d'abord à folio 1564 dans les Livres de la Banque a été rempli, & que l'on m'en a averti à la Banque, comme c'eſt la coûtume, & qu'en conſequence

j'ai

Comment se soldent les Comptes dans le Livre de Banque.

j'ai été à la Banque demander si ma solde de *fl.* 20526 : 17 s'acorde avec celle qu'ils ont portée sur mon Compte nouveau à folio 1585, je pose, dis-je, ces deux cas en fait pour faire voir ce qu'il faut observer lors qu'on vous avertit à la Banque que votre Compte a été transporté sur un nouveau folio, car alors il faut solder votre Livre de Banque, conformément avec la Banque, sans quoi il arrive fort souvent qu'on n'est point d'accord avec elle.

Ce qu'il faut faire lors que le Compte de Banque n'est point d'accord.

Que s'il arrive que l'on me dise à la Banque que ma solde n'est point d'accord, je dois aussi-tôt tirer mon Compte, tel que je le trouve dans mon Livre de Banque, soldé par la somme que je trouve me devoir revenir, & le porter aux Teneurs de Livres de la Banque, qui me le rendent le lendemain en marquant au bas l'erreur qu'ils trouvent que j'ai faite, en suite dequoi je solde mon Livre de Banque conformément, & je passe à un nouveau Compte la solde du vieux comme je l'ai fait dans le Modele ci-dessus.

Mais s'il arrive que le folio, par exemple, de mon Livre de Banque soit plutot rempli que le folio 1564 qui contient mon Compte dans les Livres de la Banque, alors j'additionne simplement le Debit & le Credit du folio 1 de mon Livre de Banque & je transporte le montant du Debit du folio 1 au Debit du folio 2 & le montant du Credit du folio 1 au Credit du Folio 2 comme suit.

Fol. 2   Fol. 2

1722 BANQUE 1564   DEBIT   1722 CREDIT.

25 Octobre, Pour le montant du folio 1 *fl.* 53046 : 1 : –   25 Octobre Pour le montant du folio 1 *fl.* 32519 : 4 : –

Et je continuë à coucher sur ce même Compte ce que je paye & que je reçois en Banque jusques à ce qu'on me dise à la Banque que mon Compte a été transporté sur un nouveau folio, auquel cas j'observe ce que j'ai dit ci-dessus.

Il ne faut crediter la Banque pour l'argent des Parties que dans le nouveau Compte.

Il faut observer de plus que la Banque qui se ferme ordinairement six fois l'année ne se ferme que deux fois pour faire la Balance des Livres, & en ouvrir de nouveaux & qu'alors chacun est obligé d'aller demander à la Banque sur peine de 25 florins d'amande si son Compte est d'accord, & que la Banque se fait payer deux sols de chaque partie que l'on a écrite depuis l'ouverture des nouveaux Livres, & qu'il ne faut Crediter la Banque de ces deux sols par partie que dans le nouveau Compte, après avoir trouvé que la solde du vieux est d'accord.

Ce qu'il faut faire pour éviter de payer des amandes à la Banque.

Au reste il faut tenir le Livre de Banque fort exactement & ne porter jamais aucun billet à la Banque, que l'on ne l'ait couché exactement au Credit du Livre de Banque, ni la Debiter d'une somme que l'on ne soit bien assuré, qu'elle y est entrée, car si l'on veut, par erreur ou autrement, disposer de plus qu'on n'y a, il faut payer, quelque excuse que l'on puisse aleguer, l'amende imposée par les Loix selon l'exigence du cas. Ceci sufit pour donner une juste idée de la maniere dont il faut tenir un Livre de Banque, & ceux qui voudront savoir ce qui s'y pratique d'ailleurs pourront le voir dans le Traité de la Banque que j'ai inseré dans mon *Negoce d'Amsterdam*.

CHAPITRE SIXIEME

Du Livre des Copies des Lettres.

Il est necessaire de garder Copie des Lettres que l'on écrit.

IL est de la derniere importance pour les Negocians de garder copie de toutes les Lettres qu'ils écrivent pour quelques affaires, soit qu'elles soient pour leur Compte particulier ou pour le Compte d'autrui ; & cela pour plusieurs raisons ; premierement parce que la memoire ne pouvant pas leur fournir toujours à point nommé tout ce qu'ils ont écrit en certains tems à plusieurs Correspondans ils peuvent le savoir en lisant les Copies ; secondement parce que si leurs Lettres viennent à s'égarer ou à se perdre, ils peuvent en tirer de nouvelles Copies & les envoyer à ceux auxquels les originaux en ont été envoyez, mais sur tout il est necessaire de garder Copie des Lettres par lesquelles on donne quelque ordre à un Correspondant, ou lors qu'on lui donne avis de quelque achat, de quelque vente ou de quelque Negociation pour son Compte, car il n'arrive que trop souvent des disputes sur les affaires qui se font par Lettres tant

par

par des ordres mal donnez & mal conçûs, que par des ordres mal entendus ou mal expliquez, dont les seules Lettres écrites de part & d'autre peuvent décider & servir de preuves convaincantes contre ceux, qui sous des prétextes specieux & de faux détours, veulent soutenir les fautes qu'ils ont commises en donnant mal un ordre, ou en l'expliquant mal, & comme dans ces cas ceux qui ont le tort, ne manqueroient pas de suprimer des Lettres qui le condamneroient, il est doublement necessaire de garder Copie des Lettres que l'on écrit.

Le Livre des Copies des Lettres se fait ordinairement de 4, de 6, ou de 8 mains de papier, de deux ou de trois doigts plus grand que celui-ci; quelques-uns le font marquer par une ligne rouge qui laisse une marge de deux doigts de large, & d'autres n'y laissent aucune marge, ce qui dépend de la fantaisie. Les uns marquent toutes les pages, en commençant, par 1, 2, 3, &c. jusques à la derniere, & les autres n'en marquent aucune.

Ceux qui marquent les pages le font pour une bonne raison, qui est, que lors qu'ils écrivent beaucoup de Lettres dans un même jour, ils marquent sur l'Alphabet le nombre de la page, sur laquelle chaque Lettre est copiée, ce qui fait qu'on les trouve plus facilement; car, par exemple, si j'ai écrit quinze ou vingt Lettres dans un jour, & qu'elles contiennent quinze pages du Livre de Copie, & que je voye dans l'Alphabet que cette Lettre est copiée à page 10, je la trouverai d'abord; au lieu qu'en marquant seulement sur l'alphabet la date du jour, il faudra souvent feuilleter toutes les 15 pages pour trouver la Copie de la Lettre que je cherche. Je donnerai tout à l'heure un modelle de ces deux sortes d'Alphabets. *Maniere de tenir l'Alpha-bet du Livre de Copie de Lettres.*

Ceux qui écrivent dans certains jours de poste un plus grand nombre de Lettres, qu'un seul Garçon ou Commis ne sauroit copier, tiennent deux Livres de Copies de Lettres, afin qu'un des Commis en copie quelques-unes sur l'un des Livres, tandis que l'autre copie les autres sur l'autre Livre. Dans ce cas on observe de les commencer autant qu'on peut dans le même temps, & on intitule l'un, *Livre de Copies de Lettres*, No. 1, & l'autre, *Livre de Copies de Lettres No. 2.* On marque ensuite le jour que chacun a commencé, & lors qu'ils sont finis, on met, *& fini un tel jour.* *On peut tenir deux Livres de Copie de Lettres à la fois.*

Mais d'autres qui ont beaucoup de correspondances dans plusieurs Pays étrangers, tiennent un Livre de Copies de Lettres, pour chaque Pays où ils écrivent en donnant au Livre le nom qui lui convient, comme *Livre de Copies des Lettres pour France, Livre de Copies des Lettres pour Angleterre,* ou pour *l'Italie, l'Espagne,* &c. *D'autres en tiennent davantage.*

Il n'y a qu'à savoir lire & écrire pour copier les Lettres, & le principal est de les copier juste, sans rien changer de ce qui est écrit dans les Lettres que l'on copie. Mais comme c'est ordinairement aux jeunes Garçons & aux derniers venus dans un Comptoir, qu'on fait copier les Lettres, il est bon d'examiner de tems en tems s'ils les copient bien, & s'ils ne passent pas certains articles qui peuvent être de consequence.

Et comme les Lettres que l'on a écrites à certains Correspondans peuvent faire beaucoup pour nous, ou contre nous, lors qu'il survient quelque dispute & qu'il faut avoir recours aux Copies des Lettres qu'on leur a écrites, & que l'on ne sauroit les trouver toutes sans être obligé de feuilleter tout ou tous les Livres de Copies des Lettres: il est très-necessaire de tenir un Alphabet de toutes les Copies de celles que l'on écrit, par le moyen duquel on trouve dans un moment toutes celles que l'on veut. Cet Alphabet se tient suivant la methode que l'on observe dans le Livre ou dans les Livres des Copies des Lettres, je veux dire que si on ne marque pas les pages du Livre de Copies, l'Alphabet doit indiquer simplement les dates des jours auxquels on a écrit à chacun, mais si on marque les pages du Livre de Copies, comme j'ai déja dit, l'Alphabet doit indiquer simplement la page sur laquelle chaque Lettre est copiée. Voici deux Modelles de ces deux Methodes pour ceux qui tiennent deux Livres de Lettres à la fois, qui pourront servir également pour ceux qui n'en tiennent qu'un. *Il est necessaire de tenir un Alphabet des Lettres copiées.*

D

Modele

Modele d'un Alphabet de deux Livres de Copies de Lettres pour trouver les jours auxquels on a écrit à tous ſes Correspondans.

	Sur la Lettre A. Dans le Livre N°. 1.		Sur la Lettre A. Dans le Livre N°. 2.
——— Janvier 1723. ———		**——— Janvier 1723. ———**	
Pierre	Antheaume le 3,7,10,17.&c.	Pierre	Antheaume le Pr. 15,24, &c.
Antoine	Aſſelin le 7,14,20,24,&c.	Jaques	Aimon le 3,7,20,&c.
Jean	Aſimon le 10,13,25,30.	Antoine	Aſſelin le 4,18,27,30.
——— Fevrier 1723. ———		**——— Fevrier 1723. ———**	
Jaques	Aimon le Pr. 4,8,15,&c.	Antoine	Aſſelin le 5, 21. &c.
Pierre	Antheaume le 7,18,26.	Jacques	Aimon le 12,20,24.&c.
Antoine	Aſſelin le 10,18,24,28.	Jean	Aſimon le 15,18,23.
Jean	Aſimon le 12,20,26.		
——— Mars 1723. ———		**——— Mars 1723. ———**	

Maniere de coucher dans un ſeul Alphabet les Lettres copiées dans 2 Livres.

Ceux qui tiennent leur Alphabet du Livre, ou des Livres de Copies des Lettres de cette maniere doivent ſeparer les Mois, & marquer ſimplement les dates des jours qu'ils ont écrit à chacun, en obſervant de mettre au deſſus de chaque page gauche de l'Alphabet *dans le Livre N°. 1*, & au haut de chaque page droite du même Alphabet *dans le Livre N°. 2*. afin de coucher chaque Copie dans le côté deſtiné à chaque Livre, & de n'être pas obligé de chercher dans un Livre ce qui eſt dans l'autre. Au reſte, cette ſeparation des Mois eſt neceſſaire pour éviter de mettre le nom du Mois après chaque date, comme par exemple à Pierre Antheaume le 3. Janvier, le 7. Janvier, le 10. Janvier &c., ce qui ne cauſeroit que plus d'écritures & moins de clarté.

Modele d'un Alphabet de deux Livres de Copies de Lettres pour trouver ſur quelles pages les Lettres ſont copiées.

	Sur la Lettre A. Dans le Livre N°. 1.		Sur la Lettre A. Dans le Livre N°. 2.
Pierre	Antheaume fol. 4,15,24,30.	Pierre	Antheaume fol. 1,24,35,&c.
Antoine	Aſſelin fol. 16,30,35,&c.	Jacques	Aimon fol. 4,20,26,&c.
Jean	Aſimon fol. 24,32,40.	Antoine	Aſſelin fol. 25,30,45. &c.

Ceux qui tiennent leur Alphabet du Livre ou des Livres de Copies de Lettres de cette ſeconde maniere, n'ont qu'à noter ſur l'Alphabet le folio ou la page du Livre de Copies ſur laquelle chaque Lettre eſt copiée, mais qu'on le tienne de cette maniere ou de l'autre, je voudrois toujours diſtinguer les Mois.

Mais ceux qui tiennent autant de Livres de Copies de Lettres qu'ils ont des Pays avec lesquels ils correſpondent, doivent tenir un Alphabet pour chaque Livre, parce qu'il n'eſt guere poſſible de pouvoir indiquer par un ſeul Alphabet toutes les Lettres copiées dans cinq ou ſix differens Livres.

CHAPITRE SEPTIEME.

Du Livre de Factures.

Forme & uſage du Livre de Factures.

CE Livre ne ſert uniquement que pour copier les Factures ou Comptes des Marchandiſes que l'on a achetées ou venduës, tant pour Compte propre ou particulier, que pour Compte d'autrui & en Commiſſion. Quelques-uns le font faire long & étroit comme le Livre de Caiſſe, & d'autres le font faire large de la grandeur ordinaire du papier, mais de quelque forme qu'il ſoit, il doit être marqué au côté gauche de chaque page d'une ligne rouge qui laiſſe une marge large d'environ deux doigts pour mettre les marques & les numeros de Marchandiſes, & de trois autres lignes rouges à l'extremité droite de chaque page pour mettre les ſommes; on marque les pages par 1,2,3. & ainſi de ſuite,

te, depuis la premiere jufques à la derniere. Pour tenir ce Livre en bon ordre il n'y a qu'à y copier exactement toutes les Factures ou Comptes tels qu'on
les envoye, ou tels qu'on les reçoit lors que l'on trouve à propos d'y faire copier
certains Comptes que l'on reçoit pour les y trouver dans l'occafion, fans être
obligé de chercher les originaux parmi un grand nombre de Comptes.

On nomme indifferemment *Facture* ou *Compte*, tous les Comptes d'une
ou de plufieurs Marchandifes que l'on a achetées, dans lequel font ajoutez tous
les fraix faits pour elles, & tous les Comptes d'une ou de plufieurs Marchandifes
que l'on a venduës, & du montant defquelles font déduits tous les fraix faits
pour elles. Pour les diftinguer on nomme les premiers *Comptes d'achat*, & les
feconds *Comptes de Vente*. Cette diverfité fait que plufieurs Negocians tiennent
deux differens Livres de Factures, dont ils nomment l'un, *Livre d'achat, d'envois, ou de Cargaifon*, & l'autre, *Livre de Reception*, ou *de Vente*, ou de
tels autres noms qu'ils trouvent à propos de leur donner, & ils ne couchent
fur le premier que les Comptes d'achat, & dans le fecond que les Comptes de
vente, mais comme il eft affez difficile que les uns & les autres puiffent fe coucher du premier abord dans ces Livres dans le même ordre dans lequel on les
envoye, ceux qui fuivent cette methode, font fouvent obligez de coucher un
même Compte deux fois dans un même Livre, dont l'un eft le brouillon, &
l'autre la Copie au net de celui que l'on envoye, ce qui caufe fort fouvent de
la confufion & de l'embarras.

Ce que c'eft qu'une Fac-ture.

Divers Ne-gocians tien-nent 2 Livres de Factures.

C'eft pourquoi j'eftime qu'il vaut mieux tenir un *Brouillon de Factures*, dans
lequel on couche indifferemment tous les Comptes, tant d'achat que de vente,
avec tous les fraix pour les en tirer au net lors qu'on veut les envoyer, après
quoi on les copie mot à mot dans le Livre de Factures avant que de les envoyer,
afin que s'ils viennent à fe perdre, on puiffe en tirer en tout tems des Copies con-
formes à l'Original, ou y avoir recours en cas de difpute ou de difficulté.

Brouillon de Factures.

Pour éviter de repéter fouvent les mots de Comptes ou Factures, je ne me fer-
virai dans tout ce Chapitre que du feul nom de Compte, pour défigner une
Facture. J'ai déja infinué qu'il y en a de deux fortes, favoir, *les Comptes d'achat*,
& *les Comptes de vente*; ils different en ce que dans les Comptes d'achat on a-
joute au montant des Marchandifes achetées tous les fraix faits fur elles & la
Commiffion, & qu'au contraire dans les Comptes de vente on *déduit* du montant de la Marchandife venduë, tous les fraix faits fur elle & la Commiffion.
Par le moyen des premiers on peut favoir au jufte à quel prix reviennent les Marchandifes que l'on a achetées ou fait acheter, & par le moyen des feconds on
peut voir au jufte ce que l'on a gagné ou perdu fur les Marchandifes que l'on a
venduës ou que l'on a fait vendre par autrui, ce qui eft le plus effentiel du
Commerce qui ne fe fait que dans la feule vûe de profiter & d'éviter de perdre.

Il y a de deux fortes de Factures ou Comptes.

Ainfi, fi nous achetons des Marchandifes dans le deffein de les garder en magazin ou en cave pour attendre l'occafion favorable de les vendre, il faut les Debiter tant pour l'achat que pour tous les fraix que nous faifons pour elles jufques
à la livraifon: & pour en tenir un Compte exact & éviter de mettre plufieurs
menus fraix que l'on paye de tems en tems, dans les Livres principaux, on ouvre un Compte à chaque Marchandife dans le Brouillon de Factures, dans lequel on couche l'achat en Debit & enfuite les fraix, à mefure qu'on les paye,
& après la livraifon on couche la Vente en Credit & on le folde par le profit ou
par la perte qui s'y trouve, comme dans l'Exemple fuivant:

D 2

Modele

Modele d'un Compte de Marchandises achetées pour revendre fur le lieu même pour Compte propre.

1722	COCHENILLE MESTIQUE. DEBIT		fl.		
6 Octobre	Acheté de Cornelis Hattwyk 2 Bales pesant comme suit : SAVOIR.				
No. 6.	1 Bale pesant . 180 ℔				
12.	1 . 184 ℔				
	2 Bales pesant . 364 ℔				
	Tare a 1 ½ ℔ par bale 3 ½ ℔				
	Net . . . 360 ½ ℔ a 39 β la ℔	fl.	4217	17	-
	Augmentation de 4 pour 100			168	14	-
		fl.	4386	11	
	Deduit 1 pour 100 pront payement fl. 43 : 17 : -				
	½ Droit du Poids. . . 7 : 10 : -		51	7	-
	FRAIX.	fl.	4335	4	-
	Pour l'entier Droit du Poids. . fl. 15 : - : -				
	aux Travailleurs & port au logis. . 1 : 4 : -				
	Courtage de l'achat a ⅛ par L. de Gros. 17 : 11 : -		33	15	-
		fl.	4368	19	-
8 dito.	Pour Courtage de la vente. . . fl. 18 : 16 : -				
	pour port au Poids & aux Travailleurs. 1 : 4 : -		20	-	-
		fl.	4388	19	-
	Pour Avance ou profit sur ces 2 Bales. .		57	12	
		fl.	4446	11	-

1722	CREDIT.		fl.		
8 Octobre	Vendu à Jacob Boelens 2 Bales pesant comme suit : savoir.				
No. 6.	1 Bale pesant. . . 180 ℔				
12.	1 . . 184				
	2 Bales pesant. . . 364 ℔				
	Tare à 1½ ℔ par bale. . 3 ½ ℔				
	Net. . . . 360 ½ ℔ à 40 d la ℔	fl.	4326	-	-
	Augmentation de 4 pour 100		173	1	-
		fl.	4499	1	-
	Deduit 1 pour 100 promt payement fl. 45 : - :				
	½ Droit du Poids. . . 7 : 10 : -		52	10	-
		fl.	4446	11	-
	On trouvera l'achat & la vente de ces 2 Bales Cochenille dans le Journal aux Articles 22 & 23.				

Mais ſi j'ai ou ſi j'achete des Marchandiſes pour envoyer pour mon Compte à quelque Correſpondant, j'en forme un Compte ſeulement en Debit dans le Brouillon des Factures que je couche en détail, comme ſuit:

Modele d'un Compte de Marchandiſes que j'envoye à un Correſpondaut pour mon Compte.

COMPTE de l'achat & fraix des Marchandiſes ſuivantes que j'ai chargées dans le Navire l'*Elizabet*, Mᶜ. Jean Hogendyk à l'adreſſe des ſieurs Antoine Athenas & Compagnie de Cadix pour vendre pour mon Compte, marquées à la marge ſavoir,

C. Nᵒ. 1 une Bale contenant 10 Pieces Drap d'Angleterre, ſavoir,

Nᵒ.		Aunes		Aunes	à	fl.		fl.	
1 - 1	Piece tirant	80		159 Aunes	à	fl. 7	.	fl. 1113 : - -
2 - 1	.	79						
3 - 1	. .	60		122 aun.	. à	7½		915 : - -
4 - 1	.	62						
5 - 1	.	64		127 aun.	. à	8		1016 : - -
6 - 1	.	63						
7 - 1	.	62		124 aun.	. à	8½		1054 : - -
8 - 1	.	62						
9 - 1	.	53		103 aun.	. à	9		927 : - -
10 - 1	.	50						

10 Pieces tirant 635 Aunes me revenant à   .   *fl.* 5025 : - -

Nᵒ. 2 Une Bale contenant 20 Pieces Toiles de Haarlem, me revenant à *fl.* 53 la Piece.   .   .   1060 : - -
Nᵒ. 3 Une Caiſſe contenant 75 Pieces Toiles de Sileſie.
Nᵒ. 4 Une Caiſſe contenant 75 Pieces dito.

    150 Pieces Toiles de Sileſie à   .   *fl.* 10 : -   1500 : - -

Nᵒ. 5 Une Caiſſe contenant 20 Pieces Gaze à fleurs à *fl.* 24 *fl.* 480-
    20 Pieces dito rayées   à 20   400-
    10 Pieces dito unies   à 16   160-
    72 Mouchoirs de ſoye unis   à 30 ſ. 108-
    72 dito à carreaux   à 37½ ſ. 134·10   1282 : 10 -

    fl. 8867 : 10 -

FRAIX.

Pour Embalage & port au logis   .   *fl.* 25 - 15
Pour Droits de ſortie, & d'apreciation & paſſeport 489 - 5
Pour port à Bord   .   .   .   6 -   *fl.* 521 : - -

    fl. 9388 : 10 -

    à Amſterdam ce 12 Fevrier 1722.

Envoyé ce Compte & couché au Journal le dit jour.

Notez que l'on peut mettre ſi l'on veut les Articles en détail dans le Brouillon de Factures autant qu'on le trouve neceſſaire pour ſa propre ſatisfaction; on peut auſſi mettre les fraix faits en particulier pour chaque Marchandiſe au deſſous de ce qu'elle monte, ſi l'on veut ſavoir au juſte à combien revient chacune avec les fraix qui lui ſont particuliers. Lors que l'on envoye ainſi des Marchandiſes pour ſon propre Compte, il n'eſt pas abſolument neceſſaire d'en en-
       E   voyer

Factures des Marchandiſes que l'on envoye pour Compte propre & ce qui s'y obſerve.

voyer un Compte dans les formes au Correſpondant auquel on envoye la Marchandiſe, & il ſuffit, ſi l'on veut, de lui marquer le nombre & les qualitez de
celles qu'on lui envoye, & le prix auquel il peut les vendre, ou lui ordonner de les vendre au mieux poſſible.

Ce qu'il faut obſerver dans les Comptes des Marchan-diſes que l'on envoye pour Compte d'autrui.

Mais ſi j'envoye des Marchandiſes à un Correſpondant pour ſon Compte
particulier, ou en compagnie ou en participation avec lui, ou ſi je les envoye à
quelque Correſpondant pour les vendre pour Compte d'un autre, je dois abſolument en envoyer le Compte non ſeulement au Correſpondant, auquel je les
envoye, ou pour compte duquel je les envoye, mais auſſi à tous ceux qui y ont
quelque interêt, en mettant au bas à combien monte la juſte portion de chacun, lors que c'eſt pour divers Comptes, comme on le verra dans les deux
Modeles ſuivans:

Modele d'un Compte d'Achat de Marchandiſes pour Compte d'un Correſpondant.

COMPTE de l'Achat, Fraix & Commiſſion des Marchandiſes ſous-ſpecifiées marquées comme à la marge, que par
ordre & pour compte de Monſieur Jacques Verderi j'ai
achetées & chargées à ſon adreſſe ſur le Navire *le Pigeon
blanc*, Mᶜ Joris Dieſt: ſavoir,

Nᵒ. 1 Un Boucaut contenant 100 Torches Fil de laiton, peſant net 2450 ℔
     acheté de Philippe le Noir, à *fl.* 55 les 100 ℔.   .   . *fl.* 1347 10 -
                  deduit 1 pour cent promt payement.   13 9 8
                                              fl. 1334 - 8

Acheté de Pieter van Wyk 10 Tonneaux Cole, peſant
comme ſuit,

Nᵒ. 2 - 1 Tonneau peſant 1126 ℔ Tare 66 ℔
    3 - 1   .   .   1126   64
    4 - 1   .   .   1116   .   68
    5 - 1   .   .   1112   .   70
    6 - 1   .   .   1126   .   72
    7 - 1   .   .   1112   .   68
    8 - 1   .   .   1100   .   66
    9 - 1   .   .   1114   .   64
  10 - 1   .   .   1102   .   66
  11 - 1   .   .   1106   .   66

        01 Tonn Cole peſant 11150 ℔ Tare 670 ℔
        Tare   .   670 ℔
        Net   :   10480 ℔ à *fl.* 18¾ le ½   .   *fl.* 1965 -
      deduit 1 p. cent bon poids & 1 p. cent prompt payem.   39 6   *fl.* 1925 14 -

Nᵒ. 12, 13, 2 Paquets Fanons de Baleine, peſant net 2000 ℔ ache-
      tez de Jean Dorville à *fl.* 155 le ½   .   *fl.* 3100 -
                  deduit 2 pour cent bon poids   62 -
                                      fl. 3038 -
               deduit 1 pour cent promt payement   . 30 8   3007 12 -

FRAIX.

Pour Courtage & deniers à Dieu.   :   :   *fl.* 25 15 8
Pour les 11 Boucauts pour le Fil de laiton, & la Cole   :   38 10 -
Pour Embalage des Fanons.   .   .   8 - -
Pour port au Logis & à Bord.   .   .   5 10 -
Pour Droit de ſortie & Paſſeport.   .   .   285 - -
Pour Prime d'Aſſurance de *fl.* 6000 à 2½ pour cent & Police   151 16 -   514 11 8
                                              fl. 6781 18 -

Pour ma Commiſſion à 2 par cent.   .   :   135 12 -
                                              fl. 6917 10 -

        Sauf erreur & ômiſſion
          A Amſterdam ce 19. Novembre 1722.
                I. P. R.

Couché au Journal audit jour.

Modele

Modele d'un Compte d'Achat de Marchandises que j'envoye à un Correspondant pour Compte à demi entre lui & moi.

COMPTE de l'achat, & fraix des Marchandises suivantes, marquées comme en marge, chargées dans le Navire *l'Elizabet*, Me. Harmen Focke, à l'adresse de Monsieur Gedeon Vincent de Rouen, pour Compte à demi entre lui & moi: savoir,

GV

Cinq Boucauts Cire de Pologne pesant comme suit,

```
No. 1        700 ℔ Tare. 74 ℔
    2        670    .   66
    3        660    .   62
    4        648    .   58
    5        642   ..   60
   Brut.    3320 ℔ Tare 320 ℔
   Tare.     320 ℔
   Net       3000 ℔                        à fl 75 les 100 ℔ fl. 2250  -
               deduit 1 pour cent prompt payement                22 10
                                                            fl. 2227 10
```

Deux Paquets Fanons de Baleine, savoir,

```
No. 6    350 Fanons pesant net 1350 ℔
    7    350                    1250
        700 Fanons pesans    2600 ℔ à fl. 125 le ½    fl. 3250  -
            deduit 1 pour cent prompt payement        32 10   3217 10
                                                          fl. 5445  =
```

FRAIX.
```
Pour Embalage des Fanons.                    fl.   8 10
Pour Cercles & cloux & fermer les boucauts de Cire.   2 10
Port à Bord.                                       3 10
Pour Droits de Sortie & Passeport.            154  -    168 10
                                                    fl. 5613 10
```

```
C'est pour la moitié de Monsieur Gedeon Vincent    fl. 2806 15
Et pour ma moitié.                                     2806 15
                                                   fl. 5613 10
```

Sauf erreur & omission.

à Amsterdam ce 18 Avril 1723.

I. P. R.

Envoyé & couché au Journal au dit jour.

Les quatre Modeles de Comptes d'achat que j'ai donnez, suffisent, à mon avis, pour donner une juste idée de la maniere dont il faut les dresser, soit qu'ils soient pour Compte propre ou particulier, ou pour Compte en participation avec autrui, ou pour Compte d'autrui; & il n'y a qu'à observer de coucher exactement toutes les Marchandises, tous les fraix & la Commission. Celle-ci se passe toujours, lors que l'achat ou l'envoi se fait pour Compte d'autrui, à moins que l'on n'en soit convenu autrement, mais lors qu'il est pour notre Compte propre & particulier, il est inutile de la passer. S'il est pour Compte en Compagnie ou en participation, & que l'Acheteur passe sa commission, il est juste que le Vendeur la passe aussi dans le Compte de vente qu'il envoye, après avoir vendu les Marchandises. *Ce qui s'observe à l'égard de la Commission.*

Si nous sommes obligez d'envoyer à nos Correspondans les Comptes des Marchandises que nous avons achetées & que nous leur avons envoyées pour leur Compte, tant afin qu'ils sachent ce qu'ils nous doivent, que ce à quoi elles leur reviennent; nous ne sommes pas moins obligez de leur envoyer les Comptes des Marchandises que nous avons vendues pour eux, ou dans lesquelles ils avoient quelque interêt, tant afin qu'ils sachent le profit ou la perte qu'ils y ont dessus, qu'afin qu'ils sachent ce que nous leur devons.

Ces Comptes s'appellent *Comptes de Vente* & ils different des *Comptes d'achat*, *Comptes de Vente.*

E 2   comme

comme je l'ai déja dit, en ce qu'au lieu que l'on ajoute les fraix & la commiſſion aux Comptes d'achat on deduit l'un & l'autre dans les Comptes de Vente, comme on le verra dans le Modele que j'en donnerai tout à l'heure.

Mais comme ces ſortes de Comptes ne peuvent ſe faire qu'après que la Marchandiſe eſt vendue, & que pour l'ordinaire on paye divers fraix tant à leur reception qu'à leur livraiſon, il faut tenir ces ſortes de Comptes ſur le Brouillon des Factures en Debit & Credit ſi on veut les tenir en bon ordre, en couchant au Debit tous les Fraix que l'on fait pour les Marchandiſes, & au Credit la Vente que l'on en fait, comme dans le Modele ſuivant:

1722   MARCHANDISES pour Compte de Leonard Delfgaauw de Bourdeaux.   DEBIT

D G de N°. 1 à 25 — Pour les Fraix ſuivans faits ſur 20 Bariques Sucre blanc & 5 Bariques Indigo de St. Domingue reçuës de lui par le Navire *la Paix*, Me. Jan de Bruyn, ſavoir :

20 Novembre.

	fl.	
Pour Droits d'Entrée des 20 Bariques Sucre déclaré pour 10000 ℔	fl. 94	14
Pour idem de l'Indigo déclaré pour 2000 ℔	104	-
Pour fret des 25 Bariques comptées pour 7 Tonneaux ſuivant le Connoiſſement à fl 7 par Tonneau. à fl 70	-	
Avaries ordinaires à 20 ſ par Tonneau.	7	-
Droit de Poſte.	- 2	
	77	2
Pour décharge & mettre en Magazin.	8	10
Pour Magazinage d'un mois à 4 ſ par Barique de Sucre & à 6 ſ par Barique d'Indigo.	5	10
Pour Courtage de la Vente du Sucre à 30 ſ par millier	21	-
Pour idem de l'Indigo à ½ ſ par Livre de Gros.	23	18
Pour ſortie du Magazin, port au Poids & aux Travailleurs.	15	-
	fl. 349	14
Pour ma Commiſſion à 2 pour cent de fl 9016	180	6
Revient au dit Delfgaauw pour le net Provenu	8486	-
	fl. 9016	-

Envoyé ce Compte le 24 Decembre, comme au Livre de Factures fol. 4.

1722   CREDIT.

20 Decembre.

Vendu à Hermanus Beurman les 20 Bariques Sucre de l'autre part, ayant peſé comme ſuit :

N°. 1	704 ℔	N°. 11	726
2	710	12	710
3	718	13	710
4	704	14	720
5	700	15	740
6	706	16	712
7	744	17	710
8	744	18	748
9	720	19	700
10	718	20	648
10 B.	7168 ℔	10 B.	7124
10	7124		

Bariques 20 peſant 14292 ℔
Tare à 18 pour cent 2572 ℔
Net . 11720 ℔ : à 10 § la ℔ : fl 2930 -
Deduit 2 pour cent bon poids & payement fl 53 12
½ Droit du Poids . 25 13
    84 5
    fl 2845 15

dito   Vendu à Abraham Willink les 5 Bariques Indigo, ayant peſé comme ſuit :

N°. 21	600 ℔	Tare 65 ℔
22	605	62
23	601	59
24	587	60
25	575	58
Brut	2968 ℔	Tare 304 ℔
Tare	304	
Net	2664 ℔ à 48 ſ ℔	fl 6393 12

Deduit 2 pour cent pouſſiere . 127 17
    fl 6265 15
Deduit 1 pour cent promt payement fl 62 13
½ Droit du Poids . : 32 17
    95 10
    6170 5
    fl 9016 -

C'eſt ainſi que l'on doit tenir dans le Brouillon de Factures, les Comptes des Marchandiſes que l'on reçoit pour vendre tant pour Compte propre & particulier que pour Compte d'autrui; mais comme la coûtume n'eſt pas de les envoyer de cette maniere, voici comment il faut les dreſſer, lors qu'on les veut envoyer.

Modele d'un Compte de vente de Marchandiſes tiré du Brouillon de Factures, tel qu'on doit l'envoyer.

D G　Compte de la Vente, Fraix & net Provenu de 20 Bariques Sucre blanc & 5 Bariques Indigo de St. Domingue, marquées comme en marge, reçuës de l'envoi de Monſieur Leonard Delfgaauw de Bordeaux par le Navire *la Paix*, Me. Jan de Bruyn, & vendues pour ſon Compte aux ſuivans: ſavoir,

Vendu à Hermanus Beurman 20 Bariques Sucre blanc, peſant comme ſuit:

No. 1	704 ℔	No. 7	744 ℔	No. 14	720 ℔
2	710	8	744	15	740
3	718	9	720	16	712
4	704	10	718	17	710
5	700	11	726	18	748
6	706	12	710	19	700
6 Bariques	4242 ℔	13	710	20	648
7	5072	7 Bariques	5072 ℔	7 Bariques	4978 ℔
7	4978				

20 Bariques 14292 ℔
Tar. à 18 pour cent. 2572 ℔
Net　11720 ℔　　à 10 g de Gros la ℔　　fl. 2930 =

Deduit 2 pour cent bon poids & promt payement　　　fl. 58 12
$\frac{1}{2}$ Droit du Poids　　　　25 13
　　　　　　　84 5
　　　　　fl. 2845 15

Vendu à Abraham Willink 5 Bariques Indigo, peſant comme ſuit:

No. 21	600 ℔	Tare	65 ℔
22	605		62
23	601		59
24	587		60
25	575		58

5 Bariques peſant 2968 ℔ Tare 304 ℔
Tare　304 ℔
Net　2664 ℔ à 48 ſ. la ℔　　fl. 6393 12
Deduit 2 pour cent pour la pouſſiere　　127 17
　　　　fl. 6265 15
Deduit 1 pour cent promt payement　　fl. 62 13
$\frac{1}{2}$ Droit du Poids　　32 17
　　　　95 10　6170 5
　　　　fl. 9016 =

Fraix à deduire.
Pour fret de 25 Bariques comptées pour 7 Tonneaux, à fl. 7 par Tonneau, ſuivant le Connoiſſement.　　fl. 70 -
Avaries à 20 ſ. par Tonneau　　　7 -
Droit de Poſte.　　　2
Pour Droits d'Entrée du Sucre　　94 14
Pour Droits d'Entrée de l'Indigo.　　104 -
Pour decharge & mettre en Magazin.　　8 10
Pour un mois de Magazinage à 4 ſ. par Barique de Sucre & à 6 ſ. par Barique d'Indigo.　　5 10
Pour Courtage de la Vente du Sucre à 30 ſ. par Millier　21 -
Pour idem de la Vente de l'Indigo à $\frac{1}{2}$ ſ. par Livre de Gros　23 18
Pour port au Poids & aux Travailleurs　　15 -
　　　　349 14
　　　　fl. 8666 6

F

La Vente & les Fraix des Marchandifes de la Page precedente montent à   *fl.*8665 6
Pour ma Commiffion à 2 pour cent de *fl.*9016   .   180 6

Revient à Monfieur Leonard Delfgaauw pour le net Provenu   .   *fl.*8486 -

Lesquels *fl.*8486 Courant reduits à 105 pour cent font en Banque *fl.* 8081 : 18 dont j'ai Credité le dit Sieur Delfgaauw à fon Compte, fauf erreur ou omiffion.
A Amfterdam ce 24 Decembre 1722.

I P R.

Envoyé & couché au Journal le dit jour.

Les Comptes de Vente étant ainfi dreffez, on les copie mot à mot dans le Livre de Factures, & on les couche enfuite en abregé dans le Memorial ou dans le Journal, comme on le verra dans le Journal aux dates des Comptes que j'ai donnez par Modeles.

CHAPITRE HUITIEME.

Du Livre de Copies des Comptes Courans.

Ce que c'eft qu'un Compte Courant, & un Compte particulier.

LEs Comptes Courans font les Comptes des Correfpondans que l'on tient dans le Grand Livre en Debit & Credit, fur lesquels on couche les affaires ordinaires que l'on fait pour eux, je dis les affaires ordinaires, parce qu'il arrive affez fouvent que des Correfpondans font faire des Negotiations particulieres, dont ils ordonnent de tenir des Comptes particuliers, auxquels on donne des noms tels que l'on trouve à propos, dans lequel cas toutes ces fortes d'affaires n'entrent point dans les Comptes courans.

Il eft neceffaire de regler les Comptes du moins une fois l'année.

Tous ceux qui ont des Correfpondans hors du Païs, & qui font plufieurs affaires avec eux, doivent, s'ils veulent tenir leurs affaires en bon ordre, regler leurs Comptes enfemble du moins une fois l'année, fi les affaires qu'ils font enfemble, ne confiftent qu'en peu d'articles. Mais ils doivent les regler plus fouvent lors qu'ils font beaucoup d'affaires, parce que, comme il eft bien plus facile de commettre plufieurs erreurs dans un Compte qui contient un grand nombre de Negotiations faites, par exemple, dans le tems d'une année, que dans un Compte qui ne contiendra que quelque peu de Negotiations faites pendant ce même tems, il eft bien plus facile de trouver & de corriger les erreurs, fi au lieu de regler ce grand Compte au bout de l'année, on le regle tous les trois mois.

Qui font ceux qui doivent rendre compte.

Ce font les Commiffionnaires, ou ceux qui font pour compte d'autrui, qui font obligez de rendre compte à leurs Principaux ou Commetants de ce qu'ils ont fait pour eux, & non aux Principaux ou Commetants à faire ces fortes de Comptes. *Ainfi un Commiffionnaire eft obligé, fans que rien l'en puiffe empêcher, de rendre compte à fon Principal toutes les fois qu'il en eft requis, & c'eft enfuite au Principal à verifier le Compte & à declarer s'il l'a trouvé jufte ou non. Que s'il ne le fait pas, le Commiffionnaire ne doit point lui donner de relâche, qu'il n'ait approuvé le Compte, ou qu'ils ne foient d'accord fur les articles que le Principal peut avoir defapprouvez.* Si cette maxime étoit bien obfervée, on ne verroit pas, comme on voit tous les jours, des procès & des difputes entre un grand nombre de Negocians, qui, ayant fait des affaires enfemble pendant plufieurs années fans regler leurs Comptes, veulent enfin les regler. Mais comme il arrive fort fouvent & presque toujours, que l'on n'en eft venu là que par raifon de mécontentement, & qu'il fe trouve quelques articles fujets à conteftation, on fe difpute & on s'échauffe de part & d'autre fur des articles qui n'auroient fait aucune difficulté s'ils avoient reglé leurs Comptes de tems en tems. Je pourrois étendre bien loin cette reflexion, & la prouver par divers exemples, mais je laiffe à ceux qui favent les affaires de penetrer toutes les fuites fâcheufes, que peuvent caufer de pareilles negligences, & je ne puis que louer la maxime du plus fameux Negociant de cette Ville, qui lors qu'il a envoyé le Compte Courant à un Correfpondant, ne veut rien recommencer pour lui, qu'il n'ait répondu à fon Compte: c'eft en effet le veritable moyen d'éviter des difputes & des procès fur de vieilles affaires.

Pour

Pour revenir aux Comptes Courans, il faut poſer pour principe fondamental que l'on n'envoye un Compte Courant à un Correſpondant, qu'afin qu'il puiſſe le verifier & voir ſi tous les articles répondent à ceux du Compte qu'il tient ſur ſes Livres ; or cette verification ne ſe pouvant faire que très-difficilement ſi tous les articles tant du Debit que du Credit ne ſont pas ſpecifiez en détail, il eſt neceſſaire de les diſtinguer tous, afin que celui auquel on envoye le Compte, puiſſe trouver ſans difficulté tous les articles qui répondent à ceux qu'il a couchez ſur ſes Livres. Pour mieux faire comprendre ce que je veux dire, ſuppoſons, que je ſuis A d'Amſterdam, & que B de Paris m'ait remis pour ſon Compte le 15 de Septembre les Lettres de Change ſuivantes :

Il faut expliquer en détail tous les articles d'un Compte Courant.

ﬂ. 4000 ſur André Pels & fils écheant au 10 Octobre.
  3000 w à 41 § ſur Jean Barthelemy Rietman écheant audit jour.
  2000 w à 40⅞ § ſur Leon de Moracin écheant audit jour.
  1500 w à 41 § ſur Jean de Backer. ⎫
  3000 w à 41 § ſur Jacob Temmink. ⎬ écheant le 15 Octobre.
  1000 Ducats à 117 § ſur Franciſco De Roy. ⎭

Suppoſons enſuite que ces 6 Lettres me ſont payées au jour de leur Echeance, comme cela ne manque pas à Amſterdam, je Credite alors B de Paris au 10 Octobre ſur le Journal pour les 3 Lettres que je ſpecifie en particulier, comme ſuit :

Banque A B de Paris ſon Compte ﬂ. 9118 15 pour ſes 3 Remiſes ſuivantes du 15 du paſſé ſur les ſousnommez qui m'en ont écrit le montant en Banque, ſavoir,

ﬂ. 4000 Bᶜᵒ. ſur André Pels & fils en Lettre de P. M. de Paris du 10 Septembre à Uſance . . . ﬂ. 4000 -
  3000 w à 41 § ſur Jean Barthelemi Rietman en Lettre de P C H de Paris du 10 Août à § . . . 3075 -
  2000 w à 40⅞ § ſur Leon de Moracin en Lettre de M & L de Paris du 10 Septembre à Uſance . . 2043 15
                                       ﬂ 9118 15

En raportant cet article dans le Grand Livre au Credit de B, on met ſimplement, dans une ſeule ligne, *Pour ſes trois Remiſes du 15 Septembre ſur divers* . . ﬂ. 9118 15

Les autres 3 Remiſes qui montent enſemble ﬂ. 7537 10 m'entrant enſuite le 15 d'Octobre, j'en Credite B, en les ſpecifiant dans le Journal comme ci-deſſus, & en les portant dans le Grand Livre au Credit de B, je les comprens encore dans une ſeule ligne par ces mots, *Pour ſes 3 autres dudit jour* ﬂ 7537 10

Mais ſi en envoyant à B ſon Compte Courant je paſſe ces 6 Remiſes 3 à 3 dans deux ſeules lignes, comme je les trouve couchées ſur ſon Compte dans le Grand Livre, il eſt clair qu'il ne pourra pas ſavoir du premier coup d'œuil pour quelles remiſes je le Credite dans chacun de ces articles, au lieu qu'il le verra clairement ſi je ſpecifie ces 6 Remiſes, comme ſuit dans le Compte que je lui envoye.

10 Octo.	Pour ſa Remiſe du 15 Septembre ſur André Pels & fils de	ﬂ. 4000
	Pour ſon autre dudit jour de 3000 w à 41 § ſur J. B. Rietman	3075
	Pour idem de 2000 w à 40⅞ § ſur Leon de Moracin	2043 15
15 dito	Pour idem de 1500 w à 41 § ſur Jean de Backer	1537 10
	Pour idem de 3000 w à 41 § ſur Jacob Temminck	3075
	Pour idem de D 1000 à 117 § ſur Franciſco de Roy	2925

C'eſt ainſi qu'il faut ſpecifier en détail dans les Comptes Courants que l'on envoye, tous les articles qui ſont compris dans une ſeule ligne dans le Grand Livre, & qui en contiennent pluſieurs dans le Journal, auquel il faut avoir recours, lors que l'on tire le Compte Courant de quelqu'un, afin qu'il le puiſſe verifier aiſément, & n'avoir pas la peine que j'ai euë moi-même fort ſouvent pour verifier

F 2

des

des Comptes où il fembloit que l'on avoit pris plaifir d'embrouiller tous les articles, pour en rendre la verification difficile: ces gens recevoient, par exemple, dans un même jour Payement d'une Remife à eux faite le premier d'Octobre de 1000 w à 41 §, d'une à eux faite le 6 de *fl.* 2000, d'une à eux faite le 10 de 2000 à 41 § &c. & dans le Compte Courant qu'ils m'envoyoient, ils me Creditoient dans un même jour, comme fuit:

Pour vos Remifes de 1000 *à* 41 § *de* fl. 2000, & *de* 2000 *à* 41 §　　　*fl.* 5075

Il est très-difficile de verifier un Compte Courant dont plusieurs articles font confondus enfemble.

Je laiffe à penfer fi lors que l'on fait beaucoup en Change avec une perfonne qui envoye un tel Compte Courant dans plufieurs articles duquel il y aura fouvent 7 ou 8 Remifes auffi mal fpecifiées que les 3 ci-deffus, je laiffe, dis-je, à penfer s'il eft facile de verifier un tel Compte, & je ne pourrois pas croire que l'on ofât envoyer de femblables Comptes fi je n'en avois pas reçu moi-même de plufieurs endroits, & même de Negocians qui fe flattoient de bien tenir leurs affaires en ordre.

Comment il faut tirer les ⅃ Comptes Courans.

De tout ce que j'ai dit ci deffus, il s'enfuit qu'un Compte Courant doit être clair & precis & contenir le détail du fujet pour lequel on Debite ou l'on Credite le Correfpondant auquel on l'envoye. Pour le faire en bon ordre il faut mettre devant foi le Grand Livre tout ouvert au folio qui contient le Compte de celui auquel on doit l'envoyer, & après avoir mis au haut le nom de celui auquel on l'envoye avec les mots *Debit* à gauche, & *Credit* à droite, comme on le verra dans le Modele que je donnerai ci après, il faut commencer par le Debit, & fi les articles font fimples & fuffifamment expliquez dans le Grand Livre, il n'y a qu'à les coucher de même dans le Compte Courant; mais lors qu'ils fe trouvent compofez de plufieurs parties comme par exemple, celui du Debit du Compte de Leonard Delfgaauw du 15 Decembre, il faut avoir recours au Journal, où l'on trouvera fpecifiées les 2 Remifes à lui faites, que l'on diftinguera en deux lignes, comme on le verra ci-deffous; mais il faut remarquer que fi l'on a envoyé une note ou un Compte de plufieurs articles, & qu'on l'ait couché ce jour-là même fur le Compte de celui auquel on a envoyé la note ou le Compte, qu'alors il n'eft pas neceffaire de fpecifier en détail dans le Compte Courant chacun des articles contenus dans la note ou dans le Compte envoyé. Par exemple, on trouvera au Debit du Compte de Leonard Delfgaauw dans le Grand Livre folio 13 au 20 Decembre, *Pour envoi à lui fait par Pieter Alberts fl.* 6833 : 7 en tirant ce Compte & en ayant recours au Journal je voi que cet envoi eft compofé de plufieurs articles, & que le Compte en a été envoyé ce jour-là; dans ce cas il eft inutile de mettre en détail tous les articles de cet envoi, & il fuffit de le mettre dans un feul article en ces termes : *Pour envoi de diverfes Marchandifes par Pieter Alberts fuivant le Compte envoyé ce jour-d'hui fl* 6833 : 7.

Ce qu'il faut faire avant de clorre un Compte lors que le Journal n'eft pas raporté.

Lors que l'on a ainfi couché tant au Debit qu'au Credit du Compte Courant tous les articles qui fe trouvent dans le Grand Livre, & qu'il refte plufieurs pages du Journal à rapporter fur le Grand Livre, ce qui n'arrive que trop fouvent à des gens qui ont beaucoup d'affaires, ou qui n'ont pas le foin de faire rapporter leurs Livres jour par jour, il faut enfuite chercher dans le Journal tous les articles qui regardent la perfonne à laquelle on doit envoyer le Compte, & les y coucher exactement tant en Debit qu'en Credit, tout de même que s'il étoit rapporté dans le Grand Livre, après quoi on additionne le Compte Courant tant en Debit qu'en Credit, & on repaffe tous les articles de l'un & de l'autre côté pour voir quels Courtages & quels fraix il faut paffer dans le Compte. On prend pour cet effet un Brouillon & à mefure que l'on trouve quelque article pour lequel il s'eft fait quelques fraix, on le note fur ledit Brouillon en autant d'articles feparez qu'on trouve de differens fraix; par exemple en parcourant le Debit du Compte que je donnerai pour Modele, je trouve avoir remis le 15

Ce qu'il faut obferver à l'égard des Fraix.

Decembre 4000 w, je trouve enfuite au Credit 7 Decembre *fl.* 2137 : 10 negociez fur Rotterdam, au 8 du même mois D. 671 : 28 : negociées fur Hambourg & au 18 L. 250 ft. negociées fur Londres, je couche tout cela fur mon Brouillon, comme fuit:

Bourdeaux	Rotterdam	Hambourg	Londres
4000 w	*fl.* 2137 : 10	D.671 : 28	L 250 ft.

Si

Si je trouve enfuite d'autres Remifes ou d'autres Negociations dont je dois payer le Courtage, je les range chacune en fa claffe, comme fi je trouvois d'autres Remifes en Ecus, je les mettrois fous les 4000 w ci-deffus, & fi j'en trouvois d'autres en Livres fterlin, je les mettrois fous les L. 250 ft. & ainfi de fuite, & après que j'aurois ainfi noté tous les Courtages, j'additionnerois le nombre des Ecus, des Florins, des Dalders & des Livres fterlins pour en paffer le Courtage dans le Compte, comme on le verra dans le Modele.

Après les Courtages on met le port des Lettres, & enfuite on paffe fa Commiffion, après quoi on additionne le Debit & le Credit, & fi le Debit excede le Credit, le Correfpondant auquel j'envoye le Compte me doit la fomme qui manque au Credit pour la rendre égale à celle du Debit, ce qui s'appelle *la Solde*, mais fi au contraire le Credit excede le Debit, je dois la fomme qui manque au Debit pour la rendre égale à celle du Credit.

Ce que c'eft que la Solde d'un Compte.

Et comme dans le cours d'une frequente Correfpondance il arrive fouvent que celui qui envoye un Compte Courant fe trouve avoir en main des Remifes non encore échuës pour le Compte du Principal, ou qu'il court encore fur lui des Traites pour le Compte du Principal, & qu'il n'eft pas naturel de le Crediter avant la reception du payement de fes Remifes, ni de le Debiter que l'on n'ait payé les Traites qui courent pour fon Compte, on peut faire une note particuliere des unes & des autres, & l'envoyer avec le Compte Courant, afin que le Principal puiffe voir au jufte ce qui lui fera dû, ou ce qu'il devra lors que toutes les Remifes & les Traites qui courent feront payées.

Ce qui fe pratique en envoyant un Compte Courant & que l'on a des Lettres à payer ou à recevoir.

Mais dans ce cas-là, celui qui reçoit fon Compte Courant avec une telle note, doit obferver que pour coucher fon Compte d'accord avec celui de fon Commiffionnaire, il doit porter à fon Compte nouveau toutes les Remifes & les Traites que le Commiffionnaire a comprifes dans fa note, ce qui lui caufe des écritures qui fouvent ne laiffent pas d'embarraffer l'homme le plus entendu dans l'art de tenir les Livres, & c'eft pour cette raifon que plufieurs Commetans ont pour maxime lors qu'ils demandent leur Compte à leurs Commiffionnaires, de les prier de comprendre dans le Compte qu'ils demandent, toutes les Remifes & les Traites qui courent, & dans ce cas le Commiffionaire ne doit faire aucune difficulté de les paffer dans le Compte Courant, cela ne pouvant lui porter aucun préjudice, pourvû qu'en le Creditant dans le Compte pour des fommes non encore reçues, il ait foin de mettre ces mots, *Sans préjudice jufques à ce qu'elles foient entrées*, ou *jufques à ce que le payement en foit reçû*: comme on verra que je l'ai fait dans le Modele fuivant à l'égard des Remifes de Leonard Delfgaauw qui reftent à entrer le 30 Decembre lors que je lui envoye fon Compte.

Ce que doit obferver celui qui reçoit fon Compte Courant avec une note des Lettres qui courent.

Modele d'un Compte Courant extrait du Grand Livre folio 13 *, dans lequel les articles, qui ne sont compris que dans une ligne du Grand Livre, sont specifiez en détail.*

DEBIT.	Monsieur LEONARD DELFGAAUW son Compte Courant.	CREDIT.

DEBIT.

1722 10 Decembre. Pour sa Traite de 2000 w à 42 § du premier Decembre à vuë, à l'ordre de Petit Freres faisant en Banque . *fl.* — 2100 : :

15 . . Pour ma Remise de 2500 w à 41⅜ § sur Jean Texier . *fl.*1617 3 8

— . . Pour mon autre de 1500 w à 41⅜ § sur Gibert 1565 12 8 — 4182 16 :

20 . . Pour envoi de diverses Marchandises par Pieter Alberts suivant le Compte à lui envoyé ce jourd'hui . — 6833 7 :
— 13116 3 :

30 . . Pour ses deux Traites suivantes du 10 du courant à une usance non encore échûes dont je le Debite provisionnellement suivant son ordre, savoir :
*fl.*4850 à l'ordre de la Veuve & Heritiers de J. Medina . . *fl.*4850 :
3244 w à 42 § à l'ordre de Petit Freres 3406 4 — 8256 4 :

— . . Pour Courtage de 4000 sur Bourdeaux à 30 *s.* par mille . *fl.*6 :
Pour idem de *fl.* 2137:10 negociez sur Rotterdam à 15 *s.* . 1 12
Pour idem de D.671:28 sur Hambourg à 25 *s.* : 17
Pour idem de L.250 ft. sur Londres à 15 *s.* par L.100 1 17:8
Pour Port de Lettres jusqu'à ce jour . 8 15 — 10 1 8

Pour ma Commission à ½ pour cent de *fl.*20768:11 à quoi montent ses Remises . *fl.* — 21391 8 8
— 103 16 8

Pour Solde il lui reviendra après que ses Traites seront payées & ses Remises entrées, en argent de Banque. *fl.* — 21495 5 :
— 7352 4 :
— 28847 9 :

CREDIT.

1722 4 Decembre. Pour sa Remise du 15 du passé de 1000 w à 42⅜ § sur Abraham Joons, faisant en Banque . *fl.*1062 10

— . . Pour son autre dudit jour de 1500 w à 42⅜ § sur Cornelis & Willem Both . 1593 15 *fl.* — 2656 5

7 . . Pour son autre de 2000 w à 41⅜ § sur Daniel Pompeirat de Rotterdam, faisant *fl.*2137 : 10 negociée à ⅛ pour cent de perte . *fl.*2132 3
Pour idem de 1500 Ecus à 42⅜ sur Jean de Backer 1593 15
Pour idem de *fl.*4000 sur Pierre Balguerie . 4000 : — 7725 18

8 . . Pour idem de 1000 Ecus à 21⅓ *s.* sur Pierre Boué de Hambourg faisant D 671 : 28 negociée à 31⅓ *s* par dalder . — 1083 8

15 . . Pour ses 2 autres du 30 du passé de L.150 ft. sur John Lee & de L.100 ft. sur John Schmit de Londres, negociées à 34 β 10 § — 2612 10

24 . . Pour le net provenu de 20 Bariques Sucre blanc & 5 Bariques Indigo de St. Domingue reçûes par Jean de Bruyn suivant le Compte . . . — 8081 8

30 . . Pour ses 4 Remises du 30 du passé sur les sous-nommez non encore échûes dont je le Credite sans préjudice jusques à ce que les deniers m'en soient entrez, savoir :
*fl.*2000 sur Jean Lafreté écheant le 10 Janvier *fl.*2000 :
1500 sur Jacob Temminck idem . 1500 :
1000 Ecus à 42⅜ § sur Theodore Rogge & Compagnie écheant le 15 Janvier 1062 10
1000 Ecus à 42⅜ sur Jean de Lange audit jour 2115 : — 6687 10
fl 28847 9

Sauf erreur ou omission.
à Amsterdam ce 30 Decembre 1722.
I. P. R.

Le Compte Courant étant ainfi tiré, il n'y a qu'à le copier mot à mot dans le Livre de Copie des Comptes Courans, & à l'envoyer après avoir bien examiné s'il n'y a rien d'oublié : au refte en confrontant ce Compte Courant avec celui de Leonard Delfgaauw qui eft dans le Grand Livre à folio 13 il fera facile de faire l'application de tout ce que j'ai dit dans ce Chapitre pour bien tirer les Comptes Courans.

CHAPITRE NEUVIEME.

Du Livre des Fraix.

LE Livre des Fraix n'eft proprement qu'une note continuelle de tous les fraix qui fe payent journellement pour tout ce qui concerne le Commerce, comme les Droits d'entrée ou de fortie, le fret ou le tranfport des Marchandifes, les ports de Lettres, le loyer des Magazins & des Caves, & generalement tous les autres fraix, que l'on couche dans le Livre des Fraix à mefure que l'on en paye quelqu'un, tous à la fuite l'un de l'autre fans obferver de Debit ni de Credit, on le marque feulement par pages, & lors qu'une page eft remplie, on en transporte le montant fur la page fuivante, jufques à ce que l'on en ait porté le montant fur le Memorial ou fur le Journal. *(Ufage du Livre des Fraix)*

Ce Livre eft fort neceffaire dans un Comptoir, pour éviter la peine que l'on auroit à tous momens de coucher dans les Livres principaux, une infinité d'articles que l'on couche en détail dans le Livre des Fraix, & que l'on porte enfuite dans un feul article dans les Livres principaux. *(Son Utilité)*

Pour bien tenir le Livre de Fraix, il n'y a qu'à y coucher journellement tout ce que l'on paye pour tout ce qui s'appelle Fraix, & à additionner ce Compte chaque femaine ou chaque mois, pour en Debiter le Compte de Fraix dans le Journal & Crediter la Caiffe, comme on le verra dans l'article 51 du Journal, ce qui étant fait, on met à côté de la fomme du Livre de Fraix, *porté au Journal un tel jour.*

Modele d'un Livre de Fraix.

1722	FRAIX.		DEBIT.	
2 Octobre	Payé pour port de Lettres de France	.	.	fl. 2 10
3 .	Pour port de Lettres d'Angleterre	:	:	2 :
	Pour idem de Hambourg	.	.	15
6 :	Pour les Livres & papier pour mes affaires	.	.	58 10
	Pour Encre & plumes	.	.	1 :
8 .	Pour 4 Pulpitres & diverfes planches que j'ai fait mettre au Comptoir	.	.	36 :
	Pour port de Lettres d'Angleterre	.	.	3 :
9 .	Pour idem de France	.	.	3 10
				fl. 107 5

Et ainfi de fuite, & lors que l'on veut porter ces Fraix fur le Memorial, on les additionne & on les porte fur le Memorial en mettant au devant de la fomme totale, *porté au Memorial un tel jour.*

CHAPITRE DIXIEME.

Du Livre des Traites, ou d'Acceptations.

LE Credit, l'Honneur & la Reputation des Banquiers, dépendent prefque uniquement de l'exact payement, tant des Lettres de Change qu'ils ont acceptées, que de celles qu'ils ont tirées & negociées : chacun fait d'ailleurs que toutes les Lettres de Change doivent être payées à leur écheance, ou du moins *(Il eft neceffaire de tenir un Livre d'acceptations.)*

    dans

dans prefque toutes les Places de Commerce, dans un certain petit nombre de jours après le jour de leur écheance, & que fi elles ne font point payées dans ce petit nombre de jours, que l'on appelle *jours de faveur*, ou *jours de grace*, ceux qui les ont acceptées font cenfez avoir manqué, de forte que s'il eft de la derniere importance pour un Banquier, de payer exactement fes acceptations à leur écheance; il ne l'eft pas moins de tenir une note exacte de toutes les Lettres de Change qu'il accepte, puisque fans cela il ne peut jamais favoir au jufte ni dans quel tems, ni quelles fommes il aura à payer, ni par conféquent fe faire les fonds neceffaires pour faire tous les payemens dans le tems précis de fes acceptations.

Ceux qui ne font que peu en Change, & qui n'acceptent ou ne negocient que 10 ou 12 Lettres par Mois, peuvent aifément noter dans un feul Livre les Lettres de Change qu'ils acceptent, & celles qu'ils reçoivent & negocient : on nomme alors le Livre, dans lequel on note les unes & les autres, *Livre de Traites & Remifes :* & on note du côté gauche toutes celles que l'on accepte, & du côté droit toutes celles que l'on reçoit de quelque Correfpondant, de la même maniere qu'on le verra à l'égard des Acceptations dans ce Chapitre, & à l'égard des Remifes dans le Chapitre fuivant.

Mais comme ceux qui font beaucoup en Change, & qui acceptent un grand nombre de Lettres de Change, ou qui en reçoivent un grand nombre tous les Mois, pourroient fe brouiller fort facilement en ne tenant qu'un feul Livre pour noter les unes & les autres, ils tiennent deux Livres differens pour noter ces deux fortes de Lettres, dont ils nomment l'un, *Livre de Traites*, ou *d'Acceptations*, & l'autre *Livre de Remifes*.

Son ufage. Le premier, favoir, le Livre de Traites ou d'Acceptations, fert non feulement pour marquer les jours de l'écheance des Lettres de Change que l'on accepte, mais auffi les fommes, & pour Compte de qui les Lettres font tirées, afin que lors que l'on les paye, on ne foit pas obligé d'avoir recours aux Lettres d'avis pour en Debiter le veritable Debiteur.

Ceux qui font fujets à accepter beaucoup, laiffent 8, 10 ou 12 pages pour chaque mois, en mettant au haut de chaque page en gros caractere le nom du Mois auquel échoyent les Traites qui font notées dans la page, & cela pour ne point brouiller les mois les uns parmi les autres; ainfi, fi, par exemple, j'accepte ou je reçois aujourd'hui, 5 Octobre 1722, une Lettre de 1000 florins, qui échet le 15 du même mois, je la note dans l'une des pages que j'ai deftinées pour le Mois d'Octobre 1722 : fi le même jour j'en accepte une qui échet au 15 de Novembre, je la note dans une des pages deftinées pour le Mois de Novembre 1722 & ainfi de fuite, en mettant au devant le jour de l'écheance, & à côté le jour que je l'ai acceptée afin de n'accepter point deux fois la même Lettre, comme on le verra dans le Modele fuivant :

Modele

Modele d'un Livre des Traites, ou d'Acceptations.

JANVIER 1723.

	2	*fl.* 3000 B^{co.} en Traite de Heusch de Sanvry de Paris pour son Compte du 2 Decembre à Usance à l'ordre d'André Pels & Fils, valeur du Chevalier Bernard, porteurs lesdits Pels. *fl.*	3000	
Accepté la premiere le 7 Decemb. payée le	2 Janvier.			
	2.	*fl.* 2600 B^{co.} en Traite de Gedeon Vincent de Rouën pour son Compte du 17 Decembre à ½ Usance à l'ordre de Jaques Baudouin, Porteurs la Veuve Godefroi & Dulong & Godefroi Freres. *fl.*	2600	
Accepté la premiere le 23 Decemb. payée le	2 Janvier.			
	6.	Les 2 suivantes Traites de Le Couteulx & Compagnie de Paris pour leur Compte du 6 Decembre à Usance, savoir		
Accepté la premiere le 16 Decemb		3000 w à 42 ½ à l'ordre de Jean Cottin. *fl.*	3150	
Accepté la seconde le 16 Decemb.		4000 w à 42 ½ à l'ordre dudit.	4200	
payées	le 6 Janvier.			
	10	Les 2 suivantes Traites de Leonard Delfgaauw de Bourdeaux pour son Compte du 10 Janvier à Usance, savoir :		
Debite Delfgaauw au 30 Decembre.				
Accepté la premiere le 21 Decemb.		*fl.* 4850 B^{co.} à l'ordre de la Veuve & Heritiers de Joseph Rodrigues de Medina. *fl.*	4850	
Accepté la premiere le 25 Dec.		3244 w à 42 ½ à l'ordre de Petit Freres.	3406	4
payées	le 10 Janvier.			

Voilà comment se couchent les Traites dans le Livre des Traites ou d'Acceptations à mesure que l'on en reçoit avis, & lors qu'on les accepte, quelques-uns marquent simplement *Accepté*, mais il vaut mieux, pour plusieurs raisons, marquer comme j'ai fait ci-dessus, le jour que l'on a accepté ; & si c'est la premiere, ou la seconde, ou une troisieme, il est bon aussi de savoir autant qu'on peut, qui en est le Porteur ou celui qui la fait accepter, & de le marquer dans la Note, comme j'ai fait dans les premieres Notes.

Par ce moyen, un Banquier qui accepte beaucoup de Lettres, est toûjours en état de voir ce qu'il a à payer par avance & de se faire les fonds necessaires à tems s'il ne les a pas, & lors que l'on a payé quelques Lettres ainsi notées, & que le Teneur de Livres les veut coucher dans le Memorial ou dans le Journal, il n'a qu'à prendre le Livre d'Acceptations & chercher la Note de ces Lettres qu'il trouve facilement par les dates & par les sommes, & où il trouve pour Compte de qui ces Lettres sont tirées, pour en Debiter le veritable Debiteur, sans être obligé d'avoir recours aux Lettres d'avis du Correspondant qui les a tirées, car personne n'ignore qu'un même Tireur peut tirer dans un même ordinaire plusieurs Lettres pour son Compte, & pour Compte d'autrui, & qu'il faut distinguer toutes ces Traites très-distinctement, en les notant dans le Livre des Traites ou d'Acceptations.

Au reste, pour éviter d'arrêter les yeux sur les Lettres qui sont payées & cou-

H

chées

chées dans le Memorial ou dans le Journal, lors que je veux chercher dans le Livre des Traites, celles qui reſtent à payer, ou celles que je veux coucher dans le Memorial, je tire une barre au travers des dates & au travers des ſommes des Lettres qui ſont payées à meſure que je les couche dans le Memorial, & je mets au bas quel jour chaque Lettre a été payée.

Il y a des Banquiers qui croyent qu'il eſt de la derniere importance, lors qu'ils Debitent quelqu'un pour quelque Traite, d'en coucher dans le Memorial, non ſeulement la date, la ſomme & l'ordre, mais auſſi tous les Endoſſemens, ce qui eſt fort inutile, & cauſe ſouvent une infinité d'écritures, car il ſuffit de mettre la date, la ſomme & l'ordre de la Lettre de Change ſur le Memorial, parce que la Lettre de Change reſtant entre les mains de celui qui l'a payée, il peut en voir tous les endoſſemens, s'ils lui ſont neceſſaires, mais il n'en eſt pas de même des Lettres de Change domiciliées que l'on paye pour Compte d'autrui, ni de celles que l'on paye ſous Proteſt pour l'honneur de quelqu'un, lesquelles l'on envoye ordinairement à ceux, pour Compte desquels on les a payées, & dont il eſt bon de coucher tous les Endoſſemens dans le Memorial, ſi l'on n'en garde pas copie mot à mot dans un Livre de Copies de Lettres de Change.

CHAPITRE ONZIEME.

Du Livre de Remiſes.

S'Il eſt neceſſaire de tenir un Livre de Traites ou d'Acceptations, pour ſavoir ce que l'on a à payer, il ne l'eſt pas moins de tenir un Livre de Remiſes, pour ſavoir ce que l'on a à recevoir; afin que confrontant les ſommes que l'on a à recevoir avec celles que l'on doit payer, on puiſſe pourvoir à ce qui manque, ſi les Remiſes que l'on a en main ne ſuffiſent pas pour payer les Traites, ou penſer à diſpoſer avec quelque avantage des ſommes que l'on aura de reſte: d'ailleurs les porteurs de Lettres de Change étant obligez dans toutes les Villes de Commerce, d'en exiger le payement dans un certain nombre de jours après l'écheance ſous peine de perdre leur Droit, il eſt important de tenir un Livre de Remiſes dans lequel on note exactement toutes les Remiſes que l'on reçoit à peu près de la même maniere que l'on note les Traites qu'on a faites ſur nous, avec cette difference que comme on peut perdre ou égarer une Lettre de Change qui nous a été remiſe, ou que l'on ne l'a plus en ſon pouvoir lors qu'elle nous a été payée, il faut noter les Remiſes avec tous les endoſſemens & toutes les particularitez contenues tant dans le corps que dans les endoſſemens de chaque Lettre, afin d'être toûjours en état de prouver, en cas de beſoin, en vertu dequoi on en demande le payement, ou en vertu dequoi on l'a reçu.

Le Livre de Remiſes eſt d'autant plus neceſſaire à Amſterdam, où la plûpart des Lettres de Change ſe payent en Banque, & où l'on a la coûtume qu'au jour de l'écheance on envoye les Lettres de Change chez ceux ſur lesquels elles ſont tirées, ou chez les Accepteurs, & que par conſequent on ſe defait de ſon obligation avant d'en être payé, ſe fiant ſur la bonne foi de celui qui doit payer, d'où il peut arriver pluſieurs inconveniens fâcheux, quoi qu'il en arrive ſi peu à cet égard, qu'on doit être plus que ſurpris qu'il n'en arrive pas un nombre prodigieux tous les jours, à quoi on ne manqueroit pas de remedier inceſſamment.

Modele d'un Livre de Remises.

——— Janvier 1723. ———			
Au 8 dito	8	*fl.* 2000 B^{co} sur Jean La Freté, en Lettre de Pierre Cheissac de Bourdeaux du 8 Novembre à ½ à l'ordre de P. Imbert, par lui à Leonard Delfgaauw, & par lui à moi pour son Compte par sa Lettre du 15 Decembre.	*fl.* 2000 -
Au 8 dito	8	*fl.* 1500 B^{co} sur Jacob Temminck en Lettre de Ferriol de Bourdeaux du 8 Novembre à ½ à l'ordre de Petit Freres, par eux à Jacques Hoogstoel, par lui à L. Delfgaauw & par lui à moi pour son Compte par sa Lettre du 15 Decembre.	*fl.* 1500 -
Au 10 dito	10	*fl.* 4000 B^{co} sur Jacob Temminck en Lettre de Joseph Dantez de Bayonne du 10 Novembre à ½ à l'ordre de Del'horte par lui à Nunes Pereyra, par lui à Jacques Hoogstoel & par lui à moi pour son Compte par sa Lettre du 29 Decembre.	*fl.* 4000 -
		Les 2 suivantes de Jacobus de Koning d'Anvers pour son Compte par sa Lettre du 10 Janvier, savoir:	
Au 15 dito {	14	L. 500 de Gros sur Jean Steenweg & fils en Lettre dudit de Koning du 10 Janvier à 4 jours de date à mon ordre.	*fl.* 3000 -
{	15	1500 w à 42 § sur Saffin Pere & Fils en Lettre de Jacques Boyer de Bourdeaux du 15 Novembre à ½ à l'ordre de Fauquier & Quissat par eux audit de Koning & par lui à moi.	*fl.* 1575 -

Il suffit de noter ainsi les Lettres de Change dans le Livre de Remises sans les copier tout du long avec tous les Endossemens, comme font quelques-uns, qui pour noter, par exemple, la Lettre de 2000 florins sur Jean La Freté du Modele précedent, la copieroient, comme suit:

à Bourdeaux le 8 Novembre 1722.   pour *fl.* 2000 B^{co}

A deux Usances payez par cette ma premiere de Change à l'ordre de Monsieur Pierre Imbert mille florins argent de Banque, valeur reçue comptant dudit Sieur que passerez à Compte suivant l'avis de

Votre très-humble Serviteur,

P_{IERRE} C_{HEISSAC}.

A Monsieur,
Monsieur Jean La Freté Banquier
à Amsterdam.

Et au dos,
Payez à l'ordre de Monsieur Leonard
Delfgaauw valeur dudit Sieur
P_{IERRE} I_{MBERT}.
Payez à l'ordre de Monsieur Jean
Pierre Ricard valeur en Compte, à
Bourdeaux ce 15 Novembre 1722.
L_{EONARD} D_{ELFGAAUW}.

Outre que cette maniere de noter ainsi les Lettres de Change en les copiant, peut seule occuper un Commis dans un Comptoir où l'on reçoit tous les jours beaucoup de Remises, pendant qu'il pourroit s'occuper à des affaires plus utiles. Ceux qui suivent cette methode ne marquent presque jamais au bas de la Copie pour quel Compte l'Original a été remis, au lieu qu'il me paroit plus clair & plus net en notant les Remises de la maniere que je l'ai fait dans le Modele.

Il est inutile de copier les Lettres de Change.

H 2   Au

Ce que doivent faire ceux qui reçoivent beaucoup de Remises.

Au reste, comme il n'est pas possible que dans un Comptoir où l'on reçoit 100 ou 150 Remises ou plus tous les mois, on puisse les ranger toutes par ordre de date dans le Livre de Remises ; mais que l'on en recevra, par exemple, aujourd'hui qui écherront le 30 de Janvier, & demain d'autres qui écherront le 10 du même mois, & qu'on les note cependant de suite, à mesure qu'on les reçoit ; de sorte qu'après une Remise qui échet le 30 Janvier, on en trouvera souvent au dessous ou dans la suite qui écherront le 8 ou le 10 du même mois, ce qui donne beaucoup d'ouvrage, lors que quelque Remise étant entrée en Banque, on veut la chercher dans le Livre de Remises pour en Crediter celui qui en doit être Credité : il est bon de numeroter les Remises que l'on reçoit, à mesure que l'on les note dans le Livre de Remises, en commençant par No. 1 la premiere que l'on note dans chaque mois, & poursuivant par No. 2, 3, 4 & ainsi de suite jusques à la derniere, on marque alors le No. sur la Lettre de Change, & on le marque aussi en même tems à côté de la date de l'écheance de la Lettre dans le Livre de Remises.

Cette Methode est absolument necessaire dans les Comptoirs où l'on reçoit beaucoup de Remises, & abrege beaucoup de longues recherches lors que les Lettres étant entrées en Banque, il s'agit de Crediter dans le Memorial ou dans le Journal, ceux qui en doivent être Credités, sur tout à Amsterdam, où, comme je l'ai dit, on envoye dès le matin du jour, de l'écheance les Lettres de Change chez ceux qui les doivent payer, & où il arrive que la plûpart les payent le même jour, & que d'autres ne les payent que le second, le troisième ou le quatrieme jour d'après l'écheance. Mais, dira-t-on, quel rapport cela a-t-il avec les Numeros dont je viens de parler ? Le voici.

Livre des Lettres qu'on envoye pour écrire en Banque.

C'est que les Remises étant ainsi numerotées, j'ai un petit Livre d'écheance, ou des Lettres que j'envoye pour écrire en Banque, dans lequel je note toutes celles que j'envoye pour cet effet, avec leurs Numeros & quand elles sont entrées & que je veux en Crediter ceux qui les ont remises, ou ceux pour Compte de qui elles sont remises, les Numeros du petit Livre d'écheance m'indiquent les Lettres de Change dans le Livre de Remises, où je les trouve d'abord, en cherchant le Numero indiqué, par exemple, nous sommes aujourd'hui au 8 d'Octobre, & j'ai 6 Lettres échuës sur les sousnommez que je leur envoye pour me les écrire en Banque ; avant de les envoyer je les note dans le petit Livre, comme suit avec les Numeros qui y sont marquez dessus.

Le 8 Octobre.

No.			fl.		
3 fl.	6000 sur André Pels & Fils	fl.	6000	:	
15	2000 w à 42 ⅛ sur Jacob Temminck		2100	:	
28 fl.	3000 sur Leon de Moracin		3000	:	
64	D. 550 à 117 ⅛ sur Joseph de Medina & Fils		1608	15	
86	L. 400 st. à 35 ₰ sur George Cliffort & Compagnie		4200	:	
110	1500 w à 42½ ⅛ sur Daniel Balguerie		1579	13	8

Lors que sur le soir je reçois le Billet des Parties qui me sont entrées en Banque, & que je trouve que toutes ces Parties m'y sont entrées, je les raye du Livre d'écheances où je les avois notées le matin, & les couche dans mon Livre de Banque, comme suit :

15 d'Octobre	Ecrit par André Pels & Fils No. 3	fl.	6000	:	
	Par Jacob Temmink 15		2100	:	
	Par Leon de Moracin 28		3000	:	
	Par Joseph de Medina & Fils 64		1608	15	
	Par George Cliffort & Comp. 86		4200	:	
	Par Daniel Balguerie 110		1579	13	8

Par ce moyen lors que je veux coucher ces Parties dans le Memorial, je n'ai que faire d'aller chercher dans mon Livre de Remises parmi 110 Lettres ou plus que j'y puis avoir notées pour le mois d'Octobre, pour quelle Lettre Messieurs Pels m'ont écrit 6000 florins, & je n'ai qu'à ouvrir le Livre de Remises au
mois

mois d'Octobre & chercher la Lettre N°· 3 que je trouve d'abord, puisque tous les Numeros se suivent, & je voi là qui je dois Crediter pour cette Remise, & ainsi des autres; mais si quelqu'un manque de m'écrire en Banque, je ne raye point sa partie du Livre d'écheances qu'elle ne me soit entrée en Banque, ou que je n'aye fait protester la Lettre si elle ne m'est pas payée dans son tems.

Au reste, lors que les Remises sont entrées, il est bon de les rayer dans le Livre de Remises, à mesure qu'on les couche dans le Memorial, en mettant au côté le jour auquel elles y ont été couchées. *Rayer les Remises qui sont entrées.*

CHAPITRE DOUZIEME.

Du Livre d'Ordres.

CE Livre, qui n'est gueres necessaire que pour ceux qui font beaucoup en Commission de Marchandises, n'est proprement qu'un Livre de memoires, où l'on couche les Marchandises que les Correspondans ordonnent d'acheter, a-fin d'éviter la peine d'avoir toûjours à la main les Lettres de ceux qui ordonnent quelques Achats, ou celle de chercher ces mêmes Lettres lors qu'elles sont parmi un grand nombre d'autres. *Usage du Livre d'Ordres.*

Toute la science requise pour bien tenir ce Livre, consiste à y coucher avec la derniere exactitude les ordres que l'on reçoit des Correspondans, avec toutes les circonstances, soit sur la qualité des Marchandises qu'ils demandent, soit sur le prix, afin de ne les acheter que telles qu'ils ordonnent, & de ne point passer leurs Limites.

Modele d'un Livre d'Ordres.

Acheté & envoyé suivant le Compte au Livre de Factures folio 1.	JAQUES VERDERY de Bourdeaux, par sa Lettre du 24 Octobre, ordonne ce qui suit : 100 Torches fil de Laiton au dessous de 56 florins les 100 ℔ 10 Tonneaux Colle non au dessus de 19 florins les 100 ℔ 2000 ℔ Fanons de Baleine au cours De lui envoyer le tout au plûtôt, & y faire assurer *fl.* 6000
Acheté & envoyé suivant le Compte au Livre de Factures folio 2.	ARNAUD DU GOYON de Nantes par sa Lettre du 2 Novembre, ordonne ce qui suit : 2 Quartaux Girofle 60 ℔ Rhubarbe 2 Caisses Manne le tout au meilleur prix possible. 200 ℔ Sené 100 ℔ Sel Armoniac Lui envoyer le tout au plûtôt & le faire assurer.

Et lors que l'on a executé toute la Commission, & fait l'envoi des Marchandises, on le note à côté, en marquant à quel folio du Livre de Factures on en a couché le Compte.

CHAPITRE TREIZIEME.

Du Livre de Ports des Lettres.

CE Livre, qui n'est communément que de la grandeur d'une demi-feuille d'un papier ordinaire pliée en deux, & de deux à trois mains de papier, sert uniquement pour coucher tous les ports de Lettres que l'on reçoit de ses Correspondans; à mesure que l'on reçoit des Lettres de quelqu'un, on lui ouvre un Compte sur ce Livre & on le Debite du port de chaque Lettre que l'on reçoit de lui, ou de celles que d'autres nous écrivent pour ses affaires sans laisser aucun vuide pour le Credit, ce Livre ne contenant que des Debiteurs, que *Usage du Livre de Ports des Lettres.*

I

l'on

l'on Debite auffi bien fur les pages droites, qui dans la plûpart des autres Livres font deftinées pour le Credit, que fur les pages gauches.

C'eft ordinairement le moindre des Commis d'un Comptoir, qui tient le Livre de port des Lettres, parce qu'il n'exige point d'autre fcience que de favoir debiter exactement chacun des Correfpondans duquel on a reçu quelque Lettre, ce qui fe doit faire auffi-tôt que le Maître ou le Principal a lû les Lettres qu'il a reçuës.

Et comme on auroit trop de peine à trouver les Comptes de chacun dans le Livre de ports de Lettres, il eft neceffaire d'y faire un Alphabet, foit à la fin ou au commencement, fur lequel on marque le folio du Compte de quelqu'un, auffi-tôt qu'on lui a ouvert un Compte.

Modele d'un Compte du Livre de port des Lettres.

1722 Leonard Delfgaauw de Bourdeaux Debit pour les ports de Lettres fuivans reçuës pour fon Compte, comme fuit :

		fl.	s.
3 Octobre	Pour une Lettre de lui	fl. :	15
7 . .	Pour 1 dito 15 f. & une de Pierre Perfyn de Nantes pour fon Compte 10 f.	1 :	5
10 . .	Pour un Paquet de lui	1 :	
11 . .	Pour affranchiffement de fes 2 Lettres pour Koningsberg	:	10
13 Novemb.	Pour une Lettre de lui & 2 de Paris	1 :	15
14 .	Pour port de 2 Lettres de Koningsberg & d'une de Hambourg pour lui	:	15
15 .	Pour un Paquet de lui	1 :	
15 Decemb.	Pour une Lettre idem	:	15
16 .	Pour affranchiffement de fa Lettre pour Riga	:	5
18 .	Pour une de Heufch de Paris pour fon Compte	:	10

Porté au Memorial fur fon Compte au 30 Decembre 1722. fl. 8 : 10

Comment fe transportent les Comptes, lors qu'ils font pleins.

Lors qu'un Compte eft plein, on l'additionne & on porte le montant dans un nouveau Compte; mais lors qu'on envoye le Compte Courant à quelqu'un, on lui paffe les ports de Lettres dans un feul article, après que l'on les a additionnez dans le Livre des ports de Lettres, & on met au bas du Compte dudit Livre, *porté fur fon Compte au Memorial un tel jour.* Et fi dans la fuite on reçoit des Lettres du même Correfpondant, on lui ouvre un Compte nouveau dans le Livre de Ports des Lettres.

CHAPITRE QUATORZIEME.

Des autres Livres aidans ou foulageans que l'on peut avoir, outre ceux dont j'ai parlé jufques ici.

Chacun peut tenir tels Livres aidans qu'il le trouve neceffaire.

QUoi que les Livres aidans ou foulageans, dont j'ai déja traité, foient fuffifans pour un Comptoir où il fe fait beaucoup d'affaires, & que l'on doive éviter avec foin la multiplicité des Livres, il arrive cependant affez fouvent que la nature de certaines affaires particulieres oblige d'en tenir plufieurs autres, pour pouvoir tenir les affaires dans un meilleur ordre & pour faciliter & épargner les écritures fur les Livres principaux. Ainfi chacun (dans le befoin & felon que la nature de fes affaires l'exige) peut tenir tels Livres aidans ou foulageans qu'il juge neceffaires pour mieux tenir tout en ordre. Je ne m'arrêterai pas à rechercher ici les divers Livres que l'on peut tenir en divers cas, ni aux divers noms qu'on leur donne; mais puis que dans le Chapitre troifieme, j'ai nommez fix autres Livres aidans, je ferai voir ici, en peu de mots, leur ufage & leur utilité.

Du

Du Livre de Magazin.

Ce Livre n'eſt qu'une eſpece de Livre de Factures ; ceux qui s'en ſervent, y ouvrent un Compte à chaque Marchandiſe qu'ils mettent en Magazin ou en Ca- ve, & y couchent en Debit tous les frais qu'ils font pour elle depuis le jour qu'ils la reçoivent juſques à ce qu'ils l'ont vendue & livrée, & ils couchent en Credit la vente qu'ils en font, de la même maniere que le Compte que j'ai donné pour Mo- dele d'un Brouillon de Comptes de vente à la page 20.

Ceux qui ont pluſieurs Marchandiſes dans pluſieurs Magazins ou dans plu- ſieurs Caves, doivent obſerver, en ouvrant un Compte à quelque Marchan- diſe dans le Magazin, de noter dans quel Magazin ou dans quelle Cave on a mis la Marchandiſe, quel jour & à combien par mois ou par an on a loué le Magazin ou la Cave, & quel jour on y a mis la Marchandiſe, tant afin de pouvoir toûjours ſavoir dans quel Magazin ou Cave on la trouvera, que pour pouvoir en compter le Magazinage ou le Cavage quand on en vou- dra regler le Compte.

Des Livres { de Reception & de Vente / d'Achats & d'Envois } de Marchandiſes.

Je comprens ces deux Livres dans un ſeul article, parce qu'à mon avis un ſeul Livre de Factures ſuffit pour coucher ces deux ſortes de Comptes, car un Livre de Reception & de Vente ne contient que des Factures de Vente, & un Livre d'achats & d'envois de Marchandiſes ne contient que des Factures d'achat & d'envoi, & comme je croi avoir ſuffiſamment fait voir ce que que font les uns & les autres de ces Comptes dans le Chapitre ſeptieme, & qu'on les peut tous coucher dans le Livre de Factures, les Lecteurs pourront voir ce que j'en ai dit, & ſoit qu'ils trouvent à propos, ou non, de tenir deux differens Livres pour ces deux ſortes de Comptes, ils y trouveront de quelle maniere ils les doivent tenir.

Du Livre de Copies des Lettres de Change.

Pluſieurs Negocians préferent à un Livre de Remiſes, tel que je l'ai décrit dans le Chapitre onzieme, un Livre de Copies des Lettres de Change, dans lequel ils font copier, mot à mot, toutes les Lettres de Change qui paſſent par leurs mains avec tous leurs endoſſemens, ce qui donne beaucoup plus d'ouvra- ge que de les noter ſimplement, mois par mois, dans le Livre de Remiſes, & outre cela, on a toutes les peines du monde à trouver les Lettres de Change que l'on cherche, parce qu'elles ſont toutes confonduës dans le Livre de Copies des Lettres de Change, ſans aucune diſtinction de date ni d'écheance. Je n'en dirai pas davantage ſur ce Livre, parce que je préfere de beaucoup le Livre de Remiſes.

Du Livre de Mois ou d'Echeance des Lettres de Change.

Ce Livre ſert à ceux qui trouvent à propos de s'en ſervir, pour noter ſimple- ment & en abregé les jours de l'écheance des Lettres de Change, tant de célles qu'ils ont à recevoir qu'à payer ; pour cet effet on donne un folio ou deux à chaque mois, & on note du côté de Debit la date des Echeances des Lettres que l'on a à payer avec le nom du Tireur & la ſomme de chaque Lettre, & au Credit la date des écheances des Lettres que l'on a à recevoir avec le nom de ceux qui les doivent payer, & celui de ceux qui les ont remiſes, ou de ceux pour Compte desquels elles ſont remiſes, & les ſommes ; de ſorte qu'on peut voir d'un coup d'œuil tout ce que l'on doit payer ou recevoir, jour par jour, comme on le verra dans le Modele ſuivant :

I 2

PAYER

PAYER en JANVIER 1723.				RECEVOIR en JANVIER 1723.		
le 2	De Heufch de Sanvry pour fon Compte *fl.*	3000	- -	le 8	Sur J. La Freté Remife de Leonard Delfgaauw *fl*	2000	- -
	De Gedeon Vincent pour fon Compte	2600	- -		Sur Jacob Temmink dudit	1500	- -
6	3000 w à 42 § de Le Couteulx & Comp. pour leur Compte	3150	- -	10	Sur ledit pour Remife de Jacques Hooghftoel	4000	- -
	4000 w à 42 § desdits	4200	- -	14	L. 500 de Gros fur Jean Steenweg & Fils pour J. de Koning	3000	- -
10	De L Delfgaauw pour fon Compte	4850	- -	15	1500 w à 43 § fur Saffin Pere & Fils pour ledit Koning	1575	- -
	3244 w à 42 § dudit	3406	- -				

Et ainfi de fuite, en couchant chaque Lettre dans le mois de fon écheance, mais je trouve ce Livre affez inutile, lorsque l'on tient un Livre de Traites, & un Livre de Remifes, parce qu'on voit dans ces deux Livres, les unes & les autres notées beaucoup plus diftinctement.

Du Livre des Comptes des Navires.

Ceux qui ont la direction de quelques Navires, doivent tenir un petit Livre de demi main ou d'une main de papier pour chaque Navire, & donner à chaque Livre le nom du Navire pour lequel il eft deftiné, comme *Livre du Navire le Poftillon*, *Livre du Navire la Concorde* &c. On couche dans ces Livres du côté du Debit tant l'achat du Navire que tous les fraix de l'Equipement, & les gages de l'Equipage jufques à fa fortie en mer, & au bas on fait la repartition du montant de la portion de chaque Intereffé, auquel on donne une Copie de ce Compte, pour qu'il paye fa quote part; & lors que le Navire eft de retour, ou couche au Credit le fret qu'il a fait dont on fait auffi la repartition au bas afin de payer à chaque Intereffé fa portion du fret. Comme ces fortes de Comptes confiftent dans un grand nombre d'articles fur tout en Debit, & qu'il eft aifé à chacun de bien tenir les Livres des Comptes des Navires, je me dispenferai d'en donner un Modele.

Outre tous les Livres aidans ou foulageans, dont j'ai parlé jufques ici, chacun peut en avoir d'autres, fuivant que l'exige la nature de fes affaires: les Fabriquans, par exemple, qui donnent beaucoup de foyes, de laines, de fils ou autres chofes à teindre, à laver, à filer ou à retordre &c., ont des Livres particuliers pour coucher tout ce qu'ils donnent à chaque ouvrier, & chacun felon fa Profeffion & fon Commerce doit tenir tels Livres aidans ou foulageans, qu'il trouve à propos pour faciliter fes affaires, & pour abreger les écritures dans les Livres principaux, dont je traiterai après avoir fait voir l'utilité des Livres aidans ou foulageans dans le Chapitre fuivant.

CHAPITRE QUINZIEME.

De la neceffité & de l'utilité des Livres aidans en general.

APRES avoir décrit la plûpart des Livres aidans dont un Negociant peut fe fervir pour tenir chaque efpece d'affaires feparément & en bon ordre, il n'eft pas mal à propos de faire voir ici la neceffité & l'utilité de ces mêmes Livres, fans le fecours desquels on eft obligé d'entaffer article fur article dans les Livres Principaux, ou de faire du moins dans le Memorial trois ou quatre fois plus d'écritures qu'il ne faut.

On fe peut paffer difficilement de tenir des Livres aidans. J'ai déja dit dans le Chapitre troifieme que fi l'on vouloit abfolument fe paffer des Livres aidans, deux feuls Livres fuffiroient pour coucher toutes les affaires que l'on feroit. Ceux qui ne font que très-peu d'affaires, pourroient en effet coucher facilement dans un Journal ce qu'ils font jour par jour & le rapporter

dans

dans le Grand Livre article par article ; mais quelque peu d'affaires qu'ils fiffent, ils ne feroient pas long-tems fans s'appercevoir, qu'en tenant quelques Livres aidans, ils abregeroient de beaucoup leurs écritures, tant dans le Journal que dans le Grand Livre, & fe refoudroient bien-tôt de tenir tels Livres aidans qu'ils trouveroient leur convenir pour les abreger dans les deux Livres Principaux.

Mais s'il eft vrai, comme on n'en peut douter, que ceux qui ne font que peu d'affaires, s'appercevroient bien-tôt que les Livres aidans leur ferviroient à abreger de beaucoup les écritures dans les Livres principaux, on reconnoîtra encore plus facilement qu'il eft prefque impoffible de fe paffer des Livres aidans dans un Comptoir où il fe fait beaucoup d'affaires, & que fans leur fecours, un feul Teneur de Livres ne fuffiroit pas pour tenir les Livres principaux. Pour en être convaincu, il ne faut que fuppofer qu'un Negociant peut faire ou recevoir tous les jours 8, 10, 12 ou 20 payemens, tant par Banque que par Caiffe, qu'outre cela, il peut faire dans ce même jour plufieurs achats & plufieurs ventes, & recevoir diverfes Marchandifes en Commiffion, ou en envoyer : à quoi il faut ajoûter que tous ces payemens, ces achats, ces ventes, ces receptions & ces envois doivent être couchez jour par jour dans un ordre net, clair & diftinct dans les Livres principaux, & que, fi on ne tient point des Livres aidans, il faut y coucher tous ces differens articles, à mefure que l'on fait ou que l'on reçoit chacun de ces payemens, ou que l'on fait ces achats ou ces ventes &c., de forte que payant, par exemple, à Jean *fl.* 2500 à 8 heures du matin, il faudra Debiter Jean A la Caiffe ; payant à Pierre une heure après *fl.* 3000, il faudra auffi le Debiter A la Caiffe ; payant à Guillaume une heure, après *fl.* 4000, il faudra auffi le Debiter A la Caiffe, & ainfi de fuite, de forte que faifant dix payemens dans un jour, il faudra en faire dix articles differens fur le Journal & autant d'autres articles differens pour chaque achat, pour chaque vente, &c. au lieu que par le moyen des Livres aidans, on comprend tous les payemens faits en un jour dans un feul article, comme on le verra par l'exemple fuivant.

Preuves du Raifonnement ci-deffus.

Je fuppofe avoir payé aujourd'hui, 13 Octobre, les diverfes fommes fuivantes.

1722.

13 Octobre	Payé à un tel pour Affignation d'un tel	*fl.*	3000	-
	à un tel		2500	-
	à un tel		4000	-
	à un tel		5000	-
	à un tel		1500	-
	à un tel		1000	-
	à un tel		2200	-

Je couche tous ces articles au Credit du Livre de Caiffe à mefure que je les paye, au lieu de les coucher dans le Memorial l'un après l'autre, & le foir, lors que je vois qu'il ne me viendra plus rien à payer, je les couche tous dans un feul article du Memorial, comme fuit :

Les fuivans A CAISSE *fl.* 19200. Payé ce jourd'hui aux fous-nommez, comme au Livre de Caiffe, favoir,

UN TEL *fl.* 3000. Payé à un tel pour fon Affignation d'un tel jour, à l'ordre dudit tel, pour telle chofe	*fl.*	3000	-	-
UN TEL *fl.* 2500 : payé, &c.		2500	-	-
UN TEL *fl.* 4000 : &c.		4000	-	-
UN TEL *fl.* 5000 : &c.		5000	-	-
UN TEL *fl.* 1500 : &c.		1500	-	-
UN TEL *fl.* 1000 : &c.		1000	-	-
UN TEL *fl.* 2200 : &c.		2200	-	-
	fl.	19200	-	-

Que

Que fi j'ai reçu 7 ou 8 payemens par Caiffe le même jour, je les couche tous de fuite de la même maniere au Debit du Livre de Caiffe, & jc les raporte de même dans un feul article du Memorial, & j'en fais autant de tous les payemens que je fais & que je reçois par Banque ; par ce moyen j'épargne la peine non feulement d'écrire 6 articles d'une même nature dans le Memorial, mais j'évite auffi des repetitions inutiles, car il me faudroit mettre à chaque article Un Tel A Caisse, au lieu qu'en mettant les fuivans A Caisse, il eft cenfé que tous ceux qui font Debiteurs dans cet Article, font Debiteurs à la Caiffe. Ce feul exemple fuffit pour prouver l'utilité & la neceffité des Livres de Caiffe & de Banque, & il fuffira à mon avis de renvoyer les Lecteurs à ce que j'ai dit de chaque Livre aidant en particulier, pour reconnoître l'utilité & la neceffité de chacun.

CHAPITRE SEIZIEME.

Des Livres Principaux en general.

Ce que font les Livres Principaux à lé'gard des Livres aidans.

LEs Livres Principaux font, comme je l'ai dit au Chapitre troifieme, le Memorial, le Journal & le Grand Livre ; ils font le recueil & l'abregé de tous les Livres aidans, & generalement de toutes les affaires que l'on fait qui doivent être couchées exactement & jour par jour dans un ordre clair & net dans le Memorial ou dans le Journal, pour être raportées de ce dernier Livre dans le Grand Livre, où chaque article fe doit rendre fur le Compte qui lui eft particulier comme dans fon centre.

Du Memorial ou Brouillon.

Le premier de ces Livres s'appelle *Memorial*, parce qu'il fert à coucher les affaires fur le champ à mefure qu'elles fe font, & à ébaucher les articles, s'il m'eft permis de me fervir de ce terme, en attendant que l'on ait le tems de les coucher plus au net dans le Journal, & qu'à cet égard il eft regardé comme un Livre de Memoire : d'autres l'appellent *Brouillon* ou *Brouillard*, parce qu'en y couchant les affaires en premiere inftance, ils ne fe piquent pas de les ranger avec tout l'ordre & toute la netteté requife dans le Journal.

Le Memorial fe peut tenir de deux manieres bien differentes.

On peut tenir le Memorial de deux manieres differentes, favoir, ou hiftoriquement comme une narration naïve des actions qui fe paffent dans le Commerce, en payant ou en recevant, en achetant ou en vendant &c. ou bien artificiellement, en ajoutant à cette narration naïve les noms qui conviennent à chaque article, felon l'art de tenir les Livres en Parties Doubles, c'eft-à-dire, en formant d'abord les veritables Debiteurs & les veritables Crediteurs dans chaque article, comme je l'expliquerai dans le Chapitre fuivant.

Il y a quelques Negocians qui ne tiennent point de Memorial.

Il fe trouve quelques Negocians qui ne tiennent point de Memorial, mais feulement un Journal & un Grand Livre, ce qui fe peut bien faire, lorsque l'on ne fait que peu d'affaires ; mais lorsque l'on en fait beaucoup il eft prefque impoffible de fe paffer du Memorial, pour plufieurs raifons, dont la principale eft que le Journal doit être écrit autant qu'il eft poffible d'une feule main, que tous les articles y doivent être couchez jour par jour & date par date, dans un ordre clair, diftinct & exempt de tout ce qui peut leur donner un double fens, ce qu'il n'eft guere poffible de faire en couchant les chofes d'abord en premiere inftance. La feconde raifon qui derive de la premiere, eft, que fi l'on a mal couché un article dans le Memorial, on peut en le rapportant dans le Journal, le coucher tel qu'il doit être, & reparer l'erreur que l'on a faite dans le Memorial. D'ailleurs les affaires fe couchant, comme j'ai dit ci-deffus, dans le Memorial, à mefure qu'elles fe font, celui qui tient le Journal, peut prendre fon tems & fa commodité pour les rapporter à fon aife & fans diftraction dans le Journal, au lieu qu'il faut de toute neceffité, en ne tenant point de Memorial, que celui qui tient le Journal, foit toûjours prêt (quelque autre affaire qui furvienne) à coucher ce qui fe paffe dans le Journal, & qu'une affaire en faifant fouvent oublier une autre, il eft très-difficile d'éviter de faire des fautes & des erreurs confiderables, qui enfin embrouillent tellement le Journal & le Grand Livre, qu'il eft affez difficile de les debrouiller ; ainfi je conclus qu'il eft bon & neceffaire de tenir un Memorial.

Le

Le fécond des Livres Principaux eft le Journal, qui, auffi bien que le Memo- *Du Journal.* rial, doit contenir jour par jour & date par date toutes les affaires que l'on fait, d'une maniere claire & diftincte, & plus ou moins abregée que dans le Memorial, felon que chaque article le demande, & fuivant la prudence ou la capacité de celui qui l'écrit, ou qui y tranfporte les articles du Memorial. On l'appelle Journal parce qu'il contient toutes les affaires qui fe font jour par jour, & qu'il eft comme une Hiftoire journaliere de tout ce qui fe fait par celui à qui il apartient. Il ne doit pas contenir un feul article qu'on ne transporte en abregé dans le Grand Livre, duquel il eft la fource & l'origine, & en même tems le fidele interprete & le Paraphrafte; c'eft pourquoi le Debiteur ou les Debiteurs, & le Crediteur ou les Crediteurs de chaque article doivent y être marquez en gros caracteres, avec la raifon pour laquelle chacun eft Debiteur ou Crediteur, afin que fi on ne peut pas expliquer cette raifon dans la feule ligne que doit contenir chacun de ces articles dans le Grand Livre, on puiffe la trouver toute au long dans le Journal, fous la date du même article marquée au devant de chaque ligne du Grand Livre, comme je l'expliquerai plus au long dans les Chapitres 18 & 19.

Le Grand Livre eft le troifieme & le dernier des Livres Principaux : c'eft *Du Grand* dans ce Livre où l'on donne un Compte en particulier à chacun de ceux avec *Livre.* lefquels on fait des affaires & à chaque Marchandife que l'on achete ou que l'on reçoit, afin de mettre dans ce Compte d'un côté tout ce qui nous eft dû par ces mêmes perfonnes, ou tout ce que nous payons pour elles, ou tout ce que nous payons ou devons payer pour ces mêmes Marchandifes, & de l'autre tout ce que nous recevons de ces mêmes perfonnes, ou pour ces mêmes Marchandifes, de forte que tout ce que nous avons payé pour ces mêmes perfonnes ou pour ces mêmes Marchandifes, étant exactement rapporté fur l'un des côtez de ce Compte qu'on nomme DEBIT, & tout ce que nous avons reçu pour ces mêmes perfonnes ou pour ces mêmes Marchandifes étant exactement raporté fur l'autre côté de ce Compte qu'on nomme CREDIT, on peut voir au jufte ce qui nous eft dû, ou ce que nous devons à tous ceux avec lefquels nous faifons des affaires, & ce que chaque Marchandife a couté & ce qu'elle a produit ; en un mot, le Grand Livre eft l'affemblage general de tous les Debiteurs & de tous les Crediteurs contenus dans le Journal, réunis dans le Grand Livre, chacun dans le Compte qui lui eft propre. Quoi que ce Livre foit le dernier parce qu'il eft en effet l'abregé & comme le centre où tous les autres viennent aboutir, il peut être confideré comme le premier & le chef de tous les Livres des Negocians, parce que, lors que le Journal eft entierement rapporté, c'eft dans le Grand Livre, que l'on trouve dans chaque Compte tout ce que l'on a fait avec chaque Correfpondant, tous les achats & toutes les ventes, tous les profits & toutes les pertes que l'on a faites, & que fi l'on veut en favoir toutes les circonftances il faut revenir de ce Livre au Journal, qui renvoye fort fouvent pour des articles d'une longue difcuffion à d'autres Livres inferieurs.

Voilà en abregé le but, l'ufage & l'utilité des Livres Principaux en general ; mais comme cela ne fuffit pas pour faire comprendre à la jeuneffe, de quelle maniere il faut tenir chacun de ces Livres en particulier, je vais tâcher de la demontrer le plus clairement qu'il me fera poffible dans les trois Chapitres fuivans.

CHAPITRE DIXSEPTIEME.

Du Memorial.

J'Ai dit dans le Chapitre precedent que l'on peut tenir le Memorial, ou hif- *Du Memo-* toriquement, comme une narration naïve des actions qui fe paffent dans le *rial fimple.* Commerce, en payant ou en recevant, ou en achetant, ou en vendant, &c. c'eft-à-dire, en couchant par écrit dans le Memorial les payemens, les receptes, les achats, les ventes & generalement tout ce que l'on fait foit pour foi-même, ou pour compte d'autrui d'une maniere fimple & naïve, qui n'eft proprement

K 2

qu'un

qu'un Recit historique. Les quatre articles suivans, qu'on trouvera sous les mêmes dates dans le Journal, suffiront pour donner une idée de cette Methode.

Du 6 Octobre.

Payé à Cornelis Hartwyk pour 2 Bales Cochenille Mestique, achetées & reçues de lui ce jourd'hui, pesant comme suit *fl.*4335 : 4 savoir,

1 Bale N°. 6 pesant 180 ℔		
1 . 12 . 184 ℔		
2 Bales pesant : 364 ℔		
Tare à 1¾ ℔ par Bale · 3½ ℔		
Net : 360½ ℔ à 39 ß la ℔		*fl.*4217 17
Augmentation de 4 pour cent.		168 14
		*fl.*4386 11
Deduit 1 pour cent promt payement	*fl.*43 17	
Pour le ½ Droit du Poids	7 10	51 7
		*fl.*4335 4
Payé aux Travailleurs du Poids pour l'entier Droit du Poids & reception.		16 4
Payé au Courtier Jean de Bruyn pour le Courtage à ½ ƒ. par L. de Gros.		17 11
		*fl.*4368 19

Du 8 Octobre.

Reçu de Jacob Boelens *fl.*4446 : 11 pour 2 Bales Cochenille Mestique à lui venduës & livrées ce jourd'hui, pesant net 360 ½ ℔ à 40 ß la ℔ montant à

		*fl.*4326 -
Augmentation de 4 pour cent		173 1
		*fl.*4499 1
Deduit 1 pour cent promt payement	*fl.*45 -	
Pour le ½ Droit du Poids	7 10	52 10
		*fl.*4446 11
Deduit pour ce que j'ai payé aux Travailleurs du Poids	*fl.* 1 4	
Et pour le Courtage payé à Pierre Roger	18 16	20 -
		*fl.*4426 11

Du 11 Dito.

Payé aux sousnommez pour 41 Last 13 Muddes Seigle de Prusse, acheté d'eux ce jourd'hui, & pour les faire mettre en grenier *fl* 4375 : 12 savoir

A Jean van Tarelink pour 20 Lasts 7 Muddes à 75 florins d'or le Last		*fl.*2127 4 8
Deduit 1 pour cent		21 5 8
		*fl.*2105 19
A Daniel Hoorens pour 21 L. 6 Muddes à 72 florins d'or sans deduction ou rabat		2139 4
41 Lasts 13 Muddes coutant d'achat		*fl.*4245 3
Au Facteur Pieter Hill pour la reception & mettre en Grenier		130 9
		*fl.*4375 12

Du 13 Dito.

Reçu des sousnommez *fl.*4456 : 3 : 8 pour vente à eux faite de 41 Lasts 13 Muddes Seigle de Prusse à eux vendus & livrez ce jourd'hui: savoir,

D'Abraham Rog pour 20 Last 7 Muddes à 78 florins d'or		*fl.*2220 6 8
Deduit 1 pour cent		22 4
		*fl.*2198 2 8
De Jean Verryn pour 21 L. 6 Mudd. à 76 fl. d'or sans rabat		2258 1
41 Lasts 13 Muddes vendus pour		*fl.*4456 3 8
Deduit pour le Courtage & un mois de loyer de Grenier que j'ai payé		23 2
		*fl.*4433 1 8

On

On voit que cette maniere de coucher les articles dans le Memorial eſt purement ſimple, & que j'ai raiſon de l'appeller hiſtorique, puis qu'elle recite ſimplement les faits, tels qu'ils ſe font paſſez, ſans indiquer directement, ni Debiteur ni Crediteur; mais cette methode, toute ſimple & toute naturelle qu'elle eſt, eſt meilleure pour ceux qui ne tiennent leurs Livres qu'en Parties Simples, que pour ceux qui les tiennent en Parties Doubles, qui préferent pour beaucoup de raiſons, que je n'alleguerai pas ici, l'autre methode que j'ai nommée *artificielle*, & que l'on peut appeller auſſi *compoſée*, parce qu'en effet elle eſt un compoſé & un mélange de l'hiſtoire & de l'art, en ajoutant à l'hiſtoire les divers raiſonnemens qui conviennent à chaque fait, & en indiquant d'abord les veritables Debiteurs & les veritables Crediteurs de chaque choſe, ce qui eſt l'unique but des Livres des Negocians; de ſorte que laiſſant la Methode hiſtorique, qui n'exige point d'autre ſcience que celle de ſavoir coucher ſimplement ce qui ſe paſſe, je m'attacherai uniquement à la Methode artificielle ou compoſée, dont la REGLE GENERALE & FONDAMENTALE eſt, comme je l'ai inſinué dans le Chapitre ſecond, qu'il ne peut y avoir UN OU PLUSIEURS DEBITEURS dans un article, qu'il n'y ait en même tems UN OU PLUSIEURS CREDITEURS EQUIVALENS, ni UN OU PLUSIEURS CREDITEURS qu'il n'y ait en même tems UN OU PLUSIEURS DEBITEURS EQUIVALENS, c'eſt à dire, que ſi je vends à Credit à une ou à quatre perſonnes differentes une ſorte de Marchandiſe pour 1000 florins, je dois Debiter cette perſonne, & Crediter en même tems la Marchandiſe de 1000 florins, où Debiter ces quatre perſonnes, chacune pour la Portion de ces 1000 florins qu'elle me Doit, & Crediter la Marchandiſe pour les 1000 florins, que ces quatre perſonnes me doivent enſemble, & au contraire que ſi j'achette à Credit d'une ou de quatre perſonnes pour 1000 florins d'une Marchandiſe, je dois Crediter cette perſonne, & Debiter en même tems la Marchandiſe de 1000 florins, ou Crediter ces quatre perſonnes, chacune pour la Marchandiſe qu'elle me livre, & Debiter la Marchandiſe pour les 1000 florins qu'elle monte & que je Dois à ces mêmes quatre perſonnes, de ſorte que s'il m'eſt dû 1000 florins par quelqu'un ou par quelques-uns pour une choſe, je dois indiſpenſablement Debiter cette perſonne ou ces perſonnes & en Crediter la choſe pour laquelle il m'eſt dû. Dans le premier cas il n'y a qu'un ſeul DEBITEUR qui eſt la perſonne, & un ſeul CREDITEUR qui eſt la Marchandiſe, & dans le ſecond, il y a pluſieurs DEBITEURS qui ſont les perſonnes, & un ſeul CREDITEUR qui eſt la Marchandiſe.

Regle fondamentale des Parties Doubles.

Et comme c'eſt principalement dans le Memorial, qui eſt le premier recueil de tous les Livres aidans, & la ſource & l'origine du Journal & du Grand Livre, que ſe forment en premier lieu les DEBITEURS & les CREDITEURS, je m'attacherai uniquement dans ce Chapitre à expliquer ces deux mots, afin d'en faire l'application à la plûpart des articles qui ſe preſentent à coucher dans le Memorial, tant dans le commencement que dans le cours d'un Commerce reglé.

Par le mot DEBITEUR maſculin, & celui de DEBITRICE feminin, on comprend géneralement tout ce qui Doit, ſoit à nous-mêmes, ſoit à autrui, ou à certains Comptes generaux inventez (par ceux qui les premiers ont imaginé la Methode des Parties Doubles) pour ſervir de rencontre à certains articles, & faire balancer, égaliſer, ou ſolder ce qui ſe trouve de plus en Credit qu'en Debit dans le Grand Livre.

Ce que c'eſt que Debiteur.

Et par le mot CREDITEUR maſculin, & celui de CREDITRICE feminin, on comprend géneralement, non ſeulement tout ce à quoi nous devons, tant pour nous-mêmes, que pour autrui, mais auſſi tout ce qui ſort de notre pouvoir, & tout ce à quoi nous rendons quelqu'un Debiteur, ou quelque choſe Debitrice.

Ce que c'eſt que Crediteur.

Si l'on n'eſt pas content de cette définition, qui me paroît plus juſte que celle que tous les Auteurs en ont donnée juſques ici, on peut adopter la leur, & dire comme eux, *que tout ce qui entre en notre pouvoir, eſt DEBITEUR, & que tout ce qui en ſort eſt CREDITEUR.* Mais cette maxime n'eſt pas ſi generale, qu'elle ne ſouffre pluſieurs exceptions; & on ne peut pas la prendre à la lettre dans une infinité de cas qui ſe preſentent tous les jours. Je n'en alleguerai que deux.

Autre explication de ces deux mots.

L

Je

Je suppose pour le premier, que je prête aujourd'hui , pour un mois , à un ami 1000 florins; or suivant les regles, je l'en Debite, ou le rends Debiteur *A la Caisse*, que j'en rends par consequent Creditrice. Dans ce cas il est bien vrai que l'argent qui est forti de mon pouvoir est Crediteur , ou que la Caisse (car l'argent & la Caisse n'est qu'une même chose) est Creditrice , mais rien n'entre en mon pouvoir, que le billet ou la reconnoissance que cet ami peut m'avoir faite , ou le Droit d'exiger de lui les 1000 florins que je viens de lui prêter, cependant je l'en Debite à lui-même & non son billet ou ce droit que je m'acquiers , & cet ami n'entre en aucune maniere en mon pouvoir , à moins qu'on ne veuille dire qu'il y entre effectivement par le Droit que je me suis acquis sur lui, ce qui dans le fond n'est pas vrai à le prendre à la lettre.

Je suppose pour le second cas, que je veux solder le Compte d'une Marchandise qui est Debitée, par exemple , de 1000 florins , & Creditée de 1200 florins qu'elle a produit. Je la Debite dans ce cas de 200 florins & en Credite le Compte de Gains & Pertes suivant les regles de l'art. Cependant , dans cette occasion, rien n'entre dans mon pouvoir, ni n'en sort, car les 200 florins, dont je Debite la Marchandise , n'entrent pas plus en mon pouvoir qu'ils y ont été du moment que j'ai vendu la Marchandise & reçu les 1200 florins , & les mêmes 200 florins ne sortent pas de mon pouvoir quoi que j'en Credite le Compte de Gains & Pertes ; ce qui suffit pour faire voir qu'il ne faut pas prendre toûjours la maxime de ces Auteurs pour une regle si generale , qu'elle ne puisse souffrir plusieurs exceptions.

Des Comptes generaux.

Avant que de passer outre, il ne sera pas inutile d'expliquer ici quels sont *les Comptes Generaux* dont j'ai parlé ci-dessus , inventez par ceux qui ont imaginé l'art des Parties Doubles, pour servir de rencontre à certains articles qui se presentent à coucher tant dans le Memorial que dans le Journal, tels que sont les Comptes suivans.

Le Compte de CAPITAL, qui represente la personne même , à qui les Livres appartiennent. Ce Compte sert uniquement pour faire voir le bien que l'on a de net tant en commençant des Livres nouveaux qu'en les finissant. Lors que l'on commence à faire des affaires , & qu'on les veut tenir en ordre , on commence par rendre Debiteurs A ce Compte generalement tous les effets que l'on a & que l'on possede, & toutes les personnes qui nous doivent ; ensuite on rend ce même Compte Debiteur à tous ceux à qui l'on Doit, de sorte que tous ces articles étant portez dans le Grand Livre tant au Credit qu'au Debit du Capital , & le montant du Debit étant deduit on soustrait du montant du Credit, fait le net Capital qui reste à celui que ce Compte représente. Tous les autres Comptes se peuvent solder indifferemment par d'autres Comptes, selon que les cas écheent; mais celui de Capital ne peut se solder que par la Balance , comme je le dirai ailleurs au Chapitre vingtieme.

Le Compte de CAISSE represente l'argent que l'on a en son pouvoir , & celui que l'on paye & que l'on reçoit journellement. On donne ce nom à ce Compte , à cause du nom de Caisse que l'on donne à des Coffres de fer dans lesquels la plûpart des Negocians tiennent leur argent. On Debite ce Compte de tout l'argent que l'on a en commençant des affaires & on en Credite le Capital , mais dans la suite on le Debite de tout l'argent que l'on reçoit , pour lequel on Credite ceux qui l'ont payé, ou les choses venduës pour cet argent , & au contraire on le Credite de tout l'argent que l'on paye , pour lequel on Debite ceux à qui ou pour Compte de qui on paye, ou les choses qu'on a payées avec cet argent.

Le Compte de BANQUE dans les lieux où il y en a d'établies : ce Compte que l'on Debite de toutes les sommes que l'on reçoit en Banque , & que l'on Credite de toutes les sommes que l'on y paye à autrui, est destiné tant pour tenir un Compte exact & bien reglé avec la Banque, que pour servir de rencontre à tous ceux que nous Debitons ou Creditons en Argent de Banque.

Le Compte d'AAGIO ou AGIO DE BANQUE aussi dans les Lieux où il y en a d'établies , & où l'argent de Banque vaut plus ou moins que l'argent courant, laquelle difference on nomme Agio. Ce Compte, & celui de la Banque servent ensemble de rencontre à tous les autres Comptes qui se tiennent en Argent

Courant,

Courant, lorsque l'on a payé ou reçu pour eux quelque somme en argent de Banque, ou à tous les autres Comptes qui se tiennent en argent de Banque, lorsque l'on a reçu ou payé pour eux quelque somme en Argent Courant.

Le COMPTE DE FRAIX que plusieurs nomment FRAIX OU DEPENSES DE NEGOCE, qui sert à coucher tous les Fraix que l'on paye ou que l'on doit payer dont en fait ce Compte Debiteur, A la Caisse ou à ceux auxquels on doit les payer, & on le Credite par les divers Comptes pour lesquels sont faits les Fraix. Lors que l'on veut faire la Balance & solder ce Compte, on le Debite à Gains & Pertes de la somme dont le Credit excede le Debit, ou si au contraire le Debit excede le Credit, on le Credite de l'excedant & on en Debite le Compte de Gains & Pertes.

Le COMPTE DE COMMISSION ou de PROVISION que l'on Credite de toutes les sommes que l'on gagne pour la Commission ou Provision des affaires que l'on fait pour Compte d'autrui, & dont on Debite ou les Marchandises venduës pour Compte d'autrui, ou les personnes même pour lesquelles on a fait les Commissions: ce Compte se solde par celui de Gains & Pertes. Au reste, comme les Commissions sont des profits réels, beaucoup de gens n'en tiennent point de Compte particulier, & se contentent de les mettre au Credit du Compte de Gains & de Pertes, mais je suis de l'avis de ceux qui aiment mieux tenir quelques Comptes de plus, pour savoir au net ce qu'ils gagnent sur chaque chose en particulier, & non de ceux qui mêlent indifferemment les Commissions & divers autres profits qu'ils font dans le Compte de Gains & Pertes, où ils confondent tout ensemble.

Le Compte de GAINS & PERTES ou de PROFITS & PERTES que l'on fait Debiteur de toutes les pertes que l'on fait en lui donnant pour Crediteurs tous les Comptes sur lesquels il y a de la perte, & que l'on fait Crediteur de tous les profits que l'on fait en lui donnant pour Debiteurs tous les Comptes sur lesquels il y a du profit ou de l'avance. Ce Compte qui sert de rencontre & de solde generalement à tous les autres, sur lesquels il y a quelque profit ou quelque perte, se solde lui même par le Compte du Capital, en Creditant ce dernier & en Debitant celui de Gains & de Pertes de la somme dont le Credit excede le Debit, ou au contraire en Debitant le Capital & Creditant le Compte de Gains & de Pertes de l'excedant du Debit, si le Debit de Gains & de Pertes excede le Credit.

La BALANCE, que d'autres nomment aussi BILAN. Ce Compte fait la cloture des Livres qu'on veut finir, & en est toûjours le dernier, & le premier que l'on ouvre dans les Livres nouveaux, c'est pourquoi on nomme la premiere, BALANCE de sortie, & la seconde, BALANCE d'entrée. On rend Debiteurs à la Balance de sortie tous les Comptes qui se trouvent Crediteurs sur le vieux Livre pour les sommes dont ils restent Crediteurs, après avoir deduit leur Debit de leur Credit, ce qui s'appelle la Solde; & on rend Crediteurs & la Balance de sortie Debitrice de toutes les sommes qui nous restent duës, dans le vieux Livre, après avoir distrait le Credit du Debit de chaque Compte. Et au contraire, on rend la Balance d'entrée Debitrice dans les Livres nouveaux à tous ceux qui étoient Debiteurs à la Balance de sortie, qui par ce moyen redeviennent Crediteurs des mêmes sommes qui leur revenoient dans le vieux Livre, & par la même conséquence on rend Debiteurs à la Balance d'entrée tous ceux que l'on avoit rendus Crediteurs par la Balance de sortie, & par ce moyen, ceux qui devoient dans le vieux Livre, redeviennent Debiteurs dans les nouveaux, comme je le ferai voir plus au long au Chapitre où je traiterai de la Balance.

Je pourrois ajouter à ces huit Comptes generaux quelques autres Comptes, comme sont les suivans, *COMPTE DE DIVERS DEBITEURS, COMPTE DE DIVERS CREDITEURS, MARCHANDISES GENERALES, MARCHANDISES* achetées en Commission, *MARCHANDISES* reçuës en Commission, & quelques autres, qui, quoi que Comptes generaux, ne le sont pas à beaucoup près tant que les huit précedens; puisque, si on veut, on peut se passer d'en tenir de tels; mais on ne peut pas se dispenser de tenir les huit premiers, si on veut tenir les affaires

en

en bon ordre. D'ailleurs, j'aurai occaſion dans la ſuite de ce Chapitre, de parler de ces ſortes de Comptes, que l'on ne tient proprement que pour abreger les écritures, & pour éviter d'en tenir beaucoup d'autres.

Quoi que dans un train d'affaires conſiderables il ſe preſente une infinité d'articles differens à coucher dans le Memorial, & qu'il ſoit aſſez difficile de comprendre ſous certains chefs principaux tout ce que l'on doit Debiter & tout ce que l'on doit Crediter. J'ai reduit ſous douze chefs generaux la plûpart des choſes ou des Comptes qu'il faut Debiter, & ſous douze autres la plûpart des Comptes qu'il faut Crediter, dans la penſée où je ſuis, que ſi on étudie bien ces chefs ou ces maximes, on comprendra fort facilément ce qu'il faut Debiter ou Crediter, en couchant quelque article dans le Memorial.

On DEBITE ou l'on rend DEBITEUR

Quels ſont les Effets que l'on Debite.

I. Tout ce que l'on a en ſon pouvoir ou tout ce que l'on poſſede, en commençant de Negocier, ſoit que les effets que nous Debitons, ſoient ſous notre propre direction, ou ſous la direction de quelque autre pour notre Compte, en donnant ſimplement à chaque choſe ſon propre nom ; mais, ſi la choſe eſt ſous la domination d'un autre, on ajoute au nom de la choſe le nom & la demeure de la perſonne qui l'a ſous ſa direction. On Credite de tous ces differens effets le Compte du Capital, qui, comme je l'ai dit ci-deſſus, repreſente la perſonne à laquelle appartient le Livre, qui commence ſon Commerce. Ainſi, ſi en commençant mon Commerce,

| J'ai { | 20000 florins en argent.
36000 florins en Banque.
des Lettres de Change ſur France.
des Vins à Hambourg chez un Ami. } | J'en Debite { | la Caiſſe.
la Banque.
le Compte de Change ſur France.
les Vins à Hambourg chez Chriſtoffel Mothes. } | A Capital. |

Et ainſi de ſuite de tous les effets que j'ai, comme on verra dans les deux premieres pages du Journal.

II. Tout ce que l'on achete generalement, ſoit Marchandiſes, Biens Fonds, Meubles ou immeubles & quelque autre choſe que ce ſoit, en leur donnant, ou des Comptes particuliers du nom des Marchandiſes, des Biens Fonds, des Meubles ou des immeubles, ou des Comptes generaux ſous le nom de Marchandiſes generales, Vins en general, Eaux de Vie en general &c. ou ſous tels autres noms que l'on trouve à propos.

On donne à tous ces Comptes pour Crediteurs la Caiſſe, ſi on a payé comptant en argent courant, ou la Banque, ſi on les a payées comptant en Banque ; ou les perſonnes de qui on les a achetées, ſi on les a achetées à Credit ; ou les Marchandiſes que l'on a données en échange ſi on les a priſes en troc, & s'il y a des frais faits, payez ou à payer, on en Debite ces mêmes Comptes, & on en Credite le Compte de Frais.

III. Tous ceux, auxquels on vend quelque Marchandiſe à Credit, & tous ceux à qui on en envoye pour leur Compte.

On leur donne pour Crediteurs la Marchandiſe à eux venduë ou à eux envoyée. Mais ſi l'envoi conſiſte en Marchandiſes achetées comptant par Caiſſe, ou par Banque, on en Credite la Caiſſe ou la Banque ; que ſi elles ſont achetées à Credit, on en Credite les Vendeurs ; & à l'égard des envois faits en Commiſſion, on Debite ceux, auxquels on les fait pour les frais au Compte de Frais & pour la Commiſſion à Compte de Commiſſion.

IV. Toutes les Cargaiſons, ſoit pour Compte propre & particulier, ſoit pour Compte en Compagnie, en y ajoûtant les Frais & la Commiſſion, ſi l'on eſt convenu d'en paſſer ; mais lorſque la Cargaiſon eſt pour notre propre Compte, on ne paſſe point de Commiſſion.

On leur donne pour Crediteurs, ou les Marchandiſes envoyées ſi elles ont été Debitées, ou les perſonnes de qui on les a achetées, ſi elles ont été achetées à Credit ; ou la Caiſſe ou la Banque, ſi elles ont été payées comptant

tant

tant en l'une ou en l'autre monnoye, le Compte de Fraix & le Compte de Commiſſion.

V. Tous ceux auxquels on paye quelque ſomme, après qu'ils en ont été Creditez. On leur donne pour Crediteurs la Caiſſe ſi on les paye en Courant, ou la Banque ſi on les paye en Banque; que ſi on les paye avec une aſſignation ſur quelqu'un, on leur donne pour Crediteur celui ſur lequel on la fournit, ou celui qui nous l'a fournie à nous-mêmes.

VI. Tous ceux auxquels on prête ou avance quelque ſomme. On leur donne pour Crediteurs la Caiſſe ou la Banque ſelon l'une ou l'autre de ces deux monnoyes en laquelle ſe fait le Prêt. Que s'ils doivent payer quelque Interêt, on les en Debite auſſi, & on en Credite le Compte de Gains & de Pertes.

VII. Tous ceux auxquels on fait quelque Remiſe & desquels on paye quelque Traite, ſoit pour leur Compte, ſoit pour le nôtre; avec cette difference, que Remettant ou payant, par exemple, à Jean ou pour Jean pour ſon Compte, j'en Debite Jean à ſon Compte, & que lui remettant ou payant pour le mien, j'en Debite Jean à mon Compte.
On leur donne pour Crediteurs la Caiſſe, ſi l'on a payé les Lettres de Change par Caiſſe, ou la Banque ſi on les a payées par Banque. Que ſi on remet ſes propres Lettres on en Credite celui ſur qui on les tire; mais ſi elles nous ont été remiſes par un Correſpondant, on en Credite ce même Correſpondant.

VIII. La Caiſſe pour tout l'argent que l'on reçoit. On lui donne pour Crediteurs ceux desquels on reçoit l'argent, ou les perſonnes, ou les Effets, ou les Marchandiſes pour lesquelles on le reçoit.

IX. La Banque pour les ſommes qui nous y ſont écrites ou payées par quelqu'un, on lui donne les mêmes Crediteurs qu'à la Caiſſe.

X. L'Agio ou Agio de Banque, pour l'Agio ou la difference qui ſe trouve entre l'argent de Banque & le Courant, lors que nous recevons quelque ſomme en Banque pour quelqu'un ou pour quelque Marchandiſe, dont nous tenons Compte en argent courant. Dans ce cas on lui donne toûjours les mêmes Crediteurs qu'à la Banque; mais lors que l'on reçoit en Banque pour quelqu'un ou pour quelque Marchandiſe, dont on tient le Compte en argent de Banque, il eſt fort inutile de Debiter l'Agio, puisque, ſi on en Credite la perſonne ou la Marchandiſe, on eſt obligé neceſſairement, de la Debiter auſſi pour l'Agio lors que l'on paye pour elle quelque ſomme en Banque.

XI. Toutes les Marchandiſes & tous les Comptes generalement, ſur lesquels nous trouvons du profit ou de l'avance, après les avoir Debitez de tous les Fraix; on leur donne pour Crediteur le Compte de Gains & de Pertes.

XII. Enfin on Debite tous ceux auxquels on trouve devoir quelque choſe pour ſolde, & ſi c'eſt en leur envoyant leur Compte, on leur donne pour Crediteur leur Compte nouveau, mais ſi c'eſt en faiſant la Balance, on leur donne la Balance pour Crediteur ou pour Creditrice.

Et au contraire ON CREDITE *ou on rend* CREDITEURS

I. Tous ceux à qui l'on Doit, en commençant de tenir des Livres; & on leur donne pour Debiteur le Capital, qui, comme j'ai deja dit, repreſente la perſonne même à qui ſont les Livres.

Quels ſont
les effets que
l'on Credite;

II. Tout ce que l'on vend ou que l'on envoye generalement, ſoit Marchandiſes ou autres Effets quels qu'ils ſoient. On leur donne pour Debiteurs la Caiſſe ou la Banque, ſi on en reçoit le payement en courant ou en Banque; ou les perſonnes à qui on les a venduës ſi c'eſt à Credit, ou bien les perſonnes auxquelles on les envoye, ſi on les a envoyées à quelqu'un, ou Cargaiſon pour un

M tel

tel endroit, à la direction ou à l'adreſſe d'un tel, ſi on les envoye pour ſon propre Compte.

III. Tous ceux desquels on achete quelque choſe à Credit, ſoit Marchandiſes, Biens fonds ou autres effets. On leur donne pour Debiteurs les effets achetez, ou les perſonnes ou les cargaiſons pour lesquelles on les a achetez.

IV. Toutes les Cargaiſons qui ont, ou qui avoient été faites pour notre Compte, lorsque nous en recevons le Compte de Vente, lesquelles on Credite ſimplement des nettes ſommes qu'elles ont produit. On leur donne pour Debiteurs les Correspondans pour leur net provenu, auquel cas il faut Debiter le Correſpondant en monnoye de ſon Païs, & la reduire auſſi en la monnoye du nôtre.

V. Tous ceux desquels ou pour Compte desquels on reçoit quelque ſomme, après qu'ils en ont été Debitez, s'ils payent en Courant on en Debite la Caiſſe; s'ils payent en Banque on en Debite la Banque, mais s'ils étoient Debitez en Courant & qu'ils payent par Banque, on leur donne la Banque & l'Agio pour Debiteur, que s'ils payent en Marchandiſe, on leur donne la Marchandiſe pour Debitrice.

VI. Tous ceux desquels on emprunte quelque ſomme, on leur donne pour Debiteurs ou la Caiſſe ou la Banque ſelon la monnoye en laquelle il nous prêtent.

VII. Tous ceux desquels ou pour Compte desquels on reçoit payement de quelque Remiſe, on leur donne pour Debiteurs ou la Caiſſe ou la Banque, ſelon que la Lettre eſt payable en Courant ou en Banque, avec cette difference, que ſi elle eſt pour notre Compte, nous en Creditons le Correſpondant à notre Compte, & que ſi elle eſt pour le ſien, nous l'en Creditons à ſon Compte.

VIII. La Caiſſe pour tout l'argent que l'on paye generalement. On lui donne pour Debiteurs ceux à qui on paye s'ils ont été Creditez; ou les Marchandiſes que l'on paye comptant; ou les perſonnes ou les Cargaiſons pour lesquelles ſont deſtinées les choſes que l'on paye ou le Compte de Fraix ou tels autres Comptes pour lesquels on paye.

IX. La Banque pour tout ce que l'on y paye ou que l'on y fait écrire à autrui. On lui donne les mêmes Debiteurs qu'à la Caiſſe, mais quand on vend de l'argent de Banque pour du Courant, on en Debite la Caiſſe & l'Agio.

X. L'Agio ou Agio de Banque. Pour l'Agio de toutes les ſommes que nous payons en Banque, & que nous ne devions qu'en argent courant, ou pour celui que nous recevons en vendant de l'argent de Banque pour du Courant, on lui donne les mêmes Debiteurs qu'à la Banque.

XI. Toutes les Marchandiſes, & generalement tous les Comptes ſur lesquels il ſe trouve quelque perte lors qu'il s'agit de les ſolder, on leur donne pour Debiteur le Compte de Gains & de Pertes.

XII. Enfin, on Credite tous ceux à qui nous trouvons devoir quelque choſe, ſi c'eſt en leur envoyant leur Compte, on leur donne pour Debiteur leur Compte nouveau, mais ſi c'eſt en faiſant la Balance, on leur donne la Balance pour Crediteur ou Creditrice.

Quoi qu'on puiſſe étendre plus que je n'ai fait pluſieurs des maximes que je viens de donner, elles comprennent, à mon avis, en abregé tout ce qu'il faut ſavoir pour bien former les Debiteurs & les Crediteurs de tous les articles qui peuvent s'offrir à coucher dans le Memorial ou dans le Journal. Voyons à preſent ce qu'il y a de plus à obſerver en couchant les articles dans l'un ou dans l'autre de ces Livres.

La premiere choſe qui s'écrit dans le Memorial, eſt le nom de la Ville où ſe
ſont

font les affaires que l'on y couche, & la date du jour du Mois & de l'année, ce qui s'écrit au haut de chaque page, comme, par exemple, *à Amsterdam ce premier Octobre* 1722. Que si on écrit quelque chose le lendemain au dessous de l'article qu'on couche ensuite on met *du 2 dudit* ou *du 2 dito* & ainsi jour par jour en datant tous les articles du jour qu'on les écrit, que s'il y a plusieurs articles à coucher dans un même jour on les comprend tous sous la même date, comme on le verra dans le Journal. *[Manière de dater le Memorial.]*

La seconde chose qui s'écrit après la date, est *le nom* du Debiteur, lorsque l'article que l'on doit coucher, n'est que d'un seul Debiteur. Mais s'il est composé de plusieurs Debiteurs, on met *les suivans*; ce qui marque que tous ceux qui sont nommez dans la suite de l'article sont Debiteurs. Ainsi, si je paye, par exemple, à Jean 1000 florins, je fais Jean Debiteur A la Caisse, comme suit : *[Marquer le nom du Debiteur & du Crediteur.]*

JEAN A CAISSE *fl.* 1000 à lui payé ce jourd'hui pour telle chose qu'il m'avoit livré un tel jour, suivant son reçu.   *fl.* 1000 : :

Mais si je paye 1000 florins à Jean, & 1000 florins à Pierre dans un même jour, & que je ne veuille faire qu'un Article de ces deux Payemens, j'écris, comme suit :

Les suivans A CAISSE *fl.* 2000 payé aux sousnommez suivant leurs quittances ou suivant le Reçu : savoir, *[Debiter plusieurs personnes à un seul Crediteur.]*

JEAN *fl.* 1000 à lui payé pour telle chose qu'il m'a livré un tel jour *fl.* 1000 : :
PIERRE *fl.* 1000 à lui payé pour telle chose qu'il m'a livré un tel jour.   1000 : :

fl. 2000 : :

Après le nom du Debiteur, une grande partie de Negocians mettent le mot DOIT ou DEBIT, & après les mots *les suivans*, ils mettent DOIVENT ou DEBIT, mais, comme l'un ou l'autre de ces mots n'est qu'une repetition inutile, tant dans le Memorial que dans le Journal, & que c'est une regle constante que le Debiteur est toûjours nommé le premier, & que lors qu'il y en a plusieurs, ils sont designez par les mots, *les suivans* ; j'ai retranché ce mot de mon Journal, suivant en cela la methode des Hollandois qui sont très-bons Teneurs de Livres, aussi bien que celle des principaux Negocians d'Amsterdam, qui tiennent leurs Livres en François. *[Les mots Doit ou Debit sont inutiles dans le Memorial & dans le Journal.]*

Après le nom du Debiteur, ou *les suivans* on marque par la lettre A celui, à qui le Debiteur Doit, ou par les mots *aux suivans*, les divers Crediteurs à qui il Doit ; on met la somme qu'il Doit ou qu'ils Doivent, & la raison pourquoi il Doit ou pourquoi ils Doivent, & on tire la somme dûe dans les colomnes marquées dans chaque page pour mettre les sommes, dans lesquelles on ne met rien autre chose, que les sommes entieres, ou le montant de tous les articles ensemble, comme on le verra dans beaucoup d'articles du Journal, composez de plusieurs Debiteurs ou de plusieurs Crediteurs, & chaque article étant ainsi couché, on tire une ligne au dessous avec une regle, pour le distinguer de celui que l'on pourra coucher ensuite.

Au reste, beaucoup de gens marquent les pages de leur Memorial & de leur Journal, par 1, 2, 3, & ainsi de suite; mais cela n'est d'aucune utilité, que pour ceux qui font d'assez grandes affaires pour en remplir 5 ou 6 pages par jour ou plus, parce que dans ce cas, lors qu'on ne peut pas expliquer un article assez clairement dans le Grand Livre, on y renvoye à la page du Journal sur laquelle il est couché, comme aussi on peut renvoyer du Journal à la page du Memorial les articles couchez dans tout leur détail que l'on abrege dans le Journal ; mais à l'égard de ceux qui ne font pas tant d'affaires, il est inutile qu'ils marquent les pages de ces deux Livres, parce que les dates seules font trouver facilement les articles que l'on veut chercher. *[En quelles occasions il est bon de marquer les pages du Memorial.]*

Quelque long que soit ce Chapitre, je ne saurois le finir sans faire encore diverses observations importantes, d'autant plus que le Memorial étant la baze, l'origine & l'ébauche du Journal & du Grand Livre, comme je l'ai dit ailleurs, *[Le Memorial est le fondement du Journal.]*

& celui par confequent d'où dépend la netteté , la clarté , & le bel ordre de ces derniers Livres, c'eſt en y couchant les articles, ou en les transportant du Memorial dans le Journal, que l'on doit faire les obſervations ſuivantes.

Le Memorial peut s'écrire par pluſieurs perſonnes. Elles ſont d'autant plus neceſſaires, que, comme le Memorial eſt l'ébauche & le Brouillon du Journal, il peut être écrit de diverſes mains, & que ſouvent le premier Commis qui ſe trouve dans un Comptoir, lors qu'il y a quelque article à coucher, l'y couche de la maniere qu'il l'entend, & qu'un autre s'y trouvant enſuite, couche auſſi de la maniere qu'il l'entend les autres articles qui ſe preſentent à coucher, dans lequel cas ils ſont ſujets à faire des fautes qui peuvent être préjudiciables à proportion de leur énormité ; c'eſt pourquoi beaucoup de Negocians aiment mieux tenir eux-mêmes le Memorial, ou le faire tenir par un ſeul Commis qui ſache bien tenir les Livres , & ſi un Commis ne ſait pas y coucher les articles, il vaut mieux qu'il en tienne une ſimple note, juſques à ce que celui qui tient le Memorial puiſſe le coucher dans l'ordre requis.

Le Memorial doit pouvoir faire foi en Juſtice. Le Memorial, quoi qu'écrit d'une ou de pluſieurs mains, doit pouvoir faire foi en Juſtice, de ſorte que, quoi que l'on y ait fait quelque erreur, comme de Debiter quelqu'un au lieu de le Crediter, il n'eſt pas permis d'en rayer aucun article, ſans donner lieu à ſoupçonner que l'on a voulu faire quelque friponnerie ou quelque tromperie, de ſorte que ſi l'on a fait une erreur, on doit non pas *Il ne faut rien rayer dans le Memorial.* rayer l'article, mais le corriger par un autre article, qui, en indiquant l'erreur, la redreſſe, en ôtant, s'il faut ainſi dire, la partie du Compte ſur lequel elle eſt mal couchée pour la mettre dans ſa veritable place. Ce changement ſe fait de diverſes manieres, ſuivant la nature de chaque erreur particuliere, & comme on peut en commettre un aſſez grand nombre qu'il eſt difficile de limiter , j'en remarquerai ſeulement quatre & indiquerai le moyen de les reparer, pour donner une idée des differentes manieres dont on peut reparer toutes les autres qu'on peut faire, ce qu'il faut pourtant éviter avec tout le ſoin poſſible.

Des erreurs qu'on peut faire à l'égard des ſommes & le moyen de les reparer. I. Premierement, on peut faire erreur dans la poſition des ſommes dont on Debite ou dont on Credite quelqu'un ; par exemple, au lieu de mettre *fl.* 3450 on mettra *fl.* 4350. dans ce cas-là, pourvû que l'article, Dans lequel on a fait cette erreur, ſoit d'ailleurs bien raiſonné, il n'y a de l'erreur que dans la poſition d'un chifre, puis qu'on a mis le ſecond au lieu du premier, & le premier au lieu du ſecond. Ces ſortes d'erreurs ſe peuvent racommoder fort facilement, en raturant doucement avec la pointe du canif les deux premiers chifres, & en frottant l'endroit raturé un peu fort avec un morceau de papier blanc & une petite pincée de Gomme ſandaraque en poudre , & en remettant enſuite les deux chifres effacez dans l'ordre requis.

Des erreurs qu'on peut faire en Debitant quelqu'un qui doit être Credité. II. Secondement, on peut faire erreur, en Debitant quelque Compte qui doit être Credité, ou en Creditant quelqu'un qui doit être Debité. Par exemple, mon Correſpondant Jean m'ordonne de remettre pour ſon Compte à mon Correſpondant Pierre *fl.* 1650 courant, & au lieu de Debiter Jean, pour Compte duquel j'ai remis cette ſomme, j'en Debite Pierre, comme ſuit :

Pierre A Caisse *fl.* 1650 pour ma Remiſe de telle ſomme à tant, en Lettre d'un tel ſur un tel, &c.   *fl.* 1650 : :

Et je m'apperçois quelques jours après que ce n'eſt pas Pierre qui eſt le Debiteur de cette ſomme, mais que c'eſt Jean pour Compte duquel j'ai Remis cette Lettre à Pierre ; dans ce cas je repare cette erreur, en Debitant Jean à Pierre, comme ſuit :

Moyen de les reparer. Jean A Pierre *fl.* 1650. Pour une Lettre de telle ſomme à tant, en Lettre d'un tel ſur un tel &c. Remiſe à Pierre un tel jour pour Compte de Jean, ſuivant ſon ordre d'un tel jour le tantieme d'un tel mois, dont par abus j'ai Debité ledit Pierre audit jour , au lieu dudit Jean qui en devoit être Debité.   *fl.* 1650 : :

Remarquez que l'erreur ne conſiſte qu'en ce que j'ai Debité Pierre, au lieu de Jean, & que la Caiſſe eſt & doit reſter Creditée pour les *fl.* 1650 ; c'eſt pourquoi

je

je ne parle point de la Caisse dans l'article où je repare l'erreur, parce qu'il suffit qu'elle soit Creditée pour les *fl.* 1650 que j'en ai sortis en payant la Lettre, mais comme il est question d'annuller cette somme ou de l'ôter du Debit de Pierre, & de la mettre au Debit de Jean, & que je ne dois pourtant rien rayer sur mes Livres; je fais ce changement en Creditant Pierre des *fl.* 1650 que je passe à son Credit, dans le Grand Livre, lesquels balançant ou égalisant les *fl.* 1650 qui étoient à son Debit, rendent l'article nul, & ces mêmes *fl.* 1650 viennent au Debit de Jean où est leur place naturelle.

On pourroit reparer la même erreur, en redebitant la Caisse A Pierre, & en Debitant Jean A Caisse, comme dans les deux articles suivans.

CAISSE A PIERRE *fl.* 1650 Pour autant dont je l'ai Debité un tel jour par abus pour la Lettre d'un tel à lui remise sur un tel &c. pour Compte de Jean, comme ci-dessous, dont je Credite ledit Pierre pour annuller ledit Article   *fl.* 1650

JEAN A CAISSE *fl.* 1650 : Pour une Lettre d'une telle somme à tant en Lettre d'un tel sur un tel de tel endroit que je remis pour son Compte & suivant son ordre d'un tel jour à Pierre d'un tel lieu, & dont par abus j'avois Debité Pierre au lieu dudit Jean le tantieme d'un tel mois   *fl.* 1650

Mais la premiere methode que j'ai donnée, est la meilleure pour deux raisons, dont la premiere est que, lors que l'on peut reparer une erreur par un seul article, il n'en faut pas faire deux; & la seconde, qu'il faut éviter autant que l'on peut des articles inutiles dans le Grand Livre, qui ne font le plus souvent qu'embrouiller les Comptes, or en reparant l'erreur ci-dessus de la premiere maniere, elle ne vient dans le Grand Livre que dans le Compte de Pierre; mais de la seconde maniere elle y vient sur le Compte de Pierre & sur le Compte de la Caisse.

III. Dans les Lieux où il y a des Banques établies, dont l'argent vaut plus ou moins que le Courant, comme à Amsterdam, on est assez sujet à faire des erreurs à l'égard de l'Agio dans les Comptes des Correspondans que quelques-uns veulent qu'on tienne en argent de Banque, & d'autres en argent courant, de sorte que, si l'on n'y prend pas garde, on Debitera ou on Creditera quelquefois en argent de Banque un Correspondant dont on tient le Compte en argent courant, & l'on Debitera ou Creditera en argent courant un Correspondant, dont on tient le Compte en argent de Banque, à quoi il faut prendre garde de près, & ne Debiter ou ne Crediter jamais aucun Correspondant que dans la monnoye en laquelle on tient son Compte. Par exemple, je tiens le Compte de Jean en argent de Banque, & je reçois payement d'une Remise de 2000 florins courant qu'il m'a faite sur Pierre; dans ce cas-là je ne dois pas Crediter Jean de 2000 florins, car comme toutes les sommes de son Compte sont en argent de Banque ces 2000 florins pourroient être pris pour 2000 florins d'argent de Banque, & je me ferois tort de ce qu'ils valent de moins en argent de Banque, c'est-à-dire du montant de l'Agio; mais je dois le Crediter du montant en argent de Banque des 2000 florins courant, comme suit:

Erreur qu'on peut faire à l'égard de l'Agio de Banque.

CAISSE Aux suivans *fl.* 2000 : Reçu de Pierre pour une Lettre de Change de ladite somme en Courant que Jean m'a remise un tel jour sur lui en Lettre d'un tel, &c. savoir,

A JEAN *fl.* 1904 : 15 Pour le montant en argent de Banque de sadite Remise de *fl.* 2000 courant, reduits à 105 pour cent   *fl.* 1904 : 15
A AGIO *fl.* 95 : 5 pour celui de ladite somme à 5 pour cent   95 : 5
                                                             fl. 2000 :

Et par la même raison si je paye pour Jean *fl.* 2000 argent courant je ne le dois Debiter que des *fl.* 1904 : 15 qu'ils montent en argent de Banque, & l'Agio pour celui de cette somme qui à 5 pour cent fait *fl.* 95 : 5.

N

Mais

Mais au contraire, fi je tiens le Compte de Jean en argent Courant, & que je reçoive pour lui *fl.* 1904 : 15 en Banque, je dois, en l'en Creditant, y ajoûter l'Agio de cette fomme qui à 5 pour cent eft *fl.* 95 : 5 lefquelles deux fommes ajoutées enfemble, font 2000 florins Courant, qui eft la monnoye en laquelle je tiens fon Compte.

Erreurs qu'on
peut com-
mettre en
confondant
mon Comp-
te & fon
Compte.

On peut commettre quatre fautes dans ces deux fortes de Comptes, voici en quoi elles peuvent confifter, & de quelle maniere on les peut reparer, lors que l'on s'en aperçoit.

La premiere en Debitant fimplement en argent de Banque une perfonne ou une chofe de laquelle on tient le Compte en argent courant. Pour reparer cette erreur, il n'y a qu'à Debiter A Agio la perfonne ou le Compte, pour l'Agio de la fomme dont on a omis de la Debiter alors, en expliquant que c'eft pour l'Agio d'une telle fomme à un tel prix dont on a omis de la Debiter un tel jour en la Debitant de cette fomme en argent de Banque.

La feconde en Creditant fimplement, en argent de Banque, une perfonne de laquelle on tient le Compte en argent courant: dans ce cas, il n'y a qu'à Debiter l'Agio & Crediter la perfonne, pour l'Agio à un tel prix d'une telle fomme dont on ne l'a Credité un tel jour qu'en argent de Banque.

La troifieme en Debitant en argent courant une perfonne de laquelle on tient le Compte en argent de Banque; dans ce cas, comme on l'a de trop Debitée de l'Agio que cette fomme peut monter en argent de Banque, il faut la Crediter, & Debiter l'Agio pour celui d'une telle fomme en courant dont on l'a Debitée un tel jour à un tel prix.

La quatrieme, en Creditant en argent courant, une perfonne de laquelle on tient le Compte en argent de Banque; dans ce cas, comme on l'a de trop Creditée de l'Agio que cette fomme peut monter en argent de Banque, il faut la Debiter, & Crediter l'Agio pour celui d'une telle fomme dont on l'a Creditée un tel jour en argent courant à un tel prix.

On tient
deux Comp-
tes differens
avec plu-
fieurs Cor-
refpondans.

IV. Il faut obferver encore que l'on tient de deux fortes de Comptes avec les Correfpondans, qui d'un côté font des affaires pour nous, & pour lefquels nous en faifons du nôtre. Ces deux fortes de Comptes fe diftinguent par *mon Compte* & *fon Compte* ou *notre Compte* & *leur Compte*. On appelle mon Compte ou notre Compte celui fur lequel nous couchons tout ce que les autres font pour nous, & dont ils nous doivent rendre Compte & on appelle fon Compte ou leur Compte tout ce que nous faifons par ordre & pour Compte d'autrui, & dont nous devons rendre Compte.

Comment
on tient mon
Compte.

On tient mon Compte ou notre Compte en la monnoye en laquelle notre Correfpondant doit nous rendre compte de ce qu'il paye ou reçoit pour nous, que l'on pofe en dedans des lignes, & que l'on reduit au cours du Change en monnoye de chez foi, que l'on pofe en dehors des lignes, tant pour favoir ce que nous lui devons ou ce qu'il nous doit en fa propre monnoye, qu'en la nôtre, que ce que nous y gagnons ou perdons fur le Change. Par exemple,

Je paye aujourd'hui en Banque *fl.* 1000 à Pierre, pour une Lettre de Change de 1000 Ecus que je remets à Jean de Paris pour mon Compte à 40 ⅝ de Gros par Ecu, pour m'en faire le retour; ces 1000 Ecus font 3000 Livres Tournois qui eft la monnoye en laquelle on tient les Comptes en France, & par confequent en laquelle Jean devra me rendre Compte, mais, comme je fuis à Amsterdam, ou je ne paye & ne reçois rien qu'en monnoye d'Hollande. Je dois Debiter Jean mon Compte non feulement des 1000 florins de Banque que je paye pour cette Lettre, mais auffi des 3000 Livres Tournois dont il me devra rendre Compte en argent de France, afin de pouvoir toûjours voir fur ce Compte qu'il me doit rendre Compte de 3000 Livres Tournois, & combien ces mêmes 3000 Livres m'ont couté en argent d'Hollande, ce que je fais de la maniere fuivante.

J ᴇ ᴀ ɴ de Paris mon Compte A B ᴀ ɴ ǫ ᴜ ᴇ *fl.* 1000 Ecrit à Pierre pour une Lettre de Change de 1000 w qu'il m'a fournie fur un tel de Paris à 40 ⅝ par Ecu, laquelle j'ai endoffée & remife ce jourd'hui audit Jean pour mon dit Compte, faifant . .   .   .   .   L. 3000 : : *fl.* 1000

Lors

Lors que j'ai une fois Debité Jean de la maniere ci-deſſus, il eſt évident que je ne puis & ne dois lui demander que 3000 Livres Tournois, ſoit que le Change entre Paris & Amſterdam ſoit plus haut ou plus bas qu'à 40 ⅌ par Ecu, parce qu'il me paye & me ſatisfait, pourvu qu'il me remette 1000 Ecus ou 3000 Livres, & ſi ces mêmes 3000 Livres me produiſent alors plus d'argent d'Hollande que les 1000 florins que j'ai payez, je gagne tout ce qu'elles produiſent de plus: que ſi au contraire elles me produiſent moins, je perds ce qui manque pour parfaire les 1000 florins que j'ai payez, parce que Jean n'eſt dans ce cas que mon ſimple Commiſſionnaire, & ne doit point entrer ni dans le profit ni dans la perte que je puis faire ſur ce qu'il fait pour mon Compte, à la reſerve de certains cas où il me peut faire un tort conſiderable par ſa propre faute ou par ſa negligence, mais c'eſt une queſtion de droit, qui n'eſt pas de mon ſujet; on verra dans le Journal ſous les articles 277 & 356 ma critique ſur la maniere de ſolder ces ſortes de Comptes.

Un Correſpondant ne doit nous rendre Compte qu'en monnoye de chez lui.

La même raiſon qui nous prouve qu'un autre ne nous doit rendre Compte de ce qu'il fait pour nous qu'en ſa propre monnoye, nous conduit à conclurre que nous ne devons rendre Compte qu'en notre monnoye à ceux pour leſquels nous faiſons quelque choſe, deſquels on nomme les Comptes *ſon Compte* ou *leur Compte*, que nous tenons uniquement en monnoye de chez nous, de ſorte que ſoit que nous recevions ou que nous payions quelque choſe pour un autre, nous l'en Creditons ou nous l'en Debitons ſur ſon Compte.

Nous ne devons rendre Compte à autrui qu'en monnoye de chez nous.

Que s'il arrive que l'on faſſe quelque erreur en Debitant ou en Creditant quelqu'un ſur ſon Compte, au lieu de le Debiter ou de le Crediter ſur mon Compte, il faut la reparer par un article contraire, & Debiter ou Crediter mon Compte à ſon Compte, en expliquant que c'eſt pour une telle partie dont on a Debité ou Credité ſon Compte un tel jour, au lieu d'en Debiter ou d'en Crediter mon Compte, & obſerver toûjours cette regle conſtante dans toutes les erreurs faites en Debitant ou en Creditant quelqu'un ou quelque Compte d'une ſomme dont il n'eſt ni Debiteur ni Crediteur, qu'il en doit être recredité ou redebité & le veritable Debiteur ou Crediteur, Debité ou Credité en ſa place.

Reparer une erreur faite en le Debitant à ſon Compte, au lieu de mon Compte.

J'ai parlé dans les pages 42 & 43 des Comptes generaux neceſſaires pour ſervir de rencontre à certains articles qui ſe preſentent à coucher dans le Memorial, & j'ai dit à la page 43, qu'il y a d'autres Comptes generaux que l'on peut ſe paſſer de tenir, ſi l'on veut, comme le COMPTE DE DIVERS DEBITEURS, le COMPTE DE DIVERS CREDITEURS, de MARCHANDISES GENERALES, de MARCHANDISES achetées en Commiſſion, de MARCHANDISES vendûës en Commiſſion; & quelques autres Comptes ſemblables que l'on peut tenir ou ne point tenir ſuivant les diverſes affaires qui ſe preſentent; mais comme ces ſortes de Comptes ſervent de beaucoup, tant pour éviter d'ouvrir quantité de Comptes nouveaux dans le Grand Livre, que pour épargner beaucoup d'écritures dans le Memorial & dans le Journal; il faut faire voir leur utilité, & les raiſons que l'on a pour les tenir.

De divers autres Comptes generaux.

Le COMPTE DE DEBITEURS ou de DIVERS DEBITEURS ſe tient pour éviter d'ouvrir un Compte à chaque particulier qui nous Doit, & auquel nous ne voulons point en donner un, quand nous croyons que nous ne contracterons point d'autres affaires avec lui. Dans ce cas on le rend Debiteur dans le Compte de Debiteurs en Debitant ce Compte A la choſe à laquelle, ou pour laquelle la perſonne nous Doit, & marquant la perſonne qui nous Doit, & pourquoi elle nous Doit: comme on le verra dans les Articles 12, 67, 129, & 150 du Journal & quelques autres; & lors que l'on a reçu payement des perſonnes Debitées ſur ce Compte, il faut ſe ſouvenir qu'elles n'ont point de Compte particulier, & qu'il faut rendre Crediteur le même Compte de Debiteur ſur lequel ils ont été Debitez comme on le verra encore dans les articles 65, 113, 179 & quelques autres du Journal, on peut Debiter ſur ce Compte juſques à 40 ou 50 perſonnes differentes, ou plus ſi on lui donne un folio tout entier du Grand Livre, ce qui évite, comme on voit, d'ouvrir autant de Comptes particuliers, outre que ſi dans un Article du Memorial on veut Debiter ou Crediter 10 ou 20 perſonnes à la fois, on peut le faire par un même raiſonnement, comme on pourra le voir dans les Articles 339 & 355 du Journal.

N 2

Le

Le Compte de Crediteurs ou de divers Crediteurs ſe tient pour les mêmes raiſons que celui dont je viens de parler ; on Credite ſur ce Compte tous ceux auxquels on doit , & auxquels on ne trouve pas à propos d'ouvrir un Compte. On en trouvera des exemples dans les articles 20 , 66 , 87 & 79 du Journal , & lors que l'on paye ces mêmes perſonnes, on les en Debite ſur ce Compte, comme on le verra dans les articles 53 , 102 & 112 dudit Livre.

Le Compte de Marchandises Generales ſert auſſi à coucher les diverſes Marchandiſes auxquelles on ne veut point donner des Comptes particuliers ; on Debite ce Compte pour celles que l'on achete, & on le Credite pour celles que l'on vend. On en trouvera pluſieurs exemples dans le Journal.

Les Comptes de Marchandises achetées en Commiſſion & celui de Marchandises venduës en Commiſſion & pluſieurs autres, auxquels on peut donner tels noms convenables que l'on trouve à propos, ſont de la même nature, c'eſt-à-dire, qu'ils ſont deſtinez pour coucher toutes les diverſes Marchandiſes que l'on achete ou que l'on vend pour Compte d'autrui , & auxquelles il eſt fort inutile d'ouvrir un Compte à chacune, ſur tout à celles que l'on achete pour envoyer dans quelques jours, comme ſont les trois ſortes de Marchandiſes de l'Article 78 & celles de l'article 80 du Journal, car quel embarras ne ſeroit-ce pas ſi au lieu de ce premier Article où j'ai Debité les Marchandiſes achetées en Commiſſion, j'en faiſois trois, & que j'ouvriſſe un Compte à Poivre pour envoyer à Antoine Athenas & Compagnie de Cadix, un autre à Cacao pour envoyer à Antoine Athenas & Compagnie de Cadix, & un autre à Planches du Nord pour envoyer à Antoine Athenas & Compagnie de Cadix, & ainſi de toutes les autres Marchandiſes que j'acheterois, ce qui meneroit à l'infini; au lieu que je puis les comprendre toutes dans un ſeul & même Compte ; lequel il faut avoir ſoin de decharger ou de Crediter lors qu'on envoye les Marchandiſes, comme on verra que je l'ai fait dans les Articles 90 & 96 du Journal. Quoi que je n'aye point ouvert de Compte dans mon Grand Livre aux Marchandiſes venduës en Commiſſion, on jugera facilement que puiſqu'on Debite les Marchandiſes achetées en Commiſſion, & qu'on les Credite par ceux auxquels on les envoye, qu'au contraire on Credite les Marchandiſes venduës en Commiſſion par ceux auxquels on les vend, & qu'on les Debite A Compte de Fraix, A Compte de Commiſſion, & à celui pour Compte duquel on les a venduës pour ſeur net provenu, & ſi je n'ai point donné de Compte aux Marchandiſes venduës en Commiſſion j'en ai ouvert divers autres qui ſe tiennent de la même maniere, comme les ſuivans *Marchandiſes pour Compte de Leonard Delfgaauw* à folio 14, *Marchandiſes chargées à mon Adreſſe ſur le Dragon d'or* à folio 19, *Sucres en retour de Surinam &c.* à folio 28. Ainſi on n'aura qu'à y avoir recours pour ſavoir comment ces ſortes de Comptes ſe tiennent en cherchant ſur le Journal, aux dates marquées dans le Grand Livre les articles de ces Comptes ſur leſquels on voudra s'éclaircir.

De la maniere de Debiter divers A divers.

Il ne me reſte plus pour finir ce long Chapitre qui renferme tout ce qu'il faut ſavoir pour bien tenir le Memorial & le Journal, il ne me reſte plus , dis-je, qu'à parler d'une methode que j'ai adoptée depuis quelques années , & que j'ai ſuivie dans mon Journal , quoi qu'à l'exemple de pluſieurs perſonnes je l'aye rejettée pendant longtemps: elle ne peut avoir lieu que dans les Villes où il y a des Banques établies , dont l'argent vaut plus ou moins que le Courant, ou dans les Villes où l'on tiendroit les Livres en deux ſortes de monnoyes differentes en valeur, c'eſt qu'il arrive ſouvent aux Negocians d'Amſterdam (où , comme chacun ſait, l'argent de Banque vaut ordinairement de $4\frac{4}{5}$ à $5\frac{1}{2}$ pour cent de plus que le Courant) que pluſieurs Correſpondans ſouhaitent qu'on tienne leur Compte en argent de Banque, & que cependant on paye pour eux pluſieurs ſommes en argent Courant, & qu'on leur envoye des Marchandiſes que l'on ne paye non plus que la plûpart des Fraix, qu'en argent courant, & que comme je l'ai remarqué à la page 49 *il ne faut jamais Debiter ni Crediter un Correſpondant qu'en la monnoye en laquelle on tient ſon Compte* & que dans le cas que je viens d'alleguer auſſi bien que dans tous les autres ſemblables il faut avoir

égard

égard à cette maxime, & éviter en même tems de charger les Comptes d'autant d'articles inutiles qu'il est possible. J'ai adopté & suivi la methode de Debiter *Divers A Divers*, ou *les suivans aux sousnommez*, la trouvant beaucoup meilleure, plus courte & plus facile que celle de Debiter, par exemple, en argent courant un Correspondant duquel on tient le Compte en argent de Banque, pour le Crediter ensuite de l'Agio de l'argent courant, comme feroient ceux qui envoyeroient le Compte suivant.

COMPTE de l'Achat, Fraix & Commission des Marchandises sous-specifiées que, par ordre & pour Compte de Monsieur Leonard Delfgaauw de Bourdeaux, j'ai achetées & chargées à son adresse dans le Navire *la Paix d'Utrecht*, Maitre Pieter Alberts, savoir:

		fl.	
20 Bales Poivre, pesant net 8726 ℔ à 12¾ ℔ la ℔ argent de Banque		2781	8
6 Fardeaux Canelle, pesant net 592 ℔ à 56 s. ℔ idem		1657	12
4 Boucauts Cire de Pologne, pesant net 3240 ℔ à fl. 70 les 100 ℔ argent courant, deduit 1 pour cent	fl. 2245 6		
Pour Courtage, ½ Droit du Poids, Embalage, Droits de sortie, Passeport, Port à bord & menus Fraix, &c.	128 1		
	fl. 2373 7		
Lesquels fl. 2373 : 7 Courant reduits à 105 pour cent en argent de Banque, font		2260	7
	fl.	6699	7
Pour ma Commission à 2 pour cent desdits fl. 6699 : 7 :		134	
	fl.	6833	7

Voici comment plusieurs coucheroient ce Compte.

LEONARD DELFGAAUW son Compte Aux suivans fl. 6953 : Pour Achat, Fraix & Commission des Marchandises sous-specifiées à lui envoyées &c. &c. savoir,

		fl.	
A BANQUE fl. 4439 : : Ecrit à Jean Gasquet pour 20 Bales Poivre & 6 Fardeaux Canelle, &c. (*je laisse à part le Raisonnement qu'il faut faire.*)	fl.	4439	
A COMPTE DE CREDITEURS fl. 2245 : 6 pour ce que je dois à tels pour 4 Boucauts Cire de Pologne, &c. en argent courant	fl. 2245 6		
A COMPTE DE FRAIX &c.	128 1		
		2373	7
	fl.	6812	7
A COMPTE DE COMMISSION fl. 140 : 13 pour celle de fl. 6812 : 7 qui avec fl. 221 : 19 à quoi monte l'Agio des fl. 4439 : B^{co} ci-dessus font fl. 7034 : 6 à 2 pour cent.		140	13
	fl.	6953	13

Remarquez, qu'en couchant ce Compte de cette maniere, l'argent de Banque & le Courant sont mêlez & confondus ensemble dans une même somme de fl. 6953 : 13. dont on Debite L. Delfgaauw, mais qu'il ne la Doit pas toute en argent de Banque, qui est la monnoye en laquelle je tiens son Compte, & que par consequent il faut lui faire bon, & le Crediter de l'Agio des fl. 2373 : 7 & des fl. 140 : 13 Courant qui font ensemble fl. 2514 : 7 dont l'Agio à 105 pour cent fait fl. 119 : 13 comme suit :

AGIO A LEONARD DELFGAAUW son Compte fl. 119 : 13 Pour l'Agio de fl. 2514 : Courant compris dans l'Article de fl. 6953 : 13. dont je l'ai Debité ci-dessus, lesquels je reduis en argent de Banque, en lui faisant bon l'Agio à 105 pour cent.   fl. 119 : 13

Par ce moyen, il est bien vrai que L. Delfgaauw ne reste Debiteur pour le susdit envoi, que de fl. 6833 : 7 en argent de Banque, car on ne trouve que cette même somme si on deduit des fl. 6953 : 13. dont il est Debité, les fl. 119 : 13

O

dont

dont je l'ai Credité, mais en couchant ce Compte & en Debitant *Divers A Divers* ou *les fuivans Aux fousnommez*, comme je l'ai fait dans l'article 66 du Journal, je ne Debite L. Delfgaauw que de la jufte fomme qu'il me Doit en argent de Banque, & ne fuis point obligé de le Crediter pour l'Agio de l'argent courant compris ou englobé dans les *fl.* 6953:13. Il y a plufieurs obfervations à faire fur ces fortes d'articles, dont on trouvera encore deux exemples aux articles 90 & 146 du Journal; mais comme elles font d'une trop longue difcuffion, que d'ailleurs ceux qui demeurent dans des Villes, où l'on paye en deux fortes de monnoyes ont bientôt apris à coucher ces fortes d'articles, & que ce Chapitre eft déja fort long, je n'entrerai point dans ce détail, & dirai feulement pour le finir, que lors que l'on a porté les articles du Memorial dans le Journal, on les marque par une petite raye à la marge du Memorial, ou par une *R*, qui fignifie *Raporté*.

CHAPITRE DIXHUITIEME.

Du Journal.

Ce que c'eft que le Journal. — LE Journal eft, auffi bien que le Memorial, l'Hiftoire Journaliere de toutes les affaires qui fe font & fe contraftent chez les Negocians, & il n'y a de difference entre ces deux Livres, qu'en ce que le Journal eft la Copie au net du Memorial chez ceux qui tiennent leur Memorial de la maniere que j'ai prefcrite dans le Chapitre precedent, mais il eft quelque chofe de plus chez ceux qui ne tiennent leur Memorial que fimplement ou hiftoriquement, comme je le dirai tout à l'heure.

Mais le Journal ne fert pas feulement pour mettre au net & de la maniere requife pour les Parties doubles tout ce qui eft contenu dans le Memorial, car il eft en même tems la fource, l'origine & l'interprête du Grand.

Il eft l'origine & l'interprête du Grand Livre. — Il eft la fource & l'origine du Grand Livre, parce que l'on rapporte du Journal dans le Grand Livre d'une maniere fort abregée tous les articles qui font contenus plus au long dans le Journal, & c'eft pour cette même raifon que le Journal eft auffi l'interprête du Grand Livre, parce que, comme l'ordre & la brieveté du Grand Livre ne permettent pas d'y coucher en plus d'une feule ligne, les articles du Journal, quelque longs qu'ils foient, il faut fouvent avoir recours au Journal pour en trouver l'explication, lors qu'on n'a pas pû la mettre fuffifamment dans la feule ligne qu'ils contiennent dans le Grand Livre.

J'ai dit en premier lieu que le Journal n'eft proprement que la Copie au net du Memorial chez ceux qui tiennent ce dernier Livre fuivant les regles que j'ai données dans le Chapitre précedent. En effet, comme tous les articles y font couchez d'abord felon les regles de l'art des Parties doubles, & que tous les Debiteurs & les Crediteurs y font duëment formez & diftinguez, il ne s'agit que de les coucher ou de les copier dans le Journal plus au net & dans l'ordre le plus beau, qu'on n'a pas eu le tems d'obferver toutes les fois que l'on a couché les articles dans le Memorial, où on les a fouvent couchez à la hâte, & fimplement par memoire.

Le Journal doit être tenu par un feul. — Dans ce cas, celui qui tient le Journal, car, pour le dire en paffant, on obferve autant qu'on peut qu'il foit écrit d'une feule main; celui, dis je, qui tient le Journal, n'a qu'à l'écrire le mieux qu'il peut, en couchant toûjours les noms des Debiteurs & des Crediteurs de chaque article en gros caractere, & à bien prendre garde de ne fauter aucun article du Memorial, & à ne mettre pas une fomme pour une autre.

Ce qu'il faut obferver en rapportant du Memorial dans le Journal. — Il y a trois obfervations à faire, en rapportant du Memorial dans le Journal : la premiere eft que l'on peut abreger dans le Journal, certains articles qui fe trouvent couchez dans un grand détail dans le Memorial, pourvû que cette abreviation laiffe au raifonnement toute fa clarté & fon évidence, & qu'elle ne diminue en rien les fommes, ni le nombre des Debiteurs & des Crediteurs.

La

La feconde eft, qu'en raportant dans le Journal certains articles, qu'on ne trouve pas affez bien expliquez dans le Memorial, on peut les amplifier & les mieux expliquer felon qu'on le trouve à propos; mais toûjours en telle forte, que cette amplification n'ajoûte rien à la verité du fait, aux fommes ni au nombre des Debiteurs ou des Crediteurs.

La troifieme eft que, lors qu'on trouve fous une même date du Memorial deux ou plufieurs autres articles feparez, qui font pourtant d'une même nature, on peut les comprendre tous dans un feul article du Journal pour abreger les écritures, par exemple, on aura fait quatre payemens dans un jour que l'on aura couchez feparement dans le Memorial, comme fuit:

JEAN A CAISSE fl. 1200 : *à lui payé pour telle chofe, &c.*   *fl.* 1200
PIERRE A CAISSE fl. 1500 : *à lui payé pour telle chofe, &c.*   *fl.* 1500
JAQUES A CAISSE fl. 1150 : *à lui payé pour telle chofe, &c.*   *fl.* 1150
GUILLAUME A CAISSE fl. 810 : *à lui payé pour telle chofe, &c. fl.* 810

Ces quatre Articles, étant d'une même nature, fe peuvent & fe doivent coucher dans un feul Article du Journal, comme fuit:

Les fuivans A Caisse *fl.* 4660 : à eux payé ce jourd'hui, favoir :

Jean *fl.* 1200 : à lui payé pour telle chofe, &c.	.	.	*fl.* 1200
Pierre *fl.* 1500	. pour telle chofe, &c.	.	1500
Jaques *fl.* 1150	. pour telle chofe, &c.	.	1150
Guillaume *fl.* 810	pour telle chofe, &c.	.	810
		fl.	4660

Il n'eft pas dans le fond fort difficile de coucher dans le Journal tous les articles contenus dans le Memorial tenu à Parties Doubles, puis qu'il n'y a proprement qu'à les copier, & à les bien écrire. Mais il n'en eft pas de même d'un Memorial tenu à Parties fimples ou hiftoriquement, & j'ofe dire qu'il donne beaucoup plus de peine à reduire en Parties Doubles dans un Journal, que n'en ont ceux qui couchent d'abord les articles en Parties Doubles dans le Memorial, parce que ces derniers, étant accoûtumez à former d'abord les veritables Debiteurs & les veritables Crediteurs, n'ont aucune peine à prévoir ceux qu'ils doivent Debiter & ceux qu'ils doivent Crediter avant de coucher un article, & s'il fe trouve quelque article difficile à coucher, auquel ils foient en peine de donner un rencontre; un peu de reflexion le leur fait bien-tôt trouver. Ceux-là même qui favent bien tenir les Livres en Parties Doubles, & qui n'ont jamais effayé cette reduction, trouveront peut-être que je la fais plus difficile qu'elle n'eft, mais je fuis affuré que s'ils prennent la peine de l'effayer ils y trouveront des difficultez qu'ils n'ont pas prevuës. Pour les en convaincre, je n'irai pas chercher des articles diffus & difficiles, & je ne prendrai que les deux premiers articles fimples que j'ai donnez pour modele à la page 40.

Il eft bien plus difficile de former les Parties Doubles d'un Memorial tenu fimplement que de les former d'abord.

Le premier de ces articles eft un Achat au Comptant de 2 Bales Cochenille, & je doute qu'un homme qui ne fait point tenir les Livres puiffe le tenir dans un meilleur ordre; mais quoi qu'il en foit, fuppofons qu'il foit queftion de rapporter cet article dans le Journal & de l'y mettre en Parties Doubles, je voi d'abord, *Payé à Cornelis Hartwyk pour 2 Bales Cochenille &c. fl.* 4335 : 4. fi je m'arrête là fans parcourir tout l'article, je ferai une faute en le couchant, comme fuit:

Cochenille Mestique A Caisse *fl* 4335 : 4 Payé à Cornelis Hartwyk pour 2 Bales Cochenille, &c.   .   .   *fl.* 4335 : 4

Mais dans ce cas-là, j'oublie les Fraix, & fi j'ai barré l'article, c'eft-à-dire, fi j'ai tiré une ligne au deffous, il faut que je faffe un autre article au deffous de celui-là, pour les Fraix, & que je Debite encore la Cochenille A la Caiffe ou Au Compte de Fraix pour les *fl.* 16 : 4 payez aux Travailleurs du Poids, & pour

    les

les *fl.* 17 : 11 payez pour le Courtage. On dira, que si j'avois lû l'article simple tout du long, j'aurois évité ce dernier article, je l'avoue. Mais qui me sera
garant que ceux qui trouveront souvent de pareils articles, ne feront pas la même
faute, qui dans le fond est fort legere, puis qu'elle peut être reparée par un article qui ne tire à aucune consequence. Mais il y a une autre remarque à faire
sur cet article & sur une infinité d'autres pareils, qui est plus importante, c'est
qu'au lieu que j'ai mis *payé* aux Travailleurs &c., *payé* au Courtier &c.; la plûpart de ceux qui tiennent leur Memorial en Parties simples, mettront *Pour* les
Travailleurs &c. *Pour* le Courtage &c. de sorte que celui qui doit coucher un
tel article ne sait pas si ces Fraix des Travailleurs & du Courtage sont payez ou
non, car s'ils sont payez il en faut Crediter la Caisse, & s'ils ne le sont pas, il
faut en Crediter le Compte de Fraix, & l'ignorance ou le doute, dans lequel le
met ce mot *Pour*, l'arrête jusques à ce qu'il sache lequel de ces deux Comptes
il doit Crediter.

Le second Article simple, dont je dois parler, est la Vente au Comptant de
ces deux mêmes Bales de Cochenille, où je vois d'abord *Reçu de Jacob Boelens
fl.* 4446 : 11 *pour 2 Bales Cochenille &c.* A lire cet Article, il semble d'abord
qu'il n'y a rien plus naturel que de le coucher de la maniere dont je l'ai couché
dans l'article 23 du Journal, car si on vouloit suivre cette methode, on confon-
droit fort souvent le Debit & le Credit de la Caisse, & on auroit toutes les peines du monde à trouver juste le Compte de la Caisse, de sorte que pour coucher l'article dont il s'agit dans toutes les formes requises des Parties Doubles, il
faut considerer que l'on reçoit *fl.* 4446 : 11 pour les 2 Bales de Cochenille.
ainsi la Caisse les doit à la Cochenille. Il faut considerer ensuite, que les *fl.* 20
payez ou à payer par les Fraix, font un article tout opposé, car, ou ils sont
sortis de la Caisse s'ils sont payez, & dans ce cas, la Cochenille les Doit à la Caisse,
ou bien, ils doivent un jour sortir de la Caisse, s'ils ne sont pas payez; & dans
ce cas la Cochenille les Doit au Compte de Fraix. Mais supposons qu'ils soient
payez, il faut, pour bien coucher cet article, en former deux en Parties Doubles
en Debitant la Caisse à la Cochenille, comme suit:

C a i s s e A C o c h e n i l l e M e s t i q u e *fl.* 4446 : 11 Reçu de Jacob Boelens
　　pour 2 Bales à lui venduës comptant, pesant, &c.　　　　　*fl.* 4446 : 11

Et Debiter la Cochenille A la Caisse pour les Fraix payez, comme suit:

C o c h e n i l l e M e s t i q u e A C a i s s e *fl.* 20 : payé pour Courtage & Li-
　　vraison des 2 Bales ci-dessus venduës à Jacob Boelens, savoir &c.　*fl.* 20 :

Un Article à Parties simples en contient souvent plusieurs à Parties Doubles.

On peut voir par cet Exemple, que l'article simple que j'ai cité, en contient
deux à Doubles Parties, & il s'en peut rencontrer une infinité d'autres, qui en
contiennent un plus grand nombre, qui ne laissent pas de donner bien de la peine & de l'embarras, quand il s'agit de les reduire en Parties Doubles, quelque
habile & experimenté que l'on soit. Mais si on prétendoit inferer de là que les
Parties simples sont plus courtes que les Parties Doubles, on se tromperoit, &
j'ai suffisamment prouvé le contraire dans le Chapitre second, n'ayant fait les
remarques ci-dessus, que pour faire voir à peu près quelles précautions il faut
prendre, en raportant dans le Journal en Parties Doubles, les articles d'un Memorial tenu à Parties simples; & comme il seroit fort inutile de repeter ici tout
ce que j'ai dit dans le Chapitre précedent, où je croi avoir suffisamment montré
tout ce qu'il faut Debiter & tout ce qu'il faut Crediter, j'y renvoye ceux qui
voudront reduire en Parties Doubles, les articles simples d'un Memorial.

Maniere de raporter du Journal dans le Grand Livre.

Pour revenir au Journal, je dirai qu'après que l'on y aura couché au net les
articles du Memorial, il ne s'agit plus que de les raporter dans le Grand Livre,
& pour le faire en ordre, il faut, avant toutes choses, savoir sur quels folios du
Grand Livre sont les Comptes de divers Debiteurs & Crediteurs qui se trouvent
dans le Journal, ou quels folio du Grand Livre on leur destine : s'ils n'ont
point encore de Compte ouvert dans le Grand Livre, lesquels folio on marque
à la marge du Journal au devant de chaque Debiteur, & de chaque Crediteur,

en

en mettant le folio du Debiteur au deſſus d'une petite ligne que l'on fait pour le diſtinguer du Crediteur , dont on marque le folio au deſſous, comme dans cet Exemple.

9.
— COCHENILLE MESTIQUE A CAISSE *fl.* 4368 : 19 : &c.
2.

Le 9. qui eſt au deſſus de la ligne, marque que le Compte de la Cochenille Meſtique qui eſt Debitrice, eſt à folio 9 du Grand Livre, & le 2. qui eſt au deſſous de ladite ligne, marque que le Compte de la Caiſſe, qui eſt Creditrice, eſt à folio 2 du Grand Livre.

Que s'il y a dans un article un ſeul Debiteur & pluſieurs Crediteurs, on marque les folio du Debiteur au deſſus de la petite ligne, & les folio des Crediteurs au deſſous, comme dans l'exemple ſuivant.

2. CAISSE Aux ſuivans *fl.* 6307 : 10 : Reçu d'un tel pour *fl.* 6000 de Banque
—   à lui vendus ce jourd'hui à 5¼ pour cent : ſavoir,

3. A BANQUE *fl.* 6000 : écrit audit tel   .   .   *fl.* 6000 :
4. A AGIO *fl.* 307 : 10: pour celui de ladite ſomme à 5¼ pour cent   307 : 10

                                        fl. 6307 : 10

Que ſi au contraire il y a dans un' article un ſeul Crediteur & pluſieurs Debiteurs, on marque les folio des Debiteurs au deſſus, & le folio du Crediteur au deſſous de la petite ligne, comme dans l'exemple ſuivant.

Les ſuivans A CAISSE *fl.* 6307 : 10: Payé à un tel pour *fl.* 6000 de Banque,
   achetez de lui ce jourd'hui à 5¼ pour cent: ſavoir,

3. BANQUE *fl.* 6000 : Ecrit par ledit tel   .   .   *fl.* 6000 :
4. AGIO *fl.* 307 : 10: pour l'Agio de ladite ſomme à 5¼ pour cent.   307 : 10
2.
—   *fl.* 6307 : 10

Lors qu'il eſt queſtion de faire des Livres nouveaux, & d'ouvrir beaucoup de Comptes dans le Grand Livre , on prend, pour ne ſe point tromper, & ne pas ouvrir deux Comptes à une même choſe, une demi-feuille de papier , que l'on plie en deux ou trois, ſur laquelle l'on note quel folio du Grand Livre & quel eſpace on veut donner à chaque Compte ; & pour cèt effet on commence par le premier article du Journal , & en continuant par ceux qui ſuivent à les marquer ſur cette note, comme je ferois , par exemple, pour ouvrir tous les Comptes des 15 premiers Articles du Journal.

Note pour l'ouverture des Comptes du Grand Livre.

Folio

1 | Capital ½
Compte de Change fur France ¼
Compte de Change fur Londres ¼

2 | Caiffe 1

3 | Banque 1

4 | Agio 1

5 | Draps d'Angleterre ⅛
Toiles de Haarlem ⅛
Vins en general ⅛
Eaux de Vie en general ⅛
Vins à Hambourg chez Chriftoffel Mothes ⅛
Poivre à Dantzic chez Jean Straalman ⅛

6 | Marchandifes generales ⅓
Hans de Waal fon Compte de temps ⅓
Darius & Compagnie de Paris mon Compte ⅓

7 | Chriftoffel Mothes de Hambourg fon Compte ⅕
Compte de divers Debiteurs ⅕
Biens Fonds ⅕
Rentes & Loyers ⅕
Navire le Soleil d'Orient ⅕

8 | Meubles ⅛

Remarquez que, quoi que la Caiffe, la Banque, & l'Agio foient dans mon Journal avant les Comptes de Change fur France & fur Londres, je place ces deux derniers à folio 1 du Grand Livre, & les autres à folio 2, 3 & 4. La raifon en eft, qu'il importe peu que je place un Compte devant l'autre dans le Grand Livre, pourvû qu'ils foient de la même date, & que ne prevoyant pas en ouvrant ces Comptes que je faffe beaucoup en Change fur France ni fur Londres, il fuffit que je leur donne une partie du folio que je prevois qui reftera vuide au deffous du Compte du Capital; mais je donne un folio entier à la Caiffe, à la Banque & à l'Agio, parce que je prevois qu'il me viendra beaucoup d'articles à coucher fur ces Comptes. C'eft ainfi qu'il faut prevoir, autant qu'on peut, de donner à chaque Compte dans le Grand Livre, l'efpace que l'on trouve à propos.

Lors que l'on a marqué fur cette note le folio & l'efpace deftiné pour chaque Compte, de la maniere ci-deffus, on marque les mêmes folios à la marge du Journal, comme je l'ai dit à la page précedente, & après avoir ouvert les Comptes dans le Grand Livre, on y rapporte les articles du Journal de la maniere que je le dirai dans le Chapitre fuivant. Mais lorsque les Livres font commencez, & que les Comptes font tous ouverts dans le Grand Livre, on cherche le folio de chaque Compte dans l'Alphabet, comme je le dirai auffi dans le même Chapitre.

 Auffi-tôt que l'on a rapporté un article du Journal dans le Grand Livre, on fait un point derriere le Chifre du Journal qui en indique le folio, comme je l'ai fait aux Articles que j'ai donnez pour modele à la page précedente pour marquer qu'il eft rapporté.

CHAPITRE DIXNEUVIEME.

Du Grand Livre & de fon Alphabet.

 LE Grand Livre eft le principal de tous les autres Livres des Negocians, auquel ils aboutiffent tous, & où ils viennent s'unir, comme dans leur centre. Il s'appelle *Grand* non pas tant, à mon avis, parce qu'ordinairement il eft d'un plus grand papier que tous les autres, que parce qu'il merite ce nom par tous les Comptes qu'il contient, qui feuls peuvent faire connoître le jufte & veritable état des affaires des Negocians, en montrant d'un côté ce qui leur eft dû, & de l'autre ce qu'ils doivent.

Ce Livre ne s'écrit pas tout de fuite, comme le Memorial & le Journal, mais il fe divife en folios, en Comptes, en Debit & en Credit.

 Un folio du Grand Livre contient les deux pages entieres qui fe prefentent à la vuë, & dont l'une eft du côté gauche & l'autre du côté droit, lors qu'on l'ouvre, de forte que la premiere page du côté gauche du Grand Livre fe marque

folio

folio 1, & la page droite qui lui eft oppofée fe marque de même folio 1, les deux fecondes pages qui viennent enfuite fe marquent folio 2, & ainfi de fuite.

Un Compte dans le Grand Livre eft tantôt un folio entier, & tantôt une par- *Ce que c'eft qu'un Comp-te dans le Grand Livre.* tie, comme de la moitié, du $\frac{1}{3}$, du $\frac{1}{4}$ ou du $\frac{1}{8}$ d'un folio, deftiné à coucher tout ce qui nous eft dû, & tout ce que nous devons à la perfonne ou à la chofe nom- mée au haut du Compte, ou tout ce que la perfonne ou la chofe doit, & tout ce qui lui eft dû.

Chaque page gauche de chaque folio eft uniquement deftinée à coucher tous *Page du Grand Livre deftinée au Debit.* les articles qui font Débiteurs dans le Journal, & c'eft pourquoi on met toûjours de ce même côté en gros caraƈteres, après le nom de la perfonne ou de la cho- fe pour laquelle ce Compte eft deftiné, le mot Doit ou Debit.

Et au contraire, chaque page droite de chaque folio, eft uniquement defti- *Page du Grand Livre deftinée au Credit.* née à coucher tous les articles qui font Crediteurs dans le Journal, & c'eft pour- quoi on met toûjours de ce même côté vis à vis le mot Debit, & fur la mê- me ligne en gros caraƈtere le mot Credit ou Doit Avoir. Il eft du ref- te affez indifferent que l'on fe ferve des mots Doit & Doit avoir, ou de ceux de Debit & Credit, je me fers des deux derniers autant par habitude que par choix.

Le Grand Livre fe marque ordinairement de fept lignes d'encre rouge à cha- *L'ufage des Lignes & des Colomnes du Grand Livre.* que page qui vont depuis le haut jusques au bas, & forment autant de colomnes deftinées à marquer l'année, le jour du mois, le folio du Grand Livre où cha- que article a fon rencontre, les florins, les fols & les pennins. Toutes ces Co- lomnes font difpofées, comme fuit:

| 1723 | 4 | Janvier | | | | 6 | fl. 2000 | 10 | 8 |
| | 6 | | | | | 8 | 1510 | 11 | |

Le vuide qui refte entre les 3 colomnes à la gauche & les 4 colomnes à la droite fert à mettre le nom de la perfonne ou de la chofe à qui la perfonne ou la chofe Doit, & la raifon pourquoi, lors que c'eft du côté du Debit; ou bien le nom de la perfonne ou de la chofe qui Doit, & la raifon pourquoi, lorsque c'eft du côté du Credit.

Ouvrir un Compte dans le Grand Livre n'eft autre chofe, qu'écrire en gros *Ce que c'eft qu'ouvrir un Compte.* caraƈteres le nom de la perfonne, ou de la chofe pour laquelle le Compte eft deftiné avec le mot Debit enfuite, & le mot Credit fur la même ligne dans la page oppofée. Ainfi s'agiffant d'ouvrir, par exemple, un Compte au Capital à folio 1, je le fais comme fuit, fuppofant que ceci foit le folio 1 du Grand Livre.

Fol. 1.   Fol. 1.

| | | Capital Debit | | | | | | Credit | | | |

Le Compte étant ainfi ouvert, on n'a qu'à coucher au Debit tout ce dont on trouve le Capital Debité dans le Journal, & au Credit tout ce dont on le trou- ve Credité, comme on le verra en confrontant les 20 premiers articles du Journal avec le Compte du Capital au Grand Livre folio 1 où l'on verra, par exemple, à la première ligne du Credit, après la date.

Par Caiffe . . Pour l'argent que mon Pere m'a compté ce jourd'hui | 2 | fl. 2000 |

La prepofition *Par* fe met toûjours du côté du Credit devant chaque ligne du Grand Livre pour defigner le Debiteur, qui dans l'exemple ci-deffus eft la Caiffe, ou par qui le Compte eft Crediteur qui dans cette ligne eft la Caiffe: ou pour parler en Teneur des Livres, ce mot *Par*, fuivi du nom d'une perfon- ne ou d'une chofe, defigne le Compte dans lequel l'article trouve fon rencon- tre, le refte de la ligne s'appelle le raifonnement, parce qu'en effet on y mar- que pourquoi le Capital eft Credité par la Caiffe, favoir pour l'argent reçu, &c.

                                                        Mais

Mais en Debitant quelqu'un dans le Grand Livre, on met la particule A avant le nom de la perfonne ou de la chofe à laquelle elle Doit, comme on le verra dans toutes les lignes du Debit du Grand Livre.

Comment fe rapportent les articles du Journal dans le Grand Livre.

Les Comptes étant ouverts dans le Grand Livre, & les folios des Debiteurs & des Crediteurs marquez à la marge du Journal, comme je l'ai montré dans le Chapitre precedent, il n'eft queftion que de les rapporter dans le Grand Livre, en donnant à chacun fon rencontre, & en obfervant de faire le raifonnement le plus convenable pour l'intelligence de l'article, & cela dans une feule ligne, car le bel ordre & la brieveté du Grand Livre ne permettent pas qu'on donne plus d'une ligne à chaque article, quelque long qu'il puiffe être dans le Journal, comme je l'ai dit ailleurs, & s'il y a plufieurs articles, qu'il n'eft pas poffible d'expliquer dans cette feule ligne, on peut, fi on veut, mettre *Pour divers Articles comme au Journal*; mais j'eftime les mots, *comme au Journal*, inutiles, parce que tout le monde fait qu'on trouve dans le Journal l'explication de ce que l'on n'a pû coucher que très-brievement dans le Grand Livre.

Erreurs qu'on peut faire dans le Grand Livre, & les moyens de les reparer.

Et comme on peut faire quelquefois des erreurs en rapportant du Journal dans le Grand Livre, il eft bon d'en remarquer quelques-unes, tant afin de les prévenir, que pour indiquer les moyens de les reparer.

On peut faire faute, en ouvrant deux Comptes au lieu d'un à la même perfonne ou à une même chofe, & coucher même quelques articles dans l'un & dans l'autre. Dans ce cas, le plus court eft, lors que l'on s'en apperçoit, de folder le premier Compte que l'on a ouvert & d'en transporter la folde dans le fecond, en marquant dans le premier, *Pour la folde du prefent Compte portée dans un autre Compte à folio tant*, & en marquant dans le fecond, *Pour folde d'un autre Compte qui étoit ouvert à folio tant*, &c. fans qu'il foit neceffaire d'en rien coucher dans le Journal, à moins qu'on ne le trouve neceffaire pour donner un plus grand éclairciffement de la faute que l'on a faite en ouvrant deux Comptes, au lieu d'un.

On peut auffi faire faute en paffant, par exemple, au Debit de quelqu'un, ce qui doit être à fon Credit. Dans ce cas-là, il faut Crediter premierement la perfonne de la même fomme dont on l'a Debitée par erreur un tel jour, comme fuit:

Par lui-même .   . Pour annuller l'article du Debit d'un tel jour telle fomme.

Et puis le Crediter dans une ligne au deffous de celle de la fomme dont on auroit dû le Crediter d'abord. Il n'eft pas non plus neceffaire d'en faire un article dans le Journal; on doit faire le contraire fi on a Credité quelqu'un au lieu de le Debiter.

On peut encore faire erreur en Debitant ou en Creditant un Compte au lieu d'un autre, par exemple, au lieu de porter un article du Journal au Debit de Jean, le porter au Debit de Pierre. Dans ce cas-là, il faut Crediter Pierre, & Debiter Jean, en marquant fur le Credit de Pierre que c'eft pour annuller l'article de fon Debit d'un tel jour, & en couchant au Debit de Jean que c'eft pour telle chofe dont on avoit Debité Pierre par abus, au lieu de lui un tel jour.

Et à l'égard des erreurs que l'on peut faire dans les chifres & dans les fommes on peut les corriger facilement en les raturant, comme je l'ai dit à la page 48.

Ce que l'on doit faire lors qu'un Compte du Grand Livre eft rempli.

Lors qu'un Compte du Grand Livre eft plein, & qu'il y vient d'autres articles à coucher, il faut en additionner le Debit & le Credit, & fi le Debit eft plus fort que le Credit, on le Credite de la difference ou de la folde que l'on porte à un Compte nouveau que l'on ouvre & que l'on Debite pour folde du vieux, comme on le verra au Compte de la Caiffe à folio 2 & à folio 25 du Grand Livre. Et fi au contraire le Credit eft plus fort que le Debit, on Debite le vieux Compte de la folde, & on en Credite le nouveau comme on le verra au Compte de Leonard Delfgaauw aux folio 13 & 14 dudit Livre, où il n'y a qu'à changer le raifonnement, & à mettre dans le vieux, *pour folde & transport du prefent Compte*, & dans le nouveau, *Pour folde & transport du precedent Compte*. Je dirai dans le Chapitre fuivant ce qu'il faut obferver pour finir & folder tous les Comptes du Grand Livre.

De

DE L'ALPHABET du GRAND LIVRE.

L'Alphabet eſt la Table de tous les Comptes contenus dans le Grand Livre, ſans laquelle il faudroit ſouvent feuilleter tout le Grand Livre pour trouver les Comptes que l'on chercheroit. Ce Livre, ſi on peut lui donner ce nom, ſe fait ordinairement de 11 ou de 12 feuilles d'un aſſez grand papier, mais toûjours plus court ou plus étroit que celui du Grand Livre, afin qu'il puiſſe ſe tenir toûjours dans le Grand Livre entre la couverture & la premiere, ou la derniere page, où eſt ſa veritable place, il y a même des gens qui le font du même papier du Grand Livre avec lequel il eſt relié, mais il vaut mieux qu'il en ſoit detaché, parce que lors que l'on veut marquer dans le Journal les folios des Comptes du Grand Livre, on peut l'en ôter & le manier plus facilement qu'on ne remue le Grand Livre, & que l'on gâte beaucoup moins ce dernier en le maniant moins ſouvent, que lors que l'Alphabet y eſt attaché.

L'Alphabet eſt rogné ſur les bords de maniere, qu'en levant la couverture, on voit tout l'A, B, C, depuis le haut juſques au bas, & qu'en mettant le doigt ſur la lettre que l'on veut en ouvrant l'Alphabet, on trouve tous les Comptes qui commencent par cette même lettre.

Lors que l'on a ouvert les Comptes dans le Grand Livre, il faut les coucher d'abord ſur l'Alphabet pour ne courir pas riſque d'en ouvrir deux à une même perſonne ou à une même choſe, car il n'y a rien de plus naturel ni de plus commun. Que ſi je trouve, par exemple, Jean Debité dans le Journal, & que je ne le trouve pas dans l'Alphabet, je lui ouvre un Compte, de ſorte que s'il en avoit déja un que j'aye oublié de coucher dans l'Alphabet, il ſe trouvera que Jean aura deux Comptes, ce qui peut, dans certaines occaſions, faire beaucoup plus de tort qu'on ne penſe.

Ceux qui n'ont pas un grand nombre de Correſpondans, ſe contentent de donner une ſeule page à chaque Lettre de l'Alphabet, mais ceux qui en ont beaucoup, donnent deux pages entieres à chacune; & les Hollandois, dont le plus grand nombre couchent les noms dans l'Alphabet ſur la premiere Lettre qui commence le nom de Batême, donnent juſques à quatre pages à la Lettre *I*, parce qu'il ſe trouve plus de noms de Batême qui commencent par cette lettre que par d'autres.

J'ai remarqué trois differentes manieres de coucher les Comptes du Grand Livre dans l'Alphabet.

La premiere eſt de les coucher ſur la premiere lettre du nom de Batême, par exemple, ſur la lettre J, Jaques de la Montagne; ſur la lettre P, Pierre de la Montagne, & ainſi des autres noms de Batême; mais l'experience m'a fait voir fort ſouvent, que lors qu'on ne ſavoit pas le nom de Batême de quelqu'un, on étoit obligé de coucher ſon nom dans l'Alphabet, à la lettre qui commençoit le ſurnom, & que d'autres ayant oublié, par exemple, que Jaques de la Montagne s'appelloit Jaques, ils ne ſavoient plus ſur quelle lettre de l'Alphabet le chercher, & qu'il falloit le parcourir tout du long pour le trouver, ce qui certainement eſt fort incommode.

La ſeconde maniere, qui eſt, auſſi bien que celle que je viens de dire, celle de beaucoup de Hollandois, eſt de partager chaque folio de l'Alphabet en autant de lettres qu'il y en a dans l'A, B, C, & de coucher, par exemple, Jaques de la Montagne au folio de la lettre M ſous la lettre J, & Pierre de la Montagne au même folio ſous la lettre P; mais je trouve encore deux inconveniens à cette methode. Le premier eſt, que celui-là même qui tient l'Alphabet ne ſaura pas fort ſouvent ſur quelle des quatre lettres I, D, L, M il a mis Jaques de la Montagne, & qu'il eſt obligé par conſequent de le chercher ſur pluſieurs lettres differentes. Le ſecond inconvenient eſt que partageant chaque folio de l'Alphabet en 22 ou en 24 parties, il arrive ſouvent qu'il ſe trouve beaucoup plus de noms qui commencent par une lettre dont la place eſt bientôt remplie, & qu'il faut, par exemple, coucher ſous la lettre B ce qui ne peut pas entrer ſous la lettre A, ce qui cauſe une confuſion deſagreable.

La troiſieme maniere, qui eſt celle que je pratique & que je prefere aux deux autres,

Q

autres, eſt de coucher les noms dans l'Alphabet ſur les premieres lettres qui ſuivent les noms de Batême. Si j'ai, par exemple, à coucher Jaques de la Montagne, je le couche dans le folio de la lettre D, ſi j'ai à coucher Jacobus van den Berg, je le couche ſur la lettre V. La raiſon qui m'a fait préferer cette methode aux autres, eſt que l'experience m'apprend que j'oublierai bien plûtôt un nom de Batême qu'un nom propre, & que je n'oublierai pas ſi-tôt les noms de De la Montagne & de Van den Berg, que ceux de Jaques ou de Jacobus, & je ſuis toûjours aſſuré de trouver le nom du premier ſur la lettre D, & celui du ſecond ſur la lettre V.

*Diſtinguer les noms du Batême des noms propres.*On verra au reſte dans le Modele de l'Alphabet que j'ai placé avant le Grand Livre que je laiſſe une colomne pour les noms de Batême & une autre pour les noms propres; ce qui m'aide beaucoup à trouver les noms que je cherche lors que je me ſouviens du nom de Batême, & que les deux pages de l'Alphabet ſont pleines. Par exemple, en voulant chercher Jaques de la Montagne, & me ſouvenant qu'il s'appelle Jaques, je regarde tous les noms de Jaques, ſans faire attention aux autres noms de Batême qui ſont dans la même colomne, juſques à ce que j'aye trouvé Jaques . . . de la Montagne.

CHAPITRE VINGTIEME.

De la Balance.

*Ce que c'eſt que la Balance.*CE que l'on nomme Balance, en matiere des Livres des Negocians, eſt proprement un Compte qui contient la ſolde de tous les autres Comptes, & qui en fait la cloture auſſi bien que celle d'un Grand Livre qu'on finit, pour en commencer un nouveau. Dans ce cas-là, elle s'appelle *Balance de ſortie*,

*Elle change de nom & de nature.*mais elle change de nom dans le nouveau Livre dans lequel elle ſe couche, & s'appelle *Balance d'entrée*, parce que, comme elle a fait la cloture de tous les Comptes du vieux Livre, elle fait l'ouverture des mêmes Comptes dans le nouveau. On l'appelle Balance, parce qu'elle égaliſe ou rend égaux generalement tous les Comptes du Grand Livre, en faiſant que le Debit de chaque Compte ſoit égal au Credit, & que le Credit ſoit égal au Debit, comme une Balance juſte qui ne panche ni d'un côté ni d'autre, à moins qu'on ne mette quelque peſanteur d'un côté.

*De la neceſſité de faire la Balance.*Lors que l'on veut finir un Grand Livre, il faut de toute neceſſité en faire la Balance. Je ſai bien que le plus grand nombre des Negocians ne veulent pas s'en donner la peine, & qu'ils aiment mieux rapporter les Comptes du vieux Grand Livre dans le nouveau, ſans ſe mettre en peine ſi toutes les ſoldes qu'ils transportent de l'un dans l'autre Livre, ſont juſtes ou non; mais cela n'empêche pas que ceux qui aiment de ſavoir le veritable état de leurs affaires, & d'être aſſurez qu'il n'y a point d'erreur dans leurs Livres, ne faſſent une Balance juſte, toutes les fois qu'ils finiſſent de vieux Livres, pour en commencer de nouveaux.

*Maniere de faire la Balance.*Pour former la Balance du Grand Livre, on prend une feuille ou deux de papier, ſelon qu'il y a peu ou beaucoup de Comptes à ſolder; on plie cette feuille en deux, on met au haut *Balance du Grand Livre A, B, C ou D*, ſelon la Lettre dont il eſt marqué; on fait enſuite une ligne avec du crayon à la marge, & quatre autres à l'autre extremité pour marquer les folios de Grand Livre & les ſommes qui reſtent duës en Debit, & celles que l'on doit au Credit.

On prend enſuite le Grand Livre, & en commençant par folio 1 juſques au dernier, on additionne ſur un Brouillon le Debit & le Credit de chaque Compte qu'on trouve n'être point clos ou fermé, & ſi le Debit excede le Credit, on deduit le dernier du premier, & on couche ce qui reſte au Debit du Brouillon de la Balance, en marquant ſimplement, ſi l'on veut, les premieres Lettres du nom de chaque Compte, le folio du Grand Livre, & la ſomme qui reſte duë. Ou ſi le Credit excede le Debit, on deduit le dernier du premier, & on couche

che

che ce qui reste au Credit du Brouillon de la Balance, mais si en chemin faisant on trouve des Comptes dont le Debit & le Credit soient égaux, on les additionne & on les ferme en tirant une ligne au bas de chacun.

Après avoir additionné tous les Comptes du Grand Livre & en avoir couché tous les excedans tant au Debit qu'au Credit de la Balance, il faut additionner le Debit & le Credit de la Balance elle-même, & si le total de toutes les sommes d'un côté est égal à celui de toutes les sommes de l'autre, la Balance est bonne & c'est une marque certaine qu'il n'y a aucune erreur. Mais si ces sommes different, quand même ce ne seroit que d'un sol ou deux, c'est une marque certaine, qu'on a fait erreur de la somme qu'on trouve moins d'un côté que d'autre, & il faut la chercher jusques à ce qu'on l'ait trouvée quelque peine que cela donne, si on veut être bien assuré de son fait, car bien souvent une erreur d'un sol en fera trouver d'autres plus considerables.

Pour trouver l'erreur ou les erreurs que l'on a faites, il faut, si les Livres ne sont pas Pointez, commencer par les Pointer, ce qui se fait en prenant le Journal & le Grand Livre, & en commençant par le premier article du Journal, & les poursuivant tous jusques au dernier, on verifie si tous les articles en sont rapportez juste dans le Grand Livre & on marque d'un point dans le Journal au devant des chifres qui indiquent les folios du Grand Livre & dans le Grand Livre au devant de chaque somme tous les articles que l'on trouve être d'accord. Et si l'on en trouve qui ne le soient pas, on les met en memoire sur un Brouillon à part, jusques à ce que l'on ait achevé de Pointer, après quoi on repare ces erreurs, que l'on additionne de part & d'autre, & si l'excedant des erreurs deduites les unes des autres fait la difference que l'on trouve à la Balance, c'est une marque qu'on les a toutes trouvées.

Comment chercher les erreurs quand la Balance n'est pas juste.

Mais si après tout cela on ne trouve pas le Debit & le Credit de la Balance égaux, il faut conclure que l'on a fait erreur dans les additions ou dans les soustractions de quelques Comptes, & recommencer à les additionner de nouveau, & voir si, après les soustractions faites, on trouve les mêmes sommes que l'on a trouvées la premiere fois, & enfin il faut chercher l'erreur jusques à ce qu'on l'ait trouvée, car la Balance ne peut jamais être bonne, tant que le total du Debit n'est pas égal à celui du Credit.

Autre maniere de chercher les erreurs.

Lors que l'on est enfin parvenu à ce point que de trouver cette égalité, il faut, avant de passer outre, solder tous les Comptes qui se peuvent & qui se doivent solder, lesquels ne doivent point se transporter dans les nouveaux Livres, & tels sont les Comptes suivans.

I. Tous les Comptes des Marchandises venduës, lors qu'il n'en reste plus aucune en nature, ce qui se connoit (supposé qu'on ne le fût pas autrement) par le nombre des Pieces, des Tonneaux, des Bales ou des quantitez marquées dans chaque Compte, comme, par exemple, au Compte de Toiles de Haarlem dans le Grand Livre folio 6, où l'on voit 40 Pieces en Debit & 40 Pieces en Credit, de sorte, que n'en restant point, lors que je fais la Balance, il faut que je solde ce Compte, & tous les pareils par le profit ou par la perte qui s'y trouve.

Comptes qu'il faut solder avant d'achever la Balance.

II. Tous les Comptes des Cargaisons ou autres entreprises faites, tant pour notre Compte particulier, qu'en participation avec d'autres, lors que les Cargaisons sont venduës, ou que les entreprises sont finies, & que nous en avons Debité ceux qui nous en ont rendu Compte, ou que nous avons reçu le retour des Cargaisons, telles sont les Cargaisons pour Londres & pour Livourne à folio 15 & la Cargaison pour Surinam à folio 18 du Grand Livre.

III. Tous nos Comptes chez nos Correspondans, c'est-à-dire, ceux qui sont intitulez mon Compte ou notre Compte, lors que ces mêmes Correspondans ne nous doivent rien, ni nous à eux en monnoye de leur Païs, ce que l'on connoit, lors que l'on ne le sait pas d'ailleurs, en additionnant les sommes de leur païs au Debit & au Credit, & qu'elles se trouvent égales, comme dans mon Compte chez Darius & Compagnie de Paris, où je trouve les sommes du Debit en argent de France égales à celles du Credit.

Q 2

IV. Tous

IV. Tous les Comptes de Change lors qu'il ne refte plus aucune Lettre de Change fur le Païs pour lequel ce Compte eft deftiné, comme on peut voir aux Comptes de Change fur France & fur Londres au Grand Livre folio 1, où l'on voit que les Livres Tournois & les Livres fterlin font égales en Debit & en Credit.

V. Le Compte de Dépenfes & le Compte de Fraix, après les avoir Debitez à la Caiffe de l'argent qu'on en a ôté pour les payer.

VI. Le Compte de Commiffion.

<table><tr><td>Comment on folde ces 6 fortes de Comptes.</td><td>

Tous ces Comptes generalement doivent fe folder par Gains & Pertes pour deux raifons principales, dont la premiere eft, qu'il feroit ridicule d'ouvrir dans les nouveaux Livres des Comptes à des Marchandifes que nous n'avons plus en notre pouvoir, & fur lefquelles nous ne pouvons plus efperer aucun profit, ni craindre aucune perte, comme font dans ce cas les 40 pieces Toile de Haarlem. Il en eft de même des Comptes des Cargaifons venduës, & de nos Comptes chez nos Correfpondans, lors qu'ils ne nous doivent rien, ni nous à eux en monnoye de leur Païs. Mais fi tous ces Comptes font Debiteurs en notre monnoye malgré la Vente totale des Marchandifes ou des Cargaifons, ou l'égalité des fommes en monnoye étrangere, à l'égard de nos Comptes chez nos Correfpondans, ce font autant de Pertes dont il faut Crediter ces mêmes Comptes, & Debiter le Compte de Gains & de Pertes. Que fi, au contraire, ces Comptes font Crediteurs, ce font autant de profits, & dans ce cas il faut les en Debiter, & en Crediter le Compte de Gains & Pertes. La feconde raifon pour laquelle il faut folder tous lefdits Comptes par celui de Gains & Pertes, eft que ce dernier Compte eft proprement la Lifte de tous les profits & de toutes les pertes, & qu'il eft impoffible de favoir au net ce que l'on a gagné ou perdu fans porter dans ce Compte, toutes les pertes & tous les profits.

Après que l'on a foldé tous les Comptes ci-deffus & tous les autres pareils, où il n'y a qu'un profit pur, ou une pure perte, il en refte d'autres à folder, qui fe foldent de deux manieres differentes.</td></tr></table>

Comptes dont il faut paffer le profit ou la perte avant de les folder par Balance.

Les premiers font ceux des Marchandifes & des Cargaifons dont on n'a vendu qu'une partie, & dont l'autre partie refte en nature dans le tems qu'on fait la Balance. Tels font auffi nos Comptes chez nos Correfpondans auxquels nous devons ou qui nous doivent en leur monnoye. Les feconds font tous les Comptes de ceux qui nous doivent ou de ceux à qui nous devons en monnoye de chez nous, & les Comptes de certaines entreprifes pour lefquelles nous avons payé ou reçu quelque fomme, & dont nous attendons l'évenement. Voici ce qu'il faut obferver pour bien folder les uns & les autres.

A l'égard des Comptes des Marchandifes ou des Cargaifons dont on n'a vendu qu'une partie, il faut confiderer que l'on a gagné ou perdu fur la partie venduë, & que fi l'on y a gagné, celle qui refte nous revient à moins qu'elle ne nous a couté, & qu'au contraire fi l'on y a perdu, celle qui nous refte nous revient plus cher, mais qu'il ne s'enfuit pas de là qu'il faille folder ces fortes de Comptes en les Creditant fimplement par Balance de la fomme dont ils reftent Debiteurs, parce que fi on le faifoit, il fe trouveroit que la Marchandife reftante que l'on redebiteroit pour la même fomme dans les nouveaux Livres paroitroit fouvent, ou beaucoup trop chere, ou beauco p au deffous de fon prix par rapport à fa quantité. Pour éclaircir ce raifonnement, par un exemple, fuppofons, que j'aye acheté,

100 Bales **Poivre**, pefant 43800 ₶ à 13 § la ₶, montant à ... _fl._ 14235
& que le Poivre étant venu à monter, j'en aye vendu 50 Bales pefant 22000 ₶ à 18 § la ₶, montant à . . . _fl_ 9900
Il eft clair qu'il m'en refte 50 Bales pefant 21800 ₶ qui ne me reviennent qu'à . . . _fl._ 4335

Pour

Pour folder ce Compte, je ne dois pas Crediter le Poivre fimplement par Balance de *fl.* 4335 : qui reftent pour les 50 Bales que j'ai en nature, pefant 21800 ℔, mais je dois taxer ces 21800 reftantes, ou au prix de l'achat, ou au prix courant du jour que je fais ma Balance ; & alors je chiffre par l'un de ces deux prix à combien reviennent les 21800 ℔ qui me reftent, & ajoûte cette fomme fur un Brouillon à celle du provenu des 50 Bales venduës, & du total je deduis l'achat pour trouver le profit fait fur lesdites 50 Bales, que je paffe au Credit du Compte de Gains & Pertes, & enfuite je Credite le Poivre par la Balance pour la fomme à quoi montent les 50 Bales au prix que je les ai taxées, comme on le comprendra facilement par l'exemple fuivant.

Les 50 Bales venduës pefant 22000 ℔ à 18 §, m'ont rendu	*fl.* 9900	
Les 50 Bales reftantes pefant 21800 ℔ je les taxe à 13 § .	7085	
100 Bales pefant . 43800 ℔	*fl.* 16985	—

Les 100 Bales achetées pefoient 43800 ℔ & me coutoient	*fl.* 14235	
Donc j'ai gagné fur les 50 Bales venduës . .	2750	
	fl. 16985	—

De forte que je Debite premierement le Poivre à Gains & Pertes pour les *fl.* 2750 : de profit fait fur les 50 Bales venduës, & enfuite il ne refte Debiteur que de *fl.* 7085 : pour les 50 Bales reftantes, dont je le Credite par Balance, pour l'en redebiter de nouveau dans le nouveau Livre.

Mais fi au contraire j'avois acheté le Poivre à 18 § & que j'en euffe revendu la moitié à 13 § il faudroit le Crediter de la perte par Gains & pertes, & du montant des 50 Bales par Balance.

Nos Comptes chez nos Correfpondans qui nous doivent ou à qui nous devons en monnoye de chez eux, fe foldent de la même maniere, en taxant premierement le prix du Change de l'argent qu'ils nous doivent, ou que nous leur devons au cours du jour que l'on fait la Balance, en monnoye de chez nous, & fi alors le Debit de notre monnoye eft plus fort que le Credit, la difference eft une perte faite fur le Change dont il faut Crediter ce Correfpondant mon Compte, & en Debiter le Compte de Gains & Pertes. Que fi au contraire, le Credit de notre monnoye eft plus fort que le Debit, la difference eft un profit dont il faut Debiter ce même Correfpondant mon Compte, & en Crediter les Gains & Pertes, comme on le verra dans le Compte de George Peace au Grand Livre folio 8.

Le fecond ordre de Comptes qu'il faut folder, eft celui de ceux qui nous doivent, ou à qui nous devons en notre monnoye : il n'y a autre chofe à faire à l'égard de ceux-là, qu'à les Debiter à la Balance de fortie des fommes que nous leur devons, & à les Crediter par la même Balance de toutes celles qu'ils nous doivent.

Lors que l'on a ainfi reglé tous les Comptes fur le Brouillon de la Balance de fortie & que l'on en a ôté ou rayé tous les Comptes que l'on a foldez par Gains & Pertes & mis le jufte montant des Marchandifes qui reftent en nature, après les avoir Debitées ou Creditées, comme je l'ai dit ci-deffus, pour le profit ou pour la perte & après auffi que l'on a reglé nos Comptes chez nos Correfpondans, comme je l'ai dit, on met ce Brouillon au net, afin de voir fi on ne s'eft trompé en rien, & fi le Debit & le Credit de cette nouvelle Balance different de quelque chofe, on a fait quelque erreur qu'il faut chercher avant toute chofe, & après l'avoir trouvée & que l'on eft bien affuré qu'il n'y a plus aucune erreur, on folde enfin le Compte de Gains & Pertes le dernier de tous, en le rendant Debiteur au Capital de tout ce dont le Credit excede le Debit, comme on le verra dans l'article 382 du Journal. Mais fi au contraire le Debit des Gains & Pertes excédoit le Credit, il faudroit Crediter ce Compte de l'excedant, & en Debiter le Capital pour le net des pertes faites ; ce qui étant fait, on raye de cette feconde Balance le Compte de Gains & Pertes, & on augmente ou on di-

R

minue

minue la fomme du Compte du Capital de la fomme rayée, afin que le total des fommes de la Balance refte toûjours le même en Debit & en Credit.

Coucher la Balance dans le Journal & dans le Grand Livre. Lorsque tout cela eft fait, on couche la Balance dans le Journal, on l'intitu-le alors *Balance de fortie du Grand Livre* A, B ou C, fuivant la lettre dont le Livre eft coté, & on la rend Debitrice à tous les Comptes qui reftent Debi-teurs dans le Grand Livre, pour la folde qu'ils doivent, & Creditrice par tous les Comptes qui y reftent Crediteurs pour la folde qui leur eft duë, comme on le verra dans les articles 383 & 384 du Journal; on rapporte enfuite tous ces articles dans le Grand Livre, & on barre tous les Comptes generalement en ti-rant une ligne au deffous du total de chaque Compte, comme on le verra dans tous ceux du Grand Livre A, dans lequel il ne faut plus rien écrire, non plus que dans fon Journal.

Ouvrir les Livres nou-veaux par la Balance. Les vieux Livres étant finis, on recommence les nouveaux que l'on cote de la lettre de l'Alphabet qui fuit celle dont ceux que l'on vient de finir étoient cottez, de forte que, s'ils étoient cottez A, on cotte les nouveaux de la lettre B, & on commence par coucher la Balance dans le nouveau Memorial ou feulement dans le nouveau Journal; car, pour le dire en paffant, il importe peu qu'elle foit dans le Memorial, pourvû qu'elle foit dans le Journal.

Mais au lieu qu'on a nommé la Balance, *Balance de fortie* du Grand Livre A, on la nomme alors *Balance d'entrée* du Grand Livre B, & on la renverfe entierement, en faifant la Balance d'entrée Debitrice à tous ceux que l'on avoit Creditez par la Balance de fortie, en la Creditant par ceux que l'on y avoit De-bitez, c'eft-à-dire, que le Debit de la Balance de fortie vient au Credit de la Balance d'entrée, & fon Credit vient au Debit, comme on le verra dans les 2 derniers Articles du Journal A, & dans les 2 premiers du Journal B.

TABLE
ALPHABETIQUE,

Des Termes qui font le plus en usage, tant dans le Commerce, que dans les Livres des Negocians, expliquez pour l'instruction de ceux qui veulent apprendre le Commerce & à tenir les Livres.

Comme l'on ne peut guere bien apprendre un Art ou une Science, sans savoir la signification des Termes qui lui sont propres & particuliers, pour denoter d'un seul mot diverses operations ou actions que l'on ne sauroit souvent exprimer que par d'assez longs Discours, & qu'il y en a plusieurs de cette nature dans le Commerce, qu'il est necessaire de bien savoir, lors que l'on veut l'apprendre : j'ai rangé par Ordre Alphabetique les Termes du Commerce qui sont le plus usitez, pour en donner l'Explication à ceux qui peuvent les ignorer, & principalement pour la Jeunesse, qui veut se pousser dans le Negoce.

A.

A Est la premiere lettre de l'Alphabet ; elle est d'un fort grand usage & a plusieurs significations dans le Commerce, car mise devant le nom d'une Ville qui précede une date, elle signifie *fait*, *écrit*, ou *dans*, comme A *Paris ce* 15 *Janvier* 1722, au lieu de *fait*, *écrit*, ou *passé* dans *Paris*, &c. *A* devant le mot Monsieur sur l'adresse d'une Lettre, ou d'un Paquet, signifie *pour*, & au bas de la même adresse devant le nom d'une Ville ou d'un endroit, il signifie *dans* ; comme dans cet exemple, *A* Monsieur, Monsieur Pierre Claude Heusch, *A* Paris.

L'A se met toûjours au commencement d'une Lettre de Change pour en limiter le tems du payement, & signifie alors *au bout de*, comme, par exemple, A quatre jours de date, A Usance, A deux Usances payez cette ma premiere Lettre de Change, c'est-à-dire, *au bout de quatre jours après la date de la presente, au bout d'Usance, au bout de deux Usances payez cette ma premiere Lettre de Change : voyez Usance.*

A dans le corps d'une Lettre de Change & dans les Endossemens, mis avant l'ordre ou son ordre designe la personne, à laquelle celui qui en est le proprietaire, voudra qu'elle soit payée ; c'est dans cette vuë qu'on met presque toûjours dans les Lettres de Change, *payez à l'ordre de Monsieur tel, ou il vous plaira payer à Monsieur tel ou à son ordre*, &c.

La plus grande partie des Negocians cotent les premiers Livres où ils écrivent de la lettre A, les seconds de la lettre B, les troisiemes de la lettre C, & ainsi de suite, afin de les distinguer par ces lettres, lors qu'il est question de rapporter dans des Livres nouveaux certains articles qui ont leur source & leur origine dans des Livres plus anciens, que l'on rapporte alors le plus brievement qu'on peut, en en renvoyant un plus grand éclaircissement aux folios des precedens Livres où ils sont couchez.

A suit toûjours le Debiteur, ou les Debiteurs de chaque Article du Journal, & designe le Crediteur ou les Crediteurs à qui la partie est duë, CAISSE A MARCHANDISES, ou CAISSE DEBIT A MARCHANDISES ; MARCHANDISES A BANQUE, ou MARCHANDISES DEBIT A BANQUE, &c. c'est-à-dire que les Marchandises doivent être Creditées par la Caisse, & que la Banque doit être Creditée par les Marchandises, & comme le Grand Livre n'est proprement que l'extrait abregé du Journal, la même Lettre A se met aussi au commencement de chaque ligne du Grand Livre du côté du Debit après la date, pour designer le Crediteur ou les Crediteurs de chaque partie.

ABANDON, faire ABANDON, c'est l'action & l'acte que fait à ses Assureurs un Marchand qui s'est fait Assurer sur un Navire ou sur des Marchandises, lors qu'il reçoit avis de leur prise, de leur perte, ou de leur retention ; il cede & transporte alors par un Acte authentique à ses Assureurs le Navire ou les Marchandises qu'ils lui avoient Assurées, moyennant quoi ils doivent lui payer les sommes qu'ils avoient Assurées sur le Navire ou sur les Marchandises.

ABANDON de Biens, voyez CESSION.

A BORD, on entend par ce mot dans le Commerce toute sorte de Bâtimens, Navires, ou Vaisseaux qui vont en Mer, *aller à Bord*, c'est-à-dire, aller dans le Navire, *Port à Bord*, c'est-à-dire, pour le port des Marchandises au Navire. Ce mot se met toûjours dans les Comptes & Factures des Marchandises que l'on expedie par Mer, & que l'on charge dans quelque Navire.

ABREGER, c'est faire, dire, ou écrire en peu de tems ou en peu de mots ce que l'on a à faire, à dire, ou à écrire. On peut abreger beaucoup d'articles sur un Journal, lors qu'ils sont bien éclaircis & couchez tout au long dans un Memorial, mais il faut bien prendre garde, qu'à force de vouloir abreger, l'on ne se rende obscur & inintelligible ; il faut aussi abreger autant qu'on peut, & cependant expliquer clairement chaque article que l'on rapporte du Journal sur le Grand Livre, chaque article du Journal, quelque long qu'il soit, ne devant contenir qu'une seule ligne dans le Grand Livre.

ABREVIATION, c'est le retranchement que l'on fait de quelques lettres d'un mot, ou plûtôt l'omission volontaire que l'on fait de quelques lettres d'un mot, que l'on marque par un trait de plume, ou par la derniere lettre du mot que l'on met à la fin un peu au des-

R 2   sus

fus du mot que l'on abrege, comme par exemple, S. Cte. au lieu de fon Compte, mon Cte. au lieu de mon Compte.

ABSENT, ABSENTE', être hors de chez foi ou hors Ville. Ces termes ne fe difent guere dans le Commerce que de ceux qui fe cachent ou s'enfuyent, lors qu'ils manquent ou qu'ils ne font pas en état de payer leurs dettes, & lors que l'on dit, un tel eft *abfent*, un tel s'eft *abfenté*, c'eft-à-dire, qu'il a manqué. Il feroit fort à fouhaitter pour le bien general du Commerce, que tout Negociant qui *s'abfente*, lors qu'il ne peut pas payer fes dettes, fût traité de Banqueroutier frauduleux; & qu'on fît des Loix les plus rigoureufes qu'on pourroit contre eux, s'ils ne reftoient chez eux pour donner une entiere ouverture de leurs affaires à leurs Creanciers, & travailler de concert avec eux à faire entrer tout ce qui leur feroit dû, cela previendroit une infinité d'abus & de friponneries qui fe commettent tous les jours dans les manquemens, faillites & banqueroutes.

ABUS, c'eft une faute ou une erreur que l'on fait dans quelque calcul, dans quelque Compte, dans quelque Lettre, ou dans quelque article d'un Livre. Lors que l'on en fait quelqu'un fur le Journal ou fur le Grand Livre, il faut bien fe donner garde de le rayer, mais il faut le redreffer par une contrepartie qui explique & redreffe l'abus, comme on le verra dans les Articles 172 & 245 du Journal.

ABUSER, ce mot fe dit affez fouvent dans le Commerce, & fignifie tromper quelqu'un & lui faire croire ou donner à entendre une chofe pour une autre, & dans un autre fens il fignifie fe mal fervir de la confiance de quelqu'un & de fon Credit.

ACCEPTANT, quelques uns nomment ainfi l'Accepteur d'une Lettre de Change, mais il ne fe doit dire qu'en parlant ou en écrivant de ce qui fe paffe, lors que quelqu'un accepte une Lettre de Change ou des engagemens où il fe met par fon Acceptation, comme par exemple, *en Acceptant cette Lettre, vous me dites telle chofe*, en *Acceptant une Lettre de Change, l'Accepteur s'engage de la payer*, &c.

ACCEPTER, c'eft agréer & donner fon confentement à une chofe; en matiere de Change Accepter eft s'obliger de payer une Lettre de Change à fon écheance en mettant au bas de la Lettre le mot *Accepté*, & en fignant fon nom au deffous. On met ordinairement ce mot *Accepté* fous les Lettres qui font payables à un certain teins après leur date. Mais lors que l'on accepte des Lettres qui ne font payables que dans un certain tems après leur prefentation, comme à 15 jours ou à deux mois de vuë, il eft neceffaire de mettre la date du jour que l'on les Accepte, fans quoi l'on ne fauroit fixer le jour de l'écheance; dans ce cas l'on met au bas des Lettres de Change *Accepté* ou *Vuë* un tel jour, & l'on figne fon nom au deffous.

ACCEPTEUR, c'eft celui qui Accepte & qui a Accepté une Lettre de Change, foit qu'il accepte lui-même ou que quelqu'un le faffe par fon ordre fur fa procuration.

ACCOMMODEMENT, accord & convention qui fe fait entre deux perfonnes ou entre deux partis qui ont quelque difpute ou quelque affaire à demêler enfemble, il fe dit auffi de l'accord que fait avec fes Creanciers un homme qui a manqué.

ACCORD, confentement & approbation que donnent deux perfonnes ou deux partis oppofez, à de certaines conditions qu'on leur prefcrit, ou dont ils conviennent entre eux, pour vuider leur differend & vivre bien enfemble. Ce font auffi les conventions & l'acte qui fe paffe entre un Debiteur infolvable & fes Créanciers, lorfqu'ils conviennent de lui quitter une partie de leur Creance moyennant qu'il leur paye le reftant.

ACCORD, conformité & égalité *Trouver d'accord* un Compte que l'on reçoit de quelque Correfpondant, c'eft le trouver conforme à celui que l'on en tient fur fes Livres, folder & coucher un Compte *d'accord*, c'eft le folder & le coucher conformément à celui que l'on reçoit de quelque Correfpondant.

ACHALANDER ou S'ACHALANDER, ce mot ne fe dit que des Marchands boutiquiers, & fignifie avoir beaucoup de pratique & vendre à beaucoup de gens, s'acquerir de nouveaux Acheteurs; les Banquiers & Marchands en gros difent au lieu de ce mot, *avoir ou s'acquerir beaucoup de Correfpondans*, ou *avoir une grande Correfpondance*.

ACTE, Terme de Jurisprudence & de Commerce, c'eft un écrit qui contient quelque fait, quelque convention ou quelque promeffe; on appelle *Acte fous feing privé* celui qui fe fait entre particuliers, & *Acte authentique*, celui qui fe fait par un Notaire & des Témoins.

ACTION, pretention que l'on a contre quelqu'un, intenter une Action contre quelqu'un, c'eft lui faire fignifier par un Acte authentique d'avoir à faire ou à ne pas faire quelque chofe, ou d'avoir à comparoître devant des Juges, pour vuider une affaire ou demander raifon de ce que l'on prétend.

ACTION, c'eft le nom qui fe donne en Hollande, en Angleterre & dans quelques autres Païs à chaque portion que l'on a dans une Compagnie, comme font les Compagnies des Indes en Hollande & en Angleterre; celle des Indes Occidentales ou du Weft en Hollande, celles de la Banque & de la Mer du Sud à Londres, &c.

ACTIONNAIRE, c'eft ainfi qu'on nomme à Paris ceux qui ont des Actions dans la Compagnie des Indes; en Hollande on les nomme *Actionniftes*.

ADDITION, premiere Regle de l'Arithmetique, c'eft l'affemblage de diverfes fommes que l'on ajoûte enfemble pour n'en faire qu'une feule, qu'on nomme Total.

ADJUGER, ou AJUGER, c'eft accorder & alouer par autorité quelque chofe à quelqu'un. Celui qui préfide dans une Vente publique, qu'on appelle à Amfterdam, *Vendu-Meefter* (c'eft-à-dire, Maître de Vente) *ajuge* les parties aux derniers encheriffeurs & plus offrans. Un Juge & un Arbitre, *ajugent* un ou plufieurs articles qui font en difpute entre deux parties, à l'une d'elles lors qu'ils ordonnent, accordent ou confentent que l'une ait ce que l'autre lui difpute.

ADRESSER, c'eft écrire fur le deffus d'une Lettre le nom & la demeure de celui auquel elle eft écrite, c'eft auffi envoyer & faire parvenir quelque chofe à quelqu'un, & indiquer à quelqu'un ce qu'il cherche.

ADRESSE, c'eft ce qui eft écrit fur le deffus des Lettres & des Paquets qu'on envoye à quelqu'un.

AFFAIRE, chofe qui occupe, Tout ce qui fe fait dans le Commerce eft *Affaire*; ce mot fe dit prefque toûjours au pluriel & marque quelque Action paffée, préfente ou future, c'eft le mouvement perpetuel des Negocians, acheter, vendre, courir, écrire, donner ou recevoir des ordres, tout cela font des *affaires*; avoir beaucoup d'affaires, c'eft être fort occupé, faire de groffes affaires, c'eft faire un Negoce confiderable.

AFFAME', fe dit dans le Commerce, d'un homme qui fe trouve fouvent court d'argent, & qui a trop fouvent recours au Credit ou à la bourfe de fes Amis.

AFFICHE, c'eft un papier écrit à la main ou imprimé, que l'on applique avec de l'empois à quelque muraille, à quelque porte, ou à quelque autre chofe, pour avertir le public de quelque chofe. Ce mot ne fe dit que de ces fortes d'écrits ou d'imprimez que des particuliers font appliquer dans divers endroits d'une Ville pour donner avis au public de quelque vente qu'ils veulent faire ou de quelque chofe qu'ils font, ou qu'ils veulent faire voir. Mais ceux que les Rois, les Princes, ou quelques autres Souverains font afficher comme ci-deffus, fe nomment Placarts, Arrêts, Ordonnances & de tels autres noms qu'il leur plaît de leur donner.

AFFRANCHIR, AFFRANCHISSEMENT, c'eft payer le port d'une Lettre, d'un Paquet ou d'une Bâle de Marchandife jusques en un certain lieu, où celui qui s'en charge, doit la rendre fans rien recevoir de celui à qui il doit la délivrer.

AFRONT, infulte outrageufe que l'on fait à quelqu'un, foit en difant des chofes malhonnêtes de lui, ou en le décriant pour lui faire perdre fon Credit ou fa reputation. On *afronte* un Negociant qu'on fait être bon & folvable, lorfque l'on refufe de lui délivrer des Marchandifes qu'on lui a venduës, s'il ne les paye pas d'avance; on *afronte* un bon Banquier duquel un Courtier prefente des Lettres de Change, lors qu'on repond qu'on ne les connoit pas.

AGENDA, vieux mot, c'eft le nom que quelques Negocians donnoient autrefois à l'Alphabet de quelque Livre, & à un Livre de Notes & Memoires.

AGENT, celui qui fait les affaires de quelqu'un. On donne ordinairement ce nom à ceux qui refident dans quelque Ville, & qui font chargez des affaires de quelque Prince ou de quelque Puiffance étrangere, c'eft ce que l'on nomme Commis en fait de Commerce.

AGENT DE CHANGE, AGENT DE BANQUE,
c'eft

c'eſt le nom que l'on donne en France aux Courtiers qui font en Change.

AGIO, c'eſt la difference ou le ſurplus d'une choſe au deſſus ou au deſſous de ſa valeur fixée ; par exemple, l'or fin de 24 carats eſt reglé en Hollande à 335 florins, argent courant le marc, mais il vaut ordinairement de 4 à 7 pour cent de plus, & ce ſurplus s'appelle *Agio* ; les Ducatons valent 63 ſols, mais lors que l'on en veut avoir une partie, on en paye ſouvent ¼ de ſol ou demi ſol de plus ; ce ſurplus s'appelle *Agio*. Pour avoir 100 florins d'argent de Banque à Amſterdam, on paye ordinairement de 104 à 105½ florins d'argent courant, & ce ſurplus de 4 ou de 5½ florins ſur 100 eſt l'*Agio* de Banque, comme le ſurplus des autres eſpeces s'appelle l'*Agio de l'or*, l'*Agio des Ducatons*, &c.

AGIOTEURS, c'eſt ainſi qu'on nomme à Paris ceux qui negocient en Papiers Royaux & en Actions.

AGREZ, AGREILS, AGREZILS, ce font les Cordages, les Voiles, les Vergues, les Poulies, les Ancres, les Cables, & generalement tout ce dont un Navire doit être pourvû pour pouvoir faire un Voyage ſur Mer.

AIGUADE, Terme de Mer, *faire Aiguade*, c'eſt faire proviſion d'eau pour un Navire.

AISE', ſe dit d'un Negociant riche & qui a beaucoup de bien, qui ne demande & n'a pas beſoin du Credit de perſonne, un tel Negociant eſt *Aiſé* : il ſe dit auſſi d'un Negociant qui eſt de facile abord, & qui n'aime point à diſputer pour des bagatelles.

ALEGE, Bâteau qui ſert à mettre partie de la Cargaiſon d'un Navire lors qu'il ne peut pas entrer dans un Port avec toute ſa charge faute d'eau, & à porter les Marchandiſes dans les Navires, lorſque ceux-ci font obligez de ſe tenir loin de terre pour charger & demeurer à flot.

ALPHABET, Livre qui contient autant de folios qu'il y a de lettres à l'A, B, C, dont le bord de chaque folio eſt coupé de la largeur d'un doigt juſques à la lettre deſtinée pour chaque folio qui eſt marquée immediatement au deſſus de ce qui eſt coupé, en ſorte qu'en levant la couverture de l'Alphabet, on voit l'A, B, C, tout de ſuite depuis le haut juſques au bas. Ce Livre ſert de Table ou d'Indice pour trouver tous les Comptes qui font dans le Livre auquel il ſert d'Alphabet, parce que ſi, par exemple, le Compte de Caiſſe eſt à folio 10 dans le Grand Livre, on met dans l'Alphabet ſur le folio de la lettre C, Caiſſe fol. 10 ; ſi le Compte de Banque eſt dans le Grand Livre à fol. 11, on met dans l'Alphabet ſur le folio de la lettre B, Banque fol. 11, & ainſi de ſuite de tous les Comptes d'un Livre, que l'on peut trouver tout d'un coup dans l'Alphabet, au lieu qu'il faudroit feuilleter ſouvent tout le Livre pour trouver les Comptes que l'on cherche.

ALTERNATIVE, donner l'Alternative, avoir l'alternative c'eſt ou donner ou avoir le choix de faire ou de ne pas faire l'une des deux choſes que l'on propoſe.

AMENER, Terme de mer, c'eſt baiſſer le Pavillon & quelquefois les voiles d'un Navire, c'eſt auſſi ſe rendre à l'ennemi.

ANNULLER, c'eſt rendre invalide une choſe écrite ou concluë, & faire qu'elle n'ait aucun effet : on dit Annuler un marché, annuler un article du Journal, &c. lors que l'on convient qu'un marché conclu n'aura pas lieu, ou lors que l'on couche ſur le Journal un article qui en rend invalide un autre qu'on a couché par abus.

ANTICIPATION, c'eſt faire quelque choſe avant le tems ordinaire ou limité : payer par anticipation, c'eſt payer avant le tems convenu, remettre par anticipation, c'eſt remettre des Lettres de change à un Correspondant duquel on n'a pas encore l'argent en Caiſſe ou en Banque ; Tirer par anticipation, c'eſt tirer ſur un Correſpondant long-tems avant qu'on ne doive payer pour lui.

ANTIDATE, c'eſt une date qui precede la veritable date du jour que l'on écrit ; par exemple, nous ſommes aujourd'hui au 20 de Juillet, & ſi je date ce que j'écris du 10 de Juin, je fais une Antidate & par conſequent une fauſſeté ou une abſurdité. On commet une fauſſeté lors que l'on Antidate un écrit dans le deſſein de tromper quelqu'un, & l'on commet une abſurdité lors que l'ou antidate un écrit ou un article du Journal ſans deſſein de tromper perſonne. J'ai vu des Journaux qui n'étoient qu'une ſuite coutinuellé d'Antidates & qui pour cette même raiſon n'auroient jamais été crûs en Juſtice ; s'il avoit fallu les y produire ; cependant ces Antidates étoient faites innocemment ; parce que ceux qui tenoient ces Journaux croyoient qu'il étoit eſſentiel & neceſſaire de coucher les articles ſur le Journal, de la date du jour qu'ils avoient reçu quelque marchandiſe ou quelque payement, ou du jour qu'ils avoient livré quelque marchandiſe ou fait quelque payement, de ſorte qu'ayant reçu, par exemple, des Marchandiſes de quelqu'un le 10 Juin, & n'en recevant le Compte que le 10 de Juillet, ils datoient l'article du jour de la reception de la Marchandiſe du 10 Juin, quoi qu'ils euſſent daté pluſieurs articles precedens du mois de Juillet.

APARAUX, Terme de Marine ; ce mot deſigne la même choſe que celui d'Agrez, voyez *Agrez*.

APAREILLER, Terme de Marine ; c'eſt préparer tout ce qu'il faut pour mettre un Navire en état de faire un voyage & mettre à la voile.

APOINT, c'eſt la juſte ſolde d'un Compte, laquelle l'on doit tirer ou remettre à quelqu'un : tirer ou remettre *par Apoint*, c'eſt tirer ou remettre une ſomme juſte qui eſt duë : lors que l'on demande à quelqu'un s'il peut *Apointer*, c'eſt lui demander s'il peut fournir une Lettre de Change de la juſte ſomme que l'on veut avoir.

APOINTEMENS, ce mot ſe dit toûjours au pluriel, pour marquer les gages ou ſalaires que donnent les Negocians à leurs Teneurs de Livres, & à leurs Commis.

APOSTILLE, c'eſt ce que l'on écrit au bas d'une Lettre après l'avoir ſignée ; ſi on s'apperçoit alors que l'on ait oublié ou omis quelque choſe dans le corps de la Lettre, ou que l'on veuille y ajoûter quelque choſe de nouveau, on l'écrit au bas de la Lettre par une Apoſtille. Les Savans nomment cela *Poſt-ſcriptum*, & le marquent par ces deux Lettres P. S.

APRECIATION, Taxation ou évaluation d'une Marchandiſe que l'on eſtime ou que l'on fixe à un certain prix. Il y a quantité de Marchandiſes que les Negocians des ſept Provinces Unies doivent taxer & évaluer, lors qu'ils veulent les faire entrer dans le Païs, ou les en faire ſortir, pour en payer les Droits d'Apreciation.

APRENTI OU APRENTIF, jeune garçon que l'on met chez quelqu'un pour apprendre une profeſſion. Ce nom ne ſe donne gueres qu'aux jeunes gens qu'on met dans des Boutiques ou chez quelques Artiſans pour apprendre leur Negoce ou leur Metier.

APRENTISSAGE, c'eſt le temps pendant lequel on engage un jeune garçon à demeurer chez un Maître pour en apprendre la Profeſſion ou le metier.

APRET, certain luſtre, ou certaine conſiſtance que l'on donne aux Draps, à diverſes Etoffes de Laine & de Soye, aux Chapeaux & à diverſes autres Manufactures pour les faire paroître plus belles & meilleures.

APROUVER, c'eſt agréer une choſe & la trouver bonne, y donner ſon conſentement. On *aprouve* l'achat ou la vente des Marchandiſes qu'un Correspondant a faites, lors qu'il a ſuivi les ordres qu'on lui a preſcrits. On *aprouve* la propoſition d'un Correſpondant qui propoſe quelque Negoce avantageux, on *aprouve* un Compte, lors qu'on le trouve d'accord, &c.

AQUIT à CAUTION, Acte qui ſe paſſe par devant Notaire, par lequel un Negociant declare avoir reçû par un tel Navire ou par une telle voye, certaines Marchandiſes qu'un tel de tel endroit lui a envoyées. Il y a diverſes ſortes de Marchandiſes en France & ailleurs, qui doivent payer de gros Droits ſi elles reſtent dans le Païs, mais qui en font exemptes ſi on les envoye dehors ; dans ce cas, ceux qui les ont reçuës s'obligent ſous Caution de les faire ſortir du Royaume, & quand elles font arivées au lieu deſtiné, celui qui les a reçuës doit envoyer un *Aquit à Caution* à celui qui les lui a envoyées, moyennant quoi celui-ci eſt dechargé de ſa Caution & des Droits qu'il ſeroit obligé de payer.

AQUITER, c'eſt payer une Lettre de Change, une promeſſe, une Aſſignation ou quelque autre choſe. J'ai *aquité* vos Traites, votre Aſſignation &c., veut dire, j'ai payé vos Lettres de Change, j'ai payé votre Aſſignation &c. Ce mot ſignifie auſſi quittancer & mettre le Reçu à une Lettre de Change ou autre Billet dont on reçoit le montant.

ARBITRAGE, c'eſt le jugement ou la déciſion d'une ou de pluſieurs perſonnes ſur une diſpute entre deux parties. Mettre une affaire en *Arbitrage*, eſt choiſir chacun de ſon côté une ou deux perſonnes entenduës dans le fait dont il s'agit avec promeſſe de s'en raporter à leur decifion & à leur jugement.

ARBITRAGE, Negociation d'une fomme en Change réïterée une ou plufieurs fois, à laquelle un Banquier fe determine après avoir examiné par plufieurs regles de quelle maniere elle lui rendra le plus de profit : par exemple, un Banquier d'Amfterdam a remis une fomme à Paris, & veut favoir s'il aura plus de profit à fe faire faire le retour directement fur Amfterdam que par Londres, Anvers ou Paris, il doit faire pour cela les diverfes Reductions qui peuvent le lui faire connoître, & ces Reductions s'appellent Regles d'*Arbitrage*.

ARBITRES, ceux que l'on choifit pour décider une difpute, & au jugement desquels on fe foumet, foit feulement de parole ou par un écrit que fignent ceux qui font en difpute, lequel s'appelle *Compromis*.

ARGENT, c'eft après l'or le plus precieux de tous les Metaux, & qui fert de prix à prefque toutes les chofes du Monde, auffi eft-ce le Metail le plus ufité prefque par tout Païs, pour faire les payemens des Marchandifes. Chacun fait qu'il s'en tire quelque peu de quelques Mines de l'Europe, mais ce n'eft rien en comparaifon de la quantité qu'il en vient de l'Amerique Efpagnole, d'où il fe repand dans le refte du Monde. Il vient de là en Pignes, en Lingots, en Piaftres & en Vaiffelle; on en fait des **Pieces** de diverfes grandeurs & pefanteurs qui ont un cours reglé dans chaque Païs, & on les nomme en general, *Argent*, *Monnoye*, & *Efpeces*. Les plus groffes qui font ordinairement de 8 ou 10 au Marc, s'appellent *gros Argent*, & les moindres *Monnoye*: comme c'eft l'*Argent* qui met le prix à tout, l'on eft riche ou pauvre felon l'abondance ou la difette des biens que l'on a, dont on peut faire plus ou moins d'*Argent*: celui qui en a beaucoup eft riche & fouvent honoré de tout le monde quelque peu qu'il le merite, & celui qui en a peu eft pauvre & fouvent meprifé quelque honnête homme qu'il puiffe être.

ARMATEUR, c'eft un Navire équipé & armé en guerre pour aller pirater & prendre les Navires marchands des ennemis en tems de guerre, ils ne different des Pirates Turcs, qu'en ce qu'ils fe nomment Chrétiens, & qu'ils ne retiennent pas efclaves les prifonniers qu'ils font.

ARMATEUR, ARMATEURS, c'eft & ce font auffi celui ou ceux qui équipent un Navire, & qui en font les proprietaires, ou Bourgeois.

ARRET, faire ARRET, ou faire ARRETER, c'eft faire faifir des effets, ou les faire detenir par autorité de la Juftice entre les mains de celui qui les a en fon pouvoir, jusques à ce que celui auquel ils appartiennent, ait fatisfait & payé celui qui les fait faifir ou detenir.

ARRETE' DE COMPTE, l'approbation & le confentement mutuel de deux parties qui ont eu plufieurs affaires à démêler enfemble, & qui conviennent de les finir d'une maniere qu'ils fpecifient au bas de leurs Comptes ou dans un écrit particulier figné des deux parties, ou figné en double.

ARRETER, faire ARRETER un Debiteur, c'eft le faire prendre par autorité de Juftice, & le faire mettre en prifon.

ARRIERE, être en ARRIERE, c'eft être redevable à quelqu'un, par oppofition à celui qui doit & pour lequel on eft en avance. Ce Terme fignifie auffi une perte, & fe dit lors qu'en faifant la Balance de divers Livres on trouve le Capital diminué. Son Capital eft *en arriere* de dix-mille florins, veut dire dans ce fens, fon Capital a perdu ou a diminué de dix-mille florins. Etre en *arriere* fur fes Livres, c'eft avoir à rapporter fur le Journal ou fur le Grand Livre les affaires faites depuis quelque temps.

ARRIERE, à l'ARRIERE, Terme de Marine, c'eft le derriere d'un Navire. Ce mot comprend la partie du Navire qui eft depuis le Mât d'Artimon jusques au Gouvernail; on dit auffi laiffer fur l'*Arriere* ce qu'un Navire laiffe derriere lui lors qu'il eft à la voile.

ARRIMAGE OU ARRUMAGE, Terme de Marine. C'eft la maniere de bien ranger les Marchandifes dans un Navire, afin qu'elles ne s'entrechoquent point, quand le Navire eft tourmenté par les vagues de la Mer.

ARTICLE, ce mot a diverfes fignifications dans le Commerce, il fe prend fouvent pour le Negoce même, ou pour la Marchandife, ou pour le profit ou la perte qu'il peut y avoir: c'eft en ce fens que l'on dit, un tel Negoce, une telle Marchandife, un tel profit ou une telle perte eft un bon ou un mauvais *Article*; un *Article* eft une partie d'un Difcours qui fe peut divifer, comme un Chapitre, une Lettre, un Compte; chaque partie d'un Compte eft un *Article*, & chaque partie du Journal eft un *Article*.

ASSAILLIR, fe dit des Banquiers fur lesquels on tire beaucoup de Lettres de Change & de fortes fommes, fans leur en faire les Fonds neceffaires.

ASSIGNATION, petit Billet par lequel un Creancier prie fon Debiteur de payer ou au porteur ou à un tel qu'il nomme dans l'*Affignation* la fomme qu'il lui doit. *Affignation* en Terme de Pratique, eft auffi un Apel & une citation que l'on fait faire à quelqu'un par un Huiffier ou une autre perfonne autorifée d'avoir à comparoître devant des Juges.

ASSOCIE', celui qui fait les affaires en Compagnie, foit de Compte à demi, foit en participation avec un autre, ou avec plufieurs autres: tous ceux qui font dans une Compagnie, font *Affociez*.

ASSORTIMENT, c'eft un amas de plufieurs Pieces ou de plufieurs fortes de Marchandifes qu'un Boutiquier ou un Marchand de dehors achete pour fa Debite ordinaire.

ASSORTIR, mettre enfemble plufieurs Marchandifes pour en compofer un *Affortiment*.

ASSURANCE, convention par laquelle une ou plufieurs perfonnes fe chargent du peril & des risques que courent des Marchandifes ou un Navire, en allant d'un lieu à un autre, moyennant une fomme que celui qui envoye les Marchandifes ou le Navire, paye à celui ou à ceux qui fe chargent du peril ou des risques. On paffe un contract de ces conventions, qui fe nomme *Police d'Affurance*, ou fimplement *Police*, ceux qui fe chargent des risques font nommez *Affureurs*, & ceux qui payent la fomme, que l'on appelle *Prime d'Affurance*, font nommez *Affurez*.

AVAL, ancien mot qui étoit une garantie ou un cautionnement. Savary dans fon *Parfait Negociant* page 193. dit, que l'*Aval* n'eft autre chofe qu'une foufcription que fait une perfonne qui s'oblige de payer une Lettre de Change, au cas que celui fur qui elle eft tirée, ne la paye pas à l'Echeance.

AVANCE, profit & gain. On negocie beaucoup en Change fur diverfes Villes à tant pour cent d'*Avance* ou de perte: on negocie avec *Avance*, lors qu'en fourniffant une Lettre de Change, on reçoit plus que la fomme qui y eft exprimée, & au contraire on negocie à perte lors que l'on reçoit moins. Lorsque l'on folde un Compte fur lequel il y a du profit, on le folde par Gains & Pertes, & on le Debite pour l'*Avance* & le profit qui s'y trouve.

AVANCE, être en *Avance*, c'eft être en debours pour quelqu'un, jusques à ce que l'on en foit payé.

AVANCER, faire les AVANCES, c'eft fournir à quelqu'un de l'argent pour acheter quelques Marchandifes, ou pour quelque entreprife confiderable, à condition que l'on en tirera un certain interêt, ou que l'on aura quelque portion dans le profit ou dans la perte.

AVENTURE, voyez *Groffe Aventure*.

AVARIE, AVARIES, c'eft une contribution generale qui fe paye tant par le corps & quille d'un Navire, que par les Marchandifes qui y font chargées, ou qui y étoient chargées dedans. Il y a deux fortes d'*Avaries*, les premieres s'expriment toûjours au pluriel, & fe nomment *Avaries ordinaires ou fimples*. La feconde forte s'appelle *Avarie groffe*, & s'exprime plus fouvent au fingulier qu'au pluriel. Les *Avaries* ordinaires font reglées ou par les Loix ou par l'ufage à tant pour cent, à tant par Tonneau, ou à tant par Livre ou par Florin; & c'eft ce qui fe paye outre le fret qui eft dû à un Capitaine de Navire pour le port des Marchandifes. L'*Avarie groffe* fe paye, tant par le Navire que par les Marchandifes reftées dans le Navire, lors que pour fauver le Navire & la Cargaifon dans un peril évident, l'on jette en mer quelque Marchandife, ou que l'on coupe quelque chofe du Navire; ce que l'on a jetté ou coupé eft *Avarie groffe* ou une *Perte*, que l'on taxe à fa valeur, & il faut que le Navire & les Marchandifes foient auffi taxées, & que chacun paye cette perte au fol la Livre, ou à proportion de fa valeur.

AUGMENTATION, adjonction à quelque chofe, c'eft auffi un hauffement de prix de quelque Marchandife. On vend à Amfterdam la Cochenille, les foyes & quelques

quelques autres Marchandises avec quatre pour cent d'*Augmentation* parce qu'elles se vendent au Poids d'Anvers, qui est de quatre pour cent plus leger que le Poids d'Amsterdam, auquel Poids on les peze pourtant, & on ajoûte ou on augmente à la somme les quatre pour cent. Les Droits de toutes les Marchandises qui entrent ou qui sortent des Provinces Unies doivent être payez suivant le Tarif avec un tiers d'*Augmentation*. On dit qu'une Marchandise a bien *augmenté* lors que le prix en est haussé de beaucoup.

AVIS, Avertissement, Conseil, Opinion, ce mot signifie *Avertissement*, lors qu'un Correspondant écrit à un autre ce qui se passe chez lui à l'égard de quelques Marchandises, & lors qu'il lui écrit avoir tiré sur lui une ou plusieurs Lettres de Change, ou qu'il a fait quelque achat pour son Compte, &c. Il signifie *Conseil* & *Opinion*, lors qu'un Correspondant écrit ou dit à quelqu'un son sentiment sur quelque chose qu'on lui demande, par exemple, l'un écrit ou dit à quelqu'un, j'ai dessein d'entreprendre une telle affaire, je vous prie de me donner votre *Avis* ou vos *Avis*, & l'autre repondant, ou disant son sentiment, donne son *Avis* sur ce qu'on lui a demandé.

AVITAILLER, AVITUAILLER, Terme de Marine, c'est faire les provisions necessaires pour la nourriture & l'entretien des Matelots & de l'Equipage d'un Navire qui doit faire un voyage.

AUNAGE, certain nombre d'Aunes que contient une Piece d'Etoffe, de Toile, de Ruban, ou de quelque autre Marchandise qui se vend à l'aune. On écrit le nombre d'aunes qu'elle contient sur un petit morceau de papier ou de carte quarré, & on le cout au bout de la Piece pour n'être pas obligé de la mesurer une seconde fois. C'est aussi une maniere de mesurer certaines Etoffes & certaines Toiles, pour lesquelles on paye moins d'aunes que la Piece n'en contient, & les Aunes que l'on ne paye pas, se nomment *Excedant d'Aunage*.

AUNE, AUNES. Ce sont ordinairement de bâtons quarrez, épais & larges d'environ demi ou trois quarts de pouce, & d'une longueur autorisée & reglée par les Loix du Païs & des Villes où l'on s'en sert. Elles servent à mesurer les Etoffes tant de soye que de laine, les Toiles, les Rubans & toutes les Manufactures qui se vendent par mesure. On appelle ces mesures *Aunes* dans la plûpart des Païs, dans d'autres on les appelle *Verges*, dans d'autres *Cannes*, dans d'autres *Brasses*, &c.

AUNER, mesurer à l'Aune.

AVOIR ou DOIT AVOIR, celui qui est Crediteur ou auquel on doit quelque chose. Ce mot, ou tous les doivent table, ne se mettent que dans un Grand Livre à la page droite d'un folio au haut de chaque Compte, pour designer ce que l'on doit à ceux dont les noms sont écrits à la page gauche du même folio, où on écrit ce qu'ils doivent. La plus grande partie des Negocians mettent *Credit*, au lieu de *Avoir* ou *Doit avoir*.

AUTORISATION, Pouvoir que l'on donne à quelqu'un de faire quelque chose, soit par un Acte authentique qui s'appelle *Procuration*, soit sous seing privé. Ce mot est affecté particulierement au pouvoir que donnent les Assureurs à ceux auxquels ils ont *assuré*, de faire sauver ou de reclamer des Marchandises ou des Navires naufragez ou detenus par des Puissances.

AUTORISER, donner pouvoir à quelqu'un de faire quelque chose.

B.

BALANCE, Instrument qui sert à peser les Marchandises. Ce sont deux plateaux de bois ou deux bassins de cuivre suspendus aux deux bouts d'un fleau qui est pendu à une planche, & qui ne panche point de côté ni d'autre, à moins que l'on ne mette quelque chose de plus pesant à un bout qu'à l'autre. Lors que l'on veut peser, on met la Marchandise d'un côté, & les poids de l'autre, l'on ôte ou l'on y ajoûte des poids jusques à ce que les deux bassins ou les deux plateaux demeurent suspendus en l'air, & alors la Marchandise pese le juste nombre de quintaux de livres ou parties d'icelles, qu'il y en a de l'autre côté de la *Balance*.

BALANCE des Livres, c'est l'assemblage de tous les Comptes d'un Grand Livre ou de quelque autre Livre, qui est tenu en Debit & en Credit. Lors qu'on veut faire la *Balance* d'un Livre, il faut additionner le Debit & le Credit de chaque Compte, & mettre du côté gauche, qui est toûjours le Debit, les sommes dont le Debit excede le Credit, & du côté droit, qui est toûjours le Credit, les sommes dont le Credit excede le Debit; & si lors que l'on a ainsi couché tous les excedans de chaque Compte d'un Livre, le Debit & le Credit se trouvent égaux, la *Balance* est bonne; sinon, il faut chercher où l'on a fait l'erreur, car s'il n'y en avoit point, on ne sauroit manquer de trouver la *Balance* juste.

BALE, gros Paquet d'une ou de plusieurs sortes de Marchandises, envelopées dans une grosse toile ou serpilliere, d'une matte ou de quelque autre chose.

BALOT, petite Bale ou gros Paquet de quelque Marchandise.

BANQUE, Lieu autorisé par les Puissances & par les Magistrats des Villes où il y en a d'établies, dans lequel les particuliers peuvent mettre & deposer leur argent pour y être en sûreté. Il y a des Banques qui payent interêt de l'argent qu'elles ont reçu, comme celles de Venise & de Londres, mais il y en a d'autres qui, bien loin de payer interêt, se font payer pour garder les especes que l'on y porte.

BANQUEROUTE, Faillite, Manquement. Ces mots se disent lors qu'un Negociant se declare être dans l'impuissance de payer ses engagemens & ses dettes; mais le mot de *Banqueroute* est onereux & ne se doit dire proprement que des gens de mauvaise foi, qui après s'être beaucoup engagez, mettent la plus grande partie de leurs effets à couvert, & se declarent impuissans, dans la vûë de tromper leurs Creanciers & de s'enrichir à leurs dépens. Il n'y a presque point de Negociant qui se puisse assurer de ne jamais manquer, parce qu'ils prennent tant d'engagemens que; si quelques-uns de leurs Correspondans viennent à manquer ou à faire *Banqueroute*, ils ne peuvent pas y satisfaire, mais tout honnête homme peut s'assurer & se promettre de ne faire jamais *Banqueroute*. Voyez *Faillite*.

BANQUEROUTIER, celui qui fait ou qui a fait Banqueroute. Ce nom ne convient proprement qu'aux malhonnêtes gens, qui pouvant payer leurs dettes, tâchent, comme j'ai dit ci-dessus, de tromper leurs Creanciers, & qui, après avoir mis la meilleure partie de leurs effets à couvert, prétextent de grosses pertes pour faire un accord avec eux, qui les laisse paisibles possesseurs de ce qu'ils volent à leurs Creanciers. De tels fripons sont les veritables pestes du Commerce, & devroient être punis de mort sans aucune grace.

BANQUIER, c'est un Negociant en Change, dont le principal Negoce est de fournir & de prendre des Lettres de Change sur divers Païs & sur diverses Villes.

BASSIN, Ventes au *Bassin*. Ce sont à Amsterdam des Ventes qui se font en public de toutes sortes de Marchandises, Bâtimens, Fonds de terre & autres effets. On les appelle ainsi, parce qu'après que tous ceux qui veulent acheter ont surfait ou encheri à leur gré; on aloue la Partie au dernier encherisseur, en frappant sur un Bassin de cuivre.

BATIMENT, ce mot exprime toute sorte de Navires, Vaisseaux & grosses Barques qui vont en Mer.

BENEFICE, gain, profit sur quelque chose.

BILAN, Terme de Banquier, c'est un petit Livre dont on se sert aux payemens des Foires de Lion, pour faire le Virement des Parties. Il se tient en forme de Grand Livre, & l'on y Debite ceux à qui l'on transporte une somme, en Creditant ceux sur lesquels on la donne à recevoir, & s'il y manque quelque chose, on paye ou reçoit ce qu'il y manque.

BILLET, morceau de papier sur lequel on écrit quelques lignes. Ce mot se prend souvent pour une promesse que quelqu'un fait de payer une somme qu'il Doit.

BLANC-SIGNÉ, c'est un papier dont on laisse une grande partie en blanc, & que l'on signe au bas. Un *Blanc-signé* se fait quelquefois par deux Parties qui sont en dispute, & qui après avoir choisi des Arbitres pour les mettre d'accord, leur donnent un *Blanc-signé*, & les Arbitres écrivent au dessus du seing les conditions de leur accommodement, & ce à quoi ils engagent les deux parties, afin qu'elles ne puissent pas s'en dédire.

BOISSEAU, Mesure dont on se sert en divers endroits pour mesurer les Grains.

BON. Ce mot se dit ordinairement entre Negocians pour marquer la richesse ou la solvabilité de quelqu'un, qu'un. Un tel est *bon* , c'est-à-dire, il est riche & solvable : un tel est de *toute bonté*, signifie qu'il est fort riche & qu'il n'a pas aucun engagement dangereux.

Bon, Faire Bon, c'est Crediter quelqu'un sur son Compte de quelque somme que l'on reçoit , soit de lui-même, ou de quelque autre qui le paye ou qui le fait bon pour lui.

Bonifier, c'est la même chose que faire bon.

Bord, voyez *A bord*.

Bordereau, c'est le détail de plusieurs Especes qui composent une somme. Par exemple , 200 Pieces de 3 florins font 600 florins. 100 Pieces de 30 sols font 150 florins, 50 Pieces de 28 sols font 70 florins, &c. On ajoûte toutes ces sommes ensemble dans un *Bordereau* pour voir combien elles font ensemble.

Bourgeois. Ce nom se donne en France aux proprietaires d'un Navire.

Bourse, lieu où s'assemblent les Marchands & Negocians à une certaine heure du jour, comme à un Rendez-vous, pour faire leurs affaires & pour trouver la plûpart de ceux auxquels ils ont à parler sans être obligé d'aller chez eux.

Boutique, c'est l'endroit où les Marchands en détail tiennent les Marchandises qu'ils ont à vendre, & au-devant duquel ils en étalent une partie pour faire voir ce qu'ils vendent.

Branle, ce mot se dit des Negocians lors qu'ils sont en risque de manquer. Lors qu'on dit un tel *branle* au manche, cela signifie que celui , duquel on parle, n'est pas bien sûr de rester long-tems sur un bon pié , & qu'il court grand risque de manquer bien-tôt.

Brasse, Mesure de laquelle on se sert en plusieurs endroits, & sur tout en Italie, pour mesurer les Etoffes & Manufactures de soye, de laine & de fil.

Brasse, Terme de Mer, c'est une mesure aussi longue que les deux bras d'un homme se peuvent étendre & qui sert à mesurer la profondeur de l'eau de la Mer & des Rivieres. Tous les Navires ont une corde fort longue qui est marquée par *Brasses*, attachée à une piece de plomb qui s'appelle *Sonde*, & quand on veut savoir la profondeur de l'eau on jette la sonde dans la Mer, en laissant filer la corde jusques à ce que l'on sente que la sonde touche au fond, après quoi on la retire , & l'on compte les *Brasses* qu'elle a de profondeur.

Brouillard ou Brouillon, c'est un Livre que quelques Negocians tiennent dans leurs Comptoirs où chaque Garçon ou Commis peut coucher sur le champ les affaires qui se font , d'où on les transporte ensuite au net dans un autre Livre. Quelques-uns donnent aussi ce nom au Memorial; mais il convient mieux à un Livre inferieur, & à une main de papier cousuë que l'on tient ordinairement dans un Comptoir pour chiffrer ou pour coucher de certains memoires qui doivent servir à dresser un Compte ou une Facture jusques à ce qu'on la mette au net.

Brut, ce mot exprime le poids entier d'une Marchandise avec ce qui la contient ou ce qui l'enveloppe, que l'on nomme *Tare*. Lors que l'on dit par exemple un Tonneau, une Caisse, ou une Bâle pesant 500 livres, *Tare* 50 livres, cela signifie que le Tonneau, la Caisse ou la Bâle avec la Marchandise qu'elle contient, pese 500 livres , & que le Tonneau , la Caisse ou la Bale à part pese 50 livres.

Bureau, lieu où les Negocians tiennent leurs Livres, leurs Ecritures & toutes leurs affaires ; c'est ce que l'on nomme en Hollande *Comptoir*.

C.

Cabale. On donne ce nom à une faction de plusieurs Marchands & Negocians qui s'entendent ensemble, ou pour se rendre Maîtres d'une Marchandise , ou pour la faire hausser ou baisser de prix. Il n'est pas permis de faire des Cabales dans le Commerce, cependant il ne s'en fait que trop souvent, ce qui ruine un grand nombre de gens. Il se passe une infinité de friponneries dans les *Cabales*, trop longues à deduire ici, c'est pourquoi je me contenterai de dire en un mot , que tout sage Negociant doit se bien garder d'entrer dans quelque *Cabale*.

Cable, grosses cordes, auxquelles sont attachées les Ancres d'un Navire , lors qu'on les jette dans la Mer ou dans les Rivieres pour les tenir fermes & n'être point emportez par le Vent ou par le Courant.

Caché, se dit d'un homme qui a manqué & fait Banqueroute , lors qu'il ne paroît plus de peur que ses Creanciers ne le fassent mettre en prison. On dit alors, un tel s'est *caché*. *Caché* s'entend aussi d'un Negociant qui garde un grand secret dans ses Affaires, & qui ne les communique à personne : on dit alors , un tel est fort *caché*, ou un tel m'a *caché* une telle affaire.

Cachet, petite plaque de cuivre ou d'argent ronde ou ovale, gravée du nom en chifre ou des Armes de quelqu'un, attachée à un manche que l'on applique sur de la cire ou sur du pain enchanté pour fermer les Lettres. Chaque Marchand a son Cachet, mais le Cachet des Grands s'appelle *Sceau*.

Caisse, c'est ordinairement un Coffre de fer, ou un Coffre fort dans lequel les Negocians tiennent leur argent. On entend par le mot de *Caisse* dans le Commerce generalement tout l'argent courant qui sort ou qui entre sous le pouvoir d'un Negociant , soit qu'on le tienne effectivement dans la Caisse ou ailleurs, & c'est pour cette même raison que l'on intitule dans le Grand Livre du nom de *Caisse*, le Compte sur lequel on écrit en Debit tout l'argent que l'on a ou que l'on reçoit , & en Credit celui que l'on paye.

Calcul, supputation que l'on fait par l'Arithmetique pour savoir à combien reviendra une Marchandise achetée à certain prix , ou quelque autre chose que ce soit.

Calculer, supputer & Compter par l'Arithmetique ce que montera ou coutera quelque chose.

Cale, Fond de *Cale*, Terme de Marine, c'est la partie la plus inferieure d'un Navire. Le Fond de *Cale* contient tout ce qui est entre le fond du Navire & le premier Pont.

Caler à fond, Terme de Marine, c'est enfoncer dans les Eaux. Un tel Navire a *calé à fond*, c'est-à-dire, un tel Navire s'est enfoncé.

Calfater, autre Terme de Marine. C'est boucher & fermer les trous & les fentes d'un Navire avec des étoupes faites de vieilles cordes que l'on pousse avec des instrumens à coups de marteau dans les fentes, que l'on enduit ensuite de bray ou de goudron. On ne doit jamais mettre un Navire en Mer qui ne soit bien *calfaté*, car s'il ne l'est pas, il fait beaucoup d'eau & court risque de caler à fond.

Capital, c'est en general le bien que l'on a de net tout ce que l'on doit en étant deduit. Par exemple, un homme a en son pouvoir cent cinquante mille florins, dont il doit cinquante mille florins, son *Capital* n'est donc que de cent mille florins qui lui resteront de net, lors qu'il aura payé les cinquante mille florins qu'il doit. Le Compte du *Capital* dans le Grand Livre represente la personne même du Negociant à qui le Livre appartient , & doit toûjours montrer au juste le bien qu'il possede , lors qu'il commence de nouveaux Livres & lors qu'il les finit, ou toutes les fois qu'il en fait une Balance.

Cargaison, ce sont non seulement toutes les Marchandises qui composent la charge entiere d'un Navire, mais aussi celles qui n'en composent qu'une partie. On donne ordinairement ce nom à tous les envois que l'on fait par Mer de quelque Marchandise en particulier, ou de plusieurs à la fois, & l'on oüvre un Compte à chaque Cargaison sur le Grand Livre en les distinguant, ou par le nom du Navire sur lequel on a chargé, ou par le nom de la personne à qui on adresse la Marchandise, ou la Marchandise, comme par exemple , Cargaison pour Cadix sur le Navire *la Vertu*, Cargaison pour Lisbonne à la direction de Dé Bruyn & Cloots, &c.

Cas Fortuit, malheur, accident imprevu qui arrive à quelqu'un ou à quelque chose. Les Navires & les Marchandises qui vont par Mer sont fort sujettes aux *Cas fortuits*, à cause des Vents & des Tempêtes qui endommagent souvent & les Navires & les Marchandises.

Cave, Lieu ou Magazin souterrain, où l'on tient ordinairement la plus grande partie des Marchandises liquides contenues dans des futailles, comme les Vins, les Eaux de Vie, les Huiles & pareilles Marchandises qui se conservent mieux dans des Caves que dans des Magazins.

Cedule , ancien mot hors d'usage qui signifie ce que nous appellons Promesse ou Billet.

Cent, nombre composé de dix fois dix ou de cent unitez. Il y a quantité de Marchandises qui se vendent

par

par cent livres , c'eſt-à-dire , à tant les cent livres peſant
On appelle ordinairement le Poids de cent livres un Quintal. Il y a auſſi diverſes autres ſortes de Marchandiſes,
qui ſe vendent par Compte à tant les cent pieces. Ce
nombre de *cent* eſt fort ordinaire dans le Commerce,
car outre les Marchandiſes qui ſe vendent au quintal de
cent livres ou au nombre de cent pieces , on regle l'intérêt de l'argent , les deductions, les bons Poids , les
Commiſſions & une infinité d'autres choſes, à tant pour
cent, c'eſt à-dire, que l'on paye tant de chaque centai-
ne de florins, ou que l'on deduit tant de chaque centai-
ne de florins.

CESSION, Transport de quelque choſe dont on ſe
defait en faveur de quelqu'un. Ce mot ſe met bien
quelquefois dans des arrêtez de Comptes ; lorſque l'une
des parties cede quelque prétention à l'autre. Mais il ne
ſe dit proprement dans le Commerce que de ceux qui,
ayant manqué, & ne pouvant payer leurs Creanciers,
leur transportent & cedent tout ce qu'ils ont. Faire
ceſſion , faire abandon de ſes biens , ſont deux mots
ſynonymes.

CHALAND, celui qui a accoûtumé d'acheter dans une
Boutique. Ce mot ne ſe dit que des Boutiquiers ; les
Negocians en gros diſent *Correſpondant*.

CHANGE. Quoi que tout le Commerce du Monde
ne ſoit qu'un change ou un échange continuel d'une choſe pour quelque autre, le nom de *Change* eſt particulierement affecté au Change qui ſe fait de certaines eſpeces
monnoyées d'or ou d'argent pour d'autres eſpeces monnoyées, & à celui qui ſe fait entre les Negocians, qui
reçoivent de l'argent dans un Païs , pour en faire payer
la valeur dans un autre Païs. On nomme *Changeurs*
ceux qui font leur métier de changer de la premiere de
ces manieres; mais on nomme *Banquiers* ceux qui font
ce Commerce de la ſeconde maniere.

CHAPEAU. Ce mot ſe met preſque dans tous les
Connoiſſemens des Marchandiſes qui ſe chargent en France
ſur des Navires pour des Païs étrangers, & ſignifie une
ſorte de gratification ou un préſent que l'on doit donner
au Capitaine du Navire, outre le fret accordé, qu'il
aura delivré les Marchandiſes contenuës dans le Connoiſſement bien conditionnées. Cette gratification eſt toûjours exprimée dans les Connoiſſemens par ces termes:
*Tant pour le Fret & tant pour mon Chapeau , ouïre les
Avaries ordinaires ſuivant les Us & Coûtumes de la Mer*.

CHARGEUR, celui qui charge des Marchandiſes
dans un Navire qui doit les transporter ailleurs.

CHER, CHERE, haut prix. Ces mots ſe diſent indifferemment des Marchandiſes qui valent beaucoup
d'argent, & de celles qui ſont à un plus haut prix que
l'ordinaire. Les choſes precieuſes, comme les Diamans,
les perles , &c. ſont *cheres*, c'eſt-à-dire , qu'elles valent
beaucoup d'argent. Une Marchandiſe qui ne vaut ordinairement que dix ſols la livre , eſt *cher*, lors qu'elle
vaut quinze ſols la Livre.

CHICANE, Dispute mal fondée. Trouver à redire
à ce qu'un autre fait avec raiſon & fondement , c'eſt
chicaner mal à propos ; diſputer à quelqu'un ce qui lui
eſt juſtement dû , ou critiquer ſur quelque article d'un
Compte ſans raiſon , c'eſt *chicaner* , & celui qui forme
ces difficultez eſt un *Chicaneur*.

CHIFRER, calculer par les regles d'Arithmetique à
combien reviennent, ou combien rendront certaines
choſes ou Marchandiſes.

COMMERCE, Negoce, Trafic, c'eſt en general la
Profeſſion de tous les Marchands & Negocians. Le *Commerce* eſt une des plus anciennes Profeſſions du Monde,
puiſqu'il eſt certain qu'elle a pris naiſſance avec les mots
par leſquels nous exprimons le tien & le mien. Le *Commerce* comprend generalement tous les Achats, les Ventes, les Negociations & les Trocs qui ſe font de toutes
ſortes de Marchandiſes & Effets, auſſi bien que tous les
ſoins & les occupations que ſe donnent les Negocians
pour parvenir à un certain gain & profit legitime & permis qui eſt le but du Commerce.

COMMIS, on nomme ainſi en France les Garçons de
Comptoir, qui ſont chez les Negocians pour les aider
dans leurs affaires , ſoit à copier leurs Lettres , à tenir
leur Correſpondance, à dreſſer des Comptes & Factures
& dans tout ce qu'exige leur Negoce.

COMMISSION , ce mot ſe prend pour un ordre
que l'on donne ou que l'on reçoit de quelqu'un de faire
quelque choſe; & il ſe prend auſſi pour le droit, le Salaire ou la Gratification, qui ſe paye à celui qui a fait quel-

que choſe pour un autre. Il ſe dit au premier ſens, lors
que l'on a donné ou reçu ordre d'acheter ou de vendre
quelque choſe pour un Correſpondant. J'ai reçu une
Commiſſion d'un tel , j'ai donné *Commiſſion* à un tel;
& il ſe dit au ſecond ſens pour le ſalaire des Commiſſionnaires, qui ordinairement mettent au bas des Comptes
& Factures qu'ils envoyent à leurs Correſpondans, *pour
ma Commiſſion* à tant pour cent , &c. Quelques-uns
expriment ce Salaire par le mot *Proviſion* que j'expliquerai dans ſon lieu.

COMMISSIONNAIRE, celui qui achete, vend ou
negocie quelque choſe pour un autre , moyennant un
Droit, un Salaire ou une Gratification qu'il reçoit de celui pour lequel il vend, achete ou negocie.

COMPAGNIE, Société de deux ou de pluſieurs perſonnes, qui mettent enſemble une certaine ſomme pour
faire valoir dans le Commerce, & pour partager les profits & les pertes à proportion des ſommes que chacun a
fournies, ou ſuivant les conventions faites en commençant la ſociété.

COMPENSATION, c'eſt l'action qui ſe paſſe, lors
que deux perſonnes ſe doivent quelque choſe, l'une à
l'autre, & que l'une devant plus que l'autre, elles conviennent de demeurer quittes ; c'eſt proprement faire valoir une choſe autant qu'une autre qui vaut plus,
ou égaliſer une choſe à une autre qui vaut moins.

COMPROMIS. Acte par lequel deux ou pluſieurs
perſonnes qui ont diſputé enſemble, remettent leur different au jugement d'Arbitres lesquels ils autoriſent par le
Compromis à regler leur diſpute avec promeſſe d'ac-
quieſcer & de ſe ſoumettre à ce qu'ils trouveront à propos d'en ordonner.

COMPTANT, payement qui ſe fait ſur le champ:
acheter *Comptant*, vendre *Comptant*, c'eſt acheter ou
vendre à payer d'abord ou en recevant la Marchandiſe.
Le *Comptant* ordinaire d'Amſterdam eſt de ſix ſemaines.

COMPTE, calcul, facture ou état du montant d'une
ou de pluſieurs Marchandiſes , & état de ce que quelqu'un doit ou de ce qui lui eſt dû. Faire le *Compte* de
pluſieurs ſommes, c'eſt calculer; dreſſer un Compte ou
une Facture de Marchandiſes , c'eſt en dreſſer l'état &
mettre les ſommes qu'elles montent. Un *Compte* dans
un Grand Livre eſt le veritable état de ce que l'on doit
à quelqu'un , & de ce qu'il doit. Voyez *Debit* &
Credit.

COMPTER, voir à quel nombre vont certaines choſes en les repaſſant des mains ou des yeux, en commençant par un , deux, trois, &c. juſques à la derniere : c'eſt
auſſi calculer & chifrer.

CONCLURRE, reſoudre, terminer & finir une choſe. *Conclurre* un marché, c'eſt le finir & l'arrêter. On
doit bien convenir de toutes les conditions auxquelles on
prétend vendre ou acheter des Marchandiſes avant de
conclurre le marché, car ſi on veut les livrer ou recevoir
à des conditions extraordinaires, le Vendeur ou l'Acheteur ne ſont pas obligez d'en faire des nouvelles après la
Concluſion du Marché.

CONDITION, choſe dont deux ou pluſieurs perſonnes conviennent enſemble pour faire qu'elle ait lieu,
convention qui ſe fait de part & d'autre entre les Vendeurs & les Acheteurs.

CONDITIONNE', CONDITIONNE'E, ſe dit, après
le mot *Bien*, des choſes qui ont toutes les bonnes qualitez
requiſes. Des Balots *bien-conditionnez*, des Bales & des
Marchandiſes *bien conditionnées*. Ces mots ſe mettent toûjours dans les Connoiſſemens & dans les Lettres de voiture lors que l'on envoye des Marchandiſes à quelqu'un,
pour ſignifier que les Bales, Balots ou Pieces que l'on
envoye, ſont pourvuës de tout ce qu'il faut pour les
empêcher de ſe gâter ou de ſe répandre dans le transport.

CONFIANCE, bonne opinion de la probité & de la
bonne foi de quelqu'un, avec lequel on fait ou auquel
on commet quelque choſe. La *Confiance* eſt ſi neceſſaire dans le Commerce de la maniere dont il ſe fait à préſent, que nous voyons fort ſouvent que lors qu'elle manque, il arrive beaucoup de Faillites & de Banqueroutes, &
l'on peut dire que ſi la *Confiance* facilite une infinité d'affaires , elle cauſe auſſi une infinité de maux
dans le Commerce, lors que ceux qui ont eu de la
Confiance pour quelques-uns , la retirent tout d'un
coup, & refuſent le Credit à ceux auxquels ils avoient
accoûtumé d'en donner.

T   CON-

CONFIRMATION, repetition d'une chofe que l'on a déja dite ou écrite.

CONFIRMER, repeter une chofe que l'on a déja dite ou écrite à quelqu'un, lors que l'on a donné quelque ordre ou quelque avis à un Correspondant, il eft bon de le lui *confirmer* l'Ordinaire fuivant pour deux raifons. La premiere, parce qu'au cas que la premiere Lettre par laquelle on donne l'ordre ou l'avis viênne à s'égarer ou à fe perdre, la feconde puiffe éviter le même fort. La feconde raifon eft qu'un premier Ordre ou un premier Avis eft affez fouvent donné à la hâte & fans toute l'attention neceffaire; ce qui met un Commiffionnaire ou un Correspondant en fufpens fur ce qu'il doit faire, & que par la confirmation que l'on en donne, on peut fe mieux expliquer fi on n'a pas eu tout le tems de le faire, en donnant le premier ordre ou le premier avis.

CONNOISSEMENT, Declaration & obligation d'un Capitaine de Navire, par laquelle il confeffe avoir reçu de quelqu'un dans fon Navire des Marchandifes ou des Effets qu'il s'engage ou s'oblige de rendre à fon arrivée au lieu deftiné à la perfonne qui y eft nommée, moyennant un Salaire qu'on appelle Fret, outre le Chapeau & les Avaries ordinaires felon les Us & Coûtumes de la Mer; en quelques endroits de la Mer Mediterranée on les nomme *Polices de Chargement*.

CONSENTEMENT, approbation ou acquiefcement que l'on donne à une propofition, à un accommodement ou accord ou à un marché. On peut diftinguer dans le Commerce trois fortes de *Confentemens*, favoir, un *Confentement abfolu*, un *Confentement tacite*, & un *Confentement conditionel*. Un Confentement abfolu eft une approbation expreffe & un ordre pofitif qu'un Principal donne à fon Commiffionnaire d'executer une propofition qu'il lui a faite, après lui en avoir marqué toutes les circonftances. Un Confentement tacite eft lors que deux Negocians, ayant entrepris une affaire enfemble, l'un écrit à l'autre qu'il eft d'avis de faire quelque chofe pour leur avantage commun, & qu'il la fera fi en reponfe il ne lui écrit pas de ne la pas faire. Si dans ce cas l'autre ne repond pas pofitivement de ne point faire ce qu'il a propofé, il y confent tacitement, & il eft obligé, quoi qu'il en arrive, de fupporter fa part de la perte au cas qu'il y en ait, comme il voudroit bien partager le profit qu'il pourroit y avoir; ce que je remarque exprès parce que j'ai vu fouvent chicaner & difputer fur le filence que certaines gens ont gardé exprès fur certaines propofitions qu'on leur a faites, qui ne difoient rien lors que les chofes alloient bien pour eux, mais qui ne prétendoient y avoir aucune part, lors qu'elles tournoient mal. Un Confentement conditionel eft l'acquiefcement & l'approbation que l'on donne à une propofition à certaines conditions, ou avec certaines referves & reftrictions.

CONTENANCE, la grandeur ou la capacité d'une chofe qui en renferme une autre. La *Contenance* d'un Navire s'exprime par Tonneaux, la *Contenance* d'une Barique s'exprime par pots ou par pintes, la *Contenance* d'une Piece de Drap, de Toile, &c. s'exprime par Aunes, &c.

CONTENANT, ce que contient ou renferme une chofe. Ce mot fe met toûjours dans tous les Comptes & Factures, après le nom des Marchandifes qui fe vendent à quelque mefure; par exemple, vingt Pieces de Drap, de Toile, de Ruban, &c. *Contenant* tant d'aunes, vingt Pieces Eau de Vie, Huile &c. *contenant* tant de Verges, ou tant de Mingles &c.

CONTRACT, Acte par écrit qui contient les conditions & les conventions faites entre deux ou plufieurs perfonnes.

CONTREPARTIE, Article que l'on écrit, tant fur le Memorial, que fur le Journal & fur le Grand Livre, pour annuler un autre Article qui a été mal couché, ou couché par abus: on explique dans une *Contrepartie* l'abus que l'on a fait dans dans l'Article que l'on veut annuler ou redreffer, & on le met dans la *Contrepartie* tel qu'il auroit dû être dans l'Article mal couché, s'il avoit été couché tel qu'il devoit être.

CONVENTION, condition qui fe fait entre une ou plufieurs perfonnes pour terminer une chofe ou un marché.

COPIE, un écrit qui eft conforme à un autre qui a été fait avant, qu'on nomme, Original. Tous les Negocians ont divers Livres de Copie dans leurs Comptoirs ou Bureaux, dont les uns fervent à copier les Lettres, les autres à copier les Comptes, les autres à copier les Lettres de Change &c. Chaque Livre de Copies eft intitulé du nom des chofes dont il contient les Copies, comme *Copie* des Lettres, *Copie* des Comptes & Factures &c. Le Livre de *Copies* des Lettres eft le plus neceffaire dans un Comptoir, parce que lors qu'un Negociant à écrit & envoyé fes Lettres il ne les voit plus, & la memoire ne pouvant pas lui fournir toûjours de certaines circonftances & des particularitez qu'il a écrites à fes Correspondans, il commettroit beaucoup d'incongruitez, s'il ne gardoit pas Copie des Lettres qu'il a écrites.

COULAGE, ce qui fe perd, qui fe répand & fe verfe d'une futaille, qui contient quelque liqueur. Les Vins, les Eaux de Vie, les Huiles, les Sirops & toutes pareilles Marchandifes font fujettes à *Coulage*. On entend par ce mot toute la diminution qui arrive à ces fortes de Marchandifes depuis leur depart d'un endroit, jusques à leur vente & à leur livraifon dans le lieu pour lequel elles font deftinées. C'eft un grand *Coulage*, il y a eu beaucoup de *Coulage*.

COURANT, COURANTE, ces mots fe difent des Marchandifes qui font de facile vente, & dont on peut faire de l'argent quand on veut, comme font à Amfterdam le Poivre, le Caffé, les Eaux de vie & plufiéurs autres Marchandifes: celles qui ne fe debitent pas fi promptement font nommées *incourantes*.

COURANT, Argent Courant. C'eft la Monnoye qui a cours dans un Païs & qui eft reçuë par tout. On parle plus d'argent *courant* dans la plûpart des Villes où il y a des Banques établies qu'ailleurs parce qu'à l'exception de la Banque de Londres, l'argent de Banque vaut par tout plus que le Courant.

COURANT, c'eft le Mois qui court dans le tems qu'on écrit quelque chofe. Par exemple, j'écris quelque chofe le 15. de Janvier, & je cite quelque Article couché le 7 du même Mois, dans ce cas je mets comme il eft couché au 7 du *Courant*.

COURS, prix ordinaire d'une Marchandife. Le *Cours* du Poivre eft aujourd'hui treize deniers, le *Cours* des Eaux de Vie eft de neuf & un quart à neuf & demi Livres de Gros, &c.

COURTIER, COURTIERS, ce font ceux qui font profeffion de s'entremettre entre Marchands pour leur faire acheter ou vendre des Marchandifes, des Lettres de Change ou d'autres effets, moyennant un Salaire reglé, qui s'appelle *Courtage*.

COURTS JOURS, Terme de Negocians en Change. Une Lettre de Change *à courts Jours*, c'eft une Lettre de Change qui n'a plus que quelques jours à courir pour être échuë. On dit tirer ou remettre *à courts Jours*, lors que l'on veut tirer ou remettre une Lettre de Change qui foit bien-tôt échuë.

COUTANT, Prix Coutant, c'eft la fomme que l'on doit payer, ou que l'on a payé pour une Marchandife, ou pour plufieurs enfemble.

CREANCE, la fomme qui eft duë à quelqu'un. Ma *Creance* eft de dix mille florins, fa *Creance* eft de cinq mille Ecus, &c.

CREANCIER, celui qui doit avoir, ou auquel il eft dû. Voyez *Crediteur*.

CREDIT, ce mot fe met toûjours au côté droit de chaque Compte du Grand Livre & fignifie *doit avoir*, comme quelques-uns le mettent au lieu de *Credit*. J'approuverois affez les mots *Doit avoir*, fi effectivement on ne mettoit au deffous que les fommes qui font duës à ceux qui font nommez au Debit d'un Compte; mais, par exemple, Jean me doit mille florins, & lors qu'il me paye il me femble qu'il eft ridicule que je dife en le Creditant, *Jean Doit avoir*, puisque c'eft à la lettre une fauffeté. Je fai bien qu'on peut tourner la chofe, & me dire qu'il eft auffi ridicule de *Debiter* un homme à qui on a payé ce qu'on lui devoit, & que c'eft auffi à la lettre une fauffeté, mais qu'il eft également vrai que *Jean ne doit rien avoir* de moi, lors qu'il me paye les mille florins qu'il me devoit, & que l'homme à qui j'ai payé ce que je lui devois & que j'ai *Debité* de la fomme à lui payée, ne me *Doit* rien. Je reponds à cela, qu'il ne faut pas toûjours entendre qu'un Debiteur doive, ni qu'il foit dû à un Crediteur, comme je l'ai fait voir, lors que j'ai traité des Livres des Negocians dans l'*Introduction*, où j'ai dit toutes les raifons que j'ai, pour me fervir du mot *Credit* au lieu de *Doit avoir*.

CREDIT, ce mot a plufieurs fens dans le Commerce felon les diverfes manieres de parler. *Faire Credit*, ven-
dre

dre à *Credit*, c'est souffrir que celui qui doit, ou que celui à qui on vend ait quelque tems à payer. *Avoir du Credit*, c'est pouvoir acheter beaucoup de Marchandises sans être obligé de les payer comptant, ou pouvoir tirer beaucoup de Lettres de Change sans que personne se rebute d'en prendre. *Avoir du Credit* pour quelqu'un, c'est avoir beaucoup de confiance en lui, & lui faire des grosses avances, lui laisser de grosses sommes en main, ou accepter beaucoup de ses Traites à découvert *Donner du Credit* à quelqu'un, c'est le recommander à des Amis & les assurer qu'ils n'ont aucun risque à courir avec lui, &c.

CREDITER, coucher par écrit sur le Memorial, sur le Journal ou sur le Grand Livre la somme que l'on doit à quelqu'un, ou une somme que quelqu'un a payée.

CROIRE, être *du Croire*, demeurer *du Croire*, c'est être garant à son Correspondant pour les dettes que l'on contracte pour son Compte, ou pour les Lettres de Change qu'on lui remet.

CROISER, plusieurs Marchands qui ne savent pas tenir les Livres, & principalement beaucoup de Boutiquiers, ne font que *croiser* sur leurs Livres ce qu'ils devoient lors qu'ils payent, & ce qui leur étoit dû, lors qu'ils en reçoivent le payement. On *croise* un Compte sur un Livre en tirant une raye avec de l'ancre au travers du Compte, & l'on met à côté *payé* ou *reçu*. Mais ceux qui savent un peu tenir les Livres laissent leurs Livres toûjours propres & nets, & debitent ceux auxquels ils payent, & Creditent ceux desquels ils reçoivent quelque chose.

CURATEUR, on donne quelquefois ce nom à ceux que l'on établit de la part des Créanciers d'un homme qui a manqué, pour avoir soin de tous les Effets qu'il pouvoit avoir, & pour faire entrer ses Dettes pour leur en rendre Compte.

D.

DATE, Chifre qui marque le jour du Mois & de l'Année auquel une chose se fait, ou a été faite. On observe beaucoup les Dates en fait de Lettres de Change, parce que ce n'est presque que par les Dates des Lettres de Change ou de la Date de leur Acceptation, que l'on en peut regler le jour de l'écheance.

DEBIT, après le nom de quelqu'un, ou de quelque chose dans les Livres des Negocians, signifie Doit : par exemple, *Jean Debit A Caisse*, *Pierre Debit A Marchandises* &c., c'est comme qui diroit *Jean me Doit pour argent à lui compté*, *Pierre me Doit pour Marchandises à lui livrées*. Ceux qui se piquent de bien tenir les Livres à present, ne se servent du mot *Debit* que dans le Grand Livre au haut du côté gauche de chaque Compte, & ne le mettent point dans le Journal, parce que c'est une regle constante que ce qui est nommé le premier dans chaque Article du Journal est Debiteur, & que ce qui est nommé ensuite, est Crediteur. Ainsi on retranche ce mot, ou pour mieux dire, on l'omet volontairement dans le Journal, pour ne le pas repeter à chaque Article ; mais on le suppose & on le sousentend, comme dans cet exemple : *Jean A Caisse*, *Pierre A Caisse*, *Pierre A Marchandise* &c., ce qui emporte la même chose que si on écrivoit *Jean Debit A Caisse*, *Pierre Debit A Marchandises*. Les Hollandois, qui certainement sont très-bons Teneurs de Livres, sont, je croi, les premiers qui ont retranché ce mot du Journal, & la plûpart des bons Teneurs de Livres François les ont suivis, c'est pourquoi aussi je l'ai retranché du Journal qui suivra ci-après.

DEBIT, DEBITE, en parlant des Marchandises, signifie *Vente*. C'est une Marchandise de grand *Debit* ou de grande *Debite* : un tel *Debite* beaucoup de Marchandises, c'est-à-dire, il se vend beaucoup de cette Marchandise, un tel vend beaucoup de Marchandises, &c.

DEBITER, en parlant des Marchandises, c'est vendre beaucoup.

DEBITER, en parlant d'écrire sur les Livres des Negocians, c'est coucher sur les Livres que quelqu'un Doit, rendre quelqu'un Debiteur. *Debiter un tel*, c'est coucher sur les Livres à quoi un tel Doit, & pour quelle raison il doit.

DEBOURS, être *en Debours*, c'est lors que l'on a fourni ou payé de l'argent pour quelqu'un dont on n'est pas encore remboursé, c'est la même chose qu'être en Avance.

DEBOURSER, fournir de l'argent, ou payer quelque chose pour quelqu'un.

DEBROUILLER, ce mot se dit des Comptes ou des Livres qui sont mal en ordre & embrouillez, lorsqu'on les veut mettre dans un ordre clair & net.

DECHARGE. Ce mot a deux sens dans le Commerce, dans l'un il signifie le Salaire de ceux qui ôtent ou dechargent quelques Marchandises d'un Navire, d'un Bâteau ou d'une Charrette ; & dans l'autre, qui ne se dit qu'en parlant de quelqu'un, il signifie le soin que l'on ôte à quelqu'un de faire quelque chose à quoi il étoit obligé, ou de garder un depôt, ou de diriger quelque affaire, &c.

DECHARGER, ôter des Marchandises d'un Navire, d'un Bateau ou de dessus une Voiture ; c'est aussi ôter à quelqu'un le soin de quelque chose & l'en exempter entierement.

DECREDITER, ôter le Credit à quelqu'un, le decrier afin que personne ne se fie à lui.

DEDUCTION, Diminution, Rabais que l'on fait d'une somme. La plûpart des Marchandises se vendent avec un ou deux pour cent de *Deduction*.

DEDUIRE, rabattre, soustraire une moindre somme d'une plus grosse : On dit aussi *Defalquer*.

DEFIANCE, voyez *Mefiance*.

DEGARNIR. Ce mot ne se dit guere que de quelqu'un qui a des effets ou de l'argent à un autre, qui lui doit d'ailleurs, & qui ne veut pas s'en dessaisir qu'il ne soit payé de ce qui lui est dû. Celui qui a tiré une Lettre de Change sur quelqu'un, apprenant que celui sur lequel il a tiré, a manqué ou court risque de manquer, n'est pas obligé de se dégarnir des effets qu'il peut avoir à lui, qu'il ne sache que sa Traite est payée.

DELAI, Terme que l'on donne à quelqu'un, pour payer, outre le tems ordinaire : accorder encore un *Delai* de huit jours, d'un mois ou de deux à quelqu'un, qui devroit déja avoir payé.

DELAISSEMENT. Voyez *Abandon* & *Cession*.

DELESTER, Terme de Marine, c'est decharger un Navire de choses pesantes, comme des cailloux, du sable, du plomb ou autre chose que l'on avoit mise au fond du Navire pour le soûtenir droit sur l'eau, & empêcher qu'il ne renverse en mer par les gros Vents & par les Vagues. Voyez *Lest*.

DEMELE', Different, Dispute entre une ou plusieurs personnes. On dit de quelqu'un avec lequel on ne veut rien avoir à faire ; je ne veux rien avoir à *démêler* avec lui.

DEMEURER DU CROIRE, c'est demeurer garant des dettes que l'on contracte pour Compte d'un Correspondant, & des Lettres de Change qu'on lui remet, ou que l'on remet à autrui pour son Compte, moyennant une double Commission, ou telle Commission dont l'on est convenu.

DEMI, la moitié de quelque chose, la moitié d'un entier, la moitié d'une Piece, la moitié d'une Caisse, d'un Tonneau, la moitié d'un Florin, d'un Ecu, d'un Sol, d'un Denier. On dit *demi*-Piece, *demi*-Caisse, *demi*-Tonneau, *demi*-Florin, *demi*-Ecu, &c. & l'on marque le *Demi* ou la moitié par un 1 au dessus d'une petite ligne, & un 2 au dessous, comme ceci $\frac{1}{2}$.

DENIER à DIEU, Piece de Monnoye que l'Acheteur donne au Vendeur de qui il achete quelque Marchandise en concluant un Marché. Le *Denier à Dieu* est comme le Seau d'un Marché, duquel on ne peut pas se dedire lors qu'on a donné le *Denier à Dieu* ; c'est de l'argent sacré qui doit être distribué aux Pauvres. Chaque Marchand d'Amsterdam a chez soi une boite ou espece de tronc qui appartient à l'Eglise, il y met tous les *Deniers à Dieu* qu'il reçoit, & de tems en tems les Diacres qui en ont les clefs vont les vuider pour partager cet argent aux Pauvres.

DENRE'ES. Ce mot en general comprend toute sorte de Marchandises, mais en particulier il se dit de celles qui se cultivent de la Terre, & qui croissent dans chaque Païs. La France fournit beaucoup de ses *Denrées* à la Hollande, comme Vins, Eaux de Vie, Fruits, &c.

DEPÔT, ce que l'on donne en garde à quelqu'un, pour le rendre à qui il appartiendra, mettre de l'argent ou quelqu'autre chose *en Depôt*, c'est le remettre entre les mains de quelqu'un qui ne doit s'en dessaisir que

du

du consentement de celui qui l'a donné, ou par sentence de Juge; il y a des gens qui prétendent que l'argent que l'on donne à l'interêt, doit être consideré comme un depôt, mais ils se trompent, car ce qui est en *Depôt*, ne paye & ne doit payer aucun interêt.

DÉSAPPROUVER, ne pas consentir à quelque chose qu'un a faite ou veut faire, lors qu'un Correspondant vous fait une proposition où il veut vous interesser, il faut l'approuver ou la desapprouver d'abord, sans lui faire attendre trop long-tems votre reponse.

DÉSAVOUER, nier une chose que l'on vous dit avoir dite ou faite; c'est aussi desapprouver l'action de quelqu'un & soûtenir que l'on n'y a pas consenti.

DESINTERESSE', celui qui agit cordialement en concluant quelque affaire, qui ne dispute & ne chicane point pour des vetilles & des bagatelles.

DESSOUS. Ce mot se dit quelquefois en parlant ou en écrivant d'un Negociant que l'on croit mal dans ses affaires. Un tel est *au Dessous* de ses affaires.

DESSUS, être *au dessus* d'une affaire, c'est en être venu à bout à sa satisfaction; être *au dessus* de ses affaires, c'est les faire à son aise, les gouverner comme l'on veut; c'est aussi être riche & avoir eu du bonheur dans diverses entreprises qui ont réussi malgré quelques apparences, qui sembloient présager le contraire.

DETAIL, par le menu, les Boutiquiers vendent *en detail*, lors qu'ils vendent par livres ou demi-livres, par aunes ou demi-aunes, par pots ou par pintes & par moindres parties. On fait un Compte *en detail*, lorsque l'on y marque la Mesure ou le Poids de chaque Piece contenuë dans un Caisse, dans une Bale, ou dans toute une partie de Marchandises.

DEVIN, celui qui devine, predit ou prevoit une chose. On dit en riant qu'un Marchand est *Devin* quand il a acheté beaucoup de Marchandises qui augmentent tout d'un coup de prix. Un Marchand Devin seroit bien-tôt riche, parce qu'il acheteroit toûjours les Marchandises qu'il prevoiroit devoir enchérir.

DIFFERENCE, inegalité, distinction, qui fait que deux choses ne sont pas égales, soit en nombre, soit en prix, en forme, en figure ou en beauté. Je trouve une *difference* dans votre Compte qui vient de ce que vous passez une telle somme pour une telle, ou que vous passez cette Marchandise à tant, & nous avons accordé pour tant; je trouve bien de la *difference* entre les Marchandises que j'ai vuës chez vous, & celles que vous m'avez envoyées, &c.

DILIGENCE, poursuite, empressement, ardeur à faire quelque chose. Ce mot signifie poursuite en parlant de quelqu'un qui doit; le Porteur d'une Lettre de Change est obligé de faire ses *Diligences* contre l'Accepteur, s'il ne paye pas dans les jours de faveur, c'est-à-dire, qu'il doit faire protester & poursuivre son Droit s'il ne veut pas le perdre; travailler à ses affaires avec *Diligence*, faire ses Commissions avec *Diligence*, c'est y travailler avec ardeur & empressement.

DIRECTEUR, DIRECTEURS, celui & ceux qui sont établis, soit par autorité souveraine du Prince ou du Magistrat, soit par le consentement de quelques particuliers, pour avoir la direction & le maniement de quelques affaires. Les *Directeurs* des Compagnies des Indes Orientales & Occidentales en Hollande, les *Directeurs* de la Banque de Londres, & ceux de la Compagnie des Indes de France, sont ceux qui sont établis & autorisez pour regler & ordonner tout ce qui se doit faire pour le bien & l'avancement de leur Compagnie.

DISPAROÎTRE, se tenir caché, ne plus se montrer en public, s'enfuir, cela se dit de ceux qui manquent & font banqueroute: si vous ne voulez pas être pris & mis en prison il faut *disparoître*, un tel a *disparu*, c'est-à-dire, un tel a manqué, un tel s'est caché.

DISPOSER, c'est faire d'une chose ce que l'on veut, & employer quelqu'un à quelque chose. J'ai reçu les Marchandises que vous m'avez envoyées, ou le payement de vos Remises, & j'en *disposerai* selon vos ordres. Vous pouvez *disposer* des deniers qui me sont entrez pour votre Compte, vous pouvez *disposer* de moi ou de mon Credit comme de vous-même, ou comme du vôtre, &c.

DISPOSITION, disposer de quelque chose. Ce mot se prend pour l'ordre ou la volonté de quelqu'un; Vous tiendrez les Lettres de Change ci-closes que je vous prie de faire accepter, à la *Disposition* des secondes, cela signifie qu'on les delivrera à celui qui se trouvera porteur des secondes; vous tiendrez le provenu de mes Remises, ou de telles Marchandises à la *Disposition* d'un tel, c'est-à-dire, vous en disposerez selon les ordres ou selon la volonté d'un tel.

DIVERS, plusieurs. Quelques-uns se servent de ce mot sur le Journal, lors qu'ils couchent un Article qui a plusieurs Debiteurs ou plusieurs Crediteurs, & mettent *Divers* A un tel ou A telle chose, ou un tel Debit A *Divers*. Chacun suit sa methode en cela, comme en bien d'autres choses; mais comme le mot *Suivant* me paroît plus propre, je m'en sers préferablement à celui de *Divers*, & j'écris sur mon Journal *les Suivans* A un tel, ou A telle chose, ou tel Debit aux *Suivans*. Quelques-uns mettent aux *Sous-nommez*, d'autres aux *Sous-mentionnez*, mais je leur préfere encore le mot *Suivans*, pour éviter de repeter deux fois *Sous-nommez* ou *Sous-mentionnez*, comme, par exemple, LES SUIVANS *A Caisse pour ce que j'ai payé ce jour aux* SOUSNOMMEZ, &c.

DOIT, ce mot mis après le nom de quelqu'un, marque qu'il *Doit* la somme pour laquelle on le Debite. Voyez *Debit* & l'explication de ce mot à la page 39.

DOUANE, Bureau où l'on paye les Droits d'entrée & de sortie des Marchandises: l'on entend aussi souvent par ce mot les Droits même, lors que l'on dit Frais de *Douane* ou Droit de *Douane*.

DOUBLE, deux fois une chose. On dit d'une piece de Drap, de Toile, ou d'autre chose qu'elle est *Doublé*, lors qu'elle une fois plus longue ou plus large que ne sont les Pieces ordinaires. On dit d'un Compte fait & passé ou arrêté en *Double*, lors que l'on en fait deux d'egale teneur dont chacun en signe un : on tient les Livres en Parties Simples & en Parties Doubles. J'expliquerai ces Termes à la lettre P.

DOUBLES PARTIES, voyez *Parties Doubles*.

DOUCEUR, profit, benefice. Si vous voulez entrer dans une telle affaire avec moi, je ne doute pas que nous n'y trouvions quelque *Douceur*; si vous pouvez me favoriser dans une telle affaire, je vous y ferai trouver quelque *Douceur*.

DRESSER, ce mot ne se dit qu'en matiere de Comptes, & Factures. *Dresser* un Compte, *Dresser* une Facture, c'est l'ébaucher, le ranger pour le mettre ensuite au net & dans l'ordre requis.

DROITS, certains Frais que l'on est obligé de payer, imposition établie par quelque Puissance tant sur les Entrées & sorties des Marchandises, que des Navires, & pour obtenir ou faire faire quelque chose.

DUPE, celui qui se laisse facilement tromper, & dont on se moque impunément. Un Negociant est la *Dupe* de celui qui lui vend sa Marchandise trop cher; on est la *Dupe* de celui à qui on vend quelque Marchandise, & qui s'en va sans la payer. Les Negocians peuvent être *Dupez* de mille manieres differentes, c'est pourquoi ils doivent choisir soigneusement leurs Correspondans, & tous ceux qu'ils employent pour leurs affaires tant au dedans qu'au dehors.

E.

ECHANGE, ECHANGER, Troc, troquer, donner une chose pour une autre. Tout le Commerce du Monde ne consiste qu'en *Echanges* & en Trocs continuels, car quoi qu'on nomme Achats les choses que l'on acquiert & que l'on paye avec de l'argent, ce ne sont proprement que des *Echanges* ou des Trocs, puis que l'on ne fait qu'*Echanger* son argent pour la chose que l'on reçoit. Voyez *Troc*.

ECHANTILLON, montre, petite portion d'une chose que l'on fait voir ou que l'on donne, pour juger du tout & en connoître le bon ou le mauvais. On dit pour proverbe *à l'Echantillon on juge de la piece* : on appelle *Echantillon* les petits morceaux que l'on coupe des Etofes, des Toiles, des Rubans & de toutes sortes de Manufactures, mais on appelle *Montre* les *Echantillons* de plusieurs Marchandises, comme Montre de Sucre, Montre de Raisins, d'Amandes &c., & l'on nomme *Epreuve* les Echantillons de plusieurs Marchandises liquides qui se boivent ou qui s'employent dans le menage, comme des Vins, des Eaux de Vie, des Huiles, &c.

ECHAUDE', ce mot ne se dit qu'en derision. Etre *Echaudé*, veut dire avoir été trompé, ou avoir perdu à quelque chose. J'ai cru faire une bonne affaire avec in tel, mais j'y ai été *échaudé*; un tel s'entête d'une telle Marchandise, mais qu'il prenne garde, il s'*échaudera*.

ECHEANCE, Terme d'un payement, tems auquel un payement se doit faire. Toutes les Lettres de Change ont leur jour d'*Echeance*, c'est le jour auquel finit le Terme porté par une Lettre de Change. Une Lettre tirée à quinze jours de vuë, & acceptée du premier Mai *échoit* le seize du même Mois.

ECHELLES, les Echelles, les Echelles du Levant. On nomme ainsi toutes les Villes Maritimes de la Mer Mediterranée qui sont au delà du Royaume de Tunis.

ECHU, ce dont le tems du payement est arrivé. Les Interêts d'une telle somme sont *échus* aujourd'hui, ces Lettres de Change sont *échuës* hier, il est alors tems d'en demander le payement.

ECRIRE, former des caracteres sur du papier avec une plume & de l'encre. L'Ecriture est une invention des plus admirables, puis que par elle nous savons l'Histoire des Siecles les plus reculez, & que par l'Ecriture l'on peut s'entretenir & se parler, s'il faut ainsi dire, avec les amis les plus éloignez de nous. Mais comme ce n'est pas ici le lieu de faire l'éloge de l'Ecriture, je me contenterai de dire qu'elle fait la plus grande occupation des plus grands Negocians, qui ayant quantité de Correspondans reçoivent quantité de Lettres & sont obligez de leur *écrire* en reponse.

ECRITURES, les Negocians se servent de ce mot en plurier, lors qu'ils parlent de leurs Livres. J'ai un tel pour mes *Ecritures*, j'ai beaucoup d'*Ecritures*, &c.

EFFETS. On comprend par ce mot toutes les choses qui apartiennent à quelqu'un, tant Marchandises que Biens meubles & immeubles, Obligations, Lettres de Change, Billets, & generalement tout ce qui est à lui ou en son pouvoir.

EMBALAGE, ce qui sert de couvertures & d'envelope à quelque chose que l'on envoye d'un lieu en un autre. L'*Embalage* consiste quelquefois en une simple serpilliere, ou en une natte qui enveloppe quelques pieces de Marchandise, d'autres fois en une serpilliere avec de la paille, & une corde qui tient la bale serrée. On entend aussi par ce mot ce qu'il en coute pour faire embaler une ou plusieurs Bales de Marchandises.

EMBALER, faire une Bale, faire un gros paquet de Marchandises, les enveloper & les serrer pour les pouvoir transporter facilement & sans se gâter.

EMBARAS, mauvaise disposition d'affaires, brouillerie, inquietude, nombre d'occupations. Ce mot signifie une mauvaise disposition d'affaires lors qu'en parlant d'un Negociant, on dit qu'il est *embarassé*, ou qu'il est dans un *Embarras* dont il aura de la peine à se tirer. Il signifie brouillerie lors qu'en parlant des Livres de quelqu'un, on dit qu'ils sont dans un grand *Embaras*; il signifie inquietude lors que l'on dit qu'un tel est bien *embarassé* pour savoir ce qu'il doit faire dans une affaire; & il signifie nombre d'occupations lors que l'on dit qu'on a des *Embaras* & des affaires par dessus la tête, &c.

EMBARQUER, charger ou faire charger des Marchandises dans un Navire ou dans un Bateau.

EMPAQUETER, faire des Paquets, mettre plusieurs choses ensemble, & les lier avec une ficelle ou une corde.

EMPRUNT, l'action de celui qui emprunte, qui demande & reçoit une somme qu'il promet & s'oblige de rendre, il se prend aussi pour la chose même que l'on *emprunte*. Faire un *Emprunt* de dix mille Ecus, c'est chercher & trouver quelqu'un qui veuille prêter dix mille Ecus.

EMPRUNTER, prendre & recevoir de l'argent ou quelque autre chose de quelqu'un, en s'obligeant de le rendre, soit avec ou sans Interêt. A Amsterdam l'on *emprunte* fort souvent sur des Marchandises que l'on donne en gage, jusques à ce que l'on ait rendu la somme *empruntée* avec l'Interêt accordé; on appelle ces sortes d'*Emprunts*, engagemens de Marchandises. Il y a à Amsterdam & dans presque toutes les Villes de Hollande des Banques d'Emprunt qu'on appelle *Lombards* où chacun peut trouver de l'argent sur les Effets qu'il peut donner en gage.

ENCAN, Vente publique où chacun peut acheter & surfaire ou encherir, comme il se trouve à propos, & où le dernier Encherisseur est preferé à tout autre. A Amsterdam on appelle les Ventes des Marchandises qui se vendent ainsi à l'enchère, *Ventes au bassin*.

ENCHERIR, surfaire, offrir plus qu'un autre pour une chose; ce mot signifie aussi augmentation de prix, lors qu'en parlant d'une Marchandise, on dit qu'elle doit *Encherir*, qu'elle *encherira*, ou qu'elle a beaucoup *encheri*, c'est-à-dire, qu'elle augmentera, ou qu'elle à augmenté de prix.

ENDOSSEMENT, ordre que l'on écrit & que l'on signe au dos d'une Lettre de Change ou de quelque Ecrit, par lequel on prie ou on ordonne de payer ou de délivrer ce qui est contenu en l'autre part à quelqu'un, ou à l'ordre de quelqu'un.

ENDOSSER, mettre ou écrire au dos d'une Lettre de Change, ou d'un Billet à qui l'on veut que le contenu en soit payé, ce qui se fait par ces mots, *Pour moi payez à un tel*, ou *pour moi payez à un tel ou à son ordre valeur dudit Sieur*, ou *valeur d'un tel*; après quoi on met sa signature, sans quoi l'ordre ou l'*Endossement* seroit de nulle valeur.

ENDOSSER *en blanc*, c'est mettre simplement sa signature au dos d'une Lettre de Change ou d'un Billet, en laissant un espace d'environ deux doigts en blanc; On laisse un *Endossement en blanc* pour que celui, à qui on délivre une Lettre de Change ou un Billet, puisse remplir le vuide & mettre l'ordre qui lui plaît; mais c'est une très-mauvaise maniere que d'*Endosser en blanc*.

ENDOSSEUR, celui qui *endosse* & qui a *endossé* une Lettre de Change ou un Billet. Un *Endosseur* par son Endossement se rend garant & responsable du payement de ce qu'il endosse.

ENRICHIR, devenir riche. Lors que l'on est heureux dans le Commerce on peut s'y *enrichir* considerablement; il arrive dans le Commerce des revolutions qui *enrichissent* un homme tout d'un coup.

ENTAMER, ôter, couper ou dechirer un morceau, ou une partie de son tout. *Entamer* une Pièce de Drap, une Pièce de Toile, c'est en couper ou en ôter une partie. Ce mot se dit au figuré d'une affaire que l'on commence & qui doit durer quelque tems: *Entamer* une Negociation, *Entamer* un Procès, &c.

ENTREMETEUR, ENTREMETEUSE, Personne qui se mêle de mettre d'accord des gens qui ont quelque differend ou quelque dispute ensemble. On nomme aussi quelquefois les Courtiers *Entremeteurs*, mais improprement, parce que quoi que les Courtiers soient effectivement ceux qui *s'entremettent* pour faire resoudre les Acheteurs & les Vendeurs à conclure un marché; ils reçoivent un Salaire pour leur peine; mais un *Entremeteur* le fait dans l'unique but de rendre service aux deux Parties, sans en attendre aucune recompense.

ENTREPOT, lieu d'Entrepôt, c'est un endroit où l'on envoye des Marchandises qui doivent aller plus loin, l'endroit où on les décharge, pour les recharger pour le lieu pour lequel elles sont destinées, Hambourg, Francfort sur le Main, Cologne sont des lieux d'*Entrepôt* entre Amsterdam & diverses Villes d'Allemagne.

ENVIRON, aux Environs, autour de, ou à peu près, aprochant. Ce mot se dit en plurier & en singulier, en parlant du prix d'une Marchandise. Les Eaux de Vie sont à *environ* de dix Livres de Gros; le Poivre se maintient *aux environs* de treize & demi & treize & trois quarts, c'est-à-dire, que l'Eau de vie se vend autour de dix Livres de Gros peu plus ou moins, & le Poivre autour de treize & demi ou de treize & trois quarts.

EPARGNER, menager, faire le moins de frais que l'on peut sur une Marchandise. On ne doit rien *épargner* pour empêcher une Marchandise de se gâter en l'envoyant hors du Païs, car souvent elles se gâtent pour avoir voulu *épargner* une bagatelle aux Embalages. On *épargne* quelquefois en declarant les Marchandises pour moins qu'elles ne valent lors qu'il s'agit d'en payer les Droits d'entrée & de sortie, mais on y est attrapé quelquefois.

EQUIPAGE. Ce mot se prend ordinairement pour tous ceux qui sont au service d'un Navire. Ce Navire à vingt ou trente hommes d'*Equipage*; il faut payer l'*Equipage*, c'est-à-dire, il y a vingt ou trente hommes sur ce Navire pour faire la manœuvre, il faut payer les Officiers & Matelots qui sont sur ce Navire.

EQUIPEMENT, c'est tout ce dont un Navire a besoin pour faire un voyage, le garnir de voiles & cordages & l'armer & le mettre en état de defense, & le monter du nombre neceſſaire d'hommes pour le conduire & pour le defendre.

EQUIPER, fournir à un Navire tout ſon Equipement.

ERRES, Piece de monnoye, ou gage que l'on donne à celui duquel on a acheté quelque choſe pour l'aſſurer qu'on tiendra le marché conclu, & qu'on recevra la Marchandiſe achetée. Les *Erres* ſont differentes du *Denier à Dieu*, en ce que le *Denier à Dieu* eſt pour les Pauvres, & que les *Erres* ſe rabattent & ſe deduiſent, ou tiennent Compte ſur le montant de la Marchandiſe achetée, ou qu'elles ſe rendent à celui qui les a données.

ERREUR, faute, abus commis daus un Calcul, dans un Compte ou dans une Croyance. On dit *Erreur n'eſt pas Compte*, pour ſignifier qu'une *Erreur* de Calcul ou d'omiſſion ne peut pas préjudicier à celui qui l'a commiſe; on met ou on doit mettre toûjours au bas dés Comptes Courans & des Factures, *ſauf Erreur & omiſſion*, afin d'éviter toute diſpute & chicane, au cas qu'on ſe ſoit trompé dans quelque Article : c'eſt auſſi une *Erreur* de croire quelque choſe qui n'eſt pas vrai ou ſelon l'uſage.

ESCALIN, piece de Monnoye de Hollande, de Brabant & de Flandres. Il y en a en Hollande & dans toutes les ſept Provinces Unies de deux ſortes ; les uns ne valent que cinq ſols & demi, & les antres ſix ſols, courant, mais en Brabant & en Flandres, les Eſcalins valent ſept ſols courant ou ſix ſols argent de Change. Les Eſcalins ſont conſiderez comme des ſols de gros, parce que les vingt font la Livre de Gros. Lors qu'on marque le prix de quelque Marchandiſe par Eſcalins, il faut toûjours entendre des Eſcalins de ſix ſols.

ESCOMPTE, voyez *Excompte*.

ESPECES, on entend generalement par ce mot les monnoyes d'un Païs, quelles qu'elles ſoient, pourvû qu'elles y ayent cours. Depuis que les Billets de Monnoye & les Billets de Banque ont été inventez en France, on a fait la plûpart des Lettres de Change que l'on a tirées ſur ce Royaume, payables en *Eſpeces*, & en *Eſpeces ſonnantes* d'or ou d'argent & non en billets.

ESTIMATION, taxation, jugement du prix qu'une choſe peut valoir.

ESTIMER, croire qu'une choſe vaut une ſomme, la mettre au prix que l'on croit qu'elle vaut.

ETAT, diſpoſition des affaires en general ou de quelqu'un en particulier. Les affaires ſont en *état* quand elles vont bien, une Marchandiſe eſt en bon *état* ou en mauvais *état*, ſeion qu'elle arrive dans un endroit bien ou mal conditionné. Ce mot ſe prend auſſi pour une Liſte, ou un Rôle qui contient le nom de pluſieurs perſonnes.

EVALUATION. Ce mot eſt ſynonyme d'eſtimation, & ſignifie mettre une choſe à prix. Voyez *Apreciation*.

EXACTITUDE, Ponctualité, ſoin que l'on a pour bien faire une choſe, & pour ne rien oublier d'eſſentiel, il faut une grande exactitude dans le Commerce, & coucher d'abord ſur ſes Livres toutes les affaires que l'on fait, ſi on ne veut pas les voir bien-tôt en deſordre.

EXACT, faire ce que l'on fait avec attention, n'oublier & n'ómettre rien de ce qui peut faire comprendre une penſée, ou de ce qui peut rendre un article clair & intelligible; c'eſt auſſi être ponctuel dans ſes affaires, les avoir à cœur & y travailler aſſiduement, repondre à tems & bien à propos aux Lettres que l'on reçoit des Correſpondans, bien executer les ordres que l'on reçoit d'eux, &c.

EXCOMPTE, deduction, diminution, Rabais qui ſe fait d'une ſomme lors qu'on la paye avant le tems accordé ou limité.

EXCOMPTER, c'eſt également & l'action de celui qui deduit un Interêt d'une ſomme en la payant, & de celui qui en laiſſe deduire l'interêt en le recevant, c'eſt deduire & diminuer d'une ſomme l'Interêt de l'argent que l'on paye avant un tems limité. Ce mot ne ſe dit proprement que des Lettres de Change que l'on *excompte*, celui qui eſt porteur d'une Lettre de Change qui a quelque tems à courir cherche, ou fait chercher quelqu'un qui la veuille prendre & lui payer le montant, en deduiſant l'interêt du tems qu'elle a encore à courir. Quelques-uns confondent l'*Excompte* avec le Rabat, mais il y a de la difference, comme on le verra ſous ce mot.

EXHIBER, Produire, montrer & delivrer les papiers & pieces neceſſaires à quelqu'un, ou pour lui demander avis ou pour l'en faire Juge.

EXHIBITION, Production des Pieces ſur leſquelles on fonde ſon Droit, & ſes raiſons lorſque l'on a quelque procès ou quelque diſpute.

EXIGER, demander le payement de quelque choſe, ou demander quelque choſe de quelqu'un.

EXORBITANT, exceſſif. Ce mot ſe dit du prix d'une Marchandiſe, lors qu'il eſt fort haut au delà de l'ordinaire; ce prix eſt *exorbitant*, & il ſe dit auſſi des demandes que font les Marchans pour les Marchandiſes qu'ils ont à vendre lors qu'ils en demandent beaucoup plus qu'on ne s'attendoit : vos demandes ſont *exorbitantes*, je ne puis vous rien offrir ſur le prix que vous demandez.

EXPEDIER, depêcher, agir, envoyer. *Expedier* un Navire, c'eſt lui fournir ſa Cargaiſon & ſon paſſeport & les autres papiers & pieces qu'il lui faut pour ſon depart; *expedier* un ordre, c'eſt l'accomplir, *expedier* des Marchandiſes, c'eſt les envoyer, &c.

EXPEDITEUR, celui qui fait profeſſion d'envoyer des Marchandiſes qu'on lui délivre, à l'adreſſe qu'on lui donne. On appelle en quelques endroits les *Expediteurs*, Commiſſionnaires d'entrepôt.

EXPEDITION, Droit ou Commiſſion de l'Expediteur.

EXPLICATION, deduction, éclairciſſement d'une choſe qu'on n'entend ou que l'on ne comprend pas bien, & qui a beſoin d'être miſe dans un plus grand jour pour être entenduë, c'eſt auſſi la declaration de la volonté ou de l'opinion de quelqu'un.

EXPLIQUER, s'Expliquer, dire ou écrire plus clairement ce que l'on a dit ou écrit, lors que l'on ne l'a pas bien compris, c'eſt auſſi ſe declarer nettement ſur une propoſition que l'on nous fait & repondre oui ou non.

EXTRAIT, copie d'un Article d'un Livre, d'un Compte ou d'une Lettre, c'eſt auſſi écrire en abregé le contenu d'un long diſcours, le Grand Livre eſt proprement un Extrait du Journal, parce qu'il contient en abregé tout ce qui eſt écrit dans le Journal.

EXTRAORDINAIRE, ce qui n'eſt pas ſelon l'uſage & la coutume, des frais extraordinaires ſont ceux que l'on eſt obligé de faire, dans certaines occaſions que l'on ne peut éviter.

F.

FABRIQUE, choſe faite d'une certaine maniere, ou dans un certain endroit. Ce mot ſe dit des Toiles, des Draps, des Etoffes & d'une infinité de choſes. *Fabrique* de Lion, *Fabrique* de Paris, ou *Fabrique* d'un tel &c. On dit auſſi ce mot en parlant des Navires, *Fabrique* Hollandoiſe, *Fabrique* Angloiſe &c.

FAÇON, maniere, dont une choſe ſe fait, ou a été faite. Il ſe dit d'une infinité de choſes, ſur tout des Fabriques & Manufactures, *façon* de Lion, *façon* de Paris &c. il ſe prend auſſi pour ce que l'on paye à un Ouvrier ou Artiſan pour avoir fait quelque choſe.

FACTURE, Compte, c'eſt proprement une liſte de pluſieurs marchandiſes accompagnée des ſommes à quoi elles montent, on ne nomme guere *Facture* que les Comptes des Marchandiſes que l'on envoye dehors.

FAILLIR, faire faute ou erreur dans quelque Calcul, ou dans quelque choſe, manquer à ſon devoir c'eſt auſſi manquer ou faire Banqueroute.

FAILLITE, manquement, Banqueroute; comme ce mot de Banqueroute eſt onereux & ne ſe dit que des gens qui manquent pour tromper leurs Creanciers, on ne donne pas le nom de Banqueroute, à la *faillite* ou au manquement d'un honnête homme.

FAIRE, executer, agir, travailler à quelque choſe, avoir à faire. Voyez *Affaires*.

FALSIFIER, contrefaire une choſe, rendre une choſe qui eſt mauvaiſe en elle-même, bonne en apparence. On *falſifie* bien des ſortes de Marchandiſes, & ſur tout celles qui valent le plus d'argent, l'or & l'argent ſe *falſifient*, l'Ambre, le Muſcq, la Civette & pluſieurs Drogues ſe *falſifient* en y mêlant d'autres matieres qui ne les valent pas.

FARDEAU, charge peſante, un gros Fardeau, un peſant Fardeau. On appelle de ce nom une eſpece de Balot de Canelle, qui vient des Indes en *Fardeaux*, c'eſt un paquet d'environ 90 livres de Canelle renfermée dans un cuir & l'on ne dit pas un Balot de Canelle, mais un *Fardeau* de Canelle.

FA-

FAVEUR, grace que l'on accorde à quelqu'un. Voyez *Jours de Faveur.*

FAUTE, erreur, meprise ou omission dans un fait. Voyez *Erreur.*

FAUX, chose falsifiée & contrefaite. Voyez *Falsifier.* On dit d'un Calcul qu'il est faux, lors qu'il n'est pas juste.

FAUX BRUIT, Discours faux que l'on tient de quelqu'un pour ternir son honneur & sa reputation.

FEUILLET, Voyez *Folio.*

FEVRIER, second mois de l'année; il est de 28 jours pendant trois ans, mais de quatre en quatre ans, il est de 29 jours lors que l'année est Bissextile.

FIDELE, loyal, équitable, juste. Etre *Fidele* à quelqu'un, c'est garder le secret qu'il vous confie, c'est tenir ce qu'on promet, s'attacher avec ardeur à un ami: on dit quelquefois qu'une Marchandise est *Fidele*, pour marquer qu'elle est bonne & non falsifiée.

FIDELEMENT, loyalement, avec fidelité. Il faut de la *fidelité* dans le Commerce, car sans elle il ne pourroit pas y avoir de la confiance, les Commissionnaires doivent servir leurs Correspondans *fidelement*, & se contenter de leur Commission.

FIN. Ce mot signifie trois choses differentes dans le Commerce: en parlant d'un homme, il signifie rusé, adroit à parvenir à son but; il signifie bout en parlant d'un reste de Piece de quelque Toile ou Etoffe: être à la *fin* ou finir une chose, c'est l'achever, y mettre la derniere main; la *fin* est toûjours un but que l'on se propose dans toute sorte d'entreprises.

FINESSE, feinte, maniere d'agir qui surprend ou qui trompe. Agir par *finesse* n'est pas agir droitement, entendre *finesse* à quelque chose, c'est la dire ou l'expliquer dans un sens faux. Ce mot se dit aussi de diverses Marchandises & de l'argent pour en exprimer la qualité & le fin de la Toile, du Drap, de l'Etoffe, de pareille *Finesse* que l'échantillon. La plus grande *finesse* de l'or est de 24 Carats, & la plus grande *Finesse* de l'argent est de 12 Deniers.

FIXE, chose qui ne varie point, & qui ne change point. Cela se dit tantôt du prix d'une Marchandise, & tantôt de sa qualité.

FIXER, arrêter, limiter le prix d'une chose, la mettre & la tenir à un prix invariable.

FLORINS, nom que l'on donne aux monnoyes en quelques Païs. En Hollande les Ecritures ou les Livres des Negocians se tiennent en *Florins* de 20 sols, de même qu'en quelques Villes de Flandre & du Brabant. En Allemagne on a des *Florins* ou Guldens qui valent deux tiers de Rixdale; le *Florin* de Geneve vaut six sols.

FLUTE, c'est une sorte de Navire qui porte plus qu'une Fregate, mais qui ne va pas si vite à la voile & n'est pas de si grande dépense.

FOIRE, tems privilegié & reglé par les Souverains, pendant lequel les Marchands étrangers peuvent porter, vendre & étaler leurs Marchandises publiquement dans une Ville sans en être Bourgeois. Il y a quatre *Foires* considerables à Lion, tous les ans, une à Beaucaire, deux à Bourdeaux & d'autres dans plusieurs Villes de France, il s'en tient aussi trois par an à Leipzig, deux à Francfort & ailleurs.

FONDS, ce mot signifie les sommes qu'il faut pour faire un payement. Il me manquera des *Fonds* suffisans pour aquiter toutes vos Traites, j'aurai soin de vous faire les *Fonds* à temps, je vous remettrai les *Fonds* necessaires: tout cela sont des Termes fort usitez parmi les Negocians en Change, qui marquent, comme je viens de le dire, les sommes necessaires pour faire un payement. Il y en a qui se servent du mot *Provision.* Voyez sous ce mot.

FORMALITE', certaine observation, & precaution requise pour rendre une chose authentique & valable.

FORTUIT. Voyez *Cas* fortuit.

FORTUITEMENT, malheur, accident qui arrive par hazard, & lors qu'on s'y attend le moins.

FOURBE, trompeur, fripon, qui fait l'honnête homme & qui ne tâche que de tromper ceux qui sont assez malheureux que de les croire.

FOURNIR, pourvoir à quelque chose, donner ce qu'il faut soit pour faire une chose ou un payement.

FRAIX, dépenses, qui se font sur une Marchandise outre l'achat. Le port au logis des Marchandises, le Courtage, le fret ou la Voiture, les Droits d'entrée ou de sortie sont des *Fraix.*

FRANC, FRANCO, ce qui ne doit rien payer, lors que l'on a afranchi des Lettres ou des Marchandises jusques à un certain endroit, c'est-à-dire, lors que l'on en a payé le port jusques là; elles doivent y être rendues *Franc*, c'est-à-dire, sans rien payer.

FRAUDER, commettre quelque tromperie, ou quelque chose contre les Loix d'un Etat. Ce mot ne se dit guère que de ceux qui fraudent les Droits d'entrée ou de sortie des Marchandises, en les declarant ou pour ce qu'elles ne sont pas, ou pour moins qu'elles valent.

FRAUDULEUX, FRAUDULEUSE. Ces mots se disent de ceux qui ont fait banqueroute, dans le dessein de voler & de tromper leurs Creanciers; un Banqueroutier *frauduleux*, une Banqueroute *frauduleuse.*

FREGATE, sorte de Navire fait pour bien aller à la Voile.

FUGITIF, celui qui s'absente & s'enfuit, ou pour quelque mauvais action, ou pour ne pas payer ses dettes.

FUTAGE ou FUTAILLE. Il y a des gens qui prennent ces deux mots pour une même chose, mais il y a de la difference; car par *Futage* l'on entend la maniere dont on fait ou dont on fabrique les Bariques, les Pieces, les Pipes & autres *Futailles* dans certains endroits, comme *Futage* de Bourdeaux, *Futage* de Bergerac &c; & par *Futailles*, on entend toute sorte de Bariques, Pieces, Pipes ou Tonneaux, ce sont de grandes *Futailles*, ce sont de petites *Futailles.*

G.

GAGE, Erres que l'on donne à quelqu'un pour l'assûrer qu'on tiendra un marché fait; & que l'on perd si on ne vient pas prendre ce que l'on a acheté.

GAGES, ce que l'on donne en nantissement à ceux qui y prêtent de l'argent dessus, mettre de la Marchandise en *Gages*, c'est l'engager, c'est-à-dire la remettre entre les mains & au pouvoir de celui qui avance une somme dessus, pour la retirer lors que l'on rembourse la somme empruntée avec l'interêt accordé.

GAGES, Apointemens, ou Salaire annuel que l'on donne à un Commis ou à un Domestique.

GAGNER, profiter; pour gagner beaucoup il faut beaucoup risquer, l'on voit assez souvent des Negocians s'enrichir dans peu de tems par les gros Gains qu'ils font, il y a souvent plus de bonheur que de science à cela, & l'on voit plusieurs Negocians qui se trompent, tandis que des étourdis réussissent.

GAIN, profit, avance, benefice. Le *Gain* est l'unique but du Commerce.

GAINS & PERTES. On associe ordinairement ces deux contraires ensemble sur le Grand Livre, où l'on ouvre un Compte qui porte pour titre *Gains & Pertes*, ou *Profits & Pertes*; tout ce qui est couché sur ce Compte du côté gauche qui est le Debit, sont des *Pertes*, mais ce qui est couché du côté droit qui est le Credit, sont des *Gains* ou des *Profits.* Tous les Comptes des Marchandises qui sont sur le Grand Livre, sur lesquels il y a quelque difference après qu'elles sont vendues, doivent se solder par *Gains & Pertes.*

GALIOTE, sorte de Navire, quelquefois à un & quelquefois à 2 ou 3 mâts.

GARANT, être *Garant*: être caution pour quelqu'un, repondre pour lui. Le Commissionnaire qui demeure du croire est *garant* des dettes qu'il contracte pour son Principal, ou des Lettres de Change qu'il lui remet.

GARANTIE, cautionnement, en fait de Commerce de Change on accepte souvent des Lettres sous ou avec la *Garantie* de quelqu'un: par exemple, A tire sur B, Ami de C, qui est aussi Ami de A, mais B n'ayant pas assez de confiance en A pour accepter sa Traite, C lui est caution pour A, alors B accepte avec la *Garantie* de C.

GENE', être gené dans ses affaires, c'est être court d'argent, n'en avoir pas assez pour faire les affaires aussi facilement qu'on voudroit.

GENERAL, qui contient plusieurs choses, ou les diverses parties d'un tout. On appelle un *Compte General*, celui qui contient toutes les affaires que l'on fait avec un Correspondant, & dans lequel sont compris & portez tous les Comptes particuliers qu'on peut avoir avec lui, Les Comptes que l'on intitule. sur le Grand Livre *Marchandises Generales, Vins en General,* &c. contiennent les diverses sortes de Marchandises ou de Vins que l'on achete & que l'on vend. On nomme aussi *Balance Generale,* celle qui contient la juste solde de tous les Comptes d'un Grand Livre.

GERER, diriger, gouverner des affaires, en avoir le maniement pour Compte d'autrui.

GESTION, Direction, Gouvernement & maniement des affaires de quelqu'un; cela se dit des Tuteurs, des Curateurs, & Executeurs Testamentaires, qui ont le maniement ou la *Gestion* des affaires après la mort d'un Testateur.

GRACE. Voyez *Jours de Grace* ou de *Faveur.*

GRAND, ce qui contient beaucoup. Les Negocians de toutes les Nations donnent le nom de *Grand Livre* à celui qui contient generalement toutes leurs affaires, tant parce qu'il est effectivement ordinairement plus *grand* que les autres Livres, que parce qu'il comprend & contient en substance, l'abregé de tous les autres.

GRATIS, pour rien, ce qui se donne ou se fait sans en recevoir de l'argent ou aucune recompense, faire une Commission *Gratis,* accorder une chose. *Gratis,* c'est faire une commission pour rien, & accorder une chose pour rien.

GOULDE, monnoye d'argent d'Allemagne, qui est compté dans plusieurs endroits de 30 sols, elle fait les deux tiers de la Rixdale, les François la nomment *Florin.*

H.

HABILE, celui qui est entendu & savant dans les affaires du Commerce, qui sait le fort & le foible du Commerce, à quels usages servent plusieurs Marchandises, dans quels Païs elles sont le meilleur marché, & dans quels Païs elles se debitent le mieux, ou se vendent avec le plus de profit. L'*Habileté* d'un Marchand en détail consiste à bien connoître les qualitez des Marchandises qu'il achete, & à les savoir vendre avec un profit proportionné à leur bonne ou mauvaise qualité; mais l'*Habileté* d'un Negociant ou Marchand en gros demande une infinité de connoissances & de lumieres, auxquelles on ne s'applique pas assez. Il me seroit fort aisé de faire voir ici qu'il y a très-peu d'*Habiles* Negocians dans le Monde, mais comme j'ai commencé un Ouvrage sur le Commerce où je marque tout ce qu'un Negociant devroit savoir, on pourra le voir là si jamais j'ai le tems de l'achever.

HABITUDES. Ce mot qui se dit dans le monde pour de certaines coûtumes que l'on contracte, se prend dans le Commerce pour des Connoissances ou des Correspondances dans les Païs étrangers ; avoir des Correspondans ou avoir *Habitude* à Londres, à Paris, à Madrid, &c.

HARDI, celui qui entreprend un Commerce scabreux sans craindre de perdre. J'ai vu mille & mille fois des Negocians se plaindre de n'avoir pas été assez hardis pour acheter de grosses Parties de Marchandises, lors qu'elles étoient à bas prix, & qu'ils les voyoient hausser considerablement. Il y a bien des choses à dire sur la Hardiesse & sur la peur des Negocians, mais ce n'est pas ici le lieu d'en parler au long.

HAZARD, Peril ou Risque de perdre ou de gagner, faire quelque chose au *Hazard,* c'est en attendre le succès ou l'évenement bon ou mauvais, quel qu'il puisse être.

HAZARDER, risquer, s'exposer à perdre. Ceux qui envoient de grosses parties de Marchandises à des gens qu'ils ne connoissent pas bien, ceux qui acceptent beaucoup de Lettres de Change des personnes qui ne sont pas bien sûres, & ceux qui envoyent pour de grosses sommes des Marchandises par Mer, sans les faire assurer, *hazardent* souvent leur bien & leur honneur & celui de leurs Creanciers.

I.

JALOUSIE, envie, chagrin que l'on a de voir que d'autres gagnent quelque chose, ou qu'ils fassent les mêmes affaires.

JAUGE, c'est une Mesure avec laquelle on mesure la contenance des Navires, aussi bien que celle des Pieces, Pipes & Bariques qui contiennent les Eaux de Vie, les Huiles & quelques autres Marchandises liquides, c'est aussi la contenance des futailles. Cette Piece d'Eau de Vie *jauge* tant de Verges, ou verje tant.

IMAGINAIRE, chose qui ne subsiste que dans la pensée & dans l'imagination. Il y a dans le Negoce du Change plusieurs sortes de Monnoyes *Imaginaires,* c'est-à-dire, des monnoyes qui n'ont que le nom, comme les Livres de gros en Hollande, en Brabant & en Flandres, les Livres sterlins en Angleterre, les Ducats en Espagne & à Venize, &c. Ces Monnoyes sont & s'appellent *Imaginaires,* parce qu'il n'y a pas effectivement des pieces de la valeur dont elles sont. Par exemple, la Livre de Gros est comptée en Hollande, en Brabant & en Flandres de six florins, & comme il n'y a point de pieces de monnoye de six florins, on paye une Livre de Gros en payant six florins en argent ou en Monnoye du Païs.

IMAGINAIRE, Profit Imaginaire, c'est un profit que l'on espere, ou que l'on se fiate de faire sur quelque Marchandise. On se fait quelquefois assurer tant sur les Marchandises que l'on a dans quelque Navire, que sur les profits *Imaginaires* que l'on espere y faire si elles arrivent à bon port, mais ces Assurances sont defenduës.

IMMANQUABLE, chose sure, certaine & qui ne peut faillir.

IMPORTANT, de consequence, considerable & de valeur, ce qui peut causer du mal ou du bien, de la perte ou du profit.

IMPORTANCE, cause necessaire qu'il faut observer pour faire réüssir une affaire, ou pour éviter une perte. Il m'est de la derniere *Importance* que vous choisissiez bien les Marchandises que je vous demande, car si elles ne sont pas de la meilleure qualité, je ne saurois m'en défaire, une chose de peu d'*Importance* est de peu de valeur.

IMPOSSIBLE, ce qui n'est pas ni praticable ni faisable. Nul n'est tenu à l'*impossible;* vous voulez que je vous achete des Eaux de Vie à neuf Livres de Gros, & il est *impossible* d'en trouver à moins de dix.

IMPRUDENCE, faute que l'on commet, soit par ignorance, par inadvertence, ou en faisant une chose sans avoir pensé au mal qu'elle peut produire, ou à celui qui lui peut arriver. Il y a de l'Imprudence dans bien des choses, il y en a de faire un trop grand Credit à ses Correspondans, il y en a de demander trop de Credit, il y en a d'entreprendre trop d'affaires, il y en a de se mêler de certains Negoces qu'on n'entend pas, & enfin il y a de la Prudence ou de l'*Imprudence* dans toutes sortes d'affaires.

IMPRUDENT, celui qui fait les choses sans reflexion & à tout hazard.

IMPUISSANCE, impossibilité, état qui ne permet pas de faire une chose. C'est le Terme ordinaire dont se servent ceux qui ne peuvent pas payer leurs dettes: je suis dans l'*Impuissance* de vous satisfaire presentement.

INADVERTENCE, defaut de soin, & d'information. On fait des fautes *par inadvertance* en ne prenant pas bien garde à ce que l'on fait, & en ne s'informant pas bien des usages & coûtumes établies pour certaines Marchandises.

INCAPABLE, celui qui n'a pas assez de force, ou assez de genie pour faire une chose ; il se dit aussi dans un autre sens d'une personne de probité qui ne peut se resoudre à faire une mauvaise action. il est incapable de faire ou de dire du mal de quelqu'un.

INCESSAMMENT, à l'instant, sans discontinuation, sans relâche, promptement. J'executerai vos ordres *incessamment,* je vous expedierai *incessamment* vos Marchandises.

INCOMMODE, ce qui est penible & qui vient mal à propos, un Correspondant est *incommode* lors qu'il écrit trop souvent ou de trop longues Lettres sans donner en même temps de bonnes Commissions, il est *incommode* lors qu'il veut que l'on observe en faisant ses Commissions de certaines formalitez inusitées & des bagatelles.

INCONSTANT, qui change souvent d'avis ou de volonté. Il y a des Negocians si *inconstans,* qu'après avoir donné des Commissions, ils les revoquent aussi-tôt après, & s'il se trouve que l'on ait exécuté leurs ordres,

ils

ils cherchent à chicaner & à laisser la Marchandise pour le Compte du Commissionnaire.

INDETERMINÉ, n'être pas resolu, être en balance si l'on fera ou ne fera point une chose. Une affaire *indeterminée*, est une affaire qui n'est pas encore bien reglée.

INDECIS, cas qui est en dispute, ou qui n'est pas encore decidé. A l'égard d'un tel article que vous me portez en Compte nous le laisserons *indecis*, jusques à ce que je l'aye examiné plus à loisir, ou que je me sois informé si je le dois ou non.

INDICE, signe, marque à laquelle on peut trouver ou connoître quelque chose. Quelques-uns donnent ce nom à l'Alphabet du Grand Livre, parce que l'Alphabet indique les folios où sont tous les Comptes, mais la plûpart des Negocians le nomment Alphabet.

INDIFFERENT, *être indifferent*, c'est ne se soucier pas beaucoup, ne recevoir pas le profit avec la joye naturelle qu'il porte avec soi, ni la perte avec le chagrin qui l'accompagne naturellement ; c'est aussi n'être pas porté plus pour une chose que pour une autre : il m'est *indifferent* que vous fassiez cela ou cela, c'est un Terme de mépris lors que l'on dit de quelqu'un, il m'est fort *indifferent* qu'un tel parle bien ou mal de moi, &c.

INEPUISABLE, mot hyperbolique dont se servent bien des gens qui ont fait de gros Credits à quelqu'un, lors qu'on leur en demande de nouveaux, mon Fonds ou ma Caisse n'est pas *inepuisable*.

INEXCUSABLE, action blâmable, & qui ne peut souffrir aucune approbation, quelque biais qu'on lui donne.

INFAILLIBLE, ce qui ne peut pas manquer d'arriver : on dit aussi qu'un Negociant est *infaillible*, lors qu'il est fort riche & qu'il ne fait que de bonnes affaires & avec prudence.

INFORMATION, recherche qui se fait de quelque personne, ou de quelque chose, pour savoir en quel endroit peut être la personne, ou si un Correspondant est bon ou mauvais, ou s'il y a certaines Marchandises, & à quel prix elles sont, &c. Celui qui prend *Information* ignore ce qu'il demande, & celui qui donne *Information*, instruit celui qui la prend de ce qu'il demande.

INFORMER, donner avis de quelque chose, dire ou écrire ce qui se passe.

INQUIET, chagrin, en crainte. On est *inquiet* pour tout ce que l'on craint qui n'ira pas selon nos souhaits ou qui tournera à notre desavantage.

INQUIETER, chagriner quelqu'un, lui faire de la peine, soit en l'empêchant de parvenir à son but, soit en exigeant de lui ce qu'il ne veut ou ne peut pas faire, comme les Creanciers d'un homme le peuvent inquieter lors qu'il ne paye pas ses dettes assez promptement. Ce mot n'est presque destiné dans le Commerce, que pour assurer les Debiteurs que les Creanciers ne les poursuivront pas en Justice.

INSINUATION, notification, avertissement que l'on fait faire à quelqu'un d'avoir à faire, ou à ne pas faire une chose.

INSISTER, soûtenir, presser & redire souvent une chose, ou la demander avec ardeur.

INSOLVABILITÉ, impuissance de satisfaire ou de payer ses dettes.

INSOLVABLE, celui qui est dans l'impuissance d'acquiter ce qu'il doit.

INSTAMMENT, avec ardeur & empressement. Ce mot est fort en usage dans les Lettres des Negocians, lors qu'ils demandent ou ordonnent quelque chose à leurs Correspondans : Je vous prie *instamment* de me dire ce que vous pensez d'un tel, je vous prie *instamment* de ne me remettre que des Lettres de toute sûreté, &c.

INSTIGATION, Action de celui qui conseille & pousse quelqu'un à faire une chose. J'ai perdu beaucoup sur une telle Marchandise, & vous savez que je ne l'avois achetée qu'à votre *instigation*, je vous dois en quelque maniere le profit que j'ai fait dans un tel Negoce, puis que je ne l'ai fait qu'à votre *instigation*.

INSULTER, outrager quelqu'un, lui faire afront & lui dire des paroles facheuses, ou lui donner des coups.

INTELLIGENT, celui qui comprend facilement ce qu'on lui dit ou écrit. Ce mot se dit aussi de ceux qui sont habiles & *entendus* dans les affaires du Commerce.

INTENTER, commencer un procès, former une dispute à quelqu'un, & pretendre qu'il paye ou porte les Fraix d'une chose.

INTERESSÉ, celui qui a quelque portion, ou quelque interêt dans une chose. Les *Interessez* d'un Navire ou d'une Société sont ceux, qui y ont quelque portion : on appelle aussi un homme *Interessé*, lors qu'il est avare & qui ne fait rien que son Interêt ou son profit ne s'y trouve.

INTERESSER, donner & prendre portion dans quelque chose.

INTERÊT, portion dans quelque chose. J'ai un quart d'*Interêt* dans une telle Marchandise, un tel y a les trois quarts d'*Interêt*, &c. Ce mot signifie aussi le benefice ou le profit qui se donne & qui se reçoit pour de l'argent emprunté ou prêté pour un certain tems ; l'*Interêt* permis par la plûpart des Loix ne doit pas passer quatre ou cinq pour cent par an, autrement il est traité d'usure.

INTERVENIR, venir entre deux. Ce mot se dit de ceux qui aprenant que deux ou plusieurs personnes sont en dispute ensemble, offrent de les accommoder.

INVALIDE, ce qui n'a ni force ni vertu.

INVALIDITÉ, ce qui rend une chose invalide.

INVARIABLE, ce qui ne change point, soit en qualité, soit en prix. Le Commerce du Change est fort variable, parce qu'il change fort souvent de prix.

INVENTAIRE, ce qui contient generalement tout ce que possede quelqu'un & ce qu'il doit, le veritable état de tout son bien tant en argent qu'en Marchandises, Dettes, Meubles, Biens Fonds qu'autres.

JOURS DE GRACE, ou JOURS DE FAVEUR, ce sont certains nombres de jours reglez par les Loix ou par la Coûtume de chaque Païs, accordez à ceux qui ont accepté ou qui ont à payer des Lettres de Change, pour les payer après qu'elles sont échuës, pendant lesquels jours il faut qu'ils payent ou qu'ils manquent.

JOURS DE PLANCHE, certain nombre de jours reglez par les Loix ou par la Coûtume de chaque Port de Mer, ou autre Ville où les bâteaux peuvent aller, pendant lesquels ceux, qui y ont des Marchandises dedans, sont obligez de les decharger, ou au defaut, de payer tant par jour au Capitaine ou au Bâtelier pour chaque jour qu'ils les y laissent de plus, lors que les *Jours de Planche* sont expirez.

JUSTE, ce qui est bien ou ce qui est d'accord. J'ai trouvé *juste* le Compte que vous m'avez envoyé & l'ai couché de conformité.

L.

LAISSER PROTESTER, souffrir que l'on proteste une Lettre de Change. Cela se dit de celui sur qui une Lettre de Change est tirée, ou de celui à qui elle est adressée ; lors qu'il refuse de l'accepter ou de la payer, il la *laisse protester*. Voyez *Protest*.

LANTERNER, agir lentement, ou avec ambiguité, sans vouloir se declarer néttement, chercher des difficultez pour ne pas terminer une affaire.

LARGEUR, ce qui croise en droite ligne une longueur. Il y a beaucoup de Marchandises qui se vendent & se mesurent par leur longueur & par leur largeur, les Etoffes, les Toiles, les Rubans & semblables Marchandises se mesurent en long par aunes, par verges, par cannes, par brasses ou autres mesures ; mais il faut avoir égard à leur largeur, car c'est par exemple sur la largeur d'une piece de Drap que l'aune s'en évaluera, car une aune est toûjours la même en longueur, mais toutes les pieces de Drap ne sont pas d'égale largeur.

LAST, c'est une Mesure à laquelle se vendent diverses Marchandises tant en Hollande, qu'en diverses Villes d'Allemagne, du Danemark, de Suede & de diverses Villes de la Mer Baltique, comme les Grains, le Haran, le Goudron, & diverses autres. Le Last pour les Grains est à Amsterdam de vingt & sept Muddes, & le Last du Haran & du Goudron est de douze Barils. On se sert aussi de ce mot pour exprimer le port & la capacité des Navires, & dans ce cas un *Last* est compté pour 4000 livres pezant, ou pour deux Tonneaux : on dit un Navire de 200 *Lasts*, c'est-à-dire, un Navire qui peut contenir & porter 100 *Lasts* ou 200 Tonneaux, &c.

LESINER, menager mal à propos, épargner sur des bagatelles, retrancher aux ouvriers de leur juste salaire. On perd souvent plus en *lesinant* qu'on ne profite, souvent pour une bagatelle on *lefinera* fur l'Embalage d'une Marchandife, & elle fera gâtée en arrivant au lieu où on l'envoye.

LEST. Plufieurs perfonnes confondent ce mot avec celui de Laft, mais il y a de la difference en ce que, comme j'ai dit ci-deffus, un Laft eft une Mefure, & que le *Left* n'eft autre chofe que du fable, des cailloux, du plomb ou quelque autre chofe pefanté que l'on charge au fond d'un Navire pour le faire entrer dans l'eau auffi profondement que fa grandeur le requiert, afin que la Mer ne le faffe pas trop rouler lors qu'il y eft & qu'il fait mauvais tems.

LETTRE, un des caractères de l'Alphabet. A, B, C, font trois *Lettres* de même que toutes celles qui les fuivent, mais lors que l'on parle de *Lettres* dans le Commerce, on entend les discours & les entretiens que des perfonnes éloignées & qui par confequent ne peuvent fe parler, s'écrivent les uns aux autres. Ecrire une *Lettre* à quelqu'un, c'eft coucher fur du papier avec une plume & encré ce que l'on a à lui dire, & le lui envoyer par la Pofte ou autrement.

LETTRE DE CHANGE, Billet par lequel un Negociant prie ou ordonne à un autre de payer une certaine fomme à quelqu'un. Une *Lettre de Change* eft un Acte obligatoire qui oblige non feulement l'Accepteur à la payer lors qu'il l'a une fois acceptée, mais même, à fon défaut, le Tireur & tous les Endoffeurs.

LETTRE DE VOITURE, ce font des Lettres que l'on donne ordinairement à des Bâteliers ou à des Charrons ou Voituriers, en leur donnant quelque Marchandife pour porter quelque part, qui contient le nombre, les numeros & la difpofition des chofes qu'on lui a délivrées, & la fomme qu'on doit lui payer après qu'il les aura renduës, telles qu'il les a reçuës, & au deffus l'adreffe de celui à qui les Marchandifes doivent être délivrées, on donne ces Lettres ouvertes aux Voituriers.

LIASSE, c'eft un lacet de fil attaché à un carton fur lequel eft écrit en gros caractère, ce que contiennent en fubftance les papiers que l'on enfile audit lacet, pour ne point mettre & brouiller tous les papiers enfemble. Dans un Comptoir bien reglé on a plufieurs *Liaffes*, l'une contient les Comptes & les Factures; l'autre contient les Comptes Courans, une autre les Lettres de Change acquitées, un autre les Affignations &c. par ce moyen on peut trouver chaque chofe à fa place.

LIBERAL, celui qui marchande peu, & qui donne facilement. On peut dire qu'il n'y a point de liberalité dans le Commerce. Si le Commis d'un Negociant le fert en honnête homme, s'il lui rend plus de fervice qu'il ne doit, s'il lui procure même quelque profit par fes avis & par fes confeils, il n'en a fouvent pas un fol de plus que les gages ôu les appointemens accordez. Un Commiffionnaire qui aura procuré un gros profit à fon Correspondant, n'en profitera pas d'un fol au delà de fa Commiffion, dira-t-on qu'il y a de l'ingratitude en cela, je ne deciderai point là-deffus, parce que je fai que beaucoup de gens répondent à cela qu'un Commis ne fait que fon devoir en fervant bien fon Maître, & en procurant fon avantage, qu'il eft gagé pour cela, tout comme le Commiffionnaire eft gagé pour vendre ou pour acheter ce qu'on lui ordonne, & que fi on fait une fois un profit confiderable fur l'avis d'un Commis ou d'un Correspondant, on n'eft pas obligé de lui en faire une liberalité ou gratification, parce que l'on a rifqué de perdre auffi bien que de gagner, & que fi l'on avoit perdu, le Commis ou le Commiffionnaire n'auroit pas payé une partie de la perte.

LIBRE, ce qui eft independant & n'eft affujetti à rien. On appelle Marchandifes *libres*, celles qui font permifes d'entrer & de debiter dans un Païs, & celles auffi qui ne payent aucun Droit en entrant ou en fortant.

LIBREMENT, fans contrainte & volontairement. Ce mot fe dit des Acceptations des Lettres de Change: Accepter *librement*, eft accepter une Lettre de Change telle qu'elle eft, fans aucune condition ni reftriction.

LIMITE', ce qui eft borné & prefcrit. On dit un tems *limité*, un prix *limité*, toutes les Lettres de Change qui ne font point tirées à vuë, ou à quelques jours ou femaines de vuë font tirées à un tems *limité*, mais on ne peut *limiter* le tems d'une Lettre de Change tirée à vuë, ou à quelques jours ou femaines de vuë, que du jour de fa préfentation ou de fon acceptation. Un prix *limité*

eft un prix fixé & borné, au delà duquel un Commiffionnaire ne doit pas acheter ce que l'on lui demande, ou au deffous duquel il ne doit pas la vendre.

LIMITER, fixer, donner des bornes à une chofe. On *limite* le prix & la quantité des Marchandifes que l'on demande à des Correspondans, lors qu'on leur ordonne de n'en payer pas au delà d'un certain prix, & de n'en acheter qu'une certaine quantité.

LISTE, écrit ou imprimé, qui contient un état de diverfes chofes ou de diverfes Marchandifes.

LIVRAISON, transport que fait le Vendeur à l'Acheteur, lors qu'il lui délivre les Marchandifes qu'il lui a venduës.

LIVRE. Ce mot a trois fignifications differentes: en parlant d'une fomme d'argent ou de monnoye, il fignifie ordinairement vingt fols; en parlant du poids, une *Livre* eft une pefanteur reglée dans la plûpart des Païs de la Chrétienté, à laquelle fe vendent beaucoup de Marchandifes. Ces deux fortes de *Livres* n'ont point de mafculin, mais quand on parle d'un *Livre*, on entend plufieurs feuilles de papier foit blanc, imprimé ou écrit, coufuës & reliées enfemble & couvertes d'un carton, de peau de veau, de velin ou d'autre chofe.

La LIVRE Tournois a cours en France, & y eft comptée de 20 fols Tournois, la *Livre* de Gros ou Pond Vlams a cours en Hollande, en Brabant & en Flandres, & y eft comptée de 20 fols de Gros ou de 20 Efcalins de 6 fols. La *Livre* fterling ou fterlings a cours dans toute la Grande Bretagne, & y eft comptée de 20 fols fterlin.

Les LIVRES de Poids different beaucoup les unes des autres; à Amfterdam, à Paris, à Bourdeaux, à Nantes & dans plufieurs autres Villes, la Livre eft de deux marcs ou de feize onces du même Poids de marc, mais ailleurs les *Livres* font ou plus ou moins pefantes, y ayant des endroits où la *Livre* ne pefe que douze onces du Poids de marc, & d'autres où elle pefe jufques à dixhuit onces du même Poids; mais il faut remarquer que quoi qu'elles different en pefanteur, elles fe divifent prefque par tout en feize onces.

Les LIVRES ordinaires des Negocians où ils écrivent leurs affaires & que par excellence ils nomment leurs *Livres*, font, le *Grand Livre*, le *Journal*, le *Memorial* ou *Brouillon*, le *Livre de Copies* des Lettres, le *Livre de Comptes & Factures*, le *Livre de Copies des Comptes Courans*, & quelques autres dont je traiterai en detail dans la fuite.

LONGUEUR, l'efpace que contient une chofe depuis un bout jufqu'à l'autre. Les Etoffes, les Toiles, les Rubans & plufieurs autres Marchandifes fe vendent & fe mefurent avec une Mefure qui contient une longueur determinée & reglée par les Loix ou par la Coûtume: on dit auffi de quelques affaires qu'elles trainent en *longueur*, lors qu'elles ne finiffent pas de long tems.

LUCRATIF, profitable, où il y a beaucoup de gain. On dit un Negoce, un Commerce *Lucratif*, lorfqu'il raporte un grand profit.

LUSTRE, c'eft un certain aprêt que l'on donne aux Etoffes & Manufactures de Soye & de Laine pour les faire paroître plus unies & plus belles.

M.

MAGAZIN, lieu, chambre ou grenier où l'on tient des Marchandifes. Les Magazins font proprement les Boutiques des Negocians & Marchands en Gros.

MAGAZINAGE, c'eft ce que les Negocians & Commiffionnaires paffent en Compte à leurs Correspondans pour louage de Magazin des Marchandifes qu'ils ont euës pendant quelque tems en Magazin pour eux.

MAÎTRE, celui à qui apartient une chofe, & qui en peut difpofer à fon gré, fans être obligé d'en rendre Compte à perfonne. Un Pere de Famille eft *Maître* chez lui, un Negociant eft le *Maître* de fes Marchandifes & de fes Commis. Mais comme le nom de *Maître* ne fe donne qu'à des Avocats par diftinction, & que les Artifans qui font reçus dans un corps de Maîtrife, affectent de fe faire nommer *Maîtres* par leurs Compagnons, les Negocians ne fe piquent pas de ce nom, & fe font appeller *Monfieur* par leurs Commis. Il y a plufieurs endroits où les Commis donnent à leurs Maîtres le titre de *Patron* lors qu'ils parlent d'eux.

MAS-

MAÎTRE, on entend par ce mot un Capitaine de Navire.

MAL, ce qui est contraire au bien. On dit souvent que les affaires vont *mal*, que le Commerce va *mal*, c'est-à-dire, qu'il ne va pas bien, & que l'on ne fait que peu de chose. On dit d'un homme que ses affaires vont *mal*, lors qu'il a de la peine à gagner sa vie, lors qu'il n'est pas en état de payer ses dettes, ou qu'il est dans quelque grand embarras.

MAL CONDITIONNÉ, MAL CONDITIONNÉE, Marchandise qui n'est pas telle qu'elle devroit être, qui n'est pas tenuë proprement, soit qu'elle ne soit pas bien pliée ou bien pourvuë de ce qui peut l'empêcher de perdre quelque chose de sa beauté de son lustre ou de sa qualité.

MAL-ENTENDU, chose mal comprise, ou à laquelle on a donné un autre sens que celui qui l'a dite ou écrite ne lui donnoit. On fait souvent des fautes par inadvertence que l'on tâche de pallier, en disant que c'est un *Mal-entendu*, il est vrai qu'il y a des gens qui écrivent ou orthographient si mal que l'on a souvent de la peine à comprendre ce qu'ils veulent dire, & j'ai pensé il n'y a que peu de tems envoyer à un homme de la Toile de Flandres, au lieu de la Colle de Flandres, parce que je ne pouvois lire que Toile dans sa Lettre au lieu de Colle; ce *mal-entendu* n'auroit pas été moindre que celui qu'on raconte qui arriva à un Marchand d'Amsterdam, auquel un Marchand de Paris avoit demandé un nombre considerable de Cignes, il lût Singes au lieu de Cignes, & envoya des Singes au lieu de Cignes, ce qui fit, dit-on, bien rire Louïs XIV. car l'Histoire porte que c'étoient des Cignes qu'il vouloit avoir pour mettre dans la Menagerie de Versailles.

MALHEUR, desastre, accident fâcheux qui arrive à quelqu'un, ou dans les affaires. On dit d'un honnête homme qui a manqué, qu'il a eu du malheur dans ses affaires, mais d'un fripon, qu'il a fait banqueroute.

MALHEUREUX, MALHEUREUSE, dommageable, pernicieux. On dit ces mots des mauvais marchez que l'on a faits, ou des entreprises qui ne donnent que du chagrin & de la perte: un *malheureux* Achat, une *malheureuse* Emplete, une *malheureuse* affaire.

MANIEMENT, Gouvernement, Conduite, Direction d'affaires. Lors qu'un Negociant va faire un Voyage, il laisse le *Maniement* de ses affaires à quelqu'un, qui fait tout ce qui le regarde en vertu de sa procuration.

MANIFESTE, Ecrit qui contient une claire & ample declaration ou recit d'une chose. On nomme à Amsterdam *Manifeste*, la Declaration que fait un Capitaine de Navire de toutes les Marchandises qu'il a dans son bord en arrivant devant la Ville.

MANQUER, faire erreur, & se tromper dans quelque chose, c'est aussi faillir & se declarer hors d'état de payer ses dettes.

MANUFACTURES. On comprend sous ce mot tous les Ouvrages qui se font de la main en general, comme sont les Etoffes tant de soye que de laine, les Toiles, les Bas, les Chapeaux, les Fils; on dit des *Manufactures* de laine, des *Manufactures* de soye, &c.

MARCHAND, celui qui fait le Commerce & qui negocie, qui achete des Marchandises pour les revendre.

MARCHANDER, faire des offres pour une Marchandise, en offrir ou en presenter moins que l'on n'en demande, ou ce que l'on croit qu'elle vaut.

MARCHANDISE. On comprend sous ce seul mot toutes les matieres qui sont dans le Monde qui se vendent & s'achetent, soit qu'elles soient produites par la Nature, comme les Grains, les Bois, les Diamans, &c. soit qu'elles soient produites par l'art ou par l'industrie des hommes, comme quelques Drogueries, les Etoffes & Manufactures, &c.

MARCHE', lieu public où se portent les Fruits & denrées des environs pour y être exposez en vente, & où chacun va se pourvoir du necessaire pour le menage: les Foires sont des *Marchez* extraordinaires.

FAIRE MARCHE', accorder ce que l'on doit payer ou recevoir pour une Marchandise ou pour quelque chose.

A BON MARCHE', à bas prix. Les choses sont à *bon Marché*, lors qu'elles sont au dessous de leur prix ordinaire, faire un bon Marché, c'est faire un Achat avantageux sur lequel on se promet du profit, faire un mauvais Marché, c'est acheter ou vendre mal.

MARQUE, certain Caractere ou certaines Lettres que l'on écrit avec un gros pinceau sur des Bales & sur des Tonneaux de Marchandises que l'on envoye à quelqu'un, afin de les distinguer des autres qui peuvent être chargées dans un même Navire ou Bateau, ou sur une même Voiture. Ce sont ordinairement les deux premieres lettres du nom & du surnom des Personnes auxquelles on envoye les Marchandises, les Futailles qui contiennent des Vins, des Eaux de Vie, des Huiles & pareilles Liqueurs se marquent dans le bois avec une rouane, parce que si on les marquoit avec de l'encre, & que la liqueur vînt à couler, elle pourroit effacer facilement les Marques.

MECHANT, MECHANTE, malin ou maligne, qui ne tâche que de faire du mal. Ce mot se dit aussi des Marchandises lors qu'elles sont tout-à-fait mauvaises, & qu'elles ne valent presque rien, ou qu'elles sont gâtées.

MECOMPTE, Erreur de calcul, meprise.

MEDIOCRE, ce qui n'est que de petite valeur, ou qui n'est pas de la bonté ou de la qualité ordinaire.

MEFIANCE, crainte que l'on a d'être dupé ou trompé par quelqu'un, qui fait que l'on prend des précautions pour n'y être pas attrapé. On dit, par Proverbe, que la *Mefiance* est la mere de la sûreté. La *Mefiance* est bonne jusques à un certain degré, mais lors qu'elle est poussée trop loin, elle est injurieuse à bien des égards.

MELANGE, assemblage de diverses choses que l'on a mêlées ensemble. Dans diverses Etoffes on fait un agreable *mélange* de couleurs, mais dans diverses autres Marchandises on fait des *mélanges* qui ne valent rien, puis qu'ils ne se font que pour tromper, les uns se font pour augmenter la quantité d'une Marchandise, les autres pour en augmenter le poids, & les autres pour flater l'odorat & le goût: il y a de bons & de mauvais *Mélanges*.

MEMOIRE. On donne ce nom à de certaines notes que les Négocians & Marchands écrivent sur un papier ou sur un petit Livre, pour se souvenir de ce qu'ils ont à faire. Bien des gens, & sur tout les Artisans, nomment un Compte *un Memoire*, & croient bien dire, mais ils se trompent.

MEMORIAL, Livre que tous les Marchands & Negocians tiennent dans leurs Comptoirs, sur lequel on couche par écrit toutes les affaires à mesure qu'elles se font: quelques-uns l'appellent Brouillon & Brouillard.

MENAGER, épargner, ne faire aucune depense inutile ou superflue. Un Commissionnaire doit *menager* autant qu'il peut les Interêts de ses Correspondans, un Negociant doit *menager* ses depenses, suivant ses profits.

MENTIONNE', ce qui est nommé avant ou après. Ce mot se met souvent dans le Memorial & dans le Journal, dans les articles qui comprennent plusieurs Debiteurs ou Crediteurs pour abreger & pour éviter les repetitions inutiles, comme, par exemple, CAISSE aux suivans, & reçu pour les articles sous-*mentionnez*, ou pour les Parties sous-*mentionnées*.

MESSAGER, celui qui fait profession de voyager d'un lieu à un autre, avec des Lettres & paquets qu'on lui donne à porter. Les *Messagers* sont fort commodes pour les Negocians, de même que les Postillons.

MESURE, certaine contenance & étenduë; à laquelle se vendent beaucoup de sortes de Marchandises. Les *Mesures* pour les Grains, les Vins, les Huiles, les Eaux de Vie, les Sels & semblables Marchandises sont des *Mesures* contenantes, parce qu'on y met la Marchandise dedans pour la mesurer, mais les Aunes, les Cannes, les Brasses, les Verges, le Pié & semblables *Mesures* sont des *Mesures* étenduës, consistant dans une longueur reglée, que l'on applique aux Etoffes, aux Toiles & semblables Marchandises, pour savoir combien la Piece en contient.

METIER, Profession, Art de ceux qui travaillent de la main; le *Metier* de Tailleur, le *Metier* de Cordonnier. On dit d'un homme qui fait un Commerce dangereux, qu'il fait un mechant *Metier* ou un pauvre *Metier*.

METIER, Machine composée de plusieurs pieces,

qui fert à faire des Ouvrages, des Etoffes, des Toiles, des Rubans, des Bas, &c.

MÉTHODE, certaine maniere ou coûtume de faire les chofes. La *Methode* de tenir les Livres en Parties Doubles, eft infiniment meilleure que celle des Parties Simples.

MILLE, dix fois cent.

MILLESIME, l'Année de l'Ere Chrétienne, dans laquelle on écrit quelque chofe. Nous comptons cette année 1723. depuis la Nativité de Jefus-Chrift. Si l'on oublie de mettre le *Millefime* aux Lettres ou fur les Livres, on ne faura plus dans quelque tems, dans quelle année on a écrit.

MYSTERE, chofe cachée, profonde, difficile à penetrer. Les Negocians font fouvent des Myfteres de leurs affaires, c'eft-à-dire, qu'ils les tiennent cachées, & ne les difent à perfonne.

MOYEN, certain biais ou certain tour que l'on prend pour faire réüffir une chofe. J'ai tenté par divers *moyens* de favoir telle chofe, mais je n'ai pû y réüffir; on entend auffi par *Moyen* le pouvoir que l'on a ou que l'on n'a pas de faire quelque chofe. Je vous accorderois de bon cœur le Credit que vous me demandez, mais mes *Moyens* ou mes forces ne me le permettent pas; je ferois ceci ou cela, mais mes *Moyens* n'y fuffifent pas.

MOIS, certain nombre de jours. Nos *Mois* font tous de 30 & de 31 jours à l'exception du *Mois* de Fevrier, qui eft tous les trois ans de fuite de 28 jours & la quatrieme année il eft de 29 jours. Il y a 12 *Mois* à l'Année.

MOITIÉ, demi, la deuxieme partie d'une chofe partagée en deux.

MONNOYE, Efpeces ou Pieces d'or, d'argent ou d'autres metaux fabriquez & faits en pieces de diverfes grandeurs & de diverfes poids, dont la valeur eft reglée par l'Autorité Souveraine pour fervir de prix à tout ce qui s'achete & qui fe vend. Il y a dans chaque Païs de *Monnoyes* de diverfes valeurs pour la commodité publique, comme de la *groffe Monnoye* qu'on nomme *Efpeces* ou gros *Argent*; mais ce que l'on appelle proprement *Monnoye*, font de petites pieces de Cuivre, ou d'un alloi melange d'Argent & de quelques autres Metaux, qui valent depuis un denier jufques à 5, 8, 10 & 12 fols la piece, fuivant la valeur à laquelle l'Autorité Souveraine les a taxées.

MONOPOLE, ce mot qui vient du Grec, fignifie fe rendre maître d'une Marchandife pour pouvoir la vendre enfuite au prix que l'on veut, & c'eft la même fignification qu'il a dans le Commerce. Il fe fait de tems en tems, parmi quelques Negocians, de certaines Societez qui font de vrais *Monopoles*, on les nomme Cabales, ils fe liguent enfemble pour acheter & fe rendre Maîtres d'une forte de Marchandife pour la faire hauffer confiderablement; mais il arrive toûjours dans ces fortes d'entreprifes, que lors que la Marchandife a bien augmenté, on ne trouve perfonne qui en veuille acheter à un fi haut prix, & que les plus fins s'en defont fous main, & caufent la ruine des autres. Il eft defendu de faire des Cabales, mais il n'eft pas fort aifé de les empêcher.

MONTANT, la fomme à laquelle revient une chofe calculée par fon poids ou par fa mefure, & par fon prix. Par exemple, une Piece de Toile de 50 Aunes à 10 fols l'Aune, monte à 25 florins, &c. Ce mot fignifie auffi la fomme totale de diverfes fommes ajoûtées enfemble. Je vous envoye ci-joint le Compte ou la Facture des Marchandifes que j'ai achetées fuivant vos ordres, & chargées fur un tel Navire, *montant*, fauf erreur ou omiffion, à tant; j'ai payé aujourd'hui vos dix Traites d'un tel jour à l'ordre d'un tel, *montant* enfemble à tant, dont je vous ai Debité, &c.

MONTE, MONTÉ, hauffe de prix, hauffé de prix, ou Augmentation de prix. Le Caffé *monte* tous les jours, cela veut dire, que le Caffé hauffe ou augmente tous les jours en prix; le Poivre a *monté* de quatre gros, veut dire qu'il a augmenté de 4 gros, & qu'il vaut cela de plus qu'il ne valoit.

MONTRE, échantillon, petite portion que l'on prend d'une Marchandife, pour en faire voir la qualité. On dit un échantillon de Drap, un échantillon de Toile & femblables Marchandifes qui fe peuvent couper avec des cifeaux, mais le mot de *Montre* ne fe dit que de ce que l'on peut ôter fans couper, comme *Montre* de fel, de Grains, de Cochenille, d'Indigo, &c.

MUID, c'eft le nom de diverfes Mefures de

---

plufieurs endroits. Il y a des endroits où le *Muid* fert de mefure pour les Vins, dans d'autres pour les Sels, pour le Charbon & pour diverfes autres Marchandifes. Ce nom approche fort de celui de *Mudde*, qui eft une mefure de Hollande & de divers autres Païs du Nord pour les Grains, Graines, & autres Marchandifes: le Laft d'Amfterdam eft de 27 Muddes.

MUNI, fourni, pourvû. Ce mot ne fe dit guere que de celui qui eft Porteur d'une Procuration. Celui, en faveur de qui une Procuration eft paffée, eft *muni* de procuration, fans quoi il n'a aucune autorité de rien faire ni d'agir pour celui dont il dit avoir les ordres.

N.

NANTI, *être Nanti*, c'eft avoir en main des Effets à quelqu'un à qui l'on a prêté quelque fomme, ou de quelqu'un qui doit.

NANTIR, delivrer & remettre quelque chofe à quelqu'un pour gage de quelque promeffe, ou pour la fûreté de ce qu'on lui doit.

NANTISSEMENT, ce que l'on delivre à quelqu'un pour l'affurance de ce qui lui eft dû, les gages qu'on lui donne.

NAUFRAGE, échoüement d'un Navire, fuivi de fa perte entiere & de fon débris.

NAVIGATION, l'Art ou la Science de conduire les Navires dans la vafte étenduë des Mers. C'eft la Navigation qui fait fleurir le Commerce plus que toute autre chofe.

NAVIRE, on comprend fous ce nom en general toute forte de Vaiffeaux & Bâtimens qui vont fur Mer, de quelque ftructure qu'ils foient: on donne même fort fouvent ce nom à de fimples *Buches* & *Barques*, lors que l'on les fait *affurer*, quoi que communément on ne les nomme dans toutes les autres occafions que Buches & Barques. Les Navires proprement dits font les Fregates, les Flutes, les Dogres ou Hoekers & quelques autres fortes de grands Bâtimens.

NECESSAIRE, ce qui eft de neceffité requife, foit par les Loix foit par la Coutûme. Ce mot s'écrit fort fouvent par les Banquiers à leurs Correfpondans, lors qu'ils leur envoyent des Lettres de Change pour faire accepter, ou pour faire recevoir le payement: *Je vous prie de procurer le neceffaire des Lettres que je vous envoye ci-clos, ou que je vous remets ci-inclufes*, &c. c'eft-à-dire, je vous prie de faire accepter ou de retirer le payement des Lettres de Change ci-jointes, ou à défaut les faire protefter, car le mot *Neceffaire* emporte abfolument l'un au defaut de l'autre.

NECESSAIREMENT, ce qui eft d'une neceffité abfolue. Le Porteur d'une Lettre de Change eft *neceffairement* obligé de la faire protefter, fi l'Accepteur ne la paye pas dans les jours de faveur, car s'il ne le fait pas, il perd fon Droit fur le Tireur & fur les Endoffeurs.

NEGLIGENT, celui qui eft lent à faire une chofe, ou qui n'eft pas prompt & expeditif. La Negligence ne vaut rien dans le Commerce, ceux qui veulent y réüffir doivent être toûjours actifs & diligens, & tâcher de favoir tout ce qui fe paffe dans le Commerce.

NEGLIGER, avoir peu de foin, & ne fe pas foucier de quelque chofe, ne point travailler avec toute l'attention & l'affiduïté requife. Lors qu'un Negociant *neglige* fes affaires, les affaires ne manquent pas de le *negliger* à fon tour.

NEGOCE, Commerce, Trafic. Voyez *Commerce*.

NEGOCIÉ, NEGOCIÉ, le prix auquel on a acheté ou vendu une Lettre de Change, ou fi l'on veut la conclufion du prix d'une Lettre ou d'une Partie de Change. J'ai *negocié* votre Remife fur Hambourg, à 32½ fols par Dalder, &c. votre Remife fur Londres a été *negociée* à 35 Efcalins par Livre fterlin, &c.

NEGOCIER, Trafiquer, faire Commerce. Ce mot eft prefque affecté en particulier au Negoce de Change & de Banque; on dit *negocier* une Lettre de Change, *negocier* de l'argent de Banque, &c. Pour les Marchandifes on dit vendre ou acheter, & c'eft proprement celui à l'ordre duquel une Lettre de Change eft tirée ou endoffée qui la *negocie*, & qui peut dire qu'il a des Lettres à *negocier*, lors qu'il en a effectivement qui font à fon ordre. Celui qui les prend de lui, s'appelle

Don-

Donneur, & il n'en est le *Negociateur*, que lors qu'il les presente pour les *negocier* à quelque autre.

NET, ce qui est fait proprement, ou ce qui est en même tems & proprement écrit & clairement expliqué. Voilà un Compte bien *net*, il dit ou écrit sa pensée claire & *nette*, &c. écrire *nettement*, s'expliquer *nettement.*

NIER, dire qu'une chose n'est pas, ou n'est pas veritable. On *nie* un marché lors qu'on s'en dedit, & qu'on ne veut pas le tenir, ou si on ne le *nie* pas, on trouve quelque difficulté pour pouvoir s'en dedire.

NIVEAU. On dit, mes Livres ou mes Ecritures sont *au Niveau*, c'est-à-dire, toutes mes affaires sont écrites ou rapportées sur mes Livres.

NOMBRE, Assemblage de plusieurs unitez, ou de plusieurs choses. Il y a des Marchandises qui se vendent au *nombre*, comme par centaines de pieces, comme les Planches, dont le cent de quelques-unes est de 122, d'autres de 124 & d'autres de 132: d'autres qui se vendent à la douzaine.

NOTE OU NOTICE, observation, remarque que l'on écrit sur un petit morceau de papier ou dans un petit Livre pour se souvenir de ce que l'on a à faire.

NOTER, coucher une chose par écrit pour s'en souvenir, & pour le coucher duëment à loisir. *Noter* les ordres que l'on reçoit d'un Correspondant, c'est mettre en memoire ce qu'il ordonne, *noter* des Lettres de Change, c'est en coucher le contenu en abregé sur un Livre de Remises, ou de Traites & Remises; faire *noter* une Lettre de Change, c'est la donner à un Notaire pour en tirer Copie & pour faire la minute d'un Protest.

NOTIFICATION, avertissement que l'on donne ou que l'on fait donner à quelqu'un.

NOVEMBRE, onzieme Mois de l'année, il est de trente jours.

NOVICE, celui qui ne sait pas bien les affaires, & qui a peu d'experience dans ce qu'il fait.

NOUVEAU, NOUVELLE, ce qui est fait ou fabriqué depuis peu; du Vin *nouveau*, de l'Eau de Vie *nouvelle*, des Etoffes *nouvelles*, &c.

NOUVELLES, ce qui se passe de nouveau dans quelque endroit. Les *Nouvelles* d'une Paix ou d'une Guerre, d'une bonne ou d'une mauvaise recolte, ou quelque autre *Nouvelle* peuvent faire baisser ou hausser considerablement le prix de certaines Marchandises, & les Negocians qui ont le bonheur d'être les premiers à recevoir des *Nouvelles* sûres de certaines choses, peuvent faire de grands coups.

NUISIBLE, ce qui fait du tort & cause du dommage ou de la perte.

NUL, ce qui n'est rien, ou qui doit être compté pour rien. Bien des gens se contentent de mettre le mot *Nul* à côté d'un Article mal couché, ou couché par erreur sur le Journal, pour signifier qu'il ne vaut rien ou qu'il doit être compté pour rien; mais cette methode ne vaut rien, parce que si on trouve un pareil Article un an ou deux après, on ne se souvient plus pour quelle raison on l'a annullé, & s'il arrive quelque erreur sur le Compte de la personne qu'un tel Article regardoit, cela embarrasse, & donne même quelque soupçon; ainsi il vaut beaucoup mieux laisser l'Article mal couché tel qu'il est sur le Journal, & le remettre comme il doit être par une contrepartie, où l'on explique nettement la raison, pour laquelle on annulle l'Article dont il est question.

O.

OBEISSANT, OBEISSANTE, celui ou celle qui fait ce qu'on lui ordonne ou commande, ou, pour parler plus civilement, ce qu'on le prie de faire. Ce mot se met presque au bas de toutes les Lettres que la plûpart des gens s'écrivent les uns aux autres, tant par coûtume que par honnêteté: *Votre très-obeïssant Serviteur ou Servante*, ou *votre très-humble & très-obeïssant Serviteur ou Servante*, pour marquer que l'on est prêt à rendre service à ceux à qui l'on écrit.

OBLIGATION, ressentiment de reconnoissance pour quelque bienfait reçu. On doit toûjours avoir de l'*Obligation* pour ceux qui nous font quelque plaisir ou quelque bien.

OBLIGATION, Acte ou Ecrit par lequel on declare avoir reçu une certaine somme ou quelque chose de quelqu'un, que l'on promet de rendre dans un certain tems limité, soit avec l'Interêt convenu, ou sans l'Interêt.

OBLIGÉ, Terme de Banquier. C'est la garantie ou le cautionnement de quelqu'un pour la valeur d'une Lettre de Change. On accepte ou on paye une Lettre de Change sous l'*obligé* de quelqu'un, lors qu'on l'accepte ou qu'on la paye pour quelqu'un que l'on ne connoit pas, ou auquel on n'a point de confiance, & qu'un autre s'est *obligé* d'en faire le fonds ou de la payer, si celui qui devoit le fournir ne le fournit pas.

OBSERVER, suivre ponctuellement les ordres que l'on a de quelqu'un. Examiner attentivement certaines circonstances qui peuvent faire du bien ou du profit, & dont l'oubli ou l'omission peuvent causer du dommage. J'*observerai* vos ordres exactement, J'*observerai* ce que vous me dites en choisissant les Marchandises que vous me demandez, & menagerai les Fraix au mieux possible, &c.

OBSTACLE, empêchement, opposition, qui cause que l'on ne peut pas executer ce que l'on veut, comme on le souhaiteroit. Je croyois vous envoyer aujourd'hui les Marchandises que j'ai achetées suivant vos ordres, mais il est survenu un *obstacle* qui en retardera l'envoi de quelques jours.

OBSTINÉ, opiniâtre, celui qui est trop ferme dans ses opinions ou dans ses desseins, quoi qu'on dise ou qu'on fasse pour l'en détourner. Il y a des gens si *obstinez* dans le Commerce, que s'étant figurez un gros profit sur une Marchandise, ils y donnent à tête baissée, malgré toutes les raisons qu'on leur allegue pour les en détourner. Un Negociant doit savoir gagner & perdre à propos, & ne se point *obstiner* à garder une Marchandise qui doit baisser, ni à vouloir toûjours avoir le plus haut prix pour celles qu'il a à vendre.

OBTENIR, avoir selon son gré ce que l'on souhaite. *Obtenir* une Marchandise au prix que l'on offre, c'est l'acheter. Ce Terme est fort en usage dans le Commerce, pour signifier qu'on a pû ou qu'on n'a pas pû avoir une Marchandise à un certain prix, ou au prix limité.

OCCASION, moyen, tems propre pour faire une chose, rencontre casuelle. On fait bien des affaires par *occasion*; lors que par hazard on voit quelque Marchandise que l'on ne cherchoit pas, & qu'on l'achete, c'est par *occasion*; avoir *occasion* de certaines Marchandises, c'est avoir les moyens d'en faire venir des endroits d'où elles viennent, ou ceux de les Debiter; avoir *occasion* d'écrire à quelqu'un, c'est devoir lui écrire.

OCTOBRE, dixieme Mois de l'année, il est de trente & un jours.

OCCUPATION, affaire, travail, emploi. L'*Occupation* ordinaire des Negocians, c'est le Commerce.

OCCUPÉ, *être occupé*, avoir des affaires, avoir à travailler, avoir à courir ou à écrire, ou à faire quelque autre Acte de Commerce.

OFFRE, presentation de prix, de service, ou de Credit que l'on fait à quelqu'un.

OMETTRE, oublier ou manquer de faire ou d'écrire quelque chose.

OMISSION, oubli, manquement de faire ou d'écrire quelque chose. Les Negocians n'envoyent point de Compte Courant ni de Facture à leurs Correspondans, qu'ils ne mettent au bas, *sauf erreur ou omission*, afin d'être en droit d'en revenir s'ils ont oublié quelque Article.

ONCE, la huitieme partie d'un Marc, ou la seizieme partie d'une Livre.

OPINION, croyance, conjecture fondée sur quelque apparence. Les Negocians en gros qui font souvent dans des Marchandises dont ils n'ont pas connoissance, y donnent souvent par *opinion*; on a *opinion* qu'une telle Marchandise augmentera ou baissera: tout le Commerce se fait plus sur l'*opinion* que sur un fondement solide, à le prendre dans un certain sens, car celui qui vend ne le fait, que parce qu'il n'a pas *opinion* de trouver un meilleur prix pour sa Marchandise, & celui qui achete ne le fait que parce qu'il a *opinion* qu'il n'en sauroit trouver à moins, & qu'il pourra y gagner dessus.

OR, c'est le metal le plus pur, le plus pesant & le plus precieux de tous les Metaux. Dans plusieurs Païs on en fait de Pieces monnoyées, qui ont un cours reglé, comme les *Pistoles* en Espagne, les *Loüis d'or* en France, les *Guinées* en Angleterre & les *Ducats* en Allemagne. L'*Or* n'est point courant en Hollande, & il y faut payer tout avec l'Argent monnoyé.

Y   OR-

ORDINAIRE, ce qui eft ufité, ce qui eft frequent & commun. Il y a des conditions *ordinaires* & des conditions *extraordinaires* dans les marchez qui fe font entre les Negocians. Les *ordinaires* font celles qui ont lieu foit que l'on en foit convenu ou non, mais les *extraordinaires* font celles dont il faut convenir en concluant le marché : par exemple, le Comptant *ordinaire* à Amfterdam eft de fix femaines, & fi le Vendeur veut avoir fon payement d'abord, il doit en convenir, auffi bien que l'Acheteur qui voudroit ne payer que dans trois mois, parce que ces deux conditions n'étant pas *ordinaires*, du moins à l'égard de la plûpart des Marchandifes, l'un auroit mauvaife grace de demander fon payement d'abord, auffi bien que l'autre qui ne voudroit payer que dans trois mois, s'ils n'en étoient pas demeurez d'accord en concluant le marché.

ORDINAIRE, jour du depart & de l'arrivée du Courier qui porte les Lettres, jour de Pofte. L'*Ordinaire* prochain j'aurai l'honneur de vous écrire plus amplement; je n'ai pas eu de vos Nouvelles ou de vos Lettres depuis trois *Ordinaires*, &c.

ORDRE, commandement que l'on donne à quelqu'un ou que l'on reçoit de faire quelque chofe : c'eft proprement ce que fignifie ce mot en matiere de Commerce, lors que l'on dit que l'on a donné ou reçu quelque *ordre*. J'ai donné ou reçu *ordre* d'acheter ou de vendre. Mais quoi que ce mot fignifie Commandement, il ne faut pas s'imaginer qu'un Negociant qui ordonne ou qui donne *ordre* à fon Correspondant, de faire quelque chofe pour lui, foit affez incivil pour lui écrire, *je vous commande* ou *je vous ordonne* de faire telle chofe pour moi, mais *je vous prie*, ou *vous m'obligerez* de faire telle chofe pour moi, &c.

Ordre fignifie encore l'arrangement & la difpofition des affaires. Tenir fes Livres & fes affaires en bon *ordre*. Il y a des gens qui tiennent leurs affaires dans un bel *ordre*, & d'autres dans un très-mauvais *ordre*.

ORIGINAL, ce qui eft premier en fon genre, & dont on tire des Copies. Le Memorial eft proprement l'*Original* du Journal & du Grand Livre.

OUBLI, defaut de memoire ou d'attention, omiffion d'une chofe qu'on devoit faire ou écrire. On oublie fouvent des chofes volontairement qu'on impute à l'*Oubli*; les Negocians ne doivent rien *oublier*, & avoir toûjours un Livre de memoires de ce qu'ils ont à faire.

OUVERTURE, propofition que l'on fait à quelqu'un & le moyen de réüffir dans une affaire. Ce mot fignifie auffi l'action d'ouvrir une chofe; on dit à l'*ouverture* d'un Livre, à l'*ouverture* de la Banque.

OUVRIER, celui qui travaille, foit Artifan ou autre, au jour, à la femaine ou autrement.

OUVRIR, ce que l'on fait à l'ouverture de quelque chofe. *Ouvrir* des Livres nouveaux, c'eft commencer à écrire fur de nouveaux Livres, *ouvrir* des Comptes, c'eft écrire au haut d'un Compte du Grand Livre ou de quelque autre, le nom de celui pour lequel il eft deftiné avec le mot *Debit* à la fuite; cela fe met fur la page gauche du Livre, & le mot *Credit* fe met fur la page droite.

P.

PAGE, tout le côté d'un feuillet ou d'un folio d'un Livre. Il y a des Livres des Negocians qui fe marquent ou fe divifent par *Pages*, comme les Livres de Copies de Lettres, le Livre de Factures, le Livre de Fraix & quelques autres : il y a même des Negocians qui marquent leur Memorial & leur Journal par *pages*, mais cela eft affez inutile à moins qu'ils ne faffent quantité d'affaires par jour, parce que lors que l'on n'en fait pas beaucoup, les dates font affez facilement trouver les Articles que l'on cherche, mais les autres Livres, comme le Grand Livre, les Livres de Banque, de Caiffe, celui des Copies des Comptes Courans fe marquent par folios, c'eft-à-dire, que la *Page* gauche & la *Page* droite fe marquent du même chiffre.

PAYABLE, à payer, ou qui doit fe payer. En France & en plufieurs autres Païs, on achete & on vend beaucoup de Marchandifes *payables* à des termes de trois & fix mois ou plus, c'eft-à-dire, que les Acheteurs ne font obligez de les *payer* que dans trois ou dans fix mois. Une Letre de Change n'eft *payable* qu'à fon écheance, c'eft-à-dire, au tems porté par la Lettre même; par exemple, une Lettre tirée de Paris fur Amfterdam à Ufance (qui eft un mois de date,) & datée du premier Mai échet le premier Juin, & eft *payable* le lendemain.

PAYEMENT, acquit, ce qui fe donne pour payer ce que l'on doit, donner & prendre de l'argent, des Marchandifes ou des Lettres de Change en *payement*.

PAYER, compter ou donner de l'argent à qui on le devoit. La plûpart des Dettes fe *payent* en argent; on *paye* quelquefois en Marchandifes & quelquefois en Lettres de Change; lors que l'on *paye* en Marchandifes, celui qui les livre & celui qui les reçoit doivent convenir du prix, comme ils doivent convenir du prix ou du cours de Change, lors que le payement fe fait en Lettres de Change.

PAIR, Terme de Banquier, c'eft une égalité de Monnoyes, la jufte valeur d'une Monnoye étrangere dans un Païs où elle n'a pas cours, reglée fur la valeur des monnoyes qui y ont cours, par exemple, les 60 fols de France, qui font comptez pour un Ecu, fur le pied que les Efpeces y font reglées aujourd'hui, ne valent que 20 fols ou environ argent courant de Hollande fur le pié que font les Efpeces en Hollande, ainfi les 20 fols courant de Hollande, font égaux en valeur & au *Pair* de 60 fols de France, car fi vous fondez 20 fols de Hollande, en France, ils rendront la valeur de 60 fols de France, & fi vous fondez en Hollande 60 fols de France, ils rendront la valeur de 20 fols de Hollande; mais quoi que je parle ici de fols, je n'entens pas que le *Pair* fe compte fur la valeur intrinfeque des fols effectifs & en piece, mais fur le gros argent monnoyé, comme Ecus, demi ou quart d'Ecus de France, & fur les Pieces de vingt, de trente, de cinquante ou de foixante fols de Hollande; que fi on aime mieux calculer le *Pair* de deux monnoyes differentes, on peut le calculer fur la valeur du fin de l'argent ou de l'or, & pour cela il faut faire faire l'effai des deux fortes de monnoyes, dont on veut calculer le *Pair*.

PAQUET, affemblage de plufieurs parties ou pieces de Marchandifes que l'on met & que l'on lie ou que l'on enveloppe enfemble. On dit un *Paquet* de Marchandifes, & un *Paquet* de Lettres.

PAR. Ce mot, qui fe met au commencement de chaque ligne du Credit du Grand Livre, defigne la caufe, le fujet qui *Doit*, ou le *Debiteur* : par exemple, au Credit du Capital *Par Caiffe*, fignifie que la Caiffe Doit, &c. Dans la precedente Edition mon Pere a mis *Par* tout du long au commencement de chaque ligne du Credit, mais comme j'aime d'abreger, & que j'ai vu quantité de Livres où on ne met ce mot *Par* qu'à la premiere ligne, & enfuite à tous les autres Pr. en abregé, je fuivrai cette methode.

PAREIL, femblable, égal en bonté, en beauté, ou en qualité.

PART, Portion, ce qui revient à quelqu'un, ou ce qu'il doit pour fa portion d'une chofe. Tant pour votre *Part* & tant pour la mienne.

PARTAGER, feparer, repartir une chofe en deux ou en plufieurs parties. Lors qu'une Societé eft finie, il faut *partager* les Profits & les Pertes; lorfque quelqu'un eft mort, fes Heritiers *partagent* fa fucceffion, lors qu'un Navire eft arrivé avec fa Cargaifon, les Proprietaires en *partagent* le fret, & chacun en reçoit fa portion, à proportion de l'Interêt ou de la *part* qu'il a dans le Navire.

PARTICIPANT, celui qui a part, portion ou interêt dans quelque chofe.

PARTICIPATION, Communauté d'interêt dans une chofe. Marchandifes en *participation* avec un tel, ou avec tels, c'eft-à-dire, Marchandifes que j'ai en commun avec un tel ou tels.

PARTICULIER, ce qui eft en feul, ou feparement. Il y a des Comptes *Particuliers* & des Comptes Generaux dans un Grand Livre. Les Comptes Generaux font ceux qui font deftinez pour plufieurs fortes de Marchandifes, les Comptes *Particuliers* font ceux qui ne font deftinez que pour une feule forte de Marchandife, ou pour certaines affaires que l'on fait avec quelque Correspondant, que l'on ne veut pas mêler avec les autres affaires que l'on fait avec lui; on intitule alors ces fortes de Comptes : *Un tel fon Compte Particulier*, ou *un tel mon Compte Particulier*.

PARTIE, Portion. Ce mot fe dit auffi d'une quantité de Marchandifes, une groffe *Partie* de Vins, une petite *Partie* d'Huiles, &c.

PARTIE, Article du Memorial, du Journal, du Grand

Grand Livre ou de quelque autre Livre. Il faut coucher cette *Partie*, il faut rapporter cette *Partie*; il se dit aussi de chaque somme d'un Compte en particulier, & à Amsterdam il se dit encore des sommes qui entrent en Banque, coucher les *Parties* entrées en Banque, demander les *Parties* entrées en Banque, &c.

PARTIES DOUBLES, maniere de tenir les Livres des Negocians; elle consiste à indiquer dans un même Article le Debiteur & le Crediteur, ou même dans diverses occasions les Debiteurs & les Crediteurs.

PARTIES SIMPLES, maniere dont quelques Marchands tiennent leurs Livres, elle consiste à n'indiquer qu'un seul Debiteur, ou qu'un seul Crediteur dans chaque Article.

PASSAGE, route suivie ou ordinaire, chemin par lequel on va d'un lieu à l'autre. Ce mot s'écrit communément par ceux qui adressent des Lettres à quelqu'un qui doivent aller plus loin ; Je vous prie de donner *passage* aux incluses, c'est-à-dire, je vous prie de faire mettre les incluses à la Poste suivant leur adresse.

du PASSE', ce Terme, qui est fort en usage dans les Lettres, dans les Livres & dans les discours des Negocians, signifie le dernier mois écoulé, ou le mois qui a precedé celui dans lequel on écrit ou on dit quelque chose.

PASSER *de conformité*, Debiter ou Crediter quelqu'un suivant l'avis ou l'ordre qu'il donne, ou suivant le Compte qu'il a envoyé.

PATAGON, Piece de monnoye de Brabant & de Flandres, qu'on appelle aussi Ecu & Rixdalle: elle y est de cinquante & six sols argent courant, ou de quarante & huit sols argent de Change.

PATRON. C'est le nom que les Garçons de Comptoir donnent à leurs Maîtres en parlant d'eux. On donne aussi ce nom dans quelques endroits aux Capitaines de Navire, & à ceux qui avancent & protegent quelqu'un dans le Commerce.

PEAGE, lieu auquel il faut payer quelque Droit pour pouvoir passer, où pour pouvoir passer des Marchandises; c'est aussi ce qu'il en coute & ce que l'on doit payer pour passer.

PERDRE, souffrir de là perte & du dommage. Vendre moins une Marchandise qu'elle n'a couté, c'est *perdre*. Il y a des Marchandises qui *perdent* en mesure, comme les liquides, d'autres en Poids, comme celles qui sont humides & qui dessechent, & d'autres en qualité ou en bonté.

PENETRATIF, celui qui pense & conçoit facilement les choses. Un Negociant qui est habile & *penetratif* a beaucoup d'avantages sur ceux qui ne font point de reflexion sur les revolutions qui arrivent dans le Commerce.

PERMIS, ce qu'il est libre de faire ou de ne pas faire, ce qui n'est pas defendu. Il y a des Negoces qui sont *permis* & d'autres qui sont défendus, comme des Marchandises *permises* dans certains endroits, & d'autres qui sont défenduës & de contrebande.

PERTE, domage que l'on souffre en perdant quelque chose, ou en ne retirant pas tant d'une Marchandise qu'elle a couté. Les Negocians associent les *Pertes* avec les Profits ou les Gains dans un seul Compte qu'ils tiennent des uns & des autres, qu'ils intitulent *Gains & Pertes*, ou *Profits & Pertes*: les Gains ou Profits se couchent au Credit de ce Compte, & les Pertes au Debit ; & lors qu'ils veulent savoir s'ils ont gagné ou perdu, ils additionnent le Debit & le Credit de ce Compte, & si le Debit est plus fort, la difference qui se trouve entre les deux sommes est *Perte*, mais si le Credit est plus fort, cette même difference est Gain ou Profit.

PESANT, lourd, Masse lourde & *pesante*, difficile à remuer. Ce mot se dit aussi pour marquer le Poids d'une chose, un Tonneau, une Bale, une Caisse de Marchandise *pesant* 500 ℔ 1000 ℔ &c.

PESER, voir par le moyen d'une Balance ou d'une Romaine, ce qu'une chose *pese*.

PIASTRES, Pieces de monnoye d'argent qui se fabriquent dans l'Amerique Espagnole & en Espagne, & qui ont cours dans plusieurs ports de la Mer Mediterranée, dans le Levant & aux Indes: elles valent en Espagne 8 Reaux.

PIED ou PIE', Mesure de la longueur à peu près du *Pied* de l'homme, qui se divise en quelques endroits en 12 Pouces, & en d'autres en 11. Elle sert à mesurer les Poutres, les Planches, les Navires & les Bâtimens, tant de Maçonnerie que de Charpente.

On dit des personnes & des affaires, qu'elles sont sur un bon *pié*, lors que les personnes sont dans un bon état & qu'il n'y a rien à craindre pour eux, & lors que les affaires sont bonnes & bien en ordre.

Etre reduit *au petit pié*, c'est n'être pas bien dans ses affaires, ou faire peu d'affaires.

PIECE. Ce mot en general signifie une chose entiere, de laquelle on n'a encore rien ôté; une *Piece* d'Etoffe; une *Piece* de Toile, une *Piece* de Ruban, est une *Piece* de toute la longueur dont on a accoûtumé de la faire, & de laquelle on n'a encore rien coupé.

PIECE, en parlant de Marchandises liquides, est une Futaille beaucoup plus grande qu'une Barique, dans laquelle on met des Eaux de Vie, des Huiles, des Prunes & semblables Marchandises.

PIECE, signifie aussi un mauvais tour, une tromperie, ou un coup de surprise fait par quelqu'un. Un tel m'a joué ou m'a fait une *Piece*, il faut faire une *Piece* à un tel.

PILOTAGE, le Salaire que paye un Navire qui entre dans quelque port ou qui en sort, au *Pilote* qui le conduit.

PINTE, Mesure dont on se sert en beaucoup d'endroits pour mesurer les Marchandises liquides, comme Vins, Eaux de Vie, Huiles & pareilles Marchandises.

PIPE, sorte de Futaille plus longue que grosse à proportion des autres Futailles. Les *Pipes* sont destinées particulierement à contenir les Huiles d'Olive, & quelquefois des Eaux de Vie.

PIRATE, Corsaire, Ecumeur de Mer, Navire qui ne va en Mer que pour piller & prendre les Navires qu'il rencontre. On donne le même nom à tous ceux qui composent l'Equipage du Navire, & souvent aux Negocians qui ne songent qu'à prendre & à gagner où ils peuvent sans aucun scrupule.

PLANCHE. Voyez *Jours de Planche*.

POIDS, certaine pesanteur reglée & autorisée par les Loix pour peser toutes les Marchandises qui se vendent à la Livre, au Quintal, à l'Once ou à quelques autres *Poids* que ce soit : il y a des *Poids* qui pesent depuis un trente-deuxieme de Grain jusques à cent Livres, quantité de Marchandises grossieres se vendent au Quintal, qui pour l'ordinaire est un *Poids* de cent livres, d'autres se vendent à la Livre, qui est un *Poids* ordinairement divisé en 16 onces, l'Or & l'Argent se vendent au Marc, qui est un *Poids* qui se divise en 8 onces; les Perles & les Diamans se pesent au Carat ou Karat, qui est un *Poids* de 4 Grains.

POIDS, Lieu public & autorisé par les Magistrats, où se doivent peser les Marchandises. En divers endroits on appelle en ce sens le *Poids* la Balance, parce que c'est avec des Balances que l'on y pese, & dans d'autres comme à Rouën, on appelle le *Poids* la Romaine, parce que l'on y pese avec la Romaine.

Bon POIDS, deduction que donne dans plusieurs endroits le Vendeur d'une Marchandise, sur le Poids de cette Marchandise. Il y a des Marchandises qui donnent un, d'autres deux pour cent de *bon Poids*, & d'autres davantage, c'est-à-dire que de 100 livres l'Acheteur n'en doit payer que 99 ou 98 Livres ou moins.

POINTER, Terme de Teneur de Livres, c'est examiner si les Articles du Journal sont duëment raportez sur un Grand Livre, & mettre un point tant à côté du folio marqué sur le Journal qui indique le folio du Grand Livre, que devant la somme que l'on trouve bien raportée sur le Grand Livre.

POLICE d'*Assurance*, ou simplement *Police*, Acte par lequel un ou plusieurs Assureurs se chargent de tous les perils & risques que courent des personnes qui voyagent, ou des Marchandises que l'on fait transporter tant par Mer que par Terre ou par Rivieres, d'un lieu dans un autre, moyennant une certaine somme qu'on leur paye.

POLICE *de Chargement*, quelques-uns nomment ainsi improprement les *Connoissemens*. Voyez à ce mot.

PONCTUEL, celui qui est exact à faire ce qu'on lui ordonne, ou ce qu'il a à faire.

PORT DE MER, Ville, Bourg ou Village sur le bord de la Mer, où les Navires peuvent aborder.

PORTEUR, Terme de Banquier, c'est celui auquel une Lettre de Change est endossée & qui en est le Proprietaire; il n'en est le *Porteur* qu'autant de tems qu'elle

lui

lui eſt endoſſée & qu'il ne l'a pas endoſſée à un autre; car du moment qu'il l'endoſſe à un autre, celui-ci en devient le *Porteur*, & l'autre eſt alors Endoſſeur.

PORTEUR *de Procuration*, celui en faveur duquel une Procuration eſt paſſée par quelqu'un, en vertu de laquelle il peut agir, au nom de celui qui la lui a paſſée.

PORTION, Part ou Partie d'une choſe. Ce mot ſe dit de la part ou de l'intérêt que l'on a dans une Société ou dans un Navire.

POSTE, lieu où on remet les Lettres que l'on écrit aux Correſpondans des Villes voiſines & des Païs étrangers, & dans lequel elles arrivent, & où elles ſe diſtribuent.

POUR, ce mot ſe met dans les Comptes, & dans tous les Articles du Memorial, du Journal & du Grand Livre, & marque la cauſe & la raiſon *pour* laquelle l'on *Debité* ou l'on *Credite* quelqu'un. Par exemple, *Caiſſe A Jean Dubois fl. 2540 : 10 : Pour* autant reçu de lui, *pour* telle Marchandiſe que je lui avois vendue, &c.

POURRI, ce qui eſt gâté & endommagé par la pourriture, qui eſt un accident qui arrive à diverſes ſortes de Marchandiſes que l'on embale, ou que l'on met dans des Tonneaux, ou que l'on charge ſur des Navires ſans les avoir laiſſées aſſez ſecher; tels ſont les Grains, les Fruits & diverſes autres ſortes de Marchandiſes.

POURSUIVRE, c'eſt après avoir intenté un Procès à quelqu'un, en ſolliciter & en preſſer le jugement. *Pourſuivre* quelqu'un en Juſtice, c'eſt le faire citer devant les Juges, & faire les diligences requiſes pour l'obliger à faire raiſon de ce qu'on prétend de lui. *Pourſuivre* le payement ou le rembourſement d'une Lettre de Change, c'eſt attaquer, s'en prendre à celui qui l'a acceptée, au Tireur ou à quelque Endoſſeur & lui en demander le payement ou le rembourſement.

POURVOIR, Terme de Banquier, faire enſorte que celui qui a accepté une Lettre de Change, ait à l'Echeance de quoi la payer, c'eſt fournir ou faire fournir, remettre à quelqu'un les fonds neceſſaires pour payer ce qu'il doit.

PRATICABLE, ce qui ſe peut faire par certains moyens, qu'on peut mettre en uſage pour faire réuſſir une choſe.

PREFERENCE, donner la *preference* à quelqu'un, c'eſt lui donner la Marchandiſe ou ce dont il s'agit au prix qu'un autre en offre avant lui, ou lui donner ce dont il s'agit le prix aúquel on peut l'avoir d'un autre, c'eſt auſſi un certain Droit que certains Creanciers ont ſur les effets de leurs Debiteurs, qu'on appelle Droit de *Preference*.

PREFERER, c'eſt faire choix d'une choſe, d'une propoſition, ou d'une perſonne entre pluſieurs qui ſe préſentent, ſe déterminer à faire plûtôt l'une que l'autre, ou avec une perſonne qu'avec une autre.

PREFIX, Terme de Banquier, tems ou jour fixé pour faire une choſe, ou pour faire un payement. On tire ſouvent des Lettres de Change à jour *prefix*, c'eſt-à-dire, que la Lettre de Change doit ſe payer le jour même auquel on la fait payable, une Lettre de Change payable, par exemple, au 10 d'Août *prefix*, doit être payée ce même jour, & ce n'eſt qu'en France où quelques-uns ſoûtiennent qu'une Lettre tirée à jour *prefix*, doit jouïr de 10 jours de grace auſſi bien que celles qui ſont tirées à Uſance & à deux Uſances.

PREJUDICE, dommage, perte que l'on ſouffre ſur quelque Marchandiſe, ou par la faute ou le concours de quelqu'un, lors que l'on envoye à quelqu'un un Compte de Marchandiſes que l'on a venduës pour lui, & que l'on n'en a pas reçu encore le payement. On ne doit pas manquer de mettre au bas que l'on l'en Credite ſans *Préjudice* juſques à ce que les Deniers ſoient entrez.

PREJUDICIABLE, ce qui eſt desavantageux, & qui cauſe de la perte & du dommage.

PREJUDICIE'E, *Lettre de Change prejudiciée*, c'eſt une Lettre de Change qui n'arrive dans le lieu, dans lequel elle doit être payé, qu'après que les jours de grace en ſont paſſez; on nomme les Lettres de Change qui arrivent ainſi trop tard *préjudiciée*, parce que celui qui les reçoit, n'a plus le Droit du Change ſur l'Accepteur, ſur le Tireur & ſur les Endoſſeurs, qu'il auroit eu, ſi la Lettre lui étoit parvenuë avant le dernier jour de grace; mais il faut noter qu'une Lettre de Change ne peut être *préjudiciée*, que lors qu'elle part trop tard d'un endroit

pour pouvoir arriver avant le dernier jour de grace dans le lieu où elle doit être payée; car ſi elle eſt partie aſſez tôt pour y pouvoir arriver avant ledit jour, & que quelque accident ait arrêté le Courier qui la portoit, celui qui la reçoit ne perd pas ſon Droit de Change.

PRÊTER, avancer, ou donner de l'argent à quelqu'un, pour le rendre dans un certain tems, ou livrer des Marchandiſes à quelqu'un, pour les payer dans un tems limité.

PRETEUR, celui qui *prête*, ou qui a *prêté* à quelqu'un.

PREVALOIR, ſe prevaloir, en Terme de Banquier, veut dire tirer une ou pluſieurs Lettres de Change ſur quelqu'un pour ſe rembourſer des ſommes que l'on a payées ou que l'on doit payer, ſoit pour le Compte même de celui ſur lequel on tire, ſoit pour le Compte d'un autre.

PRIME, certaine ſomme plus ou moins groſſe ſelon que l'on en convient, que l'on paye à quelqu'un, qui s'engage de livrer ou de recevoir des Marchandiſes ou des Actions à un certain prix pendant un tems limité.

PRIME *d'Aſſurance*, certaine ſomme auſſi plus ou moins groſſe ſelon que l'on en convient, ou proportionnée au riſque & à la longueur d'un Voyage, laquelle on paye à un Aſſureur qui ſe charge des perils & riſques que courent les Navires & les Marchandiſes, en allant ſur Mer d'un lieu ou d'un Païs dans un autre, moyennant laquelle *Prime* l'Aſſureur doit payer tout le dommage arrivé au Navire ou à la Marchandiſe pendant le voyage, mais ſi l'un ou l'autre arrivent à bon port ſans aucun dommage, la *Prime* reſte à l'Aſſureur.

PRINCIPAL, on nomme ſouvent ainſi un Negociant qui donne quelque commiſſion à un Commiſſionnaire, mais on entend plus ſouvent par ce mot, le Capital ou la Somme à laquelle on ajoûte un interêt: alors la Somme capitale s'appelle le *Principal*, & on dit, le *Principal* eſt tant, dont l'interêt monte à tant.

PRIX, Valeur qui s'applique à toutes les choſes du Monde pour en faire l'Equivalent. Il ne ſe fait aucun Negoce dans le Monde, & il n'y a preſque rien qui n'ait ſon *prix*, qui pour l'ordinaire eſt proportionné à la nature des choſes, & plus ou moins haut, ſuivant qu'elles ſont rares ou abondantes. Dans preſque toute l'Europe le *prix* eſt une certaine ſomme d'or ou d'argent que l'on donne pour quelque choſe; il y a des endroits où l'on negocie en Troc, parce que l'or & l'argent n'y ſont pas fort communs, & alors la Marchandiſe que l'on donne, ſert de *prix* à celle que l'on reçoit.

PROBITE', bonne foi ou équité. Le Commerce, s'il étoit poſſible, ne devroit être permis qu'aux gens de *Probité*, car il y a trop de fripons qui l'exercent.

PROCEDE, maniere d'agir, conduite qu'une perſonne tient à l'égard d'une autre. On eſt bien ou mal ſatiſfait du *Procedé* de quelqu'un.

PROCES, Different ou Diſpute entre deux Parties, qui ſe doit vuider par la Juſtice; il n'en ſurvient que trop entre les Negocians ſur des choſes mal expliquées ou mal entenduës. Comme les *Procès* ſont non ſeulement la peſte du Commerce, mais même d'une bonne partie du Genre humain, tout homme ſage les évitera, & préferera toûjours de faire juger ſes Differens par des Arbitres, que de les faire plaider par des Avocats & Procureurs de nos jours, dont la plûpart ſont conſiſter toute l'adreſſe de leur Eſprit à ſavoir tourner en longueur les *Procès* les plus faciles à vuider.

PROCURATION, Acte paſſé par devant Notaire & Témoins, par lequel une perſonne autoriſe quelqu'un de faire quelque choſe pour elle & en ſon nom, & par lequel elle s'oblige & s'engage d'approuver & de ratifier, ce qui ſera fait en vertu de la *Procuration*.

PROFESSION, vacation, ce que l'on entreprend de faire pour gagner ſa vie, & à quoi l'on s'applique, tant pour ſubſiſter que pour s'enrichir, ſoit à quelque Metier, ſoit à quelque autre choſe : un Negociant fait *Profeſſion* du Commerce.

PROFIT, Gain, Avance, Benefice. Le Profit eſt le grand but du Commerce, car il eſt certain que jamais aucun Negociant n'entreprend rien, que dans l'eſperance de gagner & de *profiter*.

PROFITABLE, ce qui eſt avantageux, & qui donne ou promet du profit.

PRO FORMA, par forme. Ce mot ne ſe dit que des Lettres de Change qu'un Negociant ou un Banquier tire ſur quelqu'un, à l'ordre d'un de ſes Commis ou de quelque

que ami qui ne lui en paye pas la valeur. Il y a diverses occasions, dans lesquelles on tire des Lettres de Change *pro Forma* ; les principales & les plus frequentes sont lors qu'il est dû à quelqu'un, qui craint que celui, sur lequel il tire, n'acceptera pas sa Traite, il fait une Lettre de Change à l'ordre de quelqu'un dont il feint avoir reçu la valeur, & l'envoye à l'acceptation, afin de ne la pas negocier s'il apprend que celui sur lequel il l'a tirée, ait refusé de l'accepter, & de n'être pas exposé à la rembourser avec le Rechange ; d'autres se font tirer ou remettre des Lettres de Change *pro Forma*, pour les excompter & se servir de l'argent pendant le tems qu'elles ont à courir.

PROMESSE, Billet ordinairement sous seing privé, par lequel on s'engage & s'oblige de payer une telle somme à quelqu'un dans un certain tems limité ; une *Promesse* est aussi un engagement de parole que l'on donne à quelqu'un de faire quelque chose.

PROMETTRE, s'engager, soit de bouche ou par écrit, de faire ou de ne pas faire quelque chose.

PROPRIETAIRE, celui à qui apartient une chose, & qui a droit d'en disposer. On appelle ordinairement les *Proprietaires* d'un Navire, les Bourgeois auxquels il apartient, ou qui y ont interêt.

PROTEST, Acte passé par devant Notaire & Temoins, qui contient Copie de la Lettre de Change que le Notaire & ses Temoins ont presentée à celui qui la devoit payer, ou à son Domicile, avec la réponse qui lui a été faite, & une *Protestation* expresse de la part de celui qui en devoit recevoir le montant, de chercher & prendre son payement, où il trouvera à propos.

PROTESTER, faire l'Acte du *Protest*. Celui qui est Porteur ou Proprietaire d'une Lettre qu'on ne paye pas avant le dernier Jour de Grace, la fait *protester*, & celui qui la devoit payer, la laisse *protester*. Celui auquel une Lettre de Change est envoyée pour en procurer l'acceptation, ne doit pas manquer de la faire *protester*, si celui sur lequel elle est tirée, refuse de l'accepter.

PROVISION. Ce mot a deux significations differentes suivant ce dont il s'agit en parlant ou en écrivant. Dans un sens il signifie, les fonds ou l'argent qu'il faut pour faire le payement des Lettres de Change, & dans un autre sens il signifie la Commission ou le Salaire du Commissionnaire.

Q.

QUALITE', ce qui fait la bonté ou le defaut de quelque chose que ce soit. Des Marchandises d'une bonne ou mauvaise *Qualité*.

QUANTITE', grand nombre, beaucoup. Il se trouve dans Amsterdam, dans Paris & dans Londres *quantité* de Marchandises qu'on ne trouve qu'en petit nombre ou en petite *quantité* dans bien d'autres Villes.

QUART. la quatrieme partie ou portion d'un entier ou d'un total.

QUARTERON, c'est aussi la quatrieme partie d'un entier, mais dans plusieurs endroits on entend par ce mot le quart d'un cent, qui fait vingt & cinq.

QUINTAL, c'est ordinairement le poids de cent Livres. A Londres le *Quintal* est de 128 Livres, & le *Quintal* s'y divise en quarts de *Quintal* & en Livres.

QUITTANCE, Ecrit, par lequel on reconnoit avoir reçu de quelqu'un ce qu'il devoit, accompagné de la signature de celui à qui il étoit dû, ou de celui qui reçoit.

QUITTANCER, écrire la *Quittance* au bas du Compte, au dos d'une Lettre de Change ou d'une Assignation &c. En France on *quittance* les Lettres de Change en écrivant au dos *Par Acquit*, & en mettant son Seing au bas ; mais à Amsterdam, on met au dos des Lettres de Change en Courant, *Reçu le contenu de l'autre part un tel jour*, & on signe au bas, ce qui exprime bien mieux la chose que *Par acquit*.

R.

RABAIS, Diminution, ou Deduction que l'on donne sur le prix des Marchandises accordé. Voyez *Deduction*. Il y a des Ventes publiques qui se font au *Rabais*, & tout au rebours de celles qui se font à l'enchere : on y met d'abord un haut prix, & on va toûjours en diminuant, jusques à ce que quelqu'un des Assistans dise, *à moi* ;

alors celui qui dit *à moi*, est l'Acheteur au prix que l'on prononçoit, lors qu'il a dit *à moi*.

RABAT, deduction que l'on fait de l'Interêt d'une somme que l'on ne doit payer que dans un certain tems, lors qu'on la paye comptant ; le *Rabat* n'a proprement lieu qu'à l'égard de quelques Marchandises qui se vendent ordinairement à payer au bout de 15, de 18, de 21, ou de 33 mois ; on appelle ces Termes à 15, à 18, à 21 ou à 33 mois de *Rabat*, parce que quoi que l'Acheteur puisse attendre à payer pendant tout le Terme, il aime mieux payer comptant en *rabattant* l'Interêt, qui dans cette occasion se compte à 8 pour cent par an. J'en ai traité amplement dans le *Negoce d'Amsterdam*, où ceux qui voudront en savoir davantage pourront avoir recours depuis la page 103 jusqu'à page 111.

RADOUB, Terme de Marine, c'est le racommodage d'un Navire.

RAÏER ou RAYER, tirer une ou plusieurs lignes sur quelque chose qui est écrit, le biffer, c'est ce que l'on ne doit jamais faire dans aucun Journal ni Grand Livre, ni même sur un Memorial. Que si l'on y a couché mal quelque Article, il vaut beaucoup mieux le redresser par une contrepartie où on explique l'abus fait, que de le *rayer*, parce que cela peut donner du soupçon que l'on a voulu faire une fausseté lors qu'on a écrit un Article sur l'un de ces Livres que l'on *raye* dans la suite. Voyez *Contrepartie*.

RAPORTER, Terme de Teneur de Livres, c'est écrire au net sur le Journal, ce qui n'est écrit qu'en gros ou à la hâte sur le Memorial, c'est aussi extraire & *raporter* sur le Grand Livre les Articles du Journal, en faisant un point au devant de chaque chifre qui indique le folio du Grand Livre.

RARE, ce dont on ne voit que peu. Lors que les Marchandises sont *rares*, elles sont toûjours plus cheres, que lors qu'il y en a en abondance.

RATISSER, RATURER, grater doucement avec la pointe d'un canif un mot, une lettre, ou quelques chifres écrites mal à propos. Comme il arrive assez souvent aux meilleurs Teneurs de Livres de se tromper, en mettant un mot pour un autre ou quelques chifres pour d'autres, ils *ratissent* ou *raturent* tout doucement, afin de ne pas percer le papier, & ensuite ils frottent l'endroit *raturé* avec un peu de poudre de Sandaraque, ou de Colophone, & peuvent écrire sur l'endroit *raturé*, sans que le papier boive.

REBUT, ce que l'on ne veut ou ne peut pas prendre pour bon. Lors qu'on choisit des Marchandises, on choisit les meilleures, & on *rebute* celles qu'on ne veut pas.

RECEPISSE', ce mot en general se prend pour une Quittance ou un Reçû, mais on donne particulierement ce nom à de certaines reconnoissances que donnent des Receveurs, pour des sommes qu'ils ont reçues, dont ils donnent des *Recepissez*, en attendant qu'ils fournissent les Obligations de l'Etat. Lors que l'on porte à la Banque d'Amsterdam des Especes, le Receveur en donne un *Recepissé* que l'on peut vendre & negocier comme on veut. Il contient qu'un tel a porté un tel jour à la Banque un tel nombre de Louïs d'or, de Ducats, ou telles autres Especes à un tel prix, lesquelles il sera obligé de retirer dans 6 mois, en payant demi, un quart ou un huitieme pour cent de la valeur qu'on lui avance, suivant les Especes que ce sont, mais on peut renouveller ces *Recepissez* au bout de six mois, en payant le demi, le quart, ou le huitieme pour cent que l'on devroit payer si on retiroit les Especes.

RECEPTION, Acte de recevoir. Lors qu'un Negociant a *reçu* des Remises ou des Marchandises pour Compte d'un Correspondant, & qu'il lui écrit qu'il les a reçues, cela s'appelle *Accuser la Reception* ; c'est aussi le moment dans lequel on *reçoit* quelque chose ; à la *reception* de votre Lettre, ou à la *reception* de vos Ordres, je fus sur le champ faire telle chose, ou je fus les executer, &c.

RECEVOIR, devenir Possesseur d'une chose qui nous étoit duë, ou qui nous est destinée ou adressée. On *reçoit* de l'argent ou des Lettres de Change en payement de ce qui étoit dû, lors que l'on prend l'argent ou les Lettres de Change de celui qui devoit, & ainsi l'on en devient Possesseur, comme on le devient d'une Marchandise ou d'une Lettre qui nous est adressée, & que l'on nous porte chez nous.

RECHANGE, Terme de Banquier, c'est le prix auquel

quel

quel revient le Change d'un lieu fur lequel on a tiré u-
ne Lettre de Change ; mais on ne l'appelle *Rechange*,
que lors qu'il s'agit de demander le Remboursement ou
de faire le calcul d'une Lettre de Change revenuë à
Proteſt : par exemple, B d'Amſterdam tire fur C de Paris à l'ordre de D à 42 deniers de Gros par Ecu, le 6
de Mai à 4 jours de date ; C de Paris laiſſe proteſter la
Lettre qu'on renvoye à D le 24 Mai, auquel jour le
Change de Paris fur Amſterdam étoit à 43 Deniers de
Gros par Ecu. Dans ce cas on donne le nom de *Rechange* au prix de 43 gros.

RECLAME, Acte de reclamer ou de demander ce
que quelqu'un veut nous retenir ou arrêter ſous quelque
pretexte.

RECLAMER, demander & exiger qu'on nous rende
ce que l'on nous a faiſi ou arrêté, ou ce que nous avons
perdu & que nous ſavons que quelqu'un a trouvé.

RECONNOISSANCE, on nomme ainſi une eſpece
d'Inventaire que font la plûpart des Negocians une ou
deux fois l'année de toutes leurs affaires en general, pour
voir dans quel état elles ſont, & s'ils gagnent ou s'ils
perdent : c'eſt une revuë generale de tout ce qu'ils ont
fait & geré depuis un certain tems.

RECOURS, avoir ſon *recours* fur quelqu'un, ou contre
quelqu'un, c'eſt avoir Droit de lui demander une ſomme
qu'il eſt obligé de payer au defaut d'un autre, comme,
par exemple, le Porteur d'une Lettre de Change proteſtée,
faute de payement a ſon *recours* fur les Endoſſeurs & fur le
Tireur, celui à qui il eſt dû quelque choſe, & qui s'eſt
fait donner caution, a ſon *recours* fur la caution, ſi celui qui doit ne paye pas dans le tems limité.

RECTIFIER. corriger un abus dans un Compte,
dans un calcul ou dans un Article de quelque Livre,
& mettre ou coucher la choſe juſte comme elle doit
être

REDEVABLE, qui reſte Debiteur, pour la ſolde d'un
Compte. Ce mot ſe dit plus ſouvent en parlant ou en
écrivant d'une troiſieme perſonne, qu'en parlant à la perſonne même qui eſt *redevable*, à laquelle on dit ou on
écrit, *il me revient*, en lui envoyant un Compte ; par
exemple, *Voici votre Compte courant pour ſolde duquel il
me revient ſauf erreur ou omiſſion une telle ſomme*,
mais en parlant à quelque autre, on dit *je lui ai envoyé ſon Compte, par lequel il m'eſt* redevable *d'une telle
ſomme.*

REDRESSER, corriger un Abus. Ce terme en ce
ſens eſt le même que celui de *rectifier* ; il ſignifie auſſi
en parlant d'un autre, lui indiquer une faute ou une erreur qu'il a commiſe, afin qu'il la corrige.

REDUCTION, operation d'Arithmetique, par laquelle on calcule combien d'aunes, de livres, ou quelle
ſomme fait dans une Ville, un certain nombre d'aunes,
de livres, ou une certaine ſomme d'une autre Ville. Tous les Negocians qui ſont dans les Païs étrangers,
doivent abſolument ſavoir toutes ſortes de *Reductions*,
car ſans cela ils ne peuvent jamais ſavoir à combien leur
reviendront les Marchandiſes qu'ils y font acheter, ni à
combien leur reviendront celles qu'ils y veulent envoyer.

REDUIRE, travailler à faire une Reduction.

REFACTION, certaine quantité ſoit dans le poids,
dans ſa meſure, ou fur le montant de la ſomme à quoi
montent des Marchandiſes, que le Creancier fait bon &
diminue au Debiteur, lors que dans les Marchandiſes
que le Creancier a reçuës, il s'en trouve qui ſont de beaucoup inferieures à la qualité dont elles devoient être,
comme lors qu'un Acheteur ayant ſeulement vu une
partie des Marchandiſes qu'il achete, & qui paroiſſent
égales, il s'en trouve à la reception qui ſont d'une beaucoup moindre qualité, qu'il n'eſt pas juſte qu'il paye au
même prix des bonnes. Dans ce cas, l'Acheteur eſt en
droit d'annuller le Marché, ſi le Vendeur ne lui fait pas
une diminution proportionnée à la inferiorité de la
Marchandiſe, laquelle diminution ſe nomme *Refaction*.
Ce mot ſignifie auſſi tout ce que l'on a de trop debité,
ou auquel on a trop porté en Compte pour quelque choſe que ce ſoit.

REFERER, *ſe Referer*, s'en rapporter à ce que l'on
a déja dit ou écrit, ou à ce qui a été fait. La plûpart
des Negocians ſe ſervent fort utilement de ce Verbe dans
les Lettres qu'ils écrivent à leurs Correspondans, car au
lieu de leur écrire, comme font quelques-uns, qui ne
connoiſſent point l'énergie de ce terme, *ma derniere é-
toit d'un tel jour*, ou *j'eus l'honneur de vous écrire un tel
jour & de vous dire telle & telle choſe*, après quoi, ils
copient presque rout du long la derniere Lettre qu'ils
ont écrite, ce qui ne cauſe que de vaines redites : ceux
qui ſe piquent de bien écrire, ſe contentent d'écrire,
j'eus l'honneur de vous écrire un tel jour à quoi je me
refere, c'eſt-à-dire, je m'en tiens & m'en raporte à ce
que je vous ai écrit un tel jour. Je ne prétens pourtant
pas blâmer ici de certaines repetitions que l'on fait des
Lettres precedentes dans certains cas où ces repetitions
ſemblent neceſſaires, comme lors que l'on écrit à des
Correspondans tort éloignez & qu'on ne leur envoye pas
Copie des Lettres precedentes, lors que l'on donne a-
vis à quelqu'un que l'on a tiré fur lui ou fur un autre
pour ſon Compte, ou enfin, lors qu'il s'agit d'une
choſe de conſequence, dont l'omiſſion ou la commis-
ſion peuvent cauſer un grand profit ou une groſſe perte, il eſt bon alors de repeter l'avis ou l'ordre poſitif,
que l'on a donné par la Lettre precedente, & d'inſiſter
que la choſe ſoit faite comme on le ſouhaite.

REFLECHIR, faire des Reflexions fur quelque choſe, y penſer ſerieuſement, & en balancer le pour &
le contre afin de prendre une reſolution.

REFORMER, corriger une faute ou un abus.

REGLE, Calcul d'Arithmetique, certaine maniere
de faire un Calcul. Les premieres *Regles* de l'Arithmetique, ſont l'Addition, la Souſtraction, la Multiplica-
tion & la Diviſion. Elles ſe travaillent toutes differemment, & font le principe & le fondement de toutes
les *Regles* de l'Arithmetique.

REGLE', ce dont on eſt convenu & demeuré d'accord. Quand on dit qu'on a *regle* une affaire, c'eſt-à-
dire, qu'on l'a accordée & qu'on en eſt convenu. Un
Compte *reglé* eſt un Compte de la Solde duquel le Debiteur & le Crediteur ſont demeurez d'accord.

REGLER. Ce mot ne ſe dit qu'à l'égard des Comptes au ſujet desquels il y a quelque difficulté entre les
Debiteurs & les Crediteurs. *Regler* des Comptes, c'eſt
donner de part & d'autre ſes prétentions, & demeurer
d'accord de tous les Articles.

REHABILITATION. Ce mot ſignifie proprement
remettre une perſonne dans ſa precedente habileté, ou, ſi
on veut, le rendre auſſi habile qu'auparavant pour faire
des affaires, c'eſt accorder & laiſſer à une perſonne qui a
manqué, la même liberté & la même franchiſe pour faire des affaires, qu'elle avoit avant ſa faillite.

REHABILITE', celui qui après avoir manqué, & a-
près avoir fait un accord avec ſes Creanciers, eſt remis
dans une entiere liberté de negocier, ſans que ſes Creanciers le puiſſent inquieter de nouveau.

RELACHER, Rendre libre une choſe que l'on rete-
noit à quelqu'un, & la laiſſer au pouvoir de ſon veritable Proprietaire. Ce mot ſe dit principalement des Navires & des Marchandiſes, que des Princes & des Puis-
ſances font arrêter pour quelque ſujet legitime, ou ſous
quelque prétexte ſpecieux, auxquels ils rendent la liberté.

REMETTRE, Terme de Banquier, c'eſt proprement envoyer à un Correspondant des Lettres de Change que l'on a priſes pour ſon Compte, dont on a payé
la valeur, & que l'on a endoſſées ou faites endoſſer à l'ordre de celui auquel on les envoye ou auquel on les
remet.

REMISE, & en pluſier REMISES. Ce ſont les
Lettres de Change que les Banquiers & Negocians ſe remettent ou s'envoyent reciproquement les uns aux autres ; lors que l'on Credite quelqu'un pour le montant
des Lettres de Change qu'on a reçuës de lui, on écrit
ſimplement dans le Memorial & dans le Journal, *Caiſſe*
ou *Banque A un tel*, pour ſa *Remiſe*, ou pour ſes *Remiſes* ſuivantes, &c. Au reſte, elles s'appellent *Remiſes*, tant par celui qui les envoye, que par celui qui les
reçoit.

REMPLACER, c'eſt fournir ou faire bon une ſomme ou la valeur de quelque choſe, au lieu d'une autre
à peu près équivalente. Ce mot ſe dit lors qu'un Correspondant, ayant une ſomme entre les mains de ſon
Commiſſionnaire deſtinée pour un certain payement,
en diſpoſe autrement qu'il ne l'avoit penſé d'abord, &
que dans la ſuite il lui fait de nouveaux fonds pour
faire le payement auquel la premiere ſomme étoit destinée.

RENCHERIR, augmenter une Marchandiſe en prix,
la vouloir vendre plus cher qu'à l'ordinaire.

RENCONTRE, Terme de Teneur de Livres. C'eſt
la

la conformité ou l'égalité de toutes les sommes qui font au *Debit* & au *Credit* d'un Grand Livre, avec celles qui leur font opposées. Toutes les sommes qui font au *Debit* de tous les Comptes du Grand Livre se doivent trouver necessairement au *Credit* des Comptes indiquez dans les Articles du *Debit*, comme toutes les sommes qui font au *Credit* du Grand Livre, doivent se trouver necessairement au *Debit* des Comptes indiquez dans chaque Article. Par exemple, j'ai acheté de Jean 10 Pieces Eau de Vie montant à 1000 Florins: je *Debite* les Eaux de Vie A Jean de 1000 florins, de sorte que les 1000 Florins, qui font au *Debit* des Eaux de Vie, trouvent leur *rencontre* au *Credit* du Journal du Compte de Jean; & lors que je paye Jean, je le *Debite* A *Caisse*, alors les 1000 Florins dont je les *Debite*, trouvent leur *rencontre* au *Credit* de la Caisse, c'est ce *Rencontre* mutuel des parties & de toutes les sommes du Grand Livre qui fait non seulement la beauté & l'ornement de la methode des Livres à Parties Doubles, mais aussi la preuve par laquelle seule on peut connoître si les Parties du Journal font bien raportées sur le Grand Livre, car il est certain que si toutes les sommes qui font au Debit General du Grand Livre se trouvent au Credit general, le Debit & le Credit doivent être égaux & ne se pas exceder d'un seul denier.

RENCONTRER, c'est ainsi qu'on appelle à Amsterdam une certaine maniere d'ajuster des Marchez faits à terme. Ceux qui voudront savoir au long comment cela se fait, peuvent voir le *Negoce d'Amsterdam*, imprimé chez *Lucas*, page 58 & 59.

RENONCER, abandonner, laisser & se desister de quelque chose; soit une pretention que l'on avoit contre quelqu'un, soit un dessein que l'on avoit formé.

RENONCIATION, Acte par lequel on se desiste, & cede quelque chose à quelqu'un.

RENTE, RENTES, Revenus annuels que reçoivent ceux qui ayant beaucoup d'argent le donnent à l'Interêt, ou qui ayant des biens fonds les afferment à des gens qui leur en payent le loyer. Il faut qu'il y ait des gens bien riches à Amsterdam, puis que j'en connois plusieurs qui certainement depensent dix mille florins par an & plus, & qui cependant ne vivent que de leurs *Rentes*, qui dans un bon tems ne vont qu'à deux & demi pour cent par an.

REPESER, Peser une seconde ou troisieme fois ce qui a déja été pesé.

REPETER, dire ou écrire ce que l'on a déja dit ou écrit.

REPETITION, Acte de repeter, confirmation de ce que l'on a déja dit ou écrit à quelqu'un.

REPONDRE, parler ou écrire à quelqu'un sur ce qu'il a dit, écrit ou exigé. Ce mot est opposé à celui de *demander*. Les Lettres des Negocians continent des avis, des faits ou des demandes, auxquelles on *répond* ordinairement comme on le trouve à propos. Il y a des Lettres qui n'exigent pas de *Réponse* absoluë, mais il y en a beaucoup qui demandent une *Réponse* claire & précise, car j'ai vu fort souvent que plusieurs Negocians, faute de *répondre* à certaines Lettres, se font fait des affaires fâcheuses.

REPONDRE, assurer quelqu'un de la probité, de la bonne foi & de la bonté ou solidité d'un autre, c'est aussi se rendre caution pour quelqu'un.

REPONDANT, celui qui est caution ou garant pour quelqu'un.

REPROCHE, blâme d'avoir mal dit ou fait quelque chose, ou de n'avoir pas agi suivant les ordres prescrits. Les Commissionnaires qui font souvent en bute au chagrin de leurs Correspondans lors qu'ils perdent sur des Marchandises, sur lesquelles ils esperoient du profit, en rencontrent de si brutaux qu'ils en reçoivent des *reproches* indignes, & il y a bien des choses à dire de certains Commissionnaires & de certains Commetans.

REPUTATION, Renommée, certain temoignage du Public que l'on s'attire par sa Vertu ou par ses Vices. On dit une bonne ou une mauvaise *Reputation*. Un Negociant ne sauroit travailler avec trop de soin à s'acquerir une bonne *Reputation*, ni à s'y maintenir, car une bonne *Reputation* attire de bonnes affaires & un bon Credit, sans lequel il est très-difficile de faire un Commerce un peu considerable.

REQUIS, le *Requis*, ce qui est dans l'ordre prescrit par l'Usage ou par les Loix; c'est aussi ce qui a été demandé lors que l'on envoye à un Correspondant des Lettres de Change pour en procurer l'Acceptation ou le payement. On écrit ordinairement à celui auquel on les envoye d'en procurer *le Requis* ou le necessaire, & ceux qui ont reçu les Lettres de Change, repondent qu'ils en procureront *le Requis* ou le necessaire.

RESOLUTION, détermination, decision, sentiment auquel on s'en tient pour faire ou ne pas faire quelque chose.

RESPONSABLE, celui qui doit rendre Compte de quelque chose, c'est aussi celui qui est garant & *repondant* pour quelqu'un, mais il y a cette difference entre un garant ou un *repondant* & entre celui qui est *responsable*, que le garant est obligé, soit en vertu de quelque promesse écrite ou verbale de payer ou de faire bon au defaut de celui pour lequel il est caution, au lieu qu'on peut souvent rendre *responsables* des gens pour des choses auxquelles ils n'ont eu aucune part.

RESTORNE ou RESTOURNE, c'est la Prime d'Assurance que celui qui s'est fait assurer, se fait rendre par les Assureurs, lors qu'il a fait trop assurer, ou lors qu'il ne charge pas les Marchandises qu'il s'étoit fait assurer pour le lieu pour lequel il les avoit destinées; dans ce cas, les Assureurs rayent leur nom de la Police d'Assurance, & mettent à côté *Restourné* tant pour cent. La coûtume est que les Assureurs se retiennent toûjours demi pour cent de la Prime reçuë, & ainsi ils *restournent* toûjours demi pour cent de moins qu'ils n'ont reçû.

RESTANT, ou RESTE, ce qui demeure d'une partie entiere ou du total d'une Marchandise, ou d'une somme après que l'on en a ôté une partie ou que l'on en a deduit une autre somme.

RESTITUER, rendre & rembourser ce que l'on avoit à quelqu'un.

RESTITUTION, Action de restituer. Ce mot se dit en matiere d'Assurances, lors que, par exemple, l'on est convenu que si un Navire va jusques à un certain Port, la Prime se payera à 10 pour cent, mais que s'il ne va que jusques dans un autre Port moins éloigné, la Prime ne se payera qu'à 6 pour cent. Dans ce cas, si le Vaisseau n'est allé que jusques au Port le moins éloigné, l'Assuré se fait *restituer* 4 pour cent par les Assureurs, en demandant cette *Restitution* que les Assureurs lui font sur les preuves qu'il leur donne que le Navire a borné son Voyage dans le Port le moins éloigné. Il arrive aussi fort souvent en tems de guerre qu'on fait assurer à 12, à 15 ou 20 pour cent sans Convoi, ou à 3, 4 ou 6 pour cent avec Convoi, & lorsque l'Assuré peut prouver que le Navire est parti avec Convoi, il a droit de demander *Restitution* aux Assureurs de la Prime accordée ou payée de plus que si le Navire étoit parti sans Convoi, quand même le Navire auroit été separé du Convoi une demi heure après son depart, ou pris en sortant du Port à la vuë du Convoi.

RETIRER, recevoir, se mettre en possession de quelque chose, & qui étoit sous la puissance d'autrui, soit qu'elle nous appartienne à nous-mêmes, ou à un autre, par ordre duquel nous la *retirons*. On dit *retirer* une Lettre de la Poste; *retirer* des Lettres de Change de l'Acceptation, *retirer* des effets de chez quelqu'un, &c.

RETIRER, Terme de Banquier, c'est tirer une Lettre de Change sur celui duquel on doit payer une Lettre de Change ou une Traite. Voyez *Retraites*.

RETOUR, ce qui revient d'un endroit où l'on avoit envoyé quelque chose. On dit le *Retour* d'une personne, le *Retour* d'un Navire, le *Retour* des Marchandises que l'on avoit envoyé pour negocier en quelques endroits, le *Retour* d'une Lettre de Change, &c. On dit le *Retour* d'une Personne & d'un Navire lors que la Personne ou le Navire *reviennent* effectivement. Il n'en est pas de même de ce qu'on appelle *Retour* à l'égard des Marchandises ni à l'égard de toutes les Lettres de Change, car par *Retour* des Marchandises, on entend les Marchandises qu'on a troquées, negociées ou achetées contre celles, ou du provenu de celles qu'on avoit envoyées. Lors que l'on envoye des Lettres de Change à quelqu'un avec ordre d'en remettre le montant, on dit: je vous prie de m'en faire le *Retour* sur un tel lieu, c'est-à-dire, envoyez-moi d'autres Lettres de Change sur un tel lieu, pour la valeur de celles que je vous envoye: on dit aussi le *Retour* d'une Lettre de Change avec protest, faute d'acceptation ou de payement.

RETRACTER, se RETRACTER, se dedire. Ce mot dans ce sens a quelque chose de choquant, aussi ne se dit-il guere en parlant d'autrui que de ceux pour lesquels on n'a point de mesures à garder, mais il se dit

Z 2 &

& s'écrit fort souvent de soi-même, lors que l'on a dit ou écrit quelque chose par abus, ou quelque chose que l'on croyoit veritable, & que l'on trouve dans la suite être faux, alors on dit ou l'on écrit, *je me retracte*.

RETRAITE, Terme de Banquier. C'est une Lettre de Change que l'on tire sur celui qui a tiré sur nous, & que l'on tire sur lui pour acquitter sa Traite.

REVENDRE, vendre ce que l'on a acheté.

REVENDEUR, celui qui *revend*, & qui fait metier d'acheter & de *revendre*. On appelle *Revendeurs* & *Revendeuses* ceux & celles qui achetent des Meubles, des Habits & du Linge à des encans pour les *revendre*.

REVISION, recherche, revuë, Examen particulier que l'on fait de quelque chose que l'on a deja vu ou examiné. Ce mot ne se dit dans le Commerce qu'à l'égard des Comptes qui ont été delivrez & que l'on a aprouvez, soit tacitement ou par écrit, & dans lesquels on trouve ensuite des erreurs, alors on fait *Revision* de Comptes.

REVOLUTION, changement qui arrive dans le Commerce, ou au prix des Marchandises. La Guerre, la Paix, l'Abondance, la Disette, la Fertilité, la Sterilité, les Banqueroutes & quantité d'autres évenemens causent souvent de grandes *Revolutions* dans le Commerce, aussi bien que dans les Empires, dans les Royaumes, dans les Provinces & dans les Villes. Un habile Negociant qui fait prevoir les *Révolutions* que peuvent causer certains évenemens qui arrivent dans le Monde, peut faire dans diverses ocasions des profits fort considerables.

REÜSSIR, venir à bout de ses desseins, prosperer dans ses entreprises & dans son Commerce. Les plus habiles Negocians ne sont pas toûjours ceux qui *réüssisent* le mieux, il y a souvent des étourdis qui *réüssissent* très-bien, mais c'est par un pur hazard.

RIEN, ce qui n'est d'aucune valeur, ni d'aucune propriété, & qui ne subsiste pas. On dit qu'une Marchandise ne vaut *rien*, lors qu'elle est de beaucoup inferieure à sa qualité ordinaire, ou qu'elle est gâtée, endommagée ou pourrie, &c.

ROIDE, celui qui se tient ferme au prix qu'il a demandé pour quelque chose, & qui difficilement se laisse persuader de la donner à moins.

ROMAINE, Instrument de fer suspendu en maniere de Balance, qui sert à peser dans plusieurs Villes de Commerce. J'en ai vu à Francfort sur le Main, auxquelles on pesoit des Charretées entieres de foin.

ROULER, ce mot se prend dans le Commerce pour Activité, & pour signifier le grand nombre d'affaires d'un Negociant. On dit qu'un homme *roule* beaucoup d'affaires lors qu'il fait un grand Commerce. On dit aussi *faire rouler* son argent, pour dire qu'on employe toûjours son argent à mesure qu'on le reçoit pour le faire circuler & raporter quelque profit.

RUINE', celui qui a perdu tout son bien ou la plus grande partie. Un homme *ruiné*, un homme perdu est un homme qui, par des Banqueroutes, par des pertes considerables, par quelque malheur imprevu, ou par sa propre faute a perdu la plûpart de son Bien.

RUINEUX, ce qui est préjudiciable, & qui ne peut que causer une grosse perte & un grand dommage.

RUSE, finesse, artifice malin dont on se sert pour attraper ou pour tromper quelqu'un.

RUSE', celui qui est fin & artificieux, qui sait se contrefaire & dire souvent toute autre chose que ce qu'il pense pour faire donner quelqu'un dans quelque piege, ou pour le tromper.

S.

SAC, Morceau de Serpiliere cousu en forme de grande poche, qui sert à contenir quantité de sortes de Marchandises. Il y a des *Sacs* de toutes sortes de grandeurs, dans lesquels on met indifferemment plusieurs sortes de Marchandises & Denrées; mais il y a diverses Villes & Païs dans lesquels le *Sac* sert de Mesure, comme pour des Grains & autres fruits, & ces *Sacs* doivent être tous égaux & d'une même contenance.

SAISIE, faire saisie, c'est faire arrêter les effets de quelqu'un par ordre de la Justice.

SAISIR, prendre & se mettre en possession d'une chose, c'est aussi faire arrêter une personne ou quelqu'un de ses effets.

SATISFAIRE, payer ce que l'on doit, ou ce dont l'on est convenu.

SAUF, c'est une clause que les Negocians mettent toûjours au bas des Comptes Courans & des Factures qu'ils envoyent à leurs Correspondans, & signifie, sans prejudice de part & d'autre, au cas qu'il y ait quelque erreur. C'est de cette maniere qu'il faut entendre ce mot lors qu'il est couché au bas de quelque Compte en ces Termes, *sauf erreur ou omission*.

SAUF-CONDUIT, Promesse que fait un ou que font plusieurs Creanciers à leur Debiteur de ne le point troubler dans ses affaires, & de le laisser agir librement sans le faire arrêter, pendant un certain tems qu'ils lui accordent pour mettre ses affaires en ordre & pour le payer. On appelle aussi *Sauf-conduit* ou *Sûreté du Corps* des Lettres que les Puissances superieures accordent à des Negocians dont les affaires vont mal, & qui craignent d'être arrêtez par leurs Creanciers.

SAVOIR. Ce mot, qui signifie Science, lumiere, connoissance, &c. se met fort souvent dans le Memorial, dans le Journal & dans des Comptes, pour indiquer en quels Articles consiste le Total d'un Article ou d'une somme; comme, par exemple, les suivans A Capital, &c. Pour l'argent que j'ai en Caisse, les Marchandises que j'ai en nature, &c. consistant dans les Articles sous-mentionnez, *savoir* : ensuite de quoi on met tous les Articles qui forment le Credit entier du Capital, ou de tous les autres Comptes où l'on a employé le mot *savoir*.

SCABREUX, chose qui est dangereuse ou difficile. Un Commerce *scabreux* est un Commerce dangereux, & où on court grand risque de perdre.

SCRUPULE, Repugnance que l'on sent dans la Conscience lors qu'il s'agit de faire quelque action injuste. Il n'y a que trop de Negocians dans le Monde qui à force d'être accoûtumez à piller leurs Correspondans, sur divers petits Articles qu'ils leur portent en Compte, sans les payer, ne se font aucun *scrupule* de les friponner sur divers gros Articles, lors qu'ils en trouvent l'occasion.

SEING, Signature. Le *Seing* de la personne qui a signé quelque chose est un témoignage sûr & irrevocable qui l'engage pour toûjours à maintenir la verité de la chose qu'elle a signé. Ce qu'il y a d'admirable que parmi tant de gens qui savent écrire, à grand' peine s'en trouve-t-il deux, dont le caractere & la signature soient en tout semblables, & que ceux qui entreprennent de faire de faux *Seings*, ne puissent jamais les contrefaire si bien qu'on n'en reconnoisse la fausseté assez facilement, aussi la Signature est-elle regardée comme une chose sacree, & dans plusieurs Païs les fausses Signatures sont punies de mort.

SENTENCE, Ordonnance des Juges ou des Arbitres qui, ayant été instruits du different entre deux Parties, prononcent leur Jugement.

SENTIMENT, Pensée, Avis, Opinion, Jugement que l'on fait dans divers cas, & sur divers évenemens. Les *Sentimens* sont souvent partagez dans le Commerce entre les Negocians, les uns étant d'un *sentiment* & les autres d'un autre dans un même cas, ou dans une même affaire.

SEPARATION, Action de separer ce qui est uni ou joint à quelque chose. Lors qu'une Compagnie ou une Societé est finie, on se *separe* & on fait un Acte de *Separation* par lequel est declaré ce que chaque Associé retire pour sa portion, tant de l'argent, des Marchandises que des Dettes, &c.

SEPTEMBRE, neuvieme Mois de l'année, il est de trente jours.

SERMENT, Affirmation qu'on fait en prenant Dieu à temoin, qu'on dira la verité sur ce surquoi on est interrogé. Le *Serment* est une des choses les plus sacrés de la Societé civile. Ceux qui font de faux *Sermens*, sont appellez *Faussaires*, & dans plusieurs Païs ils sont punis de mort.

SERPILLIERE, grosse Toile, qui sert à enveloper des Bales & des Balots.

SERVICE, Office bon ou mauvais que l'on rend à quelqu'un. Les Negocians se font toûjours offre de *Service* en s'écrivant les uns aux autres; & alors ce Terme se prend pour bon Office.

SIGNATURE. Voyez *Seing*.

SOCIETE', Compagnie de deux ou de plusieurs Personnes qui mettent chacun quelque chose dans une masse ou dans un fonds, pour le faire valoir au commun avantage de tous.

SOIGNER,

SOIGNER, obferver, avoir foin de quelque chofe, la bien diriger & la bien conduire.

SOIGNEUX, celui qui eft exact à faire fon devoir, & qui ne neglige rien de ce qu'il doit obferver en faifant quelque chofe. Il faut une infinité de foins dans le Commerce, & un bon Negociant doit être extrémement foigneux fur tout ce qui fe paffe tous les jours dans le Negoce, tant pour fon propre intérêt que pour celui de fes Amis.

SOIN, application de l'efprit à tout ce qu'on doit faire, fouci que l'on fe donne pour éviter un mal, ou pour le prevenir & l'empêcher. Les foins s'étendent dans le Commerce, à favoir le fort & le foible du Negoce, à favoir où il y a à gagner & où il y a à perdre, à bien acheter & à bien vendre à propos, à donner à fes Correfpondans de bons avis, & à tâcher d'en avoir d'eux de pareils, à payer fes dettes dans le tems accordé, & à fe faire payer de même de ceux qui doivent; enfin les foins d'un Negociant fe doivent étendre depuis leur plus grande & principale affaire jufques à la moindre.

SOLIDAIREMENT. Ce mot fe dit lors qu'une ou plufieurs perfonnes s'engagent ou s'obligent pour une autre ou envers quelqu'un, ou que plufieurs perfonnes s'engagent les unes pour les autres.

SOLIDE, ferme & fûr. Lors que l'on dit dans le Commerce qu'un homme eft folide, on entend qu'il eft riche, bon & folvable, & qu'il ne s'engage pas mal à propos.

SOLLICITER, preffer, porter, exciter quelqu'un à faire quelque chofe, pourfuivre une affaire jufques à ce qu'elle foit finie. On dit folliciter le payement de quelque dette, folliciter le relâchement de quelque Navire ou de quelque Marchandife arrêtée, &c.

SOLLICITEUR, celui qui fait profeffion de folliciter. On nomme, à Amfterdam Solliciteurs, certaines gens qui fe mêlent de plaider pour autrui.

SOLVABILITE', bonté ou bon état de quelqu'un qui eft folvable.

SOLVABLE, celui qui eft en état de payer ce qu'il doit, & ce pourquoi il s'engage.

SOMMATION, Action de declarer ou faire declarer authentiquement à quelqu'un d'avoir à faire ou à ne pas faire une chofe; c'eft auffi une citation que l'on fait faire à quelqu'un de comparoître devant un Juge.

SOMMER, faire une fommation à quelqu'un.

SOMMER, additionner, calculer combien font plufieurs fommes enfemble, & en marquer la fomme totale au bas.

SORTE, efpece, genre, qualité par laquelle on diftingue la différence entre ce qu'il y a de bon & de mauvais dans une même efpece de Marchandife, ou les diverfes efpeces du même nom; par exemple, les Draps, les Etoffes de foye & de laine, diverfes Drogueries, les Vins, les Eaux de vie & une infinité d'autres Marchandifes d'un même nom & d'une même efpece ont toûjours quelque différence entre elles, qui fe peuvent divifer en autant de Sortes qu'il s'en trouve, qui ne font pas entierement femblables.

SORTIE, action de fortir qui confifte à quitter une Maifon ou une Ville pour aller à un autre. Ce mot eft affecté dans le Commerce à la Balance qui fait la clôture d'un Livre, que l'on nomme & que l'on intitule toûjours Balance de fortie, comme on appelle Balance d'entrée celle que l'on couche fur un Livre nouveau, & qui en fait l'ouverture.

SOU ou SOL, piece de Monnoye, qui dans la plûpart des Païs fait la vingtieme partie d'une Livre. On prononce fou quoi que la plûpart du monde écrive fol.

SOUPÇON, Penfée, Imagination que l'on a de quelque chofe, ou qui fait douter de la verité de quelque chofe dont on defire d'être éclairci. Le Soupçon engendre la mefiance; un bon Negociant doit toûjours faire en forte que perfonne ne puiffe former aucun mauvais foupçon contre lui, car les foupçons font examiner de bien près certaines actions capables de faire perdre la Reputation & le Credit.

SOUSCRIRE, figner quelque écrit, & y mettre fon nom au bas: c'eft auffi acquiescer à quelque chofe, & y donner fon confentement.

SOUSCRIPTION, Signature de quelqu'un. On nomme auffi Soufcription l'engagement que prennent des perfonnes de fournir certaines fommes dans des Compagnies, en fignant leur nom dans un Livre deftiné à cela;

lors que l'on a fait une partie du payement, l'on en reçoit des Quittances qui s'appellent auffi Soufcriptions.

SOUS-ENTENDU, ce qui eft entendu, foit en contractant foit en écrivant, quoi qu'on n'en foit pas convenu ou qu'on ne l'ait pas expliqué formellement. Lors que l'on a acheté ou vendu quelque chofe fans faire aucune condition, on fous-entend de part & d'autre que c'eft aux conditions ordinaires.

SOUSTRACTION, Regle d'Arithmetique, par laquelle on deduit une moindre fomme d'une plus groffe.

SOUTENIR, fupporter, tenir ferme, empêcher quelque chofe de tomber, maintenir & affirmer ce que l'on a dit ou avancé. Il eft difficile à plufieurs Negocians de fe foutenir pendant certains orages qui arrivent dans le Commerce, comme quand il arrive de groffes pertes imprevuës & grand nombre de banqueroutes, il eft difficile de fouffrir des pertes confiderables, & de fe foutenir fans manquer.

SPECIALEMENT, particulierement, expreffément.

SPECIFIER, particularifer, mettre en détail divers Articles.

SPECULATION, Reflexion, Action de l'efprit qui confidere & examine quelque penfée. Le plus grand Commerce du Monde n'eft, pour la plûpart, bâti que fur des Speculations, dont les unes réuffiffent très-bien, & les autres très-mal. Les Negocians font leurs fpeculations fur les propofitions que leur font leurs Correfpondans, & entrent ou n'entrent pas dans ce qu'ils leur propofent fuivant leurs fpeculations.

STILE, maniere de parler & de s'exprimer par écrit. Les Negocians ne fauroient trop s'attacher à écrire d'un Stile fimple, clair & net; car il y en a bon nombre qui s'expliquent fi mal par leurs Lettres, qu'on ne peut qu'avec peine comprendre ce qu'ils veulent dire.

STILE, maniere de compter le tems. Il y a le vieux & le nouveau Stile: le nouveau Stile devance le vieux de onze jours, c'eft-à-dire, que lors que l'on compte, par exemple, le premier de Mai, en vieux Stile, l'on compte le douze de Mai en nouveau Stile. On fuit encore le vieux Stile dans toute la Grande Bretagne, dans la Suede & en Moscovie; on le fuivoit auffi avant l'année 1700 dans toute l'Allemagne, en Dannemarc, en Suiffe & dans quelques autres endroits. Le vieux & le nouveau Stile ne differoient alors que de dix jours, mais comme on ajoûta un jour au nouveau Stile, en 1700 & que l'on ne l'a pas ajoûté au vieux, la difference fe trouve de onze jours.

STIPULATION, condition dont on convient en contractant quelque chofe.

SUCCES, réuffite bonne ou mauvaife. Avoir un bon ou un mauvais fuccès dans fes affaires ou dans fes entreprifes.

SUCCOMBER, être accablé, ne pouvoir fe foutenir. Ce mot fe dit de ceux, qui accablez de pertes & de Banqueroutes, font obligez de manquer & de fe declarer infolvables.

SUFFISANT, celui qui eft bon & folvable.

SUIVRE SES ORDRES, c'eft faire & executer ce qui nous eft prefcrit & ordonné. Un Commiffionnaire doit fuivre exactement les Ordres qu'il a de fes Correfpondans, faute dequoi il eft responfable des pertes que fa negligence lui caufe. Les Hollandois font fi exacts à fuivre les Ordres qu'ils ont fouvent ce Proverbe à la bouche, Volgt UE Order en doet qualyk, c'eft-à-dire fuivez votre ordre & faites mal; pour donner à conoître que de quelque maniere qu'on vous ordonne de faire quelque chofe, il faut la faire de la maniere prefcrite; car il arrive fouvent que des Correfpondans ont de très-bonnes raifons pour ordonner des chofes qui nous femblent inutiles, & qui ne laiffent pas de leur faire du profit ou du prejudice.

SUPERFIN, ce qui eft le plus fin dans fon Efpece & dans fon Genre. On dit ce mot des foyes, des laines, des draps & de quantité d'autres Marchandifes.

SUPERFLU, ce que l'on a de trop, ce que l'on a de refte & d'inutile. Lors que quelqu'un a bien compris une chofe, tous les difcours que l'on lui fait pour la lui faire comprendre, font fuperflus.

SURDIRE & SURFAIRE, ces deux mots font fynonymes, & fignifient encherir, offrir plus qu'un autre.

SURETE', ce qui eft à l'abri de fouffrir quelque dommage. Un Navire arrivé en lieu de fûreté, eft un Navire arrivé dans le Port; des Marchandifes mifes en fûreté, font des Marchandifes mifes à couvert tant du mau-

A a

vais

vais tems que du vol ou de la pretention de quelqu'un. Lors que quelqu'un prête de l'argent fur des Marchandifes, ou fur d'autres effets, il fe les fait transporter pour fa *fûreté* de la fomme qu'il prête.

SURETE' DE CORPS. Voyez *Sauf Conduit*.

SURPRENDRE, dire à quelqu'un quelque chofe qui l'étonne. Ce mot fe prend auffi pour tromper quelqu'un, & l'attraper.

SUSCRIPTION, Adreffe que l'on écrit fur le deffus d'une Lettre ou d'un Paquet qu'on envoye par la Pofte ou par quelque Voiture.

SUSPECT, ce mot fe dit des chofes & des perfonnes que l'on foupçonne. Bien des Negocians fe rendent *fufpeEts*, les uns en entreprenant trop d'affaires, d'autres en faifant trop les Grands, d'autres en demandant trop de Credit,& d'autres par divers autres moyens, qui font foupçonner qu'ils ne demeureront pas long tems bons.

SUSPENDRE, furfoir, differer à faire une chofe refoluë, en retarder l'execution pour quelque tems, ou jusques à nouvel ordre.

T.

TABLE. Voyez *Alphabet*.

TABLER, ce mot qui n'eft en ufage que depuis quelques années, fignifie faire fonds & compter fur ce que quelqu'un promet. Vous pouvez *tabler* fur ce que je vous dis.

TACHER, faire fes efforts & tout ce que l'on peut pour venir à bout d'un deffein, ou d'une entreprife.

TALONNER, pourfuivre quelqu'un de près. Ce mot fe dit lors qu'il s'agit d'aller ou d'envoyer fouvent demander de l'argent à un mechant payeur, qu'il faut fouvent gueter, & fuivre pour le trouver chez lui, il faut le *talonner* pour le faire payer.

TAQUIN, c'eft une perfonne avare, un vilain qui ne s'attache qu'à lefiner, & qui ne fe foucie pas de ce que l'on peut dire de lui, pourvû qu'il épargne quelque chofe.

TARE. Ce mot fe prend quelquefois pour la mauvaife marchandife qui fe trouve mêlée avec de la bonne, mais la fignification la plus ordinaire eft le poids des Serpillieres, des Embalages, Caiffes, Bariques, Tonneaux ou autres chofes qui contiennent des Marchandifes qui fe vendent au Poids. Il y a des Marchandifes que l'on pefe avec l'embalage ou ce qui les contient & pour lesquelles la *Tare* eft reglée. Il y en a d'autres que l'on fort de l'embalage ou de ce qui les contient, dont on pefe l'embalage, ce que le tout pefe alors, eft le Poids brut, dont on deduit la *Tare* qui eft ce qu'a pefé l'embalage ou ce qui contient la Marchandife & ce qui refte eft le Poids net de la Marchandife.

TAXATION, appreciation, évaluation d'une Marchandife, y mettre un prix ou l'eftimer valoir un certain prix.

TAXER, mettre ou eftimer quelque chofe à un certain prix.

TEMOIN, celui qui rend témoignage de ce qu'il fait, de ce qu'il a vu ou entendu, & qui affure que ce qu'il dit eft veritable.

TENANT. Voyez *Contenant*.

TENEUR, la Teneur, c'eft ce que contient une Lettre, une Promeffe, un Billet ou autre Ecrit.

TENEUR DE LIVRES, celui qui tient les Livres des Negocians.

TERME, Tems reglé, au bout duquel on doit faire un payement ou quelque autre chofe. En Hollande on ne vend prefque point de Marchandifes à *Terme*, elles fe vendent toutes comptant, mais ordinairement les Acheteurs ont fix femaines de tems pour payer, en Angleterre la plûpart des Marchandifes fe vendent à quatre mois de *Terme*, & en France à 6, à 9 & à un an de *Terme*. Les *Termes* du payement des Lettres de Change font exprimez par tant de jours de date ou de vuë, par une ou par deux Ufances, ou par tant de Mois de date.

TILLAC, Terme de Marine, c'eft le Pont d'un Navire. Les Maîtres de Navire font obligez de mettre les Marchandifes qu'ils chargent fous le *Tillac* & à couvert des vagues & du mauvais tems.

TIRAILLER, terme de Banquier, c'eft tirer continuellement des Lettres de Change fur quelqu'un. Ce mot n'a lieu que lors que l'on parle de quelqu'un qui tire trop fouvent, & qui ne le fait que fur le Credit qu'on

veut bien lui donner. On dit un tel ne fait que *tirailler*.

TIRER, terme de Banquier, c'eft faire des Lettres de Change à l'ordre de celui qui en doit payer la valeur, & les adreffer à celui qui à l'écheance en doit payer le contenu ou le montant. J'entens par faire des Lettres de Change, les figner; car bien fouvent les Banquiers ne les font pas eux-mêmes, mais ils les font écrire par quelqu'un de leurs Commis, & ils les fignent enfuite.

TIREUR, celui qui tire ou qui a tiré une Lettre de Change fur quelqu'un.

TONNE, gros Baril ou Barique propre à contenir quelque chofe. La *Tonne* fert de mefure dans plufieurs endroits, tant pour mefurer quelques Marchandifes liquides, que pour des grains & autres Marchandifes.

TONNEAU, ce mot fe prend fouvent pour un Boucaut ou quelque grande Futaille, mais le principal ufage de ce mot dans le Commerce eft de fignifier quatre Bariques, ou la contenance ou la pefanteur de quatre Bariques. Il fignifie auffi la pefanteur de deux mille Livres, & le port ou la capacité des Navires, un Navire de 200 *Tonneaux* eft un Navire qui peut porter deux cents *Tonneaux* ou huit cents Bariques de Vin.

TORT, prejudice, dommage que l'on fouffre ou que l'on fait à quelqu'un, foit à fon honneur en publiant de mauvais bruits de lui, foit dans fon bien en ne lui rendant pas un fidele Compte de ce que l'on paye ou reçoit pour lui.

TOTAL, c'eft le tout d'une chofe. Ce mot fe dit plus des fommes que d'autres chofes, le *Total* d'un Compte eft l'entiere fomme à laquelle il monte, & on dit, la fomme *totale* eft tant.

TRAFIC, Commerce, Negoce. Voyez *Commerce*.

TRAFIQUER, faire Commerce, negocier.

TRAITE, faire la Traite, aller à la Traite. Ces mots fe difent d'un Navire & d'un Equipage qui vont dans l'Amerique, fur les Côtes de Guinée & dans d'autres Païs éloignez pour y vendre, negocier, ou troquer les Marchandifes qu'ils y portent.

TRAITE, terme de Banquier, c'eft une Lettre de Change tirée par un Banquier ou Negociant fur un autre. Une Lettre de Change a toûjours deux noms differens, car elle s'appelle *Traite* à l'égard de celui qui la tire, & à l'égard de celui fur qui elle eft tirée, & elle s'appelle *Remife* à l'égard de celui qui en paye ou qui eft cenfé en avoir payé la valeur, & à l'égard de celui auquel on l'envoye, foit pour la negocier foit pour en recevoir le payement, & lors que l'on Debite quelqu'un pour une Lettre de Change qu'il a tirée, on écrit dans le Memorial, un tel *A Banque* ou un tel *A Caiffe* &c. pour fa *Traite* d'un tel jour d'une telle fomme, &c. comme on le verra dans divers Articles du Journal.

TRAITER, travailler à faire & à conclurre quelque chofe ou quelque accord.

TRANSPORT, Afte par lequel on declare fe defaire & fe deffaifir d'une chofe, & de la ceder à un autre. Ce mot fignifie auffi les Fraix qui fe font pour faire porter des Marchandifes d'un lieu en un autre.

TRANSPORTER, ceder & remettre au pouvoir d'autrui une chofe que l'on avoit en fon pouvoir, c'eft auffi mettre ou faire mettre ou porter une chofe d'un lieu à un autre.

TRANSPORTER, quelques-uns fe fervent de ce mot, au lieu de celui de rapporter pour defigner le Transport qui fe fait des Articles d'un Livre dans un autre, mais *rapporter* eft plus ufité.

TRAVAIL, peine, fatigue, occupation du corps ou de l'efprit.

TRAVAILLER, agir, s'occuper fortement à faire quelque chofe foit du corps ou de l'efprit.

TRAVAILLEURS, ceux qui travaillent à charger ou à decharger des Marchandifes & à les mettre ou les fortir des Magazins ou des Caves. Les *Travailleurs* du Poids à Amfterdam font des gens privilegiez, & il n'apartient qu'à eux d'aller chercher chez les Marchands les Marchandifes qui fe doivent livrer au Poids, de les faire pefer & de les faire porter dans les Magazins ou dans les Caves des Acheteurs.

TREBUCHET, ce font de petites Balances qui fervent à pefer l'or & l'argent, elles font enfermées dans des étuis ou petites boites faites en compartimens dont chaque compartiment contient un poids de quelque piece de monnoye d'or ou d'argent. On donne fouvent le nom

nom de *Trebuchet* à la boîte entiere qui contient la Balance & les Poids.

TRESOR, une grosse quantité d'or ou d'argent ramassé ensemble.

TROMPER, tricher, surprendre quelqu'un par ruse, par finesse ou par mensonge, soit en lui faisant croire des choses fausses, ou en lui vendant de mauvaises Marchandises pour de bonnes, ou à faux poids ou à fausse mesure.

TROMPERIE, tricherie, fourberie, action indigne d'un honnête homme; aussi n'y a-t-il que les ames basses, & dont l'avarice est l'unique Divinité, qui soient capables de tromper.

V.

VAISSEAU. On comprend ordinairement sous ce nom toute sorte de Navires & grands Bâtimens qui vont en Mer.

VALABLE, chose qui vaut son prix & qui doit se recevoir pour bonne. Ce terme est plus usité à l'égard des raisons que l'on allegue pour soutenir une proposition, ou pour excuser une faute, qu'à l'égard des Marchandises: ces raisons ou ces excuses sont, ou ne sont pas *valables*.

VALANT, ce que vaut une chose.

VALEUR, le prix d'une chose. Une chose de peu de *valeur*, une chose de grand prix ou d'une grande *valeur*. La *valeur* de toutes les choses du Monde se regle en general sur une de ces trois choses, la premiere sur leur utilité & sur la nécessité des hommes, la seconde sur leur abondance ou sur leur rareté, & la troisieme sur la fantaisie & sur l'imagination ou le caprice des hommes.

VALEUR, terme de Banquier, c'est le prix & l'argent que paye celui qui prend ou achete une Lettre de Change à celui qui la lui fournit ou la lui endosse. Suivant la plûpart des Loix des principales Villes de Commerce la *valeur* des Lettres de Change doit se payer immediatement après que les Lettres ont été fournies, faute dequoi, les Tireurs ou les Endosseurs ont Droit d'Arrêt & de saisie sur les biens & sur la personne du Debiteur.

VARIABLE, chose qui n'est pas fixe & qui change souvent. Ce mot se dit des Vents, du prix des Marchandises, & du prix du Change qui sont fort sujets à varier, c'est-à-dire, à changer souvent & à baisser & à hausser de prix suivant l'abondance ou la rareté des Marchandises, ou des Lettres de Change.

VENDEUR, celui qui vend ou a vendu quelque chose.

VENDRE, convenir & accorder de ceder une Marchandise à celui qui l'achete moyennant un certain prix, ou la valeur dont on convient.

VENTE, action de vendre, convention en vertu de laquelle celui qui possede une chose, la doit ceder à celui qui l'achete, moyennant un certain prix accordé.

VENTE, tems & lieu dans lequel se vendent certaines Marchandises. Il y a des Marchandises qui ne se vendent qu'en certaines Saisons, & dans ce sens on dit le tems propre de la *Vente* d'une telle Marchandise est un tel tems; les *Ventes* publiques se font ordinairement dans certains endroits indiquez par des affiches ou par les Gazettes, & dans ce sens on dit que ces endroits sont les lieux de la *Vente*.

VERBALEMENT, ce qui se dit ou se promet de bouche, & que l'on n'écrit pas. Il y a bien des gens qui promettent des choses *verbalement*, qu'ils n'ont pas dessein d'executer.

VERIFICATION, action de verifier, examen, preuve.

VERIFIER, examiner si une chose est bien ou mal faite, juste ou injuste, s'il y a erreur ou s'il n'y en a point; c'est dans ce dernier sens que ce mot se prend dans le Commerce, lors qu'il est question de verifier un Compte. Ce mot signifie aussi prouver une chose que l'on nous nie, en apportant des preuves convaincantes que nous n'avons avancé que la verité.

VETILLE, chose de peu de valeur & de petite consequence, une bagatelle. Il y a des gens *Vetilleux* qui s'arrêtent souvent à critiquer ou à chicaner sur les moindres *vetilles*.

VIGILANT, actif, prompt à faire les affaires avec soin.

VIREMENT DE PARTIES, terme des Banquiers de Lion, seul endroit où on se sert de ces mots : c'est proprement ce que l'on nomme Rescontres ou Rencontres en Hollande. J'en ai decrit la maniere dans le *Negoce d'Amsterdam*, page 57 & 58. Le *Virement de Parties* se fait dans les tems des payemens de Lion, par les Banquiers & Negocians qui ont à payer & à recevoir des Lettres de Change, d'une maniere fort commode, & souvent sans debourser & sans recevoir aucun argent, & voici comment cela se fait. J'ai, par exemple, 10 mille Ecus de Lettres sur 10 personnes differentes, & 10 personnes differentes ont pour 10 mille Ecus de Lettres sur moi; si j'ai mille Ecus sur une de ces personnes qui a aussi mille Ecus sur moi, nous échangeons nos Lettres & les mille Ecus sont *virez* ou payez de part & d'autre; mais si ceux, à qui je dois payer, n'ont point de Lettres sur moi, je leur indique ceux sur lesquels j'ai des Lettres & leur donne à prendre sur eux, & je leur en fais le transport sur mon Bilan, & on s'indique ainsi des uns aux autres, jusques à ce que les Parties se trouvent éteintes d'elles-mêmes, ou jusques à ce que l'on trouve quelqu'un qui n'ayant point de Lettres de Change à recevoir les paye en argent comptant.

UNI, ce qui est par tout égal. Un Taffetas *uni* est tout d'une même couleur sans mélange d'aucune autre couleur, une Toile bien *unie* est une Toile égale par tout & sans aucune façon.

VOITURE, ce qui sert au transport tant des personnes que des Marchandises, comme Bateaux, Chevaux, Charrettes, Carrosses, Coches & semblables.

Lettres de Voiture, Lettres que les Marchands qui envoyent des Marchandises, donnent aux Voituriers, qui les transportent dans les lieux où ils les envoyent: ces Lettres sont adressées à ceux auxquels ils envoyent la Marchandise, & contiennent la quantité ou le nombre, la marque des Bales, Pieces ou Paquets qu'on envoye par le Voiturier tel, auquel il faudra payer tant pour le port, lors qu'il les aura renduës bien & duëment conditionnées.

VOITURIER, celui qui fait profession de transporter, soit par Bâteau ou par Chariot, Charrette ou autrement des Marchandises d'un lieu à un autre.

USAGE, coutume ordinaire, maniere de faire ce qui se pratique dans certains cas du Commerce. L'*Usage* a souvent force de Loi dans le Commerce, dans divers cas pour lesquels il n'y a point de Loi établie.

USANCE, terme de Banquier, c'est un certain tems par lequel on détermine le tems du payement des Lettres de Change. L'*Usance* de France sur la Hollande est d'un mois courant du jour de la date de la Lettre de Change, mais l'*Usance* de la Hollande sur la France n'est que de 30 jours : ainsi une Lettre de Change tirée d'Amsterdam sur Paris à *Usance* le premier Fevrier échet le 2 Mars, si l'Année n'est pas Bissextile, mais tirée le même jour premier Fevrier à *Usance* de Paris sur Amsterdam, elle échet le 28 Fevrier ou le 29, si l'année est Bissextile.

USURAIRE, gain exorbitant & illicite defendu par les Loix Divines & par beaucoup de Loix humaines. Un profit *usuraire* est un gros profit que l'on fait lors que dans diverses occasions qui se rencontrent, on se prevaut du besoin ou de la necessité, qu'ont certaines gens de notre argent ou de nos Marchandises que nous ne leur prêtons qu'à un plus gros Interêt que celui qui est reglé par les Loix ou par la Coûtume, ou que nous ne leur vendons qu'à un prix exorbitant.

USURIER, celui qui prête de l'argent & qui vend des Marchandises à usure, c'est-à dire, à un profit exorbitant & qui passe les bornes de l'honneur, de la charité & des Loix. Dieu n'a pas plus fortement defendu l'Idolatrie que l'Usure, & les *Usuriers* sont regardez par tout comme des Monstres de la Société civile, cependant combien n'en voit-on pas tous les jours qui se prevalent de la necessité de ceux qui ont recours à eux.

UTILE, ce qui est bon à quelque chose.

VU, VUE. Aveu que l'on fait par écrit d'avoir *vu* une chose. Plusieurs Banquiers se servent de ce mot en acceptant des Lettres de Change, qui sont tirées sur eux à quelque tems de *vuë*, & au lieu de mettre Accepté un tel jour, ils mettent *vu* ou *vuë* un tel jour & leur signature au dessous.

A VUE, terme de Banquiers, c'est-à-dire, d'abord, ou dès la présentation. Une Lettre de Change payable *à vuë*, doit être payée aussi-tôt qu'elle est présentée à celui fur lequel elle eft tirée, faute dequoi le Porteur la peut faire protefter faute de payement : une Lettre de Change à un mois de *vuë* ou à 10 ou 12 jours de *vuë*, échoit un mois après ou 10 ou 12 jours après le jour qu'elle a été acceptée.

Avoir fes Vues, fe propofer un certain but, & une certaine fin dans ce que l'on dit, que l'on fait ou que l'on écrit, & agir en confequence de ce que l'on s'eft propofé.

Z.

Zero, Caractere d'Arithmetique de la figure d'un o, il fignifie *rien* lors qu'il n'eft pas precedé d'un chifre qui marque un nombre. On dit par mepris en parlant de quelqu'un, qu'on fe foucie de lui comme d'un *zero*, ou qu'il eft confideré comme un *zero* en chifre, c'eft-à-dire, comme rien.

JOURNAL.

A

JOURNAL,

A

COMMENCE' AU NOM DE DIEU,

A Amsterdam, ce premier Octobre 1722.

CONTENANT L'ETAT GENERAL ET PARTICULIER des Affaires de moi J. P. R. suivant l'Inventaire que j'en ai dressé ce jourd'hui, consistant dans les effets suivans que mon Pere m'a donnez & mis en main, pour commencer mon Commerce, sur lequel Dieu veuille répandre sa Benediction, & me préserver de perte.

Maniere de coucher sur le Journal ce qui nous apartient & ce qui nous est dû en commençant de negocier.

Les suivans A CAPITAL fl. 164010 : : Pour l'argent tant Courant que de Banque que mon Pere m'a donné ce jourd'hui, pour commencer mon Commerce, & pour les Lettres de Change qu'il m'a endossées, les marchandises qu'il m'a cedées, les Dettes qu'il m'a transportées & les autres effets qu'il m'a donnez suivant l'Inventaire qui en a été fait par le Notaire *Philippe Demarolles*, & la Quittance que j'en ai passée à mon dit Pere au bas dudit Inventaire, SAVOIR:

1. Pour l'Argent Comptant.

2. CAISSE fl. 20000 : Pour l'argent que mon Pere m'a compté. . . . 20000

2. Pour l'Argent de Banque.

3. BANQUE fl. 36000 : Pour autant que mon dit Pere m'a écrit en icelle sur mon Compte à folio 1564. 36000

Porté à la Page suivante 56000

Bb 2   3. Pour

—— A AMSTERDAM , ce Premier Octobre 1722. —— | florins. | fo. | pe.

Les Parties de la Page precedente DEBITRICES A CAPITAL montent à la somme de — 56000

3. Pour l'Agio de Banque.

4. AGIO *fl.* 1800 : Pour l'Agio des *fl.* 36000 de Banque ci-deſſus à 5 pour cent. — 1800 — —

4. Pour des Lettres de Change ſur France.

1. COMPTE DE CHANGE ſur France *fl.* 3535 : 10 : 8 pour les 2 Lettres de Change ſuivantes ſur les ſous-nommez, que mon Pere m'a cedées & endoſſées, SAVOIR :

L. 5250 : : Tournois ſur Pierre Claude Heuſch de Paris, en Lettre de Jean Dorville de cette Ville de 1750 ▽ du 15 du paſſé à ⅔ à l'ordre de mon Pere, qui l'a paſſée au mien, ſur le pié de 41½ ℀ par Ecu. — *fl.* 1815 : 12 : 8

4500 : : ſur Pierre Teſtas de Bourdeaux en Lettre de mon Pere de 1500 ▽ à ſon ordre du 15 du paſſé, à ⅔ laquelle il m'a endoſſée 41½ ℀ par Ecu. — 1551 : 11 :

L. 9750 : : — *fl.* 3367 : 3 : 8

Agio à 5 pour cent. — 168 : 7 :

— 3535 | 10 | 8

5. Pour des Lettres de Change ſur Londres.

1. COMPTE DE CHANGE ſur Londres *fl.* 4734 : 12 : 8 Pour les 2 Lettres de Change ſuivantes que mon dit Pere m'a endoſſées ſur les ſous-nommez de Londres, SAVOIR :

L. 204 : 10 : St. ſur Denis Dutri en Lettre de Pierre Huguetan du Premier du paſſé à ⅔ à l'ordre de mon Pere qui l'a paſſée au mien à 34 ℓ 10 ℀. — *fl.* 2137 : : 8

227 : : St. ſur John Heſton en Lettre de George Clifford & Compagnie du Premier du paſſé à ⅔ à l'ordre de mon Pere qui l'a paſſée au mien à 34 ℓ 10 ℀. — *fl.* 2372 : 3 :

L. 431 : 10 : St. — *fl.* 4509 : 3 : 8

Agio à 5 pour cent. — 225 : 9 :

— 4734 | 12 | 8

6. Pour des Draps en particulier.

5. DRAPS D'ANGLETERRE *fl.* 13036 : 10 : Pour 26 Pieces Drap d'Angleterre, que mon Pere avoit en Magazin, lesquelles il m'a cedées, dont l'aunage & le prix ſont ſpecifiez en détail dans le ſusdit Inventaire, & au Memorial. — 13036 | 10 | —

7. Pour des Toiles en particulier.

5. TOILES DE HAARLEM *fl.* 2123 : 10 : pour 40 Pieces de diverſes ſortes & prix que mon Pere m'a cedées, ſpecifiées au Memorial. — 2123 | 10 | —

8. Pour les Vins que l'on veut comprendre dans un Compte general.

5. VINS EN GENERAL *fl.* 6225 : Pour 20 ¼ Tonneaux Vin de Grave rouge, que mon Pere m'a cedez à raiſon de 50 Livres de Gros le Tonneau. — 6225 | — | —

9. Pour les Eaux de Vie, lors qu'on veut en tenir un Compte general.

5. EAUX DE VIE EN GENERAL *fl.* 8100 : Pour 60 Pieces Eaux de Vie de Cognac, contenant 4500 Verges, que mon Pere m'a cedées à L. 9 de Gros les ¹⁰⁄ᵥ. — 8100 | — | —

10. Pour les diverſes Marchandiſes que l'on peut comprendre dans un Compte general, ſi on ne veut pas ouvrir un Compte particulier à chacune.

6. MARCHANDISES GENERALES *fl.* 15065 : Pour les Marchandiſes ſous-ſpecifiées que mon Pere m'a cedées, que je comprens dans un ſeul Compte, pour n'en point donner un à chacune, SAVOIR :

40 Caiſſes Sucre de Brezil peſant net	18400 ℔ à 12 ℀ la ℔.	*fl.* 5520	
20 Bales Poivre brun	8100 ℔ à 14 ℀ Courant	2835	
3 Caiſſes Indigo Guatimalo	650 ℔ à 60 ſ.	1950	
5 Tonneaux Cire de Pologne	3000 ℔ à *fl.* 70 le ℀.	2100	
20 Laſts Froment de Pologne à 95 Florins d'Or le Laſt.		2660	15065 — —

Porté à la Page ſuivante — 110620 | 3 |

Le

	Florins.	ſols	Pc.
À AMSTERDAM ce Premier Octobre 1722.			
Le Produit des Pages précedentes ſe montent à la ſomme de	110620	3.	—

11. *Pour les Marchandiſes que l'on peut avoir en nature chez quelque Correſpondant.*

5. VINS à Hambourg chez Chriſtoffel Mothes dudit lieu *fl.* 4555 : Pour 50 Tonneaux Vin de Bergerac que mon Pere lui a envoyez le 15 Août dernier par le Navire *le Pelican*, Me. *Douwe Minnes*, pour vendre pour ſon Compte ; lesquels ledit Mothes m'écrit par ſa Lettre du 23 du paſſé, qu'il tiendra à ma dispoſition ſuivant l'ordre que lui en avoit donné mondit Pere, auquel lesdits Vins ont couté jusqu'à Bord. — **4555 — —**

5. POIVRE à Dantzic chez Jean Straalman *fl.* 3400 : Pour 25 Bales que mon Pere lui a envoyez le 30 Août dernier par le Navire *la Charité*, Me. Jean Bonk, pour vendre pour ſon Compte lesquelles mondit Pere lui a ordonné de tenir à ma dispoſition, par ſa Lettre du 2 du Paſſé, & dont ledit Straälman m'a écrit par la ſienne du 15 du même mois, qu'il me rendroit Compte, mon Pere me paſſant lesdites 25 Bales avec tous les Fraix jusqu'à Bord à la ſomme de — **3400 — —**

12. *Pour ce qui nous eſt dû, tant à l'Interêt qu'autrement.*

6. HANS DE WAAL ſon Compte de tems *fl.* 1672 : Pour *fl.* 1600 de Capital, que mon Pere lui a prêtez le 8 Mars dernier, pour une année qui écherra le 7 Mars prochain, à raiſon de 4½ pour cent ſuivant ſon obligation que mondit Pere m'a endoſſée, montant avec l'année d'Interêt à — **1672 — —**

6. DARIUS ET COMPAGNIE de Paris mon Compte *fl.* 3307 : 10 : Pour L. 9000 Tournois, que mon Pere lui a remis le 2 Août dernier ſur Wiebbeking de Paris, en Lettre de Theodore Rogge & Compagnie d'ici dudit jour à ⅞ à 42 ⅔ par Ecu, de laquelle mondit Pere lui a ordonné de tenir le montant à ma dispoſition, fait Bco. L. 9000 : *fl.* 3150 : Agio à 5 pour cent. 157 : 10 — **3307 | 10. | —**

7. CHRISTOFFEL MOTHES de Hambourg ſon Compte *fl.* 1263 : Pour ce qu'il reſte à mon Pere pour Solde de ſon Compte arrêté entre eux le 10 du paſſé, laquelle ſomme mondit Pere lui a ordonné de tenir à ma dispoſition, & dont il me marque m'avoir credité par ſa Lettre du 21 du paſſé. — **1263 — —**

7. COMPTE DE DIVERS DEBITEURS *fl.* 742 : 7 : Pour ce qui eſt dû à mon Pere par les ſousnommez, auxquels je n'ai pas voulu ouvrir un Compte particulier à chacun, mais les comprendre dans un ſeul Compte, mon Pere m'ayant donné des aſſignations ſur eux, SAVOIR :

Par { Andries Houthuyſen pour 4 Tonneaux Vin que mon Pere lui a vendus *fl.* 354 :
{ Cornelis Meyer pour 2 Tonneaux dito 182 : 7
{ Pieter Hoos pour 2 Pieces Eaux de Vie 206 : — **742 | 7. | —**

13. *Pour les Biens Fonds & les Loyers d'iceux.*

7. BIENS FONDS *fl.* 21000 : : Pour les ſuivans que mon Pere m'a cedez & transportez, SAVOIR :
Une Maiſon ſur le Heere-Gracht, près du Konings-Pleyn, taxée à la ſomme de *fl.* 15000
Une Maiſon de Campagne & Jardin hors la Porte d'Utrecht, taxée à 6000 — **21000 — —**

7. RENTES ET LOYERS *fl.* 450 : : Pour le Loyer desdites Maiſons depuis le premier Mai dernier, échûs ce jourd'hui, dû par les ſuivans, SAVOIR :
Par Clement Swaan, pour 6 mois du Loyer de la Maiſon ſur le Heere-Gracht à *fl.* 700 par An, fait *fl.* 350 :
Par Johannes Mol pour 6 mois du Loyer de la Maiſon de Campagne & Jardin, à *fl.* 200 par An : 100 : — **450 — —**

14. *Pour les Portions dans les Navires.*

7. NAVIRE LE SOLEIL D'ORIENT *fl.* 8400 : Pour ¼ d'Interêt que mondit Pere avoit dans ledit Navire, ſous la direction de Jean van Droogenhorst, lequel Interêt mon Pere m'a cedé — **8400 — —**

———— A AMSTERDAM, ce premier Octobre 1722. ————	Florins.	fols	pe.
Les Parties des Pages precedentes Debitrices A Capital, montent à la fomme de	155410	—	—

15. *Pour les Meubles, Argenterie & Baterie de Cuifine.*

8. ——— 1.	MEUBLES *fl.* 8600 : Pour ceux qui font dans la Maifon, confiftant en Argenterie, Tableaux, Tapifferies, Lits, Cabinets, Baterie de Cuifine, &c. fuivant l'Inventaire particulier que j'en ai fait avec mon Pere qui me les a cedez. . . . *fl.*	8600

fl. 164010

Maniere de coucher fur le Journal ce que l'on Doit à autrui.

1. ——— CAPITAL Aux fuivans *fl.* 24704 : 9 : Pour les fommes fuivantes, dûes par mon Pere aux foufnommez, qu'il m'a ordonné de payer pour lui, SAVOIR :

16. *Pour ce que l'on Doit à un Correfpondant de Londres.*

	Florins	fols	pe.
8. A GEORGE PEACE de Londres mon Compte *fl.* 14102 : 8 : 8 Pour L. 1285 : 5 St. que mon Pere lui refte pour Solde du Compte reglé entre eux le 20 du paffé, que je me fuis chargé de payer audit Peace, Reduit à 34 ß 10ß par Livre Sterlin, l'Agio à 5 pour cent. . . . . L. 1285 : 5 *fl.*	14102	8.	8.

17. *Pour ce que l'on Doit à un Correfpondant de France.*

	Florins	fols	pe.
8. A LEONARD DELFGAAUW de Bourdeaux mon Compte *fl.* 3566 : 14 : 8 Pour L. 9750 : Tournois, faifant 3250 w que mon Pere lui Doit pour Solde de fon Compte, que je me fuis engagé de payer, reduit à 41½ ß par Ecu, l'Agio à 5 pour cent. L. 9750 : *fl.*	3566	14.	8.

18. *Pour ce que l'on Doit en argent d'Hollande à des Correfpondans du dehors.*

	Florins	fols	pe.
8. A EDOUARD FLOUWER de Londres fon Compte *fl.* 3375 : Pour ce qui lui revient pour Solde de fon Compte chez mon Pere, que je me fuis engagé de lui payer .	3375	—	—
8. A ALEXANDRE BRUGUIER de Hambourg fon Compte *fl.* 2134 : 6 Pour ce qui lui revient pour Solde de fon Compte chez mon Pere, que je dois aufli lui payer .	2134	6.	—

19. *Pour ce que l'on a à payer pour les Charges des Biens Fonds.*

7. RENTES ET LOYERS *fl.* 150 : Pour ce que mon Pere m'a chargé de payer pour le huitieme denier des 2 Maifons qu'il m'a cedées, SAVOIR :

Pour celui de la Maifon du Heere-Gracht . . . *fl.* 100 :	
Pour celui de la Maifon de Campagne . . . 50 ;	150

20. *Pour ce que l'on Doit à des Crediteurs auxquels on ne veut point donner de Compte particulier.*

8. A COMTE DE DIVERS CREDITEURS *fl.* 1376 : Pour ce que mon Pere Doit aux Sous-nommez, qu'il m'a chargé de payer, SAVOIR :

A Pierre Dubois pour des Etoffes qu'il a livrées . *fl.* 627 :	
A Jean Latour pour diverfes Merceries que mon Pere a envoyées à Surinam 532 :	
A Jacob André pour Vin qu'il a livré . . . 217 :	1376

fl. 24704 | 9.

Fin du Contenu de mon Inventaire fuivant lequel j'ai tant en argent qu'en Marchandifes & autres Effets la fomme de	*fl.* 164010 :
Sur quoi je dois payer les fommes ci-deffus, montant à .	24704 : 9
De forte qu'il me refte de net Capital	*fl.* 139305 : 11

21. *Crediter la Banque pour l'Ouverture de mon Compte.*

	Florins	fols	pe.
9. ——— 3.	COMPTE DE FRAIX A BANQUE *fl.* 10 : Pour ce que je fais bon à la Banque pour l'Ouverture de mon Compte, à folio 1564 . . . *fl.*	10	—	—

COM-

COMMENCEMENT DE MON COMMERCE.

22. Achat d'une Marchandise Comptant , & en tenir un Compte particulier.

Du 6 Dito.

9.
2.
COCHENILLE MESTIQUE. A CAISSE *fl.* 4368 : 19 : Payé comme suit : pour 2 Bales Cochenille dito achetées de Cornelis Hartwyk, & à lui payées Comptant , pesant comme suit : SAVOIR,

1 Bale N°. 6 pesant	180 ℔.	
1 N°. 12	184	
2 Bales pesant	364 ℔.	
Tare à 1¼ ℔ par Bale	3½ ℔.	
Net	360½ ℔	à 39 ɑ la ℔ *fl.* 4217 : 17 :
Augmentation de 4 pour cent.		168 : 14 :
		fl. 4386 : 11 :
Deduit 1 pour cent promt payement	*fl.* 43 : 17 :	
Pour le ½ Droit du Poids	7 : 10 :	51 : 7 :
Payé audit Hartwyk suivant son Assignation		*fl.* 4335 : 4 :
Payé aux Travailleurs du Poids pour l'entier Droit du Poids & Reception	*fl.* 16 : 4 :	
Payé au Courtier Jean de Bruyn pour le Courtage à ½ *s.* par Livre de Gros	17 : 11 :	33 : 15 :
		fl.

fl. 4368 | 19 | —

Du 8. dito.

23. Vente d'une Marchandise au Comptant , & en tenir un Compte particulier.

2.
9.
CAISSE A COCHENILLE MESTIQUE *fl.* 4426 : 11 Pour les 2 Bales Cochenille achetées le 6 du Courant de Cornelis Hartwyk , lesquelles j'ai vendues & livrées ce jourd'hui à Jacob Boelens, qui me les a payées comptant, pesant net, comme ci-dessus,

360½ ℔, à 40 ɑ la ℔		*fl.* 4326 :
Augmentation de 4 pour cent		173 : 1
		fl. 4499 : 1
Deduit 1 pour cent promt payement	*fl.* 45 :	
Pour le ½ Droit du Poids	7 : 10	52 : 10
Reçu dudit Boelens		*fl.* 4446 : 11
Deduit pour ce que j'ai payé aux Travailleurs du Poids pour la Livraison	*fl.* 1 : 4	
Et pour le Courtage payé à Pierre Roger	18 : 16	20 :
		fl.

fl. 4426 | 11 | —

Du 11. dito.

24. Achat au comptant de diverses Personnes avec & sans Rabat, & en tenir un Compte general.

6.
2.
MARCHANDISES GENERALES A CAISSE *fl.* 4375 : 12 : Payé, comme suit, pour 41 Lasts 13 Muddes Seigle de Prusse acheté des sousnommez, & à eux payé comptant, SAVOIR:

A Jan van Tarelink, pour 20 Lasts 7 Muddes Seigle susdit à 75 fl. d'or	*fl.* 2127 : 4 : 8	
Deduit 1 pour cent promt payement	21 : 5 : 8	
	fl. 2105 : 19 :	

Suite à la page suivante.   Cc 2   A Da-

Florins | fols | pe.

A AMSTERDAM, ce 13 Octobre 1722.

La Somme de la Page precedente se monte à   .   fl. 2105 : 19

A Daniel Hoorens, pour 21 L.   .   6 M. dito à 72 fl. d'or le Last sans rabat   2139 : 4

41 Lasts 13 Muddes Seigle de Prusse   fl. 4245 : 3

Au Facteur Pieter Hill pour reception dudit Seigle ; & le mettre au grenier, suivant son Compte.   .   130 : 9

fl.   4375 | 12 | —

---

25. *Vente au Comptant à diverses Personnes avec & sans Rabat des Marchandises comprises dans un Compte general.*

2. / 6. CAISSE A MARCHANDISES GENERALES fl. 4433 : 1 : 8 Reçu des sousnommez pour Vente à eux faite au comptant des 41 Lasts 13 Muddes Seigle de Prusse que j'avois acheté le 11 du Courant, SAVOIR :

De Abraham Rog pour 20 Lasts 7 Muddes Seigle susdit à 78 fl. d'Or le Last fl. 2220 : 6 : 8

Deduit 1 pour cent promt payément.   22 : 4 :

fl. 2198 : 2 : 8

De Jean Verryn pour 21 L.   6 Muddes dito à 76 fl. d'Or sans Rabat   2258 : 1 :

41 Lasts 13 Muddes Seigle de Prusse   .   .   fl. 4456 : 3 : 8

Deduit pour Courtage & un mois de Loyer de Grenier que j'ai payé.   .   23 : 2 :

fl.   4433 | 1 | 8.

Remarque sur les 4 Articles precedens.

J'ai bien voulu Debiter dans ces 4 Articles les Marchandises achetées & vendues, pour les Fraix qu'elles peuvent faire lors que l'on en achete, ou lors que l'on en vend ; pour faire voir comment il faudroit les coucher, si on les payoit tous Comptant : mais, comme il arrive très-peu à Amsterdam que les Fraix se payent comptant, & que le Droit du Poids ne se paye que tous les mois, & les Courtages qu'au bout de l'année, il vaut mieux Debiter la Marchandise A la Caisse, pour ce que l'on paye comptant ; & au Compte de Fraix, pour les Fraix que l'on doit payer pour elle. Ainsi dans l'Article 22, j'aurois pû Debiter la Cochenille Mestique, A Caisse de fl 4335 : 4 : pour l'argent payé effectivement à Cornelis Hartwyk, & A Compte de Fraix de fl. 33 : 15 pour le Droit du Poids & le Courtage à payer ; & dans l'Article 23, j'aurois pû Debiter la Caisse des fl. 4446 : 11 : Reçus de Jacob Boelens, & Debiter la Cochenille A Compte de Fraix pour les fl. 20 de Fraix à payer, sans deduire lesdits fl. 20 : de la somme de fl. 4446 : 11 mais tout cela causeroit encore trop d'écritures dans un Comptoir où il se fait beaucoup d'affaires. Le plus court est de Debiter la Marchandise pour ce qu'elle coûte, ou de la Créditer de la somme pour laquelle on l'a vendue ; & lorsque l'on veut en solder le Compte, pour en savoir le Profit ou la Perte, on la Debite dans une seule somme A Compte de Fraix, de tous les Fraix que l'on a payez ou que l'on doit payer pour elle, tant à l'Achat qu'à la Vente ; & la difference qui se trouve alors est Profit, si le Credit monte plus que le Debit, ou Perte, si le Debit monte plus que le Credit.

Du 20. dito.

26. *Achat au Comptant par Banque de diverses Marchandises, & les comprendre separement dans un Compte general en argent de Banque.*

6. MARCHANDISES GENERALES Aux suivans fl. 7438 : 18 : Pour 6 Tonneaux Caffé & 6 Bales Toiles Guinées, achetées le 16 du Courant de la Compagnie des Indes Chambre de cette Ville, & reçues ce jourd'hui, SAVOIR :

N°. 64 2 Tonneaux Caffé, pesant net 1452 ℔ à 26½ s. la ℔   .   fl. 1923 : 18 :

121 2   1468   à 26⅝   .   :   1954 : 5 : 8

123 2   1460   à 26¼   .   .   1952 : 15 :

6 Tonneaux Caffé pesant   4380 ℔   .   .   fl. 5830 : 18 : 8

Deduit 1 pour cent bon Poids   58 : 6 : 8

fl. 5772 : 12 :

Suite à la Page suivante.

Augmen-

Le Produit de la Page précedente se monte à la somme de   5772 : 12 :

Augmentation d'un pour mille pour les Pauvres   5 : 15 :

                                                        fl. 5778 : 7 :

Promt payement de 2 mois 26 jours à ½ pour cent par mois   82 : 17 :

                                                        fl. 5695 : 10 :

Nº. 132   2 Bales Guinées conten. 40 Pieces à *fl.* 14½ la Piece *fl.*   580 :
     144   2   40   à 14¾   .   590 :
     162   2   40   à 14⅝   .   585 :

        6 Bales Guinées ou   120 Pieces   .   .   *fl.* 1755 :

        Augmentation d'un pour mille pour les Pauvres   1 : 15

                                                        fl. 1756 : 15
Promt payement de 2 mois 26 jours à ½ pour cent   25 : 17

                                                        1730 : 18 :

3. A Banque *fl.* 7426 : 8 Ecrit à la Compagnie des Indes, Chambre d'ici *fl.* 7426 : 8 :

9. A Compte de Fraix *fl.* 12 : 10   Pour le demi-Droit du Poids du
Caffé & port au Logis du Caffé & des Guinées.   .   .   12 : 10 :

                                                                 7438 | 18

Nota *que quoi que le Droit du Poids & le port au Logis se payent eu argent courant, je les passe ici en argent de Banque, la chose étant de peu de consequence, & ne valant pas la peine de faire un Article separé pour environ 12 sols de moins que monte l'Agio. Que si on l'aime mieux, on peut mettre* A Compte de Fraix *fl.* 11 : 18 : *pour fl.* 12 : 10 : *Courant payé pour le* ¼ *Droit du Poids & port au logis reduits en Banque à* 105 *pour cent.*

27. *Achat au Comptant pour Compte à demi profit ou perte avec celui qui en fait les avances à certaines Conditions stipulées.*

9.
9. Soye Tani de Bengale pour Compte à ½ profit entre Jean de Man & moi. A Jean de Man *fl.* 3010 : 6   Pour Achat & Fraix de 3 Cavelins Soye dito que ledit de Man a achetées de la Compagnie des Indes, Chambre de cette Ville, qu'il a payé avec tous les Fraix à condition qu'il les gardera du moins 6 mois sans les vendre, si je ne le lui ordonne pas plûtôt, & que nous en partagerons le profit ou la perte par moitié, & que je lui payerai l'Interêt de ma moitié à raison de 4 pour cent par an, suivant nos conventions couchées & signées de part & d'autre, dans le Compte qu'il m'en a fourni, montant, comme suit :

1 Cavelin Lettre E Nº. 165 pesant 298 ℔ Tare 3 ℔ Net 295 à 26 *s.*   *fl.* 2301 :
1   .   .   F . 196   .   299 ⎱
1   .   .   F . 205   .   299 ⎰ 598 ℔. Tare 6 ℔ Net 592 à 24 *s*   4262 : 8

3 Cavelins montant à   .   .   .   *fl.* 6563 : 8

    Augmentation de 4 pour cent   .   .   262 : 10

                                        fl. 6825 : 18
    Deduit 1 pour cent bon Poids   .   68 : 5

                                        fl. 6757 : 13
    Augmentation d'un pour mille pour les Pauvres   6 : 15

                                        fl. 6764 : 8
    Deduit pour le promt payement de 2¼ mois, à ½ pour cent par mois   93 : 7

    Argent de Banque payé par ledit De Man   .   *fl.* 6671 : 1
    Agio à 5 pour cent   333 : 11
    Pour les Fraix qu'il a payez suivant le Compte   16 :

                                        fl. 7020 : 12

    De laquelle somme de *fl.* 7020 : 15   Courant ma ½ & dont je devrai lui payer l'Interêt à raison de 4 pour cent par an, est   .   3010 | 6

	Florins.	fols	pe.

———— A AMSTERDAM, ce 20 Octobre 1722. ————

28. *Achat des Actions de la Compagnie des Indes.*

10. / **3.** — ACTIONS DE LA COMPAGNIE DES INDES ORIENTALES, Chambre d'Amsterdam, A BANQUE fl.22500 : Ecrit à la Veuve de Daniel Deutz, pour une Action de L.500 de Gros de Capital dans ladite Compagnie achetée d'elle à 750 pour cent, laquelle elle m'a transportée hier sur les Livres de ladite Compagnie . . — **22500** — —

29. *Achat d'argent de Banque pour du Courant.*

Les suivans A CAISSE fl 6307 : 10 Payé aux Freres van der Sprang, pour fl. 6000 : de Banque acheté d'eux ce jourd'hui à 5⅛ pour cent, SAVOIR :

3. BANQUE fl.6000 : Ecrit par lesdits van der Sprang . . fl.6000 :

4. / **2.** AGIO fl.307 : 10 Pour celui de ladite somme à 5⅛ pour cent . 307 : 10 — **6307** **10** —

Du 22. dito.

30. *Vente de Marchandises au Comptant par Banque, comprises dans un Compte general.*

3. / **6.** BANQUE A MARCHANDISES GENERALES fl.7653 : 17 : 8 Ecrit par les sous-nommez pour les sous-specifiées à eux venduës, SAVOIR :

Par Hendrik Schulerus pour les 6 Tonneaux Caffé que j'avois achetez le 20 du Courant de la Compagnie des Indes, pesant net 4380 ℔ à lui vendus à 37 *s.* de Banque la ℔, deduit 1 pour cent pour le promt payement . fl.5853 : 17 : 8

Par Paul Marguerite, pour les 6 Bales Guinées, contenant 120 Pieces, que j'avois achetées, comme dessus, à lui vendues à fl. 15 de B^co. la Piece . . . 1800 : : — **7653** **17** **8**

31. *Vente des Actions de la Compagnie des Indes.*

3. / **10.** BANQUE A ACTIONS DE LA COMPAGNIE des Indes, Chambre d'Amsterdam, fl.22650 : Ecrit par Abraham Mussard, pour une Action que j'avois achetée dans ladite Compagnie le 20 du Courant, laquelle j'ai vendue & transportée audit Mussard, de L.500 de Gros de Capital à 755 pour cent. . . — **22650** — —

32. *Debiter un Compte des Fraix faits sur icelui, & le solder par le profit que l'on trouve y avoir fait.*

10. — ACTIONS DE LA COMPAGNIE DES INDES ORIENTALES, Chambre d'Amsterdam, Aux suivans fl.150 : pour les Fraix faits sur l'achat & la vente d'une Action que j'avois dans ladite Compagnie, & avancé sur icelle, SAVOIR :

9. A COMPTE DE FRAIX fl.14:16: pour fl.8:16: que j'ai payé pour la ½ du transport de ladite Action en l'achetant & en la revendant, & fl.6 pour le Courtage de l'achat & de la Vente . . . fl. 14 : 16

10. A GAINS ET PERTES fl.135 : 4 pour avance sur ladite Action & pour solder ce Compte . . . 135 : 4 — **150** — —

Du 25. dito.

33. *Payer des Lettres de Change que l'on a prises pour les negocier.*

1. / **3.** — COMPTE DE CHANGE sur France A BANQUE fl.2582 : 16 Ecrit aux sous-nommez pour les 2 Lettres suivantes sur Paris, SAVOIR :

Suite à la Page suivante. L.4500

A AMSTERDAM, ce 22 Octobre 122.	Florins.	sols	pe.

Suite de la Page précedente.

L. 4500 : en 1500 ▽ sur Thelusson & Compagnie de Paris, en Lettre de Thelusson Freres de hier à mon ordre à ⅖ à 41⅜ ℀ par Ecu, écrit aux dits Thelusson   fl. 1551 : 11

3000 : en 1000 ▽ sur Jaques Amiraut de Paris, en Lettre de Jean Fizeaux de hier à ⅖ à mon ordre à 41¼ ℀ par Ecu, écrit audit Fizeaux   1031 : 5

L. 7500 :   fl.   2582   16

---

34. *Recevoir payement de la valeur des Lettres de Change que j'avois, & que j'ai negociées.*

Les suivans A Compte de Change sur France fl. 3561 : 15 : 8   Pour les 2 Lettres suivantes que j'ai negociées hier avec les sousnommez, Savoir :

3. | Banque fl. 3392 : 3 : 8   Ecrit par les sousnommez pour les 2 Lettres sous-specifiées, Savoir :

L. 5250 : sur Pierre Claude Heusch de Paris, en Lettre de Jean Dorville de 1750 ▽, dont ce Compte de Change est Debité au premier du Courant que j'ai endossée à André Pels & Fils, qui m'en ont écrit la valeur à 41¾ ℀ par Ecu fl. 1826 : 11 :

4500 : Sur Pierre Testas de Bourdeaux, en Lettre de mon Pere de 1000 ▽, dont le dit Compte est Debité au premier du Courant, endossée à Florentin Dureau, qui m'en a écrit la Valeur à 41¾ ℀ par Ecu.   1565 : 12 : 8

L. 9750 : ou 2750 ▽ à 41¾ ℀   fl. 3392 : 3 : 8

4. | Agio fl. 169 : 12   Pour celui de ladite somme à 5 pour cent.   169 : 12 :

1.   3561   15   8

Remarque sur les Articles 33, 34 & quelques autres précedens.

Dans les Articles 26 & 28 je n'ai Debité les Marchandises generales & les Actions qu'en Argent de Banque, & je les ai Creditées en la même monnoye dans les Articles 30 & 31, pour éviter la peine que je trouve fort inutile, de passer en Argent Courant tout ce que je paye par Banque, & qui, suivant l'usage du Commerce, me doit rentrer en argent de Banque : & dans l'Article 33, je n'ai Debité le Compte de Change sur France aussi qu'en argent de Banque, parce que, lors que je les negocierai, elles m'entreront en argent de Banque, & que cela épargne la peine de faire la reduction de l'Agio, & de Crediter & de Debiter l'Agio toutes les fois que je couche de semblables Articles. Mais puisque j'avois Debité au premier Octobre le Compte de Change sur France A Capital de fl. 3535 : 10 : 8 Courant pour les L. 9750 Tournois, que j'ai negociées dans l'Article 34, j'ai dû Crediter ce Compte de Change en la même monnoye courante, pour laquelle je l'avois Debité, & Debiter la Banque des fl. 3392 : 3 : 8 pour ce que l'on m'a écrit pour ces Lettres ; & l'Agio pour celui de la somme qu'elles ont produit, afin de Crediter en Courant ce qui est Debité en Courant ; mais comme ce n'est plus l'usage chez les Banquiers, de passer en argent Courant tout ce qu'ils payent & reçoivent par Banque, & que la plus grande partie tiennent Compte avec leurs Correspondans en argent de Banque, je ne reduirai dans la suite en argent Courant, que les seules sommes de Banque, que je payerai ou que je recevrai pour ceux, avec lesquels je tiendrai Compte en argent Courant, ou pour les Marchandises que j'aurai achetées ou venduës, en argent de Banque, pour lesquelles j'aurai payé ou reçu de l'argent Courant.

35. *Achat à payer la ½ Comptant, & le reste à terme.*

10. | Huile de Baleine Aux suivans fl. 639 : 18 Pour 12 Quarteaux Huile dito, contenant 196 Stekans, 12 Mingles, achetez de Jacob Kalf de Sardam, à payer la ½ Comptant, & l'autre moitié dans 2 mois à fl. 39 le Quarteau de 12 Stekans, montant suivant le Compte qu'il m'en a fourni, à fl. 639 : 18 Savoir :

Suite à la Page suivante.

D d 2   A Cais-

Suite de la Page précedente.

2. A CAISSE *fl.*319 : 18   Payé audit Kalf pour la ½ que je devois lui payer
Comptant   .   .   .   .   *fl.*319 : 18

10. A JACOB KALF de Sardam *fl.*319 : 18   Pour ce que je dois lui payer dans
2 mois pour la ½ reftante desdits 12 Quarteaux Huile.   .   .   319 : 18 | 639 | 16 | —

Du 28. dito.

36. Vente à payer la ½ Comptant, & l'autre moitié à terme.

LES fuivans A HUILE DE BALEINE *fl.*688 : 12   Pour 12 Quarteaux Huile dito,
contenant 196 Stekans 12 Mingles, vendus à Jean Leenderts à payer la ½ Comptant &
l'autre moitié dans 2 mois à *fl.*42 le Quarteau de 12 Stekans , SAVOIR:

2. CAISSE *fl.*344 : 6   Reçu dudit Leenderts pour la ½ payable Comptant   *fl.*344 : 6

11.
10. JEAN LEENDERTS *fl.*344 : 6   Pour ce qu'il me doit payer dans 2 mois
pour l'autre moitié desdits 12 Quarteaux Huile de Baleine   .   .   344 : 6 | 688 | 12 | —

*37. Remettre à un Correspondant pour mon Compte des Lettres de Change que
j'avois.*

8.
1. GEORGE PEACE mon Compte A COMPTE DE CHANGE fur Londres *fl.*4734 : 12 : 8
& L.431 : 10   Pour les 2 Lettres dont ce Compte eft Debité au premier du Courant,
que j'ai remifes & endoffées ce jourd'hui audit Peace à Compte de ce que je lui Dois,
SAVOIR:

L.204 : 10 : *ft.* Sur Denis Dutri , écheant le premier du prochain à
      34 ß 10 ⅛   .   .   .   *fl.*2137 : : 8
   227 : :   Sur John Hefton, écheant ledit jour à 34 ß 10 ⅛   2372 : 3 :

L.431 : 10 :   .   .   .   *fl.*4509 : 3 : 8

      Agio à 5 pour cent   .   .   225 : 9 : | 4734 | 12 | 8

Du 3. Novembre.

*38. Achat à payer à divers termes moyennant excompte, & tenir un Compte
general.*

6.
11. MARCHANDISES GENERALES A ESAIE GILLOT *fl.*1500 :   Pour 50 Pieces
Serge de Leyde blanches à 2 plombs, achetées de lui à payer le ⅓ au 3 Janvier, le ⅓ au
3 Avril, & le ⅓ au 3 Juillet prochain à *fl.*30 la Piece; à condition, que, fi je le paye
avant lesdits termes, je lui deduirai l'excompte à raifon de 8 pour cent par an.   fl. | 1500 | — | —

Du 5. dito.

*39. Vente à payer à divers termes moyennant excompte & en tenir un Compte
general.*

11.
6. SAMUEL VAUQUET A MARCHANDISES GENERALES *fl.*1600 :   Pour 50 Pie-
ces de Serge de Leyde à lui vendues ce jourd'hui à *fl.*31 la Piece, à payer ⅓ au 5 Janvier,
⅓ au 5 Avril, & ⅓ au 5 Juillet prochain, à condition qu'il deduira 8 pour cent pour l'In-
terêt de ce qu'il me voudra payer avant lesdits termes.   .   . | 1600 | — | —

40. Achat

40. *Achat & Vente de Marchandises en troc.*

		Florins.	sols	Pe.
9. — 6.	COCHENILLE MESTIQUE A MARCHANDISES GENERALES *fl.*2168 : 7 : Pour une Bale Cochenille dito, pesant net 180 ℔, achetée ou prise en payement de Carel Braine à 39 ß la ℔, Pour 3 Caisses Indigo Guatimalo que je lui ai vendues, ou données en payement, pesant net 650 ℔ à 69 *s.* la ℔, & montant, toute deduction faite, aussi bien que ladite Cochenille, à la somme de	2168	7	—

41. *Achat de Marchandises à payer, partie en d'autres & partie en argent Comptant.*

		Florins.	sols	Pe.
6. — 11.	MARCHANDISES GENERALES A JAQUES DUPEYROU Junior *fl.*6978 : 17 Pour les Marchandises suivantes que j'ai achetées de lui, à payer en Vins, en Eau de Vie & en argent, SAVOIR:			
	10 Bales Poivre, pesant net 4250 ℔ à 14¼ ß Courant la ℔　　*fl.*1514 : 1 4600 ℔ Fanons de Baleine à *fl.*120 : deduit 1 pour cent　　5464 : 16	6978	17	—

42. *Payer en Marchandises & en argent des Marchandises achetées aux conditions ci-dessus.*

		Florins.	sols	Pe.
11. —	JAQUES DUPEYROU le Jeune Aux suivans *fl.*6978 : 17　Pour payement à lui fait des Marchandises ci-dessus achetées de lui, SAVOIR:			
5.	A VINS EN GENERAL *fl.*3120 : Pour 10 Tonneaux Vin de Grave à lui livrez en deduction du Poivre & Fanons ci-dessus à L. 52 de Gros le Tonneau, sans deduction　　*fl.*3120 :			
5.	A EAUX DE VIE en general *fl.*2000 : Pour 25 Pièces Eau de Vie de Cognac à lui livrées, comme dessus, contenant 1250 Verjes à L. 8 de Gros les 30 Verjes aussi sans deduction　　2000 :			
2.	A CAISSE *fl.*1858 : 17 à lui payé pour Solde du Poivre & Fanons ci-dessus suivant son Reçu.　　1858 : 17	6978	17	—

Du 10. dito.

43. *Vendre de l'Argent de Banque pour du Courant.*

		Florins.	sols	Pe.
2. —	CAISSE Aux suivans *fl.*15768 : 15 Reçu de Johannes Garengroot pour *fl.*15000 Bco. à lui vendus ce jourd'hui, l'Agio à 5⅛ pour cent, SAVOIR:			
3.	A BANQUE *fl.*15000 : Ecrit audit Garengroot　　*fl.*15000 :			
4.	A AGIO *fl.*768 : 15　pour icelui à 5⅛ pour cent.　　768 : 15	15768	15	—

Du 19. dito.

44. *Prêter de l'argent à l'Interêt purement & simplement.*

		Florins.	sols	Pe.
11. —	LA COMPAGNIE DES INDES OCCIDENTALES, Chambre d'Amsterdam Aux suivans *fl.*9360 : Pour Capital & Interêt de *fl.*9000 prêtez ce jourd'hui à ladite Compagnie pour une année à raison de 4 pour cent pour l'Interêt suivant l'obligation signée de I D & D D F Directeurs de ladite Compagnie, SAVOIR:			
2.	A CAISSE *fl.*9000 : Pour l'argent prêté à ladite Compagnie　　*fl.*9000 :			
10.	A GAINS ET PERTES *fl.*360 : Pour une année d'Interêt desdits *fl.*9000, qui écherra le 18. Novembre 1723 à 4 pour cent.　　360 :	9360	—	—

—————— A AMSTERDAM , ce 19 Novémbre 1722. ——————— | Florins. | fols | pe.

45. *Prêter de l'argent à l'Interêt fur des Marchandifes.*

		Florins	fols	pe.
11.	PIETER DE WAART Aux fuivans *fl.* 8082 : 14 : Pour *fl.* 8000 : à lui prêtez ce jourd'hui fur 6 Bales Cochenille, marquées P D W , de N°. 1 à 6 qu'il m'a delivrées, lesquelles je lui rendrai dans 3 mois en me reftituant ladite fomme, avec l'interêt à raifon de 4 pour cent par an, & 3 fols par Bale par mois de Magazinage, fuivant fon obligation en date de ce jour, SAVOIR :			
2.	A CAISSE *fl.* 8000 : Pour argent à lui compté . . *fl.* 8000 :			
10.	A GAINS ET PERTES *fl.* 80 pour 3 mois d'Interêt de ladite fomme, qui écherront le 18 Fevrier prochain à 4 pour cent par an . 80 :			
9.	A COMPTE DE FRAIX *fl.* 2 : 14 : pour 3 mois de Magazinage desdites 6 Bales Cochenille à 3 *f.* par Bale par mois. . 2 : 14	8082	14	—

---

46. *Envoi fait pour Compte d'un Correspondant de Marchandifes payées Comptant en Courant , & le Debiter du tout*, y compris l'Affurance, les Fraix & la Commiffion.

		Florins	fols	pe.
12.	JACQUES VERDERI de Bourdeaux fon Compte Aux fuivans *fl.* 6917 : 10 : Pour Achat, Fraix & Commiffion des Marchandifes fous-fpecifiées que j'ai achetées fuivant fon ordre du 24 du paffé, & chargées à fon adreffe dans le Navire *le Pigeon blanc* Maitre *Joris Dieft*, fuivant le Compte à lui envoyé ce jourd'hui au Livre de Factures Folio 1 SAVOIR :			
2.	A CAISSE *fl.* 6419 : 2 : 8 Payez aux fousnommez pour les Marchandifes fuivantes & Prime d'Affurance fur icelles, SAVOIR :			
	A Philippe le Noir pour 100 Torches Fil de Laiton pefant 2450 ℔ à *fl.* 55 les 100 ℔, deduit 1 pour cent . *fl.* 1334 : : 8			
	A Pieter van Wyk pour 10 Tonneaux Colle pefant net 10480 ℔ à *fl.* 18¾ le ½ deduit 2 pour cent . 1925 : 14 :			
	A Jean Dorville pour 2000 ℔ Fanons de Baleine à *fl.* 155 le ½ deduit 3 pour cent . 3007 : 12 :			
	A Hendrik Makreel pour Prime de fl. 6000 : fait affurer par lui fur lesdites Marchandifes à 2¼ pour cent & 36 *f.* pour la Police . 151 : 16 :			
	fl. 6419 : 2 : 8			
9.	A COMPTE DE FRAIX fl. 362 : 15 : 8 Pour Droits de Sortie', Courtage & autres Fraix jusques à bord fuivant ledit Compte . 362 : 15 : 8			
	fl. 6781 : 18 :			
12.	A COMPTE DE COMMISSION fl. 135 : 12 pour ma Commiffion à 2 pour cent de ladite fomme . . . 135 : 12 :	6917	10	—

Du 26. dito.

47. *Envoi fait pour Compte d'un Correspondant de Marchandifes payées en Banque & en Courant , & le Debiter du tout , comme ci-deffus , en argent Courant.*

		Florins	fols	pe.
12.	ARNAUD DU GOYON de Nantes fon Compte Aux fuivans fl. 5569 : Pour envoi à lui fait des Marchandifes fuivantes, fuivant fon ordre du 2 du Courant , chargées à fon adreffe, dans *l'Aigle* Me. *Jacob Drayer*, fuivant le compte à lui envoyé ce jourd'hui au Livre de Factures, Folio 2, SAVOIR :			
3.	A BANQUE fl. 3237 : 6 : Ecrit à la Compagnie des Indes, Chambre d'ici, pour 2 Quarteaux Gerofle, pefant net 872 ℔ à 75 *f.* la ℔. . fl. 3237 : 6			
4.	A AGIO fl. 161 : 17 : pour celui de ladite fomme à 5 pour cent. 161 : 17			
	fl. 3399 : 3			

Suite à la Page fuivante.   A

Florins. fols. pe.

————— A AMSTERDAM, ce 19 Novembre 1722. —————

Somme de la Page precedente.   fl. 3399 : 3

2. A CAISSE fl. 1952 : Payé comme fuit, SAVOIR:

    A Carel Braine pour diverfes Drogueries, couchées en detail dans ledit Compte au Livre de Factures   fl. 1825 : 4

    A Hendrik Makreel pour Prime de fl. 5000 fait affurer fuivant la Police fur lesdites Marchandifes à 2½ pour cent & & Police   126 : 16

    1952 :

9. A COMPTE DE FRAIX fl. 108 : 13 : pour Droits de fortie & autres Fraix fuivant le Compte   108 : 13

    fl. 5459 : 16

12. A COMPTE DE COMMISSION fl. 109 : 4 pour celle de ladite fomme à 2 pour cent   109 : 4   **5569**

---

48. *Tirer fur un Correspondant pour fon Compte, & l'en Crediter en argent Courant.*

Les fuivans A JACQUES VERDERI fon Compte fl. 6917 : 10 : Pour ma Traite de hier fur lui à Ufance de 6349 ▽ 58 f. 6 ⅜ à l'ordre d'André Pels & Fils valeur desdits à 41½ ⅜ par Ecu, SAVOIR:

3. BANQUE fl. 6588 : 2 : Ecrit par lesdits Pels   fl. 6588 : 2

4. AGIO fl. 329 : 8 : Pour celui de ladite fomme à 5 pour cent   329 : 8

12.   **6917 | 10**

---

49. *Tirer fur un Correspondant comme en l'Article precedent.*

Les fuivans A ARNAUD DU GOYON fon Compte fl. 5569 : Peur mes 2 Traites de hier fur lui à Ufance payables dans Paris, faifant enfemble 5112 ▽ 5 f. 3 ⅜ à 41½ ⅜, SAVOIR:

3. BANQUE fl. 5303 : 16 Ecrit par les fousnommez pour mes Lettres à eux fournies fur le dit Du Goyon, SAVOIR:

    Par Jean Barthelemi Rietman pour 2612 ▽ 5 f. 3 ⅜ à fon ordre à 41½ ⅜   fl. 2710 : 1

    Par Louïs Michel pour   2500 ▽ : :   à fon ordre à 41½ ⅜   2593 : 15

    5112 ▽ 5 ⅜ 3 ⅜   fl. 5303 : 16

4. AGIO fl. 265 : 4 pour celui de ladite fomme à 5 pour cent.   265 : 4

12.   **5569**

---

50. *Remettre des Lettres de Change à un Correspondant pour les negocier pour mon Compte.*

12. LETTRES DE CHANGE envoyées pour negocier A COMPTE DE CHANGE fur

1. France fl. 2582 : 16 Pour les 2 Lettres de 1500 & 1000 ▽ que je pris le 25 du paffé fur Theluffon & Amiraut faifant L. 7500 Tournois, lesquelles j'ai endoffées & envoyées ce jourd'hui à Denis Dutri de Londres pour les negocier pour mon Compte, dont je Credite ledit Compte de Change, & Debite les Lettres de Change envoyées jusques à ce que je fache ce qu'elles produiront à Londres, m'ayant couté ici en Banque, comme il paroit ci-devant au 25 Octobre   L. 7500 : :   **2582 | 16**

E e 2 Du

Florins. | ſols | pe:

—————— A AMSTERDAM ce Premier Decembre 1722. ——————

Du premier Decembre.

51. *Debiter le Compte de Fraix , pour les Fraix payez depuis quelque tems.*

COMPTE DE FRAIX A CAISSE *fl.* 558 : 10 Pour ce que je trouve avoir payé pour divers Fraix depuis le premier Octobre dernier jusqu'à ce jour , suivant le Livre de Fraix fol. 1.   .   .   .   .   fl | 558 | 10 | —

52. *Fréter un Vaiſſeau pour un Voyage , pour en payer le Frêt au retour.*

FRET DU NAVIRE *LE CERF VOLANT*, Mc. *Klaas Mooy* A KLAAS MOOY *fl.* 2500 : Pour autant que j'ai accordé de lui payer pour le Fret de ſon dit Navire qu'il commande lui-même , pour aller d'ici à Dantzig, & revenir en cette Ville ; moyennant quoi , il me rendra Compte de tout le Fret qu'il pourra faire tant d'ici là , qu'à ſon retour de là ici , suivant la Charte partie paſſée par devant le Notaire Demarolles. | 2500 | — | —

NOTA. *J'ai bien voulu coucher cet Article, comme mon Pere l'a couché dans ſon Livre, mais je trouve aſſez inutile de Debiter le Fret d'un Navire que l'on frete aux conditions ci-deſſus , puiſqu'on ne doit payer le Fret qu'au retour, & que s'il ſe perd en chemin, on ne les paye pas : ainſi je ne voudrois tenir aucun Compte de ce Fret qu'au retour du Navire , ou tout au plûtôt , lorsque le Capitaine ſeroit arrivé à Dantzig, & qu'il m'auroit écrit qu'il y a reçu quelque ſomme pour le Fret d'ici à Dantzig.*

Du 4. dito.

53. *Payer divers Crediteurs compris dans un Compte general.*

COMPTE DE DIVERS CREDITEURS A CAISSE *fl.* 1376 : Payé aux ſousnommez, pour ce dont ils ſont Creditez ſur ce Compte au premier Octobre, SAVOIR :

A Pierre Dubois suivant ſon Reçu   .   .   *fl* 627 :
A Jean Latour idem   .   .   .   532 :
A Jacob André idem   .   .   ,   .   217 : | 1376 | — | —

54. *Recevoir payement des Loyers des Biens Fonds.*

CAISSE A RENTES ET LOYERS *fl* 450 : Reçu des ſous-nommez pour 6 mois de Loyer de mes 2 Maiſons échus le premier du paſſé, SAVOIR :

De Clement Swaan pour 6 mois de Loyer de la Maiſon ſur le Heere-gracht *fl.* 350 :
De Johannes Mol pour idem de la Maiſon de Campagne.   .   .   100 : | 450 | — | —

55. *Crediter un Correspondant pour les Remiſes qu'il a faites pour ſon Compte , & lui en tenir Compte en argent de Banque.*

BANQUE A LEONARD DELFGAAUW de Bourdeaux ſon Compte en Argent de Banque *fl.* 2656 : 5 Pour ſes 2 Remiſes suivantes ſur les ſous nommez reçues par ſa Lettre du 15 du paſſé, SAVOIR :

1000 ▽ à 42½ & ſur Abraham Joons en Lettre de Louïs Delbreil de Bourdeaux du 4 Octobre à ⅛ écrit par ledit Joons   .   .   *fl.* 1062 : 10

1500 ▽ à 42½ & ſur Willem & Cornelis Both en Lettre de Jaques Hooghſtoel de Bourdeaux du 4 Octobre à ⅛   .   .   .   1593 : 15 | 2656 | 5 | —

Du

A AMSTERDAM, ce 7 Decembre 1722.

		Florins.	fols	pe.

Du 7. dito.

56. *Crediter le même Correspondant pour diverses autres Remises, comme dessus.*

$\frac{3}{13}$. BANQUE A LEONARD DELFGAAUW son Compte *fl.*7725 : 18 Ecrit par ses sousnommmez pour les 3 Remises suivantes du 15 du passé, SAVOIR :

2000 ▽ à 42¼ $ faisant *fl.*2137 : 10 sur Daniel Pompeyrat de Rotterdam, en Lettre de Pierre Cheisat de Bourdeaux du 7 Novembre à Usance, negociée à Pieter Pels, qui m'en a écrit la valeur en Banque à ¼ pour cent perte . *fl.*2132 : 3

1500 ▽ à 42½ $ sur Jan de Backer en Lettre de Pierre Lalane de Bourdeaux du 7 Octobre à ⅔ écrit par ledit de Backer . . 1593 : 15

*fl.*4000 sur Pierre Balguerie en Lettre de Daniel Denis de Bourdeaux du 7 Octobre à ⅔ écrit par ledit Balguerie. . . 4000 :

7725 | 18

Du 8. dito.

57. *Negociation d'une Remise pour Compte d'un Correspondant.*

$\frac{3}{13}$. BANQUE A LEONARD DELFGAAUW son Compte *fl.*1083 : 8 Pour sa Remise du 15 du passé de 1000 ▽ à 21½ *s.* sur Pierre Boué de Hambourg, faisant D.671 : 20 en Lettre de Ferriol de Bourdeaux du 15 Octobre à ⅔, laquelle j'ai endossée à Alexandre Bruguier, Valeur de David le Telier, qui m'en a écrit la valeur à 32¼ *s.* par Dalder.

1083 | 8

Du 9. dito.

58. *Recevoir avis d'un Correspondant qu'il a negocié les Lettres que je lui avois envoyées pour mon Compte.*

$\frac{13}{12}$. DENIS DUTRY de Londres mon Compte A LETTRES DE CHANGE envoyées à negocier *fl.*2625 : Pour L.250 : st. dont il m'écrit par sa Lettre du $\frac{16 \text{ Novembre}}{7 \text{ Decembre}}$ m'avoir Credité pour le Produit des 2500 ▽ ou L.7500 Tournois que je lui remis sur Paris le 26 du passé, qu'il a negociées à 24 $ sterlin par Ecu, faisant L.250 st. que je reduis à 35 $ par Livre sterlin. . L. st. 250

2625 | — | —

Du 10. dito.

59. *Payer une Traite d'un Correspondant pour son Compte en argent de Banque.*

$\frac{13}{3}$. LEONARD DELFGAAUW A BANQUE *fl.*2100 Pour sa Traite de 2000 ▽ à 42 $ du 30 du passé à vuë, à l'ordre de Petit Freres, écrit à Naudy, Aché & Compagnie.

2100 | — | —

60. *Remettre à un Correspondant pour mon Compte des Lettres de Change pour Solde de ce que je lui devois.*

8. GEORGE PEACE mon Compte aux suivans *fl.*9390 : 3 : 8 Pour les 3 Lettres suivantes, faisant ensemble L.853 : 15 st. à lui remises ce jourd'hui pour Solde de ce que je lui devois, SAVOIR :

Suite à la Page suivante.

F f

A BAN-

Suite de la Page précedente.

3. A Banque *fl.*8943 : --: 8 Ecrit aux fousnommez pour les 3 dites Lettres, Savoir :

A André Pels & Fils pour L. 200 & L. 253 : 15 ft. qu'ils m'ont fourni fur Hum Walcot de Londres à Ufance, à mon ordre que j'ai paffé à celui dudit Peace à 34 ₰ 11 ⅞   L. ft. 453 : 15   fl. 4753 : : 8

A George Clifford & Compagnie Pour L. 400 ft. qu'ils m'ont fourni fur John Hayden, comme deffus, à 34 ₰ 11 ⅞   400 : -   4190 : :

      L. ft. 853 : 15   fl. 8943 : : 8

4. A Agio *fl.*447 : 3 Pour celui de ladite fomme à 5 pour cent.   447 : 3 :   **9390 | 3 | 8**

Du 11. dito.

61. *Recevoir d'un Correspondant le Compte de l'Achat des Marchandifes que je lui avois ordonnées pour mon Compte, lesquelles je fais affurer en même tems.*

13. Froment fait acheter pour mon Compte Aux fuivans *fl.*5582 : 12 Pour 70 Lafts Froment de Pologne que Jan Straalman a achetez par mon ordre, fuivant fa Lettre du 24 du paffé, & chargez à mon adreffe fur le Navire *la Ville de Dantzig,* Me. *Hans Harris,* & fuivant le Connoiffement & le Compte qu'il m'en a envoyez du premier du courant, Savoir :

13. A Jan Straalman de Dantzig mon Compte *fl.*5480 : 16 Pour *fl.*8891 : 3 Polonois, à quoi montent l'Achat & les Fraix jusques à Bord les dits 70 Lafts Froment, fuivant ledit Compte, que je reduis à 292 Gros Polonois par Livre de Gros, faifant L. 913 : 9 : 4 &   fl. 5480 : 16

14. A Hendrik Makreel *fl.*101 : 16 Pour Prime & Police de *fl.*5000 fait affurer par lui fur ledit Froment à 2 pour cent, & 36 *f.* pour la Police   101 : 16   **5582 | 12 | —**

Du 15. dito.

62. *Debiter un Correspondant des Remifes que je lui fais pour fon Compte en argent de Banque.*

13. / 3. Leonard Delfgaauw fon Compte A Banque *fl.*4182 : 16 Pour les 2 Lettres de Change fuivantes à lui remifes ce jourd'hui, Savoir :

2500 ▽ fur Jean Texier de Bourdeaux en Lettre de Jean & Jofeph Texier de ce jour à 8 jours de date à mon ordre que j'ai paffé à celui dudit Delfgaauw à 41⅞ ₰ écrit aux dits Jean & Jofeph Texier   *fl.*2617 : 3 : 8

1500 ▽ fur Gibert dudit lieu, en Lettre de Pierre Gorfe de ce jour à 15 jours de date à l'ordre dudit Delfgaauw valeur de moi à 41¼ ₰, écrit audit Gorfe.   1565 : 12 : 8   **4182 | 16 | —**

---

63. *Crediter un Correspondant des Lettres qu'il a remifes pour negocier pour fon Compte, en m'en chargeant moi-même.*

1. / 13. Compte de Change fur Londres A Leonard Delfgaauw fon Compte *fl.*2612 : 10 Pour fes 2 Remifes fur les fousnommez de Londres, reçues par fa Lettre du 30 du paffé, lesquelles je prens pour mon Compte au cours de ce jour, & les lui fais bon, comme fuit : Savoir :

Suite à la Page fuivante.

     L. 150

			Florins.	ſols	pe.

===== A AMSTERDAM, ce 15 Décembre 1722. =====

Suite de la Page précedente.

L. 150 ſt. ſur John Lee en Lettre de la Veuve Benet & Lee de Bourdeaux du 24 Novembre à ⅞ que je prens pour mon Compte à 34 ø 10 ß par Livre Sterlin   fl. 1567 : 10

100 ſt. ſur John Schmit, en Lettre de Saint Cric Pere & Fils de Bourdeaux du 24 du paſſé à ⅞ que je lui fais bon, comme deſſus   1045 :

L. 250 ſt. à 34 ø 10 ß. | 2612 | 10 |

Du 20. dito.

64. Aquiter une Lettre de Change ſous Proteſt pour l'honneur du Tireur.

8. EDOUARD FLOUWER ſon Compte Aux ſuivans fl. 3330 : 10 Pour Aquit de ſa Traite de L. 300 ſt. à 35 ø du 15/25 Octobre à ⅞ ſur Jean Blanc à l'ordre de Pierre Teſtas, lequel Blanc l'ayant laiſſée proteſter, faute de payement, j'ai payé ſous Proteſt pour l'honneur du Tireur, ſuivant le Proteſt que j'en ai envoyé ce jourd'hui, fait par le Notaire Demaroles, SAVOIR:

3. A BANQUE fl. 3150 : Ecrit à Pierre Teſtas pour ladite Lettre   fl. 3150 : :

4. A AGIO fl. 161 : 8 : 8 pour celui de ladite ſomme à 5¼ pour cent   161 : 8 : 8

9. A COMPTE DE FRAIX fl. 2 : 10 Pour le Proteſt   2 : 10 :

            fl. 3313 : 18 : 8

12. A COMPTE DE COMMISSION fl. 16 : 11 : 8 Pour ma Commiſſion de ladite ſomme à ½ pour cent.   16 : 11 : 8 | 3330 | 10 |

65. Recevoir de divers Debiteurs payement de ce qu'ils devoient.

2.
— CAISSE A COMPTE DE DEBITEURS fl. 742 : 7 Reçu des ſousnommez pour ce dont ils ſont Debitez ſur ce Compte au premier Octobre dernier, SAVOIR:
7.

     D'Andries Houthuyſen   fl. 354 :

     De Cornelis Meyer   182 : 7

     De Pieter Hoos   206 : | 742 | 7 |

66. Envoi fait à un Correſpondant avec lequel on tient Compte en argent de Banque de Marchandiſes achetées, payables en Banque & en Courant.

Les ſuivans aux ſousnommez fl. 6946 : 7 Pour les Marchandiſes ſuivantes achetées par ordre & pour Compte de Leonard Delfgaauw & à lui envoyées par le Navire *la Paix d'Utrecht*, Me. *Pieter Alberts* ſuivant le Compte à lui envoyé ce jourd'hui au Livre de Factures folio 4, SAVOIR:

13.
— LEONARD DELFGAAUW ſon Compte fl. 6833 : 7 Pour le montant en argent de Banque dudit Envoi ſuivant le Compte   fl 6833 : 7

4.
— AGIO fl. 113 : Pour celui de fl. 2373 : 7 argent courant, à quoi monte la Cire & les Fraix ci-deſſous, reduit en Banque à 105 pour cent   113 :

            fl. 6946 : 7

3. A BANQUE fl. 4439 : : Ecrit à Jean Gasquet pour ce qu'il m'a livré, SAVOIR:

     20 Bales Poivre brun, peſant net 8726 ℔ à 12¼ ß la ℔   fl. 2781 : 8

     6 Fardeaux Canelle, peſant net 592 ℔ à 56 ſ. ℔   1657 : 12

            fl. 4439 :

8. A COMPTE DE CREDITEURS fl. 2245 : 6 pour ce que je dois à Van Tietzen & Schroder pour 4 Boucauts Cire de Pologne, peſant net 3240 ℔ à fl. 70 le ½ deduit 1 pour cent   2245 : 6

Suite à la Page ſuivante.

Ff 2

            6684 : 6

            A

Florins. | ſols | pc.

———— A AMSTERDAM, ce 20 Decembre 1722. ————

La ſomme de la Page precedente ſe monte à . . fl. 6684 : 6

9. A COMPTE DE FRAIX *fl.* 128 : 1 Pour Fraix ſur leſdites Marchandiſes juſqu'à bord ſuivant le Compte . . . 128 : 1

fl. 6812 : 7

12. A COMPTE DE COMMISSION *fl.* 134 : Pour celle de *fl.* 6699 : 7 de Banque à quoi montent l'Achat & les Fraix dudit envoi ſuivant le Compte 134 :   6946 | 7 | —

---

67. *Vente de Marchandiſes pour Compte d'un Correſpondant au Comptant ordinaire, & en Debiter les Acheteurs ſur un Compte general.*

7. COMPTE DE DEBITEURS A MARCHANDISES pour Compte de Leonard Delfgaauw de Bourdeaux *fl.* 9016 : Pour ce qui m'eſt dû par les ſousnommez pour les 20 Bariques Sucre blanc & les 5 Bariques Indigo de St. Domingue, reçues dudit Delfgaauw pour ſon Compte par le Navire *la Paix*, Me. *Jan de Bruyn*, à eux vendues, SAVOIR:

14.

Par Hermanus Beurman *fl.* 2845 : Pour 20 Bariques Sucre de St. Domingue blanc, peſant net 11720 ℔ à lui livrées ce jourd'hui à 10 § comme au Livre de Factures folio 4, montant net à . . . fl. 2845 : 15

Par Abraham Willink *fl.* 6170 : 5 Pour 5 Bariques Indigo St. Domingue, à lui livrées ce jourd'hui, peſant net 2664 ℔ à 48 ſ. la ℔ comme au Livre de Factures folio 4. . . . 6170 : 5   9016 | — | —

Du 24. dito.

68. *Envoyer à un Correſpondant avec lequel on tient Compte en argent de Banque, le Compte des Marchandiſes que j'ai vendues pour lui en argent Courant.*

14. MARCHANDISES pour Compte de Leonard Delfgaauw de Bourdeaux Aux ſuivans *fl.* 9016 : Pour le net Provenu, Fraix & Commiſſion de 20 Bariques Sucre blanc, & 5 Bariques Indigo de St. Domingue, reçues pour Compte dudit Delfgaauw, par le Navire *la Paix* Me. *Jan de Bruyn*, ſuivant le Compte à lui envoyé ce jourd'hui au Livre de Factures folio 4, SAVOIR:

13. A LEONARD DELFGAAUW ſon Compte *fl.* 8081 : 18 pour le montant en argent de Banque de *fl.* 8486 : Courant, à quoi monte le net Provenu desdites Marchandiſes; reduit à 105 pour cent ſuivant ledit Compte . . fl. 8081 : 18

4. A AGIO *fl.* 404 : 2 pour celui de ladite ſomme à 5 pour cent . 404 : 2

9. A COMPTE DE FRAIX *fl.* 349 : 14 pour Fraix ſur icelles . . 349 : 14

12. A COMPTE DE COMMISSION *fl.* 180 : 6 : Pour ma Commiſſion à 2 pour cent de *fl.* 9016 Courant à quoi monte la Vente desdites Marchandiſes . . . . fl. 180 : 6   9016 | — | —

---

69. *Debiter un Correſpondant de l'Achat des Marchandiſes que j'ai ordonnées pour ſon Compte à un autre de mes Correſpondans, comme auſſi de l'Aſſurance que je fais faire ſur leſdites Marchandiſes & de ma Commiſſion.*

14. JACOB RATTIER de Bourdeaux ſon Compte Aux ſuivans *fl.* 4057 : 7 Pour Achat, Prime d'Aſſurance & Commiſſion de 30 Laſts Seigle, que ſuivant ſon ordre du 30 Octobre dernier j'ai fait acheter pour ſon Compte à Dantzig par Jan Straalman, qui par ſa Lettre du 12 du Courant me marque les avoir achetez & chargez à l'adreſſe dudit Rattier, ſur le Navire *la Charité*, Me. *Auke Volkerts*, SAVOIR:

Suite à la Page ſuivante.

A JAN

Suite de la Page precedente.

13. A JAN STRAALMAN mon Compte *fl.* 3890 : 11 Pour 6311¼ florins Polonois, à quoi montent l'Achat & Fraix desdits 30 Lasts Seigle que je lui avois ordonnez pour Compte dudit Rattier, suivant le Compte qu'il m'en a envoyé, dont j'ai envoyé aujourd'hui Copie audit Rattier, reduit à 292 Gros Polonois par Livre de Gros, fait L.648 : 8 : 6 de Gros, ou   *fl.* 3890 : 11

14. A HENDRIK MAKREEL *fl.* 71 : 16 Pour Prime & Police de *fl.* 3500 que j'ai fait assurer par lui sur ledit Seigle à 2 pour cent & 36 *f.* pour la Police   71 : 16

12. A COMPTE DE COMMISSION *fl.* 95 Pour ma Commission desdites 2 sommes, SAVOIR:

     Pour celle des *fl.* 3890 : 11 à quoi monte l'Achat du Seigle à 2 pour cent   *fl.* 77 : 10

     Pour celle des *fl.* 3500 fait assurer sur icelui à 2 pour cent   17 : 10   95 : | 4057 | 7 | —

Du 30. dito.

70. *Crediter un Correspondant des Remises qu'il m'a faites pour son Compte non encore échuës, desquelles il m'a ordonné de le Crediter, en lui envoyant son Compte.*

14. / 13. LETTRES DE CHANGE à recevoir A LEONARD DELFGAAUW son Compte *fl.* 6687 : 10 : Pour les 4 Lettres suivantes que ledit Delfgaauw m'a remises sur les sousnommez le 30 du passé, & dont il m'ordonne par sa Lettre du 15 du Courant, de le Crediter dans le Compte que je dois lui envoyer ce jourd'hui, quoique non échuës, ce que je fais sans mon prejudice jusques à ce qu'elles me soient entrées, SAVOIR:

     fl. 2000 sur Jean Lafreté en Lettre de Pierre Cheissat de Bourdeaux du 8 Novembre à ⅝   *fl.* 2000 :

     fl. 1500 sur Jacob Temmink en Lettre de Feriol de Bourdeaux du 8 Novembre à ⅝   1500 :

     1000 ▽ à 42½ ⅜ sur Theodore Rogge en Lettre de Didier de Bourdeaux du 15 dito à ⅝   1062 : 10

     2000 ▽ à 42½ ⅜ sur Jan de Lange en Lettre de Jean Hardi de Bourdeaux dudit jour à ⅝   2125 : | 6687 | 10 | —

71. *Debiter un Correspondant des Traites que j'ai à payer pour son Compte non encore échuës, desquelles il m'a ordonné de le Debiter en lui envoyant son Compte, & le Debiter en même tems des courtages & ports de Lettres, de la Commission & de ce que je lui reste pour solde de son Compte.*

13. / 14. LEONARD DELFGAAUW son Compte aux suivans *fl.* 15731 : 6 SAVOIR:

A LETTRES DE CHANGE à payer *fl.* 8256 : 4 Pour les 2 Traites suivantes sur moi, dont je le Debite (quoi que non encore échuës) suivant son ordre du 15 du Courant dans le Compte que je lui ai envoyé ce jour, SAVOIR:

     fl. 4850 : en sa Traite du 10 du Courant à Usance, à l'ordre de la Veuve & Heritiers de Joseph Rodrigues de Medina & Fils   *fl.* 4850 : -- :

     3244 ▽ à 42 ⅜ en sa Traite dudit jour à Usance, à l'ordre de Petit Freres   3406 : 4 :

                        fl. 8256 : 4 :

9. A COMPTE DE FRAIX *fl.* 19 : 1 : 8 Pour Courtages & Ports de Lettres suivant le Compte   19 : 1 : 8

        Porté à la Page suivante   *fl.* 8275 : 5 : 8

A

——— A AMSTERDAM , ce 30 Decembre 1722. ——— ——— | Florins. | fols | pe.

Somme de la Page precedente. fl. 8275 : 5 : 8

				Florins.	fols	pe.
12.	A COMPTE DE COMMISSION *fl.* 103 : 16 : 8 Pour ma Provifion de *fl.* 20765 : 11 à quoi montent les Remifes du Credit de fon Compte à ½ pour cent		103 : 16 : 8			
14.	A lui-même fon Compte nouveau *fl.* 7352 : 4 B^{co}. pour autant qu'il lui revient pour folde du Compte à lui envoyé ce jourd'hui au Livre de Copie des Comptes Courans folio 1		7352 : 4 :	15731	6	—

72. *Payer le reftant des Marchandifes achetées ½ comptant & ½ à terme.*

10. 2.	JACOB KALF A CAISSE *fl.* 319 : 18 à lui payé ce jourd'hui pour la ½ des 12 Quarteaux Huile de Baleine achetez de lui le 25 Octobre dernier			319	18	—

73. *Recevoir le reftant des Marchandifes vendues ½ Comptant & ½ à terme.*

2. 11.	CAISSE A JAN LEENDERTS *fl.* 344 : 6 Reçu de lui ce jourd'hui pour ce qu'il me reftoit pour la ½ des 12 Quarteaux Huile de Baleine à lui vendus le 28 Octobre dernier			344	6	—

74. *Tirer fur un Correfpondant pour fon Compte tenu en argent Courant.*

Les fuivans A JACOB RATTIER fon Compte *fl.* 4057 : 7 Pour ma Traite de ce jour fur lui à Ufance de 3769 ▽ 54 f à l'ordre de Florentin Dureau à 41 & l'Agio à 5 pour cent, SAVOIR :

3.	BANQUE *fl.* 3864 : 3 Ecrit par ledit Dureau pour ladite Traite		fl. 3864 : 3			
4. 14.	AGIO *fl.* 193 : 4 pour icelui à 5 pour cent.		193 : 4	4057	7	—

75. *Faire une Cargaifon de Compte à demi avec un ami qui a fourni les Marchandifes, & dont j'ai payé les Fraix.*

15.	CARGAISON pour Londres de Compte à ½ entre Jean François Rouzier & moi *fl.* 3945 : 10 Pour 56 Pieces Toiles de Cambray que j'ai envoyées à Denis Dutri de Londres par le Navire *le Pigeon bleu*, Me. *Jan Dirkfe*, pour vendre pour mon Compte & celui dudit Rouzier, SAVOIR :					
15.	A JEAN FRANÇOIS ROUZIER de Haarlem fon Compte à demi *fl.* 3784 : 17 Pour le montant defdites 56 Pieces Toile de Cambrai qu'il a livrées & fournies pour ladite Cargaifon, fuivant le Compte qu'il m'en a fourni		fl. 3784 : 17			
9.	A COMPTE DE FRAIX *fl.* 160 : 13 Pour les Droits de fortie, Embalage & autres Fraix que j'ai payez jufqu'à bord fuivant le Compte fourni audit Rouzier.		160 : 13	3945	10	—

76. *Debiter un Intereffé dans une Cargaifon pour fa ½ d'Interêt en icelle.*

15. 15.	JEAN FRANÇOIS ROUZIER fon Compte à demi A CARGAISON pour Londres de ½ avec lui *fl.* 1972 : 15 Pour fa ½ des *fl.* 3945 : 10 à quoi monte ladite Cargaifon, comme ci-deffus.			1972	15	—

77. Payer

——— A AMSTERDAM, ce 30 Decembre 1722. ——————— | Florins. | fols | pc.

77. *Payer à un Intereßé dans une Cargaison la somme qu'il a payée de plus que moi.*

15. 2.	JEAN FRANÇOIS ROUZIER son Compte à demi A CAISSE *fl.* 1812 : 2 à lui payé suivant son Reçu de ce jour pour ce qu'il avoit fourni de plus que moi dans la Cargaison pour Londres.	1812	2	—

Du 31. dito.

78. *Achat de Marchandises qu'un Correspondant m'a ordonné d'acheter & de lui envoyer.*

15. MARCHANDISES achetées en Commißion Aux suivans *fl.* 24464 : - : 8 pour 50 Bales Poivre & 200 Bales Cacao achetées des sousnommez pour envoyer à Antoine Athenas & Compagnie de Cadix , suivant leur ordre du 2 du Courant , dont je Debite lesdites Marchandises, en attendant que j'aye acheté toutes celles qu'ils me demandent, & que les ayant chargées, je puiße leur en envoyer le Compte, SAVOIR :

3. A BANQUE *fl.* 7036 : 17 : 8   Ecrit à Jean Gasquet pour 50 Bales Poivre qu'il m'a livrées, pesant net 20850 ℔ à 13½ ℔ la ℔ . . fl. 7036 : 17 : 8

9. A JAN DE MAN *fl.* 14952 : 3   Pour 200 Bales Cacao de Caraques qu'il m'a livrées, pesant net 38750 ℔ à 7⅞ *s.* la ℔ deduit 2 pour cent suivant son Compte . . 14952 : 3 :

8. A COMPTE DE CREDITEURS *fl.* 2475   Pour ce que je dois à Jan Willink pour 50 grands cents Planches du Nord de 124 au cent qu'il m'a vendues ce jourd'hui à *fl.* 50 le grand cent, deduit 1 pour cent. 2475 : -- :

24464	—	8

79. *Crediter un Correspondant d'une portion dans une Cargaison qu'il a faite suivant mes ordres.*

15. 15. CARGAISON pour Livourne, ⅓ d'Edouard Flouwer de Londres, ⅓ de Philibert & Langlois dudit Livourne & ⅓ pour moi à EDOUARD FLOUWER mon Compte *fl.* 4462 : 10 : Bco. Pour L. 425 ß. à quoi monte mon ⅓ de 50 Bariques Sucre de Barbades & 100 Barils Harans fumez, que par sa Lettre du ¹⁴⁄₁₇ du Courant, il m'écrit avoir chargez dans le Navire *le Soutwark*, Me. *John Levet*, a l'adreße desdits Philibert & Langlois pour notre Compte en tiers, suivant l'ordre que je lui en avois donné le 24 du paßé, & le Compte qu'il m'en a envoyé par sa dite Lettre, lesquelles L. 425 ß. à 35 ß par Livre ß., font ici en Banque . . . L. 425 fl | 4462 | 10 | —

80. *Achat de Marchandises destinées pour une Cargaison que je dois faire en Compagnie de plusieurs Intereßez.*

15. MARCHANDISES achetées en Commißion aux suivans *fl.* 34480 : 12 Pour les suivantes que j'ai achetées des sousnommez pour la Cargaison pour Surinam , que Jan van Meel, Jaques Pinet, Jacob Martin & moi sommes convenus de faire, SAVOIR :

15. A JAN DE BACKER *fl.* 24000   Pour 200 Tonneaux Vin de diverses sortes qu'il m'a livrez à divers prix suivant son Compte . fl. 24000 :

16. A HENDRIK SCHULERUS *fl.* 3540 : 12   Pour 3 Bales Caffé, pesant net 1960 ℔, & 4 Tobbes Thé pesant net 200 ℔ qu'il m'a livré ce jourd'hui, montant suivant son Compte à 3540 : 12

8. A COMPTE DE CREDITEURS *fl.* 6940 : Pour ce que je dois aux sousnommez pour les Marchandises suivantes qu'ils m'ont livrées, SAVOIR :

Porté à la Page suivivante . . . fl. 27540 : 12

 A

		Florins.	fols	Pe.

Somme de la Page precédente . . fl. 27540 : 12

A Cryn Romeyn pour 200 Barils Bœuf d'Irlande à *fl.* 12   fl. 2400
A Jan Vertange pour 100 Barils Lard à *fl.* 15 . . 1500
A Hendrik Witte pour 100 Barils Eaux de Vie , contenant 1900
Verjes, à L. 8 de Gros les ½ fuivant fon Compte . . 3040
     6940 :   34480 | 12

81. *Debiter le Compte de Fraix & le Compte de depenfes pour les Fraix & les depenfes faites depuis quelque tems.*

Les fuivans A CAISSE fl. 1175 SAVOIR :

9. | COMPTE DE FRAIX *fl.* 625 Payé pour divers Fraix depuis le premier du Courant fui-
vant le Livre de Fraix folio 4 . . . fl. 625 :

16. | DEPENSES du Menage *fl.* 550 Pour ce que je trouve avoir depenfé pour mon
2. | menage depuis le premier Octobre dernier . . 550 :   1175

82. *Recevoir payement de diverfes Remifes de divers Correspondans pour leur en tenir Compte en Argent de Banque & les en Crediter dans un feul Article.*

3. | BANQUE Aux fuivans *fl* 14053 : 15 SAVOIR :

16. | A HEUSCH DE SANVRY de Paris fon Compte de Banque *fl.* 3210 Pour fa Remife de
ladite fomme en fa propre Lettre du 26 du courant à 4 jours de date fur Bhen & van
Hamel de ladite fomme à mon ordre, écrit par lesdits . . fl. 3210 :

16. | A LE COUTEULX & Compagnie de Paris leur Compte de Banque *fl.* 8250
Ecrit par Cadet de Launai pour leur Remife fur lui en Lettre de Jean Cottin de Paris du 30 Novembre à Ufance . . 8250 :

16. | A GEDEON VINCENT de Rouen fon Compte de Banque *fl.* 2593 : 15
Pour fa Remife de 2500 ▽ à 41½ ℔ fur Willem & Cornelis Both en Lettre
de Jaques Hooghftoel de Bourdeaux du 31 Octobre à ½ . . 2593 : 15   14053 | 15

Du 2 Janvier 1723.

83. *Payer par Banque des Traites de divers Correspondans , & les Debiter dans un feul Article.*

Les fuivans A BANQUE *fl.* 5600 SAVOIR :

16. | HEUSCH DE SANVRY fon Compte *fl.* 3000 Ecrit à André Pels & Fils pour fa Trai-
te de ladite fomme fur moi du 2 du paffé à Ufance à l'ordre desdits Pels fl. 3000 :

16. | GEDEON VINCENT fon Compte *fl.* 2600 Pour fa Traite de ladite fomme
du 17 du paffé à ½ Ufance à l'ordre de Jaques Baudouin, écrit à la Veuve Go-
3. | defroy & Dulong, & Godefroy Freres . 2600 :   5600

84. *Payer des Marchandifes avant les termes échus moyennant l'excompte conditionné.*

11. | ESAIE GILLOT Aux fuivans *fl.* 1500 à lui payé ce jourd'hui comme fuit, pour les
50 Pieces Serge de Leyde dont il eft Credité au 3 Novembre dernier, que je ne devois
lui payer qu'en 3 termes , mais que je lui ai payées pour profiter de l'excompte conditionné, SAVOIR :

Suite à la Page fuivante.   A

Suite de la Page précedente.

2. A CAISSE *fl.* 1470 à lui payé, comme suit, suivant son Reçu, SAVOIR:

    Pour le premier terme qui échet demain   *fl.* 500 :
    Pour le second terme de *fl.* 500 qui n'échet qu'au 3 Avril, deduit *fl.* 10
        pour l'excompte de 3 mois à 8 pour cent par an   490 :
    Pour le troisiéme terme de *fl.* 500 qui n'échet qu'au 3 Juillet deduit *fl.* 20
        pour l'excompte de 6 mois à 8 pour cent par an   480 :

                                    fl. 1470 :

6. A MARCHANDISES GENERALES *fl.* 30 Pour la deduction faite audit Gillot pour l'excompte des 2 termes à lui payez avant le tems, des 50 Pieces Serges de Leyde achetées de lui le 3 Novembre dernier   30 :   1500 — —

Du 5. dito.

85. *Recevoir payement des Marchandises avant les termes conditionnez.*

Les suivans A SAMUEL VAUQUET *fl.* 1600 Pour payement reçu de lui pour les 50 Pieces Serge de Leyde à lui vendues le 5 Novembre dernier, payables ⅓ ce jourd'hui, ⅓ au 5 Avril & ⅓ au 5 Juillet, lesquelles il m'a payées ce jourd'hui, en deduisant l'excompte des 2 derniers termes à 8 pour cent par an, selon nos conventions, SAVOIR:

2. CAISSE *fl.* 1568 : 1 : 8 Reçu de lui comme suit pour lesdits 3 termes, SAVOIR:

    Pour le premier terme échu ce jourd'hui   *fl.* 533 : 6 : 8
    Pour le second terme de *fl.* 533 : 6 : 8 qui n'échet qu'au 5 Avril deduit *fl.* 10 : 12 : 8 pour l'excompte de 3 mois à 8 pour cent
    par an   522 : 14 :
    Pour le troisieme terme de *fl.* 533 : 6 : 8 qui n'échet qu'au 5 Juillet, deduit *fl.* 21 : 5 : 8 pour l'excompte de 6 mois à 8 pour cent
    par an.   512 : 1 :

                            fl. 1568 : 1 : 8

6.
11. MARCHANDISES GENERALES *fl.* 31 : 18 : 8 Pour deduction que ledit Vauquet m'a faite pour les 2 termes qui restoient à courir pour lesdites 50 Pieces Serge   31 : 18 : 8   1600 — —

---

86. *Achat de diverses Marchandises pour 2 Cargaisons differentes, & en Crediter les Vendeurs dans un Compte general.*

15.
17. MARCHANDISES achetées en Commission A COMPTE DE CREDITEURS nouveaux *fl.* 14970 : 1 Pour ce que je dois aux sousnommez pour les Marchandises suivantes achetées d'eux pour les 2 Envois suivans, SAVOIR:

      Pour envoyer à Antoine Athenas & Compagnie de Cadix suivant leur ordre du 2 du passé

    A Hendrik Visser pour 2450 Chevrons épais de 8 pouces sur 10 de large faisant 19600 pouces à 1¼ *s.* le pouce   fl. 12250. :
    A Paulus Hooft pour 20 Milliers Douves à Pipes de 1200 au Millier à *fl.* 60 le millier, deduit 1 pour cent   1188 :

                          fl. 13438 :

      Pour la Cargaison premeditée pour Surinam en Compagnie
    A Dirk Spranger pour diverses Merceries suivant son Compte fl. 817 : 10
    A Jan Steur pour diverses Epiceries suivant son Compte   714 : 11

                          1532 : 1   14970 I —

——— A AMSTERDAM , ce 6 Janvier 1723. ——— ——— | Florins. | ſols | pc.

87. *Debiter un Correspondant pour ſes Traites que je paye en argent de Banque·*

16.
—
3.

Le Couteulx & Compagnie leur Compte A Banque *fl.*7350 : -- Pour leurs 2 Traites du 6 du paſſé à Uſance à l'ordre de Jean Cottin , payé ce jour aux ſuivans, Savoir :

3000 ▽ à 42 ⅞ écrit à Cadet de Launay · · ·	fl. 3150
4000 ▽ à 42 ⅞ écrit à André Pels & Fils · · ·	4200

7000 ▽ à 42 ⅞.

7350

Du 8. dito.

88. *Recevoir payement des Lettres de Change qu'un Correspondant m'avoit remiſes , & dont je l'avois Credité avant l'écheance.*

3.
—
14.

Banque A Lettres de Change à recevoir *fl.* 3500   Ecrit par les ſousnommez pour les 2 Lettres ſur eux à moi remiſes par Leonard Delfgaauw , & dont je l'ai Credité & Debité lesdites Lettres au 30 du paſſé, Savoir :

fl. 2000 ſur Jean Lafreté en Lettre de P. Cheiſſat, écrit par ledit Lafreté	fl. 2000
1500 ſur Jacob Temminck en Lettre de Feriol, écrit par ledit Temminck	1500

3500

Du 10. dito.

89. *Debiter un Correspondant d'une Traite pour ſon Compte faite ſur moi par un autre.*

16.
—
3.

Le Couteulx & Compagnie leur Compte A Banque *fl.* 3600. écrit à Jean Francisco Rouſſeau pour L. 600 de Gros que Louïs François de Konink d'Anvers a tiré ſur moi pour leur Compte le 9 du paſſé à Uſance à l'ordre dudit Rouſſeau.   ·

3600

90. *Debiter un Correspondant de l'Achat , Fraix , Prime d'Aſſurance & Commiſſion des Marchandiſes que j'ai achetées & chargées pour ſon Compte , reduit en argent de Banque.*

Les ſuivans Aux ſousnommez *fl.* 41714 : 3 : 8 Pour *fl.* 40100 : 6 : 8 argent de Banque à quoi monte l'Achat , Fraix , Prime d'Aſſurance & Commiſſion des Marchandiſes ſousmentionnées que j'ai achetées pour Compte d'Antoine Athenas & Compagnie de Cadix ſuivant leur ordre du 2 du paſſé, & chargées à leur Adreſſe ſur le Navire *la Concorde*, Capitaine *Abraham Claver*, ſuivant le Compte à eux envoyé au Livre de Factures Folio 6 , Savoir :

16.
—

Antoine Athenas & Compagnie leur Compte argent de Banque *fl.* 40100 : 6 : 8 Pour le montant en argent de Banque des Marchandiſes ſuivantes & Fraix , ſuivant ledit Compte · · fl. 40100 : 6 : 8

4.
—

Agio *fl.* 1613 : 17 Pour celui de *fl.* 33891 : 1 Courant , à quoi montent les Marchandiſes achetées en Argent courant, la Prime d'Aſſurance & les Fraix ſuivant ledit Compte reduit à 105 pour cent.   1613 : 17 :

fl. 41714 : 3 : 8

15.

A Marchandises achetées en Commiſſion *fl.* 37902 : -- : 8 Pour les ſuivantes envoyées comme deſſus, Savoir :

Suite à la Page ſuivante.

50 Bales

		Florins.	fols	pe.

A AMSTERDAM, ce 10 Janvier 1723.

Suite de la Page précedente.

50 Bales Poivre achetées le 31 du passé, montant suivant le Compte B^{co} fl. 7036 : 17 : 8
200 Bales Cacao, achetées ledit jour, montant en Courant à fl. 14952 : 3
50 grans cents plances au dit jour　　　　.　　　　.　2475 :
2450 Chevrons achetez le 5 du Courant, montant à　　.　12250 :
20 Milliers Douves à Pipes audit jour　　.　　.　1188 :

30865 : 3 :

fl. 37902 : -- : 8

14. — A HENDRIK MAKREEL fl. 1403 : 6 Pour Prime de fl. 40000 : :
fait assurer par lui sur lesdites Marchandises à 3½ pour cent, & 66 s.
pour la Police　　.　　　.　1403 : 6 :

9. — A COMPTE DE FRAIX fl. 1622 : 12 Pour Droits de sortie, Courtage, Embalage & autres Fraix suivant le Compte　　.　1622 : 12 :

12. — A COMPTE DE COMMISSION fl. 786 : 5 Pour ma Commission à
2 pour cent de fl. 39314 : 1 Argent de Banque, à quoi monte ledit
Envoi.　　.　　.　786 : 5 : | | 41714 | 3 | 8 |

---

91. *Payer des Traites d'un Correspondant, auquel je les ai déja passées en
Compte.*

14. — LETTRES DE CHANGE à payer A BANQUE fl. 8256 : 4 Ecrit aux sousnommez
3. — pour les 2 Traites suivantes de Leonard Delfgaauw que j'en ai Debité au 30 du passé, &
dont j'ai Credité alors lesdites Lettres, SAVOIR :

fl. 4850 : Traite dudit du 10 du passé à Usance à l'ordre de la Veuve & Heritiers de
J. R. de Medina, écrit à Joseph de Medina & Fils　.　.　fl. 4850 :
3244 ▽ à 42 & Traite du même comme dessus, à l'ordre de Petit Freres,
écrit à Jean Texier.　.　　.　3406 : 4

8256 | 4 | —

---

92. *Crediter un Correspondant pour une Remise qu'il m'a faite pour son Compte en argent de Banque.*

3. — BANQUE A JAQUES HOOGHSTOEL de Bourdeaux son Compte en argent de Ban-
17. — que fl. 4000 Pour sa Remise de ladite somme sur Jacob Temminck en Lettre de Joseph
Dantez de Bayonne du 10 Novembre à ½ écrit par ledit Temminck.　.　| | 4000 | — | — |

Du 15. dito.

93. *Crediter plusieurs Correspondans ou Articles à la fois pour des Remises
qu'ils m'ont faites pour leur Compte en argent de Banque.*

3. — BANQUE Aux suivans leur Compte argent de Banque fl. 9904 : 2 SAVOIR :

17. — A JACOBUS DE KONINK d'Anvers son Compte susdit fl. 4575 : -- : -- Pour ses 2
Remises suivantes sur les sousnommez, reçues par sa Lettre du 10 du Courant,
SAVOIR :

L. 500 de Gros sur Jan Steenweg & Fils, en sa propre Lettre du 10 du Courant, à 4 jours
de date à mon ordre sur lesdits Steenweg qui m'ont écrit en Banque　fl. 3000 :
1500 ▽ à 42 & sur Saffin Pere & fils, en Lettre de Jaques Boyer de Bourdeaux du 15 Novembre à ½ écrit par lesdits Saffin　.　1575 :

Porté à la Page suivante　.　　.　fl. 4575 :

Hh 2　　　　　　A JA.

A AMSTERDAM, ce 15 Janvier 1722. | Florins. | fols | pe.

La somme de la Page precedente se monte à   .   .   fl. 4575 :

17. A JAQUES HOOGHSTOEL son Compte susdit *fl.* 2141 : 12 Pour sa Remise de 2100 ▽ à 21¼ *s.* sur Jan Schmid de Hambourg, faisant D. 1324 : 4 en Lettre de Bonfils de la Rochelle du 15 Novembre à ⅞ endossée à Pierre Dutil qui m'en a écrit la valeur en Banque à 32¼ *s.* par Dalder   2141 : 12

14. A LETTRES DE CHANGE à recevoir *fl.* 3187 : 10 écrit par les sousnommez pour les 2 Remises suivantes de Leonard Delfgaauw, dont je l'ai Credité au 30 du passé, & Debité lesdites Lettres, SAVOIR :

1000 ▽ à 42½ ⅘ sur Theodore Rogge écrit par lui   .   fl. 1062 : 10
2000 ▽ à 42½ ⅘ sur Jan de Lange écrit pour lui par Jaques Ferrand   .   .   .   .   2125 :
———— 3187 : 10 | 9904 | 2. | —

Du 18. dito.

94. *Payer le Fret des Especes & de l'argent que je reçois pour Compte d'un Correspondant.*

Les suivans A CAISSE *fl.* 516 : 2 Payé ce jour au Capitaine Jacob Bruyn pour fret de 10000 Piastres & de 50 Pignes d'argent qu'il m'a portées de Cadix par son Navire *la Comtesse de Spar*, de l'envoi d'Antoine Athenas & Compagnie dudit Cadix, SAVOIR :

17. PIASTRES pour Compte d'Antoine Athenas & Compagnie de Cadix *fl.* 253 : 12 pour fret de 10000 Piastres Mexicaines, reçues par ledit Navire, pesant 1153 Marcs sur le pié de *fl.* 22 le Marc, faisant *fl.* 25366 : — : — à 1 pour cent pour le fret suivant le Connoissement   .   .   .   fl. 253 : 12

17. / 2. PIGNES D'ARGENT pour Compte desdits fl. 262 : 10 payé comme dessus pour fret de 50 Pignes d'argent reçues par ledit Navire pesant, Poids d'Espagne, 1250 Marcs taxez à *fl.* 21 Courant le Marc suivant le Connoissement, faisant *fl.* 26250 : à 1 pour cent.   .   .   .   262 : 10 | 516 | 2. | —

Du 20. dito.

95. *Porter à la Banque des Especes reçuës pour Compte d'un Correspondant, lesquelles la Banque me fait bon à un certain prix.*

3. / 17. BANQUE A PIASTRES Pour Compte d'Antoine Athenas & Compagnie de Cadix *fl.* 22000 : écrit par Cornelis Panser Receveur de la Banque pour 1100 Marcs Piastres Mexicaines, portées à la Banque sur le pié de *fl.* 22 le Marc, dont ledit Panser m'a donné 3 Recepissez, savoir un de 500, un de 400 & un de 200 Marcs Piastres en date de ce jour, lesquelles Piastres je puis retirer dans 6 mois, en remboursant ladite somme à la Banque, & en lui payant ¼ pour cent pour la garde.   .   . | 22000 | — | —

---

96. *Debiter une Cargaison en Compagnie pour les Marchandises que j'avois achetées pour icelle, & pour les Fraix faits en les chargeant, & ma Commission.*

18. CARGAISON Pour Surinam en Compagnie ⅜ de Jan van Meel, ¼ de Jaques Pinet, ¼ de Jacob Martin & ¼ pour moi, Aux suivans *fl.* 40000 : Pour Achat, Fraix & Commission des Marchandises suivantes que j'ai achetées ci-devant, & achevé de charger ce jourd'hui sur le Navire *le Soleil d'Orient* Me. *Klaas Westerdyk* pour Compte de ladite Compagnie, à l'adresse de Jean Pichot de Surinam, suivant le Compte en detail que j'en ai fourni ce jourdhui aux Interessez au Livre de Factures folio 10, SAVOIR :

A

A AMSTERDAM, ce 20 Janvier 1723.   Florins. | fols | Pe.

Suite de la Page precedente.

		Florins	fols	Pe.
15.	A MARCHANDISES achetées en Commiſſion *fl* 36012 : 13 Pour autant à quoi montent les ſuivantes que j'avois achetées pour ladite Cargaiſon, SAVOIR:			
	200 Tonneaux Vin achetez de Jan de Backer le 31 du paſſé montant ſuivant le Compte fl. 24000 :			
	3 Bales Caffé & 3 Tobbes Thé, achetées ledit jour de Hendrik Schulerus 3540 : 12			
	200 Barils Bœuf ſalé de Cryn Romeyn ledit jour 2400 :			
	100 Barils Lard de Jan Vertange ledit jour 1500 :			
	100 Barils Eau de Vie de Hendrick Witte ledit jour 3040 :			
	Pour diverſes Merceries achetées de Dirk Spranger le 5 du Courant 817 : 10			
	Pour diverſes Epiceries de Jean Steur ledit jour 714 : 11			
	fl. 36012 : 13			
14.	A HENDRIK MAKREEL *fl.* 2703 : 6 Pour Prime de *fl.* 30000 : fait aſſurer ſur ladite Cargaiſon à 9 pour cent pour aller & revenir, & *fl.* 3 : 6 pour la Police 2703 : 6			
9.	A COMPTE DE FRAIX *fl.* 888 : Payé pour Tonnelage & racommodage des Bariques & Barils, ſaumure pour le Bœuf ſalé & autres Fraix jusques à bord ſuivant le Compte 888 :			
	fl. 39603 : 19			
12.	A COMPTE DE COMMISSION *fl.* 396 : 1 : Pour ma Commiſſion à 1 pour cent de ladite ſomme ſuivant mes conventions avec les Intereſſez. 396 : 1	40000	—	—

---

97. *Debiter les Intereſſez dans une Cargaiſon de leur portion en icelle.*

		Florins	fols	Pe.
	Les ſuivans A CARGAISON pour Surinam pour Compte en Compagnie avec eux *fl.* 30000 : SAVOIR:			
18.	JAN VAN MEEL ſon Compte en Compagnie *fl.* 15000 : Pour autant à quoi montent ſes ¼ d'interêt dans ladite Cargaiſon pour Surinam fl. 15000			
18.	JAQUES PINET ſon Compte en Compagnie *fl.* 10000 : Pour ſon ⅓ dans ladite Cargaiſon 10000			
18. / 18.	JACOB MARTIN ſon Compte en Compagnie *fl.* 5000 Pour ſon ⅙ dans ladite Cargaiſon. 5000	30000	—	—

---

98. *Crediter les Intereſſez dans une Cargaiſon de ce qu'ils me payent pour leur portion.*

		Florins	fols	Pe.
2.	CAISSE Aux ſuivans leur Compte en Compagnie *fl.* 30000 Reçu des ſousnommez pour leur portion dans la Cargaiſon en Compagnie avec eux par *le Soleil d'Orient*, SAVOIR:			
18.	A JAN VAN MEEL *fl.* 15000 : Reçu de lui pour ſes ¼ dans ladite Cargaiſon fl. 15000			
18.	A JAQUES PINET *fl.* 10000 : Reçu de lui pour ſon ⅓ idem 10000			
18.	A JACOB MARTIN *fl.* 5000 : Reçu de lui pour ſon ⅙ idem 5000	30000	—	—

I i

99. Ne-

Florins. | fols | pe.

A AMSTERDAM , ce 22 Janvier 1723.

99. *Negociation des Lettres de Change que j'avois prifes à moi pour mon Compte.*

3. / 1. — BANQUE A COMPTE DE CHANGE Pour Londres *fl.* 2650 : : Ecrit par George Clifford & Compagnie pour les 2 Lettres fuivantes, dont je m'étois chargé pour mon Compte le 15 du paffé, que j'ai endoffées audit Clifford, SAVOIR :

L. 150 ft. fur John Lee.
  100 ft. fur John Schmit.

L. 250 ft. à 35 ß 4 ₰ par Livre fterlin.   .   : | 2650 | — | —

100. *Vendre de l'Argent de Banque pour du Courant.*

2. — CAISSE Aux fuivans *fl.* 15750 : Reçu de Jan Eibendurels & fils pour *fl.* 15000 de Banque à eux vendu & écrits ce jourd'hui, SAVOIR :

3. — A BANQUE *fl.* 15000   Ecrits aux dits Eibendurels   .   .   *fl.* 15000

4. — A AGIO *fl.* 750 : Pour celui de ladite fomme à 5 pour cent   :   .   750 | 15750 | — | —

Du 26. dito.

101. *Vente de Lingots d'argent pour de l'Argent Courant.*

2. / 17. — CAISSE A PIGNES d'argent pour Compte d'Antoine Athenas & Compagnie *fl.* 25372 : 17 Reçû d'Alexander Samuels Keyfer pour 995 marcs 2 grains 9 vingt & quatriemes Argent fin provenus des 50 Pignes reçuës le 18 du Courant par le Navire *la Comteffe de Spar* , lefquelles j'ai faites fondre en 5 Lingots, qui fe font trouvez du Poids & Titres fuivans, SAVOIR :

```
        Marcs Onces Engels
N°. 1  . 201  . 4 . 10
   4 .   204  . 2 .  8
        ________________        deniers grains        marcs deniers grains vingt & quatr.
         405  . 6 . 18 du Titre de 11 .  18 font de fin 397 . 5 . 12 .  6
   2 .   198 . 3 . 8  .      . de 11 . 21   .      196 . 4 .  7 .  3
   3 .   206 . 2 . 0   .       de 11 . 20   .      204 . 0 . 14 . 12
   5 .   203 . 4 . 0   .       de 11 . 15   .   .  197 . 1 . 16 . 12

mcs.  1013 . 0 . 6 faifant de fin   :    . mcs. 995 . 0 . 2 .  9 vendus au
```

dit Keyfer à *fl.* 25½ Courant le Marc, & reçu de lui   .   .   . | 25372 | 17 | —

102. *Payer à quelqu'un ce dont on l'a Credité en Compte general.*

8. / 2. — COMPTE DE CREDITEURS vieux A CAISSE *fl.* 2245 : 6 Payé à van Tietfen & Schroder, pour les 4 Boucauts Cire de Pologne, dont ils ont été Creditez fur ce Compte au 20 du paffé, fuivant leur affignation de ce jour au porteur Jan Duran. | 2245 | 6 | —

103. *Sol-*

		Florins.	fols	pc.

A AMSTERDAM, ce 2. Fevrier 1723.

103. *Solder le vieux Compte de Banque à l'ouverture de la Banque, après l'avoir trouvé d'accord.*

<table>
<tr><td>3.
3.</td><td>BANQUE Compte nouveau A Elle-même Compte vieux. *fl.*38611 : 2 : Pour ce qui me reste en icelle pour folde des vieux Livres à folio 1564, lequel folio on m'a redonné fur les nouveaux Livres, trouvé d'accord ce jourd'hui à la Banque   .</td><td>38611</td><td>2</td><td>—</td></tr>
</table>

104. *Crediter la Banque des 2 fols par partie, des parties que j'ai écrites à autrui.*

<table>
<tr><td>9.
3.</td><td>COMPTE DE FRAIX A BANQUE Compte nouveau *fl.*2 : 4 Pour 22 Parties que j'ai écrites en Banque depuis le premier Octobre dernier fur le vieux Compte à 2 fols par partie.   .   .</td><td></td><td>2</td><td>4</td></tr>
</table>

105. *Vente des Recepiſſez de Piaſtres & d'un reſtant de Piaſtres pour Compte d'un Correspondant.*

<table>
<tr><td>3.
17.</td><td>BANQUE A PIASTRES pour Compte d'Antoine Athenas & Compagnie *fl.*1973 : 2. Ecrit par Meynard Troye pour les 3 Recepiſſez fuivans, & 460 Piaſtres qui me reſtoient pour Compte desdits Athenas que j'ai vendus audit Troye, SAVOIR :

3 Recepiſſez, un de 5000, un de 4000 & un de 2000 Marcs Piaſtres Mexicaines, faifant 1100 Marcs vendus audit Troye à raifon de 14 fols par Marc . *fl.* 770 :
460 Piaſtres qui me reſtoient, pefant 53 Marcs à lui vendues à *fl.*22:14 B^{co} le Marc .   .   .   . 1203 : 2</td><td>1973</td><td>2</td><td>—</td></tr>
</table>

Du 6 Fevrier.

106. *Debiter deux differens Comptes pour les Fraix qui les regardent.*

Les fuivans A COMPTE DE FRAIX *fl.*86 : 8 SAVOIR :

<table>
<tr><td>17.</td><td>PIASTRES pour Compte d'Antoine Athenas & Compagnie *fl.*17 pour les Fraix fuivans faits fur icelles depuis le 18 du paſſé, SAVOIR :

Pour Port des 10000 Piaſtres reçuës par la Comteſſe de Spar du Navire chez moi & de chez moi à la Banque .   .   . fl. 3 : 4
Pour le Courtage de la Vente de 1153 marcs Piaſtres à 24 *f.* par 100 marcs 13 : 16
                            fl. 17 :</td><td></td><td></td><td></td></tr>
<tr><td>17.
9.</td><td>PIGNES D'ARGENT pour Compte fusdit *fl.*69 : 8 Les Fraix fuivans faits fur les 50 Pignes reçuës par ledit Navire, SAVOIR :

Pour fonte de 1054 marcs qu'elles ont pefé brut à 1 *f.* par marc fl.52 : 14
Pour l'Eſſai à 6 *f.* par Lingot .   . 1 : 10
Port du Navire chez moi, & chez le fondeur .   . 2 : 10
Courtage *fl.*25372 : 17 qu'elles ont produit à $\frac{1}{2}$ pour mille . 12 : 14
                            69 : 8</td><td>86</td><td>8</td><td>—</td></tr>
</table>

Ii 2

107. Cre-

——— A AMSTERDAM , ce 6 Fevrier 1723. ——— | Florins. | ſols | pe.

107. *Crediter un Compte tenu en argent de Banque , de l'Agio d'une ſomme dont je l'ai Debité en argent Courant.*

4. / 17. — AGIO A PIASTRES pour Compte ſusdit *fl.* 12 : 18 Pour celui de *fl.* 270 : 12 cou-rant, dont lesdites Piaſtres ſont Debitées , que je reduis en argent de Banque, en les Creditant de l'Agio de ladite ſomme à raiſon de 105 pour cent.   .   . | 12 | 18 | —

108. *Debiter un Compte de Piaſtres ou de Marchandiſes venduës pour la Com-miſſion & pour le net Provenu d'icelles.*

17. — PIASTRES pour Compte ſusdit Aux ſuivans *fl.* 23715 : 8 : Pour ma Commiſſion & le net provenu des 10000 Piaſtres reçuës pour Compte d'Antoine Athenas & Compagnie, par *la Comteſſe de Spar*, ſuivant le Compte à eux envoyé ce jourd'hui au Livre de Fac-tures, folio 13, SAVOIR:

12. — A COMPTE DE COMMISSION *fl.* 239 : 15 Pour ma Commiſſion à 2 pour cent de *fl.* 23973 : 2 argent de Banque qu'ont produit lesdites Piaſtres   .   *fl.* 239 : 15

16. — A ANTOINE ATHENAS & Compagnie leur Compte *fl.* 23475 : 13 : Pour le net Provenu desdites Piaſtres ſuivant le Compte à eux envoyé ce jour.   .   .   .   23475 : 13 | 23715 | 8 | —

109. *Solder un Compte de Marchandiſes tenu en argent Courant , lors qu'on en envoye le Compte de Vente à un Correspondant avec lequel on tient Compte en Banque.*

17. — PIGNES D'ARGENT pour Compte d'Antoine Athenas & Compagnie Aux ſuivans *fl.* 25040 : 19 : SAVOIR:

12. — A COMPTE DE COMMISSION *fl.* 253 : 15 Pour ma Commiſſion de fl. 25372 : 17 Courant qu'ont produit les 50 Pignes d'argent reçuës desdits Athenas & Compagnie, par le Navire *la Comteſſe de Spar*, ſuivant le Compte à eux envoyé ce jourd'hui au Livre de Factures folio 14   .   .   .   *fl.* 253 : 15

4. — A AGIO fl 1180 : 7 pour celui de *fl.* 24787 : 4 Courant, à quoi mon-te le net Provenu desdites 50 Pignes, reduit en Banque à 105 pour cent   1180 : 7

16. — A ANTOINE ATHENAS & Compagnie leur Compte *fl.* 23606 : 17 B^{co}. à quoi montent les *fl.* 24787 : Courant Provenus desdites 50 Pignes d'argent, ſuivant le ſusdit Compte reduit à 105 pour cent   .   .   23606 : 17 | 25040 | 19 | —

110. *Debiter un Navire pour ma part de ſon Equipement , & pour la Prime de la ſomme que je fais aſſurer ſur icelui.*

7. — NAVIRE le *Soleil d'Orient* Aux ſuivans *fl.* 3126 : 16 SAVOIR:

2. — A CAISSE *fl.* 2585 : Payé à Johannes van Drogenhorſt pour mon ¼ de *fl.* 10340 à quoi monte le Radoub & l'Equipement dudit Navire que j'ai freté de lui pour la Cargaiſon pour Surinam couchée au 20 du paſſé, lequel a mis hier en mer , ſuivant l'avis du Ca-pitaine C. *Weſterdyk*.   .   .   .   fl. 2585 :

14. — A HENDRIK MAKREEL *fl.* 541 : 16 Pour Prime de *fl.* 6000 fait aſſu-rer ſur mon ¼ dudit Navire d'ici à Surinam & retour, à 9 pour cent & 36 ſ. pour la Police.   .   .   .   541 : 16 | 3126 | 16 | —

III. *Re-*

111. *Remettre à un Correspondant le juste Apoint qu'on lui doit , & l'en Debiter.*

16. ANTOINE ATHENAS & Compagnie leur Compte Aux suivans *fl.*6982 : 3 : 8 Pour ma Remise de ce jour, Courtage & port de Lettres qui font la juste somme qui leur revenoit pour solde de leur Compte, SAVOIR:

3. A BANQUE *fl.*6973 : 6 Ecrit à Claude Louïs de Surmont pour une Lettre de D§ 2415 qu'il m'a fournie sur Claudo Lorenzo de Cadix à Usance à l'ordre desdits Athenas & Compagnie valeur de moi à 115½ § .... *fl.*6973 : 6 :

9. A COMPTE DE FRAIX *fl.*8 : 17 : 8 Pour les suivans, SAVOIR:

Pour le Courtage desdits D§ 2415 : à 45 *f.* pour mille　　*fl.*5 : 8 : 8
Pour port de Lettres jusqu'à ce jour . . . . . 3 : 9 :
　　　　　　　　　　　　　　　　　　　　　8 : 17 : 8

6982	3	8

Du 10. dito.

112. *Payer à diverses personnes dont les unes sont Creditées en Compte general & les autres en Compte particulier.*

Les suivans A CAISSE *fl.*27892 : 3　SAVOIR:

8. COMPTE DE CREDITEURS vieux *fl.*6940 : Payé aux sousnommez pour ce que je leur devois, & dont ils sont Creditez sur ce Compte au 31 Decembre dernier, SAVOIR,

A Cryn Romeyn pour les 200 Barils Bœuf envoyez à Surinam . *fl.*2400 :
A Jan Vertange pour les 100 Barils Lard idem . . . 1500 :
A Hendrik Witte pour les 100 Barils Eau de Vie idem . . . 3040 :
　　　　　　　　　　　　　　　　　　　　*fl.*6940 :

9. JAN DE MAN *fl.*14952 : 3 à lui payé ce jourd'hui pour les 200 Bales Cacao, dont il est Credité au 31 Decembre dernier, suivant son assignation au Porteur . . . . . 14952 : 3

15. JAN DE BACKER *fl.* 6000 à lui payé suivant son Reçu de ce jour à Compte
2. des 200 Tonneaux Vin qu'il m'a livrez, & dont il est Credité au 31 Decembre dernier . . . . 6000 :

27892	3	—

---

113. *Payer à un Creancier le reste de ce qu'on lui Doit en argent de Banque & en Assignations sur divers Debiteurs en Courant.*

15. JAN DE BACKER Aux suivans *fl.*18000 à lui payé ce jourd'hui , comme suit , pour reste des 200 Tonneaux Vin , dont il est Credité au 31 Decembre dernier, SAVOIR:

3. A COMPTE DE DEBITEURS *fl.*9016 : Pour mes Assignations sur les sousnommez , fournies audit Backer, SAVOIR:

Sur Hermanus Beurman Pour les 20 Bariques Sucre à lui livrées le 20 Decembre . . . *fl.*2845 : 15 :
Sur Abraham Willinck pour les 5 Bariques Indigo à lui livrées ledit jour . . . . 6170 : 5 :
　　　　　　　　　　　　　　　　　*fl.*9016 : — :

3. A BANQUE *fl.*8535 : 18 Ecrit ce jourd'hui audit de Backer l'Agio à 5¼ pour cent . . . 8535 : 18 :
14. A AGIO *fl.*448 : 2 Pour celui de ladite somme à 5¼ pour cent . 448 : 2 :

18000	—	—

K k　　　　　　　　　　114. Donner

| Florins. | fols | pc.

—————— A AMSTERDAM, ce 10 Fevrier 1723. ——————

114. *Donner des Marchandifes à la Groffe, & faire affurer la fomme qui me doit être payée au retour.*

18. GROSSE AVANTURE Pour Surinam fur le Navire *la Renommée*, Capitaine *Cornelis Keyfer* Aux fuivans *fl.* 1309 : 16 Pour 20 Pieces Toile de Haarlem que j'ai données à la Groffe audit Capitaine pour me les payer au retour à bon Port dudit Navire, à raifon de *fl.*60 la Piece, mais fi ledit Navire fe perd, je ne pourrai rien pretendre fuivant le Contract de Groffe ou Lettre de Bodemerie qu'il m'en a fignée ce jourd'hui, SAVOIR:

5. A TOILES DE HAARLEM *fl.* 1200 Pour les 20 Pieces Toile dito, données audit Capitaine, comme deffus, à *fl.*60 la Piece . . *fl.* 1200 :

14. A HENDRIK MAKREEL *fl.*109 : 16 Pour Prime de *fl.*1200 fait affurer fur ledit Navire pour aller & revenir à 9 pour cent, & 36 *f.* pour la Police . . . . . 109 : 16

1309	16	

Du 12. dito.

115. *Donner de l'argent à la Groffe, & le faire affurer.*

18. GROSSE AVANTURE pour Guinée & Curaçao Aux fuivans *fl.*921 : 16 Pour *fl.*800 donnez à *Jan Schelvis* Capitaine du Navire *het Huys Oofterwyk*, allant d'ici à Guinée & de là à Curaçao pour revenir ici, à condition qu'il me reftituera ladite fomme avec 30 pour cent de benefice au retour dudit Navire ici, faifant *fl.*1040 : mais que fi le Navire fe perd en chemin, je n'aurai rien à pretendre de lui, fuivant le Contract ou Lettre de Bodemerie, qu'il m'a fignée ce jourd'hui, laquelle fomme j'ai fait affurer, SAVOIR:

2. A CAISSE *fl.*800 : — : - Pour l'argent compté audit Schelvis à 30 pour cent de benefice . . *fl.* 800 :

14. A HENDRIK MAKREEL fl. 121 : 16 Pour Prime de fl. 1000 que j'ai fait affurer fur la fomme qui doit m'être payée, fi le Navire revient à bon Port à 12 pour cent & 36 *f.* pour la Police . . 121 : 16

921	16	

116. *Payer les Primes & Polices que je Dois à mon Courtier en Affurances.*

14. / 2. HENDRIK MAKREEL A CAISSE *fl.*4822 à lui payé ce jourd'hui fuivant fon Reçu Pour les Primes & Polices d'Affurance que je lui devois, jusques au 6 du Courant inclus.

4822	—	—

117. *Tirer fur un Correfpondant qui me doit à fon Compte en argent Courant.*

Les fuivans A CHRISTOFFEL MOTHES fon Compte *fl.*1263 : Pour ma Traite de hier fur lui à 6 jours de date de D.740 : 7 à l'ordre de Pierre Tranchepain valeur dudit à 32½ *f.* par Dalder, l'Agio à 5 pour cent, SAVOIR:

3. BANQUE *fl.*1202 : 17 Ecrit par ledit Tranchepain pour madite Traite fl.1202 : 17

4. AGIO fl. 60 : 3 pour celui de ladite fomme à 5 pour cent . . 60 : 3

7.

1263	—	—

118. *Faire une Cargaifon pour mon Compte, partie en Marchandifes que j'avois, & partie en d'autres que j'ai achetées.*

19. CARGAISON pour Cadix par le Navire *l'Elifabet*, Me. *Jean Hoogendyk*, à la confignation d'Antoine Athenas & Compagnie Aux fuivans *fl.*9388 : 10 Pour les Marchandifes fuivantes chargées dans ledit Navire à l'adreffe defdits Athenas pour m'en procurer la Vente, SAVOIR:

Suite à la Page fuivante. A

A AMSTERDAM, ce 12 Fevrier 1723.

		Florins.	fols	pé.

Suite de la Page précedente.

5. A DRAPS D'ANGLETERRE *fl.* 5025 : Pour 10 Pieces de celles que j'avois par Inventaire que j'ai envoyées à Cadix, comme dessus, me revenant suivant le Compte que j'en ai envoyé auxdits Athenas au Livre de Factures, folio 16, à ladite somme de . . . . *fl.* 5025 : -

5. A TOILES DE HAARLEM *fl.* 1060 : : Pour 20 Pieces que j'avois par Inventaire, lesquelles j'ai envoyées, comme dessus, me revenant suivant le dit Compte à . . . . 1060 : -

17. A COMPTE DE CREDITEURS *fl.* 2782 : 10 Pour ce que je dois aux sousnommez pour les Marchandises sous-specifiées, achetées d'eux & envoyées à Cadix, comme ci-dessus, SAVOIR:

    A la Veuve Testart, Slicher & Benezet *fl.* 1500 : : Pour 150 Pieces Toile de Silesie achetées d'eux à *fl.* 10 Piece sans Rabais . *fl.* 1500 : -

    A Daniel Cormier *fl.* 1282 : 10 Pour diverses Gazes & Mouchoirs de soye qu'il m'a livrez suivant son Compte . 1282 : 10
2782 : 10

9. A COMPTE DE FRAIX *fl.* 521 : : Pour Droits de sortie, Embalage & Fraix jusques à bord desdites Marchandises . . 521 : -

		9388	10	—

---

119. Remettre à un Correspondant ce que je lui dois pour mon Compte.

8. LEONARD DELFGAAUW mon Compte Aux suivans *fl.* 3455 : 3 & L. 9750 Tournois pour ma Remise de ce jour en Lettre de Jacob Martin à ½ Usance de 3250 ▽ sur Jean Texier de Bourdeaux à 40 ¼ ⅌ par Ecu, SAVOIR:

3. A BANQUE *fl.* 3290 : 12 : 8 Ecrit audit Martin pour ladite Lettre L. 9750 *fl.* 3290 : 12 : 8
4. A AGIO *fl.* 164 : 10 : 8 pour celui de ladite somme à 5 pour cent 164 : 10 : 8

		3455	3	—

Du 15. dito.

120. Payer des Traites qu'un Correspondant a faites sur moi pour mon Compte.

13. JAN STRAALMAN mon Compte A CAISSE *fl.* 9355 : 13 & *fl.* 15202 : 13 Polonois, pour ses 3 Traites suivantes sur moi du 29 Decembre dernier à 40 jours de date à l'ordre des sousnommez, SAVOIR:

    fl. 6000 : -- : Polonois en sa Traite de L. 615 : 7 : 8 de Gros à l'ordre de Jacob Rietmeyer à 292¼ Gros Polonois par Livre de Gros payé à Jan Overcamp . . *fl.* 3692 : 6

    5850 : -- : en son autre de L. 600 de Gros à l'ordre de Jan Jacob Schelkens à 292¼ Gros Polonois par Livre de Gros, payée à Jan Verduyn . . 3600 :

    3352 : 13 : en son autre de *fl.* 2063 : 7 au même prix à l'ordre de Mathias Oortman, payée à Hendrik Duyker . 2063 : 7

    fl. 15202 : 13 : Polonois à 292¼ Gros par Livre de Gros, faisant ici en Courant

		9355	13	—

---

121. Recevoir payement d'une Remise d'un Correspondant pour mon Compte tenu en argent Courant.

Les suivans A DARIUS & Compagnie mon Compte *fl.* 3277 : 19 : 8 Pour leur Remise du 15 du passé à Usance de 3000 ▽ sur Servat & fils, en Lettre de Hellin de Paris dudit jour à mon ordre valeur d'eux à 41⅛ ⅌ par Ecu, SAVOIR:

3. BANQUE *fl.* 3121 : 17 : 8 Ecrit par lesdits Servat & fils L. 9000 *fl.* 3121 : 17 : 8
4. AGIO *fl.* 156 : 2 pour icelui à 5 pour cent . 156 : 2 :
6.

		3277	19	8

K k 2 Du

——— A AMSTERDAM, ce 18 Fevrier 1723. ——— | Florins. | fols | pe.

122. *Recevoir avis & Compte de Vente des Marchandifes vendues pour mon Compte par un Correspondant, en Crediter les Marchandifes en argent courant, & en tenir Compte avec lui en argent de Banque.*

Les fuivans A Vins à Hambourg chez Chriftoffel Mothes *fl.*4257 : 14 : 8 Pour le net Provenu des 50 Tonneaux Vin de Bergerac que mon Pere avoit envoyez audit Mothes le 15 Août dernier, par le Navire *le Pellican*, Me. *Douwe Minnes*, & que mon Pere m'avoit cedez, lesquels ledit Mothes a vendu fuivant le Compte qu'il m'en a envoyé en date du 14 du Courant, Savoir :

19. Christoffel Mothes mon Compte *fl.*4054 : 19 : 8 Argent de Banque pour Marcs 5029 : 13 Lubs, à quoi monte le net provenu desdits 50 Tonneaux Vin, que je reduis à 32¼ *f.* par Dalder . . mcs. 5029 : 13 fl. 4054 : 19 : 8

4. Agio *fl.*202 : 15 pour celui de ladite fomme à 5 pour cent . 202 : 15 :

5. | | | 4257 | 14 | 8

123. *Payer divers Crediteurs compris en Compte general.*

17. Compte de Divers Crediteurs nouveau A Caisse *fl.*14970 : 1 Payé aux
2. fousnommez pour ce dont ils font Creditez au 5. du paffé, Savoir :

   A Hendrik Viffer pour 2450 Chevrons . . fl. 12250 :
   A Paulus Hooft pour 20 milliers Douves . 1188 :
   A Dirk Spranger pour diverfes Merceries . 817 : 10
   A Jan Steur pour diverfes Epiceries . 714 : 11 | 14970 | 1 | —

124. *Payer une Traite faite fur moi par un troifieme pour Compte d'un Correspondant.*

17. A Jacobus de Konink fon Compte A Banque *fl.*4600 : Pour D 2000 que
3. Juán Dagamon de Madrid a tiré fur moi pour Compte dudit de Konink le 18 Decembre dernier à Ufance à 92 & par Ducat à l'ordre de Pavia & Maraci, écrit à Claude Louïs de Surmont | 4600 | — | —

125. *Recevoir payement d'une fomme prêtée à l'Interêt.*

2. Caisse A Pieter de Waart fl. 8082 : 14 Reçu de lui ce jourdhui pour Capital & Interêt des fl. 8000 : que je lui avois prêtez le 19 Novembre dernier fur 6 Bales
11. Cochenille que je lui ai renduës, de même que l'obligation qu'il m'avoit faite. | 8082 | 14 | —

Du 20. dito.

126. *Faire une Cargaifon pour mon Compte de Marchandifes achetées, partie en argent de Banque, partie en argent Courant.*

19. Cargaison Pour Lisbonne fur le Navire *le St. Pierre*, Me. *Jacob Laurents* Aux fuivans fl. 9718 : 13 : 8 Pour Achat & Fraix des Marchandifes fous-fpecifiées, chargées fur ledit Navire & envoyées à Deventer & de Groot dudit Lisbonne, pour vendre pour mon Compte, Savoir :

Suite à la Page fuivante.

A

	Florins.	fols	pe.

———— À AMSTERDAM, ce 20 Fevrier 1723. ————

Suite de la Page précedente.

3. A BANQUE fl. 5671 : 5 Ecrit à Philippe Couturier pour 40 Bales Poivre, achetées de lui pour ladite Cargaison, pesant net 17450 ℔ à 13 ⅜ la ℔   fl. 5671 : 5 :

4. A AGIO fl. 283⅗ : 11 pour celui de ladite somme à 5 pour cent .   283 : 11 :

fl. 5954 : 16 :

11. A SAMUEL VAUQUET fl. 1485 : Pour 25 Pieces Chits peintes, a-chetées de lui à fl. 60 la Piece, deduit 1 pour cent . .   1485 : -- :

17. A COMPTE DE CREDITEURS fl. 2063 17 : 8 : Pour ce que je dois à Jacob Bolten pour 1500 barres Fer de Suede, pesant 34398 ℔ à fl. 6 le ½ sans Rabat   .   .   2063 : 17 : 8

9. A COMPTE DE FRAIX fl. 215 pour Fraix & Droits de sortie des-dites Marchandises jusques à bord   215 : -- :

9718 | 13 | 8

---

127. *Recevoir payement de la perte totale d'une somme que j'avois faite assurer pour Compte d'un Correspondant.*

2. / **14.** CAISSE A JACOB RATTIER son Compte fl. 3430 Reçu ce jourdhui des Assureurs qui m'avoient assuré fl. 3500 pour son Compte le 14 Decembre dernier sur le Navire *la Charité* Me. *Auke Volkerts* de Dantzig à Bourdeaux, lequel Navire s'est perdu le 6 du passé près de l'Elbe, suivant la declaration dudit Capitaine & de son Equipage, faite à Hambourg le 12 dudit mois, laquelle perte de fl. 3500 les Assureurs m'ont payée à 98 pour cent, faisant   .   .   **3430 | — | —**

---

128. *Debiter un Correspondant des Fraix & de la Commission d'une perte reçue des Assureurs.*

14. JACOB RATTIER son Compte Aux suivans fl. 32 : 10 Pour Fraix & Commission de la perte des fl. 3500 que j'avois fait assurer pour lui le 14 Decembre dernier sur le Na-vire *la Charité*, Me. *Auke Volkerts*, reglée comme ci-dessus, à 98 pour cent, SAVOIR:

14. A HENDRIK MAKREEL fl. 8 : 15 pour ¼ pour cent de la perte de fl. 3500 qu'il a re-glée avec les Assureurs   .   fl. 8 : 15

9. A COMPTE DE FRAIX fl. 6 : 5 pour la traduction des Pieces justificatives de la perte dudit Navire, payé au Notaire Demarolles   .   .   6 : 5

12. A COMPTE DE COMMISSION fl. 17 : 10 Pour ma Commission de ladite perte de fl. 3500 : à ½ pour cent suivant le Compte envoyé ce jour audit Rattier   .   .   .   17 : 10

32 | 10 | —

---

129. *Vendre des Marchandises à diverses personnes, aux unes Comptant, & aux autres à terme.*

Les suivans A VINS en general fl. 4746 : 10 : 8 Pour 39½ Tonneaux Vin de Grave rou-ge qui me restoit, que j'ai vendus aux sousnommez, SAVOIR:

2. CAISSE fl. 2376 Reçu des sousnommez pour 20 Tonneaux à eux vendu Comptant, SAVOIR:

De Johannes Rokog pour 10 Tonneaux à L. 20 de Gros, deduit 1 pour cent   fl. 1188
De Hendrik Paauw pour 10 Tonneaux au même prix, deduit 1 pour cent   1188

fl. 2376

Porté à la Page suivante   .   .   fl. 2376

COMPTE

======= A AMSTERDAM, ce 20 Fevrier 1723. ======= | Florins. | fols | pe.

La somme de la Page precedente se monte à . . fl. 2376 : -- : -

7.
5.

COMPTE DE DEBITEURS *fl.*2370 : 10 : 8   Pour ce qui m'eſt dû par les ſousnommez pour 19½ Tonneaux à eux vendus au Comptant ordinaire, SAVOIR:

Par Elie Lombart pour 10 Tonneaux à L. 20½ de Gros deduit 1 pour cent . . fl. 1213 : 14 :
Par Jean Brian pour 9½ Tonneaux à L. 20½ de Gros, deduit 1 pour cent . . 1156 : 16 : 8
——————— 2370 : 10 : 8 | 4746 | 10 | 8

Du 24. dito.

130. *Crediter un Correspondant de ma portion d'une Cargaiſon qu'il a faite à mon adreſſe, & dans laquelle lui & deux autres ont Interêt.*

19.
8.

MARCHANDISES chargées à mon adreſſe ſur le Navire *le Dragon*, Me. *Pieter Mol*, pour Compte ¼ de Leonard Delfgaauw, ¼ de Joſeph Gibert, ¼ de Jaques Hooghſtoel de Bourdeaux, & ¼ pour moi.

A LEONARD DELFGAAUW mon Compte *fl.*7430 : 8   Pour mon ¼ de L.82944 Tournois, à quoi montent 150 Bariques Sucre blanc, 10 Bariques Indigo de St. Domingue, 100 Pieces Sirop & 100 Pieces Eaux de Vie que ledit Delfgaauw a chargées à mon adreſſe ſur ledit Navire pour Compte comme deſſus, ſuivant le Compte qu'il m'en a envoyé du 12 du Courant, montant à L. 82944 : : Tournois, dont mon ¼ eſt L. 20736 : que je reduis à 43 § argent Courant par Ecu . . L. 20736 | 7430 | 8 | —

131. *Payer le Fret & les Fraix des Marchandiſes reçues pour mon Compte.*

13.

FROMENT fait acheter à Dantzig pour mon Compte Aux ſuivans *fl.* 1415 : Pour Fret, Droits d'entrée & Fraix ſur les 70 Laſts que Jan Straalman a achetez pour mon Compte & chargez ſur le Navire *la Ville de Dantzig*, Me. *Hans Harris*, lesquels j'ai reçus & dechargez, & mis dans un grenier du Magazin *le Waagdrager*, SAVOIR:

2.

A CAISSE *fl.* 1255 : Payé pour fret & Droits d'entrée, comme ſuit:

Pour Fret de 70 Laſts payé audit Capitaine ſuivant le Connoiſſement . . fl. 840
Pour Droits d'entrée & Paſſeport payé à van Arp . . 415
——————— fl.1255

9.

A COMPTE DE FRAIX *fl.*160 : payé au Facteur Blaauwduyt pour decharge dudit Froment, & pour le mettre au Grenier . . 160
——————— | 1415 | — | —

132. *Payer le Fret & les Fraix des Marchandiſes que je reçois en Commiſſion.*

19.
2.

COCHENILLE Pour Compte d'Antoine Athenas & Compagnie de Cadix A CAISSE *fl.*1323 : 10   Payé pour fret, Avaries & Droit d'entrée de 30 Barils Cochenille, reçus de Cadix par le Navire *l'Helene*, Capitaine *Jean Limier* de l'envoi desdits Athenas pour vendre pour leur Compte, SAVOIR:

Pour Fret desdits 30 Barils, peſant net 370 Arobes à 20 ſ. par Arobe   fl. 370 :
Pour Avaries ordinaires à 10 pour cent *fl.* 37 & Droit de Poſte 25 ſ. . 38 : 5
Pour Droits d'entrée de 4500 ℔ à *fl.*7 par 100 ℔ & ⅓ d'augmentation   420 :
Pour 1 pour cent du Droit d'Apreciation taxée à 35 ₰ la ℔, faiſant *fl.*47250   472 : 10
Pour le Paſſeport & decharge . . 22 : 15
——————— | 1323 | 10 | —

133. *Aſſu-*

<u>A AMSTERDAM , ce 24 Fevrier 1723.</u>   Florins. | fols | Pc.

133. *Aſſurer diverſes ſommes ſur divers Vaiſſeaux , en faiſant Credit pour les Primes aux Courtiers.*

Les ſuivans A COMPTE D'ASSURANCES *fl.*420 Pour ce qui m'eſt dû par les Courtiers ſous-nommez pour Prime des ſommes ſuivantes que j'ai aſſurées ce jourd'hui ſur les Vaiſſeaux ſuivans, comme au Livre d'Aſſurances folio 1 , SAVOIR:

14. HENDRIK MAKREEL *fl.*120 : : Pour Prime de *fl.*4000 que je lui ai aſſurez pour Pierre Teſtas ſur les 2 Navires ſuivans de Bourdeaux ici, SAVOIR:

   fl. 2000 : ſur *la Vendange*, Me. *Dirk Schouten* à 3 pour cent   .   *fl.* 60 :
       2000 : ſur *les 3 Freres*, Me. *Jan Focke*   à 3 pour cent   .   .   60 :
                                                         *fl.*120 :

19. ELIAS BATAILHEY *fl.*100 : Pour Prime de *fl.*2000 : que je lui ai aſſurez pour François le Jeune ſur le Navire *la Marie*, Me. *Guillaume Frerot* de la Martinique à Nantes à 5 pour cent   100 :

20.
20. ABRAHAM SALINIERES *fl.*200 : pour Prime de *fl.*4000 : que je lui ai aſſurez pour Pierre Docher de Surinam ici ſur les 2 Navires ſuivans , SAVOIR:

   fl. 2000 ſur *le Poſtillon*, Me. *Antony Buys* à 5 pour cent   .   *fl.* 100 :
       2000 ſur *le Hardi*, Me. *Thomas Hardi* à 5 pour cent   100 :
                                                   200 :   420

Du 27. dito.

134. *Tirer une Prime en argent Courant pour être ferme à livrer une Marchandiſe dans un certain tems à un certain prix.*

2.
9. CAISSE A COCHENILLE Meſtique *fl.*120 : Reçu de Jan de Bruyn pour mon contract de ce jour , par lequel je me ſuis engagé de livrer au porteur d'icelui, d'ici au premier Mai prochain 200 ℔ de Cochenille à raiſon de 42 ℔ la ℔ aux conditions ordinaires; mais ſi le porteur dudit contract ne me demande pas leſdites 200 ℔ de Cochenille avant le premier Mai, la Prime de *fl.*120 : que j'ai tirée & qui eſt de 2 ℔ par ℔, me reſtera   120

---

135. *Donner une Prime en argent Courant , pour qu'on ſoit ferme à recevoir de moi une Marchandiſe dans un certain tems à un certain prix.*

10.
2. EAU DE VIE à mon option de livrer à 8 L. de Gros les ½ d'ici au premier Mai prochain A CAISSE *fl.*62 : 10 : Payé à Hendrik de Harde pour un Contract de Jan Gerard Ameldonk en date de ce jour , par lequel il s'oblige de recevoir du porteur d'icelui, d'ici au premier Mai prochain 50 Pieces Eau de Vie de Bourdeaux de 50 Verjes chacune à raiſon de L. 8 de Gros les ½ , pour laquelle Prime j'ai donné 25 ſols par Piece   .   .   .   62 | 10

---

136. *Tirer Prime en argent de Banque pour être ferme à livrer du Poivre pendant certain tems au prix limité.*

3.
20. BANQUE A POIVRE à livrer *fl.*50 : Ecrit par Johannes Rouwenhoff Pour ¼ de Gros par ℔, qu'il m'a donné de Prime pour 8000 ℔ de Poivre brun que je me ſuis engagé de lui livrer à 14 ℔ de Gros la ℔ d'ici au premier Mai prochain, paſſé lequel jour mon Contract que je lui ai ſigné ſera de nulle valeur, s'il ne m'annonce pas de lui livrer leſdites 8000 ℔ Poivre avant ledit jour   .   50

A AMSTERDAM, ce 27 Fevrier 1723. | Florins. | fols | Pe.

137. *Tirer Prime en argent de Banque pour être ferme à recevoir du Poivre, pendant certain tems au prix limité.*

3. / 20. BANQUE A POIVRE à recevoir *fl.* 62 : 10   Ecrit par Gerrit Nutgens pour Prime de ⅜ de Gros par ℔ de 8000 ℔ Poivre brun, que je me suis engagé par mon Contract de ce jour de recevoir du Porteur d'icelui, d'ici au premier Mai prochain à 13 ⅝ de Gros la ℔ passé lequel jour mondit Contract sera nul, si le porteur ne m'anonce pas de recevoir ledit Poivre audit prix avant ledit jour passé   .   . | 62 | 10 | —

138. *Donner des Primes en argent de Banque sur des Actions de diverses Compagnies à la fois, & les comprendre dans un Compte general.*

20. / 3. PRIMES données & tirées pour diverses Actions A BANQUE *fl.* 300 : Ecrit aux sousnommez pour les 3 Primes suivantes à eux données, SAVOIR :

A Joseph Seignor Colonel *fl.* 60 pour Prime de 2 pour cent que je lui ai donnée pour être ferme à me livrer d'ici au premier Mai prochain une Action de la Compagnie des Indes Orientales Chambre de cette Ville, de L. 500 de Gros de Capital à raison de 800 pour cent   .   .   .   *fl.* 60

A Manuel d'Acosta *fl.* 120 :   pour Prime de 2 pour cent que je lui ai donnée pour être ferme à me livrer d'ici au premier Mai prochain une Action de la Compagnie du West de L. 1000 de Gros de Capital à 110 pour cent   .   120

A Joseph Mendoza *fl.* 120 : pour Prime de 2 pour cent que je lui ai donnée pour être ferme à recevoir d'ici au premier Mai prochain une Action de ladite Compagnie du West de L. 1000 de Gros de Capital à 110 pour cent   ,   120

                                                                      | 300 | — | —

139. *Tirer Prime en argent de Banque sur des Actions de diverses Compagnies & les comprendre dans un Compte general.*

3. / 20. BANQUE A PRIMES données & tirées sur diverses Actions *fl.* 180 : :   Ecrit par les sousnommez pour les Primes suivantes tirées ce jourd'hui, SAVOIR :

Par Joseph Mendez pour 2 pour cent de Prime qu'il m'a donné pour que je sois ferme à lui livrer d'ici au premier Mai une Action de la Compagnie des Indes Orientales d'ici à raison de 820 pour cent   .   .   .   *fl.* 60

Par David Abenatar *fl.* 120 pour 2 pour cent de Prime qu'il m'a donnée pour être ferme à lui livrer une Action de la Compagnie du West de L. 1000 de Gros de Capital d'ici au premier Mai, à raison de 112 pour cent   .   .   120

                                                                      | 180 | — | —

Du premier Mars.

140. *Remettre à un Correspondant des Lettres de Change que j'ai prises pour mon Compte, pour m'en faire le retour.*

8. / 3. GEORGE PEACE mon Compte A BANQUE *fl.* 7315 : Pour L. 700 st. à lui remises ce jourd'hui en 3 Lettres pour m'en faire le retour, SAVOIR :

Suite à la Page suivante.

L. 300

A AMSTERDAM, ce premier Mars 1723. | Florins. | fols | pc.

Suite de la Page précedente.

L. 300 : ſt. ſur Gerard van Neck de Londres en Lettre de Daniel de Bruyn du 15 Janvier à ⅔ à l'ordre de Jean Lucas Pels qui me l'a endoſſée à 34 β 10 ξ à lui écrit . . . fl. 3135 :

200 : ſt. ſur John Hill , en Lettre de Jan Scheurman de ce jour à mon ordre à ½ Uſance à 34 β 10 ξ à lui écrit . 2090 :

200 : ſt. ſur John Failt, en Lettre de Jean Bultiau de ce jour à 15 jours de date à mon ordre à 34 β 10 ξ à lui écrit . . 2090 : | 7315 | — | —

L. 700 : ſt. à 34 β 10 ξ

---

141. *Recevoir de l'argent de Banque ſur des Marchandiſes engagées pour Compte d'un Correspondant.*

3.
21. BANQUE A ELIZABET THIELENS *fl.* 30000 : pour autant qu'elle m'a écrit ce jourd'hui & prêté ſur les 30 Barils Cochenille d'Antoine Athenas & Compagnie que j'ai engagez par leur ordre, & délivrez à ladite Dame pour me les rendre dans 3 mois, en lui rembourſant ladite ſomme avec Interêt à 4 pour cent par an, & 3 ſ. par Bale par mois pour le magazinage . | 30000 | — | —

---

142. *Faire bon à un Correspondant l'argent emprunté ſur ſes Marchandiſes.*

19.
16. COCHENILLE Pour Compte d'Antoine Athenas & Compagnie A ANTOINE ATHENAS & Compagnie leur Compte *fl.* 30000 Pour autant que j'ai emprunté ſuivant leur ordre ſur les 30 Barils Cochenille qu'ils m'ont envoyez par le Navire *l'Helene* , que j'ai engagez comme ci-deſſus chez Elizabet Thielens pour *fl.* 30000 argent de Banque que je leur fais bon . | 30000 | — | —

Du 4. dito.

143. *Crediter un Correspondant en argent de Banque pour le montant des Marchandiſes qu'il a achetées pour mon Compte.*

Les ſuivans A LEONARD DELFGAAUW mon Compte *fl.* 6233 : 15 : Pour L. 18245 : 2 : 4 Tournois à quoi monte l'Achat & Fraix des Marchandiſes ſous-ſpecifiées qu'il a achetées par mon ordre & pour mon Compte , & chargées à mon adreſſe ſur le Navire *le Dragon*, Me. *Pieter Mol*, ſuivant le Compte & le Connoiſſement qu'il m'en a envoyé en date du 21 du paſſé, SAVOIR :

5. VINS en general *fl.* 1760 : Pour L. 5151 : 4 : 4 Tournois, à quoi montent l'Achat & Fraix de 30 Tonneaux Vins de Ville qu'il a achetez & chargez ſur ledit Navire, reduit à 41 ξ par Ecu . . L. 5151 : 4 : 4 fl. 1760 : --

5. EAUX DE VIE en general *fl.* 2150 : Pour L. 6292 : 13 : 8 Tournois, à quoi montent 30 Pieces Eaux de Vie qu'il a achetées & chargées , comme deſſus, reduit à 41 ξ par Ecu . . 6292 : 13 : 8 2150 : --

6.
8. MARCHANDISES GENERALES *fl.* 2323 : 15 Pour L. 6801 : 4 : 4 Tournois, à quoi monte l'Achat & Fraix de 25 Bariques Sucre de Téte qu'il a achetées & chargées comme deſſus, reduit à 41 ξ par Ecu 6801 : 4 : 4 2323 : 15

L. 18245 : 2 : 4 . . | 6233 | 15 | —

144. Debi-

—————— A AMSTERDAM , ce 4 Mars 1723. —————— | Florins. | fols | pc.

144. *Debiter des Marchandiſes pour l'Agio des ſommes dont on ne les a Debi-*
tées qu'en argent de Banque.

Les ſuivans A A G I O *fl.*327 : 4 : 8 Pour celui des ſommes ſuivantes, dont je n'ai debité les Marchandiſes ſous-ſpecifiées dans l'Article ci-deſſus qu'en argent de Banque,
S A V O I R :

5.	V I N S en general fl.92:8 pour celui des fl.1760 ci deſſ. à 5¼ pour cent fl. 92 : 8 :		
5.	E A U X D E V I E en general *fl.*112 : 17 : 8		
	pour idem . . . des 2150 idem . . 112 : 17 : 8		
6.	M A R C H A N D I S E S G E N E R A L E S		
4.	*fl* 121 : 19 pour idem des 2323 : 15 idem . . 121 : 19 :		

fl. 6233 : 15 à 5¼ pour cent . | 327 | 4 | 8

---

145. *Faire aſſurer ſur diverſes Marchandiſes à la fois , & Debiter chacune*
en particulier pour la ſomme qu'on fait aſſurer ſur elle.

Lés ſuivans A H E N D R I K M A K R E E L *fl.*115 : 16 Pour Prime de *fl.*5700: fait aſſurer ſur les Marchandiſes ſuivantes chargées par Leonard Delfgaauw pour mon Compte
ſur le Navire *le Dragon*, Me. *Pieter Mol* à 2 pour cent & 36 ſ. pour la Police , faiſant
*fl.*115 : 16 S A V O I R :

5.	V I N S en general *fl.*30 : 12 Pour Prime de *fl.*1500 : fait aſſurer ſur les 30 Tonneaux		
	Vin chargez ſur ledit Navire à 2 pour cent & 12 ſ. pour le ⅓ de la Police fl. 30 : 12		
5.	E A U X D E V I E en general *fl.*40 : 12 Pour Prime de *fl.*2000 fait aſſurer ſur		
	les 30 Pieces Eau de Vie ſur le même Navire à 2 pour cent & 12 ſ. pour le ⅓		
	de la Police . . . 40 : 12		
6.	M A R C H A N D I S E S G E N E R A L E S *fl.*44 : 12 Pour Prime & Police comme		
21.	deſſus de *fl.*2200 fait aſſurer ſur les 25 Bariques Sucre de Tete . . 44 : 12	115	16

Remarques ſur les 3 Articles precédens.

La plûpart des gens debitent les Marchandiſes en 3 Articles , comme je l'ai fait dans les 3 qui
precédent , lors qu'il eſt queſtion de les Debiter à quelqu'un avec lequel on tient Compte en argent
de Banque ; mais d'autres , qui veulent rafiner , & abreger les Ecritures autant qu'ils peuvent , ne
font qu'un ſeul Article de ces 3 , & comme il eſt aſſez indifferent qu'on couche ces Parties dans un
ſeul Article ou dans 3 , pourvû que l'on s'entende & que l'on s'explique bien , je ſuppoſerai la même
partie de Marchandiſes achetées par le même Delfgaauw & chargées ſur un autre Navi-
re , & le coucherai dans l'Article ſuivant , pour montrer à ceux qui ne le ſavent pas , comment on
peut les coucher , & leur donner le choix de ces deux methodes.

146. *Debiter des Marchandiſes pour l'Achat en argent de Banque , pour*
l'Agio & la Prime d'Aſſurance , & en Crediter le Correſpondant ,
l'Agio & le Courtier en Aſſurance tout à la fois , ou dans
un ſeul Article.

Les ſuivans Aux ſouſnommez *fl.*6676 : 15 : 8 Pour les Marchandiſes ſuivantes que
Leonard Delfgaauw a achetées pour mon Compte ſuivant mes ordres , & chargées à
mon adreſſe ſur le Navire *l'Etoile*, Me. *Govert Joris* , ſuivant le Compte qu'il m'en a
envoyé en date du 21 du paſſé , ſur leſquelles Marchandiſes j'ai fait aſſurer *fl.*5700 : :
que je partage comme ſuit , S A V O I R :

Suite à la Page ſuivante.

V I N S

———— A AMSTERDAM, ce 4 Mars 1723. ————

	Florins.	sols	pc.

5. Vins en general *fl.* 1883 : Pour les 3 Articles suivans, Savoir :

   Pour L. 5151 : 4 : 4 Tournois, à quoi montent l'Achat & Fraix de 30 Tonneaux Vin
    de Ville suivant ledit Compte, reduit à 41 ⅔ par Ecu fait en Banque fl. 1760 : -- :
   Pour l'Agio de ladite somme à 5¼ pour cent   .   .   92 : 8 :
   Pour Prime de *fl.* 1500 : fait assurer par Makreel à 2 pour cent & 12
    s. pour le ⅓ de la Police   .   .   30 : 12 :

                                  fl. 1883 : -- :

5. Eaux de Vie en general *fl.* 2303 : 9 : 8 Pour les 3 Articles suivans,
Savoir :

   Pour L. 6292 : 13 : 8 Tournois, à quoi montent l'Achat & Fraix
    de 30 Pieces Eau de Vie, suivant le Compte dudit Delfgaauw, re-
    duit comme dessus   .   .   fl. 2150 : -- :
   Pour l'Agio de ladite somme à 5¼ pour cent   112 : 17 : 8
   Pour Prime de *fl.* 2000 fait assurer par Makreel à 2 pour
    cent & Police   .   .   40 : 12 :
                        ———— 2303 : 9 : 8

6. Marchandises generales *fl.* 2490 : 6 pour les 3 Articles suivans, Savoir :

   Pour L. 6801 : 4 : 4 Tournois, à quoi montent l'Achat & Fraix de
    25 Bariques Sucre de Tête, suivant le Compte dudit Delfgaauw,
    reduit comme dessus   .   .   fl. 2323 : 15
   Pour l'Agio de ladite somme à 5¼ pour cent   .   121 : 19
   Pour Prime de *fl.* 2200 fait assurer comme dessus à 2 pour
    cent & Police   .   .   .   44 : 12
                      ———— 2490 : 6 :

                      fl. 6676 : 15 : 8

8. A Leonard Delfgaauw mon Compte *fl.* 6233 : 15 Pour L. 18245 : 2 : 4
Tournois, à quoi montent l'Achat & Fraix des Marchandises ci-dessus suivant le
Compte qu'il m'en a envoyé du 21 du passé, reduit à 41 ⅔ par Ecu, faisant Banco
              L. 18245 : 2 : 4   fl. 6233 : 15 :

4. A Agio *fl.* 327 : 4 : 8 Pour l'Agio de ladite somme à 5¼ pour cent . 327 : 4 : 8

21. A Hendrik Makreel *fl.* 115 : 16 Pour Prime de *fl.* 5700 :
fait assurer sur lesdites Marchandises à 2 pour cent & 36 *s.* pour la Police   .   .   .   115 : 16 :

| | 6676 | 15 | 8 |

Du 7. dito.

147. *Recevoir de l'argent qui m'étoit dû avec interêt.*

2.
6. Caisse A Hans de Waal son Compte de tems *fl.* 1672 : Reçu de lui ce jour-
d'hui pour les *fl.* 1600 : de Capital que mon Pere lui prêta le 8 Mars de l'année passée
avec l'Interêt d'un an à raison de 4¼ pour cent suivant son obligation que je lui ai
rendue   .   .   .   1672 : -- : --

148. *Payer à quelqu'un une somme que je devois à un Correspondant suivant son ordre.*

8.
2. Alexandre Bruguier son Compte A Caisse *fl.* 2134 : 6 Pour autant que j'ai
payé ce jourd'hui suivant son ordre du 2 Courant à Pierre Tranchepain suivant son Re-
çu, pour pareille somme qui lui revenoit pour solde de son Compte chez mon Pere. | | 2134 | 6 | -- |

149. *Con-*

———— A AMSTERDAM, ce 7 Mars 1723. ———— Florins. | fols | pe.

149. *Coucher un payement fait depuis quelque temps , que l'on a oublié de coucher au jour qu'on l'a fait.*

8.
—
2.

COMPTE DE CREDITEURS vieux A CAISSE *fl* 2475 : Payé le 15 du passé à Jan Willink pour 50 Grands cent Planches du Nord, dont il est Credité sur ce Compte au 31 Decembre dernier, suivant son Reçu du 15 du passé , dont j'ai ômis de Debiter ce Compte en son tems.   2475

150. *Vente de Marchandises pour mon Compte au Comptant ordinaire , & en Debiter l'Acheteur en Compte general.*

7.
—
6.

COMPTE DE DEBITEURS A MARCHANDISES GENERALES *fl.* 5560 : 9 Pour ce qui m'est dû par Jan Steur pour 40 Caisses Sucre blanc du Brezil à lui livrée ce jourd'hui, pesant net comme au Livre de Factures folio 20 — 18250 ℔ à 13 § la ℔ deduit 2 pour cent bon Poids, & 1 pour cent prompt payement   5560 | 9

151. *Debiter une Marchandise comprise en Compte general des Fraix faits sur icelle à la Vente & à la Livraison.*

6.
—
9.

MARCHANDISES GENERALES A COMPTE DE FRAIX *fl.* 67 : 15 : pour Courtage & autres Fraix que j'ai à payer pour les 40 Caisses Sucre du Brezil , ci-dessus vendues à Jan Steur, SAVOIR :

Pour le Courtage à Jan van Grave à 20 *f.* par Caisse   *fl.* 40 :
Aux Travailleurs du Poids pour livraison & port au Poids   27 : 15
            ————   67 | 15

Du 9. dito.

152. *Payer des Traites de diverses personnes pour Compte d'un Correspondant.*

16.
—
3.

ANTOINE ATHENAS & Compagnie leur Compte A BANQUE *fl.* 29938 : 15 : Pour les Traites suivantes tant d'eux-mêmes que des sousnommez sur moi pour leur Compte, payées ce jourd'hui aux suivans, SAVOIR :

Pour D. 2500 : à 117 § en leur propre Traite du 9 Janvier à Usance à l'ordre de Juan Daygas, écrit à Cezar Sardi & Compagnie   *fl.* 7312 : 10

Pour D. 2500 : à 94½ § que Pavia & Marracci de Madrid ont tiré sur moi pour Compte susdit le 9 passé à ½ usance à l'ordre de Claudio le Maire & Compagnie, écrit à Jean Lucas Pels   5906 : 5

Pour 10000 ▽ à 41½ § que le Couteulx & Compagnie de Paris ont tiré sur moi pour Compte susdit le 26 Janvier à Usance & demi en deux Lettres comme suit, SAVOIR :

6000 ▽ à l'ordre de Jean Cottin , écrit à Cadet de Launay   *fl.* 6225
4000 ▽ à l'ordre de Darius & Compagnie, écrit à Leon de Moracin   4150
        ————   10375 :

Pour L. 600 st. à 35 ø 3 § que Gerard van Neck de Londres a tiré sur moi pour leurdit Compte le $\frac{29\ Decembre}{9\ Janvier}$ à $\frac{2}{8}$ à l'ordre d'Antoine d'Acosta écrit à Jaques Henriques Medina   : 6345 :
                     29938 | 15

153. *Payer*

153. *Payer à un particulier ce que je lui devois pour des Marchandifes qu'il m'avoit livrées.*

		Florins.	fols	Pe.
16. — 2.	HENDRIK SCHULERUS A CAISSE *fl.* 3540 : 12 : Payé à Jan Duffels pour fon affignation de ladite fomme pour Caffé & Thé dont il eft Credité au 31 Decembre dernier.	3540	12	—

154. *Payer le fret & les Droits d'entrée des Marchandifes reçues pour Compte en Compagnie.*

19.
— 2. MARCHANDISES chargées à mon adreffe fur *le Dragon* &c. A CAISSE *fl.* 2405 : 10 payé pour Fret, Avaries & Droit d'entrée des Marchandifes fuivantes reçues par ledit Navire pour Compte ¼ de L. Delfgaauw, ¼ de J. Gibert, ¼ de J. Hooghftoel & ¼ pour moi, SAVOIR :

Payé au Capitaine Pieter Mol pour Fret de 150 Bariques Sucre blanc, 10 Bariques Indigo, 100 Pieces Sirop & 100 Pieces Eau de Vie , le tout compté pour 120 Tonneaux à *fl.* 12 : par Tonneau fuivant le Connoiffement , y compris les Avaries .... *fl.* 1200 :

Pour Chapeau à 20 *f.* par Tonneau .... 120 :

fl. 1320 :

Payé à van Arp pour Droits d'entrée du tout fuivant fon Compte .... 1085 : 10

	2405	10	—

Du 12. dito.

155. *Vendre des Marchandifes à une feule perfonne, dont partie eft pour Compte en Compagnie & partie pour moi feul , comptant avec rabais extraordinaire.*

2.
— CAISSE Aux fuivans *fl.* 12323 : 7 : Reçu de Jacob Bols pour 98½ Pieces Eau de Vie de Bourdeaux & 34 Pieces Eau de Vie de Cognac à lui livrées hier , à payer comptant, moyennant ½ pour cent de rabais extraordinaire, SAVOIR :

19. A MARCHANDISES chargées à mon adreffe fur *le Dragon* &c. *fl.* 8116 : 16 : Pour 98½ Pieces Eau de Vie de Bourdeaux, reçues par ledit Navire, vendues audit Bols verjant 5150 Verjes à L. 8 de Gros les ⅒ .... *fl.* 8240 :
Deduit 1 pour cent prompt payement .... 82 : 12

fl. 8157 : 8
Deduit ½ pour cent d'extraordinaire .... 40 : 16

fl. 8116 : 12

5. A EAUX DE VIE en general *fl.* 4206 : 11 : Pour 33½ Pieces Eau de Vie de Cognac qui me reftoient de 60 Pieces que mon Pere m'avoit cedées, fur lefquelles j'ai 1½ Piece de coulage , vendues au fusdit Bols verjant 2512 Verjes à L. 8¼ les ⅒ .... *fl.* 4270 : 8
Deduit 1 pour cent promt payement .... 42 : 14

fl. 4227 : 14
Deduit 1 pour cent d'extraordinaire .... 21 : 3

4206 : 11

	12323	3	—

<table>
<tr><td></td><td>Florins.</td><td>sols</td><td>pe.</td></tr>
</table>

—————— A AMSTERDAM, ce 12 Mars 1723. ——————

156. *Recevoir avis & Compte de Vente des Marchandises qu'un de mes Correspondans a venduës pour mon Compte.*

		Florins.	sols	pe.
13. / 5.	Jan Straalman mon Compte A Poivre à Dantzig en ses mains *fl.*3852 : 8 : 8 pour *fl.*6249 : 15 Gros Polonois qu'ont produit de net les 25 Bales Poivre que mon Pere lui avoit envoyées le 30 Août dernier par le Navire *la Charité*, Me. *Jan Bonk*, suivant le Compte qu'il m'en a envoyé en date du 3 du Courant, reduit à 292 Gros Polonois par L. de Gros . . . fl.6249 : 15	3852	8	8

157. *Acheter de l'argent de Banque pour du Courant.*

Les suivans A Caisse *fl.*12615 : payé à Jaques Ferrand pour *fl.*12000 de Banque, achetez de lui ce jourd'hui, Savoir :

		Florins.	sols	pe.
3.	Banque *fl.*12000 : Ecrit par ledit Ferrand . . fl.12000			
4. / 2.	Agio *fl.*615 : pour icelui à 5¼ pour cent . . 615	12615	—	—

Du 14. dito.

158. *Vente des Marchandises en argent Courant, & en recevoir le montant en argent de Banque.*

Les suivans A Marchandises chargées à mon adresse sur *le Dragon*, &c. *fl.*23788 : 10 : 8 Pour Vente faite aux sousnommez de 150 Bariques Sucre, & 10 Bariques Indigo reçues par ledit Navire, qu'ils m'ont payées Comptant en Banque, Savoir :

		Florins.	sols	pe.
3.	Banque *fl.*14908 : 15 Ecrit par Pierre Chevalier pour 150 Bariques Sucre blanc de St. Domingue à lui vendues comme au Livre de Factures folio 22, montant à *fl.*15654:4 Courant, deduit l'Agio à 105 pour cent . . fl. 14908 : 15 :			
4.	Agio *fl.*745 : 9 pour celui de ladite somme à 5 pour cent . 745 : 9 :			
	fl. 15654 : 4 :			
3.	Banque *fl.*7746 : 19 : 8 Ecrit par Jan Ten Oever Janz pour 10 Bariques Indigo St. Domingue à lui vendues comme au Livre de Factures folio 22, montant à *fl* 8134 : 6 : 8 deduit l'Agio à 10 pour cent . fl.7746 : 19 : 8			
4. / 19.	Agio *fl.*387 : 7 : Pour celui de ladite somme à 5 pour cent . 387 : 7 : 8134 : 6 : 8	23788	10	8

159. *Vente au comptant en argent Courant.*

		Florins.	sols	pe.
2. / 19.	Caisse A Marchandises susdites *fl.*2635 : 10 Reçu de Mathys Reüs pour 100 Pieces Sirop à lui vendues & livrées, pesant net, comme au Livre de Factures, folio 34 — 59200 ℔ à 17½ ℔ les 100 ℔ . . .	2635	10	—

160. Re-

A AMSTERDAM, ce 14 Mars 1723.   Florins. | Sols | Pc.

160. *Remettre à un Correspondant ce que je lui dois pour mon Compte, & l'en Debiter en argent courant & en argent de Banque pour les Parties dont il a été Credité en ces deux monnoyes.*

8. Leonard Delfgaauw mon Compte Aux suivans *fl.* 19637 : 12 Pour les 5 Lettres suivantes à lui remises ce jourd'hui pour le montant des Marchandises qu'il m'a envoyées, Savoir :

3. A Banque *fl.* 6998 : 8 écrit à André Pels & Fils pour 6912 ▽ qu'ils m'ont fourni hier à 15 jours de date sur Feriol de Bourdeaux en leur propre Lettre à mon ordre que j'ai endossée audit Delfgaauw à 40½ ⅌ par Ecu   .   .   L. 20736 : *fl.* 6998 : 8

4. A Agio *fl.* 358 : 13 pour celui de ladite somme à 5¼ pour cent, de laquelle je le Debite en Courant, étant pour le montant de mon ¼ des Marchandises chargées à mon adresse sur *le Dragon*, dont je l'ai Credité en argent courant au 24 du passé   .   .   358 : 13

fl. 7357 : 1

3. A Banque *fl.* 12280 : 11 Pour mes 4 Remises suivantes sur les sousnommez pour le montant des 2 Envois dont il est Credité au 4 du Courant, Savoir :

L. 13500 : — : — en 4500 ▽ sur lui-même en Lettre de Pierre Baumgaerten de hier à 10 jours de date à 40½ ⅌ Ecrit audit Baumgaarten   .   *fl.* 4556 : 5 :

10500 : — : — en 3500 ▽ sur Texier en Lettre de Jean & Joseph Texier de hier à Usance à 40¼ ⅌ écrit auxdits Texier.   3521 : 17 : 8

12490 : 4 : 8 en 4163 ▽ 24 *s.* 8 ⅌ en Lettre de Jan de Backer de hier à ½ Usance sur Roquejofre à 40⅛ ⅌ écrit audit De Backer   .   .   4202 : 8 : 8

12280 : 11

L. 36490 : 4 : 8 Tournois.   19637 | 12 |

Remarque sur l'Article precédent.

Il n'est pas naturel de tenir un même Compte en deux sortes de monnoye d'un même Païs, comme je l'ai supposé dans l'Article precédent, où j'ai Debité L. Delfgaauw d'une somme de fl. 7357 : 1 en argent courant de Hollande, & d'une somme de fl. 12280 : 11 argent de Banque aussi de Hollande, parce qu'un Compte doit être tenu dans une seule sorte de Monnoye suivant la bonne methode de tenir les Livres. Ainsi j'aurois dû Crediter L. Delfgaauw pour les Articles 129, 142. & 145 en argent courant de Hollande ou en argent de Banque de Hollande, au lieu qu'il est Credité en Courant dans l'Article 129 & en Banque dans les Articles 142 & 145 ; mais, comme on peut faire de semblables erreurs lorsque l'on tient les Livres en 2 sortes de monnoye dans les lieux où il y a des Banques établies, & où l'argent de Banque vaut plus ou moins que le Courant, j'ai bien voulu faire cette faute, en Creditant L. Delfgaauw dans l'Article 129 pour les L. 20736 Tournois de fl. 7430 : 8 Courant, & en le Creditant dans les Articles 142 & 145 pour L. 18245 : 2 : 4 Tournois de fl. 6233 : 15 de Banque. J'ai, dis-je, bien voulu faire cette faute pour donner un exemple de la maniere dont on doit la reparer s'il arrive qu'on en ait fait une pareille : c'est que dans ce cas, si on a dessein de tenir un Compte en argent de Banque, & qu'on l'ait Credité en argent courant, il faut, lorsque l'on s'en aperçoit, le Debiter pour l'Agio de la somme dont on l'a Credité en argent Courant, ou si on a dessein de tenir ce même Compte en argent courant, & qu'on ne l'ait Credité qu'en argent de Banque, il faut, lors que l'on s'en aperçoit, le Crediter pour l'Agio de la même somme ; car quoiqu'une pareille erreur ne fasse dans le fond aucune difference dans la monnoye étrangere, puisque L. 20736 Tournois à 40½ ⅌ par Ecu font également fl. 6998 : de Banque & fl. 7357 : 1 Courant avec l'Agio à 5¼ pour cent. si je n'avois pas Debité L. Delfgaauw des fl. 358 : 13 pour l'Agio dans l'Article 159 pour correspondre à celui qui est incorporé dans les fl. 7430 : 8 courant de l'Article 129, je trouverois une difference de fl. 442 : entre ces deux sommes, qui paroîtroit un profit fait sur le Change, qui seroit faux, ce qui me feroit une perte sur l'Agio que j'aurois de la peine à decouvrir. J'aurois donc dû d'abord ne Crediter L. Delfgaauw dans l'Arti-

cle

cle 129 que de la somme en argent de Banque qu'auroit monté les L. 20736 au prix du Change du 24 Fevrier; ou bien en ayant passé le montant en argent courant, comme j'ai fait; j'aurois dû De-biter pour l'Agio, comme je l'ai dit ci-dessus, ce que je n'ai pas fait non plus, parce que je suppose ne m'en être aperçû qu'aujourd'hui que je remets cette somme à L. Delfgaauw, & ayant vû qu'il étoit Credité en Courant pour les L. 20736 du 24 Fevrier, je l'ai Debité pour la même somme en autant d'argent courant de Hollande que me couteroient lesdites L. 20736 si je les payois en Courant; mais puisque L. Delfgaauw est Credité en argent de Banque pour les Articles 142 & 145, je le Debite en la même monnoye lorsque je lui fais les Remises pour le payer. Ceci suffit, pour compren-dre comment il faut reparer un nombre infini de pareilles erreurs que l'on peut commettre facilement, si on n'y fait pas attention.

---

161. *Recevoir le Compte de Vente & du net Provenu d'une Cargaison en Com-pagnie.*

Les suivans A CARGAISON pour Londres de Compte à ¼ avec J. F. Rouzier *fl.* 4401 : 18 courant pour L. 395 : 10 st. à quoi monte le net provenu des 56 Pieces Toiles de Cam-brai envoyées à Londres le 30 Decembre dernier suivant le Compte que Denis Dutry m'en a envoyé en date du $\frac{26\ Fevrier}{9\ Mars}$ SAVOIR:

13. DENIS DUTRY mon Compte *fl.* 4192 : 6 : Pour le montant en argent de Banque de L. 395 : 10 st. à quoi monte le net Provenu desdites 56 Pieces Cambrai suivant ledit Compte, reduit à 35 ß 4 ₰ par Livre sterlin .   L. 395 : 10   fl. 4192 : 6

4. AGIO *fl.* 209 : 12 Pour celui de ladite somme à 5 pour cent .   209 : 12

5.   4401 | 18 | —

Du 17. dito.

162. *Debiter des Marchandises ou une Cargaison en Compagnie pour les Fraix faits sur icelles depuis la reception & pour la Commission.*

19. MARCHANDISES chargées à mon adresse sur *le Dragon*, &c. Aux suivans *fl.* 906 : 8 : 8 Pour les Fraix faits sur lesdites Marchandises depuis la reception & pour ma Commission de la Vente d'icelles, SAVOIR:

9. A COMPTE DE FRAIX *fl.* 215 : 12 : 8 Pour les divers Fraix faits sur lesdites Mar-chandises depuis leur reception, & pour la Vente d'icelles, comme ils sont specifiez en detail au Livre de Factures folio 22 & 23 .   *fl.* 215 : 12 : 8

12. A COMPTE DE COMMISSION *fl.* 690 : 16 Pour ma Commission à 2 pour cent de *fl.* 34540 : 12 : 8 qu'ont produit lesdites Marchandises   690 : 16 :

                                     906 | 8 | 8

---

163. *Crediter les Interessez dans une Cargaison pour leur portion du net Pro-venu d'icelle, & la solder par ma portion du Profit.*

19. MARCHANDISES susdites aux suivans *fl.* 23798 : 6 Pour la portion des sousnommez du net Provenu desdites Marchandises suivant le Compte que j'en ai envoyé ce jourd'hui à Leonard Delfgaauw pour le communiquer aux autres Interessez, au Livre de Factures folio 22 & 23, SAVOIR:

14. A LEONARD DELFGAAUW son Compte *fl.* 7435 : 8 Pour le montant en argent de Banque de son ¼ de *fl.* 31228 : 14 courant, à quoi monte le net Provenu des Marchan-dises reçues par *le Dragon*, Me. *Pieter Mol*, montant son ¼ à *fl.* 7807 : 3 : 8 courant, deduit l'Agio à 105 pour cent .   fl. 7435 : 8 :

       Porté à la Page-suivante   fl. 7435 : 8 :

                                                      A

A AMSTERDAM, ce 17 Mars 1723.

		Florins.	fols	pe.
	La somme de la Page precedente se monte à fl. 7435 : 8 :			
17.	A JAQUES HOOGHSTOEL son Compte fl. 7435 : 8 Pour le montant en argent de Banque de son ¼ du net Provenu desdites Marchandises, montant à fl. 7807 : 3 : 8 courant, deduit l'Agio à 105 pour cent. 7435 : 8 :			
	fl. 14870 : 16 :			
4.	A AGIO fl. 743 : 11 Pour celui desdits fl. 14870 : 16 B^{co}. ci-dessus à 5 pour cent 743 : 11 :			
21.	A JOSEPH GIBERT de Bourdeaux son Compte fl. 7807 : 3 : 8 courant pour son ¼ de fl. 31228 : 14 courant, à quoi monte le net Provenu desdites Marchandises dont je lui tiens Compte en argent courant. 7807 : 3 : 8			
10.	A GAINS & PERTES fl. 376 : 15 : 8 Pour le net Profit que je trouve avoir fait sur mon ¼ desdites Marchandises & pour en solder le Compte 376 : 15 : 8	23798	6	

Du 19. dito.

164. *Debiter une Cargaison pour des Fraix ou ports de Lettres pour en regler le Compte.*

15. / 9.	CARGAISON pour Londres de Compte à ½ avec Jean François Rouzier A COMPTE de Fraix fl. 3 pour port des Lettres reçues de Londres au sujet de ladite Cargaison.		3	

165. *Crediter un Interessé dans une Cargaison de sa portion du net Provenu, & la solder par ma portion du profit.*

15.	CARGAISON pour Londres de Compte à ½ avec Jean François Rouzier Aux suivans fl. 2462 : 3 Pour la ½ dudit Rouzier au Provenu d'icelle & Profit, SAVOIR :			
15.	A JEAN FRANÇOIS ROUZIER son Compte en Compagnie fl. 2199 : 9 : Pour sa ½ de fl. 4398 : 18 : courant, à quoi monte le net Provenu des 56 Pieces Cambrai que j'avois envoyées à Londres le 30 Decembre dernier suivant le Compte à lui delivré ce jourd'hui, au Livre de Factures folio 24 fl. 2199 : 9			
10.	A GAINS & PERTES fl. 226 : 14 Pour le net Profit de ma ½ sur ladite Cargaison 226 : 14	2426	3	

Du 20. dito.

166. *Vente de Marchandises faite par un Ami qui en avoit fait les avances, & dont je dois avoir la ½ du profit.*

9. / 9.	JAN DE MAN A SOYE TANI de Bengale pour Compte à ½ profit entre lui & moi fl. 3608 : 5 Pour ma ½ de fl. 7216 : 10 Argent courant, qu'ont produit de net les 3 Cavelins Soye dito que ledit de Man avoit achetez pour Compte à ½ entre lui & moi, suivant le Compte qu'il m'en a fourni, SAVOIR :			

Suite à la Page suivante.

O

z Cave-

—————— A AMSTERDAM , ce 20 Mars 1723. —————— | Florins. | fols | pc.

Suite de la Page précedente.

1 Cavelin Lettre E N°. 165 pefant net 295 ℔ vendu à Jan Corf à 30 ß
           courant la ℔ . fl. 2655 :
1 dito   Lettre F N°. 196 pefant net 296 ℔ ⎱ 598 ℔ vendu à Chriftiaan
1 dito   Lettre F N°. 205 . . 296 ℔ ⎰ Palm à 27 ß courant la ℔. 4843 : 16

                                     fl. 7498 : 16

Deduit 1 pour cent bon Poids, & 1 pour cent prompt Payement   149 : 19

                                     fl. 7348 : 17

Deduit pour 5 mois d'Interêt de *fl.* 7020 : 12 qu'il avoit payez pour
l'Achat desdites Soyes du 20 Octobre dernier à ce jourd'hui à 4
pour cent par an felon nos Conventions . fl 100 : 7
Et pour Magazinage, Courtage, & Fraix de Livraifon   32 :
                                     132 : 7

                                     fl. 7216 : 10

De laquelle fomme ma ¼, & dont je Debite ledit De Man eft . . | 3608 | 5 |

---

167. *Recevoir ma part du profit fait fur une Marchandife vendue par un autre de ½ avec moi.*

2. / 9. — CAISSE A JAN DE MAN *fl.* 597 : 19 Reçû de lui ce jourd'hui pour ma ¼ du net Profit fait fur les 3 Bales Soye Tani de Bengale qu'il avoit achetées pour notre Compte à demi profit . . | 597 | 19 |

---

168. *Solder un Compte de Marchandifes par le profit fait fur icelles.*

9. / 10. — SOYE TANI de Bengale pour Compte à ½ profit entre Jan de Man & moi A GAINS & PERTES *fl.* 597 : 19 Pour ma ¼ du net profit fait fur lesdites Soyes fuivant le Compte que ledit de Man m'en a fourni . . . | 597 | 19 |

---

169. *Solder un Compte de Marchandifes par la perte faite fur icelles.*

10. / 5. — GAINS & PERTES A VINS à Hambourg chez Chriftoffel Mothes *fl.* 297 : 5 : 8 Pour Perte faite fur les 50 Tonneaux Vin que j'avois chez ledit Mothes, & pour folder ce Compte . . . : | 297 | 5 | 8 |

Du 22. dito.

170. *Envoi pour Compte d'un Correspondant de diverfes Marchandifes, dont j'ai acheté une partie d'autrui, & partie de celles que j'avois en Magazin.*

21. — JOSEPH GIBERT fon Compte Aux fuivans *fl.* 8728 : 5 Pour les Marchandifes fuivantes à lui envoyées pour fon Compte fuivant fon ordre du 15 du paffé, & chargées à fon adreffe fur le Navire *la Renommée*, Me. *Joris de Vogel*, fuivant le Compte à lui envoyé ce jourd'hui au Livre de Factures folio 25, SAVOIR :

6. — A MARCHANDISES GENERALES *fl.* 6856 : 14 : 8 : Pour 30 Bales Poivre & 2000 ℔ fanons de Baleine que j'avois en Magazin que j'ai fourni moi-même pour ledit envoi au prix que j'aurois dû en payer en les achetant d'un autre, SAVOIR :

                                     30 Ba-

A AMSTERDAM, ce 22 Mars 1723.

Suite de la Page precedente.

			Florins.	fols	pc.
30 Bales Poivre pefant net 12350 ℔ à 13½ ß la ℔ argent de Banque	fl. 4168 : 2 : 8				
Agio à 5⅛ pour cent . .	213 : 12 :				
	fl. 4381 : 14 : 8				
2000 ℔ Fanons de Baleine à fl. 125 le ⅞ deduit 1 pour cent	2475 : -- :				
	fl. 6856 : 14 : 8				
9. A JAN DE MAN fl. 1481 : 15 : pour 20 Bales Cacao de Carraques qu'il m'a livré, pefant net 3840 ℔ à 7⅞ f. ℔ deduit 2 pour cent .	1481 : 15 :				
9. A COMPTE DE FRAIX fl. 218 : 12 : 8 Pour Droits de Sortie, Courtage & autres Fraix jusqu'à bord fuivant le Compte . .	218 : 12 : 8				
	fl. 8557 : 2 :				
12. A COMPTE DE COMMISSION fl. 171 : 3 pour ma Commiffion à 2 pour cent desdits fl. 8557 : 2 à quoi montent l'Achat & Fraix desdites Marchandifes	171 : 3 :	8723	5	—

Du 24. dito.

171. *Tirer fur un Correspondant avec qui je tiens Compte en argent courant, & remettre à un autre avec lequel je tiens Compte en argent de Banque.*

Les fuivans A JOSEPH GIBERT fon Compte fl. 921 : 1 : 8 Pour ma Traite de ce jour fur lui à 10 jours de date de 866 ▽ 23 ß 8 ß à 40½ ß par Ecu à l'ordre de Jaques Hooghftoel auquel je l'ai remife, faifant avec l'Agio à 5 pour cent la fomme qui revenoit audit Gibert pour folde de fondit Compte, SAVOIR:

			Florins.	fols	pc.
17. JAQUES HOOGHSTOEL fon Compte fl. 877 : 4 : 8 Pour le montant en argent de Banque de madite Remife de 866 ▽ 23 ß 8 ß fur Jofeph Gibert à 40½ ß par Ecu .	fl. 877 : 4 : 8				
4. AGIO fl. 43 : 17 pour celui de ladite fomme à 5 pour cent . .	43 : 17 :				
21.			921	1	8

172. *Recevoir payement d'une Lettre de Change que j'avois remife à un Correfpondant pour mon Compte, & revenue à Proteft.*

3. BANQUE A GEORGE PEACE mon Compte fl. 2141 : 1 : 8 Ecrit par Jan Scheurman pour la Lettre de L. 200 ft. qu'il m'avoit fournie fur John Hill de Londres le premier du Courant, & que j'avois remife audit Peace, qui me l'a renvoyée avec Proteft 8. faute d'acceptation & de payement le 2/19 du Courant, & laquelle ledit Scheurman m'a rembourfée avec les fraix & le rechange comme fuit, SAVOIR:

			Florins.	fols	pc.
L. 200 : - ft. de Capital.					
1 : - pour Provifion.					
- : 5 pour le Proteft.					
L. 201 : 5 ft. à 35 ß 8 ß .	fl. 2153 : 7 : 8				
Pour port de Lettres	1 : 2 :				
	fl. 2154 : 9 : 8				
Deduit pour l'Interêt de 56 jours comptant le Change, comme il revient à 2/9 à 4 pour cent par an .	13 : 8 :	2141	1	8

173. Re-

173. *Recevoir de retour avec Protest faute d'acceptation & de payement, une Lettre que j'avois remise à un Correspondant pour mon Compte, de laquelle le Tireur a manqué.*

21. / 8. JEAN BULTIAU A GEORGE PEACE mon Compte *fl.* 2154 : 9 : 8 argent de Banque pour une Lettre de L. 200 ft. qu'il me fournit le premier du Courant sur John Failt de Londres à 15 jours de date à mon ordre & que je remis le même jour audit Peace, qui me l'a renvoyée le 4/17 du Courant avec Protest faute d'acceptation & de payement, dont je Debite ledit Bultiau qui ne se trouve pas en état de payer, ayant manqué le 12 du Courant, jusques à ce que je voye quel accord il pourra faire, comme suit, SAVOIR :

L. 200 : - ft. de Capital.
    1 : - Provision à ½ pour cent.
      5 pour le Protest.

L. 201 : 5 ft. à 35 ∅ 8 ß .   fl. 2153 : 7 : 8

Pour Port de Lettres .   1 : 2 :

     2154 | 9 | 8

Remarque sur les 2 Articles precédens.

Lors que l'on calcule le Rechange on le compte, ou sur le pié auquel il revient à 2 usances & on en deduit l'Interét d'autant de jours que la Lettre auroit à courir si on avoit effectivement retiré la somme à 2 Usances, ou bien, on le compte comme il revient à vûe ; & alors on ne deduit aucun Interêt. J'ai donc deduit l'interêt de 56 jours dans l'Article 172, parce que j'ai supposé le Change d'Amsterdam sur Londres à 2 Usances à 35 ß 8 ß, & parce que je suppose qu'on m'a remboursé sur ce pié-là, mais je ne deduis aucun Interêt dans l'Article 173, parce que le Tireur qui devroit me rembourser, a manqué, & que l'Interêt ne doit se deduire que pour autant de jours que l'on rembourse avant les 2 Usances supposées. Lorsque le Rechange differe de beaucoup, il y a des gens qui prétendent qu'on n'est point en droit de le compter comme il revient de la Place sur laquelle la Lettre étoit tirée, mais que l'on doit seulement compter le Capital debourse avec l'Interêt à 4 pour cent & les Fraix ; ainsi ils feroient le Compte d'une des Lettres ci-dessus revenues à Protest, comme suit :

L. 200 ft. de Capital prises à 34 ß 10 ß .   fl. 2090 :
Provision & Port de Lettres à ½ pour cent .   10 : 9
Protest .   3 :

     fl. 2103 : 9
Interêt depuis le premier au 24 Mars à 4 pour cent par an   5 : 12

     fl. 2109 : 1

Mais comme ce n'est pas ici le lieu de decider cette question, je me contente de faire remarquer la difference qu'il y a entre ces deux manieres de calculer le rechange.

Du 26. dito.

174. *Remettre à un Correspondant pour son Compte une Lettre que je tire sur un autre Correspondant aussi pour son Compte.*

17. / 16. JAQUES HOOGHSTOEL son Compte A LE COUTEULX & Compagnie leur Compte *fl.* 2700 : Pour ma Traite de 2666⅔ ▽ de ce jour à ½ Usance sur lesdits Le Couteulx & Compagnie à 40 ⅓ ß par Ecu à l'ordre dudit Hooghstoel, auquel je l'ai remise .   3700 ——

178. Re-

175. Remettre à un Correspondant pour son Compte des Lettres de Change que je tire sur un autre Correspondant pour mon Compte.

17.　JAQUES HOOGHSTOEL son Compte A DENIS DUTRY mon Compte *fl.*6300 :

13.　Pour mes 2 Traites de ce jour à ⅖ de ⎰L. 250⎱ L.600 st. sur ledit Dutry à l'ordre dudit 350

Hooghstoel qui par sa Lettre du 15 du Courant est convenu de prendre L.600 st. de mes Lettres sur Londres à 35. ₰ par Livre sterlin, lesquelles je lui ai remises ce jour L.600.　　　　6300 — —

176. Payer des Lettres pour compte d'un Correspondant qui les a domiciliées chez moi.

17／3.　JAQUES HOOGHSTOEL son Compte A BANQUE *fl.*5265 : Pour aquit de 2 Lettres tirées sur lui de Cadix de D. 1000 & 800 à 117 ⅞ payables ici en Lettres de Guillaume Jogue de Cadix du 26 Janvier à Usance que ledit Hooghstoel a acceptées à payer chez moi, suivant l'avis qu'il m'en a donné le 12 du passé, lesquelles Lettres j'ai payées aux sousnommez & les lui envoyerai l'ordinaire prochain, SAVOIR :

Ecrit à André Pels & fils pour ledit Hooghstoel pour la Lettre de D. 1000　　*fl.* 2925
Ecrit à Everard Burgert pour ledit　　　　pour celle　　de　800　　2340　　　5265 — —

Remarquez que les 3 Articles ci-dessus ne regardant qu'un même Compte, se pouvoient reduire dans un seul Article, & que je ne les ai distinguez que pour les coucher plus distinctement.

Du 27. dito.

177. Faire assurer pour Compte d'un Correspondant duquel je tiens le Compte en argent de Banque, & l'en Debiter en ladite monnoye.

Les suivans Aux sousnommez *fl.*503 : 6　Pour Prime, Police & Provision de *fl.*10000 que par ordre de Paul Lafargue de Coningsberg du 20 du Courant, j'ai fait assurer sur 120 Lasts Froment qu'il a chargez pour Bourdeaux pour Compte & à l'adresse de Leonard Delfgaauw dudit Bourdeaux sur le Navire *l'Hirondelle*, Me. *Harmen Buys*, SAVOIR :

14.　LEONARD DELFGAAUW son Compte *fl.*479 : 7 :　Pour le montant en argent de Banque de *fl.*503 : 6 Courant, à quoi montent la Prime, la Police & ma Provision de ladite Assurance suivant le Compte à lui envoyé ce jour au Livre de Factures folio 26 deduit l'Agio à 105 pour cent　　·　　　　·　　　　*fl.* 479 : 7

4.　AGIO *fl.*23 : 19 pour celui de ladite somme à 5 pour cent　　·　　　·　　　23 : 19
　　　　　　　　　　　　　　　　　　　　　　　　　　　　　　　　fl. 503 : 6

19.　A ELIAS BATAILHEY *fl.*453 : 6 Pour Prime des susdits *fl.*10000 fait assurer par lui sur ledit Harmen Buys à 4½ pour cent & 66 *f.* pour la Police　·　　*fl.* 453 : 6

12.　A COMPTE DE COMMISSION *fl.*50 pour celle des susdits *fl.*10000 fait assurer à ½ pour cent　　·　　　　·　　　　·　　50 :　　　　503　6

178. Payer des Traites en argent courant faites sur moi pour Compte d'un Correspondant duquel je tiens le Compte en argent de Banque.

Les suivans A CAISSE *fl.*6000 : Payé ce jourd'hui pour 2 Traites de Paul Lafargue de Coningsberg sur moi pour Compte de Leonard Delfgaauw du 14 Fevrier à 41 jours de date de L.550 & de 450 de Gros à l'ordre des sousnommez, SAVOIR :
P p　　　　　Suite à la Page suivante.　　　　L.550

Florins. | fols | pe.

A AMSTERDAM , ce 27 Mars 1723.

Suite de la Page précedente.

	Florins.	fols	pe.

L. 550 : à l'ordre de van Tictzen & Schroder payé à Jan Verwit   fl. 3300 :
450 : à l'ordre de Johan Rietmeyer payé à Dirk Houtman   2700 :
—————
fl. 6000 :

14.   Leonard Delfgaáuw son Compte *fl.* 5714 : 6 Pour le montant en argent de Banque desdits *fl.* 6000 courant, reduits en Banque à 105 pour cent . fl. 5714 : 6

4.   Agio *fl.* 285 : 14 pour celui de ladite somme à 5 pour cent   .   285 : 14

2.   6000

Du 31. dito.

179. *Payer divers Crediteurs , partie en Assignations sur divers Debiteurs , & partie en argent.*

17.   Compte de divers Crediteurs Aux suivans *fl.* 2782 : 10 :   Payé aux sous-nommez pour ce dont ils sont Creditez sur ce Compte au 12 du passé, Savoir :

A la Veuve Testart, Slicher & Benezet pour 150 Pieces Toiles de Silesie en mon Assignation de ce jour au Porteur sur Elie Lombart de   .   .   fl. 1213 : 14 :
Et en argent pour reste de leur Assignation de *fl.* 1500   .   .   286 : 6 :
—————
fl. 1500 : -- :

A Daniel Cormier pour Gazes & Mouchoirs, en mon Assignation de ce jour au Porteur sur Jean Brian de   .   fl. 1156 : 16 : 8
Et en argent pour reste de son Assignation de *fl.* 1282 : 10   .   .   -   125 : 13 : 8
—————
1282 : 10 :
—————
fl. 2782 : 10 :

7.   A Compte de divers Debiteurs *fl.* 2370 : 10 : 8 Pour 2 Assignations suivantes sur les sousnommez, fournies comme dessus, pour ce dont ils sont Debitez sur ce Compte au 20 du passé, Savoir :

Sur Elie Lombart pour 10 Tonneaux Vin de Grave   :   .   fl. 1213 : 14 :
Sur Jean Brian pour 9½ Tonneaux dito   .   1156 : 16 : 8
—————
fl. 2370 : 10 : 8

2.   A Caisse *fl.* 411 : 19 : 8 Pour *fl.* 286 : 6 payé, comme dessus, à la Veuve Testart, Slicher & Benezet, & *fl.* 125 : 13 : 8 à Daniel Cormier, faisant ensemble   .   .   411 : 19 : 8   2782 | 10

180. *Debiter le Compte de Fraix & le Compte de Depenses des Fraix & Depenses payées depuis quelque tems.*

Les suivans A Caisse *fl.* 4927 : 15 Savoir :

9.   Compte de Fraix *fl.* 4327 : 15 Payé pour divers Fraix & Courtages depuis le 31 Decembre dernier, suivant le Livre de Fraix folio 9   .   .   fl. 4327 : 15

16.   Depenses de menage *fl.* 600 pour ce que je trouve avoir depensé dans mon menage depuis le 31 Decembre dernier   .   .   600 :

2.   4927 | 15

181. *Payer*

——— A AMSTERDAM, ce 31 Mars 1723. ——— |Florins.|sols|Pc.

181. *Payer en Banque pour Compte de quelqu'un ce que je lui devois en argent courant.*

11. | SAMUEL VAUQUET Aux suivans *fl.*1485 : pour *fl.*1410 : 18 : 8 que j'ai écrit ce jour en Banque pour lui à Paul Marguerite l'Agio à 5¼ pour cent en payement de 25 Pieces Chits peintes, dont il est Credité au 20 du passé, de laquelle somme de *fl.*1410 : 18 : 8 B^{co}. je lui ai donné Quittance, lui m'en ayant pareillement donné une des *fl.*1485 : courant que je lui devois, SAVOIR:

3. | A BANQUE *fl.*1410:18:8 Ecrit à Paul Marguerite pour ledit Vauquet fl. 1410 : 18 : 8
4. | A AGIO *fl.*74 : 1 : 8 Pour celui de ladite somme à 5¼ pour cent   74 : 1 : 8

1485 | — | —

182. *Recevoir differentes Especes pour Compte d'un Correspondant & en payer les Fraix.*

21. / 9. | ESPECES D'OR ET D'ARGENT Pour Compte de Le Couteulx & Compagnie de Paris A COMPTE DE FRAIX *fl.*127 : 10 Payé pour Fret des 3 Barils sousmentionnez, reçus de Rouen par le Navire *le Sacrifice d'Abraham*, Me. *Jacob Gilles Robyn*, SAVOIR:

Pour Fret d'un Baril I P R. N°. 1. contenant 1000 Louïs d'or vieux de 40 au Marc, suivant le Connoissement   fl. 35 :
Pour idem d'un dito N°. 2, contenant 1000 Louïs d'or de 25 au Marc   38 :
Pour idem d'un dito N°. 3, contenant 6000 Ecus de 8 au Marc   54 : 10

127 | 10 | —

Du 2. Avril.

183. *Mettre à la Banque des Especes d'Or & d'Argent pour Compte d'un Correspondant.*

3. / 21. | BANQUE A ESPECES D'OR ET D'ARGENT pour Compte de Le Couteulx & Compagnie *fl.*40750 : Ecrit par Arthur Woodward pour les Especes suivantes que j'ai portées à la Banque ce jourd'hui suivant les 8 Recepissez dudit Woodward, SAVOIR:

1000 Louïs d'Or vieux de 40 au Marc sur le pied de *fl.*9 de Banque la Piece en 2 Recepissez de 500 Louïs d'or chacun   fl. 9000
1000 Louïs d'or de 25 au Marc sur le pié de *fl.*14 : 10 la Piece en 2 Recepissez de 500 Louïs d'or chacun   14500
6000 Ecus de France de 8 au Marc, pesant 750 Marcs sur le pié de *fl.*23 de Banque le Marc en 3 Recepissez de 200 marcs & 1 de 150 marcs   17250

40750 | — | —

184. *Vendre de l'argent de Banque pour du Courant.*

2. | CAISSE Aux suivans *fl.*15757 : 10 Reçu de Jan Eibendurels & fils pour *fl.*15000 B^{co}. à eux vendus ce jourd'hui l'Agio à 5¼ pour cent, SAVOIR:
3. | A BANQUE *fl.*15000 Ecrit auxdits Eibendurels & fils   fl. 15000 :
4. | A AGIO *fl.*757 : 10 Pour celui de ladite somme à 5¼ pour cent   757 : 10

15757 | 10 | —

      185. *Achat*

Florins. | fols | pe.

A AMSTERDAM, ce 2 Avril 1723.

185. *Achat d'un Navire pour Compte à ½ avec un Correspondant.*

21.
—
2.

NAVIRE *LA MARGUERITE* Compte general A CAISSE *fl.* 8618 : 15 Payé ce jourd'hui à Tierck Cornelis pour ledit Navire nommé ci-devant *de Morge-ſtont* ou *l'Aurore*, que je nommerai à préſent *la Marguerite*, étant une Flute du port de 195 Laſts longue de 112 Piés, large de 24, que j'ai acheté dudit Cornelis en Vente publique le 20 du paſſé, & dont il m'a fait le Transport hier par le Notaire Adrian Baers, lequel me ſert de Quittance, auquel Navire je donne un Compte general, pour le Debiter de tous les Fraix que je ferai pour l'équiper pour la Pêche de la Baleine, l'ayant acheté dans le deſſein de l'y envoyer ½ pour mon Compte & ½ pour Compte de Darius & Compagnie que je Debiterai pour leur Portion lorsque j'aurai fait tous les Fraix qu'il y a à faire pour le mettre en Mer, SAVOIR :

Payé audit Tierck Cornelis pour l'Achat dudit Navire .	*fl.* 8500 :	
Pour la ½ du quarantieme denier qui eſt *fl* 212 : 10 .	106 : 5	
Pour la ½ du transport qui eſt *fl.* 25 .	12 : 10	

8618 | 15 | —

186. *Recevoir avis d'un Correspondant qu'il a tiré ſur un autre Correspondant une ſomme que je lui avois ordonné de tirer, le tout pour mon Compte.*

15.
—
22.

EDOUARD FLOUWER mon Compte A ANTOINE ATHENAS & Compagnie mon Compte *fl.* 10500 Pour 5000 Piaſtres qu'il m'écrit par ſa Lettre du 17/22 du paſſé avoir tiré pour mondit Compte à Uſance ſur lesdits Athenas & Compagnie de Cadix à 48 § ſt. par Piaſtre, faiſant L. 1000 ſt. de Londres & 40000 Reaux de Cadix, que je reduis en argent de Banque d'ici à 35 ₰ par L. ſt. . . L. 1000 ſt. Reaux 40000

10500 | — | —

187. *Recevoir avis d'un Correspondant qu'il a tiré pour mon Compte ſur un autre Correspondant, pour Compte de ce dernier.*

13.
—
22.

DENIS DUTRY mon Compte A DARIUS & Compagnie leur Compte *fl.* 4823 : 9 Pour L. 459 : 7 : 6 que ledit Dutry m'écrit par ſa Lettre du 17/22 du paſſé avoir reçu pour 4500 ▽ qu'il a tirez ſur lesdits Darius à ½ à 24¼ § ſterlin par Ecu, dont je Credite lesdits Darius à raiſon de 35 ₰ par Livre ſterlin . . L. 459 : 17 : 6

4823 | 9 | —

Du 5. dito.

188. *Remettre à un Correspondant des Lettres de Change pour Compte à demi-profit ou perte entre lui & moi.*

22.
—
3.

COMPTE D'ARBITRAGES de Compte à demi avec Louis François de Koninck d'Anvers A BANQUE *fl.* 10665 & L. 1800 : Ecrit aux ſousnommez Pour les 3 Lettres ſuivantes, remiſes audit de Koninck en conſequence de l'accord fait entre lui & moi, que nous nous ferons des Traites & Remiſes reciproques, telles que nous trouverons à propos pour notre commun avantage ſans aucune Commiſſion, & que nous partagerons également par moitié le profit ou la perte que nous pourrons faire ſur les Traites & les Remiſes, les Courtages & les Ports de Lettres deduits, SAVOIR :

L. 800 ſur Pedro Proly en Lettre de Simon le Brun de Paris du 5 Fevrier à ⅞ à moi endoſſées par Leon de Moracin, auquel j'en ai écrit la valeur à 1¼ pour cent perte . . . *fl.* 4740 :		

Porté à la Page ſuivante . . *fl.* 4740 :

L. 500

 | Florins. | sols | pe.

L.800 :   *La somme de la Page precedente se monte à*   .   . fl. 4740 :

L.500 : Sur Jacob Houtman de Bruges payable dans Anvers , en Lettre de Pierre Persyn de Nantes du 6 Mars à Usance, prise de Jaques Le Candelle , auquel j'en ai écrit la valeur à 1¼ pour cent perte   .   2962 : 10

500 : Sur André Peytier en Lettre de Vasserot & Compagnie de ce jour à 2 jours de vue à 1¼ pour cent perte , écrit auxdits Vasserot.   2962 : 10

L.1800 : de Gros | 10665

189. *Recevoir payement des Remises d'un Correspondant pour Compte à demi profit ou perte entre lui & moi.*

3. / 22. Banque A Compte d'Arbitrages de Compte à ½ avec L. F. de Koninck fl.9230 : 12 : 8 & L.1553 : 16 : 5 Pour ses 4 Remises du premier du Courant sur les sousnommez qui me les ont écrites en Banque ce jourd'hui. Savoir :

2500 / 1500 } 4000 ▽ à 42 § sur Pierre Dutil en Lettre de Fauquier & Queissat de Bourdeaux du 5 Fevrier à ½ faisant fl.4200 : que ledit de Koninck m'a remise à 1 pour cent d'avance à la lettre fait   .   .   L. 707 : -- : fl.4200 : -- :

3000 ▽ à 41⅞ § sur Jacob Martin en Lettre de Pierre Cheissac de Bourdeaux du 5 Fevrier à ½ faisant fl.3140 : 12 : 8 à 1 pour cent d'avance   .   .   528 : 13 : 5   3140 : 12 : 8

1800 ▽ à 42 § sur Jean & Joseph Texier en Lettre de Texier de Bourdeaux du 4 Fevrier à ½ faisant fl.1890 : à 1 pour cent d'avance   .   318 : 3   1890 : -- :

L.1553 : 16 : 5 | 9230 | 12 | 8

Du 8. dito.

190. *Coucher les Fraix de l'Equipement & les gages d'un Navire pour la Pêche de la Baleine.*

21. / 2. Navire *LA MARGUERITE* Compte general A Caisse fl.12252 : 10 : Payé depuis le 22 du passé tant pour des Quarteaux & Bariques pour mettre le Lard de Baleine que pour divers Cordages & Chaloupes pour la Pêche de la Baleine, que pour radoub dudit Navire, vivres & gages de l'Equipage suivant le Compte en detail au petit Livre que je tiens dudit Navire, monté par 40 hommes & 6 chaloupes   . | 12252 | 10

191. *Crediter le Compte general d'un Navire pour la portion d'un Interessé, avec lequel je dois tenir Compte en argent de Banque, & pour ma portion en argent courant.*

Les suivans A Navire *LA MARGUERITE* Compte general fl.20871 : 5 Pour ma ½ de l'Achat & de l'Equipement d'icelui & celle de Darius & Compagnie ; Savoir :

22. Navire *LA MARGUERITE* Compte particulier fl.10435 : 12 : 8 Pour ma moitié de fl.20871 : 5 courant , à quoi monte l'Achat & l'Equipement dudit Navire   .   .   fl.10435 : 12 : 8

Porté à la Page suivante   .   fl.10435 : 12 : 8

Somme de la Page precedente.　fl. 10435 : 12 : 8

DARIUS & Compagnie de Paris leur Compte argent de Banque fl. 9938 : 14 B^{co}. Pour le montant de *fl.* 10435 : 12 : 8 courant, à quoi monte leur moitié de l'Achat & de l'Équipement dudit Navire, fuivant le Compte à eux envoyé ce jourd'hui, deduit l'Agio à 10f pour cent　fl. 9938 : 14 :

4.
21.　AGIO *fl.* 496 : 18 : 8 pour celui de ladite fomme à f pour cent　496 : 18 : 8

　　10435 : 12 : 8　20871 | f | —

Du 10. dito.

192. *Remettre à quelqu'un pour Compte d'un Correspondant fuivant fes ordres.*

16.
3.　LE COUTEULX & Compagnie leur Compte A BANQUE *fl.* 40156 : f : Pour D. 25000 : que par leur ordre du 4 du Courant j'ai remis ce jourd'hui à Alexandre Bruguier de Hambourg en 2 Lettres, comme fuit, SAVOIR:

Ecrit à André Pels & fils pour D. 15000 qu'ils m'ont fourni à 2 jours de vûe fur ledit Bruguier lui-même à 32½ f. par Dalder　fl. 24093 : 1f

A Pierre Tranchepain pour D. 10000 : qu'ils m'ont endoffées fur Johan Schmidt de Hambourg en Lettre de Simon Bureau de la Rochelle du 10 Mars à Ufance de 15610 ▽ à 20½ f. par Ecu, faifant D. 10000 à 32½ f. par Dalder　16062 : 10

　40156 | f | —

193. *Vendre des Recepiffez des Efpeces portées à la Banque pour Compte d'un Correspondant.*

2.
21.　CAISSE A ESPECES d'or & d'argent pour Compte de Le Couteulx & Compagnie *fl.* f12 : 10　Reçu de Jacob Seignor Henriques pour les Recepiffez des Especes fuivantes que j'avois mifes à la Banque le 2 du Courant, SAVOIR:

Pour 1000 Louïs d'or de 40 au Marc en 2 Recepiffez de foo chacun, vendus audit Henriques à 3 f. par Louïs d'or　fl. 1fo :

Pour 1000 Louïs d'or de 2f au Marc en 2 Recepiffez, comme deffus, à f f.　2fo :

Pour 6000 Ecus de 8 au Marc, faifant 7fo Marcs en 3 Recepiffez de 200 Marcs chacun & un de 1fo Marcs à 3 f. par Marc　112 : 10

　f12 | 10 | —

194. *Debiter un Compte pour des Fraix faits pour lui.*

21.
9.　ESPECES fusdites A COMPTE DE FRAIX *fl.* 21 : pour Courtage de la Vente des 2000 Louïs d'or & des 6000 Ecus qui ont produit *fl.* 41262 : 10 tant de Banque que Courant à ½ pour mille, faifant *fl.* 20 : 12 : 8 qui avec 7½ f. que j'ai payez pour le Port à la Banque font ladite fomme de　21

Remarque fur ce Compte d'Efpeces.

Je fuppofe que je tiens le Compte de ceux à qui appartenoient les Efpeces mentionnées dans ce Compte en argent de Banque, comme cela fe pratique dans les plus fameux Comptoirs d'Amfterdam, & c'eft pour cela que je n'ai Credité les Efpeces en les portant à la Banque dans l'Article 183 qu'en argent de Banque, or il n'y auroit aucune difficulté fi j'avois payé les Fraix des Articles 182 & 194 dans la même monnoye; mais, comme ces 2 Articles font en Courant, & que je n'ai ven-

du

du les Recepiſſez auſſi qu'en Courant dans l'Article 193, & que cependant je dois envoyer le Comp-
te de ces Eſpeces tout en argent de Banque, avant de paſſer outre & de ſolder ce Compte, je dois
faire remarquer que, pour reduire toutes les ſommes d'argent Courant en argent de Banque, il fau-
droit Debiter les Eſpeces pour l'Agio de fl. 512 : 10 Courant dont elles ſont Creditées dans l'Arti-
cle 193, ce qui à 105 pour cent feroit fl. 24 : 8 & par contre il faudroit les Crediter pour l'Agio
des fl. 127 : 10 & des fl. 21 Courant des Articles 182 & 193, faiſant enſemble fl. 148 : 10
dont l'Agio à 105 pour cent feroit fl. 7 : 1 : 8 mais, pour éviter ces deux Articles qu'il faudroit
coucher neceſſairement, on peut n'en faire qu'un en deduiſant des

     fl. 512 : 10 Courant, à quoi monte l'Article 193.
     les 148 : 10 Courant des Articles 182 & 194.

& il reſtera   fl. 364 : --- Courant plus en Credit qu'en Debit, dont l'Agio à 105 pour cent mon-

te à fl. 17 : 6 : 8 dont il faut Debiter ce Compte d'Eſpeces pour l'Agio des fl. 364 Courant qu'il y a
de plus en Credit qu'en Debit; car ſi on Debitoit & Creditoit ce Compte en 2 Articles, comme je
viens de dire, il faudroit le Debiter de fl. 24 : 8 & le Crediter de fl. 7 : 1 : 8 & il ſe trou-
veroit cette juſte difference de fl. 17 : 6 : 8 que je couche dans un ſeul Article dans celui
qui ſuit.

---

195. Debiter un Compte tenu en argent de Banque pour l'Agio d'une ſomme en
Courant plus groſſe en Credit qu'une autre, qui ſe trouve auſſi
en Courant au Debit.

21.
—
4.

ESPECES D'OR & D'ARGENT pour Compte de Le Couteulx & Compagnie A AGIO
fl. 17 : 6 : 8 pour l'Agio de fl. 364 : Courant qu'il ſe trouve de plus au Credit dudit
Compte d'Eſpeces qu'en Debit que je paſſe à 105 pour cent pour reduire en argent de
Banque toutes les ſommes qui ſe trouvent en argent Courant ſur ce Compte, confor-
mément au Compte de Vente que j'en ai envoyé ce jourd'hui   .   .   17 | 6 | 8

---

196. Envoyer un Compte de Vente d'Eſpeces, & le Debiter pour la Commiſſion
& pour le net Provenu en argent de Banque.

21.
—

ESPECES ſusdites aux ſuivans fl. 41096 : 13 : 8 Pour ma Commiſſion & le net Provenu des Eſpeces reçues le 31 du paſſé pour Compte de Le Couteulx & Compagnie de
Paris ſuivant le Compte à eux envoyé ce jourd'hui comme au Livre de Factures folio
26, SAVOIR:

12. A COMPTE DE COMMISSION fl. 206 : 3 : 8 Pour ma Proviſion de fl. 41238 : 2
B^{co}. à quoi monte la Vente desdites Eſpeces ſuivant ledit Compte à ½ pour
cent   .   .   .   fl. 206 : 3 : 8

16. A LE COUTEULX & Compagnie leur Compte fl. 40890 : 10 Pour
le net Provenu des Eſpeces reçues pour leur Compte le 3 du paſſé par
Jacob Gilles Robyn ſuivant ledit Compte à eux envoyé ce jourd'hui 40890 : 10 :   41096 | 13 | 8

Du 12. dito.

197. Recevoir & negocier des Remiſes d'un Correſpondant pour Compte à ½ pro-
fit ou perte avec lui comme en l'Article 188.

3.
—
22.

BANQUE A COMPTE D'ARBITRAGES de ½ avec L. F. de Koninck fl 14300 : &
L. 2402 : 10 de Gros pour ſes 3 Remiſes ſuivantes du 5 du Courant, SAVOIR:

L. 1010 : --- Pour ſa Remiſe de L. 1000 de Gros ſur André Pels & fils en Lettre de
Jacobus de Koninck d'Anvers du 5 du Courant à 6 jours de vue à 1
pour cent d'avance à la Lettre, écrit par lesdits Pels   .   fl. 6000

     Porté à la Page ſuivante   .   .   fl. 6000

       L. 505

A AMSTERDAM , ce 10 Avril 1723.	Florins.	fols	Pe.

L. 1010 : — *Somme de la Page précédente*   fl. 6000

505 : — Pour son autre de L. 500 de Gros sur Jan Steenweg & fils en Lettre de la Veuve Theodore Broekmans d'Anvers du premier du
Courant à 12 jours de date à 1 pour cent avance, écrit par lesdits Steenweg   3000

887 : 10 Pour L. 500 st. sur John Fitzgerald de Londres à 35 ß 6 ₰ en Lettre de Robert Walcot de Bruges du 15 du passé à ⅝ que j'ai
endossées à George Cliffort & Compagnie à 35 ß 4 ₰ par Li-
vre sterlin, écrit par ledit Cliffort   5300 | 14300 | — | — |

L. 2402 : 10

---

198. *Payer des Traites d'un Correspondant sur moi , pour Compte comme dessus.*

22. / 3.   COMPTE D'ARBITRAGES de ½ avec L. F. de Koninck A BANQUE fl 14000 :
& L. 2362 : 10 de Gros pour ses 2 Traites suivantes du 10 du Courant sur moi à vuë
à l'ordre des sousnommez, SAVOIR :

L. 1518 : 15 Pour sa Traite de L. 1500 de Gros à 1¼ pour cent d'avance à l'ordre du
Baron Cloots, écrit à Paul & Egidio Cloots   fl. 9000

843 : 15 Pour son autre de fl. 5000 : à 1¼ pour cent d'avance à l'ordre d'An-
dré Peytier écrit à Vasserot & Compagnie   5000 | 14000 | — | — |

L. 2362 : 10

---

199. *Tirer sur un Correspondant pour son Compte.*

3. / 22.   BANQUE A DARIUS & Compagnie leur Compte fl. 5062 : 10 Pour ma Traite de ce
jour sur eux à 2 jours de date de 5000 ▽ à 40¼ ₰ à l'ordre de Jean Cottin valeur de Cadet
De Launai qui me l'a écrite en Banque | 5062 | 10 | — |

Du 15. dito.

200. *Crediter un Correspondant pour les Ports de Lettres & Courtages qu'il me porte en Compte & pour une Remise qu'il m'a fait pour solde.*

Les suivans A JAN STRAALMAN mon Compte fl. 3852 : 7 8 SAVOIR :

10.   GAINS & PERTES fl. 11 : 8 : Pour fl. 18 : 15 Polonois qu'il me passe pour Courtages & Port de Lettres dans le Compte qu'il m'a envoyé par sa Lettre du premier du
Courant, reduit à 292 Gros Polonois par Livre de Gros   fl. 18 : 15   fl. 11 : 8 :

2. / 13.   CAISSE fl. 3840 : 19 : 8 Pour sa Remise de L. 640 : 3 : 5
de Gros courant sur Jan Grasper en sa propre Lettre du
premier du courant à 14 jours de date à mon ordre à
raison de 292 Gros Polonois par Livre de Gros   6231 : —   3840 : 19 : 8

     fl. 6249 : 15 | 3852 | 7 | 8 |

---

201. *Vente au Comptant par Caisse d'une même Marchandise , dont partie est comprise en Compte general & partie en Compte particulier.*

2.   CAISSE Aux suivans fl. 8232 : 17 Reçu des sousnommez pour Vente à eux faite de 90
Lasts Froment au comptant, SAVOIR :

Suite à la Page suivante.

A

Florins. | fols | p^{ce}.

—————— A AMSTERDAM, ce 15 Avril 1723. ——————

Suite de la Page précedente.

6. A MARCHANDISES GENERALES *fl.* 1441 : 9 Reçu de Cornelis Backer pour les
20 Lasts Froment de Pologne que j'avois par Inventaire, & qui se sont gâtez, à lui
vendus & livrez hier à 52 florins d'or le Last, deduit 1 pour cent . *fl.* 1441 : 9

13. A FROMENT fait acheter A Dantzig. *fl.* 6791 : 8 Reçu de Gerrit de Vries
Pour 70 Last Froment reçu le 24 Fevrier par Hans Harris, à lui vendus &
livrez hier, à 70 florins d'or le Last, deduit 1 pour cent . *fl.* 6791 : 8

| | | 8232 | 17 | — |

Du 18. dito.

202. *Debiter un Correspondant en argent courant d'une somme, qu'un autre*
Correspondant, duquel je tiens le Compte en Banque, lui a payée
pour moi & d'une Remise à lui faite.

14. JACOB RATTIER son Compte aux suivans *fl.* 3410 : 2 Pour 1500 ▽ qu'il a reçu de
Jaques Hooghstoel & 1700 ▽ que je lui ai remis ce jourd'hui; SAVOIR:

17. A JAQUES HOOGHSTOEL son Compte *fl.* 1518 : 15 B^{co}. Pour 1500 ▽ qu'il me marque par sa Lettre du 7 du Courant avoir payé suivant mon ordre audit Rattier, qui par
la sienne du même jour me marque les avoir reçus, & qu'ils ont accordé le Change entre eux à raison de 40½ ꝓ par Ecu, auquel prix j'en Debite ledit Rattier & en Credite
ledit Jaques Hooghstoel, faisant . . *fl.* 1518 : 15

3. A BANQUE *fl.* 1721 : 5 Ecrit à Chiavat & Passalaigue pour leur Lettre de
1700 ▽ à 40½ ꝓ qu'ils m'ont fournie hier à 4 jours de date sur Jean Lacam
de Bourdeaux, laquelle j'ai remise audit Rattier . 1721 : 5

| | *fl.* 3240 : -- | | | |

4. A AGIO *fl.* 170 : 2 Pour celui de ladite somme à 5¼ pour cent 170 : 2

| | | 3410 | 2 | — |

203. *Envoi de Marchandises pour Compte à ½ avec un Correspondant.*

22. CARGAISON Pour Rouen de Compte à ½ avec Gedeon Vincent dudit lieu Aux suivans
fl. 5613 : 10 Pour les Marchandises suivantes que j'avois en Magazin, lesquelles je lui
ai envoyées par le Navire *l'Elizabet*, Me. Harmen Focke, pour Compte à ½ entre lui
& moi, SAVOIR:

6. A MARCHANDISES GENERALES *fl.* 5455 : Pour les suivantes envoyées comme
dessus, SAVOIR:

5 Tonneaux Cire de Pologne, pesant net 3000 ℔ à 75 les 100 ℔ deduit
1 pour cent . *fl.* 2227 : 10

2600 ℔ Fanons de Baleine à *fl.* 125 les 100 ℔ deduit 1 pour cent 3227 : 10

| | *fl.* 5455 : -- | | | |

3. A COMPTE DE FRAIX *fl.* 158 : 10 Payé pour Droits de sortie, embalage & port à bord suivant le Compte au Livre de Factures, folio 30 158 : 10

| | | 5613 | 10 | — |

204. *Debiter un Correspondant dont je tiens le Compte en argent de Banque,*
de sa moitié d'une Cargaison achetée en argent courant.

Les suivans A CARGAISON pour Rouen à ½ avec Gedeon Vincent *fl.* 2806 : 15 Pour
la ½ dudit Vincent dans ladite Cargaison en argent courant, SAVOIR:

Suite à la Page suivante.

Rr   Ge-

A AMSTERDAM, ce 18 Avril 1723. | Florins. | fols | pc.

Suite de la Page precedente.

16. | GEDEON VINCENT son Compte *fl.* 2673 : 2 Bco. Pour *fl.* 2806 : 15 Courant, à quoi monte sa ½ de ladite Cargaison suivant le Compte à lui envoyé ce jourd'hui au Livre de Factures folio 30, reduit en Banque à 105 pour cent . *fl.* 2673 : 2
4. | AGIO *fl.* 133 : 13 Pour celui de ladite somme à 5 pour cent . 133 : 13 | 2806 | 15 | —
22.

---

205. *Tirer sur un Correspondant pour son Compte en argent de Banque.*

3. | BANQUE A GEDEON VINCENT son Compte *fl.* 2683 : 2 : 8 Pour ma Traite de ce jour sur lui à 8 jours de date à l'ordre de Leon de Moracin valeur dudit de 2650 ▽
16. | à 40½ ⅛ . . . | 2683 | 2 | 8

Du 20. dito.

206. *Recevoir payement d'un Debiteur qui étoit Debité en Compte general.*

2. | CAISSE A COMPTE DE DEBITEURS *fl.* 5560 : 9 Reçu de Jan Steur pour les 40
7. | Caisses Sucre du Brezil, dont il est Debité sur ce Compte au 7 Mars dernier. . | 5560 | 9 | —

---

207. *Payer un Creancier qui étoit Credité en Compte general.*

17. | COMPTE DE CREDITEURS A CAISSE *fl.* 2063 : 17 : 8 Payé à Jan Druys pour
2. | Assignation de Jacob Bolten pour les 34398 ℔ fer, dont il est Credité sur ce Compte au 20 Fevrier dernier . . . | 2063 | 17 | 8

Du 24. dito.

208. *Crediter un Correspondant pour des Lettres de Change qu'il m'a remises & que j'ai excomptées pour son Compte.*

3. | BANQUE A LEONARD DELFGAAUW son Compte *fl.* 12667 : 14 Pour ses 4
14. | Remises suivantes du 9 du Courant sur les sousnommez que j'ai excomptées avec Jan de Man, qui m'en a écrit la valeur à 2½ pour cent par an, & cela pour payer le Poivre qu'il m'a ordonné d'acheter de la Compagnie des Indes, SAVOIR:

fl. 4100 : — en 4000 ▽ à 41 ⅛ sur Jan de Backer en Lettre de Louïs Delbreil de Bourdeaux du 6 Avril à $\frac{2}{6}$.

2562 : 10 en 2500 ▽ à 41 ⅛ sur Jean Lafreté en Lettre de Gibert, comme dessus.

2050 : — en 2000 ▽ à 41 ⅛ sur Jacob Martin en Lettre de P. Cheisfat, comme dessus.

fl. 8712 : 10 du 6 Avril à ⅙ deduit *fl.* 27 : 17 : pour 46 jours d'excompte à 2½ pour cent par an . . . . *fl.* 8684 : 13

fl. 4000 : en sa propre Lettre du 6 Avril à 2½ Usances sur Pierre Baumgaarten à mon ordre deduit *fl.* 16 : 19 pour l'excompte de 61 jours à 2½ pour cent . . . 3983 : 1 | 12667 | 14 | —

---

209. *Payer*

A AMSTERDAM, ce 25 Avril 1723. — Florins. | fols | Pc.

209. *Payer à la Compagnie des Indes à Compte des Marchandifes achetées d'elle.*

		Florins.	fols	Pc.
22. 3.	LA COMPAGNIE DES INDES Chambre d'Amfterdam A BANQUE *fl.*14000: Ecrit ce jourd'hui à ladite Compagnie à Compte de ce que pourront monter les 100 Bales Poivre brun que j'ai achetées d'elle hier en 10 Cavelins notez ci-deffous .	14000	—	—

Cavelin Nᵒ. 564, 576, 590, 591 & 600 à 13 ₷ la ℔.
Nᵒ. 750, 751, 810, 811 & 812 à 13½ ₷ la ℔.

Du 28. dito.

210. *Debiter un Correspondant de ma portion du net Provenu d'une Cargaifon de laquelle il m'a envoyé le Compte de Vente.*

		Florins.	fols	Pc.
23. 15.	PHILIBERT & LANGLOIS de Livourne mon Compte A CARGAISON Pour Livourne pour Compte ⅓ d'Edouard Flouwer, ⅓ desdits Philibert & Langlois & ⅓ pour le mien *fl.*5056 : 10 B°. pour Piaftres 2210 : 10 : à quoi monte mon ⅓ de Piaftres 6631 : 10 qu'ont produit de net les 50 Bariques Sucre des Barbades & les 100 Barils Haran qu'Edouard Flouwer leur avoit envoyez pour notre Compte commun par le Navire *le Soutwark*, Maitre *John Levet*, fuivant le Compte que lesdits Philibert & Langlois m'en ont envoyé en date du 7 du Courant, reduit à 91½ ₷ par Piaftre, Piaftres 2210 : 10	5056	10	—

211. *Traite fur un Correspondant pour mon Compte.*

		Florins.	fols	Pc.
3. 23.	BANQUE A PHILIBERT & LANGLOIS mon Compte *fl.*5056 : 10 : Pour ma Traite de ce jour fur eux à Ufance de Piaftres 2210 : 10 à l'ordre de Cefar Sardi & Compagnie, qui m'en ont écrit la valeur à 91½ ₷ par Piaftre. Piaftres 2210 : 10	5056	10	—

Du premier Mai.

212. *Vente de diverfes Marchandifes au comptant en argent courant.*

		Florins.	fols	Pc.
2.	CAISSE Aux fuivans *fl.*9178 : 9 Reçu des fousnommez pour Vente à eux faite de 56 Tonneaux Vin & 58½ Pieces Eaux de Vie, SAVOIR:			
5.	A VINS en general *fl.*4158 : Reçu de Jacob Scholte pour 56 Tonneaux Vin de Ville, qui fe font trouvez pleins des 60 Tonneaux que Leonard Delfgaauw m'a envoyez par le Navire *le Dragon* & par le Navire *l'Etoile*, vendus audit Scholte à L.12½ de Gros le Tonneau, deduit 1 pour cent . . . *fl.*4158 :			
5.	A EAUX DE VIE en general *fl.*5020 : 9 Reçu de Johannes Rokog pour 58½ Pieces Eaux de Vie de Bourdeaux qui fe font trouvées pleines, des 60 Pieces reçues par les 2 Navires ci-deffus, contenant 2983 Verjes vendues audit Rokog à L.8½ de Gros les 30 Verjes, deduit 1 pour cent . *fl.*5020 : 9			
		9178		—

——— A AMSTERDAM , ce premier Mai 1723. ——— Florins: | fols | pe.

213. *Livrer de la Marchandife, pour laquelle j'avois tiré Prime, & en rece-*
voir le payement en argent courant, en faifant bon la difference
de ce que je livre de moins.

2.
—
9.

CAISSE A COCHENILLE MESTIQUE *fl.* 2312 : 16 Reçu de Jan & Warnar Lack pour une Bale Cochenille, qu'ils m'ont demandée en vertu de mon Contract du 27 Fevrier, par lequel je m'étois engagé d'en livrer 200 ℔ au porteur d'icelui à 42 s la ℔, moyenant 2 s par ℔ que je reçus alors, & comme je n'en avois qu'une Bale de 180 ℔, & que la Cochenille vaut à prefent 45 s, nous fommes convenus que je leur ferois bon 3 s par ℔ pour les 20 ℔ que je leur ai livrées de moins, SAVOIR :

1 Bale Cochenille, pefant net 180 ℔ à 42 s la ℔.		fl. 2268 : -- :
Augmentation de 4 pour cent		90 : 14 : 8
		fl. 2358 : 14 : 8
Deduit 1 pour cent promt payement	fl. 23 : 11 : 8	
½ Droit du Poids	3 : 16 :	
		27 : 7 : 8
		fl. 2331 : 7 :

De laquelle fomme j'ai rabattu *fl.* 18 : 11 : Pour les 20 ℔ que j'ai livrées de moins que ne portoit mon Contract, qu'ils m'ont rendu &
que j'ai dechiré, SAVOIR :

20 ℔ à 3 s de difference depuis 42 s à 45 s		fl. 18 : -- :
Augmentation de 4 pour cent		: 14 : 8
		fl. 18 : 14 : 8
Deduit 1 pour cent		3 : 8
		18 : 11 :

2312 | 16

214. *Recevoir & payer en Banque de la Marchandife que je m'étois engagé de*
recevoir à certain prix en ne payant ce qu'elle pefe de plus qu'au
cours du jour.

20
—
3.

POIVRE à recevoir A BANQUE *fl.* 2670 : 2 : 8 Ecrit à Gerrit Nutgens pour 8220 ℔ Poivre brun en 20 Bales qu'il m'a annoncées à recevoir en vertu de mon Contract du 27 Fevrier dernier, par lequel, moyenant ¼ de Gros par ℔, je m'étois engagé d'en re-cevoir 8000 ℔ à 13 s la ℔, & comme les 20 Bales pefent 220 ℔ de plus, nous fom-mes convenus que je ne les lui payerois qu'à raifon de 12¼ s comme il vaut aujourd'hui, SAVOIR :

Pour les 20 Bales que je m'étois engagé de recevoir, ou 8000 ℔ à 13 s		fl. 2600 : --- :
Pour 220 ℔ que lesdites 20 Bales pefent de plus, à 12¼ s		70 : 2 : 8

2670 | 2 | 8

NOTA *que, quoi que la Cochenille ne vaille que 40 s & que le Poivre vaille 13¼ s dans le tems que j'écris ceci, auquel cas on ne s'avifera pas de me demander de la Cochenille à 42 s ni de me faire recevoir du Poivre à 13 s, comme je le fuppofe dans les 2 Articles precédens, j'ai bien voulu les coucher pour apprendre à ceux qui ne le favent pas, comment fe reglent le plus ou le moins de Marchandifes qu'on livre ou que l'on reçoit, & comment il faut coucher ces fortes d'Articles fur le Journal, lorfque l'on livre ou que l'on reçoit des Marchandifes en vertu de quelque Contract.*

Et comme dans ces fortes de Negoces d'option il arrive fouvent qu'on ne livre & que l'on ne re-çoit pas les Marchandifes que l'on s'eft obligé de livrer ou de recevoir, mais que l'on fe paye la dif-ference du prix limité par le Contract au prix que l'on convient en rencontrant les Parties, comme je l'ai dit amplement dans le Chapitre VI du Negoce d'Amfterdam, les 2 Articles fuivans fer-viront de Modele pour coucher les Articles dont on fe contente de payer ou de recevoir la difference, qu'on appelle furplus.

215. *Re-*

| Florins. | ſols | pe. |

A AMSTERDAM , ce 3 Mai 1723.

215. *Recevoir le ſurplus d'une Partie d'Actions que j'avois annoncées à rece-voir, & que j'ai rencontrée.*

3 / 20. BANQUE A PRIMES, données & tirées pour diverſes Actions *fl.* 240 : Ecrit par Joſeph Mendoza pour 4 pour cent de ſurplus d'une Action de la Compagnie du Weſt de L. 1000 de Gros de Capital, qu'il s'étoit obligé par ſon Contract du 27 Fevrier, de recevoir à 110 pour cent, laquelle Partie nous avons rencontrée à 106 pour cent, ce qui fait 4 pour cent de ſurplus qu'il m'a écrit ce jourd'hui   **240**

216. *Payer le ſurplus d'une Action qu'on m'a demandée ſur mon Contract & que j'ai rencontrée.*

20. / 3. PRIMES données & tirées pour diverſes Actions A BANQUE *fl.* 120 : Ecrit à Joſeph Mendez pour 4 pour cent de ſurplus d'une Action de la Compagnie des Indes Orientales d'ici de L. 500 de Capital que je m'étois engagé par mon Contract du 28 Fevrier de lui livrer à 720 pour cent & que j'ai rencontrée avec lui ce jourd'hui à 724 pour cent, lui ayant écrit pour ſurplus   **120**

Du 6. dito.

217. *Remettre à un Correspondant les Fonds pour payer les Traites qu'un autre Correspondant avoit faites ſur lui pour mon Compte.*

22. / 3. ANTOINE ATHENAS & Compagnie mon Compte A BANQUE *fl.* 10580 : & Reaux 40588 : 8 pour ma Remiſe à eux faite ce jourd'hui, en Lettre de Meynard Troye de ce jour à 15 jours de date ſur Edouard Crean & Compagnie de Cadix, de D. 3680 à 115 ⅛, laquelle je leur remets pour les Fonds des 5000 Piaſtres qu'Edouard Flouwer de Londres tira ſur eux pour mon Compte le 17/28 Mars, écrit au ſusdit Troye.
R^x. 40588 : 8   **10580**

218. *Payer à la Compagnie des Indes d'une Chambre particuliere à Compte de ce que j'ai acheté d'elle.*

23. / 3. LA COMPAGNIE DES INDES Chambre de Hoorn A BANQUE *fl.* 6800 : à elle Ecrit à Compte des 50 Bales Poivre brun acheté hier de ladite Chambre, ſavoir, Cavelin N°. 50, 51 & 52 à 13¼ ⅛ & N°. 85 & 86 à 13⅞ ⅛   **6800**

Du 8. dito.

219. *Crediter un Debiteur qui a manqué, de ce que je lui quitte par accord, & de ce qu'il m'a payé en Compte d'icelui.*

Les ſuivans A JEAN BULTIAU *fl.* 1723 : 11 : 8 Pour 60 pour cent que je lui quite des *fl.* 2154 : 9 : 8 qu'il me devoit pour la Lettre de L. 200 ſt. qu'il me fournit le premier Mars dernier ſur John Failt de Londres, revenue à Proteſt ſur lui, & dont il eſt Debité au 24 dudit mois, & pour 20 pour cent qu'il m'a payez à Compte des 40 pour cent reſtans, SAVOIR:

Suite à la Page ſuivante.

— A AMSTERDAM, ce 8 Mai 1723. — | Florins. | fols | pe.

Suite de la Page précedente.

10. GAINS ET PERTES *fl.*1292 13 : 8 Pour 60 pour cent que je quite audit Bultiau suivant son Accord passé par le Notaire Antony de Wolf, par lequel tous ses Creanciers lui quitent 60 pour cent, moyenant qu'il paye 20 pour cent comptant & 20 pour cent dans 3 mois . . . . *fl.*1292 : 13 : 8

3.
21. BANQUE *fl.*430 : 18 Ecrit par ledit Bultiau pour le premier payement de 20 pour cent de la susdite somme de *fl.*2154 : 9 : 8 . 430 : 18 : | 1723 | 11 | 8

---

220. *Remettre à un Correspondant pour Compte à ½ profit ou perte avec lui.*

22.
3. COMPTE D'ARBITRAGES de ½ avec L. F. De Conninck A BANQUE *fl* 4187 : & L.706 : 13 : 4 de Gros pour ma Remise de ce jour audit de Connink de L.400 ft. à 35 β 4 ₰ en Lettre de John Hayden de Londres du $\frac{24\ \text{Fevrier}}{7\ \text{Mars}}$ à $\frac{2}{8}$ sur la Veuve Broekmans d'Anvers, faisant *fl* 4240 : de Change à moi endossée par Isaac le Boullanger, auquel j'en ai écrit la valeur à 1¼ pour cent perte à la Lettre . . L.706 : 13 : 4 | 4187 | — | —

Du 12. dito.

221. *Recevoir payement par Banque de diverses Remises & pour divers Comptes.*

3. BANQUE Aux suivans *fl.*18974 : 17 : 8 SAVOIR:

15. A EDOUARD FLOUWER mon Compte *fl.*6127 : 10 : & L.570 ft. Pour ses 2 Remises suivantes du $\frac{17}{27}$ Mars à Usance & demi sur les sousnommez, SAVOIR:

    L.300 : à 35 β 10 ₰ sur Daniel de Bruyn en Lettre de Gerard van Neck, écrit par ledit de Bruyn . . .. *fl.*3225 : — :

    270 : à 35 β 10 ₰ sur Etienne Massé en Lettre de Jaques Louïs Berchere, écrit par ledit Massé . . 2902 : 10 :

    L.570 : ft à 35 β 10 ₰ . . . . *fl.*6127 : 10 :

22. A COMPTE D'ARBITRAGES de ½ avec L. F. de Conninck *fl* 6000 & L.990 : 2 de Gros pour Remise dudit de Conninck de L. 1000 de Gros sur Claude Louïs de Surmont, en Lettre de Johannes de Vos de Gand du 2 du Courant à 6 jours de date, qu'il m'a remise le 10 à 1 pour cent d'avance, écrit par ledit De Surmont . . L.990 : 2 6000 : — :

17. A JACOBUS DE CONNINCK son Compte *fl.*6847 : 7 : 8 Pour ses 2 Remises suivantes sur les sousnommez, SAVOIR:

    D. 1500 : à 94½ ₰ sur Francisco de Roi en Lettre de Rodolfo Firodolfi & Compagnie de Madrid du 12 Mars à Usance, écrit par ledit de Roi . . . *fl.*3543 : 15 :

    D. 1400 ▽ à 94½ ₰ sur Leon de Moracin en Lettre de Claudio le Maire & Compagnie de Madrid du 12 Mars à Usance, écrit par ledit de Moracin . . . . . 3303 : 12 : 8

    6847 : 7 : 8 | 18974 | 17 | 8

222. Re-

222. *Recevoir des Marchandises achetées de la Compagnie des Indes pour Compte d'un Correspondant, & lui en tenir Compte.*

MARCHANDISES achetées en Commission A LA COMPAGNIE des Indes Chambre d'Amsterdam *fl.* 13893 : 4 Pour les 100 Bales Poivre que j'ai achetées d'elle le 24 du Courant, pour Compte de Leonard Delfgaauw, retirées ce jourd'hui, SAVOIR :

	Florins	sols	pe.
50 Bales en 5 Cavelins, N°. 564, 576, 590, 591, & 600, pesant net, comme au Livre de Factures, folio 33 — 21750 ℔ . à 13 § la ℔ fl. 7068 : 15 :			
50 Bales en 5 Cavelins, N°. 750, 751, 810, 811 & 812, pesant, comme dessus, 21400 ℔ . . à 13¼ § la ℔ 7021 : 17 : 8			
100 Bales Poivre brun. . . . fl. 14090 : 12 : 8			
Augmentation d'un pour mille pour les Pauvres . . 14 : 1 : 8			
fl. 14104 : 14 :			
Deduit pour le promt payement de 3 mois à ½ pour cent par mois. . 211 : 10 :	13893	4	

NOTA. *En voulant transporter cet Article au Compte de Marchandises achetées en Commission, je trouve que le Compte du Grand Livre à folio 15 est rempli, & qu'il Balance ainsi. Je l'ai soldé, & en ai ouvert un nouveau à folio 23, sans y rien transporter du précédent Compte de folio 15, ce qui seroit inutile puis qu'il solde de lui-même.*

Du 15. dito.

223. *Recevoir d'une Chambre de la Compagnie des Indes les Marchandises que j'en ai achetées, comme dans l'Article précédent.*

MARCHANDISES achetées en Commission A LA COMPAGNIE DES INDES, Chambre de Hoorn *fl.* 7005 : 1 : 8 Pour les 50 Bales Poivre brun que j'ai achetées le 5 du Courant de ladite Chambre pour Compte de Leonard Delfgaauw, lesquelles j'ai reçues ce jourd'hui, SAVOIR :

	Florins	sols	pe.
30 Bales en 3 Cavelins, N°. 50, 51, 52, pesant net, comme au Livre de Factures folio 34 12930 ℔ à 13¼ § la ℔ . . . fl. 4242 : 13 :			
20 Bales en 2 Cavelins N°. 85 & 86 pesant, comme dessus, 8640 ℔ à 13¼ § . . . 2862 : — :			
50 Bales Poivre brun . . fl. 7104 : 13 :			
Augmentation d'un pour mille pour les Pauvres . . 7 : 2 :			
fl. 7111 : 15 :			
Deduit pour le promt payement de 3 mois à ½ pour cent par mois 106 : 13 : 8	7005	1	8

Du 18. dito.

224. *Recevoir de la Compagnie des Indes en Banque ce que je lui avois payé de trop.*

BANQUE A LA COMPAGNIE des Indes Chambre d'Amsterdam *fl.* 106 : 16 : Pour ce que ladite Compagnie m'a écrit, pour ce que je lui avois écrit de trop pour les 100 Bales Poivre achetées à ladite Chambre . . . | 106 | 16 |

225. Payer

A AMSTERDAM, ce 18 Mai 1723. | Florins. | fols | Pe.

225. Payer à la Compagnie des Indes ce que je lui dois pour reste des Marchandises achetées d'elle.

23. / 23. LA COMPAGNIE des Indes Chambre de Hoorn A BANQUE *fl*.205 : 1 : 8 Ecrit ce jourd'hui à ladite Chambre pour restant de 50 Bales Poivre achetées d'elle   .   **205 . 1 8**

---

226. Debiter un Correspondant de l'Achat & des Fraix des Marchandises achetées pour son Compte, & que je garde sous moi pour les vendre à son plus grand avantage.

14. LEONARD DELFGAAUW son Compte Aux suivans *fl* 21223 : 15 : 8 Pour Achat & Fraix de 150 Bales Poivre brun, que, suivant ses ordres, j'ai achetées de la Compagnie des Indes, & mises en Magazin pour en attendre la Vente à son avantage, suivant le Compte à lui envoyé ce jourd'hui au Livre de Factures, folio 33 & 34, SAVOIR:

23 A MARCHANDISES achetées en Commission *fl*. 20898 : 5 : 8. Pour le montant desdites 150 Bales Poivre, suivant le Compte, comme dessus   .   *fl* 20898 : 5 : 8

24 A COMPTE DE FRAIX *fl*.325 : 10 Pour *fl*. 341 : 15 : 8 courant, à quoi montent les Fraix du Droit du Poids & de Reception desdites 150 Bales Poivre suivant ledit Compte, reduit à 105 pour cent   .   325 : 10 :

                                   21223 15 8

---

227. Debiter le Compte d'Agio pour l'Agio d'une somme, dont le Compte de Fraix est Credité en Argent de Banque.

4. / 24. AGIO A COMPTE DE FRAIX *fl* 16 : 5 : 8 Pour l'Agio des *fl* 325 : 10 ci-dessus, dont je n'ai Debité Leonard Delfgaauw qu'en argent de Banque pour les Fraix payez pour les 150 Bales Poivre que j'ai payez en argent courant à 5 pour cent   .   **16 5 8**

Remarques sur les Articles 222, 223 & 226.

Supposant, comme j'ai fait. que j'ai acheté les 150 Bales Poivre ci-dessus, pour Compte de L. Delfgaauw, pour les garder en Magazin & les vendre dans la suite pour son Compte, ou en disposer, comme il trouvera à propos d'ordonner, j'aurois pû coucher ces Articles de deux autres manieres differentes; car, au lieu de Debiter, comme j'ai fait dans les Articles 222 & 223, les Marchandises en Commission A la Compagnie des Indes, j'aurois pû Debiter le Poivre pour Compte de L. Delfgaauw, ou bien L. Delfgaauw lui même pour l'Achat des Poivres & ensuite pour les Fraix: dans le premier cas les Poivres auroient été

Debiteurs pour l'Achat des 100 Bales achetées à Amsterdam de   *fl*. 13893 : 4 :

Et pour l'Achat des   .   50 Bales achetées à Hoorn de   .   7005 : 1 : 8

Et pour les Fraix   .   .   .   325 : 10 :

                                   fl 21223 : 15 : 8

& dans le second cas ç'auroit été L. Delfgaauw qui auroit été Debiteur pour ces 3 sommes. Il y a de bons Comptoirs où l'on couche ces sortes de Comptes indifféremment de l'une de ces 2 manieres: en le couchant de la premiere, je veux dire en Debitant d'abord le Poivre pour Compte de L. Delfgaauw pour l'Achat & pour les Fraix d'icelui. ils le Creditent par L. Delfgaauw lors qu'ils lui envoyent le Compte, mais alors le Compte du Poivre reste balancé, & il ne paroît pas clair sur le Grand Livre que les 150 Bales restent en leur pouvoir, ce qui doit toûjours paroître clairement.

D'autre

A AMSTERDAM , ce 18 Mai 1723. ———— | Florins. | fols | Pe.

D'autre part, fi on Debite L. Delfgaauw en la feconde maniere, on ne peut le faire qu'à me-
fure que l'on reçoit le Poivre & que l'on en Credite la Compagnie des Indes & à mefure que l'on
fait les Fraix fur icelui, de forte que dans le cas dont il s'agit, L. Delfgaauw s'en trouvera Debité
fous 3 dates differentes, favoir, au 12, au 15 & au 18 Mai, ce qui ne quadre pas avec le Comp-
te qu'on lui en envoye, qui eft daté du 18 Mai, & au bas duquel on met ordinairement qu'on a
Debité du total celui à qui on l'envoye.

Ainfi laiffant ces 2 Methodes j'adopte celle que j'ai fuivie en Debitant L. Delfgaauw de
fl. 21223 : 15 : 8 pour le montant de l'Achat & des Fraix du Poivre, comme j'ai fait; mais
parce qu'il faut qu'il paroiffe fur mes Livres que j'ai 150 Bales de Poivre en mon pouvoir, pour
Compte de Delfgaauw auquel j'en fuis comptable, j'ouvre un Compte audit Poivre, comme fuit.

228. Debiter une Marchandife qui ne me Doit rien, & que je garde pour Compte d'un Correfpondant.

24. | P O I V R E pour Compte de Leonard Delfgaauw de Bourdeaux A foi-même fl. -- : -- : -
pour 150 Bales Poivre brun, que j'ai marquées L. D. de Nᵒ. 1 à 150, lesquelles j'ai
reçues & mifes dans le Magazin *le Sauvage*, fur le Prince-Gracht, pour en difpofer felon les ordres que me donnera ledit Delfgaauw, que j'ai Debité, tant pour l'Achat
que pour les Fraix jufques dans ledit Magazin ; ainfi le Poivre ne me doit rien.

Du 19. dito.

229. Recevoir payement d'une Remife d'un de mes Correfpondans pour mon Compte.

23. | B A N Q U E A G E O R G E P E A C E mon Compte fl. 3210 : pour fa Remife de L. 300 ft. | 3210
8. | à 35 ◊ 8 ⅛ du ⅓ Mars à ⅖ fur Pierre Teftas en Lettre d'Edouard Flouwer de Londres
à mon ordre valeur dudit Peace, écrit par ledit Teftas . . L. 300

Du 22 dito.

230. Payer en argent courant une Traite fur moi pour Compte d'un Correfpon-dant, avec lequel je tiens Compte en argent de Banque.

Les fuivans A C A I S S E fl. 7157 : Payé à Jaques le Candele pour une Lettre de Jacobus
de Conninck fur moi du 7 du Courant à 15 jours de date de fl. 6800 de Banque à l'ordre de François Schapelinck, laquelle j'ai payée audit Le Candele en courant, l'Agio
à 5¼ pour cent, S A V O I R :

17. | J A C O B U S D E C O N N I N C K fon Compte fl. 6800 : pour le montant en argent de Ban-
que de fadite Traite . . fl. 6800 :

4. | A G I O fl. 357 : Pour celui de ladite fomme à 5¼ pour cent . . 357 : | 7157
2.

231. Affurer fur plufieurs Navires, comme en l'Article 133.

Les fuivans A C O M P T E D'A S S U R A N C E S fl. 300 : Pour Prime de fl. 8000 : que j'ai
affuré ce jourd'hui aux fousnommez, S A V O I R :

19. | E L I A S B A T A I L H E Y fl. 100 : Pour Prime de fl. 4000 : à lui affurez pour Jaques Ran-
fon fur les 2 Navires fuivans de la Rochelle ici, S A V O I R :

Suite à la Page fuivante.

T t

fl. 2000

A AMSTERDAM, ce 22 Mai 1723. — — — — Florins. | ſols | pe.

Suite de la Page precedente.

fl.2000 : ſur *les 3 Freres*, Me. *Joris Baudouin*, à 2½ pour cent   fl. 50 :
   2000 : ſur *la Magdeleine*, Me. *Paul Gerout* à 2½ pour cent   50 :

                                          fl. 100 :

20. / 20.   ABRAHAM SALINIERES *fl*.200 : Pour Prime de *fl*.4000 : à lui aſſurez pour Pierre Baumgarten de Bourdeaux à la Martinique, ſur les 2 Navires ſuivans, SAVOIR :

   fl.2000 : ſur *la Dame des Chartrons*, Me. *Pierre Touché* à 5 pour cent fl. 100
   2000 : ſur *le St. Joſeph*, Me. *Jaques Maubuis* à 5 pour cent   100   200 :

                                                    300

Du 26. dito.

232. *Recevoir payement des Loyers des Biens fonds, comme en l'Article 54.*

2. / 7.   CAISSE A RENTES ET LOYERS *fl*.450 : Reçu des ſousnommez pour 6 mois de Loyer de mes 2 maiſons échus le 30 du paſſé, SAVOIR :

De Clement Swaan pour ⁸⁄ₘ de Loyer de la maiſon ſur le Heere-Gracht   fl. 350
De Johannes Mol pour ⁴⁄ₘ de Loyer de la Maiſon de Campagne   100

                                                   450

---

233. *Payer la Taxe que je dois pour mes Biens Fonds.*

7. / 2.   RENTES & LOYERS A CAISSE *fl*.150 : Payé ce jourd'hui pour le huitieme denier de mes 2 Maiſons, SAVOIR :

Pour celui de la Maiſon ſur le Heere-Gracht   fl. 100
Pour celui de la Maiſon de Campagne   50

                                                   150

Du 28. dito.

234. *Crediter un Correspondant pour diverſes Remiſes en Banque.*

23. / 16.   BANQUE A ANTOINE ATHENAS & Compagnie leur Compte *fl*.28130 : Pour leurs 6 Remiſes ſuivantes ſur les ſousnommez par leur Lettre du premier du courant, SAVOIR :

fl.10000 : ſur André Pels & fils en Lettre d'Arthur & Crean de Madrid du 28 Mars à Uſance, écrit par lesdits Pels   fl. 10000

D. 2000 à 116 ⅜ ſur Jaques Henriques en Lettre de Pedro Belmonte de Cadix du 27 Mars à Uſance, écrit par ledit Henriques   5800

D. 1800 à 116 ⅜ ſur Francisco de Roy en Lettre de Juan Marraci de Cadix du 28 Mars à Uſance, écrit par ledit   5220

D. 1100 ⎫
  1000 ⎬ D. 3000 : à 96 ⅜ ſur Jacomo De Pret d'Anvers en Lettre de Claudio
   900 ⎭ Le Maire & Compagnie de Madrid du 28 Mars à Uſance, faiſant *fl*.7200 de Change, endoſſez à Arnaut van Lennep, qui m'en a é‑crit la valeur à 1¼ pour cent perte aux Lettres   7110

                                                   28130

235. De‑

——————— A AMSTERDAM , ce 30 Mai 1723. ——————— Florins. sols pe.

235. *Debiter de la Marchandise engagée pour l'Interêt & le Magazinage que je dois payer.*

19.
—
21.

COCHENILLE pour Compte d'Antoine Athenas & Compagnie A ELIZABET THIELENS *fl.*313 : 10 : B°°. Pour ce qui lui revient pour 3 mois d'Interêt des *fl.*30000 : qu'elle me prêta le premier Mars sur 30 Bales Cochenille & Magazinage, SAVOIR:

Pour 3 Mois d'Interêt des *fl.*30000 : à 4 pour cent par an . fl. 300 : --
Pour 3 Mois de Magazinage des 30 Bales Cochenille à 3 *f.* par Bale par mois . . 13 : 10

313 | 10 | —

236. *Rembourser l'argent emprunté sur des Marchandises engagées.*

21.
—
23.

ELIZABET THIELENS A BANQUE *fl.* 30313 : 10 : à elle écrit aujourd'hui pour les *fl.* 30000 qu'elle m'avoit prêtez le premier Mars sur 30 Bales Cochenille, avec l'Interêt & Magazinage ci-dessus , m'ayant remis lesdites 30 Bales Cochenille avec l'obligation que je lui avois faite . . .

30313 | 10 | —

237. *Debiter un Correspondant pour la somme que j'ai remboursée sur de la Marchandise que j'avois engagée pour lui, & de laquelle je l'avois Credité.*

16.
—
19.

ANTOINE ATHENAS & Compagnie leur Compte A COCHENILLE pour leur Compte *fl.* 30000 : pour ce que je leur avois fait bon le premier Mars dernier pour la somme que j'avois empruntée sur leurs 30 Bales Cochenille, dont je les redebite à present que je l'ai remboursée, & en Credite leur Cochenille que j'en avois Debitée, les *fl.*313 : 10 que j'ai payez de plus, restant sur le Compte de ladite Cochenille, jusques à ce que je leur en envoye le Compte de Vente . . .

30000 | — | —

Du premier Juin.

238. *Debiter le Compte de Fraix pour les Fraix payez depuis quelque tems.*

24.
—
2.

COMPTE DE FRAIX A CAISSE *fl.*425 : Payé pour divers Fraix pendant les Mois d'Avril & Mai derniers, comme au Livre de Fraix folio 11 . .

425 | — | —

239. *Payer à quelqu'un que j'avois Credité en Compte particulier ce que je lui devois.*

9.
—
2.

JAN DE MAN A CAISSE *fl.*1481 : 15 Pour son Affignation du 28 du passé payée à Jan Spalthoff pour les 20 Bales Cacao, dont il est Credité au 22 Mars .

1481 | 15 | —

Du 4. dito.

240. *Payer le Fret des Marchandises que j'ai reçues en Commission.*

24.
—
2.

LAINES D'ESPAGNE Pour Compte de Lopes Dasierra de Cadix A CAISSE *fl.*132 Payé pour Fret & Avaries de 20 Bales Laine de Segovie, que ledit Dasierra m'a envoyées par le Navire *la Concorde*, Capitaine *Joseph Chapelle*, suivant le Connoissement.

132 | — | —

Tt 2 241. *Fai-*

A AMSTERDAM ; ce 4 Juin 1723. |Florins.| fols |pe.

241. *Faire aſſurer pour Compte d'un Correspondant ſur les ordres d'un autre.*

12. ARNAUD DU GOYON ſon Compte Aux ſuivans *fl.*141 : 16 Pour Prime , Police & Commiſſion de *fl.* 4000 : que, ſuivant l'ordre de Bernard Texier de Hambourg du premier du Courant, j'ai fait aſſurer pour ſon Compte ſur le Navire *le Raiſin bleu*, Mc. *Cornelis Ryger* de Hambourg à Nantes ſuivant la Note à lui envoyée ce jourd'hui, SAVOIR :

19. A ELIAS BATAILHEY *fl.* 121 : 16 Pour Prime desdits *fl.*4000 fait aſſurer par lui ſur ledit Navire à 3 pour cent & 36 *f.* pour la Police . *fl.* 121 : 16

12. A COMPTE DE COMMISSION *fl.* 20 pour ma Commiſſion à ½ pour cent des ſusdits *fl.*4000 . 20 : --- | 141 | 16

Du 10. dito.

242. *Vendre des Marchandiſes pour Compte d'autrui , à payer moitié Comptant & moitié dans 6 ſemaines.*

24. ABRAHAM WILLINK A COCHÉNILLE Pour Compte d'Antoine Athenas &
— Compagnie *fl.*70081 : 4: Pour 30 Bales Cochenille vendues audit Willink à payer la moitié
19. Comptant & l'autre moitié dans 6 ſemaines , peſant lesdites 30 Bales, comme au Livre de Factures folio 35, net 5410 ℔ à 42 ❍ la ℔ . *fl.*68166 :
  Augmentation de 4 pour cent . 2726 : 13
  *fl.*70892 : 13

  Deduit 1 pour cent promt payement *fl.*708 : 18 : 8
  ½ Droit du Poids . 102 : 10 : 8
  811 : 9 | 70081 | 4

243 *Recevoir payement de la moitié des Marchandiſes , vendues moitié Comptant & l'autre moitié à terme.*

2. CAISSE A ABRAHAM WILLINK *fl.*35040 : 12 Reçu de lui ce jourd'hui pour la
— moitié des 30 Bales Cochenille à lui vendues, à payer la ½ Comptant, & l'autre ½ dans
24. 6 ſemaines . | 35040 | 12

Du 15. dito.

244. *Regler le Compte du Fret avec profit fait par un Navire que j'avois freté, & recevoir le ſurplus de la ſomme que j'avois accordée , dont j'avois Debité le Navire.*

Les ſuivans A FRET DU NAVIRE *LE CERF VOLANT fl.*3093 : 3 pour *fl.*3143 : 3 que ledit Navire a fait de Fret d'ici à Dantzig & retour ſuivant le Compte que Klaas Mooy, Capitaine d'icelui, m'en a delivré ce jourd'hui, deduit *fl.*50 que je lui ai donnez de gratification, SAVOIR :

Pour *fl.*800 : Polonois qu'il a reçus pour Fret des Marchandiſes qu'il avoit chargées d'ici pour Dantzig , reduits à 292 Gros Polonois par Livre de Gros fait L.82 : 3 : 10 ou . *fl.* 493 : 3

Porté à la Page ſuivante : : *fl.*493 : 3

Pour

		Florins.	fols	pc.

A AMSTERDAM, ce 15 Juin 1723.

L. 800 :   *La somme de la Page precedente se monte à*   .   .   fl. 493 : 3

Pour le net Fret des Marchandises qu'il a portées de Dantzig ici   .   2650 :

     fl. 3143 : 3

Deduit *fl.* 50 que j'ai donnez audit Capitaine pour gratification   .   50 :

     fl. 3093 : 3

13.   KLAAS MOOY, Me. dudit Navire *fl.* 2500 : Pour autant qu'il s'est retenu pour le Fret de son dit Navire que j'avois accordé de lui payer   .   .   fl. 2500 :

2.   CAISSE *fl.* 593 : 3 Reçu dudit Mooy pour ce qu'il a fait de plus de Fret dans
―――
13.   sondit Voyage, que je ne lui devois payer   .   .   593 : 3   3093   3

---

245. *Regler le Compte du Fret avec profit d'un Navire que j'avois freté pour un voyage & dont je n'avois rien couché sur mes Livres.*

2.
―――
10.   CAISSE A GAINS ET PERTES *fl.* 422 : 5 Reçu du Capitaine Gerrit Kragt commandant le Navire *la Ville de Bourdeaux* pour Profit fait sur le Fret de sondit Navire que j'avois freté d'ici à Bourdeaux & retour pour la somme de *fl* 2800 : suivant la Charte partie que nous en avions signée chez le Notaire Demarolles le 15 Avril dernier, lequel Navire a fait de Fret ce qui suit, suivant le Compte que m'en a delivré ledit Kragt, SAVOIR :

Pour L. 2560 : Tournois qu'il a reçu pour le Fret d'ici à Bourdeaux, faisant $853\frac{1}{3}$ ▽ reduits à 42 ½ % courant par Ecu   .   .   .   fl. 906 : 13

Pour ce qu'il a reçu pour le Fret de Bourdeaux ici, suivant son Compte   2315 : 12

     fl. 3222 : 5

De laquelle somme ledit Kragt s'est retenu *fl.* 2800 suivant notre accord, & m'a payé   422   5

---

246. *Regler le Compte du Fret avec perte d'un Navire que j'avois freté pour un Voyage & dont je n'avois rien couché sur mes Livres.*

10.
―――
2.   GAINS ET PERTES A CAISSE *fl.* 250 : Payé ce jourd'hui à *Cornelis Root*, Capitaine du Navire *la Demoiselle Elizabet*, que j'avois freté pour la somme de *fl.* 2600 : pour la Rochelle & retour, suivant la Charte partie passée le 15 Avril par le Notaire Walchart, lequel Navire, n'ayant fait en tout de fret que *fl.* 2350 : comme suit, j'ai payé le restant audit Capitaine, SAVOIR :

Pour L. 1827 : Tournois qu'il a reçus à la Rochelle pour Fret des Marchandises qu'il y a portées d'ici suivant son Compte, fait 609 ▽ reduits à 42½ % courant fl. 646 : 16

Pour le Fret des Marchandises qu'il a portées de la Rochelle ici, suivant son Compte   .   .   1703 : 4

     fl. 2350 :

De sorte que pour accomplir la somme de *fl.* 2600 : portée par la Charte partie, j'ai payé audit Capitaine suivant son Reçu   .   .   250

V v   247. Payer

A AMSTERDAM , ce 20 Juin 1723. Florins. | fols | Pe.

247. *Payer la portion du net Provenu d'une Cargaifon à un Intereffé, en une Lettre de Change que je tire fur un Correspondant pour mon Compte.*

		Florins.	fols	Pe.
15.	JEAN FRANÇOIS ROUZIER fon Compte en Compagnie aux fuivans *fl.* 2199 : 9 Pour ma Lettre de ce jour à 2 jours de date de D. 1290 : 30 : 10 à 32¼ /. par Dalder à lui fournie fur Chriftoffel Mothes de Hambourg pour fa ½ du net Provenu des 56 Pieces Cambrai vendues à Londres, dont il eft Credité au 19 Mars dernier, SAVOIR :				
19.	A CHRISTOFFEL MOTHES mon Compte *fl.* 2089 : 15 & Marcs 2581 : 14 : 10 Pour ma Traite fur lui de D. 1290 : 30 : 10 comme deffus, à l'ordre de Jean François Rouzier à 32¼ /. Marcs 2581 : 14 : 10 fl. 2089 : 15				
4.	A AGIO *fl.* 109 : 14 : Pour celui de ladite fomme à 5¼ pour cent 109 : 14		2199	9	—

Du 24. dito.

248. *Acheter de l'argent de Banque pour du Courant.*

Les fuivans A CAISSE *fl.* 31537 : 10   Payé à André Pels & fils pour *fl.* 30000 de Banque acheté d'eux ce jourd'hui l'Agio à 5¼ pour cent, SAVOIR :

		Florins.	fols	Pe.
23.	BANQUE *fl.* 30000 écrit par lesdits Pels fl. 30000 :				
4.	AGIO *fl.* 1537 : 10 Pour celui de ladite fomme à 5¼ pour cent 1537 : 10		31357	10	—
2.					

249. *Remettre à un Correspondant pour Compte à ½ profit ou perte avec lui.*

		Florins.	fols	Pe.
22.	COMPTE D'ARBITRAGES Pour Compte à ½ avec L. F. de Conninck A BANQUE *fl.* 14407 : 12 : Ecrit aux fousnommez pour L. 1482 : 6 : 2 de Gros, remifes ce jourd'hui audit De Conninck à 1¼ pour cent perte, SAVOIR :				
23.	L. 1000 : de Gros fur Thomas Ray d'Oftende, payables dans Anvers en Lettre d'Ifaac Dulong à 6 jours de date à 1¼ pour cent perte, écrit audit Dulong L. 1000 : : fl. 5925 :				
	D. 2000 : à 116 ⅝ faifant *fl.* 5800 de Change fur Ferdinand van Berblok d'Oftende en Lettre de Jean Smit de Cadix du 24 Avril à Ufo à moi endoffée par Behn & van Hamel, auxquels j'en ai écrit la valeur à 1¼ pour cent perte 966 : 13 : 8 5727 : 10				
	3000 ▽ à 41¼ ⅝ fur André Peytier d'Anvers en Lettre de Theluffon & Compagnie de Paris du 22 Mai à Ufance, faifant *fl.* 3093 : 15 de Change, prife dé Theluffon freres, & à eux écrit à 1¼ pour cent perte 515 : 12 : 6 3055 : 2				
	L. 2482 : 6 : 2		14707	12	—

Du premier Juillet.

250. *Solder plufieurs Comptes par la perte faite fur iceux.*

		Florins.	fols	Pe.
10.	GAINS & PERTES Aux fuivans *fl.* 268 : 14 Pour Perte faite fur les Comptes fuivans & pour les folder, SAVOIR :				

Suite à la Page fuivante.

A

A AMSTERDAM, ce premier Juillet 1723. ———— Florins | ſols | pe.

Suite de la Page précedente.

13. A Froment fait acheter à Dantzig *fl* 206 : 4 Pour Perte ſur les 70 Laſts que j'avois fait acheter audit lieu & pour ſolder ce Compte . . *fl* 206 : 4

20. A Eau de Vie à mon option de livrer *fl* 62 : 10 Pour perte de la Prime que j'avois donnée le 27 Fevrier pour 50 Pieces à recevoir à L. 8 : de Gros, n'ayant pas trouvé à propos de la livrer audit prix . . 62 : 10

	Florins	ſols	pe.
	268	14	—

251. *Solder pluſieurs Comptes par le Profit fait ſur iceux.*

Les ſuivans A Gains & Pertes *fl* 2196 : 18 : 8 Pour avance & Profit ſur les Comptes ſuivans que je paſſe au Credit des Gains & Pertes pour les ſolder, Savoir :

5. Toiles de Haarlem *fl* 136 : 10 : Pour avance ſur icelles & pour en ſolder le Compte . . *fl* 136 : 10 :

5. Poivre A Dantzig chez Jan Straalman *fl.* 452 : 8 : 8 Pour avance ſur icelui . . 452 : 8 : 8

9. Cochenille Mestique *fl.* 321 : 15 pour même cauſe . 322 : 1 :

10. Huile de Baleine *fl.* 48 : 16 pour idem . 48 : 16 :

13. Fret du Navire *LE CERF VOLANT fl.* 593 : 3 pour idem 593 : 3 :

15. Cargaison Pour Livourne ½ pour mon Compte, &c. *fl.* 594 pour idem 594 : — :

20. Poivre à livrer *fl.* 50 : pour idem . 50 : — :

10.

	2196	18	3

Du 4. dito.

252. *Payer les Primes d'Aſſurance duës à pluſieurs Courtiers.*

Les ſuivans A Caisse *fl.* 727 : 1 Payé aux ſousnommez pour le ſurplus des Primes d'Aſſurance que je leur devois, Savoir :

19. Elias Batailhey *fl.* 375 : 2 à lui payé pour Solde des Primes que nous nous devions l'un à l'autre juſqu'à ce jour, ſuivant ſon Reçu . *fl.* 375 : 2

21. Hendrik Makreel *fl.* 351 : 19 Pour même cauſe ſuivant ſon Reçu 351 : 19

2.

	727	1	—

Du 6. dito.

253. *Recevoir des Remiſes d'un Correspondant pour Compte à ½ profit ou perte avec lui.*

23. Banque A Compte d'Arbitrages de Compte à ½ avec L. F. de Conninck
22. *fl.* 13780 : Pour les 3 Remiſes ſuivantes dudit De Conninck du premier du Courant, ſur les ſousnommez, montant enſemble à L. 2314 : 11 : 8 de Gros à 1 pour cent d'avance aux Lettres, Savoir :

L. 500 : *fl.* à 35 ⅚ 10 ⅛ ſur Roberto Malbranq en Lettre de William Church de Londres du 24/3 Juin à 15 jours de date à 1 pour cent d'avance à la Lettre écrit par ledit . . . L. 904 : 15 : 10 *fl.* 5375 :

Porté à la Page ſuivante L. 904 : 15 : 10 *fl.* 5375 :

 L. 500

A AMSTERDAM, ce 6 Juillet 1723. Florins. fols pe.

	Florins	fols	pe.
Somme de la Page precédente . L.904 : 15 : 10 fl.5375 :			

L.500 : fl. à 35 ß 10 ₰ fur Samuel Henriques Medina en
Lettre de David Datocha de Londres du $\frac{25\ Avril}{6\ Mai}$ à $\frac{2}{6}$ à 1
pour cent écrit par ledit Medina . . 904 : 15 : 10   5375 :

L.500 : de Gros fur Jan Behaghel en Lettre de Pieter
Koek d'Anvers du premier juillet, à 6 jours de date à 1
pour cent d'avance . . 505 : -- : --   3030 :   13780 -- --

L.2314 : 11 : 8 .

---

254. *Debiter un Compte d'Arbitrages pour les Courtagès & Ports de Lettres qui le regardent..*

22. COMPTE D'ARBITRAGES fusdit Aux fuivans *fl.*78 : 10 : Pour les Courtagès &
Ports de Lettres payez au fujet dudit Compte, tant par Louïs François de Conninck à
Anvers, que par moi ici, SAVOIR:

24. A LOUÏS FRANÇOIS DE CONNINCK d'Anvers mon Compte *fl.*50 : 10 : Pour
L.8 : 10 de Gros, qu'il me marque avoir payé pour Courtages & Ports de Lettres au
fujet de notre Compte d'Arbitrages, reduit à 1 pour cent perte L.8 : 10 fl.50 : 10

24. A COMPTE DE FRAIX *fl.*28 : Pour Courtage de L.4988 : 19 : 6 de
Gros que je trouve lui avoir remifes à 9 *J.* par L.100 : de Gros, faifant
*fl.*22 : 9 & *fl.*5 : 11 : que j'ai payé pour Port de Lettres enfemble que je
reduïs à 1 pour cent avance . . L.4 : 16   28 : ---   78 10 --

---

255. *Tirer fur un Correspondant ce qui lui refle en main pour folde d'un Compte d'Arbitrages en lui remettant à lui-même.*

24. / 22. LOUÏS FRANÇOIS DE CONNINCK mon Compte A COMPTE D'ARBITRAGES de $\frac{1}{2}$ avec
lui *fl.*616 : 9 Pour L.103 : 15 : 11 de Gros qui lui reftent en main pour folde des Livres de Gros dudit Compte d'Arbitrages, lesquelles j'ai tirées ce jourd'hui fur lui à vuë
à fon ordre pour m'en tenir Compte, reduit à 1 pour cent perte L.103 : 15 : 11   616 9 --

---

256. *Solder un Compte d'Arbitrages par le profit fait fur icelui.*

22. COMPTE D'ARBITRAGES de $\frac{1}{2}$ avec L. F. de Conninck Aux fuivans *fl.*288 : 19 : 8
Pour ma $\frac{1}{2}$ du profit fait fur ledit Compte, & la moitié dudit De Conninck,
SAVOIR:

10. A GAINS & PERTES *fl.*144 : 10 Pour ma $\frac{1}{2}$ du profit fait fur ledit Compte que j'ai
envoyé ce jourd'hui audit De Conninck . . *fl.*144 : 10 :

25. A LOUÏS FRANÇOIS DE CONNINCK fon Compte *fl.*144 : 9 : 8
Pour fa moitié du Profit fur ledit Compte à lui envoyé ce jourd'hui 144 : 9 : 8   288 19 8

257. Re-

A AMSTERDAM , ce 10 Juillet 1723. ———————— Florins. sols pc.

257. *Recevoir avis & Compte de Vente d'une Cargaison faite pour Compte à demi avec un Correspondant.*

25. / 22. GEDEON VINCENT de Rouen mon Compte A CARGAISON Pour Rouen de Compte à ½ avec lui *fl.* 3006 : 15 : B^{co}. Pour L. 9020 : 5 faisant 3006 ▽ 45 *f.* qu'a produit ma moitié de la Cargaison à lui envoyée le 18 Avril par Harmen Focke, suivant le Compte qu'il m'en a envoyé en date du 5 du Courant, reduit à 40 ⅜ par Ecu . . . L. 9020 : 5 | 3006 | 15 | —

Du 12. dito.

258. *Payer les Gages de l'Equipage d'un Navire revenu de la Pêche de la Baleine.*

21. / 2. NAVIRE *LA MARGUERITE* A CAISSE *fl.* 1408 : Payé à 32 Matelots de l'Equipage dudit Navire pour 2 mois de leurs gages ayant mis en mer le 12 Avril , & arrivé ici ce jourd'hui avec 6 Baleines, qui ont produit 310 Bariques de Lard, lesquels Matelots ont eu un mois de Gages avant leur depart, ainsi je leur en ai payé 2 mois montant suivant le Livre dudit Navire à . . . *fl.* 1216 :
Et pour 20 *f.* par Baleine à chacun . . . 192 : | 1408 | — |

---

259. *Payer des Traites d'un Correspondant pour son Compte.*

16. / 23. ANTOINE ATHENAS & Compagnie leur Compte A BANQUE *fl.* 30872 : 10 Pour leurs 6 Traites suivantes du 12 Mai sur moi, faisant ensemble D. 10600 : payées ce jour aux sousnommez, SAVOIR :

D. 2500 à 116½ ⅜ à l'ordre de David Demara, écrit à Francisco de Roy *fl.* 7281 : 5
 2000 à 116½ ⅜ à l'ordre de Juan Perez, écrit à Leon de Moracin 5825 :
 1500 à 116½ ⅜ à Jaques Gommes, écrit à Joseph Senior Henriques 4368 : 15
 2200 à 116½ ⅜ à Lopes Massera, écrit à Joost de Smeth 6407 : 10
 1300 à 116½ ⅜ à Mendez Dacosta écrit à Raphael & Mendez Dacosta 3786 : 5
 1100 à 116½ ⅜ à Isaac Parera, écrit à Louïs Michel 3203 : 15

D. 10600 : à 116½ ⅜ | 30872 | 10 |

Du 13. dito.

260. *Vente de Laines d'Espagne pour Compte d'un Correspondant.*

23. / 44. BANQUE A LAINE D'ESPAGNE Pour Compte de Lopes Dasierra *fl.* 6134 : 9 Pour les 20 Bales Laine de Segovie reçues pour ledit Compte par *la Concorde* , vendues à Gilles van Eys & fils, qui m'en ont écrit la valeur en Banque, SAVOIR :

Suite à la Page suivante.

A AMSTERDAM, ce 13 Juillet 1723.   Florins. | ſols | pᵉ.

Suite de la Page precedente.

Nᵒ. 1	270 ℔ Tare 8 ℔	Nᵒ. 7	284 ℔ Tare 12 ℔	Nᵒ.14	255 ℔ Tare 11 ℔
2	285 . 10	8	280 . 14	15	240 . 8
3	274 . 10	9	276 . 13	16	259 . 9
4	268 . 9	10	270 . 10	17	266 . 10
5	260 . 8	11	280 . 10	18	275 . 11
6	264 . 10	12	270 . 9	19	282 . 10
		13	268 . 11	20	275 . 10

6 B. 1621 ℔ Tar. 55 ℔
7   1928 . 79
7   1852 . 69

7 B. 1928 ℔ Tar. 79 ℔   7 B. 1852 ℔ Tar. 69 ℔

20 B. 5401 ℔ Tar. 203 ℔

Tare   203 ℔ pour la Tare marquée ſur les Bales

Deduit   5198 ℔
       713 ℔ pour la Tare ordinaire de 24 ℔ ſur 175 ℔

Net   4485 ℔ à 31½ ſ. de Banque la ℔   fl.7063 : 17 : 8
     Rabat de 21 mois à 8 pour cent, qui eſt 14 de 114   867 : 9 : 8
                            fl.6196 : 8 :
     Deduit 1 pour cent promt payement   61 : 19 :   **6134 | 9 |**

---

261. *Rembourſer le ½ Droit du Poids à l'Acheteur des ſusdites Laines, & payer les Fraix de la Livraiſon & port au Poids.*

24. / 2.   LAINES D'ESPAGNE Pour Compte de Lopes Daſſiera A CAISSE fl.93 : 15 Courant payé pour le ½ Droit du Poids & port au Poids des ſusdites 20 Bales Laine, SAVOIR:

Payé à Gilles van Eys & fils pour la ½ Droit du Poids desdites Laines qu'ils ont payé en entier, & dont je lui devois la moitié   fl.85 : 1
Payé aux Travailleurs du Poids pour Port au Poids & Livraiſon   9 : 14   **94 | 15 |**

---

262. *Recevoir payement d'une Remiſe reçue d'un Correspondant pour mon Compte.*

23. / 19.   BANQUE A CHRISTOFFEL MOTHES mon Compte fl.1973 : 10 & Marcs 2447 : 12 : 2 Pour ſa Remiſe du 5 du Courant à 8 jours de date en ſa propre Lettre ſur Sarrabourſe à mon ordre de D.1223 : 28 : 2 à 32¼ ſ. par Dalder pour ſolde de mon Compte, écrit par ledit Sarrabourſe   Marcs 2447 : 12 : 2   **1973 | 10 |**

Du 18. dito.

263. *Crediter un Correspondant pour ſa Proviſion & ports de Lettres, & pour une Remiſe qu'il m'a faite pour ſolde de mon Compte.*

Les ſuivans A DENIS DUTRY mon Compte fl.5407:11 & L.505:7: 8 ſt. SAVOIR:

24.   COMPTE DE FRAIX fl.86 : 13 Pour L.8 : 2 ſt. qu'il me paſſe pour ſa Proviſion & Port de Lettres dans le Compte qu'il m'a envoyé en date du 7/18 Mai dernier, reduit à 35   8 par Livre ſterlin   L.8 : 2   fl.86 : 13

Porté à la Page ſuivante   L.8 : 2   fl.86 : 13

BAN-

A AMSTERDAM, ce 18 Juillet 1723. | Florins. | fols | p..

Porté à la Page ſuivante . L. 8 : 2 : fl. 86 : 13

23. | BANQUE *fl.* 5320 : 18 Pour ſa Remiſe dudit jour à ⅖ ſur
—— | Chavat & Paſſalaigue en Lettre de Pierre Cazalet de
13. | L. 497 : 5 : 8 à 35 & 8 ⅞ qu'il m'a remiſe pour ſolde de
mondit Compte, écrit par lesdits Chavat & Paſſalaigue   497 : 5 : 8   5320 : 18

L. 505 : 7 : 8 . | 5407 | 11 | —

---

264. *Solder mon Compte chez un Correspondant par le profit fait ſur le*
Change.

13. | DENIS DUTRY mon Compte A GAINS & PERTES fl. 66 : 16 Pour avance ſur
—— | mon Compte chez ledit Dutry faite ſur le Change, dont je le Debite pour ſolder l'ar-
10. | gent d'Hollande . | 66 | 16 | —

Du 20. dito.

265. *Debiter des Marchandiſes pour Compte d'autrui pour le Courtage, Maga-*
zinage & autres Fraix ſur icelles.

24. | LAINES D'ESPAGNE Pour Compte de Lopez Daſſierra A COMPTE DE FRAIX
—— | *fl.* 45 Pour Courtage, Magazinage & menus Fraix des 20 Bales reçues par *la Concorde,*
24. | ſuivant la note au Livre de Factures folio 36 . | 45 | — | —

---

266. *Crediter des Marchandiſes pour Compte d'autrui, & dont je dois envoyer*
le Compte en Argent de Banque, de l'Agio des ſommes dont elles
ſont debitées en Argent courant.

4. | AGIO A LAINES D'ESPAGNE Pour Compte de Lopes Daſſierra *fl.* 12 : 8 : 8
—— | Pour l'Agio de *fl.* 271 : 15 courant, dont lesdites Laines ſont Debitées, que je reduis
24. | en Argent de Banque à 105 pour cent, pour en envoyer le Compte tout en argent de
Banque . | 12 | 8 | 8

---

267. *Envoi d'un Compte de Vente de Marchandiſes vendues pour Compte d'un*
Correspondant, duquel je tiens le Compte en argent de Banque.

4. | LAINES D'ESPAGNE Pour Compte de Lopes Daſſierra Aux ſuivans *fl.* 5875 : 2 : 8
Pour ma Commiſſion & net Provenu de 20 Bales Laine de Segovie, reçues par le Navire *la Concorde* pour Compte dudit Daſſierra, ſuivant le Compte à lui envoyé au Livre
de Factures fol. 36, SAVOIR:

12. | A COMPTE DE COMMISSION *fl.* 122 : 14 pour ma Proviſion de *fl.* 6134 : 9 B^co.
à quoi monte la Vente desdites 20 Bales Laine à 2 pour cent .. fl. 122 : 14 :

25. | A LOPES DASSIERRA de Cadix ſon Compte *fl.* 5752 : 8 : 8 B^co.
pour le net produit desdites Laines ſuivant le Compte à lui envoyé ce
jourd'hui   5752 : 8 : 8 | 5875 | 2 | 8

---

268. Re-

—————— A AMSTERDAM, cé 24 Juillet 1723. —————	Florins.	fols	Pe.

268. *Recevoir payement, partie en argent de Banque & partie en argent courant d'un Debiteur qui me Doit en argent courant.*

Les fuivans A ABRAHAM WILLINK *fl.* 35040 : 12 Pour ce qu'il m'a payé ce jourd'hui, tant en Banque qu'en courant, pour la moitié des 30 Bales Cochenille à lui vendues le 10 du paffé, qu'il devoit me payer dans 6 femaines, SAVOIR :

		Florins	fols	Pe
23.	BANQUE *fl.* 20000 : Pour ce qu'il m'a écrit en Banque ce jourd'hui *fl.* 20000 :			
4.	AGIO *fl.* 1000 : Pour celui de ladite fomme à 5 pour cent . 1000 :			
25.	CAISSE *fl.* 14040 : 12 : reçu de lui pour folde . 14040 : 12			
24.		35040	12	—

Du 28. dito.

269. *Envoi d'un Compte de Marchandifes vendues pour Compte d'un Correspondant duquel je tiens le Compte en argent de Banque.*

		Florins	fols	Pe
19.	COCHENILLE pour Compte d'Antoine Athenas & Compagnie Aux fuivans *fl.* 68444 : 4 Pour les Articles fuivans paffez dans le Compte de 30 Bales Cochenille, envoyé ce jourd'hui auxdits Athenas & Compagnie, comme au Livre de Factures, folio 40 SAVOIR :			
24.	A COMPTE DE FRAIX *fl.* 340 : 10 : 8 Pour les Fraix faits en retirant les 30 Bales fusdites de chez Elizabet Thielens, Courtage de vente & Fraix de livraifon fuivant la fpecification en détail dans ledit Compte . *fl.* 340 : 10 : 8			
12.	A COMPTE DE COMMISSION *fl.* 1401 : 12 Pour ma Commiffion de *fl.* 70081 : 4 : qu'ont produit lefdites 30 Bales Cochenille à 2 pour cent . 1401 : 12 : 8			
4.	A AGIO *fl.* 3176 : 6 Pour celui de *fl.* 66702 : 1 courant, à quoi monte le net Provenu desdites 30 Bales à 105 pour cent . 3176 : 6 :			
16.	A ANTOINE ATHENAS & Compagnie leur Compte *fl.* 63525 : 15 B^{co}. Pour *fl.* 66702 : 1 courant à quoi monte le net Provenu des 30 Bales Cochenille reçuës d'eux par le Navire *l'Helene*, Capitaine *Jean Limier*, reduit à 105 pour cent, fuivant le Compte à eux envoyé ce jourd'hui . 63525 : 15 :			
		68444	4	—

Du 30. dito.

270. *Crediter une Cargaifon vendue pour mon Compte par un Correspondant avec lequel je tiens Compte en argent de Banque.*

Les fuivans A CARGAISON Pour Cadix par le Navire *l'Elizabet* à la Confignation d'Antoine Athenas & Compagnie *fl.* 10607 : 12 : 8 Pour Reaux 38422 : 8 Provenus de ladite Cargaifon, SAVOIR :

		Florins	fols	Pe
22.	ANTOINE ATHENAS & Compagnie mon Compte *fl.* 10102 : 10 B^{co}. Pour Reaux 38422 : 8 à quoi fe monte le net Provenu de ladite Cargaifon fuivant le Compte qu'ils m'en ont envoyé par leur Lettre du 6 du Courant, lesquels Reaux 38422 : 8 faifant D. 3483 : 12 : 4 je reduis en argent de Banque à 116 ¾ par Ducat Rx. 38422 : 8 *fl.* 10102 : 10 :			
4.	AGIO *fl.* 505 : 2 : 8 Pour celui de ladite fomme à 5 pour cent. . 505 : 2 : 8			
19.		10607	12	8

271. Sol-

A AMSTERDAM , du 6 Août 1723.	Florins	sols	pe.

271. *Solder le Compte de Banque après l'ouverture d'icelle.*

23. / 23. — BANQUE Compte nouveau A elle-même Compte vieux *fl.*41469 : 18 Pour autant qu'il me reste en icelle pour solde des vieux Livres à folio 1620 qu'on a transporté sur les nouveaux Livres de la Banque à folio 1564 — 41469 | 18

272. *Crediter la Banque pour l'argent des Parties écrites depuis la precédente fermature.*

24. / 23. — COMPTE DE FRAIX A BANQUE *fl.*4 : 18 : Pour 49 Parties écrites en Banque, depuis l'ouverture de Fevrier à 2 *f.* par Partie — 4 | 18

273. *Crediter la Caisse pour les Fraix & depenses faites depuis quelque tems.*

Les suivans A CAISSE *fl.*1643 : 15 Pour ce qui suit que je trouve avoir payé pour Depenses de menage & Fraix, SAVOIR :

16. — DEPENSES de Menage *fl.*1225 : Pour ce que je trouve avoir depensé dans mon Menage depuis le 31 Mars dernier, suivant ma note — *fl.*1225 :

24. / 25. — COMPTE DE FRAIX *fl.*418 : 15 pour les Fraix payez depuis le premier Juin, comme au Livre de Fraix folio 13 — 418 : 15

1643 | 15

Du 12. dito.

274. *Recevoir le dernier terme d'un payement accordé à un Debiteur.*

23. / 21. — BANQUE A JEAN BULTIAU *fl.*430:18 : Pour autant qu'il m'a écrit ce jourd'hui en Banque pour le dernier terme de son accord & pour solde d'icelui — 430 | 18

275. *Recevoir d'un Courtier en Assurances les Primes qu'il me devoit, en lui faisant bon son Courtage.*

Les suivans A ABRAHAM SALINIERES *fl.*400: Reçu de lui, comme suit, pour les Primes d'Assurance qu'il me devoit, SAVOIR :

25. — CAISSE *fl.*380 Reçu de lui pour *fl.*400 qu'il me devoit, deduit *fl.*20 pour le Courtage de *fl.*8000 que je lui devois à ¼ pour cent — *fl.*380

20. / 20. — COMPTE D'ASSURANCES *fl.*20 pour Courtage de *fl.*8000 à ¼ pour cent fait bon audit Salinieres — 20

400

276. *Crediter un Correspondant pour sa Commission & Ports de Lettres pour mon Compte, & le Debiter au sien pour ce qui me reste pour solde d'icelui.*

9.

Les suivans A ANTOINE ATHENAS & Compagnie mon Compte *fl.*10281 : 14 : SAVOIR :

Suite à la Page suivante.
Y y

COMP-

Suite de la Page précedente.

24.   Compte de Fraix *fl.*63 : 1 : 8 Pour Reaux 240 faifant D. 21 : 15 qu'ils me portent en Compte pour leur Commiffion & Ports de Lettres dans mon Compte qu'ils m'ont
envoyé en date du 21 du paffé, reduit à 116 § par Ducat   Rx. 240 fl.   63 : 1 : 8

16.   Antoine Athenas & Compagnie leur Compte *fl.* 10218 : 12 : 8
22.   Pour Rx. 38770 : 8 qu'ils me reftent pour folde du fusdit Compte ,
faifant D. 3515 : 1 dont, fuivant leur ordre, je les Debite à leur Comp-
te le Change à 116 § par Ducat   ·   ·   ·   Rx. 38770 : 8   10218 : 12 : 8   10281 | 14

277. Solder mon Compte chez un Correspondant par le Profit fait fur icelui.

22.   Antoine Athenas & Compagnie mon Compte A Gains & Pertes *fl.* 99 : 4
10.   Pour avance fur ce Compte & pour folder l'argent d'Hollande   ·   99 | 4

Remarque fur le profit qui fe trouve fur ce Compte, & autres pareils.

Lors qu'il s'agit de Crediter un Correspondant fur notre Compte pour les Fraix de Courtages, Ports de Lettres ou autres , on reduit toûjours l'argent étranger en monnoye du Païs, comme je l'ai fait jusques ici , mais je l'ai fait plûtôt pour fuivre l'ufage, que par la droite raifon , fuivant laquelle , felon moi , il ne faudroit rien mettre en argent du Pais , pour l'argent étranger dont on Credite le Correspondant , parce qu'il eft clair que cela rend faux l'Article par lequel on Debite ou l'on Credite le Correspondant pour folder la monnoye du Pais.

Par exemple , je trouve ci-deffus fl. 99 : 4 de profit fur mon Compte chez Athenas & Compagnie , & cependant il n'y a réellement & de fait que fl. 36 : 2 : 8 de profit ; car fi vous deduifez de fl. 99 : 4 les fl. 63 : 1 : 8 dont je les ai Creditez dans l'Article 275 pour les 240 Reaux , il ne viendra que ladite fomme de fl. 36 : 2 : 8 de laquelle fomme je voudrois feulement Debiter mon Compte chez Athenas , & ne rien mettre pour les 240 Reaux. Je l'ai toûjours pratiqué de cette maniere fur mes Livres , & il me femble qu'il eft infiniment plus naturel de ne faire voir le profit que tel qu'il eft effectivement, que d'en faire voir un qui eft fouvent imaginaire , comme il le feroit , par exemple , dans ce même Compte , fi les Fraix alloient à 2 ou 3 fois plus que je ne les ai paffez, comme il eft facile de le voir par l'extrait du même Compte où je fuppofe les Fraix de 720 Reaux.

Debit			Antoine Athenas & Compagnie, &c.		Credit		
	Reaux				Reaux		
6 Mai ·	R. 40588 :	fl. 10580 :	:	2 Avril ·	R. 40000 :	fl. 10500 :	:
30 Juillet	38422 : 8	10102 : 10 :	12 Août pour Fraix		720 :	189 : 4 : 8	
l'Avance feroit	—— : -	74 : 9 : 8	A eux-mêmes		38290 : 8	10067 : 15 :	
	Rx. 79010 : 8	fl. 20756 : 19 : 8			79010 : 8	fl. 20756 : 19 : 8	

Suivant cette Methode il faut abfolument paffer en profit fl. 74 : 9 : 8 cependant , au lieu de gain , il y a effectivement fl. 114 : 15 de perte réelle , parce qu'il faut confiderer les fl. 189 : 4 : 8 que je paffe pour les 720 Reaux de Fraix comme une perte que je ne dois pourtant compter pour rien en argent d'Hollande , mais bien en argent d'Efpagne , parce que A. Athenas & Compagnie me les doivent de moins , & qu'il faut bien que je les en Credite pour favoir la jufte fomme des Reaux qu'ils me doivent. Or en ne paffant rien en argent d'Hollande pour les 720 Reaux , il faudra que, pour folder l'argent d'Hollande de ce Compte , je le Credite de fl. 114 : 15 ce qui eft la veritable perte. Je fai bien qu'on peut me dire que cela revient à la même chofe , & qu'au fond le Compte de Fraix , fe foldant par le Compte de Gains & Pertes , tout fe trouve à la fin ; mais je repons qu'il eft ridicule de paffer des profits imaginaires fur des Livres , & très-dangereux pour ceux qui paffent ainfi ces fortes de Comptes , car s'ils ne font pas attention aux fraix qu'ils payent , ils peuvent continuer pendant long-tems un Commerce ruineux.

278. Re-

278. *Recevoir avis & Compte de Vente d'une Cargaison vendue pour mon Compte à Lisbonne.*

Les suivans A CARGAISON pour Lisbonne sur le *St. Pierre* &c. fl. 10419 : 13 : 8 Pour le net Provenu des Marchandises que j'avois envoyées le 20 Fevrier dernier a Deventer & de Groot dudit lieu , lesquelles ont produit de net 3568000 Rés suivant le Compte qu'ils m'en ont envoyé en date du 21 du passé, SAVOIR :

26. DEVENTER & de Groot de Lisbonne mon Compte fl. 9923 : 10: B^co. pour 3568000 Rés à quoi monte le net Provenu de ladite Cargaison suivant leurdit Compte, faisant + 8920 : que je reduis à 44½ ß par Crusade Rés 3568000   fl. 9923 : 10 :

4. AGIO fl. 496 : 3 : 8 Pour celui de ladite somme à 5 pour cent   496 : 3 : 8

19.   10419 | 13 | 8

279. *Debiter en argent courant une Cargaison faite pour mon Compte par un Correspondant avec lequel je tiens Compte en argent de Banque.*

26. CUIRS DU BREZIL achetez à Lisbonne Aux suivans fl. 7717 : 10 : Pour 2642685 Rés, à quoi monte l'Achat & Fraix de 1000 Cuirs du Brezil que Deventer & de Groot de Lisbonne ont achetez pour mon Compte , & chargez sur le Navire *la bonne Intention*, Me. *Ary van Waey*, suivant le Compte qu'ils m'en ont envoyé en date du 21 du passé, SAVOIR :

26. A DEVENTER & DE GROOT mon Compte fl. 7350 : B^co. Pour 2642685 Rés, à quoi monte l'Achat & Fraix de 1000 Cuirs du Brezil, qu'ils ont achetez pour mon Compte & chargez sur le susdit Navire, faisant + 6606 ²⁸⁸⁄₄₀₀ que je reduis à 44½ ß par Crusade en argent de Banque d'ici   .   Rés 2642685 fl. 7350 :

4. A AGIO fl. 367 : 10 pour celui de ladite somme à 5 pour cent   ..   367 : 10

                                                                   7717 | 10 |

Du 20. dito.

280. *Vente des Huiles & Fanons de Baleine, provenus de la Pêche d'un Navire pour Compte à ½ avec un Correspondant.*

7.
26. COMPTE DE DEBITEURS A PECHE du Navire *la Marguerite* fl. 24151 : 6 Pour ce qui m'est dû par les sousnommez pour vente à eux faite des Huiles & Fanons des 6 Balcines que ledit Navire a prises cette année, SAVOIR :

Par Cornelis Kleyndert fl. 11752 : 8 Pour 250 Bariques Huile de Baleine à lui livrées, contenant 395 Quartaux, 10 Stekans, 12 mingles à fl. 30 le Quartaut de 12 Stekans   fl. 11876 : 17 : 8
                         Deduit 1 pour cent   118 : 15 : 8

                                                                 fl. 11758 : 2 :

Par Abraham de Veer fl. 12393 : 4 Pour 3000 Fanons à lui livrez, comme suit :

2592 Fanons de Mesure, pesant   10392 ℔
     Deduit 2 pour cent   208

                                       10184 ℔

408 dito petits pes. 504 ℔ à 2 ℔ pour 1   252 ℔

3000 Fanons pesant   10432 ℔ le ½ fl. 120 le ½ fl. 12518 : 8

     Deduit 1 pour cent   .   .   125 : 4

                                          12393 : 4 :

                                                                   24151 | 6 |

Y y 2

281. *Debiter un Compte de Pêche d'un Navire du Fret qu'on aloüe au Navire, des Fraix faits & payez, & de la portion des Intereſſez pour en ſolder le Compte.*

26. Pᴇᴄʜᴇ du Navire *la Marguerite* Aux ſuivans *fl.*24151 : 6 : Pour Fret, Fraix & net Provenu des 6 Baleines que ledit Navire a priſes cette année, Sᴀᴠᴏɪʀ :

25. A Cᴀɪssᴇ *fl.*1187 : 15 Payé pour les Articles ſuivans, Sᴀᴠᴏɪʀ :

	fl.		
Au Commandeur Pieter Sprang pour ſon Droit de *fl.*60 par Poiſſon accordé	360	—	:
A 8 Harponneurs & Trancheurs de Lard à chacun *fl.* 10 par Poiſſon	480	—	:
A Jan Backer pour fonte du Lard & nettoyage des Fanons	220	10	:
Pour Courtage de Vente de l'huile & des Fanons	127	5	:
	fl. 1187	15	:

21. A Nᴀᴠɪʀᴇ *LA MARGUERITE* Compte general *fl.*6000 Pour autant que du conſentement de Darius & Compagnie je paſſe au Credit dudit Navire pour le Fret & Fraix de ſon Voyage de Groenland   6000 : — :

22. A Dᴀʀɪᴜs & Compagnie leur Compte *fl.*8077 : 17 : 8 pour le montant en Argent de Banque de *fl.*8481 : 15 : 8 Courant, à quoi monte leur ½ du net Provenu de ladite Pêche ſuivant le Compte à eux envoyé ce jourd'hui à la Copie des Comptes folio 40, reduit à 105 pour cent   *fl.* 8077 : 17 : 8

4. A Aɢɪᴏ *fl.*403 : 18 Pour celui de ladite ſomme à 5 pour cent   403 : 18 :
         8481 : 15 : 8

10. A Gᴀɪɴs ᴇᴛ Pᴇʀᴛᴇs *fl.*8481 : 15 : 8 Pour ma ½ du net Produit ou profit ſur les 6 Baleines pêchées par le Navire *la Marguerite*   8481 : 15 : 8   24151 | 6 |

Du 24. dito.

282. *Payer le Fret & les Droits d'Entrée des Marchandiſes reçues pour mon Compte.*

26. / 25. Cᴜɪʀs ᴅᴜ Bʀᴇᴢɪʟ achetez à Lisbonne A Cᴀɪssᴇ *fl.*551 : 4 Payé, comme ſuit, pour Fret, Avaries, Droits d'entrée & Port au Magazin des 1000 Cuirs du Brezil, reçus par le Navire *la bonne Intention*, Me. *Ary van Waey* de l'envoi de Deventer & de Groot de Lisbonne, qui ſont creditez pour l'Achat au 15 du Courant, Sᴀᴠᴏɪʀ :

Pour Fret des 1000 Cuirs à 5 ſ. la Piece *fl.*250 : & Avaries à 10 pour cent enſemble	fl. 275	:
Pour Droits d'Entrée desdits Cuirs declarez au deſſous de 25 ℔ piece à 3 ſ.	fl. 150	:
⅓ d'augmentation	50	:
1 pour cent de l'Apreciation à raiſon de *fl.* 3½ Piece, faiſant *fl.* 3500	35	:
½ pour cent de Prime	17	: 10
Pour le Paſſeport	3	: 4
	255	: 14
Pour Décharge & Port au Magazin	20	: 10
	551	4

283. Re-

283. *Remettre des Lettres de Change à un Correspondant pour mon Compte.*

6.
—
23.
DARIUS & Compagnie mon Compte A BANQUE *fl.* 9586 : 17 : 8 Pour L. 28500 Tournois à lui remises ce jourd'hui en 3 Lettres, comme suit ; fur les sousnommez de Paris: SAVOIR:

4000 ▽ fur le Chevalier Bernard en Lettre d'André Pels & fils de ce jour à vuë, écrit auxdits Pels à 40¼ & par Ecu   .   .   L. 12000 *fl.* 4052 : 10 :

3500 ▽ fur Jean Cottin en Lettre de Cadet De Launai de ce jour à un jour de date, à lui écrit à 40¼ &   10500   3521 : 17 : 8

2000 ▽ fur Pierre Martel en Lettre de Behn & van Hamel de ce jour à un jour de date à eux écrit à 40¼ &   6000   2012 : 10 :

9500 ▽   L. 28500 | 9586 | 17 | 8

284. *Payer l'Avarie groffe d'une fomme que j'avois affurée.*

20.
—
25.
COMPTE D'ASSURANCES A CAISSE *fl.* 800 Payé à Hendrik Makreel pour 40 pour cent d'Avarie groffe reglée fur le Navire *la Vendange*, Me. *Dirk Schouten*, fur lequel je lui avois affuré pour Pierre Teftas le 24 Fevrier dernier *fl.* 2000 dont l'Avarie à 40 pour cent, eft   .   .   . | 800 | — |

Du 28. dito.

285. *Achat d'un Navire pour Compte d'un Correspondant.*

26.
—
25.
NAVIRE *le St. Jago* pour Compte de Lopes Daffierra de Cadix A CAISSE *fl.* 18768 : 15 Payé à Jan Wouters pour ledit Navire acheté de lui le 20 du Courant au Baffin, pour le mettre en charge pour Cadix ; & l'envoyer audit Daffiera, SAVOIR:

Pour l'Achat dudit Navire qui m'a été adjugé pour   .   *fl.* 18500 :
Pour la ½ du 40ᵐᵉ denier   .   231 : 5
Pour la ½ Rançon   .   25 :
Pour la ½ du Transport fait par le Notaire Walfchar   .   12 : 10 | 18768 | 15

286. *Tirer fur un Correspondant pour fon Compte à l'ordre d'un autre Corres-pondant, auquel je remets auffi pour fon Compte.*

16.
—
25.
ANTOINE ATHENAS & Compagnie leur Compte A LOPES DASSIERA fon Comp-te *fl.* 23200 Pour D. 8000 remis ce jour auxdits Athenas & Compagnie en ma propre Lettre à 40 jours de date fur ledit Daffiera, que je paffe à l'un & à l'autre à 116 & par Ducat   .   .   . | 23200 | — |

    287. *Payer*

———— A AMSTERDAM, ce 30 Août 1723. ———— | Florins. | fols | pe.

287. *Payer une Lettre tirée ſur moi pour une Action qu'un de mes Correspondans a achetée pour moi dans la Banque de Londres, pour laquelle je ne veux pas le Crediter.*

26.
23. BANQUE de Londres A BANQUE *fl.*6407 : 14 Ecrit à George Clifford & Compagnie pour une Traite de L.604 : 10 ſt. de Jaques Louïs Berchere ſur moi à 35 ẞ 4 ẞ, à l'ordre de Le Clerc de Virly du 4/13 du Courant à ½ Uſance, pour une Action de L.500 ſt. de Capital que ledit Berchere a achetée pour mon Compte & faite transporter ſur mon nom dans les Livres de ladite Banque de Londres, coutant ladite Action, comme ſuit, ſuivant la Lettre dudit Berchere dudit jour, SAVOIR :

 L.600 : : ſt. Pour l'Achat desdites L.500 de Capital à 120 pour cent.
  3 : : Pour ſa Commiſſion à ½ pour cent.
  1 : 10 : Pour le Transport.

 L.604 : 10 : ſt. que ledit Berchere a tiré ſur moi comme deſſus à 35 ẞ 4 ẞ | 6407 | 14 |

Du 2. Septembre.

288. *Vendre des Meubles au Comptant.*

25.
8. CAISSE A MEUBLES *fl.*2500 Reçu de Raymond Jooſte pour les meubles ſuivans à lui vendus, SAVOIR :

Une Tenture de Tapiſſerie de haute liſſe pour	*fl.* 2200 :
Pour 12 Chaiſes de Tapiſſerie & 2 Fauteuils	160 :
Pour 2 grands Miroirs, une Table & 2 Gueridons	140 :

| 2500 |

289. *Achat de Meubles au Comptant.*

8.
25. MEUBLES A CAISSE *fl.*5200 Payé à divers pour les Meubles ſuivans achetez ce jourd'hui, SAVOIR :

Une Tenture de Tapiſſerie de haute liſſe repreſentant l'Hiſtoire de Salomon, achetée au Heer-Logement, pour	*fl.* 4200 :
Une Tenture de Lit de Damas	500 :
Une Couverture ou Courtepointe de la Chine	150 :
Une Garniture de 5 Vaſes de Porcelaine du Japon	350 :

| 5200 |

290. *Vente de biens fonds à payer moitié Comptant & moitié à terme.*

26.
7. JAN HENDRIK SMIT A BIENS FONDS *fl.*16000 Pour Vente à lui faite ce jourd'hui de la Maiſon que j'avois ſur le Heer-Gracht pour la ſomme de *fl.* 16000 : à payer la moitié Comptant & l'autre moitié dans 2 mois, à condition qu'il payera tout le 40ᵐᵉ denier & tous les autres Fraix, ſuivant le Contract du Transport que je lui en ai paſſé par le Notaire Demarolles | 16000 | |

291. Re-

A AMSTERDAM, ce 4 Septembre 1723.   Florins. | fols | pc.

291. *Recevoir payement du premier terme d'une Maison vendue.*

25. / 26. CAISSE A JAN HENDRIK SMIT *fl.* 8000 Reçu de lui ce jourd'hui pour le premier terme de ma Maison sur le Heer-Gracht à lui vendue pour *fl.* 16000   **8000** — —

---

292. *Debiter un Navire à ses Interessez pour le Fret d'icelui.*

21. NAVIRE *LA MARGUERITE* Compte General Aux suivans *fl* 6000 Pour le Fret dont je l'ai Credité au 22 du passé dont je fais bon la ½ à Darius & Compagnie & l'autre moitié à ma Portion dudit Navire, SAVOIR:

22. A NAVIRE *LA MARGUERITE* Compte Particulier *fl.* 3000 : Pour ma ½ des *fl.* 6000 que j'ai alouez audit Navire pour le Voyage de Groenland   *fl.* 3000 :

22. A DARIUS & Compagnie leur Compte *fl.* 2857 : 3 Pour le montant en argent de Banque des *fl.* 3000 Courant que je leur fais bon pour leur ½ moitié du fret dudit Navire, reduit à 105 pour cent   fl. 2857 : 3

4. A AGIO *fl.* 142 : 17 pour celui de ladite somme à 5 pour cent.   142 : 17
       3000 :

       6000 —

Du 10. dito.

293. *Excompter des Lettres de Change qu'un Correspondant m'a remises pour mon Compte.*

23. / 26. BANQUE A DARIUS & Compagnie mon Compte *fl.* 9760 : 2 : 8 & L. 28500 : Tournois pour les 4 Lettres suivantes qu'ils m'ont remises le 4 du Courant à 2 Usances sur Jean Barthelemy Rietman en Lettres de Heusch de Sanvry, lesquelles j'ai excomptées avec Jan de Man qui m'en a écrit la valeur à 2¼ pour cent, SAVOIR:

   3000
   2900
   1800   9500 ▽ à 41¼ ⅛ en 4 Lettres comme dessus L. 28500   fl. 9796 : 17 : 8
   1300   Deduit pour l'Excompte de 60 jours à 2¼ pour cent   36 : 15 :

       écrit par ledit   **9760** · 2 · 8

---

294. *Recevoir Compte d'un Correspondant d'une Cargaison faite à mon adresse pour Compte de divers.*

27. CARGAISON de Waterfort pour ici sur le *Bœuf Sauvage* Me. *Gillis van der Os*, pour Compte ⅓ de Guillaume & François Fagan de Waterfort, ⅓ de Pieter de Waert d'ici, & ⅓ pour moi Aux suivans *fl.* 5830 : 7 : Pour les ⅔ dudit de Waart & moi de 330 Barils Beure d'Irlande que Guillaume & François Fagan de Waterfort ont acheté pour Compte susdit & chargez à mon adresse sur ledit Navire, suivant le Compte qu'ils m'en ont envoyé en date du 10 du passé, SAVOIR:

27. A GUILLAUME & FRANÇOIS FAGAN de Waterfort mon Compte fl. 5408 : 3 Bco. & L. 540 : 16 : 2 ft. d'Irlande pour les ⅔ de L 811 : 4 : 3 ft. à quoi monte l'achat des susdits 330 Barils beure, lesquelles L. 540 : 16 : 2 ft. reduites en Argent de Londres à 106¼ pour cent font 507 : 16 : 2 ft., reduites en argent de Banque à 35 ⑂ 6 ⅝ par Livre sterlin   L. 540 : 16 : 2 fl. 5408 : 3

4. A AGIO *fl.* 270 : 8 : Pour l'Agio de ladite somme à 5 pour cent   270 : 8

25. A CAISSE *fl.* 151 : 16 Payé à Hendrik Makreel pour Prime de *fl.* 5000 fait assurer sur ledit Beure à 3 pour cent & 36 *f.* pour la Police   151 : 16

       5830 7 —

Z z 2   295. De-

———— A AMSTERDAM, ce 10 Septembre 1723. ———— | Florins. | fols | Pe.

295. *Debiter un Correspondant pour la Prime d'Assurance & Commission d'une*
somme faite assurer pour lui.

27. GUILLAUME & FRANÇOIS FAGAN de Waterfort leur Compte Aux suivans *fl.*89:6
Pour Prime & Police, & Commission de *fl.*2500 fait assurer sur son ⅕ des susdits Beur-
res, SAVOIR :

25. A CAISSE *fl.*76 : 16 Payé à Hendrik Makreel pour Prime d'Assurance de ladite somme à 3 pour cent & 36 *s.* pour la Police · · *fl.* 76 : 16

12. A COMPTE DE COMMISSION *fl.*12 : 10 Pour celle desdits *fl.*2500 à ½
pour cent · 12 : 10
_____ | 89 | 6 | —

Du 10. dito.

296. *Debiter un Interessé pour sa portion dans une Cargaison dont je tiens*
Compte.

11. PIETER DE WAERT A CARGAISON de Waterfort pour ici de *fl.*2915 : 3 : 8
27. Pour son ⅕ dans ladite Cargaison suivant le Compte que je lui en ai fourni · | 2915 | 3 | 8

Du 13. dito.

297. *Remettre pour mon Compte à un Correspondant.*

6. DARIUS & Compagnie mon Compte A BANQUE *fl.*12212 : 10 : & L. 36000 Pour
23. les 4 Lettres suivantes sur les sousnommez de Paris à eux remifes ce jourd'hui pour m'en
faire le Retour, SAVOIR :

4000 ▽ sur De Moracin & Laborde en Lettre de Leon de Moracin de ce jour à un
jour de date à 40¼ ℅ écrit audit Leon de Moracin   L.12000   fl.4037 : 10 :

3000 ▽ sur eux-mêmes en Lettre de Servat & fils du 10 du
Courant à 2 jours de date à 40¼ ℅ , écrit auxdits
Servat · · · 9000   3078 : 2 : 8

3000 ▽ sur les Freres Cavalier en Lettre d'Abraham Clary
du 10 du Courant à un jour de date à 40¼ ℅ à lui
écrit · · · 9000   3078 : 2 : 8

2000 ▽ sur Du Jardin en Lettre de Pierre Fesquet de ce
jour à un jour de date à lui écrit à 40¼ ℅ · 6000   2018 : 15 :
_____   _____ | 12212 | 10 | —
12000   36000

---

298. *Vente de Marchandises pour mon Compte.*

Les suivans A CUIRS DU BREZIL achetez à Lisbonne *fl.*8341 : 7 Pour Vente faite
aux sousnommez des 1000 Cuirs reçus par Ary van Waey, SAVOIR :

Suite à la Page suivante.

JA-

| A AMSTERDAM; du 13 Septembre 1723. | Florins | sols | pt. |

Suite de la Page precedente.

11. JAQUES DUPEYROU Junior *fl.* 5177 : 11 : Pour 500 Cuirs pefans à lui vendus

pefant . . 18160 ℔

Deduit 2 pour cent . 364 ℔
Deduit 2 ℔ par Cuir . 1000

1364 ℔

Net . . 16796 ℔ à 6¼ f. ℔ . *fl.* 5248 : 15

Deduit 1 pour cent . *fl.* 59 : 10
½ Droit du Poids . 11 : 14

71 : 4

fl. 5177 : 11

27.
―
26.
JAN VAN VOLLENHOVEN *fl.* 3163 : 16 : Pour 500 Cuirs legers,

Pefant . . 12150 ℔

Deduit 2 pour cent 243 ℔
Deduit 2 ℔ par Cuir 1000

1243 ℔

Net . . 10907 ℔ à 5⁵⁄₇ f. ℔ *fl.* 3203 : 18 : 8

Deduit 1 pour cent *fl.* 32 : : 8
½ Droit du Poids . 8 : 2 :

40 : 2 : 8

3163 : 16

8341 | 7 | —

Du 20. dito.

299. *Crediter un Correspondant pour des Traites qu'un autre Correspondant a faites fur lui pour mon Compte.*

27.
―
8.
GUILLAUME & FRANÇOIS FAGAN mon Compte A GEORGE PEACE mon Compte *fl.* 5408 : 3 & L. 540 : 16 : 2 ft. d'Irlande pour L. 507 : 16 : 2 ft. que lesdits Fagan avoient tiré pour mon Compte fur ledit Peace le $\frac{1}{12}$ du paffé à Ufance à 6½ pour cent d'avance aux Lettres, faifant L. 507 : 16 : 2 de Londres, que ledit Peace m'écrit avoir payées le $\frac{3}{14}$ du Courant, & qu'il en a tiré la valeur fur moi en L. 507 : 16 : 2 ft. à Ufance à l'ordre de Denis Dutry à 35 ß 6 ß par Livres fterlin . L. 540 : 16 : 2 & L. 507 : 16 : 2

5408 | 3 | —

300 *Debiter un Navire ponr le Radoub & Equipement d'icelui.*

26.
―
25.
NAVIRE *le St. Jago* A CAISSE *fl.* 8545 : 10 Payé à divers pour Radoub, tant du Corps du Navire, que des Voiles, Mats & Cordages d'icelui; pour Vivres & Munitions, & un mois de Gages, payé à l'Equipage aujourd'hui à fon départ pour Cadix, fuivant le Compte en détail au Livre de Factures, folio 42

8545 | 10 | —

301. *Debiter un Navire acheté pour le Compte d'un Correspondant pour ma Commiffion de l'Achat & des Fraix faits fur icelui.*

26.
―
12.
NAVIRE *le St. Jago* A COMPTE DE COMMISSION *fl.* 546 : 5 Pour ma Commiffion de *fl.* 27311 : 15 à quoi monte l'Achat & l'Equipement dudit Navire, fuivant le Compte envoyé ce jour à Lopes Daffierra au Livre de Factures folio 42, à 2 pour cent.

546 | 5 | —

Aaa

302. Debi-

302. *Debiter un Correspondant duquel je tiens le Compte en argent de Banque,*
de l'Achat & Fraix d'un Navire que je lui ai expedié pour son
Compte.

Les suivans A NAVIRE *le St. Jago fl.*27860 : 10 Courant pour l'Achat dudit Navire,
& les Fraix faits pour l'équiper & le mettre en mer, pour Compte de Lopes Dasierra
de Cadix, auquel je l'ai envoyé par le Capitaine Jean del Ribail parti hier de devant la Ville, suivant le Compte envoyé ce jourd'hui audit Dassierra, comme au Livre de Factures folio 42, S A V O I R :

		Florins	fols	Pe.
25.	LOPES DASSIERRA son Compte *fl.*26533 : 16 B^{co}. pour *fl.*27858 Courant, à quoi revient ledit Navire avec tout l'Equipement que j'ai fait suivant le Compte à lui envoyé comme dessus, reduit à 105 pour cent . . *fl.*26533 : 16				
4.	AGIO *fl.*1326 : 14 : pour l'Agio de ladite somme à 5 pour cent . 1326 : 14				
26.			27860	10	—

303. *Recevoir d'un Interessé dans une Cargaison sa portion de l'Achat & de*
l'Assurance d'icelle.

		Florins	fols	Pe.
25. 11.	CAISSE A PIETER DE WAERT *fl.*2915 : 3 : 8. Reçu de lui ce jourd'hui pour le montant de son ⅓ de l'achat des 330 Barils Beurre faits acheter à Waterfort, & sa ⅓ de la Prime des *fl.*5000 faits assurer sur iceux . .	2915	3	8

Du 22. dito.

304. *Crediter un Correspondant d'une Remise qu'il m'a faite pour solde de mon*
Compte.

		Florins	fols	Pe.
23. 26.	BANQUE A DEVENTER & DE GROOT mon Compte *fl.*2602 : 9 Pour Rés 925315 qu'ils m'ont remis le 21 Juillet dernier en + 2313¾ à 44½ § en Lettre de De Bruyn & Cloots de Lisbonne du 21 Juillet à Usance sur Jean Batiste & Egidio Cloots pour solde de mon Compte; écrit par lesdits Cloots . . Rés 925315	2602	9	—

Du 25. dito.

305. *Excompter une Lettre qu'un Correspondant m'a remise pour mon Compte,*
comme en l'Article 292.

		Florins	fols	Pe.
23. 6.	BANQUE A DARIUS & Compagnie mon Compte *fl.*12254 : 15 & L. 36000 : Pour leur Remise de 12000 ▽ à 41 § sur André Pels & fils en Lettre de Paris de Mommartel de Paris du 20 du Courant à 2 Usance à mon ordre, faisant *fl.*12300 : laquelle Lettre j'ai excomptée avec lesdits Pels, qui m'en ont écrit la valeur, déduit *fl.*45 : 5 : Pour l'excompte de 59 Jours à 2¼ pour cent . . L. 36000	12254	15	—

306. *Prendre des Lettres de Change en Excompte.*

		Florins	fols	Pe.
14. 23.	LETTRES DE CHANGE à recevoir A BANQUE *fl.*6124 : 16 Ecrit à Vasserot & Compagnie, pour les 2 Lettres suivantes à eux excomptées ce jourd'hui, S A V O I R :				
	*fl.*4100 : en 4000 ▽ à 41 § sur Pierre Banal & Compagnie en Lettre de Claude Mongirod de Lion du 5 du Courant à 2½ Usances.				
	2010 : en 2030 ▽ à 41 § sur Florentin Dureau en Lettre de Ferriol de Bourdeaux, du 5 du Courant, à 2½ Usances				
	*fl.*6150 : Deduit *fl.*25 : 4 : pour l'Excompte de 59 jours à 2¼ pour cent, écrit aux-dits Vasserot.		6124	16	—

307. Ex-

307. *Excompter une Lettre tirée sur moi-même par un Correspondant pour son Compte.*

14.
23.
LETTRES DE CHANGE à payer A BANQUE *fl.* 7130 : 13 : Écrit à Jacob Martin pour une Lettre de 7000 ▽ à 41 § faisant *fl.* 7175 ; tirée sur moi par Darius & Compagnie de Paris pour leur Compte du 14 du Courant à 3 Usances 8 jours à l'ordre de P. Poirier, laquelle j'ai excomptée audit Martin à raison de 2½ pour cent par an , fait *fl.* 44 : 7 & à lui écrit   7130 | 13 | —

308. *Excompter une Lettre tirée sur moi pour un Correspondant pour mon Compte.*

27.
23.
JAQUES HOOGHSTOEL mon Compte A BANQUE *fl.* 4084 : 18 : & L. 12000 : Pour sa Traite de 4000 ▽ du 14 du Courant à 2 Usances à 41 § pour mon Compte à l'ordre de Petit Freres, excomptée à Mathias van Coppenol, auquel j'en ai écrit le montant en Banque , deduit *fl.* 15 : 2 . pour l'Excompte de 53 jours à 2 pour cent   L. 12000   4084 | 18 | —

Du premier Octobre.

309. *Recevoir un Compte de Vente d'une Cargaison pour Surinam en Compagnie.*

27.
18.
JEAN PICHOT de Surinam mon Compte A CARGAISON pour Surinam , pour Compte ⅓ de Jan van Meel, ¼ de Jaques Pinet, ⅓ de Jacob Martin, & ¼ pour moi *fl* 46947 : 18 & *fl.* 56337 : 10 : argent de Surinam, pour 901400 ℔ Sucre qu'il a retiré du net Provenu de la Cargaison à lui adressée le 20 Janvier dernier par le Navire *le Soleil d'Orient*, Me. *Klaas Westerdyk*, lesquelles il a vendues & troquées , comme suit, suivant le Compte qu'il m'en a envoyé en date du 25 Juillet dernier, SAVOIR:

Pour 190 Tonneaux Vin, dont il passe 10 Tonneaux pour Coulage, reste 760 Bariques à 1000 ℔ de Sucre la Barique		760000 ℔
Pour 200 Barils Bœuf salé	à 500 ℔	100000
Pour 100 Barils Eau de Vie	à 800	80000
Pour 100 Barils Lard	à 500	50000
Pour 3 Bales Caffé, ayant pesé 1550 ℔	à 40	62000
Pour diverses Epiceries		25200
Pour diverses Merceries		22100
Pour 3 Tobes Thé, ayant pesé 185 ℔	à 60	11100
		1110400 ℔
Deduit pour divers Fraix qu'il a faits	52440 ℔	
Pour sa Commission de Vente, Achat du Sucre & Magazinage à 15 pour cent	156560	
		209000 ℔
Reste du net Provenu		901400 ℔

Lesquelles 901400 ℔ Sucre brut apreciées à 10 dutes la ℔, font *fl.* 56337 : 10 : argent de Surinam , qui reduits en Courant d'ici à 120 pour cent font   46947 | 18 | —

310. *Vente*

A AMSTERDAM, ce premier Octobre 1723. ⸺ | Florins. | fols | Pc.

310. *Vente de Marchandises comprises en Compte général.*

7. | 6. COMPTE DE DEBITEURS A MARCHANDISES GENERALES *fl.* 5053 : 2 : 8
Pour ce qui m'eft dû par Jan Lipman pour 50 Bariques Sucre de Tete à lui livrées ce jourd'hui, pefant, comme au Livre de Factures folio 45 net 27500 ₶ à 7½ ₷ la ₶   *fl.* 5156 : 5 : ⸱
Deduit 2 pour cent   103 : 2 : 8   5053 | 2 | 8

311. *Payer le Fret & les Fraix de Decharge d'une Cargaifon en Compagnie, arrivée à mon adreffe.*

27. | 25. CARGAISON de Waterfort pour ici fur *le Bœuf fauvage,* &c. A CAISSE *fl.* 890 : 10
Payé pour Fret, Droits d'entrée & Décharge des 330 Barils Beure, reçus de l'Envoi de Guillaume & François Fagan de Waterfort, SAVOIR :

Pour Fret & Avaries payé à Gillis van der Os, fuivant la Charte Partie   *fl.* 525 : ---
Pour les Droits d'entrée de 330 Barils Beure, declaré pour Beure de France &c.   330 : ---
Pour Decharge & mettre en Magazin   35 : 10   890 | 10 | ---

Du 4. dito.

312. *Crediter un Correspondant à mon Compte pour ce qu'il me Doit pour la Solde du fien, tirer fur lui le jufte apoint qu'il me doit & folder mon Compte avec lui.*

Les fuivans A LOUÏS FRANÇOIS CONNINCK mon Compte *fl.* 565 : 19 & L. 95 : 5 : 11 de Gros pour les Articles fuivans, qui font la jufte folde de mon Compte chèz lui fuivant la Note à lui envoyée ce jour, SAVOIR :

25. LOUÏS FRANÇOIS DE CONNINCK fon Compte *fl.* 144 : 9 : 8 pour L. 24 : 8 : 10 de Gros, dont je le Credite à mon Compte pour folde du fien, à raifon de 1½ pour cent de perte, fait   L. 24 : 8 : 10   *fl.* 144 : 9 : 8

23. BANQUE *fl.* 418 : 15 : Pour ma Traite fur lui de ce jour à vue, à l'ordre de Jean Steenweg & fils de L. 70 : 17 : 1 de Gros à 1½ pour cent perte, écrit par lesdits Steenweg   70 : 17 : 1   418 : 15 :

10. | 24. GAINS & PERTES *fl.* 2 : 14 : 8 pour Perte fur le Change & pour folder l'argent d'Hollande   --- : -- : ---   2 : 14 : 8

L. 95 : 5 : 11   565 | 19 | ---

313. *Vente de Marchandifes en Compagnie avec quelqu'un.*

28. | 27. JAN BOES A CARGAISON de Waterfort pour ici fur *le Bœuf fauvage,* &c. *fl.* 8138 : 15 Pour Vente à lui faite de 330 Barils Beure de Waterfort, ayant pefé, comme fuit, SAVOIR :

Suite à la Page fuivante.

Brut

Suite de la Page précedente.

Brut :	66954 ℔	
Tare à 20 pour cent .	13391 ℔	
Net , :	53563 ℔ .	à fl. 15½ le ⅗ fl. 8302 : 5

Deduit 1 pour cent   fl. 83 :
⅓ Droit du Poids   . 80 : 10
      163 : 10

         8138 | 15 | —

314. *Debiter une Cargaison pour le Courtage de la Vente & Fraix de livraison.*

27.
24.
CARGAISON de Waterfort pour ici sur *le Bœuf sauvage,* &c. A COMPTE DE FRAIX *fl.* 111 : 10 : Pour les Fraix suivans faits à la livraison des 330 Barils Beure de cette Cargaison, SAVOIR:

Pour Courtage de la Vente à 2 *f.* par Baril   fl. 33 : —
Au Tonnelier pour la Livraison & Reception à 2 *f.* par Baril   33 : —
Aux Travailleurs du Poids pour le mettre en Cave, les sortir & les peser   45 : 10

         111 | 10 |

315. *Debiter les Interessez dans une Cargaison pour leur Portion des Fraix faits sur icelle.*

Les suivans A CARGAISON susdite *fl.* 668 : Pour le ⅓ des sousnommez des Fraix faits à la reception & livraison des 330 barils Beure de Waterfort, SAVOIR:

11.
PIETER DE WAERT *fl.* 334 : Pour son ⅓ des *fl.* 890 : 10 : Payez à la reception & des *fl.* 111 : 10 : Payez à la livraison desdits Beures, faisant ensemble *fl.* 1002, dont le ⅓ est   fl. 334 :

27.
27.
GUILLAUME & FRANÇOIS FAGAN leur Compte *fl.* 334 : Pour leur ⅓ desdits Fraix .   334 :

         668 | — | —

316. *Crediter les Interessez dans une Cargaison pour leur portion de la Vente d'icelle.*

27.
CARGAISON susdite Aux suivans *fl.* 5425 : 17 Pour le ⅓ des sousnommez de la Vente des 330 Barils Beure vendus à Jan Boes, & qui ont produit, comme ci-dessus *fl.* 8138 : 15 : SAVOIR:

11.
A PIETER DE WAERT *fl.* 2712 : 18 : 8 Pour son ⅓ desdits Beures   fl. 2712 : 18 : 8
27.
A GUILLAUME & FRANÇOIS FAGAN leur Compte *fl.* 2712 : 18 : 8
Pour leur ⅓ de la Vente desdits Beures .   2712 : 18 : 8

         5425 | 17 | —

317. *Solder une Cargaison en Compagnie par ma portion de la Perte sur icelle.*

10.
27.
GAINS & PERTES A CARGAISON susdite *fl.* 536 : 5 : 8 Pour autant à quoi monte ma Perte sur mon ⅓ dans ladite Cargaison & pour la solder .   536 | 5 | 8

Bbb

318. Re-

318. *Recevoir Payement de divers Debiteurs compris en Compte general.*

25./7. CAISSE A COMPTE DE DEBITEURS *fl.*24151 : 6 Reçu des sousnommez pour ce dont ils font Debitez fur ce Compte au 20 Août dernier, SAVOIR :

De Cornelis Kleyndert pour 250 Bariques Huile de Baleine . *fl.*11758 : 2
De Abraham De Veer pour 3000 Fanons . . 12393 : 4　　24151 | 6 | —

319. *Recevoir payement des Marchandifes données à la Groffe.*

25./18. CAISSE A GROSSE AVANTURE pour Surinam fur la Renommée Me. *Cornelis Keyfer fl.*1200. Reçu ce jourd'hui dudit Keyfer pour les 20 Pieces Toile de Haarlem que je lui avois données à la Groffe le 10 Fevrier dernier . .　　1200 | — | —

320. *Reparer une erreur faite dans un Compte deja foldé dont le profit a été paffé au Credit des Gains & Pertes.*

10./18. GAINS & PERTES A GROSSE AVANTURE fusdite *fl.*109 : 16 : Pour la Prime d'Affurance de *fl.*1200 : à 9 pour cent & 36 *f.* pour la Police dont j'ai Debité par abus ladite Groffe Avanture au 10 Fevrier dernier, au lieu d'en Debiter les Toiles de Haarlem qui devoient porter cette Affurance, & comme le Compte desdites Toiles eft foldé par *fl.*136 : 10 : de Profit, je Credite ladite Groffe & en Debite le Compte de Gains & Pertes . .　　109 | 16 | —

Du 10. dito.

321. *Remettre à un Correspondant pour fon Compte.*

22./23. DARIUS & Compagnie leur Compte A BANQUE *fl.*10062 : 10 Pour mes 2 Remifes fuivantes de ce jour à 4 jours de date en Lettres des fousnommez, SAVOIR :

6000 ▽ fur Varnier de Paris en Lettre de Meynard Troye à 40¼ § par Ecu, écrit audit Meynard Troye . . *fl.*6037 : 10
4000 ▽ fur Gaubert dudit lieu en Lettre de Pierre Teftas à 40¼ § à lui écrit . . . . 4025 :　　10062 | 10 | —

10000 ▽ à 40¼ §

322. *Remettre à un Correspondant pour mon Compte.*

6./23. DARIUS & COMPAGNIE mon Compte A BANQUE fl.12075 : & L.36000 : Pour les 2 Lettres fuivantes fur les fousnommez de Paris à eux remifes ce jourd'hui pour mon Compte, SAVOIR :

6000 ▽ fur Theluffon & Compagnie en Lettre de Theluffon freres, de ce jour à un jour de date à 40¼ § par Ecu, à eux écrit . L.18000 : fl.6037 : 10
6000 ▽ fur Antoine Affelin en Lettre de Robert Neel, comme deffus à lui écrit à 40¼ § . . 18000 : 6037 : 10

12000 ▽ à 40¼ § . . . L.36000 :　　12075 | — | —

323. Payer

A AMSTERDAM, ce 14 Octobre 1723.	Florins.	fols	Pc.

323. *Payer une Lettre tirée sur moi pour mon Compte.*

	Florins	fols	Pc.
8. / **23.** GEORGE PEACE mon Compte A BANQUE *fl.*5408 : 3 : Ecrit à André Pels & fils Pour fa Traite de L.507 : 16 : 2 ft. à 35 ⅘ 6 ⅞ du 3/14 du paffé à Ufance à l'ordre de Denis Dutry . . L.507 : 16 : 2	5408	3	—

324. *Acheter de l'Argent de Banque pour du Courant & payer l'amande à la Banque pour ce dont j'ai difpofé de plus que je n'y avois.*

Les fuivans A CAISSE *fl.*8459 : Pour *fl.*8000 : de Banque achetez de Jaques Ferrand à 5¼ pour cent & *fl.*29 : d'amande, payez à la Banque pour *fl.*5800 que j'ai difpofé de trop, SAVOIR:

	Florins	fols	Pc.
23. BANQUE *fl.*8000 : Ecrit par ledit Ferrand . . . *fl.*8000			
4. AGIO *fl.*430 : Pour celui de ladite fomme à 5¼ pour cent . . 430			
*fl.*8430			
10. / **25.** GAINS & PERTES *fl.*29 Payé à la Banque pour ½ pour cent de *fl.*5801 : 2 que par abus j'ai voulu écrire de plus que je n'y avois . 29	8459	—	—

Du 18. dito.

325. *Recevoir des Marchandifes en retour d'une Cargaifon en Compagnie à ma direction.*

28. / **27.** SUCRES DE SURINAM en Compagnie ¼ de Jan van Meel, ¼ de Jaques Pinet, ¼ de Jacob Martin & ¼ pour moi A JEAN PICHOT mon Compte *fl.*46947 : 18 : & *fl.*56337 : 10 de Surinam pour 1500 bariques Sucre, ayant pefé net 901400 ℔ qu'il m'a envoyées en retour de la Cargaifon que je lui avois envoyée le 20 Janvier dernier, SAVOIR:

1000 Bariques par le Navire *le Soleil d'Orient*, Me. *Klaas Wefterdyk*, ayant pefé à Surinam, fuivant le Compte qu'il m'en a envoyé en date du 14 Août dernier   .   .   .   602600 ℔

500 Bariques par *la Pofte de Surinam*, Me. *Hendrik Kleyn*, ayant pefé, fuivant le Compte   .   .   298800 ℔

1500 Bariques qui ont pefé à Surinam   .   .   901400 ℔

	Florins	fols	Pc.
Lesquelles 901400 ℔ Sucre apreciées à 10 dutes la ℔, font argent de Surinam *fl.*56337 : 10 qui reduits en argent d'ici à 120 pour cent, font . .	46947	18	—

326. *Crediter un Correfpondant pour ma portion de l'achat d'une Cargaifon.*

28. VINS DE BOURDÉAUX pour Compte ⅓ de Jaques Hooghftoel, ⅓ de Jean Dumas & ⅓ pour moi Aux fuivans *fl.*3874 : 10 Pour mon ⅓ de l'Achat & Fraix jusques à bord, de 120 Tonneaux Vin nouveau de Bourdeaux que ledit Hooghftoel a achetez & chargez à mon adreffe pour Compte fusdit, fur le Navire *l'Hirondelle*, Me. *Jan Verfcheur*, fuivant le Connoiffement & le Compte qu'il m'en a envoyé du 7 du Courant , SAVOIR:

Suite à la Page fuivante.

Florins. | fols | pc.

A AMSTERDAM, ce 18 Octobre 1723.

Suite de la Page précedente.

27. A J AQUES H OOGHSTOEL mon Compte *fl.* 3690 : B^{co}. pour L. 10800 : Tournois, à quoi monte mon tiers de l'Achat & Fraix desdits 120 Tonneaux Vin , reduit à 41 § par Ecu   .   L. 10800   fl. 3690 : ---

4. A A GIO *fl.* 184 : 10 Pour celui de ladite fomme à 5 pour cent   .   184 : 10

3874 | 10

Du 20. dito.

327. *Recevoir avis qu'un de mes Correspondans, qui me devoit à mon Compte, a remis ce que je lui avois ordonné de remettre à un autre.*

6.
25. D ARIUS & Compagnie mon Compte A G EDEON V INCENT mon Compte *fl.* 3006 : 15 Pour L. 9020 : 5 Tournois que Darius & Compagnie me marquent par leur Lettre du 16 du Courant avoir reçues pour une Remife de ladite fomme que ledit Vincent leur a faite pour mon Compte, fuivant l'ordre que je lui en avois donné, reduit à 40 § par Ecu   .   .   .   .   L. 9020 : 5

3006 | 15

---

328. *Recevoir diverfes Marchandifes pour Compte d'un Correspondant, & en payer le Fret & Droits d'entrée.*

28.
24. M ARCHANDISES Pour Compte d'Arnaud Du Goyon de Nantes A C OMPTE DE F RAIX *fl.* 695 : Pour Fret, Avaries & Droits d'entrée de 10 Bariques Indigo S. Domingue & 50 Bales Cacao de la Martinique , reçues dudit Du Goyon , par le Navire les 2 Sœurs , Me. *Pieter Groen* , S AVOIR :

Pour Fret & Avaries payé audit Groen fuivant le Connoiffement   fl. 160 : 10

Pour Droits d'entrée des 10 bariques Indigo   431 : ---

Pour Droits d'entrée des 50 Bales Cacao   83 : 5

Pour Decharge & mettre en Magazin   20 : 5

695 | --- | ---

---

329. *Recevoir payement d'une fomme donnée à la Groffe.*

25.
18. C AISSE A G ROSSE A VANTURE Pour Guinée & Curaçao fur *het Huys Oofterwyk*, *fl.* 1040 : Reçu de *Jan Schelvis* Capitaine dudit Navire, pour les *fl.* 800 que je lui avois donnez à la Groffe le 12 Fevrier à 30 pour cent   .   .

1040 | --- | ---

Du 25. dito.

330. *Recevoir des Remifes pour mon Compte , & les excompter.*

23.
6. B ANQUE A D ARIUS & Compagnie mon Compte *fl.* 14717 : & L. 43500 : Tournois pour leurs 3 Remifes du 20 du Courant fur les fousnommez en date dudit jour à 2 Ufances, lefquelles j'ai excomptées avec la Veuve Langlois qui m'en a écrit la valeur, S AVOIR :

Suite à la Page fuivante.

7000

Suite de la Page precedente.

	Florins	fols	pc.
7000 ▽ à 40¼ ⅛ fur André Janfen en Lettre de Du Jardin L. 21000 fl. 7131 : 5 :			
4000 ▽ à 40¼ ⅛ fur Albert van der Hulft, en Lettre de Theodore van der Hulft . . 12000 4075 : :			
3500 ▽ à 40¾ ⅛ fur Pierre van Hoven en Lettre de Jean Dauffy . . 10500 3565 : 12 : 8			
14500 ▽ à 40¼ ⅛ . . L. 43500 fl. 14771 : 17 : 8			
Deduit pour l'excompte de 59 jours à 2¼ pour cent . 54 : 9 : 8	14717	8	—

---

331. *Vendre de l'argent de Banque pour du Courant.*

25   Caisse Aux fuivans fl. 12615 : Reçu de Jan Eibendurels & fils pour fl. 12000 de Banque à eux vendus ce jourd'hui, l'Agio à 5¼ pour cent, Savoir :

	Florins	fols	pc.
23. A Banque fl. 12000 Ecrit auxdits Eibendurels . fl. 12000			
4. Agio fl. 615 : Pour celui de ladite fomme à 5¼ pour cent . 615	12615	—	—

Du 26. dito.

332. *Payer le Fret & Fraix de reception des Marchandifes reçues pour Compte en Compagnie, par 2 differens Navires.*

Les fuivans A Caisse fl. 35430 : Payé ce jourd'hui, tant pour Fret de la Cargaifon pour Surinam que pour Fret & Fraix de reception des 1500 bariques Sucre de Surinam, reçues de Jean Pichot pour Compte de la Compagnie, Savoir :

18.   Cargaison Pour Surinam pour Compte ¼ de Jan van Meel &c. fl. 4000   Pour autant que du confentement des Intereffez dans ladite Cargaifon je paffe au Debit d'icelle pour le Fret des Marchandifes chargées ci-devant fur le Navire *le Soleil d'Orient*, Me. *Klaas Wefterdyk*, que j'avois freté pour faire ce Voyage pour la fomme de fl. 24000 que j'ai payez ce jourd'hui à Jan van Drogenhorft fuivant fon Reçu, de laquelle fomme je paffe ci deffous fl. 20000 au Debit des Sucres revenus en retour . fl. 4000 :

28. / **25.**   Sucres de Surinam en Compagnie ¼ de Jan van Meel, &c. Savoir :

Pour fl. 20000 que du confentement des Intereffez je paffe au Compte desdits Sucres, des fl. 24000 payez pour le Fret dudit Navire *le Soleil d'Orient*, comme deffus . fl. 20000 :

Pour Chapeau accordé au Capitaine *Klaas Wefterdyk* . 500 :

         fl. 20500 :

Payé à la Veuve Peuchefcot pour le Fret des 500 bariques reçues par *la Pofte de Surinam*, Me. *Hendrik Kleyn*, ayant pefé dans le Magazin . 298000 ℔

Deduit 14 p. c. de Tare 41720 ℔

Net   256280 ℔ à 6 dutes : fl. 9610 : 10

     Avaries à 10 pour cent . . 961 : 1

     Droit de Pofte . . 12 : 9

         10584 :

Payé aux Travailleurs & Bateaux jusques au Magazin . 352 :

         31436 :

         35436 | — | —

Ccc

333. Ven-

		A AMSTERDAM , ce 26 Octobre 1723.	Florins	fols	pe,

333. *Vendre partie des Marchandifes que j'avois en Magazin pour Compte d'un Correspondant.*

| 23. 24. | BANQUE A POIVRE Pour Compte de Leonard Delfgaauw *fl.*7279 : 17 : 8 Ecrit par Abraham Muyffard pour les 50 Bales Poivre que j'avois achetées de la Chambre de Hoorn pour Compte dudit Delfgaauw, que j'ai vendues audit Muyffard, comme au Livre de Factures folio 34, net pefant 21570 ℔ à 13¼ ₰ la ℔ . | 7279 | 17 | 8 |

Du 29. dito.

334. *Envoyer le refte des Marchandifes que j'avois à un Correspondant , & le Debiter pour les Fraix & la Commiffion.*

14.	LEONARD DELFGAAUW fon Compte Aux fuivans *fl.*401 : 18 Pour les 100 Bales Poivre qui me reftoient pour fon Compte & ma Commiffion & Fraix faits fur icelles, fuivant le Compte à lui envoyé ce jourd'hui au Livre de Factures, folio 33, SAVOIR:			
24.	A POIVRE Pour fon Compte *fl.*— : — Pour les 100 bales qui me reftoient à lui, lesquelles je lui ai envoyées & chargées à fon adreffe fur le Navire *la Reine Efler*, Mc. *Hendrik Jordes*, desquelles je l'avois deja Debité au 15 Mai dernier . fl. — :			
12.	A COMPTE DE COMMISSION *fl.*277 : 16 : Pour celle de *fl.*13893 : 4 à quoi monte l'Achat desdites 100 Bales à 2 pour cent . . 277 : 16			
24.	A COMPTE DE FRAIX *fl.*124 : 2 Pour Magazinage, Embalage & Fraix desdites 100 Bales Poivre jusqu'à bord, fuivant le Compte . . 124 : 2	401	18	—

335. *Envoyer le Compte de Vente, Fraix & net Provenu des Marchandifes vendues pour Compte d'un Correspondant.*

24.	POIVRE Pour Compte de Leonard Delfgaauw Aux fuivans *fl.*7279 : 17 : 8 Pour le net Provenu, Fraix & Commiffion des 50 Bales Poivre que j'avois achetées pour ledit Compte de la Chambre de Hoorn, & que j'ai venduës à Abraham Muyffard, fuivant le Compte envoyé ce jourd'hui audit Delfgaauw au Livre de Factures folio 34, SAVOIR:			
14.	A LEONARD DELFGAAUW fon Compte *fl.*7089 : 5 : 8 Pour le net Provenu desdites 50 Bales Poivre fuivant le Compte . . fl.7089 : 5 : 8			
12.	A COMPTE DE COMMISSION *fl.*145 : 12 Pour ma Commiffion à 2 pour cent de *fl.*7279 : 17 : 8 . . 145 : 12 :			
24.	A COMPTE DE FRAIX *fl.*45 : Pour Magazinage, Courtage & Livraifon desdites 50 Bales fuivant le Compte . . 45 : :	7279	17	8

Du 31. dito.

336. *Recevoir payement de divers Debiteurs Debitez en Compte particulier.*

25.	CAISSE Aux fuivans *fl.*8341 : 7 Reçu des fousnommez, SAVOIR:			
11.	A JAQUES DUPEYROU Junior *fl.*5177 : : 11 Reçu de lui pour les 500 Cuirs à lui livrez le 13 du paffé . . fl.5177 : 11			
27.	A JAN VAN VOLLENHOVEN *fl.*3163 : 16 Reçu de lui pour les 500 petits Cuirs à lui livrez le fusdit jour . . 3163 : 16	8341	7	—

337. Payer

A AMSTERDAM, ce 31 Octobre 1723.

Florins | ſols | Pc.

337. *Payer le Fret & Droit d'entrée des Vins reçus pour Compte en Compagnie.*

28.
25.

VINS DE BOURDEAUX Pour Compte ⅓ de J. Hoogſtoel, ⅓ de J. Dumas & ⅓ pour moi A CAISSE fl 3470 Payé comme ſuit, pour Fret & Droits d'entrée des 120 Tonneaux Vin nouveau, reçus de l'envoi de Jaques Hooghſtoel par le Navire *l'Hirondelle*, Me. *Jean Verſcheur*, SAVOIR:

Pour Fret de 120 Tonneaux à fl. 16 par Tonneau, ſuivant le Connoiſſement   fl. 3120
Pour le Chapeau du Maitre   50
Pour les Droits d'entrée   300

3470

338. *Recevoir le reſte du payement d'une Maiſon vendue.*

25.
26.

CAISSE A JAN HENDRIK SMIT fl. 8000 Reçu de lui ce jourd'hui pour ce qui me reſtoit pour le dernier payement de la Maiſon ſur le Heere Gracht à lui vendue le 2 Septembre dernier   8000 | — | 8

Du 3. Novembre.

339. *Vente au Baſſin d'une Cargaiſon de Vins en Compagnie.*

7.
28.

COMPTE DE DEBITEURS A VINS DE BOURDEAUX Pour Compte ⅓ de J. Hooghſtoel ⅓ de J. Dumas & ⅓ pour moi fl. 16368 : 1 Pour 110¼ Tonneaux de net, provenus des 120 Tonneaux reçus par *l'Hirondelle*, vendus hier au Baſſin aux ſousnommez & à eux livrez ce jourd'hui, SAVOIR:

36 Tonneaux à Jan Rokog en 18 Cavelins comme au Livre de Factures folio 48, revenant l'un dans l'autre à L. 24¼ de Gros le Tonneau   fl. 5346 :
     Deduit 1 pour cent   53 : 9

fl. 5292 : 11

34 Tonneaux A Jan Velthuys en 17 Cavelins comme deſſus, revenant l'un dans l'autre à L. 25¼ de Gros   fl. 5125 : 10 :
     Deduit 1 pour cent   51 : 5 :

5074 : 5

24 Tonneaux A Jacob Scholten en 12 Cavelins revenant l'un par l'autre à L. 25 de Gros le Tonneau   fl. 3600 : — :
     Deduit 1 pour cent   36 : — :

3564 :

16¼ Tonneaux à Pieter Schevyn en 8 Cavelins, revenant l'un par l'autre à L. 25¼ de Gros le Tonneau   fl. 2461 : 17 : 8
     Deduit 1 pour cent   24 : 12 : 8

2437 : 5

110¼ Tonneaux vendus
 9¾ Tonneux Coulage

120 Tonneaux.   16368 | 1 | —

Ccc 2   340. Vente

A AMSTERDAM , ce 5 Novembre 1723.

	Florins.	fols	Pc.

340. *Vente de Marchandises reçues en Commission, partie comptant & partie à terme.*

Les suivans A MARCHANDISES Pour Compte d'Arnaud Du Goyon de Nantes fl. 13809 : 8 Pour Vente faite aux sousnommez des 10 Bariques Indigo S. Domingue & 50 Bales Cacao de la Martinique, reçues par le Navire *les 2 Sœurs*, Me. *Pieter Groen*, SAVOIR :

24. ABRAHAM WILLINK fl. 10365 : 18 Pour 10 Bariques Indigo à lui venduës & livrées, pefant, comme au Livre de Factures folio 49, net 5230 ℔ à 42½ fols la livre . . . . . fl. 10852 : 5

    Deduit 1 pour cent pour la poufliere . . 217 : 1

                  fl. 10635 : 4

    Deduit 1 pour bon Poids & 1 pour cent prómt payem. fl. 212 : 14
    ½ Droit du Poids . . 56 : 12
                  269 : 6

                  fl. 10365 : 18

25.
28. CAISSE fl. 3443 : 10 Reçu de Jacob Abendano pour 50 Bales Cacao de la Martinique, pefant comme au Livre de Factures folio 49.
    Brut . . 11768 ℔.
    Tare à 3 ℔ par Bale 150 ℔

    Net . 11618 ℔ à 6¼ f. ℔ . fl. 3558 :
        Deduit 2 pour cent bon Poids . 71 : 3

                fl. 3486 : 17

    Deduit 1 pour cent promt payement fl. 34 : 17
    ½ Droit du Poids . 8 : 10
               43 : 7
               3443 : 10   13809   8

341. *Debiter des Vins en Compagnie pour les Fraix depuis la reception & à la Vente au Baffin , & pour la Commission.*

28. VINS DE BOURDEAUX Pour Compte ⅓ de J. Hooghftoel, ⅓ de J. Dumas & ⅓ de moi Aux suivans fl. 840 : 18 Pour les Fraix suivans & ma Commiffion de la Vente des 110¼ Tonneaux Vins vendus pour ledit Compte, SAVOIR :

24. A COMPTE DE FRAIX fl. 513 : 15 Pour les suivans, SAVOIR :

    Tonnelage de Reception de 120 Tonn, & de Livraifon de 110¼ Tonn. à 6 f. fl. 99 :
    Pour 3 journées de Bateaux & veillées . 35 :
    Pour Affiches & Requête, & depenfe au Baffin . 24 :
    Courtage à 20 f. par Tonneau . 110 : 5
    Droit des Aumoniers de fl. 16368 : 1 : à 1½ pour cent . 245 : 10

                fl. 513 : 15

12. A COMPTE DE COMMISSION fl. 327 : 3 : Pour ma Commiffion à 2 pour cent de fl. 16368 : 11 . 327 : 3   840   18

342. *Vente*

Florins. | sols | Pe.

———— A AMSTERDAM ce 8. Novembre, 1723. ————

342. *Vente de Sucres reçus en retour de la Cargaison en Compagnie pour Surinam.*

Les suivans A SUCRES DE SURINAM en Compagnie ¼ de Jan van Meel, ¼ de J. Pinet, ¼ de Jacob Martin & ¼ pour moi fl. 93103 : 15 : 8 Pour vente faite aux sousnommez de 1500 Bariques Sucre susdit, reçues de l'envoi de Jean Pichot en retour de la Cargaison pour Surinam, SAVOIR:

28. ISAAC CHEVALIER fl. 30750 : 2 : Pour 500 bariques Sucre susdit à lui venduës & livrées hier, pesant Brut 270420 ℔

Tare à 20 pour cent 54084 ℔

Net . 216336 ℔ à 6 § la ℔   fl. 32400 : 8 :

Deduit 1 pour cent pour Trait accordé . 649 : --- :

Pxt

fl. 31801 : 8 :

Deduit 1 pour cent bon Poids & 1 pour cent promt payement . fl. 636 :

½ Droit du Poids . 415 : 6

1051 : 6 :

fl. 30750 : 2 :

29. EVERARD GRAVER & fils fl. 31445 : 18 : 8 Pour 500 Bariques à lui livrées ce jourd'hui, pesant 276540 ℔

Tare à 20 pour cent . 55308 ℔

Net . . . 221232 ℔ à 6 § fl. 33184 : 16 :

Deduit 1 pour cent pour Trait . 663 : 14 :

fl. 32521 : 2 :

Deduit 1 pour cent bon Poids & 1 pour cent promt payement . fl. 650 : 8 : 8

½ Droit du Poids . 424 : 15 :

1075 : 3 : 8

31445 : 18 : 8

29./28. ADRIAN VAN MEERWYK fl. 31007 : 15 : Pour 500 Bariques à lui livrées ce jourd'hui, pesant 269850 ℔

Tare à 20 pour cent . 53970 ℔

Net . . . 215880 ℔ à 6 § fl. 32387 :

Deduit 2 pour cent de Trait . . . 647 :

fl. 31740 :

Deduit 1 pour cent bon Poids & 1 pour cent promt payement . fl. 317 : 8

½ Droit du Poids . . 414 : 17

732 : 5

31007 : 15 :

93103 | 15 | 8

343. *Crediter les Interessez dans une Cargaison de Vins pour leur portion du net Provenu d'iceux, l'un en Courant & l'autre en argent de Banque.*

28. VINS DE BOURDEAUX Pour Compte ⅓ de Jaques Hooghstoel, ⅓ de Jean Dumas, & ⅓ pour moi Aux suivans fl. 8038 : 11 Pour les ⅔ du net Provenu des 120 Tonneaux Vin nouveau, reçus par *l'Hirondelle*, Me. *Jan Verscheur*, que je fais bon aux sousnommez, suivant le Compte à eux envoyé ce jourd'hui au Livre de Factures folio 48, SAVOIR:

Suite à la Page suivante.

Ddd

A

—————— A AMSTERDAM, ce 8 Novembre 1723. —————— Florins. | fols | Pe.

Suite de la Page précédente.

		Florins.	fols	Pe.
29.	A JEAN DUMAS de Bourdeaux son Compte *fl* 4019 : 5 : 8 Courant pour son $\frac{1}{3}$ de *fl.* 12057 : 17 à quoi monte le net Provenu desdits 120 Tonn. Vin fl. 4019 : 5 : 8			
17.	A JAQUES HOOGHSTOEL son Compte *fl.* 3818 : 15 Pour le montant en argent de Banque de *fl* 4019 : 5 : 8 Courant, à quoi monte son $\frac{1}{3}$ du net Provenu desdits 120 Tonneaux Vin, reduit à 105$\frac{1}{4}$ pour cent fl. 3818 : 15 :			
4.	A AGIO *fl.* 200 : 10 : 8 Pour celui de ladite somme à 5$\frac{1}{4}$ pour cent 200 : 10 : 8 ——— 4019 : 5 : 8	8038	11	—

---

344. *Ecrire en Banque une somme à la Compagnie des Indes à Compte des Marchandises achetées d'Elle.*

		Florins.	fols	Pe.
22. — 23.	LA COMPAGNIE DES INDES Chambre d'Amsterdam A BANQUE *fl.* 10000 Pour autant que je lui ai écrit ce jourd'hui à Compte de 9 Cavelins Betilles, achetées hier de ladite Compagnie, SAVOIR: N°. 20, 23, 25, trois Cavelins Betilles Otisaals de 100 Pieces chacun à *fl.* 9$\frac{1}{4}$ N°. 32, 34, 37, trois Cavelins Betilles dito à *fl.* 9$\frac{3}{4}$ } la Piece N°. 59, 64, 76, trois Cavelins Betilles Tarnatanes de 100 P^s. chacun à *fl.* 15$\frac{3}{4}$	10000	—	—

---

345. *Achat d'argent de Banque pour du Courant.*

Les suivans A CAISSE *fl.* 6315 : Payé à Jaques Ferrand pour *fl.* 6000 de Banque, acheté de lui ce jourd'hui, l'Agio à 5$\frac{1}{4}$ pour cent, SAVOIR:

		Florins.	fols	Pe.
29.	BANQUE *fl.* 6000 : Ecrit par ledit Ferrand fl. 6000			
4. — 15.	AGIO fl. 315 : Pour icelui à 5$\frac{1}{4}$ pour cent 315	6315	—	—

Du 15. dito.

346. *Recevoir payement d'un Debiteur qui étoit Debité en Compte particulier.*

		Florins.	fols	Pe.
25. — 28.	CAISSE A JAN BOES *fl.* 8138 : 15 Reçu de lui ce jourd'hui pour les 330 Barils Beure d'Irlande à lui vendus le 4 du passé	8138	15	—

---

347. *Remettre à un Correspondant sa portion du net Provenu d'une Cargaison, deduit les ports de Lettres & le Courtage de ma Remise, c'est-à-dire lui remettre par apoint.*

27. —	GUILLAUME & FRANÇOIS FAGAN leur Compte Aux suivans *fl.* 2289 : 12 : 8 Pour ma Remise de ce jour & Fraix suivant la Note à eux envoyée ce jourd'hui pour solde de leur Compte, SAVOIR:

Suite à la Page suivante.

A

A AMSTERDAM, ce 15 Novembre 1723.	Florins.	fols	pe.

Suite de la Page précedente.

29. A Banque *fl.* 2171 : 7 Pour ma Remise de ce Jour de L. 204 : 16 : 9 st. à 35 ₰ 4 ⅞ sur Jean & Daniel Arthur de Londres en Lettre de Pierre Testas de ce jour à 2 Usances, écrit audit Testas . . . . *fl.* 2171 : 7 :

4. A Agio *fl.* 114 : Pour celui de ladite somme à 5¼ pour cent . . 114 : :

fl. 2285 : 7 :

24. A Compte de Fraix *fl.* 4 : 5 : 8 Pour port de Lettres & Courtage de ma susdite Remise suivant la Note à lui envoyée dans ma Lettre de ce jour . . . . 4 : 5 : 8

2289 | 12 | 8

---

348. *Payer à un Interessé sa portion du net Provenu d'une Cargaison en me retenant les avances que j'ai faites pour lui.*

11. / 25. Pieter de Waert A Caisse *fl.* 2378 : 18 : 8 à lui payé ce jourd'hui suivant son Reçu pour ce qui lui revient pour son ⅓ du net Provenu des 330 Barils Beure d'Irlande . . . . 2378 | 18 | 8

Du 20. dito.

349. *Recevoir payement des Lettres de Change que j'avois prises en excompte.*

29. / 14. Banque A Lettres de Change à recevoir *fl.* 6150 : Ecrit par les sousnommez pour les 2 Lettres suivantes que j'avois excomptées le 25 Septembre dernier à Vasserot & Compagnie, Savoir:

Pour une de 4000 ▽ à 41 ₰ sur Pierre Banal & Compagnie, écrit par eux *fl.* 4100

Pour une de 2000 ▽ à 41 ₰ sur Florentin Dureau, écrit par lui . 2050

6150 | — | —

Du 24. dito.

350. *Recevoir payement d'un Debiteur Debité en Compte general.*

25. / 7. Caisse A Compte de Debiteurs *fl.* 5053 : 2 : 8 Reçu de Jan Lipman pour les 50 bariques Sucre de Tete dont il est Debité sur ce Compte au premier Octobre dernier . . . 5053 | 2 | 8

Du 28. dito.

351. *Recevoir des Toiles de Cotton achetées de la Compagnie des Indes.*

29. / 22. Toiles de Cotton en general A la Compagnie des Indes Chambre d'Amsterdam *fl.* 10282 : 2 Pour les 9 Bales Betilles achetées le 7 du Courant de la Compagnie, que j'ai retirées ce jourd'hui, Savoir:

Suite à la Page suivante.

Ddd 2   N°. 20

Suite de la Page precédente.

No. 20
　23 ⎱ 3 Bales Betilles Otifaals, contenant 100 Pieces chacune, à
　25 ⎰ 　*fl.* 9¼ la Piece, 　　　　　fait 300 Pieces fl. 2775 : :

No. 32
　34 ⎱ 3 Bales dito, contenant 300 Pieces à *fl.* 9¾ la
　37 ⎰ 　Piece, 　　　　　　　300 Pieces　2925 : :

No. 59
　64 ⎱ 3 Bales Betilles Tarnatanes, contenant 300
　76 ⎰ 　Pieces à *fl.* 15¾ la Piece, 　　　　300 Pieces　4725 : :

　　　　　　　　　　　　　　　　　　fl. 10425 : :
Augmentation d'un pour mille pour les Pauvres　　　10 : 8 : 8

　　　　　　　　　　　　　　　　　　fl. 10435 : 8 : 8
Deduit pour le promt payement de 3 mois de *fl.* 10000 à ½ pour cent
　par mois 　　　　　　　　　fl. 150 : :
Et pour 2⅓ de *fl.* 285 : 8 : 8 que j'ai payé ce
　jourd'hui à ½ pour cent par mois 　　　　3 : 6 : 8
　　　　　　　　　　　　　　　　　153 : 6 : 8　　10282 | 2 | —

352. Payer à la Compagnie le surplus de ce que je lui devois.

22.
— La Compagnie des Indes Chambre d'Amsterdam A Banque *fl.* 282 : 2 à　282 | 2 | —
29. Elle écrit ce jourd'hui pour solde des 9 Bales Betilles achetées d'Elle

Du 3. Decembre.

353. Acheter diverses Marchandises, & les comprendre aussi bien que les Crediteurs en Compte general.

6.
— Marchandises generales A Compte de Crediteurs *fl.* 11904 : 11
17. Pour 20 Pipes Huile de Seville & 10 Bales Caffé, achetées des sousnommez, Savoir,

Pour ce que je Dois à David Rutgers pour 20 Pipes Huile de Seville, contenant 454
Stekans 10 Mingles, faifant 7274 Mingles à L. 57 de Gros le Tonneau de 717 Min-
gles 　　　　　　　　　　　　　fl. 3469 : 12
　　　　　　Deduit 1 pour cent 　　　　　34 : 14

　　　　　　　　　　　　　　　　fl. 3434 : 18
Pour ce que je Dois à André Pels & fils pour 10 Bales Caffé du Levant a-
chetées d'eux, pesant net 5890 ℔ à 30 *f.* ℔ 　　fl. 8835 :
　Deduit 2 pour cent pour la pousfiere 　　　　176 : 14

　　　　　　　　　　　　　　　　fl. 8658 : 6
Deduit 1 pour cent bon Poids & 1 pour cent promt
　payement 　　　　　　　fl. 173 : 3
　　¼ Droit du Poids 　　　　　15 : 10
　　　　　　　　　　　　188 : 13
　　　　　　　　　　　　　　　8469 : 13　　11904 | 11 | —

354. Faire

A AMSTERDAM, du 8 Decembre 1723. ——————— Florins. | fols | Pc.

354. *Faire bon aux Intereffez dans une Cargaifon leur portion du net Provenu d'icelle, & en folder le Compte par ma portion du profit.*

18.	CARGAISON Pour Surinam en Compagnie ½ de Jan van Meel, ¼ de Jaques Pinet, ⅛ de Jacob Martin & ⅛ pour moi Aux fuivans *fl.* 32947 : 18 : Pour autant à quoi monte le net Provenu de ladite Cargaifon après que la taxation que lesdits Intereffez & moi avons faite des Sucres qu'elle a produits fur le pié dont je l'ai Creditée au premier Octobre dernier, & les *fl.* 4000 de Fret que j'ai payez le 28 dudit mois, duquel net Provenu je fais bon aux Intereffez les fommes fuivantes pour leurs Portions refpectives, SAVOIR:

18.	A JAN VAN MEEL fon Compte en Compagnie *fl.* 16105 : 9 Pour fes ½ du net Provenu de ladite Cargaifon .... *fl.* 16105 : 9 :	
18.	A JAQUES PINET fon Compte en Compagnie *fl.* 10736 : 19 : 8 Pour fon ¼ du net Provenu de ladite Cargaifon ... 10736 : 19 : 8	
18.	A JACOB MARTIN fon Compte en Compagnie *fl.* 5368 : 10 Pour fon ⅛ du net Provenu, comme deffus ... 5368 : 10 :	
10.	A GAINS & PERTES *fl.* 736 : 19 : 8 Pour autant que je trouve d'avance fur mon ⅛ du profit fur cette Cargaifon & pour la folder. 736 : 19 : 8	32947 18

Du 15. dito.

355. *Recevoir payement de divers Debiteurs compris en Compte general.*

25. / 7.	CAISSE A COMPTE DE DEBITEURS *fl.* 16368 : 1 Reçu des fousnommez pour les Vins dont ils font Debitez fur ce Compte au 3 du paffé, SAVOIR:

De Jan Rokog pour 36 Tonneaux	*fl.* 5292 : 11
De Jan Velthuys pour 34 Tonneaux	5074 : 5
De Jacob Scholten pour 24 Tonneaux	3564 :
De Pieter Schevin pour 16¼ Tonneaux.	2437 : 5

16368 1

Du 18. dito.

356. *Crediter un Correfpondant pour les Courtages & Ports de Lettres qu'il me paffe en Compte, & pour ce qu'il me Doit pour folde que je paffe à fon Compte.*

17. / 27.	JAQUES HOOGHSTOËL fon Compte à lui-même mon Compte *fl.* 395 : 9 & L. 1200 Pour L. 21ᵗ Tournois qui lui reviennent pour Courtage & Port de Lettres & L. 1179 qu'il me refte pour folde de mon Compte que je paffe au fien fuivant l'avis à lui donné ce jourd'hui, SAVOIR:

Pour L. 21 dont il m'a Debité à mon Compte pour Courtage & Ports de Lettres, fuivant fon avis du 10 du Courant, dont je ne paffe rien en argent d'Hollande   L. 21

Pour L. 1179 faifant 393 ▽ qu'il me refte pour folde de mon Compte dont je le Debite au fien à raifon de 40¼ % par Ecu fuivant ma Lettre de ce jour & le Compte à lui envoyé   1179

        L. 1200   395 9

Eee   Re-

Remarque fur l'Article ci-deffus.

J'ai fait remarquer fur l'Article 277 que la plûpart des gens reduifent les Fraix que leurs Correfpondans leur paffent en Compte en argent du Païs, & que cela fait paroître du profit où il y a fouvent de la perte, ce qui ne peut pas arriver en Creditant un Correfpondant pour les Fraix, comme j'ai fait ci-deffus, où je Credite J. Hooghftoel feulement en argent de France pour les L. 21 Tournois de Courtage & de Port de Lettres, fans compter rien en argent d'Hollande pour ces L. 21. La raifon voudroit que je les reduififfe à 40¼ § par Ecu, & cela feroit fl. 7 : 2 : de Banque, en confequence de quoi je trouverois fl. 7 : 13 : de profit fur le Change, au lieu qu'il n'y a réellement & de fait que 11 fols, de forte que je trouve beaucoup meilleure & plus jufte la maniere ci-deffus, que celle de paffer les Fraix des Païs étrangers en argent du Païs, & me tiendrai à cette methode jufques à ce qu'on m'ait prouvé qu'elle n'eft pas la meilleure.

357. *Solder mon Compte chez un Correfpondant par le profit fait fur le Change.*

		Florins	fols	pe.
27. 10	JAQUES HOOGHSTOEL mon Compte GAINS & PERTES fl. -- 11 : Pour avance fur le Change & pour folde de l'argent d'Hollande		11	

358. *Debiter un Correfpondant pour les Courtages, Ports de Lettres & Commiffion qu'il me Doit, & pour une Remife que je lui fais pour folde de fon Compte.*

17. JAQUES HOOGHSTOEL fon Compte Aux fuivans fl. 3376 : 16 : 8　Pour les Fraix fuivans & la Remife à lui faite pour folde de fon Compte, fuivant le Compte à lui envoyé ce jourd'hui à la Copie des Comptes Courans, folio 10, SAVOIR:

24. A COMPTE DE FRAIX fl. 12 : 17 : 8　Pour les Fraix fuivans que je lui ai paffé dans le Compte à lui envoyé, SAVOIR:

Pour Courtage de D. 1324 : 4 fur Hambourg à 25 f. par mille & de ma Remife de 3312 ▽ 32 f. ci-deffous à 30 f. par mille Ecus　.　.　fl.　6 : 7 : 8

Pour Ports de Lettres jufqu'à ce jour　.　.　:　6 : 10 :

fl.　12 : 17 : 8

12. A COMPTE DE COMMISSION fl. 30 : 14　Pour ma Commiffion de fl. 6141 : 2 à ½ pour cent　.　.　30 : 14 :

29. A BANQUE fl. 3333 : 5　Pour ma Remife de ce jour pour folde de fon Compte de 3312 ▽ 32 f. à 40 § fur Fouguier & Queiffat de Bourdeaux, en Lettre de Pierre Dutilh de ce jour à 15 jours de date, écrit audit Dutilh　.　.　.　3333 : 5 :

	Florins	fols	pe.
	3376	16	8

359. *Remettre à un Correfpondant avec lequel je tiens Compte en argent Courant le net Provenu de fa portion d'une Cargaifon.*

29. JEAN DUMAS fon Compte Aux fuivans fl. 4019 : 5 : 8　Pour ma Remife à lui faite ce jourd'hui de 3975 ▽ 5 f. en Lettre de Jacob Temminck de ce jour à ¼ Ufance fur Jofeph Gibert de Bourdeaux à 40¼ §, SAVOIR:

29. A BANQUE fl. 3818 : 15 : 8　Ecrit audit Temminck pour ladite Lettre fl. 3818 : 15 : 8

4. A AGIO fl. 200 : 10　Pour celui de ladite fomme à 5¼ pour cent　.　200 : 10 :

	Florins	fols	pe.
	4019	5	8

360. Re-

Florins | fols | Pc.

—— A AMSTERDAM, ce 18 Decembre 1723. ——

360. Recevoir payement d'une somme prêtée à l'Interêt.

25. 11.	CAISSE A LA COMPAGNIE DES INDES Occidentales *fl.9360*: Reçu ce jourd'hui de ladite Compagnie pour Capital & Interêt des *fl.9000* que je lui avois prêtez le 19 Novembre 1722 pour un an à 4 pour cent d'Interêt par an.	9360 — —

Du 22. dito.

361. Debiter un Correspondant pour une Traite qu'il avoit faite sur moi pour son Compte, & que j'avois excomptée.

22. 14.	DARIUS & Compagnie leur Compte A LETTRES DE CHANGE à payer *fl.7175* Pour leur Traite de 7000 ▽ à 41 ⅛ du 14 Septembre à 3 Usances 8 jours à l'ordre de P. Poirier, laquelle j'excomptai le 25 Septembre à Jacob Martin, & dont j'avois Debité lesdites Lettres pour en Debiter à l'écheance ledit Darius & Compagnie.	7175 — —

362. Debiter un Correspondant pour la solde qu'il me Doit à mon Compte sa Provision deduite, & pour les Courtages & Ports de Lettres qu'il me doit.

22. DARIUS & Compagnie leur Compte Aux suivans *fl.344 : 12* SAVOIR:

6. A DARIUS & Compagnie mon Compte *fl.311 : 4* Pour L.927 : 15 qu'ils me restent pour solde de mon Compte qu'ils m'ont envoyé en date du 15 du Courant & L.592 : 10 qu'ils me passent pour leur Commission & Port de Lettres, SAVOIR:

Pour L.592 : 10 : à quoi monte leur Provision, Port de Lettres & Courtage suivant leurdit Compte, dont je ne passe rien en argent d'Hollande L. 522 : 10 fl.—— : -

Pour L.927 : 15 faisant 309¼ ▽ qui me reviennent pour solde de mondit Compte, & dont je les Debite au leur, suivant leur ordre à 40¼ ⅛ · · · · 927 : 5 · 311 : 4

L.1520 : 5 fl.311 : 4

24. A COMPTE DE FRAIX *fl.33 : 8* Pour Courtages & Ports de Lettres qu'ils me Doivent suivant le Compte à eux envoyé ce jourd'hui au Livre de Comptes Courant fol. 11 · · 33 : 8

		344 12 —

363. Tirer sur un Correspondant la solde de son Compte en le lui envoyant.

29. 22.	BANQUE A DARIUS & Compagnie leur Compte *fl.6699 : 16 : 8* Pour ma Traite de ce jour sur eux à 4 jours de date de 6658 ▽ 9 s. à 40¼ à l'ordre de Cesar Sardi & Compagnie pour la solde de leur Compte à eux envoyé ce jourd'hui, comme ci-dessus, écrit par lesdits Sardi.	6699 16 8

Eee 2

364. De-

———— A AMSTERDAM , ce 25 Decembre 1723. ———— Florins | fols | pe.

364. *Debiter des Marchandises en Compagnie pour les Fraix de Livraison &*
Commission.

28. SUCRES DE SURINAM Pour Compte ⅜ de Jan van Meel , ¼ de Jaques Pinet , ⅛ de Jacob Martin & ¼ pour le mien Aux suivans *fl.* 1727 : 13 : 8 Pour les Fraix suivans faits
sur lesdits Sucres depuis la Reception & à la Livraison, & pour ma Commission de la
Vente, SAVOIR :

24. A COMPTE DE FRAIX *fl.* 796 : 13 : 8 Pour les suivans, SAVOIR :

  Pour un Mois de Loyer de 4 Magazins à *fl.* 20 chacun   fl. 80 : :
  Pour la Livraison des 1500 Bariques aux travailleurs du Poids   325 : :
  Pour Courtage de la Vente   391 : 13 : 8

                             fl. 796 : 13 : 8

12. A COMPTE DE COMMISSION *fl.* 931 : Pour ma Commission à 1 pour
cent de *fl.* 93103 : 15 qu'ont produit lesdits Sucres   931 : :   1727 | 13 | 8

---

365. *Crediter les Interessez dans le retour d'une Cargaison de leur Portion du*
net Provenu , & la solder pour ma Portion du profit.

28. SUCRES DE SURINAM Pour Compte ⅜ de Jan van Meel , ¼ de Jaques Pinet , ⅛ de Jacob Martin & ¼ pour le mien Aux suivans *fl.* 12992 : 4 : Pour la Portion des sousnommez du net Provenu desdits Sucres suivant le Compte que je leur en ai délivré ce
jourd'hui, SAVOIR :

18. A JAN VAN MEEL son Compte en Compagnie *fl.* 4872 : 1 : 8 Pour ses ⅜ de *fl.* 12992 : 4
à quoi monte le net Provenu des 15000 bariques Sucre, reçues en retour de la Cargaison pour Surinam   fl. 4872 : 1 : 8

18. A JAQUES PINET son Compte en Compagnie *fl.* 3248 : 1 : Pour
son ¼ de la susdite somme   3248 : 1 :

18. A JACOB MARTIN son Compte en Compagnie *fl.* 1624 : - : 8 Pour
son ⅛ dans ladite somme   1624 : - : 8

10. A GAINS & PERTES *fl.* 3248 : 1 : Pour mon ¼ du susdit Provenu,
qui avec les *fl* 736 : 19 : 8 : de profit fait sur mon ¼ de la Cargaison
pour Surinam font *fl.* 3985 : - : 8 de net profit que j'ai eu sur mon ¼
de ladite Cargaison & Retour   3248 : 1 :   12992 | 4 | —

Du 28. dito.

366. *Recevoir payement de divers Debiteurs Debitez en Compte particulier.*

25. CAISSE Aux suivans *fl.* 93103 : 15 : 8 Reçu des sousnommez pour les Sucres à eux
livrez le 8 Novembre dernier, SAVOIR :

28. A ISAAC CHEVALIER *fl.* 30650 : 2 Reçu de lui ce jourd'hui   fl. 30650 : 2 :
29. A EVERARD GRAVER & fils *fl.* 31445 : 18 : 8 pour même cause   31445 : 18 : 8
29. A ADRIAN VAN MEERWYK *fl.* 31007 : 15 pour idem   31007 : 15 :   93103 | 15 | 8

---

367. Payer

——— A AMSTERDAM ce 30. Decembre, 1723. ——— | Florins. | ſols | Pc.

367. *Payer aux Intereſſez dans une Cargaiſon & retour ce qui leur revient, tant pour le fourniſſement qu'ils ont fait, que pour leur portion du profit.*

Les ſuivans A CAISSE *fl.* 41955 : 1 : 8 Payé aux ſousnommez pour le net Provenu de la portion qu'ils avoient dans la Cargaiſon pour Surinam & dans les Sucres venus en retour, dont ils m'ont donné une Quitance generale, SAVOIR:

18. JAN VAN MEEL ſon Compte en Compagnie *fl.* 20977 : 10 : 8 à lui payé pour ſes ½ d'interêt dans ladite Cargaiſon & retour . . . *fl.* 20977 : 10 : 8

18. JAQUES PINET ſon Compte en Compagnie *fl.* 13985 : - : 8 pour ſon ¼ . . . . . 13985 : --- : 8

18. / 25. JACOB MARTIN ſon Compte en Compagnie *fl.* 6992 : 10 : 8 pour ſon ⅛ . . . . 6992 : 10 : 8

| | 41955 | 1 | 8 |

368. *Recevoir du Directeur ou Teneur de Livres d'un Navire où j'ai Interêt, ma portion du net Provenu du Fret d'un voyage qu'il a fait.*

25. / 7. CAISSE A Navire *Le Soleil d'Orient* *fl.* 4400 Reçu de Jan van Drogenhorſt pour mon ⅓ de *fl.* 13200 : qu'a produit de net le fret dudit Navire d'ici à Surinam & retour, y compris miſe hors pour Cadix où il eſt allé depuis 15 jours, étant parti du Texel le 20 du Courant, ſuivant le Compte que m'en a fourni ledit van Drogenhorſt qui en a la direction . . . .

| | 4400 | — | |

369. *Porter une Marchandiſe d'un Compte particulier ſur un Compte general.*

6. / 20. MARCHANDISES GENERALES A POIVRE à recevoir *fl.* 2607 : 12 : 8 B^{co}. pour 20 Bales Poivre que j'ai reçues le premier Mai de Gerrit Nutgens, peſant net 8220 ℔, me revenant à ladite ſomme; dont pour ſolder le Compte dudit Poivre, je Debite les Marchandiſes generales . . .

| | 2607 | 12 | 8 |

Du 31. dito.

370. *Crediter le Compte general d'un Navire pour les Gages de l'Equipage payez, & dont j'ai omis de Debiter le veritable Compte qui devoit porter ces Fraix.*

Les ſuivans A NAVIRE *LA MARGUERITE* Compte general *fl.* 1408 Pour ce que j'ai payé le 12 Juillet dernier à l'Equipage dudit Navire, à ſon retour de Groenland, dont j'ai omis de Debiter la Pêche dudit Navire; lequel Compte étant ſoldé, je paſſe la ½ deſdits Fraix ſur ma ½ dudit Navire & l'autre ½ au Compte de Darius & Compagnie, comme ſuit, SAVOIR:

22. NAVIRE *LA MARGUERITE* Compte particulier *fl.* 704 : Pour ma ½ des Gages payez à l'Equipage, omis dans le Compte de la Pêche dudit Navire . *fl.* 704

4. DARIUS & Compagnie leur Compte *fl.* 670 : 10 : Pour le montant en argent de Banque des *fl.* 704 Courant, à quoi monte leur ½ deſdits Gages payez à l'Equipage, reduit à 105 pour cent, ſuivant l'avis à eux donné ce jourd'hui *fl.* 670 : 10

4. / 21. AGIO *fl.* 33 : 10 Pour celui de ladite ſomme à 5 pour cent . 33 : 10

| | | 704 | |
| | 1408 | — | |

Remarquez que naturellement la Pêche de ce Navire devoit porter les Fraix des gages de l'Equi-
page auſſi bien que tous les autres Fraix dont je l'ai Debitée dans l'Article 280 au 22 Août , & ſi
le Compte de la Pêche n'étoit pas ſoldé comme il l'eſt depuis ledit jour 22. Août , j'en aurois Debité
aujourd'hui (que je m'en ſuis aperçu) ladite Pêche, & cette ſomme auroit diminué le net Provenu
de la Pêche dont par conſequent ma ½ auroit produit fl.704 Courant, & celle de Darius & Com-
pagnie fl.670 : 10 de Banque de moins , mais le Compte de la Pêche étant ſoldé & le Compte en
étant envoyé à mon Aſſocié, je dois le Debiter pour cette moitié omiſe à ſon Compte , & à l'égard
de ma moitié, je dois en Debiter ou ma portion du Navire , comme je l'ai fait ci-deſſus, ou bien
le Compte de Gains & Pertes , puiſque ces fl.704 : ſont effectivement une diminution des
fl.8481 : 15 : 8 que j'ai paſſez de profit dans l'Article 280. Mais comme je ſuppoſe que ma
½ de ce Navire vaut plus de fl.8000 & que jusques à l'Article ci-deſſus ma ½ ne paroit me revenir
qu'à fl.7435 : 12 : 8 je paſſe les fl.704 ci-deſſus au Debit dudit Navire , moyenant quoi, ma
½ me revient à fl.8139 : 12 : 8 qui eſt à peu près la ſomme que je l'eſtime valoir , ce qui revient
à la même choſe que ſi j'avois Debité le Compte de Gains & Pertes des fl. 704 ci-deſſus , & que
j'euſſe enſuite Debité ledit Navire à Gains & Pertes de fl.704 en le taxant dans mon Inventaire,
& le paſſant dans ma Balance pour ladite ſomme de fl.8139 : 12 : 8.

C'eſt ainſi que lorsque l'on s'aperçoit avoir oublié ou omis un Article dans un Compte deja ſoldé,
on doit chercher qui en eſt le veritable Debiteur ou Crediteur, & expliquer l'Article le plus claire-
ment qu'on peut.

---

371. *Debiter mes Comptes avec pluſieurs Correſpondans pour les Courtages &*
Ports de Lettres , avant de les ſolder par les profits ou pertes
faites ſur le Change.

Les ſuivans A COMPTE DE FRAIX *fl.*169 : 7   Pour les Courtages & Ports de Lettres ſuivans que je trouve avoir payez & devoir payer pour les affaires faites avec les ſousnommez pour mon Compte, SAVOIR :

6. DARIUS & COMPAGNIE mon Compte *fl.*103 : 15 : Pour les Fraix ſuivans que j'ai
payez & dois payer pour mes propres affaires avec eux en argent d'Hollande & rien en
argent de France, SAVOIR :

Pour Courtage de 33500 ▽ que je trouve leur avoir remis à 30 ſ. par mille fl.	49 :	10
Pour Courtage de *fl.*37043 : 9 : 8 de leurs Remiſes excomptées à 1 pour mille	37 :	
Pour Port de Lettres	17 :	5
	fl.103 :	15

8. GEORGE PEACE mon Compte *fl.*27 : Pour Courtage de L. 1985 : 5 ſt. à
lui remiſes à 15 ſ. par 100 Livres ſt. & *fl.*12 de Port de Lettres   27 :

8. A LEONARD DELFGAAUW mon Compte fl.38 : 12 Pour Courtage de
30. 22325 ▽ à lui remis à 30 ſ. par mille & fl.15 de Port de Lettres . 38 : 12 | 169 | 7 |

Beaucoup de gens qui ſe mêlent de negocier en Change, ne font point attention à ces ſortes de
Fraix, non plus qu'à ceux que nos Correſpondans font pour nous , comme je l'ai remarqué ſous les
Articles 276 & 355, trouvant ainſi du profit où il y a de la perte , & je ne doute point que ce
ne ſoit ſouvent la cauſe de pluſieurs faillites.

---

372. *Debiter des Comptes de Marchandiſes pour les Fraix faits ſur icelles ,*
avant de les ſolder par le Profit ou par la Perte faite ſur icelles.

Les ſuivans A COMPTE DE FRAIX *fl.*576 : 9 Pour les Fraix ſuivans payez & à payer
Pour les Marchandiſes ſous-ſpecifiées, SAVOIR :

Suite à la Page ſuivante.

VINS

———— A AMSTERDAM, ce 31 Decembre 1723. ———————— | Florins. | sols | pc.

5. VINS en general *fl.*171 : 4 Pour les Fraix suivans faits sur iceux, SAVOIR:

Pour Courtage de Vente de 106 Tonneaux à 12 *f.* par Tonneau . fl. 63 : 12

Pour Tonnelage de 110 Tonneaux reçus & 106 Tonneaux livrez à 6 *f.* par Tonneau . . . . 64 : 16

Pour louage de Cave & autres Fraix . . 42 : 16
 fl. 171 : 4

5. EAUX DE VIE en general *fl.*180 : 10 Pour les Fraix suivans, SAVOIR:

Pour Courtage de 120 Pieces vendues à 12 *f.* par piece . fl. 72 :

Pour Tonnelage de 120 Pieces reçues & de 120 Pieces livrées à 6 *f.* 72 :

Pour louage de Cave & menus Fraix . . 36 : 10
 180 : 10

6. / 30. MARCHANDISES GENERALES *fl.*224 : 15 Pour Courtage, Magazinage & Fraix faits sur les diverses Marchandises de ce Compte vendues . . . 224 : 15

	576	9

---

373. *Regler mon Compte chez un Correspondant qui me Doit en argent de son Païs, & dont le Credit excede le Debit en argent du mien.*

15. / 10. EDOUARD FLOUWER mon Compte A GAINS & PERTES fl. 143 : 5 : Pour avance que je trouve sur le Change, en reduisant les L. 5 sterlin qu'il me reste pour solde à 35 ₰ 6 ₰ par Livre sterlin .

	143	5

Remarquez qu'avant de coucher l'Article ci-dessus sur le Grand Livre, Edouard Flouwer est Debiteur de L. 1000 ſt. faisant fl. 10500 : d'Hollande, & Crediteur de L. 995 : ſt. faisant fl. 10590 d'Hollande & que par consequent il est Debiteur de 5 Livres sterlin, & cependant le Credit de l'Argent d'Hollande excede de 90 florins le Debit de la même monnoye, lesquels fl. 90 seroient le profit qu'il y auroit sur le Change si les Livres sterlin étoient égales de part & d'autre, mais comme il y a L. 5 sterlin de plus en Debit, il faut les reduire au Cours du Change en argent d'Hollande & ajoûter le produit au Credit de la même Monnoye; ce qui étant fait, on en deduit l'Argent d'Hollande qui se trouve au Debit, & ce qui reste est le profit sur le Change, aux Fraix près qu'Edouard Flouwer pourra me passer en Compte, dans la suite.

C'est ainsi qu'il faut reduire & regler tous nos Comptes chez nos Correspondans, afin de ne les Debiter ou de ne les Crediter par Balance que de la juste somme qu'ils nous Doivent ou que nous leur Devons en argent de leur Païs reduit au Cours du jour, mais il faut considerer que, puisque l'Excedant du Credit en notre monnoye est un profit, l'excedant du Debit est une perte, & qu'alors il faut Crediter un tel notre ou mon Compte Par Gains & Pertes, pour rendre le Debit de notre monnoye égal au Credit.

---

374. *Regler mon Compte chez un Correspondant à qui je Dois en argent de son Païs, & dont le Credit excede le Debit en argent du mien.*

8. / 10. GEORGE PEACE mon Compte A GAINS & PERTES fl. 114 : 11 : Pour avance sur le Change en reduisant les L. 2 : 10 ſt. qui lui reviennent pour solde à 35 ₰ 6 ₰ par Livre sterlin .

	114	11

———— A AMSTERDAM, ce 31 Décembre 1723. ———— | Florins. | fols | p.

375. *Crediter la Caiffe pour les Fraix payez & les Depenfes faites depuis quelque tems.*

Les fuivans A CAISSE fl. 5975 : 12 : 8 SAVOIR:

16. DEPENSES de Menage fl. 2520 : Pour autant que je trouve avoir depenfé dans mon menage depuis le 6 Août dernier à ce jourd'hui, fuivant ma Note   fl. 2520 :   :

30. COMPTE DE FRAIX fl. 3455 : 12 : 8 Pour divers Fraix payez de-
25. puis le 6 Août dernier jusques à ce jourd'hui, comme au Livre de Fraix folio 17 · · ·   3455 : 12 : 8 | 5975 | 12 | 8

376. *Regler la Perte fur un Compte de Marchandifes, après avoir taxé celles qui reftent en nature au prix de l'achat.*

10. GAINS & PERTES A MARCHANDISES GENERALES fl. 411 : 6 : 8 Pour per-
6. te que je trouve avoir faite fur le Compte des Marchandifes generales, en taxant celles qui me reftent par Balance au prix qu'elles m'ont couté · · · | 411 | 6 | 8

377. *Regler la Perte fur uu Compte de Marchandifes qui me reftent, & que je taxe à moins qu'elles ne m'ont couté en faifant la Balance.*

10. GAINS & PERTES A DRAPS D'ANGLETERRE fl. 811 : 10 Pour autant que
5. je paffe pour Perte fur lesdits Draps dont il me refte 16 Pieces que je trouve avoir couté trop cher à mon Pere, ne les eftimant que fl. 450 : la Piece, fuivant quoi il y a de per-
te ou de diminution. · · · · | 811 | 10 | —

378. *Regler la Perte fur les Meubles pour la diminution qu'ils fouffrent par l'ufage journalier.*

10. GAINS & PERTES A MEUBLES fl. 1300 Pour autant que je paffe de diminution fur
8. les Meubles que j'ai, & pour l'ufage d'iceux. · · · | 1300 | — | —

379. *Regler le Compte d'Agio par le profit que j'y trouve après avoir reglé celui des fommes qui me font dües en Banque.*

4. AGIO A GAINS & PERTES fl. 440 : 2 : 8 Pour profit fait fur l'Agio en comptant
30. celui de fl. 26086 : 16 dont je dois le Crediter par Balance à 5 pour cent · | 440 | 2 | 8

380. *Solder divers Comptes dans un feul Article pour le profit fait fur iceux.*

Les fuivans A GAINS & PERTES fl. 12759 : 7 : 8 Pour les Profits faits fur les Comptes fuivans & pour les folder, SAVOIR:

1. COMPTE DE CHANGE fur France fl. 26 : 5 Pour profit fait fur ce Compte & pour le folder · fl. 26 : 5 :

1. COMPTE DE CHANGE fur l'Angleterre fl. 37 : 10 pour même caufe.   37 : 10 :

Porté à la Page fuivante   fl. 63 : 15 :

VINS

A AMSTERDAM , ce 18 Decembre 1723.　　　　　　Florins sols Pe.

Somme de la Page precedente.　　　fl. 63 : 15 :

		Florins	sols	Pe.
5.	VINS EN GENERAL *fl.* 1862 : 6 : 8 pour avance sur les Vins	1862 : 6 : 8		
6.	DARIUS & Compagnie mon Compte fl. 29 : 1 : 8 Pour profit fait sur mon Compte chez eux, & pour solde de l'argent d'Hollande	29 : 1 : 8		
7.	RENTES & LOYERS fl. 450 : pour le net Produit des Rentes de mes Maisons, & pour solder ce Compte	450 : :		
8.	LEONARD DELFGAAUW mon Compte fl. 333 : 5 : 8 Pour avance sur mon Compte chez lui & pour solder l'argent d'Hollande	333 : 5 : 8		
12.	COMPTE DE COMMISSION fl. 7401 : 5 Pour le net profit des Commissions faites	7401 : 5 :		
12.	LETTRES DE CHANGE envoyées pour negocier fl. 42 : 4 pour profit sur icelles	42 : 4 :		
13.	JAN STRAALMAN mon Compte fl. 15 : 13 : pour avance sur le Change & pour solder	15 : 13 :		
14.	LETTRES DE CHANGE à recevoir fl. 25 : 4 : pour avance sur ce Compte & pour le solder	25 : 4 :		
14.	LETTRES DE CHANGE à payer fl. 44 : 7 pour même cause	44 : 7 :		
18.	GROSSE AVANTURE Pour Guinée & Curacao fl. 118 : 4 pour idem	118 : 4 :		
19.	CARGAISON pour Cadix sur *l'Elizabet* fl. 1219 : 2 : 8 pour idem	1219 : 2 : 8		
19.	CHRISTOFFEL MOTHES mon Compte fl. 8 : 5 : 8 Pour avance sur le Change & pour solder	8 : 5 : 8		
19.	CARGAISON Pour Lisbonne sur le *St. Pierre* fl. 701 pour avance sur icelle	701 : :		
22.	CARGAISON Pour Rouen de ½ avec Gedeon Vincent fl. 200 pour idem.	200 : :		
26.	DEVENTER & DE GROOT mon Compte fl. 28 : 19 pour avance sur le Change & pour solder	28 : 19 :		
26.	CUIRS DU BREZIL *fl.* 72 : 13 Pour avance sur ce Compte, & pour le solder.	72 : 13 :		
28.	VINS DE BOURDEAUX ⅓ en Compagnie &c. fl. 144 : 2 pour idem.	144 : 2 :		
30.				
		12759	7	8

381. *Solder divers Comptes dans un seul Article par la Perte faite sur iceux.*

		Florins	sols	Pe.
30.	GAINS & PERTES Aux suivans *fl.* 7313 : 14 Pour Perte que je trouve avoir faite sur les Comptes suivans & pour les solder, SAVOIR :			
5.	A EAUX DE VIE en general *fl.* 1660 : 9 Pour perte faite sur les Eaux de Vie & pour en solder le Compte　　fl. 1660 : 9			
16.	A DEPENSES de Menage *fl.* 4895 : Pour les Depenses que j'ai faites depuis le premier Octobre 1722. à ce jourd'hui　　4895 :			
20.	A COMPTE D'ASSURANCES *fl.* 100 Pour perte faite sur les sommes que j'avois assurées　　100 :			
30.	A COMPTE DE FRAIX *fl.* 658 : 5 : pour les Fraix faits sur diverses Marchandises & pour solder ce Compte　　658 : 5			
		7313	14	—

382. *Solder le Compte de Gains & Pertes par le net de tous les profits.*

		Florins	sols	Pe.
30. 1.	GAINS & PERTES A CAPITAL *fl.* 17996 : 11 : 8 Pour le net des Profits qu'il a plû à Dieu me donner depuis le premier Octobre 1722 à ce jourd'hui, que je porte au Credit de mon Capital pour solder le Compte de Gains & Pertes	17996	11	8

Ggg　　　　　　　　　　　　　　　　　　383. *Sol.*

A AMSTERDAM, ce 31 Decembre 1723. — Florins. | fols | pe.

383. *Solder tous les Comptes qui reſtent Debiteurs par la Balance de ſortie.*

31. BALANCE de ſortie du Grand Livre **A.**, Aux ſuivans *fl.*192506 : 9 : 8 Pour ce qui m'eſt dû par les Parties & Perſonnes ſuivantes pour ſolde de leurs Comptes , dont je les Credite pour les rendre de nouveau Debitrices dans le Grand Livre B, SAVOIR :

		Florins	fols	pe.
4.	A AGIO *fl.*1304 : 6 : 8 Pour celui de *fl.*26086 : 16 : de Banque qui me reſtent, tant en Banque qu'en Dettes & en Marchandiſes, reduit à 5 pour cent *fl.* 1304 : 6 : 8			
5.	A DRAPS D'ANGLETERRE *fl.*7200 Pour 16 Pieces qui me reſtent que je paſſe *fl.*450 la Piece	7200 :	:	
6.	A MARCHANDISES GENERALES *fl.*14512 : 3 : 8 Pour les ſuivantes qui me reſtent, SAVOIR :			
	20 Pipes Huile de Seville, me revenant en Courant à *fl.* 3434 : 18 :			
	10 Bales Caffé, me revenant en Courant à 8469 : 13 :			
	20 Bales Poivre, me revenant en Banque à 2607 : 12 : 8			
		14512 :	3 :	8
7.	A BIENS FONDS *fl.*5000 Pour la Maiſon & Jardin près de l'Overtoom	5000 :	:	
7.	A NAVIRE *le Soleil d'Orient fl* 7126 : 16 Pour mon ¼ d'Interêt en icelui	7126 : 16 :		
8.	A MEUBLES *fl.*10000 Pour ceux qui me reſtent	10000 :	:	
12.	A ARNAUD DU GOYON ſon Compte *fl.*141 : 16 : pour ce qu'il me reſte pour ſolde	141 : 16 :		
14.	A JACOB RATTIER ſon Compte *fl.*12 : 12 pour même cauſe	12 : 12 :		
15.	A EDOUARD FLOUWER mon Compte *fl.*53 : 5 Pour L. 5 ſt. qu'il me reſte, reduit à 35 ß 6 ß L. 5 :	53 : 5 :		
16.	A ANTOINE ATHENAS & Compagnie leur Compte *fl.*2574 : 2 : 8 Pour ce qu'ils me reſtent pour ſolde	2574 : 2 : 8		
22.	A DARIUS & Compagnie leur Compte *fl.*670 : 10 : Pour même cauſe	670 : 10 :		
22.	A NAVIRE *la Marguerite* Compte particulier *fl.*8139 : 12 : 8 Pour ma ½ en icelui.	8139 : 12 : 8		
24.	A ABRAHAM WILLINK *fl.*10365 : 18 Pour ce qu'il me reſte pour ſolde	10365 : 18 :		
25.	A CAISSE *fl.*97635 : 1 Pour l'argent qui me reſte en icelle .	97635 : 1 :		
26.	A BANQUE de Londres *fl.*6407 : 14 Pour L.500 ſt. de Capital que j'y ai	6407 : 14 :		
29.	A BANQUE *fl.*11080 : 10 : 8 Pour ce qui me reſte en icelle .	11080 : 10 : 8		
29.	A TOILES DE COTTON en general *fl.*10282 : 2 Pour 900 Pieces Betilles	10282 : 2 :		
		192506	**9**	**8**

384. *Solder tous les Comptes qui reſtent Crediteurs par la Balance de ſortie.*

Les ſuivans A BALANCE de ſortie du Grand Livre A *fl.*192506 : 9 : 8 Pour le net de mon Capital & ce que je Dois aux ſousnommez , dont je les Debite pour ſolder leurs Comptes & les Crediter de nouveau au Grand Livre B, SAVOIR :

		Florins	fols	pe.
1.	CAPITAL *fl.*157302 : 2 : 8 Pour le net de mon Capital pour ſolde dudit Livre *fl.*157302 : 2 : 8			
8.	GEORGE PEACE mon Compte *fl.*26 : 12 : 8 : Pour L. 2 : 10 ſt. que je lui reſte pour ſolde de mon dit Compte, reduit à 35 ß 6 ß par Livre ſterlin L. 2 : 10	26 : 12 : 8		
8.	EDOUARD FLOUWER ſon Compte *fl.*44 : 10 : Pour ce qui lui revient pour ſolde	44 : 10 :		
14.	LEONARD DELFGAAUW ſon Compte *fl.*6725 : 5 Pour idem	6725 : 5 :		
16.	HEUSCH DE SANVRY ſon Compte *fl.*210 pour idem .	210 :	:	
	Porté à la Page ſuivante *fl.*164308 : 10 :			

LE

	A AMSTERDAM, du 31 Decembre 1723.	Florins.	Sols	Pe.
	La Somme de la Page precedente se monte à fl. 164308 : 10 :			
16.	LE COUTEULX & Compagnie leur Compte fl. 734 : 5 Pour ce ce qui lui revient pour solde	734 : 5 :		
16.	GEDEON VINCENT son Compte fl. 3 : 15 : 8 Pour idem	3 : 15 : 8		
17.	COMPTE DE CREDITEURS fl. 11904 : 11 Pour ce qui revient aux sousnommez, SAVOIR:			
	A André Pels & fils fl. 8469 : 13			
	A David Rutgers 3434 : 18			
		11904 : 11 :		
17.	JACOBUS DE CONINCK son Compte fl. 22 : 7 : 8 Pour ce qui lui revient pour solde	22 : 7 : 8		
25.	LOPES DASIERRA son Compte fl. 2418 : 12 : 8 pour idem	2418 : 12 : 8		
28.	MARCHANDISES Pour Compte d'Arnaud du Goyon fl. 13114 : 8			
31.	Pour autant dont elles restent Creditrices pour solde	13114 : 8 :		
		192506	9	8

FIN DU JOURNAL A.

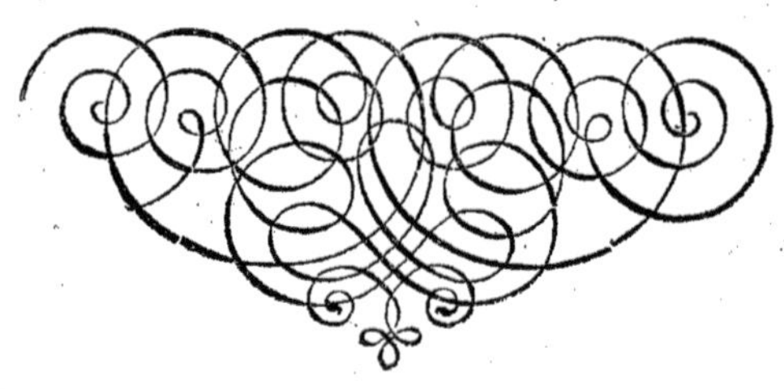

TABLE DES ARTICLES

Contenus

Dans le JOURNAL A.

Les Chiffres ne marquent pas ceux des pages, mais des Articles.

A

Vente "

Des Payemens en argent de Banque pour mon Compte.

Des Payemens en argent de Banque pour Comp- te d'autrui.

Des Receptes en Argent courant, tant pour mon Compte que pour Compte d'autrui.

Re-

Payer

Des diverses manieres de regler & solder plusieurs Comptes.

Remarques sur divers Articles.

FIN de la Table des Articles du Journal A.

JOURNAL

B.

JOURNAL,

B

COMMENCÉ AU NOM DE DIEU,

A AMSTERDAM, ce premier Janvier. 1724.

		Florins.	Sols	Pe.
Coucher la Balance d'Entrée d'un nouveau Grand Livre sur le Journal.				

Les suivans A BALANCE d'Entrée du Grand Livre B *fl.* 192506 : 9 : 8 Pour ce qui me reste dû par les Parties & Personnes sousnommées pour solde du Grand Livre A, lesquelles j'avois Creditées audit Livre pour les rendre de nouveau Debitrices au Livre B, SAVOIR:

		Florins	Sols	Pe.
1.	CAISSE *fl.* 97635 : 1 Pour l'argent qui me reste en icelle pour solde dudit Grand Livre A folio 25	fl. 97635	1	
1.	BANQUE *fl.* 11080 : 10 : 8 Pour ce qui me reste en icelle pour solde comme dessus à folio 29	11080	10	8
1.	AGIO *fl.* 1304 : 6 : 8 Pour l'Agio de *fl.* 26086 : 16 : qu'il m'est plus dû en argent de Banque que je ne dois, reduits à 5 pour cent pour solde audit Livre folio 4	1304	6	8
2.	MARCHANDISES GENERALES *fl.* 13972 : 3 : 8 Pour celles qui me restent pour solde au Livre A folio 6 , SAVOIR:			

20 Pipes Huile de Seville, me revenant en Courant à *fl.* 3434 : 18 :
10 Bales Caffé, me revenant en Courant à 8469 : 13 :
20 Bales Poivre, me revenant en Banque à 2607 : 12 : 8

		Florins	Sols	Pe.
		14512	3	8
2.	DRAPS D'ANGLETERRE : *fl.* 7200 Pour 16 Pieces qui me restent pour solde audit Livre folio 5	7200		
2.	BIENS FONDS *fl.* 5000 : Pour la Maison de Campagne près de l'Overtoom qui me reste pour solde audit Livre folio 7	5000		
2.	NAVIRE *le Soleil d'Orient fl.* 7126 : 16 Pour mon ¼ en icelui, pour solde comme dessus, folio 7	7126	16	
2.	MEUBLES *fl.* 10000 Pour ceux qui me restent idem à folio 8	10000		
2.	ARNAUD DU GOYON de Nantes son Compte *fl.* 141 : 16 : pour ce qu'il me reste pour solde de son Compte audit Livre, folio 12.	141	16	

Porté à la Page suivante fl. 154000 : 13 : 8

A AMSTERDAM ce premier Janvier 1724.	Florins	sols	Pe.
La Somme de la Page precedente se monte à fl. 154000 : 13 : 8			
3. JACOB RATTIER de Bourdeaux son Compte fl. 12 : 12 pour idem à folio 14	12 : 12 :		
3. EDOUARD FLOUWER de Londres mon Compte fl. 53 : 5 Pour L. 5 st. idem à 35 ʄ 6 ʄ à folio 15 — L. 5 :	53 : 5 :		
3. ANTOINE ATHENAS & Compagnie de Cadix leur Compte fl. 2574 : 2 : 8 Bᶜᵒ. Pour idem à folio 16	2574 : 2 : 8		
3. DARIUS & Compagnie de Paris leur Compte fl. 670 : 10 : Bᶜᵒ. Pour idem folio 22	670 : 10 :		
3. NAVIRE *la Marguerite* Compte particulier fl. 8139 : 12 : 8 courant, Pour mon ¼ en icelui pour solde au susdit Livre folio 22	8139 : 12 : 8		
3. ABRAHAM WILLINK fl. 10365 : 18 : courant, Pour ce qu'il me reste pour solde audit Livre folio 24	10365 : 18 :		
4. BANQUE de Londres fl. 6407 : 14 Bᶜᵒ. Pour une Action que j'ai en icelle de L. 500 st. de Capital pour solde audit Livre folio 26.	6407 : 14 :		
4. TOILES DE COTTON en général fl. 10282 : 2 Bᶜᵒ. Pour 900 Pieces Betilles qui me restent pour solde dudit Livre folio 29	10282 : 2 :		
1.	192506	9	8

	Florins	sols	Pe.
1. BALANCE d'Entrée du Grand Livre B Aux suivans fl. 192506 : 9 : 8 : Pour le net de mon Capital & ce que je reste aux sousnommez, que j'ai Debitez au Grand Livre A, pour solder leurs Comptes & les Crediter de nouveau dans le Livre B, SAVOIR :			
4. A CAPITAL fl. 157302 : 2 : 8 Pour le net Capital qui me reste pour solde du Grand Livre A folio 1 — fl. 157302 : 2 : 8			
4. A GEORGE PEACE de Londres mon Compte fl. 26 : 12 : 8 : Bᶜᵒ. Pour L. 2 : 10 st. qui lui reviennent pour solde audit Livre folio 8 à 35 ʄ 6 ʄ — L. 2 : 10	26 : 12 : 8		
4. A EDOUARD FLOUWER de Londres son Compte fl. 44 : 10 Bᶜᵒ. Pour ce qui lui revient pour solde audit Livre folio 8	44 : 10 :		
4. A LEONARD DELFGAAUW de Bourdeaux son Compte fl. 6725 : 5 Bᶜᵒ. Pour même cause à folio 14	6725 : 5 :		
5. A HEUSCH DE SANVRY de Paris son Compte fl. 210 : Bᶜᵒ. pour idem à folio 16	210 : :		
5. A LE COUTEULX & Compagnie de Paris leur Compte fl. 734 : 5 Bᶜᵒ. Pour idem à folio 16	734 : 5 :		
5. A GEDEON VINCENT de Rouen son Compte fl. 3 : 15 : 8 Bᶜᵒ. Pour idem à folio 16	3 : 15 : 8		
5. A COMPTE DE CREDITEURS fl. 11904 : 11 : courant Pour ce que je Dois aux sousnommez pour solde audit Livre folio 17, SAVOIR :			
A André Pels & fils pour 10 Bales Caffé — fl. 8469 : 13			
A David Rutgers pour 20 Pipes Huile de Seville — 3434 : 18	11904 : 11 :		
5. A JACOBUS DE CONINCK d'Anvers son Compte fl. 22 : 7 : 8 Bᶜᵒ. Pour ce qui lui revient pour solde audit Livre folio 17	22 : 7 : 8		
5. A LOPES DASIERRA de Cadix son Compte fl. 2418 : 12 : 8 Bᶜᵒ. pour même cause à folio 25	2418 : 12 : 8		
6. A MARCHANDISES Pour Compte d'Arnaud du Goyon de Nantes fl. 13114 : 8 courant Pour solde dudit Livre folio 28.	13114 : 8 :		
	192506	9	8

GRAND LIVRE

A

A AMSTERDAM.

CAPITAL.   DEBIT.

1722					fol	florins	fol	p.
pr.	Octob.	A G. Peace mon compte	Pour £ 1285. 5. ft. que je dois au dit Peace		8	14102	8	8
		A L. Delfgaauw mon compte	pr. £ 9750. tournois que je dois au dit Delfgaauw		8	3566	14	8
		A A. Bruguier fon compte	pr. ce que je dois à Alexandre Bruguier		8	2134	6	
		A E. Flouver fon compte	pr. idem a Edouard Flouwer		8	3375		
		A Rentes & Loyers	pr. ce que j'ai à payer pour le huitieme denier de 2 maifons		8	150		
		A C. de divers Crediteurs	pr. ce que je dois a 3 divers		8	1376		
1723	31 Decem.	A Balance.	pr. le net Capital que j'ai ce jourd'hui pour folde de ce Livre		31	157302	2	8
					fl.	182006	11	8

COMPTE DE CHANGE fur France   DEBIT

1722				liv. tour.	fols	8	fol	florins	fol	p.
pr.	Octob.	A Capital	Pour 3250 w fur Paris & Bourd. à 41½ 8 £	9750	-		1	3535	10	8
25		A Banque	pr. 1500 w fur Theluffon & Comp. a 41¾ 8	4500		-	3	1551	11	
		A idem	pr. 1000 w fur J. Amiraut a 41¼ 8 -	3000	-		3	1031	5	
1723	31 Decem.	A Gains & Pertes	pr. avance fur ce compte, & pour le folder			-	30	26	5	
			£ 17250. - : - -				fl.	6144	11	8

COMPTE DE CHANGE fur Londres   DEBIT

1722				liv ft.	f.	8	fol	florins	fol	p.
pr.	Octob.	A Capital	Pour 2 Lettres fur Londres à 34 8 10 8 £	431	10	8	1	4734	12	8
15	Decem.	A L. Delfgaauw	pr. 2 dito de £ 150 & 100 ft. à 34 8 10 8,	250	-	-	13	2612	10	
1723	31.	A Gains & pertes	pr. avance fur ce Compte & pour le folder,	-		-	30	37	10	
			£ 681 : 10				fl.	7384	12	8

CREDIT

1722						fol	florins	fol	p.
pr.	Octob.	Par Caiſſe	Pour l'argent que mon Pere m'a compté ce jourd'hui			2	20000	-	
		par Banque	pr. ce que mon Pere m'a écrit en Banque			3	36000		
		par Agio	pr. l'Agio desdits f. 36000 à 5 pour cent			4	1800		
		par compte de C. ſur France	pr. 2 Lettres que mon Pere m'a endoſſée ſur Paris & Bourd.			1	3535	10	8
		par compte de C. ſur Londres	pr. 2 autres Lettres ſur Londres			1	4734	12	8
		par Draps d'Angleterre	pr. 26 Pieces de Drap que mon Pere m'a cedé			5	13036	10	
		par Toile de Haarlem	pr. 40 Pieces Toile de Harlem idem			5	2123	10	
		par Vins en général	pr. 50 Tonneaux vin de Grave rouge idem			5	6225		
		par Eau-de-vie en général	pr. 60 Piece Eaux-de-vie de Cognac idem			5	8100		
		par Marchandiſes générales	pr. diverſes Marchandiſes idem			6	15065		
		par Vins à Hambourg &c.	pr. 50 Tonneaux vin de Bergerac que j'ai à Hambourg			5	4555		
		par Poivre à Danzic &c.	pr. 25 bales de Poivre que j'ai chez Straalman			5	3400	-	
		par Hans de Waal ſon comp &c.	pr. ce qui m'eſt dus par Hans de Waal			6	1672		
		par Darius & Compag. mon C.	pr. £ 9000 Tournois qui me ſont duës par leſdits			6	3307	10	
		par C. Mothes ſon Compte	pr. ce qui m'eſt du par Chriſtoffel Mothes			7	1263		
		par compte de Debiteurs	pr. idem par 3 divers			7	742	7	
		par biens fonds	pr. les 2 Maiſons que mon Pere m'a cedées			7	21000		
		par Rentes & Loyers	pr. ce qui m'eſt du pour le Loyer des 2 dites Maiſons			7	450		
		par Navire le Soleil d'Orient	pr. mon ¼ au Navire le Soleil d'Orient			7	8400	-	
		par Meubles	pr. les Meubles que mon Pere m'a donnez			8	8600		
1723	31 Dec.	par Gains & Pertes	pr. le net des profits faits depuis le premier Octobre 1722			30	17996	11	8
						fl.	182006	11	8

CREDIT

1722				liv. tourn	ſols 8			fol	florins		
25	Octob.	Par divers	Pour les 3250 w ſur Paris & Bourd. négociez 41 93 £	9750	-				3561	15	8
26	Nov.	par lettres envoyées	pr. les 1500 & 1000 w du 25 Octob. envoyez à Londre	7500	.-		12		2582	16	
				£ 17250	-		fl.		6144	11	8

CREDIT

1722				liv ſt.	ſ.	8		fol	florins		
28	Octob.	Par George Peace	Pour les 2 Lettres de l'autre part remiſes audit £	431	10	-	8		4734	12	8
1723	22 Janvier	par Banque	pr. les 2 autres de £ 150 & 100 négociées à 35 8 4 8	250	-		3		2650		
				£ 681	10		fl.		7384	12	8

B

1722			CAISSE	DEBIT	fol	florins	fol
	pr.	Octob.	A Capital pour l'argent reçu de mon Pere ce joud'hui		1	20000	
	8		A Cochenille Meſtique		9	4426	11
	13		A Marchandiſes generales		6	4433	1 8
	28		A Huile de Baleine,		10	344	6
	10	Nov.	A divers			15768	15
	4	Dec.	A Rentes & Loyers		7	450	
	20		A Compte de Debiteurs		7	742	7
	30		A Jan Leenderts		11	344	6
1723	5	Janv.	A Samuel Vauquet		11	1568	1 8
	20		A divers			30000	
	22		A idem			15750	
	26		A Pignes d'Argent &c.		17	25372	17
	18	Fev.	A Pieter de Waart		11	8082	14
	20		A Jacob Rattier ſon Compte		14	3430	
			A Vins en general		5	2376	-
	27		A Cochenille Meſtique		9	120	
	7	Mars	A Hans de Waal ſon Compte de tems		6	1672	
	12		A divers			12323	3
	14		A Marchandiſes chargées à mon adreſſe &c.		19	2635	10
	20		A Jan de Man		9	597	19
	2	Avril.	A divers			15757	10
	10		A eſpeces d'or & d'argent &c.		21	512	10
	15		A Jan Stralman mon compte		13	3840	19 8
			A divers			8232	17
	20		A compte de Debiteurs		7	5560	9
	pr.	Mai	A divers			9178	9
			A Cochenille Meſtique		9	2312	16
	26		A Rentes & Loyers		7	450	
	10	Juin	A Abraham Willink		24	35040	12
	15		A Fres du Navire le Cerf volant		13	593	3
			A gains & pertes		10	422	5
						232339	1 8

			CREDIT	fol	florins	fol	pr.
1722	6	Octob.	Par Cochenille Meſtique	9	4368	19	
	11		par Marchandiſes générales	6	4375	12	
	20		par divers		6307	10	
	25		par huile de Baleine	10	319	18	
	5	Nov.	par Jaques Dupeyrou Junior	11	1858	17	
	19		par la Compagnie des Indes Occidentales	11	9000		
			par Pieter de Waart	11	8000		
			par Jaques Verdery ſon compte	12	6419	2	8
	26		par Arnaud du Goyon ſon compte	12	1952		
	pr.	Decem.	par Compte de Fraix	9	558	10	
	4		par compte de Debiteurs	8	1376		
	30		par Jacob Kalf	10	319	18	
			par Jean François Rouzier	15	1812	2	
	31		par divers		1175		
1723	2	Janv.	par Eſaie Gillot	11	1470		
	18		par divers		516	2	
	26		par compte de Créditeurs	8	2245	6	
	6	Fev.	par Navire le Soleil d'Orient	7	2585		
	10		par divers		27892	3	
	12		par groſſe avanture pour Guinée & Curaçao	18	800		
			par Hendrik Makrel	14	4822		
	15		par Jan Stralman mon compte	13	9355	13	
	18		par compte de Crediteurs	17	14970	1	
	24		par Froment fait acheter à Danzik	13	1255		
			par Cochenille pour compte d'Anthoine Athenas & Compegnie	19	1323	10	
	27		par Eau-de-vie à mon option de Livres	20	62	10	
	7	Mars	par Alexandre Bruguier ſon compte	8	2134	6	
			par compte de Crediteurs	8	2475		
	10		par Hendrik Schulerus	16	3540	12	
			par Marchandiſes chargée à mon adreſſe &c	19	2405	10	
	12		par divers		12615		
	27		par idem		6000		
	31		par compte de Crediteurs	17	411	19	8
			par divers		4927	15	
	2	Avril	par Navire la Marguerite compte général	21	8618	15	
	8		par idem	21	12252	10	
	20		par compte de Créditeurs	17	2063	17	8
	22	Mai	par divers		7157		
	26		par rentes & loyers	7	150		
	pr.	Juin	par comptes de Fraix	24	425		
			par Jan de Man	9	1481	15	
	4		par Laines d'Eſpagne pour compte de Lopes Daſierra	24	132		
	15		par gains & pertes	10	250		
	24		par divers		31537	10	
	4	Juillet	par idem		727	1	
	12		par Navire la Marguerite	21	1408		
	13		par Laine d'Eſpagne pour compte de Lopes Daſierra	24	94	15	
	24		par elle même pour ſolde & tranſport à folio	25	16390	2	
					232339	1	8

BANQUE — DEBIT

				fol	florins	sol	
1722	pr.	Octob.	A Capital pour la somme que mon Pere m'a écrite ce jourd'hui	1	36000		
	20		A Caisse	2	6000		
	22		A Marchandises générales	6	7653	17	8
			A Actions de la Compagnie des Indes Chambre d'Amsterdam	10	22650		
	25		A Compte de Change sur France	1	3392	3	8
	26	Nov.	A Jaques Verdery son compte	12	6588	2	
			A Arnaud Du Gayen son Compte	12	5303	16	
	4	Decem.	A L. Delfgaauw son Compte	13	2656	5	
	7		au dit	13	7725	18	
	8		au dit	13	1083	8	
	30		A Jacob Rattier son Compte	14	3864	3	
	31		A divers		14053	15	
1723	8	Janvier	A Lettres de change à recevoir	14	3500		
	10		A Jaques Hooghstoel son compte	17	4000		
	15		A divers		9904	2	
	20		A Piastres pour compte d'Antoine Athenas & C.	17	22000		
	22		A compte de Change pour Londres	1	2650		
				fl.	159025	10	

BANQUE Compte nouveau folio 1564. — DEBIT

				fol	florins	sol	
1723	2	Fevrier	A elle-même compte vieux pour ce qui me reste en icelle trouvé d'acord ce jourd'hui	3	38611	2	
			A Piastres pour compte d'Antoine Atenas & compte.	17	1973	2	
	12		A Christoffel Mothes son compte	7	1202	17	
	15		A Darius & Compagnie mon compte	6	3121	17	8
	27		A Poivre à livrer	20	50		
			A Poivre à recevoir	20	62	10	
			A Primes données & tirées sur diverses Actions	20	180		
	pr.	Mars	A Elizabet Thielens	21	30000		
	12		A Caisse	2	12000		
	14		A Marchandises chargées à mon adresse, &c.	19	14908	15	
			A idem	19	7746	19	8
	24		A George Peace mon Compte	8	2141	1	8
	2	Avril	A especes d'or & d'argent pour compte de Le Couteulx & Compagnie	21	40750		
	5		A compte d'Arbitrages de $\frac{1}{2}$ avec L. F. de Conninck	22	9230	12	8
	12		A idem	22	14300		
			A Darius & Compagnie leur compte	22	5062	10	
	18		A Gedeon Vincent son compte	16	2683	2	8
	24		A Leonard Delfgaauw son compte	14	12667	14	
	28		A Philibert & Langlois mon compte	23	5056	10	
	3	Mai	A Primes données & tirées, &c.	20	240		
	8		A Jean Bultiau	21	430	18	
	12		A divers		18974	17	8
				fl.	221394	9	

			CREDIT	Parties	fol	florins	sol	p.
1722	pr.	Octob.	Par compte de Fraix		9	10		
	20		par Marchandises générales	1	6	7426	8	
			par Actions de la Compagnie des Indes Chambre d'Amsterdam	1	10	22500		
	25		par Compte de Change sur France	2	1	2582	16	
	10	Nov.	par Caisse	1	2	15000		
	26		par Arnaud Du Goyon son compte	1	12	3237	6	
	10	Decem.	par Leonard Delfgaauw son compte	1	13	2100		
			par George Peace mon compte	2	8	8943		8
	15		par Leonard Delfgaauw son compte	2	13	4182	16	
	20		par Edouard Flouwer son compte	1	8	3150		
			par divers	1	13	4439		
	31		par Marchandises achetées en commission	1	15	7036	17	8
1723	2	Janvier	par divers	2		5600		
	6		par le Couteulx & Compagnie leur compte	2	16	7350		
	10		par lesdits	1	16	3600		
			par Lettres de Change a payer	2	14	8256	4	
	22		par Caisse	1	2	15000		
	2		par elle-même compte nouveau pour solde du présent compte		3	38611	2	
				Partie 22	fl.	159025	10	

			CREDIT	Parties	fol	florins	sol	p.
1723								
	2	Fevrier	Par compte de fraix pour 22 parties écrites sur le précedent compte a 2 sols	Parties	9	2	4	
	9		par Anthoine Athenas & Compagnie	1	16	6973	6	
	10		par Jan de Backer	1	15	8535	18	
	12		par Leonard Delfgaauw mon compte	1	8	3290	12	8
	18		par Jacobus de Conninck son compte	1	17	4600		
	20		par Cargaison pour Lisbonne	1	19	5671	5	
	27		par Primes données & tirées sur diverses Actions	3	20	300		
	pr.	Mars	par George Peace mon compte	3	8	7315		
	9		par Antoine Athenas & Compagnie	5	16	29938	15	
	14		par Leonard Delfgaauw mon compte	1	8	6998	8	
			par ledit	3	8	12280	11	
	26		par Jaques Hooghstoel son compte	2	17	5265		
	31		par Samuel Vauquet	1	11	1410	18	8
	2	Avril	par Caisse	1	2	15000		
	5		par compte d'arbitrage de ½ avec L. F. de Conninck	3	22	10665		
	10		par le Couteulx & Compagnie leur compte	2	16	40156	5	
	12		par compte d'arbitrages de ½ avec L. F. de Conninck	2	22	14000		
	18		par Jacob Rattier son compte	1	14	1721	5	
	25		par la Compagnie des Indes Chambre d'Amsterdam	1	22	14000		
	pr.	Mai	par Poivre à recevoir	1	20	2670	2	8
	3		par Primes tirées & données, &c.	1	20	120		
	6		par Anthoine Athenas & Compagnie mon compte	1	22	10580		
			par la Compagnie des Indes Chambre de Hoorn	1	23	6800		
	8		par compte d'arbitrages de ½ avec L. F. de Conninck	1	22	4187		
	12		par solde du présent compte porté à compte nouveau à folio 1620		23	8912	18	8
				Partie 36	fl	221394	9	

C

AGIO

An	Jour	Mois	Compte	de	s	d	à	DEBIT fol	florins	s	d
1722	pr.	Octob.	A Capital — Pour celui	36000			à 5 pour cent	1	1800		
	20		A Caisse — pour idem	6000			à 5	2	307	10	
			A compte de Change sur France	3392	3	8	à 5	1	169	12	
	26	Nov.	A J. Verdery son compte	6588	2		à 5	12	329	8	
			A A. du Goyon son compte	5303	16		à 5	12	265	4	
	20	Dec.	A Divers	2373	7		à 105		113		
	30		A Jacob Rattier son compte	3864	3		à 5	14	193	4	
1723	10	Janv.	A Divers	40100	6	8	à 5.		1613	17	
	6	Fev.	A Piastres pour compte &c.	270	12		à 105	17	12	18	
	12		A Christoffel Mothes son compte	1202	17		à 5	7	60	3	
	15		A Darius & Compagnie mon compte	3121	17	8	à 5	6	156	2	
	18		A vins à Hambourg, &c.	4054	19	8	à 5	5	202	15	
	12	Mars	A Caisse	12000			à 5¼	2	615		
	14		A Marchandises chargées, &c.	14908	15		à 5	19	745	9	
			A idem	7746	19	8	à 5	19	387	7	
			A Cargaison pour Londres, &c	4192	6		à 5	15	209	12	
	24		A J. Gibert son compte	877	4	8	à 5	21	43	17	
	27		A Divers	479	7		à 5		23	19	
			A Caisse	57	14	6	à 5	2	285	14	
	8	Avril.	A Navire la Marguerite compte général	9935	14		à 5	21	496	18	8
	18		A Cargaison pour Rouen, &c.	2673	2		à 5	22	133	13	
	18	Mai	A compte de Fraix	345	10		à 5	24	16	5	8
	22		A Caisse	6800			à 5¼	2	357		
	24	Juin	A idem	30000			à 5¼	2	1537	10	
	20	Juillet	A Laine d'Espagne &c.	271	15		à 105	24	12	8	8
	24		A Abraham Willink	20000			à 5	25	1000		
	30		A Cargaison pour Cadix	10102			à 5	19	505	2	8
	15	Août	A Cargaison pour Lisbonne	9923	10		à 5	19	496	3	8
	20	Sept.	A Navire le S. Jago	26531	5	8	à 5	26	1326	14	
	14	Octob.	A Caisse	8000			à 5¾	25	430		
	8	Nov.	A idem	6000			à 5¼	25	3	15	
	31	Dec.	A Navire la Marguerite compte general	675	10		à 5	21	33	10	
			A gains & pertes pour profit sur icelui	———				30	440	2	8
				fl. 289424	**8**	**8**			**fl. 14634**	**19**	

1722 pr.			CREDIT		à	fol	florins	fol	p.
10	Nov.		Par Caisse — Pour celui de fl. 15000		à 5⅛ pour cent	2	768	15	
26			par A. Du Goyon son compte	de 3237 6	à 5	12	161	17	
10	Decem.		par George Peace mon Compte	de 8943 8	à 5	8	447	3	
20			par Edouard Flouwer son compte	de 3150	à 5¼	8	161	8	8
24			par Marchandises pour comp. de L. D.	de 8081 18	à 5	14	404	2	
1723 22	Janv.		par Caisse	de 15000	à 5	2	750		
6	Fev.		par Pigne d'argent pour compte &c.	de 24787 4	à 105	17	1180	7	
10			par Jean de Backer	de 8535 18	à 5¼	15	448	2	
12			par L. Delfgaauw mon compte	de 3290 12 8	à 5	8	164	10	8
20			par Cargaison pour Lisbonne	de 5671 5	à 5	19	283	11	
4	Mars		par Divers	de 6233 15	à 5¼		327	4	8
			par idem.	de 6233 15	à 5¼		327	4	8
14			par L. Delfgaauw mon compte	de 6998 8	à 5¼	8	358	13	
17			par Marchandises chargées, &c.	de 14870 16	à 5	19	743	11	
31			par Samuel Vauquet	de 1410 18 8	à 5¼	11	74	1	8
2	Avril		par Caisse	de 15000	à 5¼	2	757	10	
10			par especes d'or & d'argent &c.	de 364	à 105	21	17	6	8
18			par Jacob Rattier son compte	de 1721 5	à 5¼	14	170	2	
20	Juin		par Jean François Rouzier	de 2089 15	à 5¼	15	109	14	
28	Juillet		par Cochenille pour C. d'A. Athenas	de 63525 15	à 5	19	3176	6	
15	Août		par Cuirs achetez à Lisbonne	de 7350	à 5	26	367	10	
22			par Peche du Navire la Marguerite	de 8077 17 8	à 5	26	403	18	
4	Sept.		par Navire la Marguerite	de 2857 3	à 5	21	142	17	
10			par Cargaison de Waterfort, &c.	de 5408 3	à 5	27	270	8	
18	Octob.		par Vins de Bourdeaux ½ pour cent &c.	de 3690	à 5	28	184	10	
25			par Caisse	de 12000	à 5¼	25	615		
8	Nov.		par Vins de Bourdeaux &c.	de 3818 15	à 5¼	28	200	10	8
15			par Guillaume & Franç. Fagan leur C.	de 2171 17	à 5¼	27	114		
18	Dec.		par Jean Dumas son compte	de 3818 15 8	à 5¼	29	200	10	
31			par Balance	de 26086 16 qui me restent dus en Banque à 5 pr. e.		31	1304	6	8
				fl. 289424 8 8		fl.	14634	19	

DRAPS D'ANGLETERRE — DEBIT

1722					Pieces	fol	florins	fol	p.
	pr.	Octob.	A Capital	Pour 26 Pieces que mon Pere m'a cedées	|26	1	13036	10	

TOILES DE HAARLEM — DEBIT

					Pieces	fol	florins	fol	p.
1722	pr.	Octob.	A Capital	Pour 40 pieces que mon Pere m'a cedées	|40	1	2123	10	
1723	pr.	Juillet	A Gains & pertes	pr. avance sur ce compte & pour le solder	|	10	156	10	
					Pieces |40	fl.	2260		

VINS EN GENERAL — DEBIT

					Tonneaux	fol	florins	fol	p.
1722	pr.	Octob.	A Capital	Pour 50 Tonneaux vin de Grave rouge recû de mon Pere	50	1	6225		
1723	4	Mars	A L. Delfgaauw mon compte	pr. achat de 30 Tonneaux vin de Ville à Bourdeaux	30	8	1760		
			A Agio	pr. l'Agio de la somme ci-dessus à 5¼ pour cent		4	92	8	
			A Hendrik Makreel	pr. Prime de fl. 1500 fait assurer surlesd. 30 Tonn. à 2 p.c.		21	30	12	
			A Divers	pr. achat & Prime d'Assurance sur 30 Tonneaux	30		1883		
	31	Dec.	A compte de fraix	pr. Courtage, tonelage & louage de Cave		30	171	4	
			A Gains & pertes	pr. avance sur ce compte & pour le solder		30	1862	6	8
					Tonneaux |110	fl.	12024	10	8

EAUX-DE-VIE EN GENERAL — DEBIT

					Pieces	fol	florins	fol	p.
1722	pr.	Octob.	A Capital	Pour 60 Pieces de Cognac reçûës de mon Pere	|60	1	8100		
1723	4	Mars	A L. Delfgaauw mon compte	pr. 30 Pieces fait acheter à Bourdeaux	|30	8	2150		
			A Agio	pr. l'agio de la somme ci-dessus à 5¼ pour cent		4	112	17	8
			A H. Makreel	pr. prime de fl. 2000 fait assurer sur lesdites 30 Pieces		21	40	12	
			A Divers	pr. achat de 30 pieces à Bourdeaux & Prime de 2000 d'ass.	30		2303	9	8
	31	Dec.	A compte de fraix	pr. Courtage, tonelage, louage de Cave & menus fraix		30	180	10	
					Pieces |120	fl.	12887	9	

VINS à Hambourg chez Christoffel Mothes — DEBIT

					Tonneaux	fol	florins	fol	p.
1722	pr.	Octob.	A Capital	Pour 50 ton. vin de Bergerac que mon Pere lui a envoyez	50	1	4555		

POIVRE à Danzic chez Jan Straalman — DEBIT

					Bales	fol	florins	fol	p.
1722	pr.	Octob.	A Capital	Pour 25 Bales que mon Pere lui a envoyées	|25	1	3400		
1723	pr.	Juillet	A Gains & pertes	pr. avance sur ce compte & pour le solder	|	10	452	8	8
					Bales |25	fl.	3852	8	8

1723			CREDIT		Pieces	fol	florins	fol	p.
	12	Fev.	Par Cargaison pour Cadix	Pour 10 Pieces envoyées à Cadix	10	19	5025		
	31	Dec.	par Gains & Pertes	pr. autant dont j'estime de moins les 16 Pieces qui me rest.		10	811	10	
1723			par Balance	pr. ceux qui me restent taxez à f. 450 la Piece	16	31	7200		
				Pieces	26		13036	10	

1723			CREDIT		Pieces	fol	florins	fol	p.
	10	Fev.	Par grosse Avanture, &c.	Pour 20 Pieces données à la Grosse à f. 60 Piece	20	18	1200		
	12		par Cargaison pour Cadix	pr. 20 Pieces envoyées à Cadix	20	19	1060		
				Pieces	40		2260		

1722			CREDIT		Tonneaux	fol	florins	fol	p.
	5	Nov.	Par J. Dupeyrou Junior	Pour vente faite audit Dupeyrou à £ 52 de gros	de 10	11	3120		
1723	20	Fev.	par divers	pr. vente faite à divers comme au Journal	de 39½		4746	10	8
	pr.	Mai	par Caisse	pr. idem à Jacob Scholte	de 56	2	4158		
					105½				
				Coulage	4½		12024	10	8
				Tonneaux	110				

1722			CREDIT		Pieces	fol	florins	fol	p.
	5	Nov.	Par J. Dupeyrou Junior	Pour vente faite audit Dupeyrou à £ 8 de gros les ¼	de 25	11	2000		
1723	12	Mars	Par Caisse	pr. idem à Jacob Bols de 33½ Pieces & 1½ Pe. Coulage	de 35	2	4206	11	
	pr.	Mai	par idem	pr. idem à Johannes Rokog	de 58½	2	5020	9	
	31	Dec.	par gains & pertes	pr. perte sur ce compte & pour le solder		30	1660	9	
					118½				
				Coulage	1½		12887	9	
				Pieces	120				

1723			CREDIT		Tonneaux	fol	florins	fol	p.
	18	Fevr.	Par divers	Pour le net provenu des 50 Tonn. vendus par Mothes	50		4257	14	8
	20	Mars	par gains & pertes	pr. perte sur ces Vins & pour solder ce compte		10	297	5	8
				Tonn.. 50			4555		

1723			CREDIT		Bales	fol	florins	fol	p.
	12	Mars	Par Jan Straalman	Pour le net provenu des 25 Bales venduës par lui	25	13	3852	8	8

D

MARCHANDISES GENERALES — DEBIT

					fol	florins	sol	p.
722	pr.	Octob.	A Capital	Pour les suivantes que mon Pere m'a données, savoir 40 Caisses sucre du Bresil pesant 18400 ℔ à 12 ⅜ fl. 5520 - 20 Bales Poivre brun - - - - - 8100 ℔ à 14 ⅜ 2835 - 3 Caisses Indigo Guatimala - - - 650 ℔ à 60 sols 1950 - 5 Tonneaux Cire de Pologne - 3000 ℔ à 70 fl. 2100 - 20 Lasts Froment de Pologne à 95 fl. d'or - - - 2660 -	1	15065		
	11		A Caisse	Pour achat & fraix de 41 Lasts 13 Muddes seigle de Prusse	2	4375	12	
	20		A Banque	pr. idem de 6 Tonneaux Caffé des Indes pesant 4380 ℔ Bc.	3	5695	10	
			A idem	pr. idem de 6 Bales ou 120 Pieces Guinées Bc.	3	1730	18	
			A compte de Fraix	pr. fraix sur le dit Caffé & Guinées	9	12	10	
	3	Nov.	A Esaie Gillot	pr. 50 Piéces serge de Leyde blanche à 2 Plombs à fl. 30 p.	11	1500		
	5		A Jaques Dupeyrou le jeune	pr. 10 Bales Poivre pesant net 4250 ℔ à 14 ¼ ⅜ courant la ℔	11	1514	1	
			au dit	pr. 4600 ℔ Fanons à fl. 120 les 100 ℔ déduit 1 pour cent	11	5464	16	
723	5	Janv.	A S. Vauquet	pr. déduction faite par Vauquet sur les 50 piece serge	11	31	18	8
	4	Mars	A L. Delfgaauw mon compte	pr. achat de 25 bariques sucre de Tete à Bourdeaux	8	2323	15	
			A Agio	pr. l'agio de ladite somme à 5¼ pour cent	4	121	19	
			A H. Makreel	pr. Prime de fl. 2200 fait assurer sur lesdits Sucres à 2 pr. c.	21	44	12	
			A Divers	pr. achat de 25 bariques Sucre de Tete & Prime d'Assurance		2490	6	
	7		A compte de Fraix	pr. fraix de vente & livraison des 40 Caisses Sucre de Bresil	9	67	15	
	3	Dec.	A compte de Crediteurs	pr. 20 Pipe Huile de Seville acheté de David Rutgers	17	3434	18	
			A idem	pr. 10 Bales Caffé acheté d'André Pels & fils	17	8469	13	
	30		A Poivre à recevoir	pr. 20 Bales Poivre qui me restent sur le C. de Poivre à recevoir	20	2607	12	8
	31		A compte de fraix	pr. Courtage, Magazinage & fraix des Marchandises venduës	30	224	15	
					fl.	55175	11	

HANS DE WAAL son compte de tems — DEBIT

					fol	florins
722	pr.	Octob.	A Capital	Pour Capital & interêts de f. 1600 que mon Pere lui a prêtez	1	1672

DARIUS & Compagnie de Paris mon Compte. — DEBIT

					liv. Tourn.	sols		fol	florins	sol	p.
1722	pr.	Octob.	A Capital	Pour 3000 △ à lui remis par mon pere 42 ⅜ £	9000			1	3307	10	
1723	25	Août	A Banque	pr. mes 3. remises de ce jour sur divers	28500			23	9586	17	8
	13	Sept.	A idem	pr. mes 4 autres	36000			23	12212	10	
	10	Octob.	A idem	pr. mes 2 autres	36000			23	12075		
	20		A G. Vincent	pr. ce que Gedeon Vincent leur a remis pour moi	9020	5		25	3006	15	
	31	Dec.	A compte de fraix	pr. Courtage & ports de Lettres payez ici				30	103	15	
			A gains & pertes	pr. avance sur le Change & pour solder				30	29	1	8
					£ 118520	5		fl.	40321	9	

		CREDIT		fol	florins	sol	p.
13	Octob.	Par Caisse	Pour vente des 41 Lasts 13 Muddes seigle achetez le 11 Octob.	2	4433	1	8
22		par Banque	pr. 6 Tonneaux Caffé pesant 4380 ℔ a H. Schulerus Bc.	3	5853	17	8
		par idem	pr. 6 Bales ou 125 Pieces Guinées à Paul Marguerite Bc.	3	1800		
5	Nov.	par Samuel Vauquet	pr. 50 Pieces Serge de Leyde blanche à f. 32 Piece	11	1600		
		par Cochenille Mestique	pr. 3 Caisse Indigo Guatimalo pesant 650 ℔ à 69 sols ℔	9	2168	7	
2	Janv.	par E. Gillot	pr. deduction faite à Gillot sur les 50 Pieces serge	11	30		
7	Mars	par C. de Debiteurs	pr. vente de 40 Caisses sucre de Brezil a Jan Steur	7	5560	9	
22		par J. Gibert	pr. idem de 30 bales Poivre envoyées à Gibert	21	4381	14	8
		par le dit	pr. idem de 2000 ℔ Fanons envoyez au dit	21	2475		
15	Avril	par Caisse	pr. idem des 20 Lasts Froment de Pologne gâtez à 52 f. d'or	2	1441	9	
18		par Cargaison par Rouen	pr. envoy de 3000 ℔ Cire de Polog. à G. Vincent à f. 75 le ½	22	2227	10	
		par idem	pr. idem de 2600 ℔ Fanons au même à f. 125	22	3227	10	
pr.	Octob.	par Compte de Debiteurs	pr. idem de 50 bariques Sucre de Tete à Jan Lipman à 7½ ℔	7	5053	2	8
31	Decem.	par gains & pertes	pr. Pertes sur les Marchandises venduës	10	411	6	8
		par Balance	pr. les suivantes qui me restent pour solde de ce compte, savoir				
			26 Pipes Huile de Seville me revenant à f 3444 - 18 -				
			10 Bales Caffé me revenant à 8469 - 13 -				
			20 Bales Poivre me revenant à Bc. 2607 - 12 - 8	31	14512	3	8
					fl. 55175	11	

		CREDIT		fol	florins	sol	p.
7	Mars	Par Caisse	Pour argent reçû de lui		1672		

		CREDIT		liv. Tourn ß §		fol	florins	sol	p.
15	Fev.	Par divers	Pour leur remise sur Servat & fils du 15 Janv. ₶	9000			3277	19	8
10	Sept.	par Banque	pr. leurs 4 autres du 4 Sept. sur J. A. Rietman	28500		23	9760	2	8
25		par idem.	pr. leur autre de 12000 w sur A. Pels & fils à 4 ⅙	36000		23	12254	15	
25	Octob.	par idem	pr. leur 3 autres du 20 Octobre	43500		23	14717	8	
22	Dec.	par eux-mêmes leur compte	pr. la solde du present que je passe au leur	927	15	22	311	4	
			Pr. leur Commission & fraix	592	10				
			₶ 118520	5		fl.	40321	9	

D 2

CHRISTOFFEL MOTHES de Hambourg son compte — DEBIT

1722					fol	florins	fol	P.
	pr.	Octob.	A Capital	Pour ce qu'il me doit pour solde de son C. chez mon Pere	1	1263		

COMPTE DE DIVERS DEBITEURS — DEBIT

1722							fol	florins	fol	P.
	pr.	Octob.	A Capital	Pour ce qui m'est dû par les 3 sousnommez savoir						
				par Andries Houthuyzen	f.	354 |				
				pr. Cornelis Meyer		182 | 7				
				pr. Pieter Hoos		206 |	1	742	7	
	20	Decem.	A Mar. par C. de L. D.	pr. Herm. Beurman pour 20 bariques Sucre	f.	2845 | 15				
				pr. Abraham Willink pour 5 bariques Indigo		6170 | 5	14	9016		
1723	20	Fev.	A Vins en général	pr. E. Lobmb. pour 10 Tonn. vin de Gr. à £ 20½	f.	1213 | 14				
				pr. Jean Brian pour 9½ Tonn. dito à 20½		1156 | 16 | 8	5	2370	10	8
	7	Mars	A Marchandises générales	pr. Jan Steur pour 40 Caisses Sucre de Brezil			6	5560	9	
	20	Août	A Pêche du Navire, &c.	pr. Cornelis Kleyndert pour 250 bariques Huile de Baleine			26	11758	2	
			A idem	pr. Abraham de Veer pour 3000 Fanons			26	12393	4	
	pr.	Octob.	A Marchandises générales	pr. Jan Lipman pour 50 bariques sucre de Tete			6	5053	2	8
	3	Nov.	A Vins ⅛ en compagnie, &c.	pr. Jan Rokog pour 36 Tonneaux Vin	f.	5292 | 11				
				pr. Jan Velthuys pour 34 Tonn. dito		5074 | 5				
				pr. Jacob Scholten pour 24 Tonn. dito		3564 |				
				pr. Pieter Schevin pour 16¼ Tonn. dito		2437 | 5	28	16368	1	
								63261	16	

BIENS FONDS — DEBIT

1722					fol	florins	fol	P.
	pr.	Octob.	A Capital	Pour une Maison sur le Heer-Gracht que mon Pere m'a cedée	1	15000		
			A idem	pr. la maison de Campagne que mon Pere m'a cedée	1	6000		
						21000		

RENTES & LOYERS — DEBIT

1722					fol	florins	fol	P.
	pr.	Octob.	A Capital	Pour 6 mois de Loyer de mes deux maisons que j'ai à recevoir	1	450		
1723	26	Mai	A Caisse	Payé pour le huitiéme denier de mes 2 maisons	2	150		
	31	Dec.	A gains & pertes	pr. le net profit des Rentes & pour solder ce compte	30	450		
						1050		

NAVIRE LE SOLEIL D'ORIENT — DEBIT

1722					fol	florins	fol	P.
	pr.	Octob.	A Capital	Pour ¼ d'intérêt en icelui que mon Pere m'a cedé	1	8400		
1723	6	Fevr.	A Caisse	pr. mon ¼ du Radoub & Equipement pour son voy. de Surin.	2	2585		
			A H. Makreel	pr. Prime & Police de fl. 6000 fait assurer sur mon ¼ à 9 pr. c.	14	541	16	
						11526	16	

								fol	florins		fol
1723	12	Fevrier	Par divers	Pour ma Traite de D. 740. 7 à 32¼ f. à P. Trenchepain agio à 5 pr. cent					1263		

CREDIT

								fol	florins		fol
1722	20	Dec.	Par Caisse	Reçu de Andries Houthuysen	f.	354					
				de Cornelis Meyer		182	7				
				de Pieter Hoos		206	7	2	742	7	
1723	10	Fevrier	Par Jan de Backer	pr. mon assignation sur Hermanus Beurman	f.	2845	15				
			par le dit	pr. mon autre sur Abraham Willink		6170	5	15	9016		
	31	Mars	par compte de Crediteurs	pr. idem sur Elie Lombart	f.	1213	14				
			par idem	pr. idem sur Jean Brian		1156	16 8	17	2370	10	8
	20	Avril	par Caisse	pr. argent reçu de Jan Steur				2	5560	9	
	8	Octob.	par idem	de Cornelis Kleynders				25	11758	2	
			par idem	de Abraham De Veer				25	12393	4	
	24	Nov.	par idem	de Jan Lipman pour 50 bariques Sucre de Tete				25	5053	2	8
	15	Decem.	par idem	de Jan Rokog pour 36 Tonneaux Vin	f.	5292	11				
				de Jan Velthuys pour 34 Tonn. dito		5074	5				
				de Jacob Scholten pour 24 Tonn. dito		3564					
				de Pieter Schevin pour 16½ Tonn. dito		2437	5	25	16368	1	
								f.	63261	16	

CREDIT

					fol	florins		fol
1723	2	Sept.	Par J. H. Smit	Pour vente de la maison sur le Heer Graeht au dit Smit	26	16000		
	31	Dec.	par Balance	pr. la Maison de Campagne qui me reste que je taxe	31	5000		
					f.	21000		

CREDIT

					fol	florins		fol
1722	pr.	Octob.	Par Capital	Pour le huitiéme denier des 2 maisons que je dois payer	1	150		
	4	Dec.	par Caisse	reçu pour loyer des 2 maisons échu le premier du passé	2	450		
1723	26	Mai	par idem	pr. même cause, écheu le 30 Avril	2	450		
					fl.	1050		

CREDIT

					fol	florins		fol
1723	30	Dec.	Par Caisse	Reçû de J. van Drogenhorst pour mon ¼ du fret de Surinam	25	4400		
	31		par Balance	pr. ce à quoi mon ¼ me revient pour solde	31	7126	16	
					f.	11526	16	

MEUBLES — DEBIT

1722	pr.	Octob.	A Capital	Pour les Meubles que mon Pere m'a cedez	1	8600		
1723	2	Sept.	A Caisse	pr. divers Meubles achetez	25	5200	—	
					fl.	13800	—	—

GEORGE PEACE de Londres mon Compte — DEBIT
liv. sterlin ß ß

1722	28	Octob.	A C. de Change sur Londre	Pour mes 2 remises sur divers à 34 ß 10 ß de £	431	10		1	4734	12	ß
	10	Dec.	A Divers	pr. mes 2 autres de £ 453 15 & 400 £ sur div.	853	15			9390	3	ß
1723	pr.	Mars	A Banque	pr. mes 3 autres sur divers	700			3	7315		
	14	Octob.	A idem	pr. sa Traite du ⅔ Sept. à Denis Dutry	507	16	2	23	5408	3	
	31	Dec.	A compte de Fraix	pr. Courtage & Ports de Lettres payé ici				30	27		
			A Gains & pertes	pr. avance sur le Change				10	114	11	
			A Balance	pr. ce que je lui reste pour solde à 35 ß 6 ß	2	10		31	26	12	ß
					£	2495	11	2	fl. 27016	2	ß

LEONARD DELFGAAUW de Bourdeaux mon compte — DEBIT
liv. Tourn ß ß

1723	12	Fevr.	A Divers	Pour ma remise de 3250 w sur Jean Texier	£ 9750			fl	3455	3	
	14	Mars	A idem	pr. mon autre de 6912 w sur Ferriol	20736				7357	1	
			A Banque	pr. mes 3 autre de 12163 w 24f. 8 ß sur divers	36490	4	8	3	12280	11	
	31	Dec.	A compte de fraix	pr. Courtage de mes remises & port de Lettres				30	38	12	
			A Gains & pertes	pr. avance & pour solde de l'argent d'Hollande				30	333	5	8
					£ 66976	4	8	fl.	23464	12	8

EDOUARD FLOUWER de Londres son compte — DEBIT

1722	20	Dec.	A Divers	Pour sa Traite de £ 300 st. à 35 ß sur J. Blanc payée S P.	fl.	3330	16	
1723	31	dito	A Balance	pr. ce qui lui revient pour solde	31	44	10	
						3375	—	

ALEXANDRE BRUGUIER de Hambourg son compte — DEBIT

| 1723 | 7 | Mars | A Caisse | Pour payement fait par son ordre à Pierre Trenchepain | 2 | 2134 | 6 | |

COMPTE DE DIVERS CREDITEURS — DEBIT

1722	4	9D o	A Caisse	Payé à Pierre Dubois	fl. 627				
				à Jean Latour	532				
				à Jacob André	217		2	1376	
1723	26	Janv.	A idem	à van Tietsen & Schroder pour l'article du 20 Decembre			2	2245	6
	10	Fev.	A idem	à Cryn Romeyn	fl. 2400				
				à Jan Vertange	1500				
				à Hendrik Witte	3040		2	6940	
	7	Mars	A idem	à Jan Willink le 15 du passé & omis en son rang			2	2475	
								13036	6

							fol	florins	fol	p.
1723			**CREDIT**							
	2	Sept.	Par Caisse	Pour divers Meubles vendus			25	2500		
	31	Dec.	par Gains & pertes	pr. diminution de leur valeur par l'usage journalier d'iceux			10	1300		
			par Balance	pr. ceux qui me restent pour solde			31	10000		
								fl. 13800		

				liv. sterlin	§	§	fol	florins	fol	p.
1722			**CREDIT**							
	pr.	Octob.	Par Capital	Pour ce qui lui revient pour solde de mon Pere £	1285	5	1	14102	8	8
1723	24	Mars	par Banque	pr. renvoi à Protest de £ 200 st. sur J. Hill	201	5	3	2141	1	8
			par Jean Bultiau	pr. idem de £ 200 st. sur John Faill	201	5	21	2154	9	8
	19	Mai	par Banque	pr. sa remise sur Pierre Testas à 35 § 8 §	300		23	3210		
	20	Sept.	par G. & F. Fagan mon compte	pr. ce que lesdits Fagan ont tiré sur lui	507	16 2	27	5408		3
				£ 2495	11	2		27016	2	8

				liv. tourn.	§	§	fol	florins	fol	p.
1722			**CREDIT**							
	pr.	Octob.	Par Capital	Pour ce qui lui revient de mon Pere pour solde £	9750		1	3566	14	8
	24	Fevrier	par Marchandises, &c.	pr. mon ¼ en diverses Marchandises	20736	-	19	7430	8	
	4	Mars	par divers	pr. achat de diverses Marchandises	18245	2 4		6233	15	
			par idem	pr. idem de diverses autres	18245	2 4		6233	15	
				£ 66976	4	8	fl.	23464	12	8

							fol	florins	fol	p.
1722			**CREDIT**							
	pr.	Octob.	Par Capital	Pour ce qui lui revient pour solde de son C. chez mon Pere			1	3375		

							fol	florins	fol	p.
1722			**CREDIT**							
	pr.	Octob.	Par Capital	Pour ce que mon Pere lui devoit pour solde de son compte			1	2134	6	

						fol	florins	fol	p.
1722			**CREDIT**						
	pr.	Octob.	Par Capital	Pour ce que je me suis chargé de payer aux sousn. pour mon Pere					
				A Pierre Dubois	f. 627				
				A Jean Latour	532				
				A Jacob André	217		1	1376	
	20	Decem.	par divers	A van Tietsen & Schroder pour 4 boucauts Cire de Pologne				2245	6
	31		par Marchandises achetées, &c.	A Jan Willink pour 50 grands cents Planches du Nord			15	2475	
			par idem	A Cryn Romeyn pour 200 barils bœuf d'Irlande			15	2400	
			par idem	A Jan Vertange pour 100 barils Lard			15	1500	
			par idem	A Hendrik Witte pour 100 barils Eau-de-Vie			15	3040	
							fl.	13036	6

COMTPTE DE FRAIX — DEBIT

1722					fol	florins	sol	p.
	pr.	Octob.	A Banque	Pour l'ouverture de mon Compte à la Banque	3	10		
	pr.	Dec.	A Caisse	pr. les fraix payez depuis le premier Octobre	2	558	10	
	31		A idem	pr. ceux du mois de Decembre payez	2	625		
1723	2	Fevr.	A Banque	pr. 22 parties écrites en Banque depuis le premier Octobre	3	2	4	
	31	Mars	A Caisse	pr. divers fraix payez depuis le 31 Decembre dernier.	2	4327	15	
				Porté à folio 24	f.	5523	9	

COCHENILLE MESTIQUE — DEBIT

1722					Livres	fol	florins	sol	p.
	6	Octob.	A Caisse	Pour Achat & fraix de 2 Bales à 39 ß la ℔ pesant 360 ½		2	4368	19	
	5	Nov.	A Marchandises générales	pr. idem de 1 à 39 ß de Carel Braine 180		6	2168	7	
1723	pr.	Juillet	A Gains & pertes	pr. avance sur ce compte & pour le solder		10	322	1	
				℔ 540 ½	f.		6859	7	

SOYE TANI de Bengale de Compte à demi avec Jan de Man — DEBIT

1722					fol	florins	sol	p.
	20	Octob.	A Jan de Man	Pour ma ½ de l'achat & fraix de 3 Cavelins comme au Journal	9	3010	6	
1723	20	Mars	A Gains & pertes	pr. avance sur ma ½ des dits 3 Cavelins soye	10	597	19	
					f.	3608	5	

JAN DE MAN — DEBIT

1723					fol	florins	sol	p.
	10	Fev.	A Caisse	Pour payement à lui fait pour les 200 Bales Cacao	2	14952	3	
	20	Mars	A Soye Tani, &c.	pr. ma ½ du net provenu des 3 Cavelins soye tani	9	3608	5	
	pr.	Juin	A Caisse	pr. payement à lui fait des 20 Bales Cacao	2	1481	15	
					f.	20042	3	

				fol	florins	
1722		**CREDIT**				
	20 Octob.	Par Marchandises générales	Pr. fraix sur 6 Tonn. Caffé & 6 Bales Guin. acheté de la Comp.	6	12	10
	22	par Actions, &c.	pr. fraix de transport & courtage d'achat & de vente d'une Act.	10	14	16
	19 Nov.	par Pieter de Wart	pr. 3 mois de Magazinage de 6 Bales Cochenille.	11	2	14
		par J. Verdery son compte	pr. fraix sur l'envoi fait à J. Verdery par le Pigeon blanc	12	362	15	8
	26	par A du Goyon son compte	pr. ceux sur l'envoi fait à du Goyon par l'aigle	12	108	13
	20 Dec.	par E. Flouwer son compte	pr. Protest de £ 300 st. payé pour l'honneur de E. Flouwer	8	2	10
		par divers	pr. fraix sur un envoi fait à L. Delfgaauw		128	1
	24	par Mar. pr. C. de L.D.	pr. idem sur 20 bariques Sucre & 5 Bariques Indigo	14	349	14
		par L. Delfgaauw	pr. Courtage & Ports de Lettres dus par ledit	13	19	1	8
	30	par Cargaison pour L., &c.	pr. fraix sur 56 Pieces Cambrai envoyées à Londres	15	160	13
1723	10 Janv.	par divers	pr. idem sur l'envoi fait à A. Athenas & Compagnie.		1622	12
	20	par Cargaison pour Surinam	pr. idem sur la Cargaison pour Surinam	18	888	
	6 Fev.	par divers	pr. idem sur des Piastres & Pignes d'Anth. Athenas & Comp.		86	8
	9	par A. Athenas & Compagnie	pr. courtage & port de Lettres pour compte desdits	16	8	17	8
	12	par Cargaison pour Cadix	pr. fraix sur la Cargaison sur Cadix pour mon compte	19	521	
	20	par Cargaison pour Lisbonne	pr. idem sur la Cargaison pour Lisbonne	19	215	
		par J. Rattier son compte	pr. idem sur f. 3500 de perte reglée avec les Assureurs	14	6	5
	24	par Froment &c.	pr. idem sur 70 Last froment reçus de J. Straalman.	13	160	
	7 Mars	par Marchandises générales	pr. idem sur 40 Caisses sucre du Bresil venduës à J. Steur	6	67	15
	17	par Marchandises chargées, &c.	pr. idem sur les Marchandises reçuës de Bourdeaux	19	215	12	8
	19	par Cargaison pour Londres	pr. ports de Lettres pour la Cargaison pour Londres.	15	2	
	22	par J. Gibert	pr. idem sur les Marchandises envoyées à Gibert	21	218	12	8
	31	par especes d'or & d'argent, &c.	pr. fret de diverses especes de Le Couteulx & Compag.	21	127	10
	10 Avril	par idem	pr. courtage & fraix sur les dites especes	21	2	
	18	par Cargaison pour Rouen	pr. fraix sur 5 Tonn. Cire & 2600 ℔ Fanons envoyez à Rouen	22	158	10
			Porté à folio 24	f	5481	10	8

					fol	florins	
1722		**CREDIT**		Livres			
	8 Octob.	Par Caisse	Pour vente de 2 Bales à 40 ß la ℔ pesant	360½	2	4426	11
1723	27 Fevr.	par idem	pr. prime de 12 f. pr. ℔ tiré à livrer à 42 ß d'ici au premier Mai		2	120	
	pr. Mai	par idem	pr. vente d'une Bale a J. & W. Lack comme au Journal 180		2	2312	16
				℔ 540½ f.		6859	7

					fol	florins	
1723	20 Mars	**CREDIT** Par Jan de Man	Pour ma ½ du net Provenu des 3 Cavelins		9	3608	5

					fol	florins	
1722	20 Octob.	**CREDIT** Par Soye tani . &c.	Pour ma ½ en 3 Cavelins Soye tani qu'il a payé		9	3010	6
	31 Dec.	par Marchandises achetées, &c.	pr. 200 Bales Cacao qu'il m'a livrées		15	14952	3
1723	20 Mars	par Caisse	pr. payement reçû de lui pour ma ½ du profit sur les 3 Cav. soye		2	597	19
	22	par J. Gibert	pr. 20 Bales Cacao qu'il m'a livrées		21	1481	15
				f.		20042	3

1722			ACTIONS de la Compagnie des Indes Chambre d'Amsterdam	DEBIT	fol	florins	fol	
20	Octob.		A Banque	Pour achat de £ 500 de Capital en ladite Compag. à 750 pr. c.	3	22500		
22			A Compte de Fraix	pr. la ½ du transport & courtage de l'achat & de la vente	9	14	16	
			A Gains & pertes	pr. avance sur cette action & pour solder ce compte	10	135	4	
						22650		

1722			GAINS ET PERTES	DEBIT				
20	Mars		A vins à Hambourg	Pour perte sur 50 Tonneaux Vin chez C. Mothes	5	297	5	8
15	Avril		A J. Stralman mon compte	pr. Courtages & Ports de Lettres à Dantzig	13	11	8	
8	Mai		A Jean Bultiau	pr. 60 pour cent de f. 2154 - 9 - 8 quitez audit Bultiau	21	1292	13	8
15	Juin		A Caisse	pr. perte sur le Fret du Navire *la Demoiselle Elizabet*	2	250		
pr.	Juillet		A Froment &c.	pr. idem sur 70 Lasts Froment fait acheter à Dantzig	13	206	4	
			A Eau-de-Vie &c	pr. id. sur 50 p. Eau-de-vie pour lesquelles j'avois donné prim.	20	62	10	
4	Octob.		A L. F. de Conninck	pr. idem sur mon Compte chez le dit	24	2	14	8
			A Cargaison de Waterford	pr. idem sur mon ⅓ en 300 Barils Beurre d'Irlande	27	536	5	8
8			A Grosse avanture	pr. Prime de f. 1200 sur la grosse Avanture pour Surinam	18	109	16	
14			A Caisse	pr. Amande payée à la Banque pour avoir trop disposé	25	29		
31	Dec.		A Marchandises générales	pr. Pertes sur le Compte des Marchandises générales	6	411	6	8
			A Draps d'Angleterre	pr. idem sur les Draps d'Angleterre	5	811	10	
			A Meubles	pr. diminution de la valeur de mes meubles	8	1300		
			Porté à folio 30.		f.	5320	13	8

1722			HUILE DE BALEINE	DEBIT				
25	Octob.		A divers	Pour achat de 12 quarteaux tenant 196 stekans 12 mingles		639	16	
1723 pr.	Juillet		A Gains & Perte	pr. avance sur ce compte & pour le solder	10	48	16	
						688	12	

1722			JACOB KALF	DEBIT				
30	Octob.		A Caisse	Pour payement à lui fait ce jourd'hui	2	319	18	
1723								

1722			CREDIT		fol	florins		fol
	22	Octob.	Par Banque	Pour vente de £ 500 de l'autre part à 755 pour cent	3	2265		

1722			CREDIT		fol	florins		fol
	22	Octob.	Par Actions, &c.	Pour avance sur une Action de la Compagnie des Indes	10	135	4	
	19	Nov.	par la Compagnie de J. O.	pr. inter. de f. 9000 pretez pr. un an à la Com. du West à 4. p. c.	11	360		
			par Pieter de Waart	pr. idem de f. 8000 prêtez à Pieter de Waart pour $\frac{1}{m}$ à 4 pr. ç.	12	80		
1723	17	Mars	par Marchandises, &c.	pr. avance sur mon ¼ des Marchandises reçues de Bourdeaux	19	376	15	8
	19		par Cargaison pour L.	pr. idem sur ma ½ des 56 Pieces Cambrai envoyées à Londres	15	226	14	
	20		par Soye Tani, &c.	pr. idem sur ma ½ de 3 Cavelins soye avec Jan de Man	9	597	19	
	15	Juin	par Caisse	pr. idem sur le Fret du Navire la Ville de Bourdeaux	2	422	5	
	pr.	Juillet	par Toiles de H.	pr. idem sur 40 Pieces Toile de Harlem	5	136	10	
			par Poivre à Dantzig	pr. idem sur 25 Bales Poivre venduës à Dantzig	5	452	8	8
			par Cochenille M.	pr. idem sur 3 Bales Cochenille	9	322	1	
			par Huile de Baleine	pr. idem sur 12 Quarteaux Huile de Baleine	10	48	16	
			par Fret du Navire &c.	pr. idem sur le Fret du Navire le Cerf volant	13	593	3	
			par Cargaison pour L.	pr. idem sur la Cargaison pour Livourne ½ en Compagnie, &c.	15	594		
			par Poivre à livrer	pr. idem sur une Prime tirée à livrer 8000 ℔ Poivre	20	50		
	6		par C. d'arbitrages, &c.	pr. idem sur le compte d'arbitrages de ½ avec L. F. deConninck	22	144	10	
	18		par Denis Dutry	pr. idem sur mon compte chez Dutry de Londres	13	66	16	
	12		par A. Athenas & compte	pr. idem sur mon compte chez Athenas de Cadix	22	99	4	
	22	Août	par Peche &c.	pr. idem sur ma ½ de 6 Baleines prises par le Navire *la Marguer.*	26	8481	15	8
	8	Dec.	par Cargaison pour Surinam	pr. idem sur mon ¼ de la Cargaison pour Surinam	18	736	19	8
	18		par J. Hooghstoel	pr. idem sur mon compte chez Hooghstoel	27		11	
	25		par Sucre de Surinam	pr. idem sur mon ¼ des Sucres reçûs de Surinam	28	3248	1	
	31		par E. Flouwer mon compte	pr. idem sur mon compte chez Flouwer	15	143	5	
			par G. Peace mon compte	pr. idem sur mon compte chez Peace	8	114	11	
						17431	9	

1722			CREDIT			florins		fol
	28	Octob.	Par divers	Pour vente de 12 Quarteaux tenant 196 Stekans 12 mingles		688	12	

1722			CREDIT		fol	florins		fol
	25	Octob.	Par Huile de Baleine	Pour ce que je dois lui payer dans 2 m. pour la ¼ de 12 quart. h.	10	319	18	

					DEBIT	fol	florins	fol	p.
1722			JEAN LEENDERTS						
	28	Octob.	A Huile de Baleine	Pour ce qu'il me doit payer dans 2 m. pour le ½ de 120 quar. huil. de B.		10	344	6	

					DEBIT	fol	florins	fol	p.
1723			ESAIE GILLOT						
	2	Janvier	A Divers	Pour payement à lui fait & f. 30 d'exconfpte		f.	1500		

					DEBIT	fol	florins	fol	p.
1722			SAMUEL VAUQUET						
	5	Nov.	A Marchandifes generales	Pr 50 Pieces ferges de Leyde payables en 3 termes à f. 32 piece		6	1600		
1723	31	Mars	A divers	pr. f. 1410 - 28-8. B°. écrit pour lui à P. Marguerite à 5½ pr. c.			1485		
						f.	3085		

					DEBIT	fol	florins	fol	p.
1722			JACQUES DUPEYROU Junior.						
	5	Nov.	A divers	Pour 10 Tonn. vin & 10 Pieces Eau-de-vie & argent à lui c.			6978	17	
	31	Sept.	A Cuirs de Bref il, &c.	pour 500 grands Cuirs du Bref il à lui livrez		26	5177	11	
						f.	12156	8	

					DEBIT	fol	florins	fol	p.
1723			LA COMPAGNIE DES INDES OCCIDENTALES Chambre d'Amfterdam						
	19	Nov.	A divers	Pour Cap. & une année d'interêt de f. 9000 à elle prêtez à 4 p. c.			9360		

					DEBIT	fol	florins	fol	p.
1722			PIETER DE WAART						
	19	Nov.	A divers	Pour capital, interêt de f. 8000 a lui prêtez pour 3 mois à 4 p. c.			8682	14	
1723	10	Sept.	A Cargaifon de Waterfort	pr. fon ⅓ dans l'achat de 330 Barils Beure à Waterfort		27	2915	3	8
	4	Octob.	A idem	pr. fon ⅓ en f. 1302 de fraix		27	334		
	15	Nov.	A Caiffe	pr. payement à lui fait pour folde		25	2378	18	8
						f.	13710	16	

Année	Jour	Mois			fol	florins	fol
1722	30	Dec.	**CREDIT** Par Caisse	Pour payement reçû de lui ce jourd'hui	2	344	6
1722	3	Nov.	**CREDIT** Par Marchandises générales	Pour 50 Pieces serge de Leyde à f. 30 Piece payable en 3 termes	6	1500	
1723	5	Janvier	**CREDIT** Par divers	Pour f. 1568 - 1 - 8 qu'il m'a payez & f. 31 - 18 - 8 déduit pr. l'exc.		1600	
	20	Fevr.	par Cargaison pour L.	pr. 25 Pieces Chits peintes à f. 60 déduit 1 pour cent	19	1485	
						3085	
1722	5	Nov.	**CREDIT** Par Marchandises générales	Pour 10 Bales Poivre & 4600 ℔ Fanons de Baleine	6	6978	17
1723	31	Octob.	par Caisse	pr. payement reçû pour les 500 Cuirs	25	5177	11
						12156	8
1722	18	Dec.	**CREDIT** Par Caisse	Pour payement reçû ce jourd'hui	25	9360	
1723	18	Fev.	**CREDIT** Par Caisse	Pour payement reçû	2	8082	14
	20	Sept.	par idem	pr. même cause pour son ⅓ dans 330 Barils Beurre	25	2915	3	8
	4	Octob.	par Cargaison de Waterf.	pr. son ⅓ de la vente der 330 Barils Beurre	27	2712	18	8
						13710	16

					fol	florins	sol p.
1723	31 Dec.	**COMPTE DE COMMISSION.**		DEBIT			
		A Gains & Pertes	Pour le net profit des Commissions faites		30	7401	5
1722	19 Nov.	**JAQUES VERDERY** de Bordeaux son compte		DEBIT			
		A divers	Pour envoi à lui fait par le *Pigeon blanc* suivant le compte			6917	10
1722	27 Nov.	**ARNAUD DU GOYON** de Nantes son compte		DEBIT			
		A divers	Pour envoi à lui fait par *l'Aigle* suivant le compte			5569	
1722	5 Juin	A idem	pr Prime, Police & Commission de fl. 4000 sur le Raisin bleu			141	16
						5710	16
1722	26 Nov.	**LETTRES DE CHANGE** envoyées pour Negocier		DEBIT			
		A C. de Change sur F.	Pour 2500 ▽ en 2 Lettres envoyées à Denis Dutry		1	2582	16
1723	31 Dec.	A Gains & pertes	pr. avance sur ce compte & pour le solder		30	42	4
						2625	

1722			CREDIT				fol	florins	fol	p.
	19	Nov.	Par J. Verdery son compte. Pour celle de f. 6781	18		à 2 pour cent	12	135	12	
	26		par A. du Goyon son compte de 5459	16		à 2	12	109	4	
	20	Dec.	par E. Flouwer son compte de 3313	18	8	à ½	8	16	11	8
	20		par divers de 6699	7		a 2		134		
			par Marchandises pour cent de L. D. de 9016			à 2	14	180	6	
	24		par Jacob Rattier son compte de 6390	11		à 2 & à ½ pour cent	14	95		
	30		par L. Delfgaauw son compte de 20765	11		à ½	13	103	16	8
1723	10	Janvier	par Divers de 39314	1		à 2		786	5	
	20		par Cargaison pour Surinam. de 39603	19		à 1	18	396	1	
	6	Fevr.	par Piastres pour compte, &c. de 23973	2		à 1	17	239	15	
			par Pignes d'argent, &c. de 25372	17		à 1	17	253	15	
	20		par J. Rattier son compte de 3500			à ½	14	17	10	
	7	Mars	par Marchandises chargées, &c. de 34540	12	8	à 2	19	690	16	
	22		par J. Gibert de 8557	2		à 2	21	171	3	
	27		par L. Delfgaauw son compte de 10000			à ½	14	50		
	10	Avril	par espéces d'or & d'argent, &c. de 41238	2		à ½	21	206	3	8
	4	Juin	par Arnaud Du Goyon de 4000			à ½	12	20		
	20	Juillet	par Laines d'Espagne &c. de 6134	9		à 2	24	122	14	
	28		par Cochenille pour c. d'A. Athenas de 70081	4		à 2	19	1401	12	8
	10	Sept.	par Guillaume & François Fagan de 2500			à ½	27	12	10	
	20		par Navire le St. Jago de 27311	15		à 2	26	546	5	
	29	Octob.	par L. Delfgaauw son compte de 13893	4		à 2	14	277	16	
			par Poivre pour compte dudit de 7279	17	8	à 2	24	145	12	
	5	Nov.	par Vins ½ en Compagnie &c. de 16368	1		à 2	28	327	3	
	18	Dec.	par Jaques Hooghstoel son compte de 6141	2		à ½	17	30	14	
	25		par Sucres de Surinam de 93103	15		à 1	28	931		
								7401	5	

1722			CREDIT		florins	fol
	26	Nov.	Par Divers Pr. ma Traite de 6349 w 58 f. 6 ß à 41½ ß à A. Pels & fils à Agio 5 p. c	fl.	6917	10

1722			CREDIT		florins	fol
	26	Nov.	Par divers Pour mes 2 Traites de 2612 w 5 f. 3 ß & de 2500 w à 41½ ß Agio à 5 p. c		5569	
1723	31	Dec.	Par Balance pr. ce qu'il me reste pour solde du present Livre	31	141	16
					5710	16

1722			CREDIT		florins	fol
	9	Dec.	Par Denis Dutry mon compte Pour £ 250 st. Provenuë des 2500 w Remis audit Dutry	13	2625	

FRET DU NAVIRE LE CERF VOLANT   DEBIT

					fol	florins	sol
1722	pr.	Dec.	A Claas Mooy	Pour ce que je dois payer pour son fret à Dantzig & retour	13	2500	
1723	pr.	Juillet	A Gains & Pertes	pr. profit sur le Fret de ce Navire & pour solder ce compte	10	593	3
						3093	3

CLAAS MOOY Maître du Navire *Le Cerf volant*   DEBIT

					fol	florins	sol
1723	15	Juin	A Fret du Navire, &c.	Pour ce que je lui ai fait bon pour le fret du Navire le Cerf Vol	13	2500	

LEONARD DELFGAAUW de Bourdeaux son compte argent de Banque   DEBIT

					fol	florins	sol	
1722	10	Dec.	A Banque	Pour sa Traite de 2000 w à 2 ß du 30 Nov à Petit freres	3	2100		
	15		A idem	pr. mes 2 Remises de 2500 & 1500 w sur divers	3	4182	16	
	20		A divers	pr. envoi à lui fait par Pieter Alberts		6833	7	
	30		A Lettre de Change à payer	pr. ses 2 Traites du 10 Decembre qui me restent à payer	14	8256	4	
			A compte de Fraix	pr. Courtage & Ports de Lettres	9	19	1	8
			A compte de Commission	pr. ma Provision de f. 20765 - 11 à ½ pour cent	13	103	16	8
			A lui-même son compte nouv.	pr. ce qui lui revient pour solde du present c. envoyé ce jour	14	7352	4	
						28847	9	

DENIS DUTRY de Londres mon compte   DEBIT

					sterl.	ß	₰	fol	florins	sol
1722	9	Dec.	A Lettres de Change envoyées	Pour le provenu de 2500 w à lui remis sur Paris ₤	250			12	2625	
1723	14	Mars	à Cargaison pour Londres	pr. idem de 56 Pieces Cambray par lui venduës	395	10		15	4192	6
	2	Avril	A Darius & C. leur compte	pr. 4500 w à 24½ ß gros qu'il a tiré sur lesdits	459	17	8	12	4823	9
	18	Juillet	A Gains & Pertes	pr. avance sur ce compte & solde de l'argent d'Hol.				10	66	16
				₤	1105	7	8		11707	11

FROMENT fait acheter à Dantzig   DEBIT

					Last	florins	sol
1722	11	Dec.	A divers	Pour achat & Prime d'assurance de 70 Last	70	5582	12
1723	24	Fev.	A idem	pr. fret & fraix de reception desdits 70 Last		1415	
				₤ 70		6997	12

JAN STRAALMAN de Dantzig mon compte   DEBIT

					fl. Polon.	gr.	fol	florins	sol	
1723	15	Fev.	A Caisse	Pour ses 3 Traites comme au Journal	fl. 15202	13	2	9355	13	
	12	Mars	A Poivre chez lui	pr. net provenu des 25 Bales Poivre	6249	15	5	3852	8	8
	31	Dec.	A Gains & Pertes	pr. avance sur le Change & pour solder l'argent d'ici			30	15	13	
				fl. 21451	28			13223	14	8

1723	15	Juin	CREDIT Par divers	Pour le net produit du Fret d'ici à Dantzig & retour	fol —	florins 3093	fol 3

1722	pr.	Dec.	CREDIT Par Fret du Navire, &c.	Pour fret de son Navire d'ici à Dantzig & retour.	13	2500	—

CREDIT

1722				fol	florins	fol
4	Dec.	Par Banque	Pour ses 2 remises de 1000 & 1200 w à 42½ ß	3	2656	5
7		par idem	pr. ses 3 autres comme au Journal	3	7725	18
8		par idem	pr. son autre de 1000 w à 21½ sur Hambourg	3	1083	8
15		par compte de Ch. sur Londres	pr. ses 2 autres de £ 250 st. sur Londres à 34 ß 10 ß	1	2612	10
24		par Marchandises pr. son compte	pr. net provenu de 20 bar. sucre & 5 bar. Indigo par J. de Bruin	14	8081	18
30		par Lettres de change à recevoir.	pr. ses 4 remises du 30 du passé qui restent à recevoir	14	6687	10
					28847	9

CREDIT

1723				liv. sterl.	ß	ß	fol	florins	fol
26	Mars	Par J. Hooghstoel	Pour mes 2 Traite à l'ordre de J. Hooghstoel de £ 600	600			17	6300	
18	Juillet	par C. de Frain	pr. sa provision & port de Lettres	8	2		24	86	12
		par Banque	pr. sa remise sur Chavat & Paslalaigue	497	5	8	23	5320	18
			£	1105	7	8		11707	11

CREDIT

1723				Lafts	fol	florins	fol
15	Avril	Par Caisse	Pour vente faite à Gerrit de Vries	de 70	2	6791	8
pr.	Juillet	par gains & pertes	pr. perte sur ce compte & pour le solder		10	206	4
			£ 70			6997	12

CREDIT

1722				fl. Polon.	gr.	fol	florins	fol
11	Dec.	Par Froment, &c.	Pour achat, fraix & Comm. de 70 Lafts fromens fl.	8891	3	13	5480	16
24		par J. Rattier son compte	pr. idem de 30 Lafts seigle pour Jacob Rattier	6311	10	14	3890	11
1723 15	Avril	par gains & pertes	pr. courtages & ports de Lettres suivant son compte	18	15	10	11	8
		par Caisse	pr. sa remise de £ 604-3-5 sur Jan Grasper à 292 gr. 6231			2	3840	19
			fl.	21451	28		13223	14

HENDRIK MAKREEL — DEBIT

					fol	florins	fol
1723	12	Fev.	A Caiffe	A lui payé pour les Primes & Polices jufques au 6. Fev. inclus	2	4822	
	24		A C. d'Affurances	Pour Prime de 4000 fur 2 Vaiffeaux à 3 pour cent	20	120	
				Porté à folio 21.		4942	

MARCHANDISES pour compte de Leonard Delfgaauw de Bourdeaux — DEBIT

					fol	florins	fol
1722	24	Dec.	A Divers	Pour le net Provenu de 20 bariques fucre & 5 bariques Indigo		9016	

JACOB RATTIER de Bourdeaux fon Compte — DEBIT

					fol	florins	fol
1722	24	Dec.	A divers	Pr. achat & fraix de 30 Ls. feigle fait acheter pour lui à Dantz.		4057	7
1723	20	Fevr.	A idem	pr. fraix & Commiffion de la perte reglée fur Auke Volkerts		32	10
	18	Avril	A divers	pr 1500 w reçus de Hooghftoel & 1700 w à lui remis		3410	2
						7499	19

LETTRES DE CHANGE à recevoir — DEBIT

					fol	florins	fol
1722	30	Dec.	A L. Delfgaauw fon compte	Pour 4 Lettres que j'ai à recevoir pour L. Delfgaauw	13	6687	10
1723	25	Sept.	A Banque	pr. 2 autres de 4000 & 2000 w Excomptées pour le 20 Nov.	23	6124	16
	31	Dec.	A Gains & pertes	pr. avance fur ce compte & pour le folder	30	25	4
						12837	10

LETTRES DE CHANGE à Payer — DEBIT

					fol	florins	fol
1723	10	Janvier	A Banque	Pour 2 Lettres payées ce jourd'hui	3	8256	4
	25	Sept.	A idem	pr. une Traite de 7000 w fur moi excomptée pour le 22 Dec	23	7130	13
	31	Dec.	A Gains & Pertes	pr. avance fur ce compte & pour le folder	30	44	7
						15431	4

LEONARD DELFGAAUW de Bourdeaux fon compte nouveau — DEBIT

					fol	florins	fol	
1723	27	Mars	A Divers	Pour Prime & Commiffion de f. 10000 fait affurer pour lui		479	7	
			A Caiffe	pr. Traites de Paul La Fargue de £ 1000 de 8 courant	2	5714	6	
	18	Mai	A Divers	pr. achat & fraix de 150 Bales Poivre		21223	15	8
	29	Octob.	A idem	pr. Fraix & Commiffion de 100 Bales Poivre à lui envoyées		401	18	
	31	Dec.	A Balance	pr. ce que je lui refte pour folde du prefent Livre	31	6725	5	
						34544	11	8

1722			CREDIT		fol	florins		fol
	11	Dec.	Par Froment, &c.	Pour Prime & Police de f. 5000 sur Hans Harris à 2 pour c.	13	101	16	
	4		par J. Rattier son compte	pr. idem de f. 3500. sur Auke Volkerts à 2 pour cent.	14	71	16	
1723	10	Janv.	par divers	pr. idem de 40000. sur Abraham Claver à 3½		1403	6	
	20		par Cargaison pour Surinam	pr. idem de 30000. sur Claas Waterdyk à 9.	18	2703	6	
	6	Fev.	Par Navire le S. d'Orient	pr. idem de 6000 sur le même à 9	7	541	16	
	10		par grosse avanture, &c.	pr. idem de 1200 sur Cornelis Keyser à 9	18	109	16	
	12		par grosse avauture pour Guin.	pr. idem de 1000 sur Jan Schelvis à 12	18	121	16	
	20		Jacob Rattier son compte	pr. reglement de f. 3500 de perte sur Auke Volkerts	14	8	15	
				Porté à folio 21		5062	7	

1722			CREDIT		fol	florins		fol
	26	Dec.	Par compte de Debiteurs.	Pr. vente de 20 bariq. sucre & 5 bariq. Indigo reçûë p. J. Debruyn	7	9016		

1722			CREDIT		fol	florins		fol
	30	Dec.	Par divers	Pour ma Traite sur lui de 3769 w 54 s. à 41 8 à F. Dureau		4057	7	
1723	20	Fev.	par Caisse	pr. f. 3500 de perte sur Auke Volkerts recû des Assureurs	2	3430		
	31	Dec.	par Balance	pr. ce qu'il me reste pour solde du present Livre	31	12	12	
						7499	19	

1723			CREDIT		fol	florins		fol
	8	Janv.	Par Banque	Reçû pour 2 Lettres de f. 2000 & 1500	3	3500		
	15		par idem	pr. 2 dito	3	3187	10	
	20	Nov.	par idem	pr. 2 dito de 4000 & 2000 w excomptées le 25 Septembre	23	6150		
						12837	10	

1722			CREDIT		fol	florins		fol
	30	Dec.	Par L. Delfgaauw	Pour 2 Lettres que j'ai à payer pour L. Delfgaauw	13	8256	4	
1723	22	Dec.	par Darius & Compagnie	pr. la Lettre de 7000 w dont je débite les Tireurs	22	7175		
						15431	4	

1722			CREDIT		fol	florins		fol
	30	Dec.	Par lui même compte vieux	Pour ce qui lui revient pour solde du c. à lui envoyé ce jour	13	7352	4	
1723	17	Mars	par Marchandises, &c.	pr. son ¼ du net Provenu des Marchandises par Pieter Mol	19	7435	8	
	24	Avril	par Banque	pr. ses 4 remises du 9 Avril sur divers excomptées	3	12667	14	
	29	Octob.	par Poivre pour son compte	pr. le net Provenu de 50 Bales Poivre	24	7089	5	8
						34544	11	8

					fol	florins	fol
1722			CARGAISON pour Londres de compte à ½ avec J. F. Rouzier	DEBIT			
	30	Dec.	A divers	Pour envoi de 56 pieces Cambrai à Denis Dutry		3945	10
1723	19	Mars	A compte de Fraix	pr. port de Lettres au sujet de cette Cargaison	9	3	
			A J. F. Rouzier, &c.	pr. la ½ de J. F. Rouzier du net provenu de cette Cargaison	15	2199	9
			A Gains & Pertes	pr. ma ½ du net profit sur les susdites 56 Pieces Cambrai	10	226	14
						6374	13

					fol	florins	fol
1722			JEAN FRANCOIS ROUZIER de Haarlem son compte en compagnie	DEBIT			
	30	Dec.	A Cargaison pour Londres, &c.	Pour sa ½ dans la Cargaison ci-dessus pour Londres	15	1972	15
			A Caisse	pr. ce que je lui ai payé pour ce qu'il a de plus fourni que moi	2	1812	2
1723	20	Juin	A divers	pr. D. 1290-30-10 à 32 ¼ s. à lui fournies sur Hambourg		2199	9
						5984	6

					fol	florins	fol	
722			MARCHANDISES achetées en Commission	DEBIT				
	31	Dec.	A Banque	Pour 50 Bales Poivre achetées pour envoyer à Cadix	3	7036	17	8
			A Jan de Man	pr. 200 Bales Cacao idem	9	14952	3	
			A compte de Crediteurs	pr. 50 grands cents Planches du Nord idem	8	2475		
			A Jan de Backer	pr. 200 Tonneaux vin pour Surinam	15	24000		
			A H. Schulerus	pr. 3 bales Caffé & 4 Tobes Thé pour ledit lieu	16	3540	12	
			A C. de Crediteurs	pr. 200 bar. bœuf salé, 100 b. Lard & 100 b. Eau-de-vie idem	8	6946		
1723	5	Janv.	A idem	pr. 2450 Chevrons & 20 Milliers Douves pour Cadix	8	13438		
			A idem	pr. diverses Merceries, & Epiceries pour Surinam		1532	4	
						73914	13	8

					fol	florins	fol
1722			CARGAISON pour Livour. ⅓ pr. E. Flouver ⅓ pr. Philibert & Langlois & ⅓ pr. moi	DEBIT			
	31	Dec.	A E. Flouwer mon compte	Pour mon ⅓ en 50 bariques sucre & 100 barils Harans	15	4462	10
1723	pr.	Juillet	A Gains & Pertes	pr. avance sur mon ⅓ dans cette Cargaison & pour la solder	10	594	
						5056	10

						liv. sterl.	β	ß	fol	florins	fol
1723			EDOUARD FLOUWER de Londres mon compte	DEBIT							
	2	Avril	A. A. Athenas & C. mon C.	Pour 5000 Piastres qu'il a tiré sur lesdits	£ 1000			22	10500	
	31	Dec.	A Gains & pertes	pr. avance sur le Change				10	143	5
					£ 1000				10643	5

					fol	florins	fol
1723			JAN DE BAKER	DEBIT			
	10	Fev.	A Caisse	Pour argent à lui payé à compte	2	6000	
			A divers	pr. mes 2 Assignations de f. 9016 & f. 8535 - 18 B^co. à lui écrit		18000	
						24000	

CREDIT

					fol	florins	fol
1722	30	Dec.	Par J. F. Rouzier compte en C.	Pour la ⅓ dudit Rouzier dans cette Cargaison	15	1972	15
1723	14	Mars	par divers	pr. le net provenu des 56 Pieces Cambray de l'autre part		4401	18
						6374	13

CREDIT

					fol	florins	fol
1722	30	Dec.	Par Cargaison par L. &c.	Pour 56 Piec. Cambray qu'il a livrées pour envoyer à Londres	15	3784	17
1723	19	Mars	par idem	pr. sa ⅓ du net provenu desdites 56 Pieces Cambray	15	2199	9
						1984	6

CREDIT

					fol	florins	fol	
1723	10	Janvier	Par divers	Pour celles envoyées à Antoine Athenas & Comp. de Cadix		37902		8
	20		par Cargaison pour Surinam	pr. les diverses Marchandises chargées pour Surinam	18	36012	13	
						73914	13	8

CREDIT

					fol	florins	fol
1723	28	Avril	Par Philibert & Langlois	Pour le net provenu de mon ⅓ de cette Cargaison	23	5056	10

CREDIT

					liv. ft. ß ⅛	fol	florins	fol
1722	31	Dec.	Par Carg. pour Livourne &c.	Pour mon ⅓ dans la Carg. qu'il a faite pour Livourne £ 425		15	4462	10
1723	12	Mai	par Banque	pr. ses 2 Remises du ¼ Mars sur divers a 35 ß 10 ⅛ de 570		3	6127	10
	31	Dec.	par Balance	pr. ce qu'il me reste pour solde reduit a 35 ß 6 ⅛ 5		31	53	5
				£ 1000			10643	5

CREDIT

					fol	florins	fol
1722	31	Dec.	Par Marchandises achetées &c.	Pour 200 Tonneaux vin qu'il m'a livrez suivant son compte	15	24000	

HENDRIK SCHULERUS — DEBIT

Année	J.	Mois			fol	florins	sols	den.
1723	10	Mars	A Caisse	Pour son assignation payée au Porteur Jean Duffels	2	3540	2	

DEPENSES de Menage — DEBIT

Année	J.	Mois			fol	florins	sols	den.
1722	31	Dec.	A Caisse	Pour les dépenses faites depuis le premier Octobre dernier	2	550		
1723	31	Mars	A idem	pr. celles depuis le 31 Decembre	2	600		
	6	Août	A idem	pr. celles depuis le 31 Mars	25	1225		
	31	Dec.	A idem	pr. celles depuis le 6. Août	25	2520		
						4895		

HEUSCH DE SANVRY de Paris son compte de Bco. — DEBIT

Année	J.	Mois			fol	florins	sols	den.
1723	2	Janvier	A Banque	Pour sa Traite de 2 Dec. à usance à André Pels & fils de	3	3000		
	31	Dec.	A Balance	pr. ce que je lui reste pour solde du present Livre	31	210		
						3210		

LE COUTEULX & Compagnie de Paris leur compte de Banque — DEBIT

Année	J.	Mois			fol	florins	sols	den.
1723	6	Janvier	A Banque	Pr. leur Traite de 3000 & 4000 w du 6 Dec. à J. Cottin à 42 ⅞	3	7350		
	10		A idem	pr. Traite de L. F. de Coninck pour son compte de £ 600 de g.	3	3600		
	10	Avril	A idem	pr. daald. 25000. remises à A. Bruguier pour leur c. à 32 ¼ s.	3	40156	5	
	31	Dec.	A Balance	pr. ce que je leur reste pour solde du present Livre	31	734	5	
						51840	10	

GEDEON VINCENT de Roüen son compte de Banque — DEBIT

Année	J.	Mois			fol	florins	sols	den.
1723	2	Janvier	A Banque	Pour sa Traite du 17 Dec. à ½ usance, à Jaques Baudouin de	3	2600		
	18	Avril	A Cargaison pr. Roüen, &c.	pr. sa ½ dans les Marchandises à lui envoyées par H. Focke	22	2673	2	
	31	Dec.	A Balance	pr. ce qui lui revient pour solde du present Livre	31	3	15	8
						5276	17	8

ANTHOINE ATHENAS & Compagnie de Cadix leur compte de Bco. — DEBIT

Année	J.	Mois			fol	florins	sols	den.
1723	10	Janvier	A divers	Pour envoi à eux fait par *la Concorde* suiv. le compte de ce jour		40100	6	8
	9	Fev.	A idem	pr. ma remise de Ducats 2415 à 115 ½ ⅞ & fraix		6982	3	8
	9	Mars	A Banque	pr. diverses Traites de divers pour leur compte	3	29938	15	
	30	Mai	A Cochenille pour leur compte	pr. Rembours de f. 30000 empruntez sur leur Cochenille	19	30000		
	12	Juillet	A Banque	pr. leurs 6 Traites du 12 Mai à divers ordres	23	30872	10	
	12	Août	A eux mêmes mon compte	pr. Reaux 38770: 8 qu'il me revient pour solde de mon compte	22	10218	12	8
	28		A Lopes Dasierra	pr. ma remise de dalders 8000 à 116 ⅞ sur ledit Dasierra	25	23200		
						171312	7	8

Année	Jour	Mois	CREDIT		fol	florins	sol
1722	31	Dec.	Par Marchandises achetées, &c.	Pour 1950 ℔ Caffé & 300 ℔ Thé qu'il m'a livré	15	3540	12
1723	31	Dec.	Par Gains & Pertes	Pour le net des dépenses faites depuis le 1. Octob. 1722 p. solder	30	4895	
1722	31	Dec.	Par Banque	Pour sa remise du 26 du Courant sur Behn & van Hemel de	3	3210	
1722	31	Dec.	Par Banque	Pour leur remise du 30 Novembre sur Cadet de Launai	3	8250	
1723	26	Mars	pr. J. Hooghstoel	pr. ma Traite de 2666 ⅔ w à l'ordre dudit Hooghstoel	17	2700	
1723	10	Avril	par especes &c.	pr. le net Prov. de 2000 Louis d'or & de 6000 Ecüs suivle c	21	40890	10
						51840	10
1722	31	Dec.	Par Banque	Pour sa remise de 2500 w à 41 ½ % sur W. & C. Both	3	2593	15
1723	18	Avril	par idem	pr. ma Traite de 2650 w à 40 ½ à L. de Moracin	3	2683	2 3
						5276	17 8
1723	6	Fev.	Par Piastres pour leur compte	Pour le net Provenu de 10000 Piastres suivant le compte	17	2347	13
	pr.	Mars	par Pignes d'argent &c	pr. idem de 50 Pignes d'argent idem	17	23606	7
	pr.	Mars	par Cochenille pour leur compte	pr. emprunt de f. 30000 sur leurs 30 bales Cochenille	19	30000	
	28	Mai	par Banque	pr. leurs 6 remises du pr. du Courant sur divers	23	28130	
	28	Juillet	par Cochenille pour leur compte	pr. le net provenu de 30 Bales Cochenille	19	63525	15
	31	Dec.	par Balance	pr. ce qu'ils me restent pour solde du present Livre	31	2574	2 8
						171312	7 8

I 2

COMPTE DE DIVERS CREDITEURS nouveau — DEBIT

1723					fol	florins	fol
18	Fev.	A Caisse	Payé aux sousnommez comme suit, savoir:				
			A Hendrik Visser pour 2450 Chevrons. fl. 12250				
			A Paulus Hooft pour 20 Milliers Douves 1188				
			A Dirk Spranger pour diverses Merceries 817 | 10				
			A Jan Steur pour diverses Epiceries 714 | 11	2	14970	1
31	Mars	A divers	A la Veuve Testart, Slicher & Benezet fl. 1500				
			A Daniel Cormier 1282 | 10		2782	10
20	Avril	A Caisse	A Jacob Bolten pour 34398 ℔ fer	2	2063	17	8
31	Dec.	A Balance	Pour ce que je reste aux sousnommez pour solde, savoir				
			A David Rutgers fl. 3434 | 18				
			A André Pels & fils 8469 | 13	31	11904	11	
					31720	19	8

JAQUES HOOGHSTOEL de Bordeaux son compte de Banque — DEBIT

1723					fol	florins	fol
24	Mars	A J. Gibert	Pour ma remise de 866 w 23 s. 8 g à 40 ¼ sur Joseph Gibert	21	877	4	8
26		A Le Couteulx & Comp.	pr. mon autre de 2666 ⅓ w à 40 ½ g sur Le Couteulx & Comp.	16	2700		
		A Denis Dutry mon compte	pr. mes 2 autres de £ 600 st. 35 ß sur Denis Dutry	13	6300		
		A Banque	pr. aquit de ducats 1800 à 117 g tirez de Cadix sur lui pay. ici	3	5265		
18	Dec.	A lui-même mon compte	pr. £ 1179 qu'il me reste pour solde de mon compte à 40 ¼ g	27	395	9	
		A compte de Fraix	pr. Courtages & Port de Lettres	24	12	17	8
		A compte de Commission	pr. ma Commission de fl. 6141-2 à ½ pr. c.	12	30	14	
		A Banque	pr. ma remise de 3312 w 32 s. à 40 ¼ sur Fouquier & Queislat	29	3333	5	
					18914	10	

JACOBUS DE CONNINCK d'Anvers son compte de Banque — DEBIT

1723					fol	florins	fol
18	Fev.	A Banque	Pr. duc. 2000 à 92 g que J. Dagamon de Madrid a tirez pour lui	3	4600		
22	Mai	A Caisse	pr. sa Traite du 7 Mai à l'ordre de F. Schapelink de	2	6800		
31	Dec.	A Balance	pr. ce qui lui revient pour solde du present Livre	31	22	7	8
					11422	7	8

PIASTRES pour compte d'Antoine Athenas & Compagnie de Cadix — DEBIT

1723					fol	florins	fol
18	Janvier	A Caisse	Pour fret de 10000 Piastres par la Comtesse de Spar	2	253	12	
6	Fev.	A compte de Fraix	pr. Courtage & fraix sur ces Piastres	9	17		
		A compte de Commission	pr. ma Commission de f. 23973-2 à 1 pour cent	12	239	15	
		A A. Athenas & Compagnie	pr. le net provenu suivant le compte	16	23475	13	
					23986		

PIGNES D'ARGENT pour compte d'Antoine Athenas & Compagnie de Cadix — DEBIT

1723					fol	florins	fol
18	Janvier	A Caisse	Pour fret de 50 Pignes par la Comtesse de Spar	2	262	10	
6	Fevr.	A compte de fraix	pr. divers fraix sur icelles	9	69	8	
		A divers	par Commission, Agio & net provenu		25040	19	
					25372	17	

1723			CREDIT		fol	florins		sol
	5	Janv.	Par Marchandifes achetées &c.	Pour ce que je dois aux fousnommez pour ce qui fuit : favoir				
				A Hendrik Viffer pour 2450 Chevron f. 12250				
				A Paulur Hooft pour 20 Milliers Douves 1188				
				A Dirk Springer pour diverfes Merceries 817 | 10				
				A Jan Steur pour diverfes Epiceries 714 | 11	15	14970		1
	12	Fev.	par Cargaifon pour Cadix	A la Veuve Teftart, Slicher & Benezet pr. Toiles f. 1500				
				A Daniel Cormier pr. Gaze & Mouchoir 1282 | 10	19	2782		10
	20		par Cargaifon pour Lisbonne	A Jacob Bolten pr. 34398 ℔ Fer à f. 6 le ½	19	2063		17 8
	3	Dec.	par Marchandifes generales	A David Rutgers pour 20 Pipes Huile f. 3434 | 18				
				A A. Pels & fils pour 10 Bales Caffé 8469 | 13	6	11904		11
						31720		19 8

1723			CREDIT				
	10	Janv.	Par Banque	Pour fa remife fur Jacob Temminck de	3	4000	
	15		par idem	pr. fon autre de 2100 w à 21¼ f. fur Hambourg	3	2141	12
	17	Mars	par Marchandifes , &c.	pr. fon ¼ du net provenu des Marchandifes par Pieter Mol	19	7435	8
	18	Avril	par Jacob Rattier	pr. 1500 w à 40¼ ß qu'il a payez pour moi à Jacob Rattier	14	1518	15
	8	Nov.	par Vins de Bordeaux , &c.	pr. fon ⅓ du net provenu de 120 Tonn. Vin par l'*Hirondelle*.	28	3818	15
						18914	10

1723			CREDIT				
	15	Janv.	Par Banque	Pour fes 2 remifes de £ 500 de Gros & 1500 w à 42 ß	3	4575	
	12	Mai	par idem	pr. fes 2 autres de dalders 2900 fur divers	3	6847	7 8
						11422	7 8

1723			CREDIT				
	20	Janv.	Par Banque	Pour 1100 Marcs Piaftres portées à la Banque	3	22000	
	2	Fev.	par idem	pr. vente des récepiffez de 1100 m. & de 53 m. Piaftres	3	1973	2
	6		par Agio	pr. l'Agio des f. 270 12 Courant du debit à 105 pour cent	4	12	18
						3986	

1723			CREDIT				
	26	Janv.	Par Caiffe	Pour vente de 5 Lingots provenus des 50 Pignes	2	25372	17

1723					fol	florins		
			CARGAISON pour Surinam en Compagnie ⅜ de Jan van Meel, ⅜ de Jaques Pinet ⅛ de Jacob Martin & ⅛ pour moi à la consignation de Jean Pichot	DEBIT				
	20	Janv.	A divers	Pour achat & fraix des Marchandises pour cette Cargaison		40000		
	26	Octob.	A Caisse	pr. fret de cette Cargaison	25	4000		
	8	Dec.	A J. van Meel son compte en C.	pr. les ⅜ du net Provénu de Jan van Meel	18	16105	9	
			A Jaques Pinet son compte, &c.	pr. le ⅜ du net Provenu de Jaques Pinet	18	10736	19	8
			A J. Martin son compte en C.	pr. le ⅛ de Jacob Martin	18	5368	10	
			A Gains & Pertes	pr. mon net Profit sur mon ⅛ en cette Cargaison	10	736	19	8
						76947	18	

1723								
			JAN VAN MEEL son compte en Compagnie	DEBIT				
	20	Janv.	A Cargaison pour Surinam	Pour ses ⅜ dans la Cargaison pour Surinam	18	15000		
	30	Dec.	A Caisse	pr. payement à lui fait pour solde	25	20977	10	8
						35977	10	8

1723								
			JAQUES PINET son compte en Compagnie	DEBIT				
	20	Janv.	A Cargaison pour Surinam	Pour son ⅜ dans la Cargaison pour Surinam	18	10000		
	30	Dec.	A Caisse	pr. payement à lui fait pour solde	25	13985		8
						23985		8

1723								
			JACOB MARTIN son compte en Compagnie	DEBIT				
	20	Janv.	A Cargaison pour Surinam	Pour son ⅛ dans sa Cargaison pour Surinam	18	5000		
	30	Dec.	A Caisse	pr. payement à lui fait pour solde	25	6992	10	8
						11992	10	8

1723								
			GROSSE AVANTURE pour Surinam sur *la Renommée* Me. C. *Keyser*	DEBIT				
	10	Fev.	A divers	Pour 20 Pieces Toile donnée à la Grosse à Cornelis Keyser		1309	16	

1723								
			GROSSE AVANTURE pour Guinée & Curacao sur *het Huys Oosterwyk*, &c.	DEBIT				
	12	Fev.	A divers	Pour f. 800 donnez à Jan Schelvis à 30 pour c. & Assurance		921	16	
	31	Dec.	A Gains & Pertes	pr. avance sur ce compte & pour le solder	30	118	4	
						1040		

1723			CREDIT				
20	Janv.	Par Jan van Meel compte en C.	Pour les ⅓ de Jan van Meel dans cette Cargaison	18	15000		
		par J. Pinet son compte en C.	pr. le ⅓ de Jaques Pinet	18	10000		
		par J. Martin son compte en C.	pr. le ⅓ de Jacob Martin	18	5000		
pr.	Octob.	par Jean Pichot mon compte	pr. le net Produit de cette Cargaison	27	46947	18	
					76947	18	

1723			CREDIT				
20	Janv.	Par Caisse	Pour ce qu'il m'a payé pour ses ⅗ de la Cargaison pour Surin.	2	15000		
8	Dec.	par Cargaison pour Surinam	pr. ses ⅗ du net provenu de la Cargaison pour Surinam	18	16105	9	
25		par Sucres de Surinam, &c.	pr. ses ⅗ du net provenu des Sucres en retour	28	4872	1	8
					35977	10	8

1723			CREDIT				
20	Janv.	Par Caisse	Pour ce qu'il m'a payé pour son ⅖ dans la Cargaison pr. Surin	2	10000		
8	Dec.	par Cargaison pour Surinam &c.	pr. son ⅖ du net provenu de la Cargaison susdite	18	10736	19	8
25		par Sucres de Surinam, &c.	pr. son ⅖ du net provenu des Sucres en retour	28	3248	1	
					23985		8

1723			CREDIT				
20	Janv.	Par Caisse	Pour ce qu'il m'a payé pour son ⅕ dans la Cargaison pr. Sur	2	5000		
8	Dec.	par Cargaison pour Surinam &c.	pr. son ⅕ du net provenu de ladite Cargaison	18	5368	10	
25		par Sucres de Surinam	pr. son ⅕ du net provenu des Sucres en retour	28	1624		8
					11992	10	8

1723			CREDIT				
8	Octob.	Par Caisse	Pour payement reçû de Cornelis Keyser	25	1200		
		par Gains & Pertes	pr. la Prime de f. 1200 ômise au debit des Toiles	10	109	16	
					1309	16	

1723			CREDIT				
20	Octob.	Par Caisse	Pour payement reçû de Jan Schelvis	25	1040		

CARGAISON pour Cadix sur le Navire l'Elizabet à la consignation d'Antoine Athenas & Compagnie — DEBIT

1723					fol	florins	sol	
	12	Fev.	A divers	Pour achat & fraix de diverses Marchandises envoyées à Cadix		9388	10	
	31	Dec.	A Gains & Pertes	pr. avance sur cette Cargaison & pour la solder	30	1219	2	8
						10607	12	8

CHRISTOFFEL MOTHES de Hambourg mon compte — DEBIT

1723					Marcs	ß		fol	florins	sol	
	18	Fev.	A vins a Hambourg &	Pour net provenu de 50 Tonneaux Vin	M.	5029	11	5	4054	19	8
	31	Dec.	A Gains & Pertes	pr. avance & solde de l'argent d'Hollande				30	5	8
					M. 5029	11			4063	5	

CARGAISON Pour Lisbonne sur le _S. Pierre_ Mᵉ. _Jacob Laurents_ — DEBIT

1723					fol	florins	sol	
	20	Fev.	A divers	Pour envoi de diverses Marchandises à Deventer & de Groot pr. mon c.		9718	13	8
	31	Dec.	A Gains & Pertes	pr. avance sur cette Cargaison & pour le solder	30	701		
						10419	13	8

MARCHANDISES chargées à mon adresse sur le Navire le _Dragon_ pour compte ¼ de L. Delfgaauw ¼ de J. Gibert ¼ de J. Hoogstoel & ¼ pour moi — DEBIT

1723					fol	florins	sol	
	24	Fev.	A L. Delfgaauw mon compte	Pour mon ¼ en diverses Marchandises chargées par le dit	8	7430	8	
	10	Mars	A Caisse	pr. fraix de reception & droits d'entrée desdites March. reçûes	2	2405	10	
	17		A divers	pr. fraix & Commission		906	8	8
			A L. Delfgaauw son compte	pr. le ¼ du net provenu de Leonard Delfgaauw argent de Bcº.	14	7435	8	
			A J. Hoogstoel son compte	pr. idem de Jacques Hooghstoel Bcº.	17	7435	8	
			A Agio	pr. l'Agio des 2 sommes ci-dessus de f. 7435 8 chacune à 5 p. c	4	743	11	
			A J. Gibert son compte	pr. le ¼ du net provenu de Joseph Gibert en courant	21	7807	3	8
			A Gains & Pertes	pr. le net profit sur mon ¼ des March. de ce compte & pour solde	10	376	15	8
						34540	12	8

COCHENILLE pour compte d'Anthoine Athenas & Compagnie de Cadix — DEBIT

1723					fol	florins	sol	
	24	Fev.	A Caisse	Pour fraix de reception de 30 barils par Jean Limier	2	1323	10	
	pr.	Mars	A A. Athenas & Compagnie	pr. f. 30000 Bcº. empruntez sur les dits 30 barils Bcº.	16	30000		
	30	Mai	A E. Thielens	pr. ¼ interêt de ladite somme & magazinage Bcº.	21	313	10	
	28	Juillet	A divers	pr. Fraix, provision & net provenu de 30 Bales		68444	4	
						100081	4	

ELIAS BATAILHEY — DEBIT

1723					fol	florins	sol	
	24	Fev.	A C. d'Assurance	Pour prime de 2000 sur Guillaume Frerot à 5 pour cent	20	100		
	22	Mai	A idem	pr. idem de f. 4000 sur 2 Vaisseaux à 2 ½ pour cent	20	100		
	4	Juillet	A Caisse	pr. payement à lui fait pour solde	2	375	2	
						575	2	

		fol	florins	ol	

1723 — CREDIT

Date		fol	florins	ol	
30 Juillet	Par A. Athenas & Compagnie Pour le net provenu argent de Bco de cette Cargaison	22	10102	10	
	par Agio pr. l'agio de la dite somme a 5 pour cent	4	505	2	8
			10607	12	8

1723 — CRÉDIT

Marcs | ß | 8

Date			fol	florins	ol	
20 Juin	Par J. F. Rouzier Pour ma Traite de dald. 1290-30-10 à 32½ f. audit M.	2581 | 14 | 10	15	2089	15	
13 Juillet	Par Banquie pr. sa remise de dald. 1223-28-2 à 32¼ fs sur Sarrabourie	2447 | 12 | 2	23	1973	10	
		M. 5029 | 11 |		4063	5	

1723 — CRÉDIT

Date		fol	florins	ol	
15 Août	par divers Pour le net provenu de cette Cargaison		10419	13	8

1723 — CREDIT

Date		fol	florins	ol	
12 Mars	Par Caisse Pour vente de 98½ pièces Eau-de-vie & 1½ piec. coulage à J. Bols	2	8116	12	
14	par divers pr. idem de 150 bariques sucre blanc a P. Chevalier		15654	4	
	par idem pr. idem de 10 bar. Indigo St. Domingue à J. Ten Oever Janz		8134	6	8
	par Caisse pr. idem de 100 Pieces Sirop à M. Reus	2	2635	10	
			34540	12	8

1723 — CREDIT

Date		fol	florins	ol	
30 Mai	Par A. Athenas & Compagnie Pour les f. 30000 rembourcez à E. Thiélens	16	30000		
10 Juin	par A. Willink pr. vente des 30 Bales à Abraham Willink à 42 ß la ℔	24	70081	4	
			100081	4	

1723 — CREDIT

Date		fol	florins	ol	
27 Mars	Par L. Delfgaauw Pour prime de f. 10000. fait assurer sur Harmen Buys à 4½ pr. cent	14	453	6	
4 Juin	par A. Du Goyon pr. idem de f. 4000 sur Cornelis Ryger à 3 pr. cent & Police	12	121	16	
			575	2	

1723			COMPTE D'ASSURANCES	DEBIT	fol	florins	fol	
	12	Août	A A. Salinieres	Pour courtage de f. 8000 à ¼ pour cent payé	20	20		
	25		A Caisse	pr. avarie de 40 pour cent fur f. 2000 affurez fur Dirk Schouten	25	800		
						820		

1723			ABRAHAM SALINIERES	DEBIT				
	24	Fev.	A compte d'Affurances	Pour-prime de f. 4000 fur 2 Vaiffeaux à 5. pr. cent	20	200		
	22	Mai	A idem	pr. idem de f. 4000 fur 2 autres à 5 pour cent	20	200		
						400		

1723			EAU-DE VIE à mon option de Livrer	DEBIT				
	27	Fev.	A Caisse	Pour Prime de 50 Pieces données à recevoir à ₤ 8 au premier Mai	2	62	10	

1723			POIVRE à livrer	DEBIT				
	pr.	Juillet	A gains & pertes	Pour la Prime de l'autre part que j'ai gagnée	10	50		

1723			POIVRE à recevoir	DEBIT				
	pr.	Mai	A Banque	Pour 20 Bales reçûes de Gerrit Nutgens	3	2670	2	8

1723			PRIMES données fur diverfes Actions	DEBIT				
	27	Fev.	A Banque	Primes données pour 3 Actions pour le premier Mai	3	300		
	pr.	Mai	A idem	pr. furplus de 4 pr.c. fur une Act. des Indes rencontrée avec J Mendez	3	120		
						420		

1723			CREDIT		fol	florins	fol
	24	Fev.	Par divers	Pour Prime de f. 10000 sur divers Navires à divers prix		320	
	22	Mai	par idem	pr. idem de 8000 sur 4 autres		300	
	31	Dec.	par Gains & Pertes	pr. Perte sur ce Compte & pour le solder	30	100	
						820	
1723	12	Août	CREDIT Par divers	Pour f. 380 reçus de lui & f. 20 de Courtage		400	
1723	pr.	Juillet	CREDIT Par Gains & Pertes	Pour perte de la Prime de l'autre part	10	62	10
1723	27	Fev.	CREDIT Par Banque	Pour ⅓ % tiré pour livrer 8000 ℔ a 14 % d'ici au prem. Mai	3	50	
1723	27	Fev	CREDIT Par Banque	Pour ⅓ % tiré pour recevoir 8000 ℔ a 13 % d'ici au pre. Mai	3	62	10
	30	Dec.	par Marchandises generales	pr. les 20 Bales de l'autre part que je porte a March. generale	6	2607	12	8
						2670	2	8
1723	27	Fev.	CREDIT Par Banque	Pour Prime tirée pour 2 Actions pour le premier Mai	3	180	
	3	Mai	par idem	pr. 4 pr. c. surplus d'une Action du West rencontrée avec J. Mendoza	3	240	
						420	

					DEBIT	fol	florins	fol
1723	30	Mai	A Banque	Pour ce que je lui ai Ecrit en Banque ce jourd'hui	**ELIZABETH THILENS**	23	30313	10

					DEBIT	fol	florins	fol
1723	4	Mars	A lui même	Pour tranfport du Debit de fon precedent Compte	**HENDRIK MAKREEL**	14	4942	
	4	Juillet	A Caiffe	pr. payement à lui fait pour folde jufqu'à ce jour		2	351	19
							5292	19

					DEBIT	fol	florins	fol
1723	22	Mars	A divers	Pour Envoy de diverfes Marchandifes par Joris de Vogel	**JOSEPH GIBERT** de Bourdeaux fon compte		8728	5

					DEBIT	fol	florins	fol
1723	24	Mars	A G. Peace mon compte	Pour une Lettre £ 200 ft. revenuë à Proteft fur lui	**JEAN BULTIAU**	8	2154	9	8

					DEBIT	fol	florins	fol
1723	31	Mars	A compte de Fraix	Pour fret de 2000 Louis & de 6000 Ecus reç. par J. G. Robyn	**ESPECES D'OR & D'ARGENT** pour compte de Le Couteulx & Compagnie	9	127	10
	10	Avril	A idem	pr. Courtage & Port à la Banque		9	21	
			A Agio	pr. l'agio de f. 360 courant de plus en Cr. quen Deb. à 105 p. c.		4	17	6	8
			A compte de Commiffion	pr. ma Provifion de f. 41238-2 Bco à ½ pour cent		12	206	3	8
			A Le Couteulx & Compagnie	pr. le net Provenu des Efpeces fufdites		16	40890	10
							41262	10

					DEBIT	fol	florins	fol
1723	2	Avril	A Caiffe	Pour Achat du dit Navire & fraix payez	**NAVIRE LA MARGUERITE** Compte Général	2	8618	15
	8		A idem	pr. Quartaux, vivres & équip. dudit Navire p. la Pec. de Baleine		2	12252	10
	12	Juillet	A idem	pr. payement fait à l'Equipage a fon retour		2	1418	
	4	Sept.	A lui même compte partie	pr. ma ½ du fret de Groenland		22	3000	
			A divers	pr. la ½ du fret pour Darius & Compagnie			3000	
							28279	5

					fol	florins	fol	
1723	pr.	Mars	CREDIT Par Banque	Pour ce qu'elle m'a preté pour 3 mois fur 30 Bales Cochenille	3	30000		
	30	Mai	par Cochenille, &c.	pr. trois mois d'interêt de ladite fomme & magazinage	19	313	10	
						30313	10	
1723	4	Mars	CREDIT Par lui même	Pour tranfport du Credit de fon precedent compte	14	5062	7	
			par divers	pr. Prime de f. 5700 fur Laurent Mol à 2 pr. cent & Police		115	16	
			par idem	pr. idem de 5700 fur Govert Jorris à 2		115	16	
						5293	19	
1723	17	Mars	CREDIT Par Marchandifes, &c.	Pour ¼ du net Provenu des Marchandifes reçuës par P. Mol. C.	19	7807	3	8
	24		pr. divers	pr. ma Traite de 866 w 23 f 8 § à 40½ § agio à 5 pour cent		921	1	8
						8728	5	
1723	8	Mai	CREDIT Par Gains & Pertes	Pour 60 pour cent que je lui quitte par accord	10	1292	13	8
			par Banque	pr. 20 pr. cent qu'il m'a payez, devant payer le refte dans 3 mois	3	430	18	
	12	Août	par idem	pr. 20 pr. cent du reftant de fon accord qu'il m'a payez en B.co	23	430	18	
						2154	9	8
1723	2	Avril	CREDIT Par Banque	Pour 2000 Louïs d'or & 6000 Ecus mis à la Banque	2	40750		
	10		par Caiffe	pr. vente des Recepiffez desdits Louïs d'or & Ecus	2	512	10	
						41262	10	
1723	8	Avril	CREDIT Par Navire, &c.	Pour ma ½ de l'achat & mife hors de ce Navire pour Groenland	22	10435	12	8
			par divers.	pr. la ½ de Darius & Compagnie		10435	12	8
	22	Août	par Pêche de ce Navire	pr. Fret & fraix dont je débite la Pêche de ce Navire	26	6000		
	31	Dec.	par divers	pr. les gages de l'Equip. dont je débite Darius & Comp. & ma portion		1408		
						28279	5	

ANTOINE ATHENAS & Compagnie de Cadix mon compte — DEBIT

1723				Reaux marav.		fol	florins	fol
6	Mai	A Banque	Pour ma remife de Duc. 3680 à 115 ß fur E. Crean &c. Rx. 40588			3	10580	
30	Juillet	A Cargaifon pour Cadix	pr. net provenu des Marchandifes par l'*Elifabet* 38422	8		19	10102	10
12	Août	A gains & pertes	pr. avance pour folde de l'argent d'Hollande			10	99	4
			Rx. 79010	8			20781	14

DARIUS & Compagnie de Paris leur compte de Banque — DEBIT

1723					fol	florins	
8	Avril	A Navire *la Marguerite*	Pr. leur ½ de l'achat & mife hors du Nav. *la Marguerite* fuiv. le C.		21	9938	14
10	Octob.	A Banque	pr. mes 2 remifes de 10000 w à 40 ¼ ß		23	10062	10
22	Dec.	A Lettres de Change &c.	pr. leur Traite de 7000 w à 41 ß du 14 Sept. à P. Poirier		14	7175	
		A eux-mêmes mon compte	pr. £ 927-15 qu'il me revient de mon compte à 40 ¼ ß		6	311	4
		A compte de Fraix	pr. courtage & ports de Lettres		24	33	8
						27520	16
31	Dec.	A Navire *la Marguerite*	pr. la ½ des Gages de l'équipage de *la Marguerite* omis à paffer		21	670	10

COMPTE D'ARBITRAGE de ½ avec Louïs François de Conninck — DEBIT

1723				liv. de gros	ß	ß	fol	florins		
5	Avril	A Banque	Pour 3 Lett. remifes audit de Conninck à 1 ¼ p.c. £	1800			3	10665		
12		A idem	pr. 2 Traites dudit fur moi à 1 ¼ pour cent	2362	10		3	14000		
8	Mai	A idem	pr. ma remife de £ 400 fterl. à 35 ß. 4 ß à 1 ¼ pr. c.	706	13	4	3	4187		
24	Juin	A idem	pr. mes 3 autres fur divers	2482	6	8	23	14707	12	
6	Juillet	A divers	pr. courtages & Ports tant à Anvers qu'ici	13	6			78	10	
		A gains & pertes	pr. ma ½ du profit fur ce compte				10	144	10	
		A L. F. de Conninck	pr. la ½ du profit de de Conninck				25	144	9	8
			£	7364	16			43927	1	8

NAVIRE LA MARGUERITE Compte Particulier — DEBIT

1723				fol	florins		
8	Avril	A Navire *la Marguerite*, &c.	Pour ma ½ de l'achat & mife hors dudit Navire pour Groenland	21	10435	12	8
31	Dec.	A idem	pr. la ½ des Gages de l'Equipage omis de paffer au c. de la Pêche	21	704		
					11139	12	8

CARGAISON pour Rouen de compte à ½ avec Gedeon Vincent — DEBIT

1723				fol	florins	
18	Avril	A Marchandifes generales	Pour 5. Tonn. Cire de Pologne & 2600 ℔ Fanons envoyez	6	5455	
		A compte de Fraix	pr. droits de fortie & emballage defdites Marchandifes	9	158	10
31	Dec.	A gains & pertes	pr. avance fur cette Cargaifon & pour le folder	30	200	
					5813	10

LA COMPAGNIE des Indes Chambre d'Amfterdam — DEBIT

1723				fol	florins	
25	Avril	A Banque	Pour ce que je lui ai écrit à compte de 100 Bales Poivre	3	14000	
8	Nov.	A idem	pr. même caufe 9 Bales Betilles	23	10000	
28		A idem	pr. ce que je lui ai écrit pour folde	29	282	2
					24282	2

1723						fol	florins	fol
			C R E D I T		Reaux marav			
	2	Avril	Par E. Flouwer mon compte	Pour P⁰. 5000 que ledit a tiré fur eux	Rx. 40000	15	10500	
	12	Août	par compte de Fraix	pr. leur Provifion & port de Lettres	240	24	63	1 8
			par eux-mêmes leur compte,	pr. ce dont je les debite à leur C. pr. folde du pref.	38770 8	16	10218	12 8
					Rx. 79010 8		20781	14

1723			C R E D I T			fol	florins	fol
	2	Avril	Par Denis Dutry mon compte	Pour 4500 w que Dutry de Londres a tiré fur eux à 24 ½ ß ft.		13	4823	9
	12		par Banque	pr. ma Traite fur eux de 5000 w à 40 ½ ß à J. Cottin		3	5062	10
	22	Août	Par Pêche, &c.	pr. leur ½ du net provenu des 6 Balein. pêchées par *la Marguerite*		26	8077	17 8
	4	Sept.	par Navire *la Marguerite*	pr. leur ½ du fret dudit Navire de Groenland ici		21	2857	3
	25	Dec.	par Banque	pr. ma Traite de 6658 w 9 f. à 40 ½ ß à Cefar Sardi & Compag.		29	6699	16 8
							27520	16
1723	31	Dec.	par Balance	pr. ce qu'il me refte pour folde du prefent Livre		31	670	10

1723			C R E D I T		liv. de gros ß ß	fol	florins	fol
	5	Avril	Par Banque	Pr. 4 Rem. de L. F. de Conninck fur div. à 1 p. e. £	1553 16 5	3	9230	12 8
	12		par idem	Pr. 3 autres du dit à 1 pour cent	2402 10	3	14300	
	12	Mai	par idem	pr. autre fur C. L. de Surmont de £ 1000 à 1 p. c.	990 2	3	6000	
	6	Juillet	par idem	pr. fes 3 remifes du premier Juillet	2314 11 8	23	13780	
			par. L. F. de Conninck	pr. ce qui refte en main dudit de Conninck	103 15 11	24	616	9
					£ 7364 16		43927	1 8

1723			C R E D I T			fol	florins	fol
	4	Sept.	Par lui même compte général	Pour ma ½ de Fret de fon Voyage de Groenland		21	3000	
	31	Dec.	par Balance	pr. ce à quoi me revient ma ½ de ce Navire pr. folde de ce Livre		31	8139	12 8
							11139	12 8

1723			C R E D I T			fol	florins	fol
	18	Avril	Par divers	Pour la ½ de Gedeon Vincent dans cette Carg. & Agio à 5 p. c.		16	2806	15
	10	Juillet	par G. Vincent mon Compte	pr. ma ½ du net Provenu de cette Cargaifon 3006 w 4 5 f. à 40 ß		25	3006	15
							6813	10

1723			C R E D I T			fol	florins	fol
	12	Mai	Par Marchandifes	Pour 100 Bales Poivre reçûës ce jourd'hui d'elle		23	13893	4
	18		par Banque	pr. ce qu'elle m'a écrit pour folde & que je lui avois payé de trop		23	106	16
	28	Nov.	par Toiles de Cotton, &c.	pr. 9 Bales Betilles à divers prix		29	10282	2
							24282	2

PHILIBERT & LANGLOIS de Livourne mon compte   DEBIT | fol | florins | fol

1723				Piaftres	ß	₰	fol	florins	fol
28	Avril	A Cargaifon pour Livourne	Pour mon ⅓ du net provenu de ladite Cargaifon Ps. 2210	10			15	5056	10

LA COMPAGNIE DES INDES Chambre de Hoorn   DEBIT

1723				fol	florins		
6	Mai	A Banque	Pour ce que je lui ai écrit à compte de 50 Bales Poivre	3	6800		
18		A idem	pr. ce que je lui ai écrit pour reftant des 50 Bales Poivre	23	205	1	8
					7005	1	8

MARCHANDISES achetées en Commiffion   DEBIT

1723				fol	florins		
12	Mai	A la Compagnie des Indes, &c.	Pour 100 Bales Poivre achetées de la Chambre d'Amfterdam	22	13893	4	
15		A ladite, Chambre de H.	pr. 50 Bales dito achetées à Hoorn	23	7005	1	8
					20898	5	8

BANQUE folio 1620   DEBIT

1723				fol	florins		
12	Mai	A elle-même pour folde du precedent compte folio 1564		3	8912	18	8
18		A la Compagnie des Indes Chambre d'Amfterdam		22	106	16	
19		A George Peace mon compte		8	3210		
28		A Antoine Athenas & Compagnie leur compte		16	28130		
24	Juin	A Caiffe		2	30000		
6	Juillet	A compte d'arbitrages de ½ avec L. F. de Conninck		22	13780		
13		A Laine d'Efpagne pour compte de L. Dafierra		24	6134	9	
		A Chriftoffel Mothes mon compte		19	1973	10	
18		A Denis Dutry mon compte		13	5320	18	
24		A Abraham Willink		25	20000		
					117568	11	8

BANQUE Compte nouveau à folio 1564   DEBIT

1723				fol	florins		
6	Août	A elle-même compte vieux pour folde du precedent compte		23	41469	18	
12		A Jean Bultiau		21	430	18	
10	Sept.	A Darius & Compagnie mon compte		6	9760	2	8
22		A Deventer & de Groot mon compte		26	2602	9	
25		A Darius & Compagnie mon compte		6	12254	15	
4	Octob.	A Louis François de Conninck mon compte		24	418	15	
14		A Caiffe		25	8000		
25		A Darius & Compagnie mon compte		6	14717	8	
26		A Poivre pour compte de L. Delfgaauw		24	7279	17	8
		Porté à folio 29			96934	3	

				Piaſt.	ß	ß	fol	florins	fol
1723		CREDIT							
	28	Avril	Par Banque Pour ma Traite à l'ordre de Ceſar Sardi & Comp. de P. 2210	2210	10		3	5056	10

1723		CREDIT			florins	fol
	15	Mai	Par Marchandiſes, &c. Pour 50 Bales Poivre acheté d'elle	23	7005	1 8

1723		CREDIT			florins	fol
	18	Mai	Par L. Delfgaauw Pour les 150 Bales Poivre du debit dont je debite ledit	14	20898	5 8

1723		CREDIT	Parties	fol	florins	fol
	12	Mai	Pour 38 Parties écrites ſur le precedent folio	38	2		
	18		pr. la Compagnie des Indes Chambre de Hoorn	1	23	205	1 8
	30		pr. Elizabet Thielens	1	21	30313	10
	24	Juin	pr. compte d'arbitrages de ½ avec L. F. de Conninck	3	22	14707	12
	12	Juillet	pr. A. Athenas & Compagnie leur compte	6	16	30872	10
	6	Août	pr. elle-même compte nouveau pour ſolde du preſent compte		23	41469	18
			Parties 49			117568	11 8

1723		CREDIT	Partie	fol	florins	fol
	6	Août	Par compte de Fraix pour 49 parties écrites depuis l'ouverture de Fevrier		24	4	18
	25		par Darius & Compagnie mon compte	3	6	9586	17 8
	30		par Banque de Londres	1	26	6407	14
	13	Sept.	par Darius & Compagnie mon compte	4	16	12212	10
	25		par Lettres de Change à recevoir	1	14	6124	16
			par Lettres de Change à payer	1	14	7130	13
			par Jaques Hooghſtoel mon compte	1	27	4084	18
	10		par Darius & Compagnie leur compte .	2	22	10062	10
			par leſdits mon compte	2	6	12075	
	14		par George Peace mon compte	1	8	5408	3
	25	Octob.	par Caiſſe	1	25	12000	
	8	Nov.	par la Compagnie des Indes Chambre d'Amſterdam	1		10000	
			Porté à folio 29 Parties 18			95097	19 8

N

COMPTE DE FRAIX — DEBIT

1723					fol	florins	fol	
18	Mai	A lui-même	Pour Transport du debit du precedent compte		9	5523	9	
pr.	Juin	A Caisse	pr. les fraix payez en Avril & Mai		2	425		
18	Juillet	A Denis Dutry mon compte	pr. Courtage & Ports de Lettres à Londres		13	86	13	
6	Aoû:	A Banque	pr. 49 Parties écrites en Banque depuis 6 mois		23	4	18	
		A Caisse	pr. les fraix payez depuis le 31 Mars		25	418	15	
12		A A. Athenas & Compagnie	pr. Provision & Ports de Lettres à Cadix		22	63	1	8
			Porté à folio 30			6521	16	8

POIVRE pour compte de Leonard Delfgaauw de Bourdeaux — DEBIT

1723				fol	florins	fol	
18	Mai	A lui-même	Pour 150 Bales marquées L D. que je garde à sa disposition	24			
29	Octob.	A L. Delfgaauw son compte	pr. le net Provenu des 50 Bales vendues	14	7089	5	8
		A compte de Commission	pr. ma Commission desdites 50 Bales	12	145	12	
		A compte de Fraix	pr. Magazinage, Courtage & Livraison	24	45		
					7279	17	8

LAINES D'ESPAGNE pour compte de Lopes d'Assierra de Cadix — DEBIT

1723				fol	florins	fol	
4	Juin	A Caisse	Pour fret de 20 Bales reçuës par *la Concorde*		132		
13	Juillet	A idem	pr. ½ droit de Poids & Livraison des 20 Bales	2	94	15	
20		A compte de Fraix	pr. Courtage, magazinage & menus fraix	24	45		
		A compte de Commission	pr. ma Commission de f. 6134|9 à 2 pour cent	12	122	14	
		A L. Dassiera son compte	pr. le net Provenu de 20 Bales	25	5752	8	8
					6146	17	8

ABRAHAM VILLINK — DEBIT

1723				fol	florins	fol	
10	Juin	A Cochenille &c.	Pour vente à lui faite de 30 Bales Cochenille comme au Journal	19	70081	4	
5	Nov.	A Marchandises pr. compte &c.	pr. 10 Barique Indigo de du Goyon à lui venduës	28	10365	18	
					80447	2	

LOUIS FRANCOIS DE CONNINCK d'Anvers mon compte — DEBIT

1723				liv. de gros	ß	&	fol	florins	fol
6	Juillet	A compte d'arbitrages &c.	Pour ce qui lui reste en mains dudit Compte £	103	15	11	22	616	9

1723			CREDIT		fol	florins	sol	
	18	Mai	Par lui-même	Pour transport du Credit du precedent compte	9	5481	10	8
			par L. Delfgaauw	pr. fraix sur 150 Bales Poivre Bco.	14	325	10	
			par Agio	pr. l'agio des susdits f. 325-10 Bco. à 5 pour cent	4	16	5	8
	6	Juillet	par compte d'arbitrages	pr. Courtage &c. & Ports de Lettres d'Anvers	22	28		
	20		par Laines d'Espagne, &c.	pr. Courtage, magazinage & fraix de 20 Bales Laines	24	45		
	28		par Cochenille, &c.	pr. divers sur fraix 30 Bales Cochenille	19	340	10	8
	4	Octob.	par Cargaison de Waterfort	pr. fraix de livraison de 330 barils de Beure	27	111	10	
	20		par March. par c. de A. du G.	pr. ceux de Reception de 10 Barique Indigo & 50 Bales Cacao	28	695		
	29		par L. Delfgaauw son compte	pr. ceux sur 100 Bales Poivre envoyées	24	124	2	
			par Poivre par compte dudit	pr. ceux sur 50 Bales dito venduës	24	45		
	5	Nov.	par vins ½ en Compagnie, &c.	pr. idem sur 120 Tonneaux Vin	28	513	15	
	15		par G. & F. Fagan leur compte	pr. Courtages & Ports de lettres pour compte desdits	27	4	5	8
	18	Dec.	par J. Hooghstoël son compte	pr. idem pour compte de Hooghstoel	28	12	17	8.
	22		par Darius & Compagnie	pr. même cause	22	33	8	
	25		par Sucre de Surinam	pr. fraix sur 1500 Bariques Sucre	28	796	13	8
				Porté à folio 30		8573	8	

1723			CREDIT		fol	florins	sol	
	26	Octob.	Par Banque	Pour 50 Bales venduës à A Muyssard à 13 ¼ ℔	23	7279	17	8
	29		par L. Delfgaauw	pr. 100 Bales envoyées à L. Delfgaauw	14			
						7279	17	8

1723			CREDIT		fol	florins	sol	
	13	Juillet	Par Banque	Pour vente de 20 Bales à Gilles van Eys & fils	23	6134	9	
	20		par Agio	pr. l'agio de f. 271 | 15 Courant du Credit à 105 pour cent	4	12	8	8
						6146	17	8

1723			CREDIT		fol	florins	sol	
	10	Juin	Par Caisse	Reçû pour la ½ des 30 Bales Cochenille à lui livrées	2	35040	12	
	24	Juillet	par divers	pr. payement reçû par Banque & en Courant		35040	12	
	31	Dec.	par Balance	pr. ce qu'il me reste pour solde	31	10365	18	
						80447	2	

1723			CREDIT		liv. de gros	ß	℔	fol	florins	sol	
	6	Juillet	Par compte d'arbitrage, &c.	Pour Courtage & Ports de Lettres	℔ 8	10		22	50	10	
	4	Octob.	par lui-même son compte	pr. ce qui lui revient pour solde de son compte	24 8	10		25	144	9	8
			par Banque	pr. ma Traite à l'ordre de J. Steenweg & fils	70 17	1		23	418	15	
			par gains & pertes	pr. perte sur le Change, argent d'Hollande				10	2	14	8
					℔ 103 15	11			616	9	

1723			LOUIS FRANCOIS DE CONNINCK d'Anvers son compte	DEBIT	fol	florins		fol	
	4	Octob.	A lui-même mon compte — Pour ce dont je le crédite à mon compte pour solde du sien		24	144		9	8

1723			GEDEON VINCENT de Rouen mon Compte	DEBIT Liv. Tourn.	ß §		florins			
	10	Juillet	A Cargaison pour Rouen, &c. Pour ma ½ du net produit de la Cargaison &c. £ 9020	5		22	3006		15	

1723			LOPES DASIERRA de Cadix son compte	DEBIT	fol	florins			
	20	Sept.	A Navire le St. Jago — Pour achat & Equipement dudit Navire a lui envoyé		26	26532	16		
	31	Dec.	A Balance — pr. ce qui lui revient pour solde du present Livre		31	2418	12		8
						28952	8		8

1723			CAISSE	DEBIT	fol	florins			
	24	Juillet	A elle-même pour solde & transport du precedent compte		2	16390	2		
	12	Août	A Abraham Willink		24	14040	12		
	2	Sept.	A Abraham Salinieres		20	380			
	4		A Meubles		8	2500			
	20		A Jan Hendrik Smit		26	8000			
	8	Octob.	A Pieter de Waart		11	2915	3		8
			A compte de Debiteurs		7	24151	6		
	20		A Grosse Avanture pour Surinam, &c.		18	1200			
	25		A Grosse Avanture pour Guinée & Curaçao		18	1040			
	31		A divers			12615			
			A idem			8341	7		
	5	Nov.	A Jan Hendrik Smit		26	8000			
	15		A Marchandises pour compte d'A. du Goyon		28	3443	10		
	24		A Jan Boes		28	8138	15		
	15		A compte de Debiteurs		7	5053	2		8
	18	Dec.	A idem		7	16368	1		
	28		A la Compagnie des Indes Occidentales		11	9360			
	30		A divers			93103	15		8
			A Navire le Soleil d'Orient		7	4400			
						239440	14		8

1723			CAISSE		DEBIT	fol	florins	sol	
	6	Juillet	Par compte d'Arbitrages	Pour fa ½ du profit fur le compte d'Arbitrages		22	144	9	8

1723			CREDIT		liv. Tourn.	§	§	fol	florins	sol	
	20	Octob.	Par Darius & Compagnie	Pour ce qu'il a remis auxdits Darius pour moi £ 9020	5			6	3006	15	

1723			CREDIT		fol	florins	sol	
	20	Juillet	Par Laine d'Eſpagne, &c.	Pour le net Provenu de 20 Bales de Laine reçûës par la *Concorde*	26	5752	8	8
	28	Août	par A. Athenas & Compagnie	pr. ma Traite de Ducats 8000 à 116 § A. Athenas & Comp.	31	23200		
						28952	8	8

1723			CREDIT		fol	florins	sol	
	6	Août	Par divers			1643	15	
	22		par Pêche du Navire *la Marguerite*		26	1187	15	
	24		par cuirs du Brezil achetez à Lisbonne		26	551	4	
	25		par compte d'Aſſurances		20	800		
	28		par Navire *le Saint Jago*		26	18768	15	
	2	Sept.	par Meubles		8	5200		
	10		par Cargaiſon de Waterfort, &c.		27	151	16	
			par Guillaume & François Fagan		27	76	16	
	20		par Navire le *St. Jago*		26	8545	10	
	pr.	Octob.	par Cargaiſon de Waterfort, &c.		27	890	10	
	14		par divers			8459		
	26		par idem			35436		
	31		par vins ⅓ en Compagnie, &c.		28	3470		
	8	Nov.	par divers			6315		
	15		par Pieter de Waart		11	2378	18	8
	30	Dec.	par divers			41955	1	8
	31		par idem			5975	12	8
			par Balance	Pour la ſomme qui me reſte en Caiſſe pour ſolde du preſent Livre	31	97635	1	
						239440	14	8

O

DEVENTER & DE GROT de Lisbonne mon compte — DEBIT

1723				Res milliers centaine	fol	florins	sol
15	Août	A Cargaison pour Lisbonne &c.	Pour le net des Marchandises à eux envoyées	Rs. 3568''000	19	9923	10
31	Dec.	A gains & pertes	pr. avance & solde de l'argent d'ici		30	28	19
				R. 3568''000		9952	9

CUIRS DU BREZIL achetez à Lisbonne — DEBIT

1723					fol	florins	sol
15	Août	A Deventer & De Groot	Pour achat & fraix à Lisbonne de 1000 Cuirs	Bco.	26	7350	
		A Agio	pr. l'agio de ladite somme à 5 pour cent		3	367	10
24		A Caisse	pr. fret droits d'entrée & fraix à la reception		25	551	4
31	Dec.	A gains & pertes	pr. avance sur ces Cuirs & pour solder ce Compte		30	72	13
						8341	7

PECHE du Navire la *Marguerite* — DEBIT

1723					fol	florins	sol	
22	Août	A Caisse	Pour la part des Harponneurs & du Capitaine de 6 Baleines		25	1187	15	
		A Navire *la Marguerite*	pr. le fret dudit Navire		21	6000		
		A Darius & Compagnie	pr. la ½ du net provenu de 6 Baleines, de Darius & Comp. Bco.		22	8077	17	8
		A Agio	pr. l'agio desdits f. 8077-17-8 à 5 pour cent		4	403	18	
		A gains & pertes	pr. ma ½ du net provenu de cette Pêche		10	8481	15	8
						24151	6	

NAVIRE le St. Jago — DEBIT

1723				fol	florins	sol
28	Août	A Caisse	Pour achat dudit Navire, payé à Jan Wouters	25	18768	15
20	Sept.	A idem	pr. Fraix de Radoub & Equipement	25	8545	10
		A compte de Commission	pr. ma Commission de l'achat & équipement	12	546	5
					27860	10

BANQUE de Londres — DEBIT

1723				fol	florins	sol
30	Août	A Banque	Pour une Action de £ 500 st. en icelle à 120 pour cent	23	6407	14

JAN HENDRIK SMIT — DEBIT

1723				fol	florins	sol
2	Sept.	A Biens fonds	Pour ma Maison du Heer Gracht à lui venduë	7	16000	

1723			CREDIT		fol	florins	fol
	15	Août	Par Cuirs du Bresil	Pour 1000 Cuirs qu'ils m'ont envoyez — Res milliers centaine — Rs. 2642"685	26	7350	
	22	Sept.	par Banque	pr. leur remise de ✗ 2313 ⅞ à 44¼ ⅌ — 925 315	23	2602	9
				Rx. 3568"000		9952	9
1723	13	Sept.	CREDIT — Par J. Dupeyrou Junier	Pr. vente de 500 grands Cuirs vendu audit Dupeyrou à 6¼ f. ₶	11	5177	11
			par J. van Vollenhoven	pr. idem de 500 petits dito audit van Vollenhoven à 5⅞ f.	27	3163	16
						8341	7
1723	20	Août	CREDIT — Par compte de Debiteurs	Pour vente de 250 Bariques Huile de Baleine à C. Kleyndert	7	11758	2
			par idem	pr. idem de 3000 Fanons à Abraham de Veer	7	12393	4
						24151	6
1723	22	Sept.	CREDIT — Par divers	Pour l'achat & fraix de ce Navire passé au C. de L. Dasierra		2786	10
1723	31	Dec.	CREDIT — Par Balance	Pour ce qui me reste pour solde du present Livre	31	6407	14
1723	4	Sept.	CREDIT — Par Caisse	Reçû de lui pr. le payem. du 1 terme de ma maison à lui venduë	25	8000	
	31	Octob.	par idem	pr. idem pour le dernier terme & pour solde	25	8000	
						16000	

CARGAISON de Waterfort pour compte ⅓ de G. & F. Fagan, ⅓ de P. de Waert & ⅓ pour moi sur le Vaiſſeau *le Bœuf Sauvage* Me. Gillis Vander Os. DEBIT

1723					fol	florins		ſol	
10	Sept.	A divers	Pour le ⅓ de l'achat & Prime d'Aſſurance de 330 Barils Beure			5830		7	
pr.	Octob.	A Caiſſe	pr. Fret & Avaries, droits d'entrée & décharge		25	890		10	
4		A compte de Fraix	pr. fraix faits à la Livraiſon dudit beure		24	111		10	
		A Pieter de Waert	pr. le ⅓ de De Waert de la vente de cette Cargaiſon		11	2712	18		8
		A G. & F. Fagan leur compte	pr. le ⅓ de G. & F. Fagan dans la vente		27	2712	18		8
						12258		4	

GUILLAUME & FRANCOIS FAGAN de Waterfort mon compte DEBIT
liv. ſterl. | ß | §

1723					fol	florins		ſol	
20	Sept.	A G. Peace mon compte	Pour leur Traite ſur George Peace du ½ Août de £ 540|16|2	8		5408		3	

GUILLAUME & FRANCOIS FAGAN de Waterfort leur compte DEBIT

1723					fol	florins		ſol	
10	Sept.	A divers	Pour Prime & Proviſion de f. 2500 fait aſſurer pour eux			89		6	
4	Octob.	A Cargaiſon de Waterfort	pr. leur ⅓ dans f. 1002 de fraix ſur ladite Cargaiſon		27	334			
51	Nov.	A divers	pr. ma remiſe de £ 204 ; 16 : 9 ſt. courtage & port de Lettres			2289	12		8
						2712	18		8

JAN VAN VOLLENHOVEN DEBIT

1723					fol	florins		ſol	
13	Sept.	A Cuirs du Brezil, &c.	Pour 500 petits Cuirs du Brezil à lui livrez à 5⅞ ſ. ℔		26	3163		16	

JACQUES HOODHSTOEL de Bourdeaux mon compte DEBIT
liv. Tourn. | ß | §

1723					fol	florins		ſol	
25	Sept.	A Banque	Pour ſa Traite du 14 Sept. à ⅔ excomptée £ 12000|		23	4084	18		
18	Dec.	A gains & pertes	pr. avance ſur le Change		10		11		
			£ 12000| |			4085	9		

JEAN PICHOT de Surinam mon compte DEBIT
argent de Surinam

1723					fol	florins		ſol	
pr.	Octob.	A Cargaiſon	Pour le net Provenu de ladite Cargaiſon f. 56337|10|	18		46947	18		

1723			CREDIT		fol	florins	fol	
	10	Sept.	Par Pieter de Waart	Pour le montant du ⅓ dudit de Waert dans cette Cargaison	11	2915	3	8
	4	Octo.	par J. Boes	pr. vente faite audit Boes de 330 Barils Beure	28	8138	15	
			par divers	pr. les ⅔ de De Waert & de Fagan dans les Fraix payez		668		
			par gains & pertes	pr. perte sur mon ⅓ de cette Cargaison	10	536	5	8
						12258	4	

1723			CREDIT		liv. sterl.	ß	§	fol	florins	fol	
	10	Sept.	Par Cargaison de W. &c.	Pour le ⅓ de l'achat de 330 Barils Beure	£ 540	16	2	27	5408	3	

1723			CREDIT		fol	florins	fol	
	4	Octob.	Par Cargaison de Waterfort	Pour leur ⅓ de la vente de 330 Barils Beure	27	2712	18	8

1723			CREDIT		fol	florins	fol
	31	Octob.	Par Caisse	Pour payement reçû de lui	25	3163	16

1723			CREDIT		liv. tourn.	ß	fol	florins	fol	
	18	Octob.	Par Vins ⅓ en Compagnie	Pour mon ⅓ en 120 Ton.ˣ par l'*Hirondelle* £ 10800			28	3690		
	18	Dec.	par lui-même son compte	pr. £ 21 de fraix & £ 1179. passées à son compte 1200			17	395	9	
				£ 12000				4085	9	

1723			CREDIT		fol	florins	fol
	18	Octob.	Par Sucres de Surinam	Pour 1500 Bariques Sucre qu'il m'a envoyées f. 56337-10- argent de Surinam	28	46947	18

					fol	florins	sol
1723	4	Octob.	JAN BOES	A Cargaison de Waterfort, &c. Pour 330 barils Beure d'Irlande à lui livrez	DEBIT 27	8138	15

SUCRE DE SURINAM Pour compte ¼ de Jan van Meel, ¼ de Jaques Pinet ⅛ de Jacob Martin & ¼ pour moi — DEBIT

					fol	florins	sol	
1723	18	Octob.	A Jean Pichot mon compte	Pour 1500 bariques par 2 Navires	27	46947	18	
	26		A Caisse	pr. fret, avaries & fraix de reception	25	31436		
	25	Dec.	A compte de Fraix	pr. Courtage, Magazinage & fraix de Livraison	24	796	13	8
			A compte de Commission	pr. ma Commission de la vente à 1 pour cent	12	931		
			A Jan van Meel	pr. les ¼ du net provenu pour Jan van Meel	18	4872	1	8
			A J. Pinet	pr. le ¼ de Jaques Pinet	18	3248	1	
			A J. Martin	pr. le ⅛ de Jacob Martin	18	1624		8
			A Gains & Pertes	pr. mon ¼ du Provenu & profit	10	3248	1	
						93103	15	8

VINS de BOURDEAUX Pour compte ⅜ de J. Hooghstoel ⅜ de Jean Dumas & ¼ pour moi — DEBIT

					fol	florins	sol
1723	18	Octob.	A divers	Pour mon ¼ de l'achat de 120 Tonneaux		3874	10
	31		A Caisse	pr. Fret & Droits d'Entrée	25	3470	
	5	Nov.	A divers	pr. fraix de Livraison & Commission		840	18
	8		A idem	pr. les ⅜ du net Provenu de J. Hooghstoel & de J. Dumas		8038	11
	31		A gains & pertes	pr. avance sur mon ¼ & pour solder ce compte	30	144	2
						16368	1

MARCHANDISES Pour compte d'Arnaud Du Goyon de Nantes — DEBIT

					fol	florins	sol
1723	20	Octob.	A compte de Fraix	Pour fraix de reception de 10 bales Indigo & 50 bales Cacao	24	695	
	31	Dec.	A Balance	pr. solde du present compte & transport au nouveau Livre	31	13114	8
						13809	8

ISAAC CHEVALIER — DEBIT

					fol	florins	sol
1723	8	Nov.	A Sucre de Surinam	Pour 500 Bariques à lui livrées	28	30650	2

1723					fol	florins	sol	
1723	51	Nov.	CREDIT Par Caisse	Pour payement reçû de lui	25	8138	15	
1723	8	Nov.	CREDIT Par divers	Pour vente de 1500. bariques comme au Journal		93103	15	8
1723	3	Nov.	CREDIT Par compte de Debiteurs	Pour vente faite au Bassin de 110¼ Tonx. & 9¼ Tonx. coulage	7	16368	1	
1723	5	Nov.	CREDIT Par A. Willink par Caisse	Pour vente de 10 bariques Indigo à Abraham Willink pr. idem de 50 bales Cacao à J. Abendano	24 25	10365 3443 13809	18 10 8	
1723	28	Dec.	CREDIT Par Caisse	Pour payement reçû de lui	25	30650	2	

1723 8 Nov. EVERARD GRAVER & fils — DEBIT fol | florins | fol
A Sucre de Surinam, &c.   Pour 300 Bariques Sucre à lui livrez — 28 | 31445 | 18 | 8

1723 8 Nov. ADRIAN VAN MEERWYK — DEBIT
A Sucre de Surinam, &c.   Pour 500 Bariques Sucre à lui livrées — 28 | 31007 | 15

1723 18 Dec. JEAN DUMAS de Bordeaux son compte — DEBIT
A divers   Pour ma remise de 3795 w 5 f. sur J. Gibert à 40¼ Agio à 5 ½ — 4019 | 5 | 8

1723 8 Nov. BANQUE folio 1564 — DEBIT
A elle-même pour transport du precedent compte folio — 23 | 96934 | 3
20 A Caisse — 25 | 6000
A Lettres de Change à recevoir — 14 | 6150
22 Dec. A Darius & Compagnie leur compte — 22 | 6699 | 16 | 8
— 115783 | 19 | 8

1723 28 Nov. TOILES DE COTTON en général — DEBIT
A la Compagnie des Indes, &c. Pour 900 Pieces diverses Betilles — 22 | 10282 | 2

1723			CREDIT		fol	florins	fol	
	28	Dec.	Par Caiſſe	Pour payement reçu de lui	25	31445	18	8

1723			CREDIT					
	28	Dec.	Par Caiſſe	Pour payement reçu de lui	25	31007	15	

1723			CREDIT					
	8	Nov.	Par vins de Bourdeaux &c.	Pour ſon ⅓ du net Provenu 120 Toux vin par *l'Hirondele*	28	4019	5	8

1723			CREDIT	Parties				
	8	Nov.	Par elle-même Pour tranſport du precedent compte folio	18	23	95097	19	8
	15		par Guillaume & Francois Fagan leur compte	1	27	2171	7	
	28		par la Compagnie des Indes Chambré d'ici	1	22	282	2	
	18	Dec.	par Jaques Hoogſtoel ſon compte	1	17	3333	5	
			par Jean Dumas ſon compte	1	29	3818	15	8
	31		par Balance pour ce qui me reſte en icelle pour ſolde du preſent Livre		31	11080	10	8
						115783	19	8

1723			CREDIT					
	28	Dec.	Par Balance	Pour les 900 Pieces Betilles qui me reſtent pour ſolde de ce Livre	31	10282	2	

COMPTE DE FRAIX — DEBIT

1723					fol	florins	sol	
	25	Dec.	A soi même	Pour transport du debit du precedent compte	24	6521	16	8
	31		A Caisse	pr. les fraix payez depuis le 6 Aout dernier	25	3455	12	8
						9977	9	

GAINS & PERTES — DEBIT

1723					fol	florins	sol	
	31	Dec.	Pour transport du debit du precedent compte					
			A Eaux-de-vie &c.	Pour perte sur les Eaux-de-vie	10	5320	13	8
			A dépense de Menage	pr. les dépenses de maison depuis le premier Octobre 1722	5	1660	9	
			A compte d'Assurance	pr. pertes sur les sommes que j'avois assurées	16	4895		
			A compte de Fraix	pr. divers fraix sur Marchandises	20	100		
			A Capital	pr. le net du profit depuis le premier Octobre 1722	30	658	5	
					31	17996	11	8
						30630	19	

1723			CREDIT		fol	florins	fol	
	25	Dec.	Par foi même	Pour tranfport du credit du precedent compte	24	8573	8	
	31		par Darius & C. mon compte	pr. Courtage & Ports de Lettres pour mes affaires avec lesdits	6	103	15	
			par G. Peace mon compte	pr. même caufe	8	27		
			par L. Delfgaauw mon compte	pr. idem	8	38	12	
			par Vins en général	pr. Tonelage, Courtage & Cavage des Vins	5	171	4	
			par Eaux de vie en général	pr. même caufe des Eaux de vie	5	180	10	
			par Marchandifes generales	pr. Courtage, Magazin. & fraix fur les Marchandifes vendues	6	224	15	
			par Gains & Pertes	pr. les fraix faits fur diverfes Marchandifes & pour folder	30	658	5	
						9977	9	

1723			CREDIT		fol	florins	fol	
	31	Dec.	Pour tranfport du credit du prefent compte		10	17431	9	
			Par Agio	Pour profit fait fur l'Agio de Banque	4	440	2	8
			par compte de Change fur F.	pr. avance fur le Change fur France	1	26	5	
			par c. de Change fur l'Anglet.	pr. idem fur le Change fur l'Angleterre	1	37	10	
			par vins en général	pr. idem fur les vins	5	1862	6	8
			pr. Darius & Compagnie	pr. idem fur mon compte chez Darius & Compagnie	6	29	1	8
			par rentes & Loyers	pr. idem fur les rentes de mes Maifons	7	450		
			par L. Delfgaauw mon compte	pr. idem fur mon compte chez Delfgaauw	8	333	5	8
			par compte de Commiffion	pr. idem fur les Commiffions que j'ai faites	12	7401	5	
			par Lettres de C. envoyée	pr. idem fur les Lettres envoyées pour Negocier	12	42	4	
			par J. Stralman mon compte	pr. idem fur mon compte chez Straalman	13	15	13	
			par Lettres de Change à reecv.	pr. idem fur les Lettres de Change à recevoir	14	25	4	
			par Lettres de Change à payer	pr. idem fur les Lettres de Change à payer	14	44	7	
			par groffe Avanture, &c.	pr. idem fur la groffe Avanture pour Guinée & Curaçao	18	118	4	
			par Cargaifon pour Cadix, &c.	pr. idem fur la Cargaifon pour Cadix	19	1219	2	8
			par C. Mothes mon compte	pr. idem fur mon compte chez Mothes	19	8	5	8
			par Cargaifon pour Lisbonne	pr. idem fur la Cargaifon pour Lisbonne	19	701		
			par Cargaifon pour Rouen &c.	pr. idem fur la Cargaifon pour Rouen de ⅓ avec G. Vincent	22	200		
			pr. Deventer & de Groot	pr. idem fur mon compte chez Deventer & de Groot	26	28	19	
			pr. Cuirs de Brefil	pr. idem fur les Cuirs du Brezil	26	72	13	
			par Vins de Bourdeaux &c.	pr. idem fur mon ⅓ dans la Cargaifon en Compagnie	28	144	2	
						30630	19	

BALANCE de fortie du prefent Livre   **DEBIT**

1723						fol	florins	fol	
31	Dec	A Agio	Pour l'agio des fommes de Banque qui me reftent duës			4	1304	6	8
		A Draps d'Angleterre	pr. 16 Pieces Draps d'Angleterre qui me reftent			5	7200		
		A Marchandifes générales	pr. les Marchandifes qui me reftent en nature			6	14512	3	8
		A Biens fonds	pr. la Maifon de Campagne qui me refte			7	5000		
		A Navire le *Soleil d'Orient*	pr. mon ¼ audit Navire			7	7126	16	
		A Meubles	pr. ceux qui me reftent			8	10000		
		A A. du Goyon fon compte	pr. ce qui me refte du par ledit Du Goyon pour folde			12	141	16	
		A J. Rattier fon compte	pr. même caufe			14	12	12	
		A E. Flouwer mon compte	pr. £ 5 ft. qu'il me refte à 35 ſ 2 ₰			15	53	5	
		A A. Athenas & Comp. leur c.	pr. ce qu'ils me reftent pour folde			16	2574	2	8
		A Darius & Comp. leur compte	pr. idem			22	670	16	
		A Navire la *Marguerite*	pr. ma ⅛ d'Interêt audit Navire			22	8139	12	8
		A Abraham Willink	pr. ce qu'il me refte pour folde			24	10365	18	
		A Caiffe	pr. l'argent qui me refte en Caiffe			25	97635	1	
		A Banque de Londres	pr. £ 500 ft. de Capital que j'ai dans ladite Banque			26	6407	14	
		A Banque	pr. l'argent qui me refte en Banque			29	11080	10	8
		A Toiles de Coton en général	pr. 900 Piecss Betilles qui me reftent			29	10282	2	
							192506	9	8

1723			CREDIT		fol	florins		fol	
	31	Dec.	Par Capital.	Pour le net du Capital qui me reste ce jourd'hui	1	157302		2	8
			par G. Peace mon compte	pr. £ 2|10|. que je lui reste pour solde à 35 ß 6 ß	8	26		12	8
			par E. Flouwer son compte	pr. ce que je lui reste pour solde	8	44		10	
			par L. Delfgaauw son compte	pr. même cause	14	6725		5	
			par Heusch de Sauvry son c.	pr. idem	16	210			
			par le Couteulx & compte	pr. idem	16	734		5	
			par G. Vincent son compte	pr. idem	16	3		15	8
			par compte de Crediteurs	pr. ce que je dois à divers	17	11904		11	
			par J. de Coninck son compte	pr. ce que je reste au dit de Coninck	17	22		7	8
			par L. Dasierra son compte	pr. même cause	25	2418		12	8
			par Marchandises &c.	pr. les Marchandises d'Arnaud du Goyon vendues	28	13114		8	
						192506		9	8

ALPHABET DU GRAND LIVRE

A

B

C

D

E

F

G

H

K

L

M

ALPHABET DU GRAND LIVRE A

GRAND LIVRE

B

A AMSTERDAM,

S

1724			BALANCE d'Entrée du présent livre B.		DEBIT	fol	florins		fol	
	pr.	Janv.	A Capital	Pour folde du Grand-Livre A folio 1		4	157302		2	8
			A G. Peace mon compte	pr. idem à folio 8		4	26		12	8
			A E. Flouwer fon compte	pr. idem à fol. 8.		4	44		10	
			A L. Delfgaauw fon compte	pr. idem à fol. 14.		4	6725		5	
			A Heufch de Sanvry fon compte	pr. idem à fol. 16		5	210			
			A Le Couteulx & Comp. leur c.	pr. idem à fol. 16.		5	734		5	
			A G. Vincent fon compte	pr. idem à fol. 16		5	3		15	
			A compte de Créditeurs	pr. idem à fl. 17		5	11904		11	
			A Jacobus de Conninck fon c.	pr. idem à fol. 17		5	22		7	8
			A L. Daffierra fon compte	pr. idem à fol. 25		5	21 8		12	8
			A Marchandifes &c.	pr. idem à fol. 28		6	1311		8	
							192506		9	

1724			CAISSE		DEBIT				
	pr.	Janv.	A Balance	Pour ce qui me refte en icelle pour folde au Livre A fol. 25	1	97635		1	

1724			BANQUE folio 1564						
	pr.	Janv.	A Balance	Pour ce qui m'y refte pour folde du Livre A folio 29	1	11080		10	8

1724			AGIO		DEBIT				
	pr.	Janv.	A Balance	Pour celui de f. 26086 : 16 à 5 pour cent pour folde au L. A fol. 4	1	1304		6	8

1724			CREDIT		fol	florius	fol	
	pr.	Janv.	Par Caisse	Pour solde au Livre A folio 25	1	97635	1	
			par Banque	pr. idem à folio 29	1	11080	10	8
			par Agio	pr. idem à fol. 4	1	1304	6	8
			par Marchandises générales	pr. idem à fol. 6	2	14512	3	8
			par Draps d'Angleterre	pr. idem à fol. 5	2	7200		
			par biens fonds	pr. idem à fol. 7	2	5000		
			par Navire *le Soleil* &c	pr idem à fol 7	2	7126	16	
			par Meubles	pr. idem à fol 8	2	10000		
			par A. du Goyon son compte	pr. idem à fol. 12	2	141	16	
			par J. Rattier son compte	pr. idem fol. 14	3	12	12	
			par E. Flouwer mon compte	pr. idem fol. 15	3	53	5	
			par A. Athenas & Comp. leur c.	pr. idem fol 16	3	2574	2	8
			par Darius & Comp. leur c.	pr. idem fol 22	3	670	10	
			par Navire la *Marguerite*	pr. idem fol. 22	3	8139	12	8
			par A. Willink	pr. idem fol 24	3	10365	18	
			par Banque de Londres	pr. idem fol. 26	4	6407	14	
			par Toiles de Coton &c.	pr. idem fol 29	4	10282	2	
						192506	9	8

CREDIT

CREDIT

CREDIT

S 2

Fol. 2

1724	pr.	Janvier	MARCHANDISES GENERALES	DEBIT	fol	florins	sol
			A Balance — Pour les fuivantes pui me reftent pour folde au Livre A fol. 6 fav.				
			20 Pipes Huile de Seville me coutent	C. f 3434 | 18 |			
			10 Bales Caffé	C. 8469 | 13 |			
			20 Bales Poivre	B. 2607 | 12 | 8	1	14512	3
1724	pr.	Janvier	DRAPS D'ANGLETERRE.	DEBIT			
			A Balance — Pour 16 piec. qui me reftent pour folde au Livre A fol. 5 à f. 450		1	7200	
1724	pr.	Janvier	BIENS FONDS.	DEBIT			
			A Balance — Pour la maifon de Campagne pour folde au Livre A fol. 7		1	5000	
1724	pr.	Janvier	NAVIRE le Soleil d'Orient	DEBIT			
			A Balance — Pour mon ¼ en icelui pour folde au Livre A fol. 7	C.	1	7126	16
1724	pr.	Janvier	MEUBLES	DEBIT			
			A Balance — Pour ceux qui me reftent pour folde au Livre A fol. 8		1	10000	
1724	pr.	Janvier	ARNAUD DU GOYON de Nantes fon compte	DEBIT			
			A Balance — Pour ce qui me revient pour folde du Livre A folio 12 Ct.		1	141	16

CREDIT

fo.

CREDIT

CREDIT

CREDIT

CREDIT

CREDIT

T

1724	pr. Janvier	JACOB RATTIER de Bourdeaux son compte	DEBIT	fol	florins	fol
		A Balance — Pour ce qu'il me reste pour solde du Livre A folio 14 E^{co}		1	12	12

1724	pr. Janvier	EDOUAD FLOUVER de Londres mon compte	liv. sterl.			
		A Balance — Pour ce qu'il me reste pour solde du Livre A fol. 15 ℒ 5 B.		1	53	5

172	pr. Janvier	ANTOINE ATHENAS & Compagnie de Cadix leur compte	DEBIT			
		A Balance — Pour ce qu'ils me restent pour solde du Livre A folio 16 B.^{co}		1	2574	2

1724	pr. Janvier	DARIUS & Compagnie de Paris leur compte				
		A Balance — Pour ce qu'ils me restent pour solde du Livre A fol. 22. B^{co}		1	670	10

1724	pr. Janvier	NAVIRE LA MARGUERITE Compte Particulier	DEBIT			
		A Balance — Pour ma ½ en icelui pour solde au Livre A fol. 22 C.		1	8139	12

1724	pr. Janvier	ABRAHAM WILLINK	DEBIT			
		A Balance — Pour ce qu'il me reste pour solde du Livre A folio 24 C.		1	10365	12

1723 | CREDIT | fo:

CREDIT

CREDIT

CREDIT

CREDIT

CREDIT

T 2

1724			BANQUE de Londres	DEBIT	fol	florins	fol
	pr	Janvier	A Balance Pour £ 500 ft. de Capital en icelle pour folde au Livre A fol. 26 Bco.		1	6407	14

1724			TOILES DE COTON en general	DEBIT			
	pr	Janvier	A Balance Pour 900 Pieces Betilles divers pour folde du Livre A fol. 29 Bco.		1	10282	2

CAPITAL   DEBIT

GEORGE PEACE de Londres mon Compte   DEBIT

EDOUARD FLOUWER de Londres fon Compte   DEBIT

LEONARD DELFGAUW de Bourdeaux fon Compte   DEBIT

				fol	florins	fo
	CREDIT					
	CREDIT					
pr. Janvier	CREDIT Par Balance	Pour le net de mon Capital pour solde du Livre A fol. 1.	1	157302	2	8
pr. Janvier	CREDIT Par Balance	Pour ce que je lui reste pour solde du Liv. A fol. 8 & 2|10| Bco.	1	26	12	8
pr. Janvier	CREDIT Par Balance	Pour ce que je lui reste pour solde du Livre A fol. 8. B	1	44	10	
pr. Janvier	CREDIT Par Balance	Pour ce que je lui reste pour solde du Livre A fol. 14 Bco.	1	6725	5	

V

HEUSCH DE SANVRY de Paris son compte		DEBIT fol
LE COUTEULX & Compagnie de Paris leur compte		DEBIT
GEDEON VINCENT de Rouen son compte		DEBIT
COMPTE DE CREDITEURS		DEBIT
JACOBUS DE CONNINCK d'Anvers son compte		DEBIT
LOPES D'ASSIERRA de Cadix son compte		DEBIT

1724	pr.	Janvier	**CREDIT** Par Balance	Pour ce qui lui revient pour solde du Livre A fol. 16 — Bco.	1	210	

1724	pr.	Janvier	**CREDIT** Par Balance	Pour ce qui leur revient pour solde du Livre A à fol. 16 Bco.	1	734	5

1724	pr.	Janvier	**CREDIT** Par Balance	Pour ce qui lui revient pour solde du Livre A à fol. 16 Bco.	1	3	15	8

1724	pr.	Janvier	**CREDIT** Par Balance	Pour ce que je dois aux soufnommez p. solde au Liv. A fol. 17 savoir à André Pels & fils pour 10 bales Caffé f. 8469|13| à David Rutgers pour 20 Pipes Huile de Sevile 3434|18|	1	11904	11

1724	pr.	Janvier	**CREDIT** Par Balance	Pour ce qui lui revient pour solde du Livre A fol. 17 — Bco.	1	22	7	8

1724	pr.	Janvier	**CREDIT** Par Balance	Pour ce qui lui revient pour solde du Livre A fol. 25 Bco.	1	2418	12	8

V 2

1724	MARCHANDISES pour compte d'Arnaud du Goyon de Nantes	DEBIT	fol

			fol		
Janv.	CREDIT Par Balance	Pour celles vendues au Livre A à folio 28	fol	13114	8

X

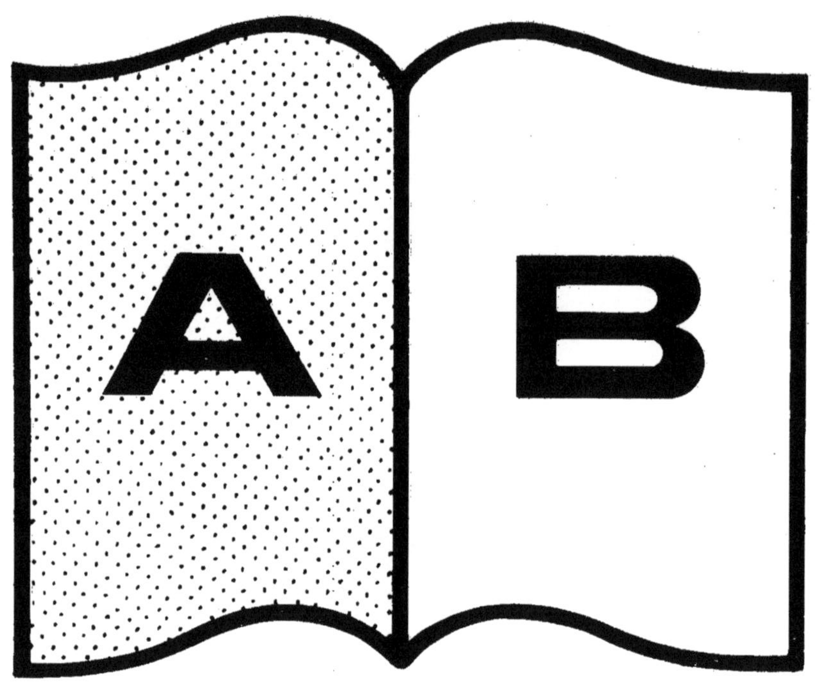

Contraste insuffisant

NF Z 43-120-14